GOT IT

SCHRITT FÜR SCHRITT ZU FEHLERFREIEM ENGLISCH

BAND 2

PRACTICE

DAS ÜBUNGSBUCH

HARALD SACHSE

Redaktion und fachliche Beratung: Michael Dyne
Umschlaggestaltung: Frank Tönsing
Druck und Verlag: epubli GmbH, Berlin
www.epubli.de

Printed in Germany
ISBN 978-3-8442-0952-5

Willkommen

Sie alle haben irgendwann einmal Englisch gelernt. Vielleicht liegt das noch gar nicht so lange zurück, und doch haben Sie das Gefühl, dass es mit der Anwendung im Alltag gelegentlich hapert. Dabei ist Ihnen bewusst, wie wichtig diese Sprache ist: gute Englischkenntnisse gehören heute ganz selbstverständlich zur Grundausstattung einer soliden Allgemeinbildung.

Mit dem Erwerb von GOT IT PRACTICE haben Sie einen ersten Schritt getan, Ihre sprachlichen Defizite nach und nach zu beseitigen. Das Buch ist Teil eines zweibändigen Lehrwerks für Unterricht und Selbststudium und die ideale Ergänzung zu dem gleichzeitig erschienenen Band GOT IT GRAMMAR, der Ihnen die für die Übungen notwendigen Wissensgrundlagen liefert.

GOT IT PRACTICE soll Ihre Fähigkeit verbessern helfen, sich korrekt und verständlich in englischer Sprache auszudrücken. Dem bewährten Grundsatz des *Learning by doing* folgend, bietet Ihnen das Buch mit seinen 1.800 Übungssätzen ausreichend Gelegenheit, den Stand Ihrer Englischkenntnisse kontinuierlich zu überprüfen, Schwachstellen aufzuspüren, und Fehler, die Ihnen beim Übersetzen unterlaufen, mit Hilfe des Lösungs- und Erläuterungsteils nach und nach in den Griff zu bekommen.

Das Programm ist aufbauend und mit steigendem Schwierigkeitsgrad angelegt und sollte am besten fortlaufend in der vorgegebenen Reihenfolge erarbeitet werden. Jede neue Übungsreihe setzt voraus, dass der bis dahin behandelte Stoff einigermaßen sicher beherrscht wird. Wenn Sie glauben, über entsprechende Vorkenntnisse zu verfügen, müssen Sie dieser Vorgehensweise natürlich nicht folgen, sondern können einzelne Themenbereiche herausgreifen, um diese dann gezielt zu verbessern.

GOT IT erscheint erstmals in Buchform, wurde aber bereits über Jahre im Unterricht erprobt. Es hat sich sowohl bei Schülern und Studenten als auch in der Erwachsenenbildung bewährt und das Leistungsniveau spürbar angehoben.

Inhalt

Aufbau und Gliederung

DIE ÜBUNGSREIHEN

Kernstück von GOT IT PRACTICE sind 30 Übungsreihen mit jeweils 60 deutsch-englischen Übersetzungsaufgaben unterschiedlicher Schwierigkeit. Jede dieser Übungsreihen ist einem bestimmten Grammatik-Thema gewidmet und setzt sich aus 4 Einheiten von jeweils 15 Sätzen zusammen, die mit A, B, C und D gekennzeichnet sind.

▶ **ÜBUNG A** ist eine Einstiegsübung. Hier geht es vor allem darum, anhand einfacher Satzstrukturen und unter Verzicht auf schwierige Vokabeln zunächst das Elementarwissen des jeweiligen Grammatikthemas zu überprüfen und anwenden zu lernen.

▶ **ÜBUNG B** führt neue, in Übung A noch nicht behandelte Aspekte des Grammatikthemas ein. Waren dort vorwiegend Aussagesätze zu konstruieren, so kommen jetzt Frage- und Verneinungssätze hinzu. Der Wortschatz wird erweitert, die Strukturen sind länger und ein wenig schwieriger.

▶ **ÜBUNG C** stellt innerhalb einer Übungsreihe die höchsten Anforderungen und sollte erst in Angriff genommen werden, wenn die in A und B gestellten Aufgaben einigermaßen sicher gelöst sind. Übung C fragt spezielle Aspekte des jeweiligen Grammatik-Themas ab und konfrontiert den Lernenden mit schwierigeren, oft mehrgliedrigen Satzstrukturen und einem anspruchsvolleren Wortschatz, in den auch idiomatische Ausdrücke und Wendungen einfließen.

Wo es sich anbietet, ist Übung C als Vergleichsübung angelegt, in der es darum geht, den aktuellen Lernstoff von einem verwandten, zuvor behandelten Thema abzugrenzen. Solche spezifischen Aufgabenstellungen sind durch einen entsprechenden Hinweis am Beginn der jeweiligen Übung gekennzeichnet.

▶ **ÜBUNG D** ist eine Wiederholungsübung ohne Bezug zu einem bestimmten Grammatik-Thema. Durch die fortgesetzte Abfrage des gesamten bis dahin behandelten Stoffs soll sichergestellt werden, dass das in den voraufgegangenen Übungen erarbeitete Wissen nicht sofort wieder in Vergessenheit gerät. Ein Thema ist also nie „durch" oder „abgehakt". Aufgrund ihrer themenübergreifenden Stoffbehandlung sind D-Übungen darum auf jeder Lernstufe ein verlässlicher Maßstab für den jeweils erreichten Leistungsstand.

GOT IT PRACTICE

Deutsch-englische Übersetzungsübungen

Übungsreihe 1
Das Verb *be* und seine Formen

Zum Einstieg geht es um die sichere Beherrschung der Formen
be, am, are, is, was und were in einfachen Wendungen des Alltags.

▶ Vorbereitung: **GOT IT GRAMMAR** THEMA **8**, ab Seite 125

A-01   Wie geht es Ihnen? • Danke, gut, und Ihnen?
A-02   Haben Sie morgen Nachmittag Zeit (oder: … frei)?
A-03   Warum bin ich heute so müde?
A-04   Seid ihr endlich soweit? • Ja, wir können anfangen.
A-05   Es tut mir leid, aber es gibt ein Problem.
A-06   Irgendetwas stimmt nicht mit diesem Fernseher.
A-07   Gibt es hier in der Nähe eine Tankstelle?
A-08   Wir waren da, aber sie waren nicht zu Hause.
A-09   Wie viel kostet eine Taxifahrt in die Innenstadt?
A-10   Wenn hier Winter ist, ist in Australien Sommer.
A-11   Die Vorhänge sind blau. • Und welche Farbe hat der Teppich?
A-12   Wir sind fünf Kinder. Ich bin das einzige Mädchen.
A-13   Unser Zug hatte über eine Stunde Verspätung.
A-14   Sei vorsichtig! Die meisten dieser Produkte sind Fälschungen.
A-15   Lass es sein.

B-01   Sie heißen Cameron? Ist das Ihr Vorname oder Ihr Nachname?
B-02   Wo ist mein Pass? Ich werde ihn brauchen für den Fall,
       dass wir ein Auto mieten wollen.
B-03   Mein Vater ist Deutscher, aber er ist in Südafrika geboren.
B-04   Du hattest Recht. Es war dumm von mir, ihm zu glauben.
B-05   Die Miete beträgt 285 £ die Woche. • Das ist in Ordnung.
B-06   Wann war euer Hochzeitstag? • Letzte Woche, am 21.
B-07   Haben Sie es eilig, oder können Sie einen Moment warten?
B-08   Welches Datum haben wir heute? • Den 17. Februar, warum? • Emma hat
       morgen Geburtstag, und ich habe noch immer kein Geschenk für sie.
B-09   Wie spät ist es? Meine Uhr geht wieder nach.
B-10   Unser Zimmer lag im 3. Stock, und es gab keinen Fahrstuhl.
B-11   Wie ist eure neue Wohnung? •
       Nett und gemütlich, aber ein bisschen zu klein für uns.
B-12   Wie viel macht das? • Das macht £ 29,45. • Hier, bitte. • Danke.
B-13   Sie war eine Woche krank, aber jetzt geht es ihr besser.
B-14   Es gibt nichts mehr zu sagen.
B-15   Sein oder Nichtsein, das ist die Frage.

C-01   Immer mehr Menschen lernen Englisch, weil es eine Weltsprache ist.
C-02   Mr Parker ist nicht im Büro. Er hat diese Woche frei.
C-03   Es gab Gerüchte und Beschuldigungen, aber keine Beweise.
C-04   Ich kann nicht an zwei Orten zugleich sein.
C-05   Einige Geschäfte hier in der Gegend haben nur vormittags geöffnet.
C-06   Es ist weniger schwierig, als es aussieht.
C-07   Die Geschichte handelt vom harten Leben der ersten Siedler.
C-08   Das waren großartige Zeiten. Schade, dass sie vorbei sind.
C-09   Mr Fox hat im Moment zu tun. Könnten Sie in einer Stunde wieder anrufen?
C-10   Wann wart ihr in Italien? War das letztes Jahr oder vor zwei Jahren?
C-11   Kann Schule wirklich eine Vorbereitung auf das Leben sein?
C-12   Wer wird sich um uns kümmern, wenn wir alt sind?
C-13   Da sind zwei Männer an der Tür. • Frag sie, wer sie sind und was sie wollen.
C-14   Wie kommt es, dass so viele Frauen Angst vor Mäusen haben?
C-15   So war es, so ist es, und so wird es immer sein.

D-01   Das nächste Krankenhaus war eine Autostunde entfernt.
D-02   Ich bin nicht geschäftlich hier, sondern im Urlaub.
D-03   Was gibt es heute Abend im Fernsehen? • Nichts Besonderes.
D-04   Unsere Tochter war während ihrer ersten Lebensjahre oft krank.
D-05   Diesmal hatten wir Pech mit dem Wetter.
D-06   Es ist nie zu spät, (um) etwas Neues zu lernen.
D-07   Diese Hemden waren vor über vierzig Jahren in Mode.
D-08   Die Wilsons sind unsere Nachbarn. Wir kennen sie gut.
D-09   Sie sagt, sie ist über achtzehn. Aber das bezweifle ich.
D-10   Die beiden Mädchen an der Bar sind Judith und Miriam. •
        Ich weiß, aber wer sind die Jungs?
D-11   Es war halb zehn morgens und immer noch dunkel.
D-12   Wessen Schirm ist das? • Ich glaube, er gehört Barbara.
D-13   Kleine Autos brauchen weniger Benzin und sind leichter zu parken als große.
D-14   Ich weiß, was harte Arbeit ist. Ich bin auf einem Bauernhof geboren.
D-15   Danke für alles.

Übungsreihe 2
Richtige Wortwahl

In dieser Übungsreihe haben Sie die Qual der Wahl, denn für viele häufig gebrauchte deutsche Wörter stehen verschiedene Übersetzungen zur Auswahl. Aber welche ist die richtige?

A-01   Alle waren traurig.
A-02   Mein jüngerer Bruder besucht ein Internat in Schottland.
A-03   Kann uns jemand zum Bahnhof fahren?
A-04   Die meisten Straßen sind in ausgezeichnetem Zustand, sogar in den Bergen.
A-05   Wir waren bis vorgestern in Urlaub.
A-06   Was wird das neue Jahr uns bringen?
A-07   Unser Sohn ist erst dreizehn, aber ziemlich groß für sein Alter.
A-08   Werdet ihr zu Hause sein, wenn ich zurückkomme?
A-09   Heutzutage kann man an fast jedem Flughafen ein Auto mieten.
A-10   Sein Deutsch ist ganz in Ordnung,
        obwohl er manchmal schwer zu verstehen ist.
A-11   Jeder braucht irgendwann jemanden.
A-12   Das neue Internet-Café liegt am Ende der Straße,
        gegenüber der Bushaltestelle.
A-13   Sie isst wenig und schläft noch weniger. Das ist alles andere als gesund.
A-14   Diese Züge fahren alle zehn Minuten, außer sonntags.
A-15   Ich würde wahnsinnig werden.

B-01   Wo kann ich Geld zu einem vernünftigen Zinssatz leihen?
B-02   Lass mich diese Tasche tragen, sie ist zu schwer für dich.
B-03   Vor einiger Zeit war ich mit ein paar Freunden in Dublin.
B-04   Es ist schwer zu sagen, wie lange es diesmal dauern wird.
B-05   Nach Jahren der Trennung waren sie wieder alle zusammen.
B-06   Was war gestern Abend mit dir los?
B-07   In Großbritannien und einigen anderen Ländern fährt man links.
B-08   Ich werde uns erst mal etwas zu essen machen.
B-09   Es ist kein Vergnügen, Tag für Tag mit dem Bus zu fahren.
B-10   Jeder kennt ihn als einen freundlichen und hilfsbereiten Menschen.
B-11   Wenn du müde wirst, werde ich fahren.
B-12   Sag uns wenigstens, wo wir dich erreichen können.
B-13   Wir machen die ganze Arbeit, und er macht das große Geld.
B-14   Ich werde nie vergessen, wie schwierig es zuerst war.
B-15   Dieses Handy ist zu kompliziert.
        Ich werde es zurückbringen und sehen, ob ich ein anderes bekommen kann.

C-01   Er hat eine große Familie, aber nur ein kleines Einkommen.
C-02   Als Eltern sind wir für die Zukunft unserer Kinder verantwortlich.
C-03   Haltet einen Moment still, ich möchte ein Foto machen.
C-04   Es ist kein Geheimnis, dass seine Firma in ernsten Schwierigkeiten ist.
C-05   Ich fahre pro Jahr mindestens 20 000 Kilometer mit dem Zug.
C-06   Ziehen Sie bitte eine Nummer, und nehmen Sie einen Moment Platz!
C-07   Meine Schwester trägt immer Handschuhe. Sie findet das schick.
C-08   Es gibt Orte, wo man nur mit dem Flugzeug hinkommen kann.
C-09   Immer wenn Tim uns besuchen kommt, kannst du sicher sein,
       dass er Geld braucht.
C-10   Jeannie ist erst zehn Monate alt, sie kann noch nicht laufen.
C-11   Stimmt es, dass man in Italien Wein zum Frühstück trinkt?
C-12   War Linda die ganze Zeit allein? • Nein, ihre Tante war bei ihr.
C-13   Es ist nicht leicht, einen Job zu finden, wenn man über fünfzig ist.
C-14   Viele Menschen ziehen in Großstädte, wo sie Arbeit zu finden hoffen.
C-15   Denk daran: auch ein kleiner Schritt ist ein Schritt vorwärts.

Wiederholung: Übungsreihen 01 und 02
D-01   Unser Lehrer war streng und pedantisch. Wir hatten alle Angst vor ihm.
D-02   Unsere jüngste Tochter studiert in New York. Sie will Schauspielerin werden.
D-03   Wie waren die Straßen dort oben? •
       Ziemlich schmal und kurvenreich, aber in gutem Zustand.
D-04   Der Ort ist ideal für einen Winterurlaub.
D-05   Weitere Anstrengungen werden nicht notwendig sein.
D-06   Der Auftritt der Band in der Royal Albert Hall war ein großer Erfolg.
D-07   Viele englische Wörter haben mehr als nur eine Bedeutung.
D-08   Einige Leute halten Schlangen und kleine Krokodile als Haustiere.
D-09   Im Herbst werden die Blätter braun, gelb oder rot, und es wird kälter.
D-10   Janne war da, Meike und Marek waren da, alle waren da. •
       Ich weiß, ich war auch da.
D-11   Das Restaurant ist für seine abwechslungsreiche Speisekarte bekannt.
D-12   Wie viel kostet eine Rückfahrkarte nach Edinburgh?
D-13   Sie arbeitet beim Zirkus und reist im Sommer durch die Lande.
D-14   Wir haben ein hübsches kleines Ferienhaus an der Westküste.
D-15   Sie können sagen, was Sie wollen. Ich bleibe bei meiner Meinung.

Übungsreihe 3
can, could, may, might

*Wir bitten um Auskunft, um Hilfe, um Erlaubnis, um eine Gefälligkeit. Wir sagen,
was möglich oder denkbar ist und lernen, mit dem Wörtchen „vielleicht" umzugehen.*

▶ Vorbereitung: **GOT IT GRAMMAR** THEMA **9**, Seite 136-139

A-01   Können Sie Schach spielen?
A-02   Tina ruft vielleicht heute Abend an.
A-03   Vielleicht hast du recht.
A-04   Ich kann nicht glauben, was er sagt.
A-05   Kann ich bitte die Rechnung haben?
A-06   Zieh deinen Mantel an, es könnte regnen.
A-07   Können David und Angela mit uns kommen?
A-08   Könnten Sie mir einen Gefallen tun?
A-09   Er hat Angst, er könnte seinen Job verlieren.
A-10   Könnten Sie mich in ungefähr zwanzig Minuten zurückrufen?
A-11   Sie hat ein Auto, aber sie kann nicht fahren.
A-12   Ich kann es nur auf Deutsch erklären.
A-13   Es kann dort nachts sehr kalt werden.
A-14   Wie kannst du so etwas sagen? Du weißt, dass es nicht wahr ist.
A-15   Wir fahren über das Wochenende vielleicht an die Ostsee.

B-01	Entschuldigen Sie, darf ich Ihnen eine Frage stellen?
B-02	Wie viel mag es kosten? • Nicht viel mehr als letztes Jahr, denke ich.
B-03	Wo können wir deutsche Zeitungen bekommen?
B-04	Geld mag ja wichtig sein, aber es ist nicht alles.
B-05	Sie können hier leider nicht parken. •
	Und warum nicht, wenn ich fragen darf?
B-06	Vielleicht ist Clarissa krank. Sie war heute nicht im Büro.
B-07	Wir könnten ebenso gut zu Fuß gehen. Es ist nicht weit,
	und ein bisschen frische Luft wird uns gut tun.
B-08	Ich kann nur hoffen, dass sie meine Handynummer hat.
B-09	Es klingt vielleicht komisch, aber es ist die Wahrheit.
B-10	Wir können unmöglich so viele Gäste unterbringen.
B-11	Ältere Menschen fürchten, dass es wieder (einen) Krieg geben könnte.
B-12	Wie kommt es, dass eine Ameise so viel Gewicht tragen kann?
B-13	Ich könnte mein ganzes Leben am Meer verbringen.
B-14	Er ist nicht in seinem Zimmer, muss aber jeden Moment zurück sein.
	Sie können entweder warten oder eine Nachricht hinterlassen.
B-15	Das kann nicht der einzige Grund sein.

C-01	Beruhige dich, ich kann alles erklären.
C-02	Ein paar falsche Mausklicks im Internet
	können dir eine Menge Ärger einbringen.
C-03	Es kann Stunden dauern, ihn ans Telefon zu bekommen.
C-04	Er mag ja ganz intelligent sein, aber sein Englisch ist furchtbar.
C-05	Mit ein wenig Glück könnte es vielleicht klappen.
C-06	*Could you ...?* klingt höflicher als *Can you ...?*
C-07	Vielleicht weiß sie nicht, dass du heute Geburtstag hast.
C-08	Der Nebel wird sich bald lichten.
	Dann werden wir sehen können, wo wir sind.
C-09	Wir sind vielleicht nicht perfekt, aber wir tun, was wir können.
C-10	Ich habe keine Ahnung, wo sie sein könnten.
C-11	Aktien können dich reich machen, aber sie können dich auch ruinieren.
C-12	Es ist eine äußerst gefährliche Reise. •
	Mag sein, aber ich habe keine Angst.
C-13	Ich liebe italienische Schuhe, aber kann sie nicht tragen.
	Die meisten sind zu eng.
C-14	Fehlerhafte Software kann einen Computer zum Absturz bringen.
C-15	Du kannst denken, was du willst,
	aber du kannst nicht immer sagen, was du denkst.

Wiederholung: Übungsreihen 01 bis 03

D-01	Am Anfang war alles ziemlich schwierig für mich.
D-02	Unsere Rundreise durch Tibet war ein unvergessliches Erlebnis.
D-03	Die Züge zum Flughafen Heathrow fahren alle paar Minuten.
D-04	Was für eine Zeitung ist das? • Es ist der *Guardian,*
	eine der führenden Tageszeitungen des Landes.
D-05	Es gibt auf diese Fragen keine leichten Antworten.
D-06	Das erste Auto mit Benzinmotor hatte nur drei Räder.
D-07	Alle britischen Privatschulen verlangen Studiengebühren.
D-08	Jeder kann sich bewerben, aber nicht jeder kann Mitglied werden.
D-09	Alle diese Wörter bedeuten mehr oder weniger dasselbe.
D-10	Wir essen, trinken und rauchen zu viel und bewegen uns zu wenig.
D-11	Ich verstehe ihn gut, weil er sehr langsam spricht.
D-12	Kannst du nicht lesen? Da steht RAUCHEN VERBOTEN.
D-13	Bringen Sie mir ein neues Glas, und bringen Sie dieses weg.
D-14	Einige von Ihnen fragen sich vielleicht,
	warum es in diesen Räumen so dunkel ist.
D-15	Ich könnte ihn erwürgen!

Übungsreihe 4
shall, should, ought to, be to, had better

Was sollte getan, was unterlassen werden? Was ist geplant, was ist sinnvoll, was wird erwartet oder behauptet? Eine Übung für das sprachliche Feingefühl.

▶ Vorbereitung: **GOT IT GRAMMAR** THEMA **9**, Seite 139-142

A-01 Soll ich das Fenster einen Moment aufmachen?
A-02 Du solltest weniger rauchen, oder besser überhaupt nicht rauchen.
A-03 Sag ihnen, sie sollen sofort zurückkommen.
A-04 Wir sollten ihr ein paar Blumen oder kleines Geschenk mitbringen.
A-05 Du solltest bei diesem Wetter besser nicht Auto fahren.
A-06 Warum sollten Frauen keine guten Chefs sein?
A-07 Wo soll ich unterschreiben? • Hier unten, bitte.
A-08 Man sollte jedem eine zweite Chance geben.
A-09 Denkt daran, wir sollen bis acht Uhr am Bahnhof sein.
A-10 Sollten wir nicht lieber zuerst anrufen und sehen,
        ob sie zu Hause sind?
A-11 Die große Jubiläumsfeier soll nächste Woche Freitag stattfinden.
A-12 Wollen wir ins Kino gehen oder fernsehen?
A-13 Sollen wir das Zimmer wirklich bis zehn Uhr räumen?
        Das ist ganz unmöglich.
A-14 Nach all diesen Jahren solltest du mich besser kennen.
A-15 Lasst uns Pause machen!

B-01 Das sollte fürs erste genug sein.
B-02 Wo wollen wir frühstücken? Drinnen oder auf dem Balkon?
B-03 George sagt, ihr sollt am Ausgang auf ihn warten.
B-04 Warum sollte das nicht möglich sein?
B-05 Soll ich hier sitzen? • Nein, dort drüben am Fenster, neben Jenny.
B-06 Was wollen wir zum Frühstück trinken? Tee oder Kaffee?
B-07 Er müsste jeden Moment zurück sein.
B-08 Du solltest den Kindern nicht soviel Taschengeld geben.
B-09 Ich soll Ihnen sagen, dass Ihre Zimmer jetzt fertig sind.
B-10 Solltest du Martha sehen, gib ihr bitte diesen Umschlag.
B-11 John Knox? Nie von ihm gehört. Wer soll das sein?
B-12 Sollte es ein Problem geben, ruf mich einfach an.
B-13 Wir sollten jetzt lieber losfahren, wenn wir rechtzeitig dort sein wollen.
B-14 Sollte Mrs Warren nach mir fragen, sag ihr, ich habe zu tun.
B-15 Du hältst jetzt besser den Mund.

C-01 Kann mir jemand sagen, was ich jetzt machen soll?
C-02 Du bleibst besser hier und wartest, bis alles vorbei ist.
C-03 Sollten Eltern ihren Kindern bei Hausaufgaben helfen?
C-04 Sollten wir das nicht besser einem Fachmann überlassen?
C-05 Du solltest etwas Spanisch lernen, bevor du nach Mexiko fährst.
C-06 Der Arzt sagt, ich soll mindestens drei Tage im Bett bleiben.
C-07 Sollten Sie Interesse haben, können Sie mich jederzeit anrufen.
C-08 Es sollte in dieser Gegend mehr Spielplätze geben.
C-09 Eine aktualisierte Version soll bis Ende des Monats herauskommen.
C-10 Du solltest die Folgen bedenken, bevor du eine Entscheidung triffst.
C-11 Was soll ich ihr sagen, wenn sie mich fragt?
C-12 Nimm lieber eine wetterfeste Jacke mit.
        Es soll heute noch Regen geben.
C-13 Auch wenn der See einladend aussieht, denkt daran,
        dass man nicht darin baden kann.
C-14 Soll das eine Drohung sein?
C-15 Was soll das bedeuten?

Wiederholung: Übungsreihen 01 bis 04

D-01   Das höchste Gebäude der Welt ist über einhundertsechzig Stockwerke hoch.
D-02   Die Straße windet sich durch ein enges Tal.
D-03   Wir brauchen noch fünf Gläser. • Sind da keine mehr Schrank?
D-04   Kann ich meine Sachen hier lassen, bis ich zurück bin?
D-05   Wie viele Millionäre gibt es im Vereinigten Königreich?
D-06   Sei vernünftig! Du kannst jetzt nicht Auto fahren.
D-07   Viele Frauen finden es schwierig, Arbeit und Familie zu verbinden.
D-08   Er kann stundenlang einen Rucksack tragen, ohne müde zu werden.
D-09   Könnt ihr die Tür nicht leise zumachen?
D-10   Jede dieser Krawatten sieht besser aus als die im Schaufenster.
D-11   Ich frage mich, wie er sich das alles leisten kann.
D-12   Ich bin sicher, er wird das Krankenhaus bald verlassen können.
D-13   1950 gab es doppelt so viele Menschen auf der Welt wie 1850.
D-14   Es ist vielleicht klüger, noch ein oder zwei Tage zu warten.
D-15   Alles hängt vom Wetter ab.

Übungsreihe 5
The Present Simple

Sagen, wie es ist: wir nennen Fakten, treffen allgemeine Feststellungen,
reden über Gewohnheiten und erzählen von der Normalität des Alltags.

▶ Vorbereitung: **GOT IT GRAMMAR** THEMA **11**, Seite 167-170

A-01   Alle Kinder lieben Süßigkeiten.
A-02   Der neue Freund von Jane fährt einen japanischen Sportwagen.
A-03   Abends sehen wir gewöhnlich fern. • Wie langweilig!
A-04   Obwohl Mrs Jones nebenan wohnt, wissen wir sehr wenig über sie.
A-05   Jeden Monat zahle ich 250 Euro auf mein privates Bankkonto ein.
A-06   Es gibt immer noch so vieles in diesem Dorf,
       das mich an meine Kindheit erinnert.
A-07   Gudrun besucht zweimal die Woche einen Spanischkurs.
A-08   Wasser kocht, wenn es heiß wird.
A-09   Ich gehe selten vor Mitternacht zu Bett,
       und John bleibt manchmal die ganze Nacht auf.
A-10   Ich weiß nicht wie, aber es scheint zu funktionieren.
A-11   Mein Großvater verbringt die meiste Zeit des Tages in seiner Werkstatt.
A-12   Er trinkt, und das macht alles noch schlimmer.
A-13   Ein Flug nach London dauert normalerweise eineinhalb Stunden.
A-14   Sie sitzen oft bis spätabends zusammen und diskutieren ihre Probleme.
A-15   Meine Oma sagt immer: „Ein Apfel am Tag hält den Doktor fern."

B-01   Ich komme aus einem Ort, wo jeder jeden kennt.
B-02   Was macht ihr in eurer Freizeit? • Linda malt, und ich fotografiere.
B-03   Pedro spricht Englisch mit einem leichten spanischen Akzent.
B-04   Kommen Sie oft hierher? • Sehr oft, mindestens einmal die Woche.
B-05   In einigen Ländern tragen Schulkinder Uniform und sehen sehr schick darin aus.
B-06   Er ist Zahnarzt, praktiziert aber nicht mehr.
B-07   Sheila frühstückt nicht oft, nicht einmal an Wochenenden.
B-08   Ist dir klar, wie viel Wasser ein Golfplatz braucht?
B-09   Ein großer Garten ist etwas Schönes, bedeutet aber viel Arbeit.
B-10   Was machen Sie beruflich? • Ich arbeite beim Roten Kreuz.
B-11   Ich kenne dieses Lied. Sie spielen es oft im Radio.
B-12   Wie kommt es, dass wir so wenig über unsere großen Schriftsteller wissen?
B-13   Jeden Morgen um halb sieben verlässt sie die Wohnung,
       um mit dem Hund Gassi zu gehen.
B-14   Weiß sie, wer ich bin? • Nein, natürlich nicht.
B-15   Sag niemals nie.

C-01	Ich arbeite in München, aber ich wohne nicht dort.
C-02	Wie können Sie das sagen? Ich meine, was macht Sie so sicher?
C-03	Banken verleihen Geld nicht, weil sie so großzügig sind, sondern weil sie daran verdienen.
C-04	Jedes Jahr besuchen über zwölf Millionen Touristen den Tower von London.
C-05	Regnet es oft in Irland? • Weniger oft, als du denkst.
C-06	Sie macht es nicht zum Spaß, sie braucht das Geld.
C-07	Unsere derzeitigen Schulden belaufen sich auf insgesamt 112.000 Euro.
C-08	Viele Kinder in der Dritten Welt haben keinen Zugang zu Bildung, obwohl sie ein Recht darauf haben.
C-09	Ein Kollege von mir sammelt ausländische Münzen. Einige sind sehr selten und schwer zu bekommen.
C-10	Moderne Digitalkameras sind leicht, machen Bilder von ausgezeichneter Qualität und sind leicht zu handhaben.
C-11	Ich gehe nie nach neun Uhr ans Telefon. Ich lasse es einfach klingeln.
C-12	Nach ein paar Meilen biegt die Straße nach links ab.
C-13	Laut einer jüngsten Befragung arbeiten ungefähr 70 % aller Oberstufenschüler nach der Schule oder an Wochenenden.
C-14	Wir arbeiten für dieselbe Firma, aber in unterschiedlichen Abteilungen und zu verschiedenen Zeiten.
C-15	Unsere Firma beschäftigt allein im Kundendienst mehr als 500 Leute.

Wiederholung: Übungsreihen 01 bis 05

D-01	Schon ein kleines bisschen Bewegung ist besser als jede Diät.
D-02	Bezahlt erst eure Schulden, dann können wir über Urlaub reden.
D-03	Schüler sollten sich mit Computern auskennen, auch wenn sie keinen eigenen haben.
D-04	Arbeit kann Spaß machen, aber bestimmt nicht diese Art von Arbeit.
D-05	Wir reisen nie ans Meer, nicht einmal bei gutem Wetter.
D-06	Wie viel verdient der britische Premierminister? • Mehr als ich auf jeden Fall.
D-07	Es war einfach zu kalt, um im Garten zu frühstücken.
D-08	Das halbe Dorf stand unter Wasser, wir steckten knöcheltief im Schlamm.
D-09	Kannst du nicht wenigstens dieses eine Mal zugeben, dass du unrecht hattest?
D-10	Gibt es in diesem Haus keine Aschenbecher? • Nein, wir sind alle Nichtraucher.
D-11	Gefälschte Produkte können giftige Substanzen enthalten, die ernste Gesundheitsschäden verursachen.
D-12	Wir könnten Sonntag segeln gehen, wenn das Boot bis dahin fertig ist.
D-13	Ein Kind versteht mehr, als es sagen kann. Bei Erwachsenen ist es oft umgekehrt.
D-14	Wir haben ein kleines Ferienhaus in den Bergen. Ihr könnt dort wohnen, wann immer ihr wollt.
D-15	Beherrschen uns Computer oder beherrschen wir sie?

Übungsreihe 6
The Present Progressive

Wir sprechen über Vorgänge, die bereits begonnen haben oder bald vorüber sind. Es geht aber auch um Ausnahmesituationen, um Termine und Verabredungen sowie um Dinge, die uns ärgern.

▶ Vorbereitung: **GOT IT GRAMMAR** THEMA **11**, Seite 170-173

A-01	Philip ist hier. Er wartet im Wohnzimmer.
A-02	Vergiss deinen Schirm nicht! Es regnet.
A-03	Hallo, Jenny, Tom hier. Ich rufe aus Rom an. Wie geht's dir?
A-04	Könnten Sie bitte meine Rechnung fertigmachen? Wir reisen morgen ab.
A-05	Infolge des Nebels kommen die meisten Flugzeuge heute verspätet an.

A-06	Es wird dunkel. Wir sollten lieber nach Hause gehen.
A-07	Entschuldigen Sie, aber Sie sitzen auf meinem Mantel.
A-08	Da ist ein Boot auf dem See. Siehst du es?
A-09	Laura geht diese Woche nicht zur Schule. Sie ist krank.
A-10	Es ist fast Mitternacht, und er arbeitet immer noch.
A-11	Ein paar Meilen hinter der Grenze überquert die Straße einen Fluss.
A-12	Mein Mann kommt heute später. Er macht Überstunden.
A-13	Ich höre, du suchst einen Ferienjob.
	Ich glaube, ich habe etwas für dich.
A-14	Das Wasser kocht. Wollen wir Tee oder Kaffee trinken?
A-15	Ich hoffe, ich störe euch nicht. • Nein, überhaupt nicht, setz dich.

B-01	Reden Sie mit mir?
B-02	Sie hält etwas in ihrer Hand, aber ich kann nicht erkennen, was es ist.
B-03	Euer Nachbar gräbt ein Loch in seinen Rasen. Warum macht er das? •
	Keine Ahnung, vielleicht sucht er nach Öl.
B-04	Meine Haare fangen an, grau zu werden.
B-05	Ben macht heute seine Abschlussprüfung. Wir sind alle sehr aufgeregt.
B-06	Was ist los mit dir, Tommy? Träumst du?
B-07	Ich wohne zurzeit bei einem Freund,
	bis ich mir eine eigene Wohnung leisten kann.
B-08	Das Telefon klingelt. • Kannst du bitte rangehen? Ich dusche gerade. •
	Es ist deine Mutter. Sie sagt, sie kommt uns Sonntag besuchen.
B-09	Dies war unser erstes Radio. Er ist fast 60 Jahre alt,
	funktioniert aber immer noch.
B-10	Ich verstehe nicht ganz, warum du mich so antreibst.
	Wir haben jede Menge Zeit.
B-11	Er schickt mir ständig Blumen und kleine Liebesbotschaften.
B-12	Mr Taylor kommt erst nächste Woche Freitag aus New York zurück.
B-13	Stehen alle diese Leute nach Autogrammen an?
B-14	Ich habe keine Ahnung, wovon du redest.
B-15	Hörst du überhaupt zu?

Vergleichsübung:

Present Simple oder *Present Progressive?*

C-01	Irgendetwas riecht angebrannt hier drinnen.
C-02	Das Baby schreit. Ist es krank? • Nein, es hat nur Hunger.
	Babys schreien, wenn sie Hunger haben. Das ist ganz normal.
C-03	Paulina arbeitet in einem Hotel irgendwo in Spanien,
	aber nur während der Saison.
C-04	Die Regierung plant ein neues Gesetz gegen Geldwäsche.
C-05	Mary liebt Bonbons, aber zur Zeit isst sie keine.
	Sie versucht abzunehmen.
C-06	Arbeiten Sie hier? • Nein, ich warte auf jemanden.
C-07	Seht ihr den Polizisten da drüben? Ich glaube, er beobachtet uns.
C-08	Wie macht sich Benny in seiner neuen Schule? •
	Sehr gut. Ich glaube, es gefällt ihm dort.
C-09	Wir verbringen unseren Urlaub gewöhnlich am Meer,
	aber dieses Jahr fahren wir in die Berge.
C-10	Millionen von Menschen leben immer noch in unvorstellbarer Armut.
C-11	Ich besuche zur Zeit einen Computerkurs.
	Er findet zweimal pro Woche statt.
C-12	Kommt eure Haushaltshilfe heute nicht? •
	Nein, sie kommt montags nie. Der Montag ist ihr freier Tag.
C-13	Es ist so laut hier drinnen.
	Ich frage mich, ob jemand versteht, was er sagt.
C-14	Diese Dinge existieren nur in deiner Phantasie.
C-15	Was liest du gerade? Liest du überhaupt?

Wiederholung: Übungsreihen 01 bis 06

D-01   Wie ist dein Name? • Sag mir zuerst deinen.
D-02   Ich mache diese Übung, um mein Englisch aufzufrischen.
D-03   Guernsey ist die zweitgrößte der britischen Kanalinseln.
D-04   Erinnert sich jemand an die erste Mondlandung?
D-05   Entschuldigen Sie, wie komme ich von hier zur Autobahn?
D-06   Du schuldest mir immer noch 100 £. • Ich weiß, tut mir leid,
        aber ich kann dir das Geld erst nächsten Monat geben.
D-07   Denkt daran: Kneipen in Schottland schließen gewöhnlich um zehn Uhr.
D-08   Die meiste Wärme geht durch Wände verloren, die nicht richtig isoliert sind.
D-09   Könntest du Hannah und Bo von der Schule abholen
        und zum Bahnhof bringen?
D-10   Wie viele Fremdsprachen spricht Ihre neue Assistentin? •
        Fünf, und sie spricht sie alle sehr gut.
D-11   Einige Firmen bieten Vorbereitungskurse für Schulabgänger an.
D-12   Die Regierung fürchtet, dass negative Schlagzeilen über ihr Land
        Touristen und Investoren abschrecken könnten.
D-13   Ich habe ständig Ärger mit dem neuen Computer. •
        Warum bringst du ihn nicht zurück und kaufst einen anderen?
D-14   Manchmal sehen die Kinder ihren Vater wochenlang nicht.
D-15   Wo wollen wir heute Abend essen? •
        Warum nicht bei mir? Ich könnte für uns kochen.

Übungsreihe 7
will, would, would like, would rather

Höfliche Zurückhaltung oder klare Ansage:
*mit **will** und **would** treffen Sie meist den richtigen Ton.*

▶ Vorbereitung: **GOT IT GRAMMAR** THEMA **9**, Seite 145-148

A-01   Wie lange wird die ganze Prozedur dauern?
A-02   In unserer Firma wäre so etwas nicht möglich.
A-03   Ich würde gern ein wenig mehr über Ihr Angebot wissen,
        bevor ich mich entscheide.
A-04   Soll ich Kaffee machen, oder möchtet ihr lieber etwas Kaltes haben?
A-05   Wie viel würde es kosten, für eine Woche einen Wohnwagen zu mieten?
A-06   Selbst wenn ich das Geld für so ein Auto hätte,
        würde ich es lieber für etwas anderes ausgeben.
A-07   In einer größeren Wohnung hätten wir diese Probleme nicht.
A-08   Ich kann sagen, was ich will, er hört nicht zu.
A-09   Wir sind startklar. Schnallen Sie sich bitte an?
A-10   Bevor wir anfangen, würde ich gern ein paar Worte sagen, wenn ich darf.
A-11   Wollen Sie nicht noch eine Nacht bleiben?
A-12   Ich würde niemals allein dorthin gehen. Ich hätte Angst.
A-13   Wie würdest du in einer solchen Situation reagieren?
A-14   Ich würde gern zuerst Ihre Meinung hören.
A-15   Du kannst sicher sein, dass das Ärger geben wird.

B-01   Um wie viel Uhr möchtet ihr frühstücken?
B-02   Würden sich die Dinge unter einer neuen Regierung ändern?
B-03   Ich möchte jetzt nicht an seiner Stelle sein.
B-04   Machen Sie bitte die Tür hinter sich zu?
B-05   Niemand darf diese Räume ohne Sondergenehmigung betreten.
B-06   Würden Sie mich für einen Moment entschuldigen?
B-07   Ohne die Unterstützung meiner Familie wäre ich nicht, was ich bin.
B-08   Ich würde die Fotos bald machen, solange die Sonne noch scheint.
B-09   Es gibt keinen Ort, wo ich lieber wäre.
B-10   Was möchtest du lieber essen? Spaghetti oder Pizza?

B-11	Emily ist sauer auf mich, aber sie will mir nicht sagen, warum.
B-12	Ich würde die Wohnung nicht mieten, geschweige denn sie kaufen.
B-13	Sie weiß, es war ihr Fehler, aber sie würde es nie zugeben.
B-14	Ich hoffe, Jim kommt auch. Ohne ihn wäre die Party langweilig.
B-15	Fehler sind menschlich, sie passieren hin und wieder.

C-01	Wollen Sie nicht hereinkommen? • Nein danke, ich warte lieber hier draußen.
C-02	Ich bin Hausfrau und Mutter, und es gibt nichts, was ich lieber wäre.
C-03	Eine Fahrt mit dem Zug würde ein bisschen länger dauern, aber mit Sicherheit weniger kosten.
C-04	Wir sollten lieber etwas Bargeld mitnehmen. Nur für den Fall, dass das Restaurant keine Kreditkarten akzeptiert.
C-05	Wir würden gern in Mai heiraten, haben uns aber noch nicht auf ein Datum geeinigt.
C-06	Ich würde nicht immer glauben, was in den Zeitungen steht, vor allem nicht in dieser.
C-07	Wenn wir ein größeres Auto hätten, wären viele Dinge leichter. Aber wir können uns keines leisten.
C-08	Ich denke manchmal, es wäre besser, alles hinter sich zu lassen und noch einmal von vorn anzufangen.
C-09	Was soll ich sagen? Solche Sachen passieren nun mal.
C-10	Wäre es nicht vernünftiger, zuerst nach dem Preis zu fragen?
C-11	Wenn es nicht so weit weg wäre, würden wir viel öfter hinfahren.
C-12	Das Geld wäre kein Problem, aber wir hätten nicht die Zeit für so eine Reise.
C-13	Der Computer fährt nicht hoch. Was soll ich machen? • Ich würde den Stecker herausziehen, eine Minute warten und es noch mal versuchen.
C-14	Geregelte Arbeit ist nicht sein Ding. Er würde lieber die Welt verändern.
C-15	Ich würde liebend gern Klavier spielen können.

Wiederholung: Übungsreihen 01 bis 07

D-01	Warum enden heutzutage so viele Ehen mit Scheidung?
D-02	Sie ist überzeugt, dass wir alle in den Himmel kommen, wenn wir sterben.
D-03	Wie spricht man die letzten drei Buchstaben des englischen Alphabets aus?
D-04	Maureen studiert Sprachen. Sie möchte Übersetzerin werden.
D-05	Ich gebe fast die Hälfte meines Nettoeinkommens für Miete aus.
D-06	Es gibt keine Doppelzimmer mehr. Wollen wir zwei einzelne nehmen?
D-07	Darf ich Ihnen eine Frage stellen? • Das kommt auf die Frage an.
D-08	Es ist heutzutage fast unmöglich, gebrauchte Möbel zu vernünftigen Preisen zu verkaufen.
D-09	Sally und Bob haben ähnliche Interessen, aber verschiedene Geschmäcker.
D-10	Ihr seid so schön braun. Wart ihr im Urlaub?
D-11	Ein kleiner Bach bildet die Grenze zwischen den beiden Grundstücken.
D-12	Wir können und werden ein solches Verhalten nicht tolerieren.
D-13	Können Sie Fremdsprachen? • Nur ein wenig Französisch.
D-14	Das Pfund fällt weiter, der Dollar ist stabil. • Und was ist mit dem Euro?
D-15	Seid ihr jetzt bitte ruhig?

Übungsreihe 8
must, have to, have got to, need, dare

Wir sprechen über Verpflichtungen, über Vorschriften, Notwendigkeiten und Verbote.
Wir trauen uns etwas zu – und sind empört.

▶ Vorbereitung: **GOT IT GRAMMAR** THEMA **9**, Seite 142-144

A-01	Du darfst hier drinnen nicht rauchen.
A-02	Wir müssen jeden einzelnen Namen überprüfen.
A-03	Catherine muss jeden zweiten Sonnabend arbeiten.
A-04	Niemand darf diesen Teil des Gebäudes betreten.

A-05   Müsst ihr immer über Fußball reden?
A-06   Sie dürfen nicht zu viel von ihm erwarten.
A-07   Die Schuhe müssen zu meinem roten Abendkleid passen.
A-08   Ich traue mich nicht, ihn zu fragen. Du weißt, wie er ist.
A-09   Du brauchst nicht zu klingeln. Ich habe einen Schlüssel.
A-10   Es tut mir leid, aber wir müssen jetzt gehen.
A-11   Ich muss unbedingt wissen, in welchem Hotel er wohnt.
A-12   Was fällt Ihnen ein, so etwas zu sagen?
A-13   Denk daran, dass wir rechtzeitig zurück sein müssen.
A-14   Sag ihnen, sie brauchen sich nicht zu beeilen.
A-15   Was sein muss, muss sein.

B-01   Du brauchst nur diesen Knopf zu drücken, das ist alles.
B-02   Wie viel musst du für deine privaten Englischstunden bezahlen?
B-03   Einige Wörter sind wirklich schwer zu behalten,
       ich muss sie immer wieder nachschlagen.
B-04   Du musst von Zeit zu Zeit deine Treibersoftware aktualisieren,
       vor allem, wenn du ein neues Betriebssystem installierst.
B-05   Keine Sorge, Sie brauchen nicht alles auf einmal zu bezahlen.
B-06   Was muss noch passieren, bevor du endlich aufwachst?
B-07   Ich fürchte, wir werden unsere Verabredung verschieben müssen.
B-08   Sie würde nie wagen, ihrem Chef zu widersprechen,
       selbst wenn er im Unrecht ist.
B-09   Musst du immer das letzte Wort haben?
B-10   Müssen Motorradfahrer in eurem Land Sturzhelme tragen?
B-11   Wir müssen etwas tun, bevor es ein Problem wird.
B-12   Ich werde spät zurück sein. Ihr braucht meinetwegen nicht aufzubleiben.
B-13   Sandra traut sich nicht, wegen ihrer Schmerzen zum Arzt zu gehen.
       Sie hat Angst, es könnte etwas Ernstes sein.
B-14   Nehmen Sie die Hände weg! Was fällt Ihnen ein?
B-15   Sie brauchen das Formular nicht auszufüllen,
       Sie brauchen es nur zu unterschreiben.

C-01   Wir müssen den Vorfall der Polizei melden.
C-02   Da muss irgendein Irrtum vorliegen.
       Das bin nicht ich auf dem Foto, das ist jemand anders.
C-03   Alle paar Wochen muss ich wegen meines Blutdrucks zum Arzt.
C-04   Ich muss Kontaktlinsen tragen, weil ich kurzsichtig bin.
C-05   Du brauchst nicht die neuesten Versionen herunterzuladen,
       solange die vorherigen noch funktionieren.
C-06   Sie dürfen nicht vergessen, dass dies ein Land der Dritten Welt ist.
C-07   Handys müssen nicht schick aussehen; sie sollen nur funktionieren.
C-08   An privaten Internaten müssen Eltern
       für die Unterkunft und die Ausbildung ihrer Kinder viel Geld bezahlen.
C-09   Wir brauchen hier nicht zu bleiben, wenn dir die Gegend nicht gefällt.
C-10   Du wirst dich noch ein paar Wochen gedulden müssen.
C-11   Sie brauchen mir nicht zu erzählen, was ich zu tun habe.
C-12   Es ist kein Wunder, dass du Übergewicht hast. Du musst weniger essen.
C-13   Ich muss meinen Pass verlängern und ein Visum beantragen.
C-14   Haben Sie Geschwister? •
       Ja, einen Bruder und eine Schwester. Sie sind Zwillinge.
C-15   Darf ich? • Untersteh dich!

Wiederholung: Übungsreihen 01 bis 08
D-01   Wie kommst du in deinem neuen Job zurecht?
D-02   Erhöhtes Fieber, Halsschmerzen und eine triefende Nase
       sind die typischen Anzeichen von Grippe.
D-03   Fass diese Pflanze nicht an! Sie könnte giftig sein.
D-04   Der Kleine ist jetzt zwei Jahre alt und kann immer noch nicht laufen.

D-05	Was wird aus uns, wenn wir älter werden?
D-06	Ich habe drei ältere Brüder, Andrew ist der älteste.
D-07	Wir reisen morgen ab und werden nicht vor Montag zurück sein.
D-08	Ich könnte mein Leben lang jeden Tag Spaghetti essen.
D-09	Wie Sie vielleicht aus den Zeitungen wissen, fahren Busse und Bahnen heute nicht.
D-10	Banken stellen zinsgünstige Darlehen zur Verfügung, um kleine und mittlere Betriebe zu fördern.
D-11	Sie muss jetzt ungefähr so alt sein wie unsere Tochter Catherine.
D-12	In diesem Land kann man mit 16 heiraten, mit 17 Auto fahren und mit 18 Alkohol kaufen.
D-13	Wäre es nicht wunderbar, jetzt Urlaub zu haben?
D-14	Die Zahl der Firmenpleiten nimmt ständig zu.
D-15	Geld regiert die Welt. Das mag traurig sein, aber es ist wahr. Heute mehr denn je.

Übungsreihe 9
The Past Simple

Ein sprachlicher Ausflug in die Vergangenheit: wir sagen, was gestern, vorgestern
oder noch früher passiert ist und berichten, was wir erlebt haben.

▶ Vorbereitung: **GOT IT GRAMMAR** THEMA **12**, Seite 179-181

A-01	Als der Schuldirektor die Aula betrat, standen alle auf.
A-02	Der Mann setzte sich neben mich und bestellte zwei Bier.
A-03	Wir haben die Nachricht erst gestern erhalten.
A-04	Ich wünschte, er wäre ein bisschen ehrgeiziger.
A-05	Mein Bruder Anthony hat zwölf Jahre auf See verbracht.
A-06	Es wird Zeit, dass ich den Führerschein mache.
A-07	Jemand von der Versicherung wollte dich sprechen.
A-08	Die Wilsons sind vor zwanzig Jahren nach Kanada ausgewandert.
A-09	Er stellte mir Fragen, und ich sagte ihm, was ich wusste.
A-10	Einer unserer Vorfahren hat diesen Landsitz im 19. Jahrhundert gekauft.
A-11	Ich habe das Auto in der Garage gelassen und bin stattdessen mit dem Bus gefahren.
A-12	Daniel hat vier Jahre Geschichte studiert und ist dann Lehrer geworden.
A-13	Sie hatte ein ausgezeichnetes Gedächtnis und lernte fast alles auswendig.
A-14	Von 1998 bis 2009 war ich bei einer großen dänischen Reederei angestellt.
A-15	Wir kamen frühmorgens an. Noch kein Geschäft hatte geöffnet.

B-01	Kanntest du ihn? • Nur dem Namen nach.
B-02	Als sie ihr erstes Kind bekam, gab sie ihren Job auf und wurde Hausfrau.
B-03	Zu meinem vierten Geburtstag bekam ich eine Gitarre und fing gleich zu spielen an.
B-04	Um wie viel Uhr bist du heute Morgen aufgewacht?
B-05	Offensichtlich verstand er nicht, was ich meinte.
B-06	Ein Einsatzkommando der Polizei durchsuchte das ganze Gebäude nach Sprengstoff, fand aber keinen.
B-07	Was passierte am 22. November 1963? • Keine Ahnung, das war vor meiner Zeit.
B-08	Es war noch früh am Tag, als wir losfuhren.
B-09	Wer hat Ihnen meine Privatnummer gegeben?
B-10	Der Strand war so voll, dass wir beschlossen, keine Minute länger zu bleiben.
B-11	Ich habe nicht mit Anna gesprochen; ich habe sie nicht mal gesehen.
B-12	Wo hast du dieses wundervolle Armband gekauft? • Ich habe es nicht gekauft, ich habe es von meiner Großmutter geerbt.

B-13	Plötzlich tauchten zwei Polizisten auf der Feier auf.
B-14	Ich habe mindestens viermal geklingelt, aber niemand ging an die Tür.
B-15	Wann hast du zuletzt in den Spiegel gesehen?

C-01	Wo hast du die Autoschlüssel hingelegt?
C-02	Ich wünschte, mein Mann hätte mehr Zeit für mich.
C-03	Wann ist Irland unabhängig geworden?
C-04	Ich bin in Manchester geboren, aber auf dem Lande aufgewachsen.
C-05	Wie viele Zigaretten hat die Tabakindustrie letztes Jahr verkauft?
C-06	Hast du gestern Abend das Spiel im Fernsehen gesehen? •
	Nur die erste Halbzeit. Wer hat gewonnen?
C-07	Da die Kaffeemaschine nicht funktionierte, brachten wir sie zurück.
C-08	Und was passierte dann? Ich meine, was habt ihr dann gemacht?
C-09	Sie wollte ein Café aufmachen, aber der Plan scheiterte,
	da weder die Bank noch ihre Familie bereit waren, ihr Geld zu leihen.
C-10	Ich habe ihm zuerst nicht geglaubt, aber jetzt weiß ich, dass er recht hatte.
C-11	Der Krieg zwischen den beiden Nachbarländern dauerte über vier Jahre.
	Tausende Zivilisten verloren ihr Leben.
C-12	Als sie uns sahen, rannten sie weg. • Und warum rannten sie weg?
C-13	Wir haben unsere Flitterwochen in Venedig verbracht,
	haben aber nicht viel von der Stadt gesehen.
C-14	Da ich nicht genug Geld bei mir hatte,
	habe ich mir etwas am Automaten besorgt.
C-15	Ich bin froh, dass alles gut gegangen ist.

Wiederholung: Übungsreihen 01 bis 09

D-01	Ich finde, dass sich die Kirche aus der Politik heraushalten sollte.
D-02	Für mich war es ein klarer Fall von Bestechung.
D-03	Celia sagt, wir sollen hier warten, bis sie zurück ist.
D-04	Wir würden lieber heute als morgen ausziehen, aber es ist schwierig,
	nahe der Innenstadt eine bezahlbare Wohnung zu finden.
D-05	Sieht sie nicht entzückend aus in ihrem neuen Kleid?
D-06	Könnte sich bitte jemand um unser Gepäck kümmern?
D-07	Findest du nicht, dass der Rock ein wenig zu eng ist?
D-08	Kauf deiner Katze einen Kratzbaum und sie wird die Möbel in Ruhe lassen.
D-09	Meine Eltern haben Teile des Familienschmucks verkauft,
	um nach dem Krieg über die Runden zu kommen.
D-10	Welche Stadt hat dir am besten gefallen? Paris, Rom oder London?
D-11	Ein Delfin sieht aus wie ein Fisch, ist aber ein Säugetier.
D-12	Wenn wir Kinder hätten, würden wir hier nicht leben wollen.
D-13	Was gibt es heute zum Abendessen? •
	Bratnudeln mit Hähnchen. • Oh nein, nicht schon wieder!
D-14	Stell diese Bücher auf das Regal zurück, wo sie hingehören.
D-15	Wahre Liebe endet nie.

Übungsreihe 10
The Past Progressive

Hier interessiert nicht nur, WAS passierte, sondern auch,
was bereits im Gange war, als es passierte.

▶ Vorbereitung: **GOT IT GRAMMAR** THEMA **12**, Seite 182-183

A-01	Hier ist ein Brief für dich. Er lag unter der Fußmatte.
A-02	Als der Krieg ausbrach, lebten wir noch in Deutschland.
A-03	Während Paul ein Nickerchen machte, ging ich zum Strand hinunter.
A-04	Der Raum war in großer Unordnung. Sie renovierten ihn gerade.
A-05	Niemand im Publikum schien zu merken, dass die Band das falsche Lied spielte.
A-06	Es hat gestern den ganzen Tag lang geschneit.

A-07   Einige der Gäste kamen an, während andere schon gingen.

A-08   Ich ging nach oben, um zu sehen, was die Kinder machten.

A-09   Während ich für meine Nichte ein Geburtstagsgeschenk kaufte,
          stahl jemand meine Handtasche.

A-10   Als ich aufwachte, servierte das Bordpersonal schon das Abendessen.

A-11   Im Rückspiegel sah ich, dass uns ein Polizeiwagen folgte.

A-12   Auf der Treppe begegneten wir zwei Männern,
          die einen schweren Schrank trugen.

A-13   Mary deckte den Tisch, während Dave die Sportzeitung las.

A-14   Obwohl wir eine Viertelstunde zu spät ankamen,
          stand der Zug immer noch am Bahnsteig.

A-15   Wir sind uns das erste Mal begegnet,
          als sie in unserer Firma ein Praktikum machte.

B-01   Es war gegen zehn. Wir saßen alle in der Küche. Plötzlich klingelte es.

B-02   Ich bin alle paar Minuten aufgewacht,
          weil das junge Paar über uns einen fürchterlichen Krach machten.

B-03   Was hast du gestern Abend so spät in der Garage gemacht?

B-04   Als ich heute Morgen meine Wohnung verließ, schneite es.

B-05   Wie schnell fuhrst du, als die Polizei dich stoppte?

B-06   Als sie das Fahrzeug fanden, war es leer. Aber der Motor lief noch.

B-07   Irgendjemand in der Menge las laut aus der Bibel vor.

B-08   Amy war überzeugt, dass die Männer an der Bar uns beobachteten.

B-09   Bist du wirklich aufgestanden, nur weil der Wasserhahn tropfte?

B-10   Der Lieferwagen krachte in einen Gartenzaun.
          Zum Glück stand da niemand.

B-11   Das Schiff lief auf eine Mine, als es den Hafen verließ.

B-12   Ich habe sie zuerst nicht erkannt, weil sie eine Sonnenbrille trug.

B-13   Meine Mutter war erst 16, als sie zum ersten Mal schwanger wurde.

B-14   Während die anderen Gäste tanzten, traten wir auf den Balkon hinaus.

B-15   Es war eine klare Nacht. Tausende von Sternen funkelten am Himmel.

Vergleichsübung:

Past Simple oder *Past Progressive?*

C-01   Was habt ihr gemacht, als ihr das Feuer entdecktet?

C-02   Während wir entspannt in unseren Liegestühlen lagen,
          bauten die Kinder Sandburgen.

C-03   Plötzlich fing es zu regnen an, und alle rannten unter einen Baum.

C-04   Er ließ seine Zigarettenasche auf den Fußboden fallen,
          obwohl direkt vor ihm ein Aschenbecher stand.

C-05   Als ich neulich den Dachboden aufräumte,
          stieß ich auf ich dieses Fotoalbum.

C-06   Er kam herein, warf seinen Mantel in die Ecke und ging wieder hinaus.

C-07   Lewis sah fern, während seine Frau die Fenster putzte.

C-08   Ich bin auf einer Bananenschale ausgerutscht und hingefallen.
          Zum Glück ist nichts gebrochen, aber mein Knie tut höllisch weh.

C-09   Ich habe das Motorrad letzte Woche verkauft.
          Ich hatte ständig Ärger damit.

C-10   Es war stockdunkel, als wir den Campingplatz erreichten,
          und es goss in Strömen.

C-11   Ich bin gestern den ganzen Tag zu Hause geblieben,
          weil ich einen wichtigen Anruf erwartete.

C-12   Da an dem Tag keine Busse fuhren, musste ich zu Fuß zur Arbeit gehen.

C-13   Oh, du trägst einen neuen Mantel! •
          Ja, ich habe ihn heute Morgen bei *Harrods* gekauft. Gefällt er dir?

C-14   Ich fuhr mit ungefähr 140 km/h auf der Autobahn,
          als ich plötzlich merkte, dass die Bremsen nicht funktionierten.

C-15   Ist dir klar, was du da sagst?

Wiederholung: Übungsreihen 01 bis 10

D-01   Es ist höchste Zeit, dass wir losfahren.
D-02   Welche Art von Geschäften machen Sie?
D-03   Ich brauche 1.000 Euro, nur um meine laufenden Rechnungen
zu bezahlen. • Kannst du dir das Geld nicht von jemandem leihen? •
Ich kenne niemanden, der mir so viel leihen würde.
D-04   Sehen Sie sich das mal an! Es könnte Sie interessieren.
D-05   In Deutschland haben Beamte kein Streikrecht.
D-06   Stell das Radio leiser! Ich werde verrückt bei diesem Lärm!
D-07   Wenn Trüffel nicht so teuer wären,
würde ich gelegentlich welche kaufen.
D-08   Ich habe keine Ahnung, was passiert ist. Ich war den ganzen Tag weg.
D-09   Ich brauche dich nur anzusehen, um zu wissen, dass du lügst.
D-10   Infolge eines Rechenfehlers hat ein Teil der Belegschaft
diesen Monat doppeltes Gehalt bekommen.
D-11   Mr Banks ist Witwer. Seine Frau ist letztes Jahr gestorben.
D-12   Bäcker, Postboten und Busfahrer müssen gewöhnlich früh aufstehen.
D-13   Sie nannten ihren ersten Sohn Randolph, nach seinem Großvater.
D-14   Seine Tage als Vorstandsvorsitzender scheinen gezählt zu sein.
D-15   Alle Menschen sind gleich, aber einige sind gleicher als andere.

Übungsreihe 11
Modals in the Past

*Modalverben zum Zweiten – dieses Mal geht es um Vergangenes:
was wir konnten, sollten, mussten, durften - oder nicht.*

▶ Vorbereitung: **GOT IT GRAMMAR** THEMA **9**, Seite 149-151

A-01   Wir mussten es tun, es gab keinen anderen Weg.
A-02   Ich konnte lesen, bevor ich zur Schule kam.
A-03   Sein zweiter Roman sollte ein großer Erfolg werden.
A-04   Keiner der Passagiere durfte das Flughafengebäude verlassen.
A-05   Mein Großvater war einmal ein ausgezeichneter Langstreckenläufer.
A-06   Wir brauchten nicht sehr lange zu warten.
Der Rettungswagen kam sofort.
A-07   Die Tür war nicht verschlossen, darum konnten wir hineingehen.
A-08   Bevor wir auszogen, sollten wir die ganze Wohnung renovieren.
A-09   Die Hubschrauber mussten die Suche abbrechen,
weil es zu stürmisch wurde.
A-10   Wir konnten letzten Sommer nicht viel im Garten sitzen,
da es ungewöhnlich kalt und regnerisch war.
A-11   Er ist früher nie vor Mitternacht nach Hause gekommen.
A-12   Am folgenden Tag fuhren wir in ein nahegelegenes Dorf,
wo ein Flohmarkt stattfinden sollte.
A-13   Wir durften in der Wohnung keine Haustiere halten.
A-14   Es war ein schwerer Fehler, und es sollte nicht sein letzter sein.
A-15   Unsere ganze Familie ging am Sonntagvormittag immer in die Kirche.

B-01   Wie sollte ich wissen, dass sie verheiratet war?
B-02   Haben Sie früher viel geraucht?
B-03   Durftet ihr während der Prüfung ein Wörterbuch benutzen?
B-04   Wie lange musstest du warten, bis du an die Reihe kamst?
B-05   Wir brauchten nicht einmal unsere Pässe vorzuzeigen.
B-06   Hattet ihr nicht mal einen *Austin?* • Ja, aber das ist eine Ewigkeit her.
B-07   Niemand konnte seine Entscheidung verstehen,
aber am Ende mussten alle sie akzeptieren.
B-08   Die Datei wurde auf dem Bildschirm angezeigt,
aber ich konnte sie nicht öffnen.

B-09	Trotz seiner Verletzungen gelang es ihm,
	aus dem verunglückten Fahrzeug herauszuklettern.
B-10	Die Diebe konnten unerkannt entkommen.
B-11	Er hat früher bis zu zehn Flaschen Bier am Tag getrunken, bevor er
	sich schließlich einer Selbsthilfegruppe anschloss.
B-12	Aus irgendeinem Grunde konnte ich mein Dokument nicht ausdrucken.
B-13	Ich weiß immer noch nicht, wie er uns finden konnte.
B-14	Bevor ich achtzehn war, durfte ich nicht allein ausgehen.
B-15	Die Arbeit einer Hausfrau ist heute viel leichter, als sie früher war.

C-01	Mussten die Kinder wirklich den vollen Fahrpreis zahlen?
C-02	Was sollte ich machen, ganz allein
	und mit nur ein paar Euro in der Tasche?
C-03	Zum Glück hatte er einen Stadtplan bei sich
	und konnte uns den Weg zeigen.
C-04	Frauen und Kinder durften die gekaperte Maschine verlassen.
C-05	Wir hatten mal einen Papagei. Er hieß Willie und konnte sprechen.
C-06	Jim ärgerte sich, weil das Auto vor ihm ihn nicht vorbeilassen wollte.
C-07	Die Geiseln konnten sich befreien, noch bevor die Polizei eintraf.
C-08	Neben dem neuen Einkaufszentrum stand früher das Haus meiner Eltern.
	Sie haben es kurz nach dem Krieg abgerissen.
C-09	Konnte er den Richter von seiner Unschuld überzeugen?
C-10	Als Junge bin ich jeden Sonntagnachmittag zum Fußball gegangen.
C-11	Wir mussten unsere Taschen an der Garderobe abgeben
	und durften keine Fotos machen.
C-12	Einige mussten die Nacht in der Turnhalle verbringen,
	weil sie sich kein Hotelzimmer leisten konnten.
C-13	Ich frage mich, wie er es geschafft hat,
	schon wieder eine Gehaltserhöhung zu bekommen.
C-14	Als Kind konnte er weder richtig lesen noch schreiben.
	Heute arbeitet er für eine bekannte Wochenzeitschrift.
C-15	Es sollte nicht sein.

Wiederholung: Übungsreihen 01 bis 11

D-01	Du klingst irgendwie komisch. Ist etwas schief gelaufen?
D-02	Sie sagt nie viel, und manchmal sagt sie überhaupt nichts.
D-03	Klimaforscher sagen, dass sich einige der kältesten Regionen der Welt
	mit alarmierender Geschwindigkeit erwärmen.
D-04	Die Rebellen legten die Waffen nieder
	und waren bereit, Frieden zu schließen.
D-05	Er kam alle paar Minuten herein und fragte nach der Uhrzeit.
D-06	Der Arbeitstag meines Mannes beginnt jeden Morgen um halb fünf.
D-07	Wir sind mitten in der Nacht aufgewacht.
	Irgendein Hund aus der Nachbarschaft bellte wie verrückt.
D-08	Laura ist schlank, weil sie auf ihr Gewicht achtet und sich fit hält.
	Ihr jüngerer Bruder Mark hat Übergewicht,
	weil er zu viel isst und sich zu wenig bewegt.
D-09	Sie stand auf, ging zum Fenster, zog die Vorhänge zurück
	und sah, dass die Sonne schien.
D-10	Für nur 9,90 £ können Sie soviel essen, wie Sie wollen.
D-11	Wenn ich das Geld hätte, würde ich dich bestimmt nicht bitten,
	mir welches zu leihen.
D-12	Mach dir keine Sorgen, John findet immer eine Lösung.
D-13	Sie können Fotos machen, aber Sie dürfen nichts anfassen.
D-14	Laut einem Augenzeugen telefonierte der Fahrer gerade
	auf seinem Handy, als der Unfall passierte.
D-15	Wärst du an einem kleinen Zusatzeinkommen interessiert? •
	Na klar. Was soll ich tun?

Übungsreihe 12
The Present Perfect Simple

Wir berichten, was geschehen ist, ohne zu sagen, wann. Wir erzählen,
was wir geschafft, was wir vorzuweisen, was wir erfolgreich beendet haben.
Wir üben den schwierigen Umgang mit „seit" und „wie lange schon?"

▶ Vorbereitung: **GOT IT GRAMMAR** THEMA **12**, Seite 174-176

A-01   Leider habe ich Ihren Vornamen vergessen.
A-02   Wir kennen David seit seiner Geburt.
A-03   Dies ist die erste Zigarette, die ich heute rauche.
A-04   Meine Tochter hat gerade ihr erstes Einstellungsgespräch gehabt.
A-05   Wir haben Ihren Bericht mit großem Interesse gelesen.
A-06   Es hat hier in der letzten Zeit mehrere Diebstähle gegeben.
A-07   Seit ihrem Unfall ist sie auf einem Auge blind.
A-08   Die meisten Häuser in dieser Gegend stehen seit Monaten leer.
A-09   Hat jemand ein Streichholz? Die Kerze ist ausgegangen.
A-10   Ich bin lange genug in dem Geschäft, um zu wissen,
          ob eine Investition Sinn macht oder nicht.
A-11   Wir haben Hunderte von Anrufen, Briefen und E-Mails erhalten.
A-12   Viele Leute in diesem Stadtteil sind seit Jahren arbeitslos.
A-13   Ich habe mindestens fünf Kilo zugenommen. •
          Kein Wunder bei deinem Appetit.
A-14   Dies ist die schlimmste Erkältung, die ich je gehabt habe.
A-15   Sharon hat bis jetzt mehr als vierzig Bewerbungen geschrieben.

B-01   Sind Sie je in der Antarktis gewesen?
B-02   Was Laura dir erzählt hat, ist nicht die ganze Wahrheit.
B-03   Oh, du bist es! Seit wann bist du zurück?
B-04   Geoffrey und ich haben seit Jahren keinen Urlaub gehabt.
B-05   Aus Sicherheitsgründen habe ich
          alle Passwörter und Zugangscodes geändert.
B-06   Das waren die schlimmsten Momente, die ich je erlebt habe.
B-07   Magst du russischen Kaviar? •
          Ich weiß nicht, ich habe ihn noch nie probiert.
B-08   Haben wir diesen Film nicht schon einmal gesehen?
          Der Titel kommt mir bekannt vor.
B-09   Allein in den letzten Tagen haben wir Hunderte von Anfragen bekommen.
B-10   Wir haben gerade beschlossen zu heiraten. • Wirklich?
          Ich kann es kaum glauben. Wie lange seid ihr jetzt zusammen?
B-11   Ich habe so viel von der Welt gesehen,
          dass ich den Rest meines Lebens zu Hause verbringen möchte.
B-12   Es hat schon immer Leute gegeben,
          die sich jeder Art von Veränderung widersetzen.
B-13   Wie lange haben Sie diese Beschwerden schon?
B-14   Wir haben uns oft gefragt, wie Menschen von so wenig Geld leben können.
B-15   Ist der Groschen endlich gefallen?

Vergleichsübung: *Present Perfect Simple* oder *Past Simple*?
C-01   Wie lange haben Sie bei der BBC gearbeitet?
C-02   Mein Schwager hatte vor drei Jahren einen Schlaganfall.
          Seitdem ist er leicht behindert.
C-03   Er hat ein paar Monate hier gewohnt und ist dann nach London gezogen.
C-04   Ich habe meinen Haustürschlüssel verloren. •
          Ach, du meine Güte! Wann hast du ihn zuletzt gehabt?
C-05   Hast du mich aus Liebe geheiratet oder meines Geldes wegen?
C-06   Wir haben den Flug vor einer Woche gebucht,
          aber immer noch keine Bestätigung erhalten.

C-07	Das ist die unglaublichste Geschichte, die ich je gehört habe.
C-08	Seit letzter Woche habe ich einen neuen Flachbildfernseher.
	Meine Freundin hat ihn mir dagelassen, als sie ausgezogen ist.
C-09	Kolumbus hat nie das amerikanische Festland betreten.
C-10	Wir haben hier seit etwa einer Woche Frost, und laut neuestem Wetterbericht
	wird es noch ein paar Tage kalt bleiben.
C-11	Wie ist es passiert? – Ich weiß nicht, ich bin eben erst gekommen.
C-12	Er hat vor Jahren einen Herzschrittmacher bekommen
	und nie Probleme damit gehabt.
C-13	Wir waren für zehn Uhr verabredet.
	Jetzt ist es halb zwölf und sie ist immer noch nicht gekommen. •
	Vielleicht hat sie verschlafen, es wäre nicht das erste Mal.
C-14	Susan und John sind letzte Woche in ihr neues Haus eingezogen, haben ihr altes
	aber noch nicht verkauft. Sie haben also im Moment zwei Häuser.
C-15	Sie sind noch nicht lange in diesem Geschäft, nehme ich an. • Nein, ich habe
	vor zwei Wochen angefangen. • Verstehe. Und was haben Sie vorher gemacht?

Wiederholung: Übungsreihen 01 bis 12

D-01	Erinnerst du dich noch an die Zeit, als der Minirock in Mode kam?
D-02	Findet ihr nicht, dass ihr ein bisschen zu viel verlangt?
D-03	Du darfst das Paket erst an deinem Geburtstag aufmachen.
D-04	Niemand schien zu hören, dass das Telefon klingelte.
D-05	Vor ein paar Jahren war dieses Grundstück eine halbe Million wert.
D-06	Kann mir irgendjemand erklären, wie ich
	von 400 Euro im Monat eine Familie ernähren soll?
D-07	Deine Bemerkungen zeigen, wie wenig du davon verstehst.
D-08	Sie nutzte ihren Talkshow-Auftritt, um für ihren neuen Roman zu werben.
D-09	Wir brauchen keine Straßenkarte mehr.
	Ich habe ein Navi [Satelliten-Navigationssystem] im Auto.
D-10	Mein Zahn tut wieder weh. Könntest du mir ein paar Tabletten besorgen,
	nur für den Fall, dass der Schmerz zu stark wird?
D-11	Während unserer Reise lernten wir viel über fremde Völker und Länder.
D-12	Wie hast du es geschafft, ohne Auto hierher zu kommen?
D-13	Während er seinen Vortrag hielt, wurde ihm plötzlich schwindlig.
	Aber er erholte sich und konnte nach einer kurzen Pause fortfahren.
D-14	Wo bekommen wir Karten für die Nachmittagsvorstellung?
D-15	Das ist leichter gesagt als getan.

Übungsreihe 13
The Present Perfect Progressive

Ganz gleich, ob nur unterbrochen oder ganz aufgegeben –
so manches, was begonnen wurde, endet ergebnislos.
Auch „seit" und „wie lange schon?" sind wieder ein Thema.

▶ Vorbereitung: **GOT IT GRAMMAR** THEMA **12**, Seite 176-178

A-01	Ich habe von dir geträumt.
A-02	Es schneit jetzt schon eine ganze Woche.
A-03	Kommen Sie herein! Wir haben Sie schon erwartet.
A-04	Bis jetzt macht sich Philip ganz gut an seiner neuen Schule.
A-05	Irgendjemand hat wieder geraucht. Ich rieche es.
A-06	Seit Weihnachten treibe ich mehr Sport als jemals zuvor.
A-07	John hat in letzter Zeit viel zu viel gearbeitet.
	Er braucht dringend etwas Erholung.
A-08	Seit mehr als zwanzig Jahren verbringen wir den Winter am Mittelmeer.
A-09	Ich beobachte ihn schon eine ganze Zeit. Er scheint ziemlich nervös zu sein.
A-10	Das Stück läuft schon über fünfzig Jahre an diesem Theater.

A-11 Wie lange studieren Ihre Söhne schon in Eton?
A-12 Ich habe versucht, die Übersetzung zu machen,
aber sie ist zu schwierig für mich.
A-13 Die meisten dieser Probleme sind nicht neu. Wir diskutieren sie seit Jahren.
A-14 Harry plaudert schon den ganzen Abend mit Evelyn.
A-15 Lass mich jetzt ans Steuer! Du fährst schon lange genug.

B-01 Wer von euch hat Knoblauch gegessen?
B-02 Tut mir leid, ich wurde aufgehalten. Wartest du schon lange?
B-03 Sind die Millers umgezogen? Seit Tagen versuche ich,
einen von ihnen ans Telefon zu bekommen.
B-04 Was habt ihr die ganze Zeit da unten gemacht?
B-05 Seit einiger Zeit steigen die Benzinpreise wieder,
sind aber immer noch niedriger als noch vor ein paar Monaten.
B-06 Seit wir aus der Stadt weggezogen sind, bessern sich die Dinge.
B-07 Wir haben geklopft und geklopft, aber keiner hat aufgemacht.
B-08 Tut mir leid wegen der Unordnung. Die Kinder haben Plätzchen gebacken.
B-09 Hast du meine Sonnencreme benutzt, Helen? •
Natürlich nicht. Ich benutze nie die Sachen anderer Leute.
B-10 Du wirst es nicht glauben: es hat geschneit.
B-11 Ich freue mich schon seit Wochen auf euren Besuch.
B-12 Meine Füße tun weh.
Ich bin den ganzen Weg vom Bahnhof zu Fuß gegangen.
B-13 Er liegt seit seinem Motorradunfall vor fünf Wochen
mit einem gebrochenen Bein im Krankenhaus.
B-14 Könnten Sie das bitte wiederholen? Ich habe nicht zugehört.
B-15 Wir wissen, dass er in letzter Zeit ziemlich viel Ärger hatte.

Vergleichsübung:
Present Perfect Simple oder *Present Perfect Progressive?*
C-01 Habt ihr jemals etwas über das Internet bestellt?
C-02 Seit ihrer Scheidung ist sie ein ganz anderer Mensch.
C-03 Wir haben dich eine Ewigkeit nicht gesehen. Warst du weg?
C-04 Oh, du hast den Tisch gedeckt! Erwartest du jemanden?
C-05 Seit ein paar Jahren experimentieren Wissenschaftler
mit menschlichen Genen.
C-06 Ein schwerer Sturm tobt seit Mitternacht über der Ostsee.
C-07 Sie verhandeln seit Jahren. Und was haben sie erreicht?
C-08 Dort drüben sehen Sie die Freiheitsstatue.
Sie steht dort seit über 100 Jahren – um genau zu sein, seit 1886.
C-09 Ich bin gespannt, was für Ausreden er diesmal erfunden hat.
C-10 Er lernt jetzt seit zwei Jahren Englisch
und kann nicht einmal seinen Namen richtig buchstabieren.
C-11 Im schriftlichen Teil habe ich ein paar Leichtsinnsfehler gemacht.
C-12 Clara und Paul haben ihre Verlobung angekündigt.
C-13 Mein Mann und ich spielen seit über 30 Jahren Lotto,
haben aber noch nie etwas gewonnen.
C-14 Seit Jahrhunderten fragen sich die Menschen,
ob es auf anderen Planeten Leben gibt.
C-15 Wir hoffen, ihr habt aus dieser Übung etwas gelernt.

Wiederholung: Übungsreihen 01 bis 13
D-01 Wie oft fahren die Züge? • Alle halbe Stunde, soweit ich weiß.
D-02 Mal ehrlich, was würdest du tun, wenn du an meiner Stelle wärst?
D-03 Je älter man wird, desto mehr Ruhe braucht man.
D-04 Curry ist so etwas wie das neue Nationalgericht Englands geworden.
D-05 Es hat noch nie so viele Regentage gegeben wie in diesem Sommer.
D-06 Sie war mal in mich verliebt, aber das ist lange her.

D-07	Der Laden ist schwer zu finden. Er liegt in einem Hinterhof und sieht nicht sehr einladend aus.
D-08	Was ist das? • Was ist was? Ich höre nichts.
D-09	Ich ging in die Küche, wo Carlotta gerade das Abendessen vorbereitete.
D-10	Mein Mann klagt seit einigen Wochen über Rückenschmerzen.
D-11	Ich musste mit dem Taxi kommen, da mein Auto nicht anspringen wollte.
D-12	Du kannst das Boot haben, wenn du möchtest. Aber ich brauche es bis Freitag zurück.
D-13	Wir haben die Gesetze. Wir müssen sie nur anwenden.
D-14	Laut diesem Zeitungsartikel werden die Deutschen dieses Jahr weniger für Weihnachtsgeschenke ausgeben.
D-15	Fahren Sie bitte Ihr Auto weg. Sie parken an einer gelben Linie. • Tut mir leid, ich bin farbenblind. • Was Sie nicht sagen! Ihren Führerschein bitte!

Übungsreihe 14
The Future

Die Zukunft hat viele Facetten, und um die geht es in dieser Übung.
Wir lernen Vorhersagen zu treffen und Versprechungen zu machen.
Wir sprechen über Pläne, über Absichten und über Termine
oder entschließen uns ganz spontan zu etwas.

▶ Vorbereitung: **GOT IT GRAMMAR** THEMA **13**, Seite 187-190

A-01	Unsere Eltern feiern nächste Woche ihre Silberhochzeit.
A-02	Wenn du so weitermachst, schaffst du die Prüfung nie!
A-03	Ich werde für unsere Enkelkinder ein Sparkonto eröffnen.
A-04	Wir können das große Sofa vor den Kamin stellen, so haben die Kinder mehr Platz zum Spielen.
A-05	Wir werden wie üblich im *Waldorf Hilton* wohnen.
A-06	Passen Sie auf! Sie verlieren Ihre Brieftasche!
A-07	Früher oder später wird er seinen Fehler einsehen.
A-08	Mein Chef hält am Donnerstag auf der Buchmesse eine Rede.
A-09	Wenn ihr den Zug um 8.25 nehmt, seid ihr rechtzeitig zum Abendessen hier.
A-10	In ein paar Wochen werde ich mindestens fünf Kilo abgenommen haben.
A-11	Ich hoffe, wir haben Gelegenheit, euch zu besuchen, bevor wir abreisen.
A-12	Wir werden in einer Höhe von etwa zehntausend Metern fliegen.
A-13	Kann ich Mr Carson sprechen? • Moment, ich sehe mal nach, ob er da ist.
A-14	Ich habe den Film gesehen, und nun werde ich das Buch lesen.
A-15	Bis Ende März werden eine Million Besucher die Ausstellung gesehen haben.

B-01	Der letzte Flug nach Brüssel geht um 17.45 Uhr.
B-02	Dave ist aus Australien zurück. Er kommt morgen zum Kaffee.
B-03	Wie wird die Welt in einhundert Jahren aussehen?
B-04	Nächstes Jahr um diese Zeit werde ich meinen Ruhestand genießen.
B-05	Am 1. Juni werden wir fünfzehn Jahre verheiratet sein.
B-06	Dieses Getränk wird dich ein paar Stunden wach halten.
B-07	Ich hoffe, Paul denkt daran, die Zeitung abzubestellen.
B-08	Werdet ihr eure Sommerferien wieder an der Nordsee verbringen?
B-09	Da ich das Buch nicht bestellt habe, werde ich es nicht bezahlen.
B-10	Wir werden vermutlich nie erfahren, was an jenem Abend wirklich passiert ist.
B-11	Ich sehe Bill morgen. Wir arbeiten im selben Büro.
B-12	Wie viele Leute kommen am Freitag zu deiner Party, Chris?
B-13	Wenn ihr den letzten Bus verpasst, müsst ihr zu Fuß gehen.
B-14	Was werdet ihr mit dem ganzen Geld machen? • Ich weiß noch nicht. Vielleicht machen wir eine Kreuzfahrt.
B-15	Bist du bis Sonnabend fertig?

C-01 Ich bin froh, wenn die Feiertage vorüber sind.
C-02 Die Fähre geht um elf, aber da wir noch keine Tickets haben,
werden wir eine Stunde vor dem Auslaufen da sein müssen.
C-03 In etwa zehn Tagen werden wir die Hälfte der Strecke zurückgelegt haben.
C-04 Wird er nach seinem schweren Sturz jemals wieder gehen können?
C-05 Im Jahre 2020 werde ich fünfzig Jahre hier gearbeitet haben.
C-06 Wenn ich jetzt die Heizung aufdrehe, ist das Zimmer im Nu mollig warm.
C-07 Ich werde sie erst anrufen, wenn sie sich bei mir entschuldigt hat.
C-08 Ich weiß, es wird nicht leicht sein. Aber ich werde mein Bestes tun.
C-09 Bis Ende dieses Jahres werden alle Bände herausgekommen sein.
C-10 Ruf mich morgen Abend an. Aber nicht zwischen sieben und acht,
um die Zeit bringe ich die Kinder zu Bett.
C-11 Ich habe kein Geld dabei. • Macht nichts, ich leihe dir welches.
C-12 Die Löhne sind gestiegen,
und du kannst sicher sein, dass die Preise auch steigen werden.
C-13 Sobald alle Umbauarbeiten beendet sind, ziehen wir in unsere Wohnung zurück.
C-14 Fahren Sie nach London rein [= hinein]? • Ja, ich kann Sie mitnehmen,
wenn Sie wollen. • Sehr nett von Ihnen, vielen Dank.
C-15 Bis dahin bin ich alt und grau.

Wiederholung: Übungsreihen 01 bis 14
D-01 Wie gut kanntest du ihn?
D-02 Es wird höchste Zeit, dass ich mein Englisch ein bisschen auffrische.
D-03 Was macht Herbert beruflich? – Er ist Sozialarbeiter oder sowas.
D-04 Abenteuerurlaub erfreut sich in den letzten Jahren wachsender Beliebtheit.
D-05 Ich bin erst richtig wach, wenn ich meine erste Tasse Kaffee getrunken habe.
D-06 Seit Anfang letzter Woche ist Stuart
stellvertretender Leiter unserer Gesamtschule.
D-07 Spezielle Diäten sollen angeblich das Krebsrisiko vermindern.
D-08 Ein Grund für den derzeitigen Wohnungsmangel ist,
dass immer mehr junge Leute von zu Hause wegziehen.
D-09 Es hatte über Nacht gefroren. Die Bürgersteige waren glatt
und die Straßen mit einer dünnen, aber gefährlichen Eisschicht bedeckt.
D-10 Das Übliche für mich, und ein Glas Tomatensaft für meinen Mann.
Er wird heute fahren müssen.
D-11 Sie haben Glück, der Chef ist noch da, aber er telefoniert.
Nehmen Sie (doch) bitte Platz. Es kann nicht lange dauern.
D-12 Die Stadt hat sich im Laufe von nur zwei Jahrzehnten völlig verändert.
D-13 Zahlen Sie bar? • Nein, ich würde gern mit Kreditkarte bezahlen,
wenn Sie nichts dagegen haben.
D-14 Der ganze Ruhm und Reichtum sind ihm nicht zu Kopf gestiegen.
Das gefällt mir an ihm.
D-15 Du sprichst in Rätseln. Was genau meinst du?

Übungsreihe 15
The Past Perfect

Wir gehen zwei Schritte zurück in die Vergangenheit:
Was war zu dem Zeitpunkt, von dem wir berichten, bereits passiert?

▶ Vorbereitung: **GOT IT GRAMMAR** THEMA **12**, Seite 183-185

A-01 Ich kam über eine Stunde zu spät, weil ich verschlafen hatte.
A-02 Alle waren schockiert, als sie hörten, was passiert war.
A-03 Die Firma war in ernsten Schwierigkeiten,
da die Aufträge seit Monaten rückläufig waren.
A-04 Die Überfahrt dauerte länger, als wir erwartet hatten.
A-05 Ich war gerade zu Bett gegangen, als das Telefon klingelte.
A-06 Er bot mir 500 Euro für das Bild, doppelt soviel, wie ich dafür bezahlt hatte.

A-07   Niemand konnte uns sagen, was aus ihm geworden war.
A-08   Wir waren sehr hungrig, da wir noch nicht gefrühstückt hatten.
A-09   Es regnete seit Tagen. Große Gebiete standen unter Wasser.
A-10   Uns war sofort klar, dass ihm jemand geholfen hatte.
A-11   Er wusste unheimlich viel über Ägypten, obwohl er nie dort gewesen war.
A-12   Henry war todmüde, er hatte den ganzen Tag im Garten gearbeitet.
A-13   Bevor das Auto erfunden wurde,
        waren die Menschen mit der Kutsche gereist.
A-14   Wir waren ziemlich enttäuscht. Wir hatten viel mehr erwartet.
A-15   Sein Traum war Wirklichkeit geworden.

B-01   Er musste einsehen, dass er zu weit gegangen war.
B-02   Sie wollte uns nicht sagen, wo sie so lange gewesen war.
B-03   Ungefähr 25 Personen waren da, etwa so viele, wie wir eingeladen hatten.
B-04   Wir wussten seit langem, dass mit ihm etwas nicht stimmte.
B-05   Bevor er anfing, Architektur zu studieren,
        hatte Francis ein Jahr auf einer Baustelle gearbeitet.
B-06   Carol hatte das Auto erst eine Woche, als der Unfall passierte.
B-07   Wenn ich gestern nur nicht so viel Sekt getrunken hätte!
B-08   Als der Bürgermeister letzte Woche zurücktrat,
        war er über 40 Jahre im Amt gewesen.
B-09   Die Lederjacke sah aus wie neu,
        ich hatte sie nur ein- oder zweimal getragen.
B-10   Die Rückfahrt dauerte viel länger, als wir geplant hatten.
B-11   Lange bevor das Spiel begann,
        hatte die Polizei schon Hunderte von Fans festgenommen.
B-12   Wasser war knapp,
        da das Land seit Monaten unter einer extremen Dürre litt.
B-13   Als wir bei ihm zu Hause ankamen, war er noch nicht einmal aufgestanden.
B-14   Mehrere Arbeiter starben,
        nachdem sie große Mengen giftigen Gases eingeatmet hatten.
B-15   Die Polizei stoppte mich direkt hinter einer Kurve.
        Ich war zu schnell gefahren.

Vergleichsübung:
Alle Zeitformen des Past

C-01   Das Haus sah aus, als ob niemand darin wohnte.
C-02   Er bekam einen elektrischen Schlag, als er das Stromkabel berührte.
C-03   Sie sprachen Deutsch, darum konnte ich verstehen, was sie sagten.
C-04   Zu der Zeit wussten wir schon, dass er Drogen nahm.
C-05   Sie saß schon eine Stunde da und hatte noch kein Wort gesagt.
C-06   Der Fernseher war schon den ganzen Nachmittag an,
        aber da niemand hinsah, schaltete ich ihn ab.
C-07   Sie waren beide über fünfzig
        und lebten schon eine ganze Weile zusammen,
        bevor sie endlich beschlossen, zu heiraten.
C-08   Ich wusste wenig bis gar nichts über Afrika, als ich dort ankam.
        Aber schon bald merkte ich, dass es ganz anders war als (das),
        was ich in Filmen gesehen oder darüber gelesen hatte.
C-09   Als ich gestern spätabends nach Hause kam, war in der Wohnung
        über mir Licht an. Als ich heute Morgen zur Arbeit ging, war das Licht
        immer noch an, und ich fragte mich,
        ob es die ganze Nacht an gewesen war.
C-10   Er arbeitete seit Jahren bei einer Hamburger Baufirma,
        sprach aber immer noch kein Deutsch.
C-11   Zuerst wollten wir ein Taxi nehmen. Aber da keines in der Nähe war,
        beschlossen wir, zu Fuß zu gehen.

C-12   Die Besucher hatten den Saal gerade verlassen, als die Decke einstürzte.
C-13   Mark war gefahren wie verrückt, aber als wir am Fährhafen ankamen,
       hatte das Schiff schon abgelegt.
C-14   William hatte noch nicht einmal seine Sachen gepackt,
       obwohl er wusste, dass alle auf ihn warteten.
C-15   Ich wachte mitten in der Nacht auf, schweißgebadet.
       Ich wusste zuerst nicht, was los war,
       bis mir klar wurde, dass ich geträumt hatte.

Wiederholung: Übungsreihen 01 bis 15
D-01   Bis jetzt war alles ganz einfach.
D-02   Sie brauchen vor dem Hund keine Angst zu haben. Er beißt nicht.
D-03   Ich habe ein paar schwache Erinnerungen an meinen Großvater,
       aber ich habe ihn nie richtig kennengelernt.
       Er ist gestorben, als ich drei war.
D-04   Jeden Tag gibt es Eier zum Frühstück.
       Nennst du das ausgewogene Ernährung?
D-05   Einer sagt dies, der andere sagt das. Was soll ich glauben?
D-06   Ein Parkettfußboden sieht besser aus als Auslegeware,
       aber er ist viel teurer,
       und ich bin nicht geschickt genug, um ihn selbst zu verlegen.
D-07   Ich kann Sie viel besser verstehen,
       wenn Sie ein bisschen langsamer sprechen.
D-08   Er war so stark, dass er mühelos eine Eisenstange verbiegen konnte.
D-09   Obwohl ich jetzt mehr verdiene,
       ist mein verfügbares Einkommen gleich geblieben.
D-10   Diese Creme lässt deine Haut glatt und gesund aussehen.
       Wenigstens steht das auf der Packung.
D-11   Eine kleine Flasche von diesem Parfüm
       kostet mehr als ein Abendessen zu zweit.
D-12   Solange es keine handfesten Beweise gibt,
       können wir nichts gegen ihn unternehmen.
D-13   Wollen wir hier bleiben, oder möchtest du lieber woanders hingehen?
D-14   Ich frage mich, was diese Leute in ihrer Freizeit machen.
D-15   So, das war das. Was machen wir als nächstes?

Übungsreihe 16
Kurzsätze und Anhängsel

Wir antworten, bestätigen etwas, haken noch mal nach, aber – wir fassen uns kurz.

▶ Vorbereitung: **GOT IT GRAMMAR** THEMA **14**, Seite 193-197

A-01   Ist dies Ihre erste Reise nach Australien? • Ja.
A-02   Schöner Blick von hier oben, nicht? • Ja, es ist großartig.
A-03   Ich war ziemlich verärgert, um ehrlich zu sein. • Ich auch.
A-04   Kennst du dich in London aus? • Leider nein, es ist mein erster Besuch.
A-05   Fast alle waren seekrank. • Ich nicht!
A-06   Wer von euch spricht Portugiesisch? • Ich.
A-07   Ich kann seine arrogante Art nicht ausstehen. • Ich auch nicht.
A-08   Diese Hotelzimmer haben keinen Internet-Anschluss, oder?
A-09   Brauchen Sie Hilfe? • Ja, wir haben uns verfahren.
A-10   Können Sie einen Hubschrauber fliegen? • Nein, Sie?
A-11   Ich bin an moderner Kunst nicht interessiert. • Nein? Ich ja.
A-12   Du meinst, dieses Medikament ist frei erhältlich? •
       Nun, ich glaube schon.
A-13   Sie arbeiten immer noch beim Finanzamt, nicht wahr?
A-14   Amerikanisch klingt ganz anders als britisches Englisch. • Ach ja?
A-15   Ihr habt nicht viel gemeinsam, oder?

B-01   Sie sind nicht hier geboren, oder? • Nein.
B-02   Gibt es hier in der Gegend eine Apotheke? • Ja, (die) gibt es.
B-03   Lass uns einen kleinen Spaziergang machen, ja?
B-04   Ich bin schlau, was? • Bist du,
       aber du brauchst es nicht ständig zu erwähnen.
B-05   Die Holländer werden wahrscheinlich nicht zustimmen,
       die Franzosen auch nicht. Aber die Deutschen.
B-06   Bist du schon wählen gewesen? • Nein, noch nicht, du? •
       Nein. Und ich bin nicht sicher, ob ich überhaupt gehen werde.
B-07   Sie vergeuden Ihre Zeit. • Tu ich das? • Ja.
B-08   Sie können mir auch nicht helfen, oder?
B-09   Glaubst du an ein Leben nach dem Tode? • Nein, du?
B-10   Es gibt zu viel Werbung im Fernsehen. • Ja, nicht wahr?
B-11   Man kann uns nicht zwingen, oder? • O doch, man kann!
B-12   Die tatsächlichen Kosten werden noch höher sein. •
       Das werden sie mit Sicherheit.
B-13   Werden Sie nächsten Sommer wieder herkommen? •
       Das kann gut sein, Sie nicht? • Nein, ganz bestimmt nicht.
B-14   Sie sind nicht sehr zufrieden mit Ihrer Arbeit, oder?
B-15   Ich fand die Show einfach umwerfend! •
       Ach ja? Ich fand sie todlangweilig.

C-01   Das sind zur Abwechslung mal gute Nachrichten, was?
C-02   Da ist ein Spinnennetz an der Decke. • Tatsächlich? •
       Ja, direkt über deinem Bett. •
       Das stört mich nicht. Ich habe keine Angst vor Spinnen.
C-03   Ich bin noch nie mehr als ein paar Tage von zu Hause weg gewesen. Du?
C-04   Der erste Band war nicht mehr erhältlich. Der zweite auch nicht.
C-05   Muss ich das ganze Formular ausfüllen? • Nein, nur den oberen Teil.
C-06   Du wirst doch einen alten Freund nicht enttäuschen, oder?
C-07   Kennen Sie die Spielregeln? • Ja, natürlich, Sie nicht? •
       Nein, darum frage ich Sie.
C-08   Mit einigen Leuten kommt man gut klar, mit anderen nicht.
C-09   Machst du dann und wann Überstunden? • Nur wenn ich muss.
C-10   Ich habe keine Ahnung, was dies bedeuten soll. • Ich auch nicht.
C-11   Dein Mann war sehr großzügig. • Das ist er bei anderen Frauen immer.
C-12   Du denkst vielleicht, es war komisch.
       Aber das war es nicht, ganz und gar nicht.
C-13   Diese Zahlen sind falsch. • Nein, sind sie nicht. • Doch, sind sie!
C-14   Das Gehalt ist nicht sehr verlockend,
       und die Arbeitsbedingungen sind es auch nicht.
       Aber irgendein Job ist besser als überhaupt keiner.
C-15   Nichts Neues, oder? • Nein, leider nicht.

Wiederholung: Übungsreihen 01 bis 16
D-01   Die Radmuttern waren lose, ich hatte sie nicht richtig angezogen.
D-02   Sie will nicht einsehen, dass sie einen Fehler gemacht hat.
D-03   Hat Ellen wieder geheiratet? • Nein, seit ihrer Scheidung lebt sie allein.
D-04   Wissen Sie, wie viel ein ungelernter Arbeiter früher verdient hat?
D-05   Sie ziehen nach Schottland? Regnet es da nicht Tag und Nacht?
D-06   Ein paar Wochen nach der Operation
       waren die Narben fast unsichtbar geworden.
D-07   Für viele Kinder aus ärmeren Familien ist das Schulessen
       die einzige richtige Mahlzeit des Tages.
D-08   Kann Windkraft die Lösung für unsere Energieprobleme sein?
D-09   Er war eine ganze Weile arbeitslos, aber seit Montag hat er wieder einen Job.
D-10   Wir bereiteten gerade das Abendessen vor, als plötzlich das Licht ausging.
       Wir mussten im Dunkeln weitermachen.

D-11	Die Bäume stehen seit über hundert Jahren hier.
	Nun hat der Gemeinderat beschlossen, sie zu fällen.
D-12	Jede dieser Zeichnungen ist über 1.000 Euro wert.
D-13	Hast du wirklich vor, aufzubleiben
	und dir diesen Blödsinn anzusehen? Ich nicht.
D-14	Private Vorsorge wird heutzutage immer wichtiger.
D-15	Sind Sie taub oder was? • Wie bitte?

Übungsreihe 17
Artikelgebrauch, Einzahl und Mehrzahl

Der, die, das – da geht das Englische oft eigene Wege.
Ob Sie wissen, wieso, weshalb, warum, können Sie hier testen.

▶ Vorbereitung: **GOT IT GRAMMAR** THEMA **2**, Seite 40-54 und THEMA **3**, Seite 57-64

A-01	Die Vereinigten Staaten sind immer noch eine Supermacht.
A-02	Diese Treppe führt hinauf zum Dachgarten.
A-03	Ich rauche nie Zigaretten, aber ich rauche dann und wann Pfeife.
A-04	Die Theorie ist eine Sache, die Praxis ist eine andere.
A-05	Ich frage mich, ob derart viele Hausaufgaben wirklich nötig sind.
A-06	Wir verkaufen unsere Waren in alle Teile der Welt.
A-07	Solange ich jung bin, will ich das Leben genießen.
A-08	Der Patient hat bemerkenswerte Fortschritte gemacht.
A-09	Hör gut zu, ich habe eine höchst interessante Nachricht für dich.
A-10	Mr Burke ist Musiker. Er spielt Trompete in einer Jazzband.
A-11	Ich habe eine Bluse, eine Jacke und zwei Strumpfhosen gekauft.
A-12	Wenn sie Fieber hat, sollte sie lieber im Bett bleiben.
A-13	Feuerwehrmänner riskieren oft ihr Leben,
	wenn sie ein brennendes Haus betreten.
A-14	Die deutsche und die englische Sprache haben wenig gemeinsam.
A-15	Ohne Auto bist du in dieser Stadt aufgeschmissen.

B-01	Wie schade, dass du nicht da warst. Wir hatten so einen Spaß!
B-02	Die meisten seiner Ratschläge waren nutzlos.
B-03	Ich kann meine Brille nicht finden. Hast du sie gesehen?
B-04	Computer sind ein Teil unseres täglichen Lebens geworden.
B-05	Wer immer dir diese Informationen gab, sie sind falsch.
B-06	Die Vereinten Nationen haben zu wenig Einfluss auf die Weltpolitik.
B-07	Der Generalstreik brachte das öffentliche Leben zum Stillstand.
B-08	Zum ersten Mal überhaupt macht unsere Familie getrennt Urlaub.
B-09	Wir gehen ins Krankenhaus, Philip besuchen. •
	Oh, Philip ist im Krankenhaus? Ich hoffe, es ist nichts Ernstes.
B-10	Der Mount Everest ist der höchste Berg des Himalaya.
B-11	Nach Monaten im All waren die Astronauten froh, wieder auf der Erde zu sein.
B-12	Die Polizei war nicht in der Lage, das Gebäude zu bewachen.
B-13	Seine erste Handlung als Präsident
	war die Freilassung aller politischer Gefangenen.
B-14	In der 42. Straße kauften wir Theaterkarten, dann gingen wir
	den Broadway hinunter zur Wall Street. Das sind mindestens fünf Kilometer.
B-15	War er nicht im Gefängnis? • Ja, aber das ist zwanzig Jahre her,
	und zwanzig Jahre sind eine lange Zeit.

C-01	Um wie viel Uhr sind die nächsten Nachrichten im Fernsehen?
C-02	20 Meter hohe Palmen warfen ihren Schatten auf den Strand.
C-03	Die Masern sind eine Infektionskrankheit.
C-04	Ich werde eine andere Hose anziehen müssen,
	meine Jeans ist noch nicht trocken.
C-05	Der Wirbelsturm *Katrina* hat sowohl in der Stadt als auch im Umland
	verheerende Schäden angerichtet.

C-06 Die meisten Diktatoren sind mit Hilfe der Armee an die Macht gekommen.

C-07 Ich habe in meinem ganzen Leben noch nie so einen Unsinn gehört.

C-08 Wie lange sind die Niederlande schon Mitglied der EU? •
Von Anfang an. Sie waren einer der sechs Gründerstaaten.

C-09 Ich frage mich immer noch, wie es möglich war,
ein lebendes Krokodil durch den Zoll zu bekommen.

C-10 Er lebt seit elf Jahren im Ausland,
ist aber immer noch deutscher Staatsbürger.

C-11 Was Sie hier sehen, sind wertvolle englische Möbel
aus dem 17. und 18. Jahrhundert.

C-12 Die Parteien sind in der Frage der Steuerpolitik zerstritten.

C-13 Können wir endlich zum Essen kommen? •
Tut mir leid, die Spaghetti sind noch nicht soweit.

C-14 So etwas wird es nie geben.
Zumindest nicht in naher Zukunft, wenn überhaupt.

C-15 Meine Eltern hatten ihr ganzes Leben auf diesen Moment gewartet.

Wiederholung: Übungsreihen 01 bis 17

D-01 Ihr braucht nicht nach einem Hotel zu suchen,
ihr könnt bei uns übernachten.

D-02 Wir haben unseren Flug verpasst,
weil Alfred die Tickets im Handschuhfach liegen gelassen hatte.

D-03 Wir können erst sicher sein, wenn wir mit ihm gesprochen haben.

D-04 Ich hatte hart gearbeitet und freute mich auf das Wochenende.

D-05 Erklären Sie das Ihrem Chef, nicht mir!

D-06 Du wirst nie erraten, wer nebenan eingezogen ist.

D-07 Die Polizei ist überzeugt, dass es
zwischen dem Täter und dem Opfer eine besondere Beziehung gab.

D-08 Wenn Sie Fisch mögen, sollten Sie Räucheraal probieren.
Es ist ein typisches Gericht der hiesigen Küche.

D-09 Kennst du sie? • Ja. • Erzähl mir von ihr. Wie ist sie?

D-10 Man wollte uns nicht reinlassen,
weil die Vorstellung schon angefangen hatte.

D-11 Sie sind also Sozialist. • Ja, bin ich. • Das heißt, Sie glauben
an den Sozialismus. • Ja, natürlich, Sie nicht? • Nein.

D-12 Die Polizisten hatten Helme auf, aber sie trugen keine Schusswaffen.

D-13 Trotz seiner Verletzungen
konnte er sich aus dem brennenden Auto befreien.

D-14 Dieses Land hat in den letzten Jahren große Anstrengungen gemacht,
den allgemeinen Lebensstandard zu erhöhen.

D-15 Fang nicht wieder damit an, ja?

Übungsreihe 18
Bestimmung und Begleitung

Welcher, was für ein, wie viel: in dieser Übung geht es nicht nur
um irgendetwas, sondern meist um etwas ganz Bestimmtes.

▶ Vorbereitung: **GOT IT GRAMMAR** THEMA 4, Seite 65-72

A-01 Sie trägt an jedem Finger einen Ring.

A-02 Ist noch Rotwein da? • Ja, aber nur eine halbe Flasche.

A-03 Ich werde ein paar Tage frei nehmen, sobald wir hier fertig sind.

A-04 Ist Kettenrauchern klar, was sie ihrer Gesundheit antun?

A-05 Im Frühjahr besuchen Tausende von Touristen diese Insel,
aber die meisten von ihnen reisen am selben Tag zurück.

A-06 Dieses Ticket gilt mit wenigen Ausnahmen für alle Inlandsflüge.

A-07 Keines dieser Kinder ist jemals im Ausland gewesen.

A-08	Die Reparatur wird ein paar Monate dauern und mehrere Millionen Pfund kosten.
A-09	Wir haben allen Grund, zufrieden zu sein.
A-10	Die ganze Veranstaltung war ein totaler Reinfall.
A-11	Die Mauern dort drüben sind die Überreste einer alten römischen Festung.
A-12	Ich mache immer noch dumme Fehler, weil ich zu viele Wörter vergesse.
A-13	Alle unsere Freunde und Verwandten kommen zur Hochzeit.
A-14	Ein Baguette, etwas Käse und ein paar Oliven ergeben eine schmackhafte Zwischenmahlzeit.
A-15	So manches Genie starb in Armut.
B-01	Ich selbst war nicht da, als es passierte.
B-02	Einige Frauen hatten Tränen in den Augen.
B-03	Ein Elternteil spricht Englisch, der andere Spanisch. Ihre Kinder sprechen beide Sprachen fließend.
B-04	Ihr alle könnt stolz auf eure Leistung sein.
B-05	Ist es möglich, in weniger als 24 Stunden um die Welt zu fliegen?
B-06	So etwas kann jeden Augenblick wieder passieren.
B-07	Es gibt verschiedene Erklärungen für dieses Phänomen, aber keine von ihnen ist wirklich überzeugend.
B-08	Bis Jahresende werden weitere 3.000 Beschäftigte ihren Job verloren haben.
B-09	Unter bestimmten Voraussetzungen wären wir bereit, noch ein paar Auszubildende einzustellen.
B-10	Es hätte genügt, einen Eimer Wasser über das Feuer zu gießen.
B-11	Können alle sitzen, oder brauchen wir noch Stühle?
B-12	Unsere Firma hat jedes Jahr auf der Computermesse einen Stand.
B-13	Die Nachricht muss ein ziemlicher Schock für sie gewesen sein.
B-14	Wegen der Überschwemmungen war die Küstenstraße in beiden Richtungen gesperrt.
B-15	Bergleute verbringen ihr halbes Leben unter Tage.
C-01	Ich nutze den Wagen sowohl für private als auch für berufliche Zwecke.
C-02	Schulkinder überreichten jedem der Besucher einen kleinen Blumenstrauß und – fragen Sie mich nicht, warum – eine Tüte Kartoffelchips.
C-03	Ihr könnt noch Kaffee haben, wenn ihr wollt. Aber ihr werdet ihn schwarz trinken müssen, es ist leider keine Milch mehr da.
C-04	Die Schotten trinken mehr Whisky als jedes andere Volk auf der Welt.
C-05	Die Ölpest im Golf von Mexiko hat wieder einmal gezeigt, wie wenig wir aus ähnlichen Katastrophen gelernt haben.
C-06	Für die meisten Fans ist Fußball nur ein aufregendes Abenteuer, für ein paar von ihnen jedoch ist es eine Art Ersatzkrieg.
C-07	Sie hatte die Nase voll von all den Streitereien und beschloss, sich von ihm scheiden zu lassen.
C-08	Zu jeder Zeit des Jahres weiden große Schafherden auf der Farm meiner Großeltern im Süden Australiens.
C-09	Ein Teil des Naturschutzgebiets liegt auf der anderen Seite der Grenze.
C-10	Abenteuerlustige Touristen mit reichlich Zeit und Geld werden schon bald mit einem Unterseeboot zum Wrack der *Titanic* hinunter reisen können.
C-11	Nach einem zweitägigen Kamelritt durch die Wüste erreichte die Expedition endlich ihr Ziel.
C-12	Aus bestimmten Gründen können wir Ihnen keine weiteren Informationen geben.
C-13	Seit kurzem sitzen wir in modernen Großraumbüros mit Computern auf jedem Schreibtisch.
C-14	Du wirst mir nicht glauben, aber in ganz New York habe ich nicht ein einziges passendes Geschenk für ihn gefunden.
C-15	Wenn man erst einmal ein gewisses Alter erreicht hat, werden viele Dinge unwichtiger.

D-01   Wie haben wir das früher genannt?
D-02   Ich glaube, ich werde diesen Raum als Arbeitszimmer einrichten.
D-03   Mittlerweile betrifft die Arbeitslosigkeit auch Familien der Mittelschicht.
D-04   Für mich ist er der ideale Ehemann. Ich hätte keinen besseren finden können.
D-05   Mr Harris ist hier seit 38 Jahren als Hausmeister angestellt.
D-06   Morgen um diese Zeit werde ich dir mehr darüber sagen können.
D-07   Wenn ihr gute Fotos machen wollt, müsst ihr aufs Dach klettern.
D-08   John ist nach Den Haag abgereist. Er nimmt dort an einer Konferenz teil.
       Ich glaube nicht, dass er vor Sonntag zurück ist.
D-09   Alles wäre einfacher, wenn wir richtiges Werkzeug hätten.
D-10   Zeit ist Geld, wie wir alle wissen.
D-11   Lassen Sie mich zunächst erklären, worum es bei diesem Projekt geht.
D-12   Die Zwillinge werden an ihrem 18. Geburtstag ein Vermögen erben.
D-13   Ich war damals ziemlich naiv und glaubte fast alles.
D-14   John hustet ziemlich viel in letzter Zeit. • Raucht er viel? •
       Nein, er raucht überhaupt nicht. • In dem Fall sollte er zum Arzt gehen.
       Es könnte etwas Ernstes sein.
D-15   Bis wann müssen wir uns entscheiden?

Übungsreihe 19
Ersetzung

Kleine Wörter – große Probleme: „sie" kann im Englischen
she, **her**, **they** *und* **them** *heißen, für die Übersetzung von „ihr"*
stehen **you**, **her** *und* **their** *zur Wahl.*
Hier ist Vorstellungsvermögen gefragt, bloßes Wortschatzwissen reicht nicht.

▶ Vorbereitung: **GOT IT GRAMMAR** THEMA **6**, Seite 93-108

A-01   Ich hatte keinen Cent in der Tasche.
A-02   Sie denkt nur an sich, nie an andere.
A-03   Sarah und Janet hatten sich seit Jahren nicht gesehen.
A-04   Zahlt man mehr oder weniger, wenn man im Voraus bucht?
A-05   Sie brauchen sich nicht zu entschuldigen, es war eindeutig mein Fehler.
A-06   Es ist verdammt kalt heute. • Ja, man könnte denken, wir haben Winter.
A-07   Wenn ich weniger als acht Stunden Schlaf bekomme,
       fühle ich mich den ganzen Tag müde.
A-08   Eine große Tube Zahnpasta ist billiger als zwei kleine.
A-09   Sieh dich an, da drüben ist ein Spiegel!
A-10   Du wirst ihn kaum wiedererkennen. Er hat sich den Bart abrasiert.
A-11   Ein alter Kumpel von mir kommt mich übers Wochenende besuchen.
A-12   Sie fanden ihn tot in seiner Jagdhütte.
       Er hatte sich mit seinem Gewehr erschossen.
A-13   Wir können uns keinen Urlaub leisten.
       Darum werden wir diesen Sommer zu Hause bleiben.
A-14   Ich hatte solche Angst vor der Prüfung,
       dass ich an nichts anderes denken konnte.
A-15   Benimm dich!

B-01   Darf ich mich vorstellen? Mein Name ist Ray Gibbs.
       Ich bin (schon) immer ein großer Bewunderer von Ihnen gewesen.
B-02   Er lag auf dem Rücken und konnte sich nicht bewegen.
B-03   Ich mag das Land und seine Menschen,
       auch wenn ich sie nicht verstehe, weil ich ihre Sprache nicht spreche.
B-04   Er hat sich bei mehreren Firmen beworben, aber bisher ohne jeden Erfolg.
B-05   Ich habe meine LP-Sammlung behalten, meine Schwester hat ihre verkauft.
B-06   Wir brauchen uns nicht zu beeilen. Wir kommen sowieso zu spät.
B-07   Bist du sicher, dass es Bob war? • Ja, ganz sicher. Ann sagt das auch.

B-08   Die Lebenshaltungskosten haben sich
       innerhalb von nur fünf Jahren mehr als verdoppelt.
B-09   Eine der längsten Menschenschlangen in London,
       wenn nicht die längste,
       ist die vor Madame Tussauds Wachsfigurenkabinett.
B-10   Wir haben beschlossen, unsere Wohnung selbst zu tapezieren.
       Handwerker sind zu teuer.
B-11   Wir können uns wirklich nicht beklagen. Alles ist bestens.
B-12   Mein Nachbar ist letzte Woche ausgezogen.
       Er hat sich irgendwo im Süden Spaniens ein Haus gekauft.
B-13   Wir nahmen ein Bad im See, um uns abzukühlen.
B-14   Der Briefträger behauptet,
       dass unser Hund ihn ins Bein gebissen hat.
B-15   Alle nahmen den Hut ab.

C-01   Müssen wir uns zum Abendessen umziehen?
C-02   Falls jemand anruft, sag ihm, ich bin bei einer Besprechung,
       aber er kann mich ab vier Uhr auf meinem Handy erreichen.
C-03   Bist du das auf dem Foto, Jeannie? • Ja, das bin ich mit sechs. •
       Unglaublich! Du hast dich kaum verändert.
C-04   Vielleicht erinnern Sie sich nicht an mich, Herr Professor,
       aber ich erinnere mich an Sie. Ich war ein Schüler von Ihnen.
C-05   Kleine Kinder ziehen sich oft die Decke über den Kopf,
       wenn sie sich fürchten.
C-06   Ich will mich nur vergewissern, dass diese Informationen stimmen.
C-07   Es hilft niemandem, wenn wir uns gegenseitig anbrüllen.
C-08   Die Wohnung unseres Vermieters ist im ersten Stock,
       und unsere ist im Erdgeschoß.
       Darum begegnen wir uns hin und wieder.
C-09   Du kannst dir vorstellen, wie überrascht ich war,
       als ich hörte, dass Amy und Julian sich getrennt haben.
C-10   Wenn sie eine bestimmte Temperatur erreicht hat,
       schaltet sich die Heizung automatisch an und aus.
C-11   Selbst die teureren Karten verkaufen sich bis jetzt ganz gut.
C-12   Jemand hat seinen Schirm hier liegen lassen. •
       Oh, das könnte meiner sein. Wie sieht er aus?
C-13   Können Politiker es sich leisten, die öffentliche Meinung zu ignorieren?
C-14   Vielleicht verstehen Sie mich besser, wenn Sie selbst Kinder haben.
C-15   Alle amüsieren sich.

Wiederholung: Übungsreihen 01 bis 19
D-01   Ich war früher nie krank.
D-02   Gibt es nur eine Toilette? • Nein, unten ist noch eine.
D-03   Während seiner Rede war ich so müde,
       dass ich kaum die Augen offen halten konnte.
D-04   Der arme Bill ist von einem Pferd gefallen
       und hat sich den Knöchel verstaucht.
D-05   Benutze immer ein sauberes Tuch, um die CD abzuwischen,
       sonst zerkratzt du sie.
D-06   Ich habe vier Fahrräder gekauft, für jedes Familienmitglied eines.
D-07   Wenn man mit diesen Leuten Geschäfte machen will,
       muss man Geduld haben und gut zuhören können.
D-08   Welchen Einfluss hat Lärm auf die Gesundheit der Menschen?
D-09   Kannst du Chinesisch? • Nein, du? •
       Noch nicht, aber ich nehme Unterricht. •
       Wozu? • Na ja, für alle Fälle.
D-10   Er war ein talentierter Fußballer,
       bevor er seine Karriere als Fernsehkoch begann.

D-11   Nach der Schule wollte ich für ein Jahr im Ausland arbeiten,
        aber meine Eltern wollten mich nicht gehen lassen.
D-12   Wenn ich etwas Besseres vor hätte,
        würde ich nicht mit dir hier sitzen.
D-13   Wir machen Geschäfte, um Gewinne zu machen.
D-14   Er liegt seit fünf Tagen im Krankenhaus,
        aber wir haben wir ihn bis jetzt noch nicht besuchen dürfen.
D-15   Der Unfall passierte auf einer einsamen Landstraße fernab von allem.

Übungsreihe 20
Relativsätze

Wir lernen, nähere Angaben zu Personen oder Dingen zu machen,
tun dies aber nicht durch beigefügte Wörter, sondern in Form eines Nebensatzes.
Eine der entscheidenden Frage dabei ist: welches Wort leitet diesen Nebensatz ein?

▶ Vorbereitung: **GOT IT GRAMMAR** THEMA **21**, Seite 247-252

A-01   Es ist eine Aufgabe, die viel Geduld erfordert.
A-02   Die Dame, die unser Klavier kaufen will, hat vorhin angerufen.
A-03   Arthur hat viele alte Bücher,
        von denen einige nicht mehr erhältlich sind.
A-04   Meine Großmutter, die über siebzig ist, spielt immer noch Tennis.
A-05   Wir gingen in ein Restaurant,
        das für seine hervorragende Küche bekannt ist.
A-06   Ich habe fünf Schwestern, von denen vier bereits verheiratet sind.
A-07   Ist das der einzige Grund, warum du heute so schlechte Laune hast?
A-08   Ich würde gern in einem Land leben, in dem es keinen Winter gibt.
A-09   Es gibt nicht viele Eltern, die es sich leisten können,
        ihre Söhne und Töchter auf eine Privatschule zu schicken.
A-10   Wie teuer war das Rennrad, das Mike zu Weihnachten bekommen hat?
A-11   Willst du wirklich wissen, was er über dich gesagt hat?
A-12   Leute, die immer mit Kreditkarte bezahlen,
        können sich leicht verschulden.
A-13   Angela und Joe, die wir auf unserer Asienreise kennen gelernt haben,
        kommen uns diesen Sommer besuchen.
A-14   Alles, was er besitzt, wird eines Tages dir gehören.
A-15   Da ist noch etwas, was ich dir sagen muss.

B-01   Die Firma, bei der ich gearbeitet habe, ist pleite gegangen.
        Darum sind wir aufs Land gezogen.
B-02   Er ist ein netter Mensch und, was noch wichtiger ist,
        man kann ihm vertrauen.
B-03   Jetzt, wo sie ihren Job aufgegeben hat,
        hat Sara mehr Zeit für sich selbst.
B-04   Er kaufte den Ring von dem Juwelier zurück,
        an den seine Frau ihn verkauft hatte.
B-05   Für die Millers, die noch nie im Ausland gewesen sind,
        wird diese Reise ein unvergessliches Erlebnis werden.
B-06   Der Film, über den wir neulich gesprochen haben,
        läuft ab Montag im *Odeon.*
B-07   Kinder brauchen ein Zimmer, in dem sie ungestört spielen
        und ihre Hausaufgaben machen können.
B-08   Er muss die Ware durch den Zoll bekommen, was nicht leicht sein wird.
B-09   Eric hat eine Maschine erfunden,
        die niemand außer ihm bedienen kann.
B-10   Selbst Phil, der wirklich gut in Mathe ist, hat diesen Fehler gemacht.
B-11   Die Zahl der Familien, die mehr ausgeben,
        als sie verdienen, nimmt dramatisch zu.

B-12	Ich habe einmal über dieses Thema
	einen spannenden Roman gelesen,
	dessen genauer Titel mir im Moment entfallen ist.
B-13	Ich habe neulich einen Sack Kartoffeln gekauft,
	von denen mehr als die Hälfte vergammelt waren.
B-14	Es gibt Tage, an denen alles schiefgeht. Heute ist so ein Tag.
B-15	Chemie ist das einzige Fach, das ich mit Sicherheit abwählen werde.

C-01	Sie verfluchte den Tag, an dem sie ihm begegnet war.
C-02	Mein neuer Computer stürzt ziemlich oft ab,
	was mein vorheriger nie gemacht hat.
C-03	Er hat zwei jüngere Brüder, die beide in Oxford studieren.
C-04	In meiner neuen Klasse sind 28 Schüler,
	von denen ich einige schon ganz gut kenne.
C-05	Was er uns erzählt hat, ist nur die halbe Wahrheit.
C-06	Es gibt viele Dinge, die ich gern hätte, mir aber nicht leisten kann.
C-07	Mrs Allison, deren Mann letztes Jahr bei einem Motorradunfall
	ums Leben gekommen ist, hat im Fußballtoto 100.000 Pfund gewonnen.
C-08	Bei der Explosion wurden sechs Personen schwer verletzt,
	von denen sich zwei immer noch in kritischem Zustand befinden.
C-09	Wir haben früher in einem Haus gewohnt, in dem es keine Toilette gab,
	geschweige denn ein Badezimmer.
C-10	Kennst du den neuen Freund von Judith? • Du meinst den,
	den sie in Paris kennengelernt hat? • Ja, den.
C-11	Dies sind Norman und seine Frau Isabel,
	in deren Haus wir während unseres Urlaubs gewohnt haben.
C-12	Er war alles andere als freundlich zu den Zollbeamten,
	was die Sache noch komplizierter machte.
C-13	Als jemand, der in einer Bauernfamilie aufgewachsen ist,
	weiß ich sehr gut, was es bedeutet, früh aufstehen zu müssen.
C-14	Ich hatte mein Handy nicht dabei, und in dem Lokal,
	von dem aus ich dich anrufen wollte, gab es kein Telefonbuch.
C-15	Vieles von dem, was er heute sagt, hört sich völlig anders an als das,
	was er noch vor ein paar Jahren gesagt hat.

Wiederholung: Übungsreihen 01 bis 20

D-01	Musste es soweit kommen?
D-02	Das Gute an Yoga ist, dass man es fast überall ausüben kann.
D-03	Laut einer jüngsten Umfrage sehen zwei von drei
	englischen Schulkindern täglich bis zu 5 Stunden lang fern.
D-04	Ich denke manchmal, die Menschheit ist dabei,
	sich selbst zu vernichten.
D-05	Wie wäre es mit einem Schinkenbrötchen? •
	Nein, danke, ich habe gerade erst gefrühstückt.
D-06	Der Londoner Tower diente früher als Gefängnis.
	Heute ist er eine der großen Touristenattraktionen Englands.
D-07	Die Stadt selbst ist langweilig, aber die Umgebung ist wunderschön.
D-08	Sandra bekommt ein Baby. Sie weiß schon, dass es ein Junge wird.
D-09	Alle Länder außer China haben der Erklärung zugestimmt.
D-10	Eine Mauer um das Haus würde den Lärm verringern,
	aber furchtbar aussehen.
D-11	Die Farbe ist neutral und passt zu fast allem.
D-12	Obwohl er als Kind nicht ins Kino gehen durfte,
	wurde David Lean einer der größten Filmregisseure aller Zeiten.
D-13	Ein *twin room* ist kein (Hotel)zimmer für Zwillinge,
	sondern eines mit getrennten Betten.
D-14	Ein Sparkonto bringt nicht viele Zinsen. Aber es ist eine sichere Anlage.
D-15	Wo würdest du leben wollen, wenn du die Wahl hättest?

Übungsreihe 21
The Modal Perfect

Wenn, hätte, wäre – das sind die Schlüsselwörter dieser Übungsreihe,
in der wir vor allem über Dinge sprechen,
die anders gekommen sind, als wir sie uns gewünscht hätten.

▶ Vorbereitung: **GOT IT GRAMMAR** THEMA **13**, Seite 191

A-01   Annabelle hätte eine gute Lehrerin abgegeben.
A-02   Wir hätten die Einladung nicht annehmen sollen.
A-03   Er muss total verrückt geworden sein.
A-04   Es wäre nie passiert, wenn du auf mich gehört hättest.
A-05   Wer außer uns beiden könnte davon gewusst haben?
A-06   Wer hätte gedacht, dass so etwas passieren könnte?
A-07   Sie muss ganz schön verärgert gewesen sein.
A-08   Wäre es nicht vernünftiger gewesen, mit der U-Bahn zu kommen?
A-09   Wäre ich jünger gewesen, hätte ich die Stelle bekommen.
A-10   Wir hätten wissen sollen, dass er es wieder tun würde.
A-11   Das war ich nicht. Das muss jemand anders gewesen sein.
A-12   Du hättest sie nicht einladen sollen. Du weißt, wie sie ist.
A-13   Wenn wir kein Navi [Navigationsgerät] gehabt hätten,
       hätten wir nie hierher gefunden.
A-14   Ohne eure Unterstützung wäre dieser Erfolg nicht möglich gewesen.
A-15   Ich wäre liebend gern erster Klasse gereist,
       aber das hätte mindestens doppelt so viel gekostet.

B-01   Was hätte ich tun sollen?
B-02   Wenn es nicht so traurig gewesen wäre, hätte ich mich totgelacht.
B-03   Ein einfacher Telefonanruf hätte euch eine Menge Ärger erspart.
B-04   Das hättest du dir vorher überlegen sollen.
B-05   Wir hätten Sie sofort informiert, wenn es ein Problem gegeben hätte.
B-06   Jemand muss mein Fahrrad gestohlen haben. Es ist weg.
B-07   Was könnte einen derartigen Stromausfall verursacht haben?
B-08   Du hättest die Quittung nicht wegwerfen sollen.
B-09   Die Party wäre nicht so langweilig gewesen,
       wenn wir anständige Musik gehabt hätten.
B-10   Wäre es nicht einfacher gewesen, das Auto in die Waschanlage zu bringen?
B-11   Wäre ich damals nicht in Rom gewesen, wären wir uns nie begegnet.
B-12   Wir hätten den Computer zu einem Fachmann bringen sollen.
B-13   Hättest du fünf Minuten später angerufen, wäre ich zu Hause gewesen.
B-14   Du hättest nicht zu klingeln brauchen, ich habe einen Schlüssel.
B-15   Wenn sie die Bilder ein wenig niedriger hängen würden,
       könnten auch Kinder sie sich ansehen.

C-01   Allein der Schmuck muss ein Vermögen gekostet haben.
C-02   Du hättest besser gar nichts gesagt.
C-03   Wenn ich es nicht selbst gesehen hätte, würde ich es nicht glauben.
C-04   Hätte es damals so etwas wie das Internet gegeben,
       hätten wir uns vielleicht in einem Chatroom kennengelernt.
C-05   Jetzt, wo das Geld weg ist, weiß ich,
       dass ich nicht auf seinen Rat hätte hören sollen.
C-06   Er spielt schon ganz gut Gitarre. Aber er würde noch besser spielen,
       wenn er ein wenig mehr üben würde.
C-07   Ich hätte es nicht so gemacht. • Wie hättest du es denn gemacht?
C-08   Sie muss ein wunderbarer Mensch gewesen sein.
       Ich hätte sie gern kennengelernt.
C-09   Wenn deine Windschutzscheibe nicht so verdreckt wäre,
       könnten wir vielleicht sehen, wo wir sind.

C-10	Hätte ich letztes Jahr nicht ein paar Nebenjobs angenommen,
	hätten wir uns diesen Urlaub nicht leisten können.
C-11	Wenn ich etwas Anständiges anzuziehen hätte,
	müsste ich nicht wochenlang dieselben Jeans tragen.
C-12	Sie hätten Ihre Wertsachen im Hotelsafe deponieren sollen.
	Dafür ist er schließlich da.
C-13	Du hättest keinen Wein zu kaufen brauchen,
	es ist noch welcher im Keller.
C-14	Wenn die Regierung nicht die Wehrpflicht abgeschafft hätte,
	würde Davey jetzt seinen Militärdienst ableisten.
C-15	Wie konntest du da raufklettern?
	Du hättest dir den Hals brechen können.

Wiederholung: Übungsreihen 01 bis 21

D-01	Eigentlich mache ich mir nicht viel aus Boxen.
	Aber heute Abend gehe ich hin, weil ich eine Freikarte gewonnen habe.
D-02	Als die ersten Siedler auf dieser Insel landeten, war sie noch unbewohnt.
D-03	Er war mit allem, was wir sagten, einverstanden.
D-04	Wann hast du dir das letzte Mal die Haare schneiden lassen?
D-05	Welches Land wirst du als nächstes besuchen? • Ich weiß noch nicht.
D-06	Es ist schwierig, seine Sprachkenntnisse zu verbessern,
	wenn man nicht anwenden kann, was man im Unterricht gelernt hat.
D-07	Hunde beißen nicht, wenn man sie in Ruhe lässt.
D-08	Sie ist nicht wie die anderen. Sie hat immer versucht, anders zu sein.
D-09	Benutze nicht deine Zähne, nimm eine Schere!
D-10	Der Eintritt war frei, und das erste Getränk auch.
D-11	Es wäre dumm gewesen, sich so eine Chance entgehen zu lassen.
D-12	Seit einiger Zeit gibt es neue Hoffnung für Menschen,
	die an dieser Krankheit leiden.
D-13	Heute haben wir in der Schule die Bewegungsgesetze behandelt.
	Das zweite Gesetz besagt: Kraft ist Masse mal Beschleunigung.
D-14	Habt ihr keine Garage? • Noch nicht, aber wir lassen gerade eine bauen.
D-15	Seit Jahren fordern wir bessere Arbeitsbedingungen,
	aber bisher hat sich nichts geändert.

Übungsreihe 22
Adjektiv und Adverb

*Was im Deutschen immer „gut" ist, ist im Englischen wahlweise **good** oder **well**.
Wo wir „praktisch" sagen, müssen sich Engländer zwischen **practical** und **practically**
entscheiden. Zwei Beispiele von vielen, und ein Thema,
das auch in Klassenarbeiten immer wieder gern abgefragt wird.*

▶ Vorbereitung *Adjektive*: **GOT IT GRAMMAR** THEMA **5**, Seite 73-92
▶ Vorbereitung *Adverbien*: **GOT IT GRAMMAR** THEMA **15**, Seite 199-210

A-01	Sei nicht so ungeduldig!
A-02	Wie ist die korrekte Aussprache von *action*?
A-03	Schottland ist annähernd viermal so groß wie Wales,
	hat aber eine geringere Bevölkerungsdichte.
A-04	Der Tee schmeckt ziemlich bitter, findest du nicht?
A-05	Sprich langsam, laut und deutlich, damit dich jeder verstehen kann.
A-06	Ich habe immer noch meinen kleinen, tragbaren Schwarzweiß-Fernseher.
A-07	Die teuersten Restaurants sind nicht unbedingt die besten.
A-08	An jenem Morgen bin ich später als gewöhnlich aufgewacht.
A-09	Wir waren wirklich überrascht, wie gut er sich an alles erinnerte.
A-10	Sie war ein hübsches Mädchen, aber sehr ärmlich gekleidet.
A-11	Alle modernen Einkaufspassagen sehen im Grunde gleich aus.

A-12   Wir haben eine Anzahlung von 3.000 Euro geleistet
       und zahlen den Rest monatlich ab.
A-13   Es war bitterkalt, und die Zimmer waren schlecht geheizt.
A-14   Es ist dreizehn Minuten nach vier. Meine Uhr geht genau richtig.
A-15   Nach einer leidenschaftlichen Diskussion
       stimmte nahezu die Hälfte der anwesenden Mitglieder mit Nein.

B-01   Es tut mir furchtbar leid, aber ich kann es nicht ändern.
B-02   Der Kurs ist so uninteressant, dass ich ebenso gut wegbleiben könnte.
B-03   Was dieses Thema betrifft, stimme ich voll mit Ihnen überein.
B-04   Er schrie so laut er konnte, aber niemand hörte ihn.
B-05   Dörfer mit malerischen Kalksteinhäusern sind typisch für diese Gegend.
B-06   Sie ist glücklich verheiratet und Mutter von Zwillingen.
B-07   Was waren seine genauen Worte? Versuchen Sie sich zu erinnern
B-08   Trotz der beißenden Kälte standen die Leute geduldig nach Karten an.
B-09   Ben trug ein honigfarbenes Jackett und eine rot-weiß gestreifte Krawatte.
B-10   Hast du schon einmal eine totale Sonnenfinsternis beobachtet?
B-11   Mein ehemaliger Chef hatte ein bemerkenswert gutes Namensgedächtnis.
B-12   Unter uns gesagt, ich glaube nicht, dass er
       der richtige Mann für eine so verantwortungsvolle Stellung ist.
B-13   Dieses Arzneimittel ist nur auf Rezept erhältlich.
B-14   Wie Sie wahrscheinlich wissen, hat er in letzter Zeit sehr hart gearbeitet.
B-15   Die sofortige Einführung der 35-Stunden-Woche
       war damals eine unserer Hauptforderungen.

C-01   Die Wirtschaft hat sich erstaunlich schnell von der Krise erholt.
C-02   Schneefälle im Mai sind möglich, aber nicht sehr wahrscheinlich.
C-03   Zentral gelegene Wohnungen sind furchtbar teuer und dennoch knapp.
C-04   Für einen Zwölfjährigen ist er ungewöhnlich groß.
C-05   Das Klavier war in ausgezeichnetem Zustand, wenn auch leicht verstimmt.
C-06   Suchst du einen guten oder einen gut bezahlten Job?
C-07   Kümmern wir uns genug um die Alten,
       die Behinderten und die sozial Benachteiligten?
C-08   Rye ist eine hübsche alte Stadt mit schön restaurierten Fachwerkhäusern.
C-09   Grammatikalisch gesehen ist *pretty* sowohl ein Adjektiv als auch ein Adverb.
C-10   Es war unglaublich heiß da drinnen,
       aber die Show war einfach überwältigend!
C-11   Das einzig Gute an unserem Betriebsausflug war,
       dass wir an dem Tag nicht arbeiten mussten.
C-12   Ich kann innerhalb einer Woche unmöglich so viel Geld auftreiben.
C-13   Was Sie hier sehen, ist eine ledergebundene und handsignierte Ausgabe
       aus dem 18. Jahrhundert. Sie ist besonders wertvoll.
C-14   Es waren eine Menge Leute an Bord,
       vor allem Touristen aus Japan und den USA.
C-15   Der neu eröffnete Musikladen an der Ecke bietet eine riesige Auswahl
       an CDs und DVDs für praktisch jeden Geschmack.

Wiederholung: Übungsreihen 01 bis 22
D-01   Wenn ich keinen Wecker hätte, würde ich bestimmt bis mittags schlafen.
D-02   Eine Reise über den Atlantik dauerte früher mehrere Wochen.
D-03   Wir könnten ebenso gut den Fahrstuhl nehmen – wenn er funktioniert, heißt das.
D-04   Schicken Sie uns die Tickets zu, oder müssen wir sie abholen?
D-05   Der Sturm flaute ab, und das Boot erreichte sicher das Ufer.
D-06   Die Polizei hat in dem Fall des verschwundenen Mädchens
       eine Belohnung von 5.000 Pfund ausgesetzt.
D-07   Wir erleben derzeit die schlimmste Wirtschaftskrise seit Jahrzehnten.
D-08   In diesem Geschäft sind Erfahrung und gute Beziehungen
       wichtiger als alles andere.

D-09	Die Suppe, die wir gestern Abend im Restaurant hatten, war einfach köstlich!
	Glaubst du, ich kann den Küchenchef anrufen und ihn nach dem Rezept fragen?
D-10	Nicht, dass ich bezweifle, was du sagst, aber du musst zugeben,
	dass es ziemlich unwahrscheinlich klingt.
D-11	Ich sehe nicht oft fern. • Ich auch nicht. Ich höre die meiste Zeit Radio.
D-12	Nächste Woche um diese Zeit werde ich in Portugal an einem Strand liegen.
D-13	Dies ist bei weitem das schwierigste Kreuzworträtsel,
	das ich je zu lösen versucht habe.
D-14	Die Arbeitslosigkeit war damals auf einem historischen Hoch.
D-15	Da ich nicht arbeiten musste, konnte ich ein bisschen länger im Bett bleiben.

Übungsreihe 23
Präpositionen

Für viele, die eine Fremdsprache erlernen, sind Präpositionen nichts als lästige kleine Quälgeister. Lassen Sie sich dennoch nicht schrecken. Probieren Sie sich einfach aus, oder lesen Sie sich noch einmal in das Thema ein. Alles Wissenswerte finden Sie hier:

▶ **GOT IT GRAMMAR** THEMA **7**, ab Seite 109

A-01	Er hat uns seit über einem Jahr nicht geschrieben.
A-02	Unsere Nachbarn lassen ihren Hund bei uns, wenn sie in Urlaub fahren.
A-03	Während des Krieges wurden viele Kinder von ihren Eltern getrennt.
A-04	An Wochentagen stehe ich morgens um halb sieben auf,
	mache mir ein Sandwich für die Frühstückspause
	und fahre dann mit dem Rad zur Arbeit.
A-05	Mit 92 war meine Großmutter zum ersten Mal in ihrem Leben krank.
A-06	Der traurige Teil der Geschichte
	begann an einem verregneten Tag im Herbst 1989.
A-07	Das Schöne an unserer neuen Wohnung ist,
	dass sie so nahe an meinem Büro liegt.
A-08	Seit Jahren planen wir eine Fahrt quer durch Frankreich,
	wir wissen nur noch nicht, ob mit dem Bus oder mit dem Auto.
A-09	In den meisten Städten haben die Museen täglich außer montags geöffnet.
A-10	Ohne Hammer kann man keinen Nagel in die Wand schlagen.
A-11	Mein früherer Chef ist mit einer Chinesin verheiratet.
	Sie wohnen in einem kleinen Reihenhaus am Stadtrand von Liverpool.
A-12	Es braucht einige Zeit, sich an dieses Klima zu gewöhnen.
	Ich weiß das aus Erfahrung.
A-13	Meiner Ansicht nach gibt es nur einen Weg, das Problem zu lösen.
A-14	John hatte wieder Streit mit seiner Frau. Es ging, wie üblich, um Geld.
A-15	Alles, was wir tun können, ist auf bessere Zeiten hoffen.

B-01	Ich habe ein Festgeldkonto bei einer ausländischen Bank,
	aber im Moment ist nicht viel Geld darauf.
B-02	Als hoffnungsloser Perfektionist ist er selten zufrieden mit seiner Arbeit.
B-03	Er ist ein anerkannter Experte auf dem Gebiet der Genforschung.
B-04	Auf unserer Fahrt Richtung Süden legten wir eine Pause ein
	und sahen Baumwollpflückern bei der Arbeit zu.
B-05	Sie sagt, sie glaube nicht an Gespenster, aber fürchtet sich vor ihnen.
B-06	Wir kamen gerade rechtzeitig zum Anpfiff im Stadion an.
B-07	Die Jugendlichen von heute sind nicht viel anders als die zu unserer Schulzeit.
B-08	Chris ist im Krankenhaus. Er erholt sich von einer komplizierten Operation.
B-09	Dieses Jahr hat sie eine „2" in Französisch bekommen.
	Das ist eine tolle Leistung,
	wenn man bedenkt, dass sie in Sprachen nie gut gewesen ist.
B-10	Immer wieder habe ich versucht, sie umzustimmen, aber vergeblich.
B-11	Wie kann ich Vertrauen zu ihm haben, wenn er mich ständig anlügt?

B-12	Ich möchte mich bei Ihnen für das, was ich gesagt habe, entschuldigen.
B-13	Wir haben Fotos bei schlechtem Licht gemacht, man sieht kaum etwas auf ihnen.
B-14	Er leidet seit ein paar Jahren an hohem Blutdruck, aber das scheint ihn überhaupt nicht zu beunruhigen.
B-15	Haben Sie die Ware schon bezahlt?

C-01	Wir rannten um unser Leben.
C-02	Ich brauchte nicht zur Armee. Der Arzt hatte mich wegen meiner Kurzsichtigkeit für untauglich befunden.
C-03	Mrs Palmer ist geschäftlich in Paris. Sie nimmt an einer Tagung zum Thema *Frauen in der Politik* teil.
C-04	Wie macht sich Philip in der Schule? • Ganz gut im Moment, aber er ist immer noch schwach in Mathe und Physik.
C-05	Bis zum Aussichtspunkt sind es über 300 Stufen. Wir waren völlig außer Atem, als wir endlich dort ankamen. Aber die Mühe lohnt sich.
C-06	Wir waren zutiefst beeindruckt von dem, was wir zu sehen bekamen.
C-07	Jeder, der bei diesem Wetter den Berg hinaufklettern will, tut das auf eigenes Risiko.
C-08	Ich bin ziemlich verärgert über die Art, wie er sich in letzter Zeit benimmt.
C-09	Weihnachten sind sie sich das erste Mal begegnet. Seit letzter Woche sind sie verlobt, und am Ostermontag heiraten sie. • Und wann kommt das Baby?
C-10	Die Polizei ermittelt seit Jahren in diesem Fall, bislang ohne den geringsten Erfolg.
C-11	Trotz der zum Teil vernichtenden Kritiken in den Medien verkauft sich das Buch gut.
C-12	Die junge Frau zitterte vor Kälte. Sie hatte die Nacht zwischen den Grabsteinen auf dem örtlichen Friedhof verbracht.
C-13	Aus Furcht vor einem Bombenanschlag wurde die Botschaft für Besucher geschlossen.
C-14	Wir werden das Thema bei der ersten Gelegenheit zur Sprache bringen.
C-15	Du solltest Menschen nicht nach dem beurteilen, was sie sagen, sondern nach dem, was sie tun.

Wiederholung: Übungsreihen 01 bis 23

D-01	Als Kind konnte ich Stunden in der Badewanne verbringen.
D-02	Selbst kluge Leute handeln manchmal unklug.
D-03	Wenn ich an meine Schulzeit zurückdenke, fallen mir nur schlecht gelaunte Lehrer und langweilige Unterrichtsstunden ein.
D-04	Ich habe neulich gelesen, dass sich die Weltbevölkerung alle 50 Jahre verdoppelt. Klingt beängstigend, oder? • Tut es, aber ich glaube es nicht.
D-05	Er sagt, er ist aus der Übung, aber das ist nur ein Teil der Wahrheit.
D-06	Die Mehrzahl der Einwanderer in die USA kommt aus asiatischen und lateinamerikanischen Ländern.
D-07	Unfälle in Atomkraftwerken sind sicherlich selten, aber wenn sie passieren, sind die Folgen für Mensch und Umwelt verheerend.
D-08	Menschen, die aufgrund von Tätowierungen oder Piercings Gesundheitsschäden davontragen, sollten ihre Behandlung selbst bezahlen müssen.
D-09	Junge Leute sind im allgemeinen vernünftiger, als viele Erwachsene denken. Dies gilt besonders für ihre Einstellung zu Drogen.
D-10	Wie die meisten Besucher sind wir nach New York gekommen, um Einkäufe zu machen und uns die üblichen Sehenswürdigkeiten anzusehen.
D-11	Eintrittskarten für den Tower, ebenso wie für eine Reihe anderer Touristenattraktionen in London, sind ganz schön teuer geworden.

D-12	Wenn mein Englisch gut wäre,
	bräuchte ich nicht diese Übungen zu machen.
D-13	Engländer schicken jedem, den sie kennen, eine Weihnachtskarte.
	Darum muss die Post jedes Jahr zusätzliches Personal einstellen.
D-14	Ich habe eine Brieftasche gefunden. Es sind etwa 100 Pfund darin,
	alle möglichen Karten und ein Flugticket nach Neapel. Was soll ich tun? •
	Sie könnten die Fluggesellschaft anrufen.
	Die kann anhand der Passagierliste den Eigentümer ermitteln
	und mit ihm Kontakt aufnehmen.
D-15	Der Zweck heiligt nicht immer die Mittel.

Übungsreihe 24
Passivsätze

In dieser Übung sprechen wir nicht von Urhebern, sondern von Betroffenen:
Was ist mit einer Person oder einer Sache geschehen? Was ist ihnen widerfahren?

▶ Vorbereitung: **GOT IT GRAMMAR** THEMA **19**, ab Seite 235

A-01	Linda, du wirst am Telefon verlangt!
A-02	Diese Informationen werden regelmäßig aktualisiert.
A-03	Englisch wird nahezu überall auf der Welt gesprochen.
A-04	Er soll über eine Million Pfund im Jahr verdienen.
A-05	Die Frau wurde von einem herabfallenden Ziegelstein getroffen.
A-06	Das Fabrikgelände wird rund um die Uhr bewacht.
A-07	Hunderte von Dörfern sind durch das Erdbeben zerstört worden.
A-08	In den meisten Hotels wird das Frühstück zwischen sieben und zehn serviert.
A-09	Diese Räume sind seit mehr als fünfzig Jahren nicht benutzt worden.
A-10	Wussten Sie übrigens, dass Rum aus Zuckerrohr hergestellt wird?
A-11	Dieser Pullover sollte nur in lauwarmem Wasser gewaschen werden.
A-12	Das Autorennen wurde von einem furchtbaren Unfall überschattet.
A-13	Wir müssen die Treppe benutzen, der Fahrstuhl wird gerade repariert.
A-14	Alle Flüge von Dublin mussten wegen Nebels gestrichen werden.
A-15	Den Touristen wurde geraten, das Land so schnell wie möglich zu verlassen.

B-01	Der Friedensnobelpreis wurde erstmals 1901 vergeben.
B-02	Den meisten dieser Menschen könnte geholfen werden.
B-03	Der Buchhalter soll über 70.000 Pfund unterschlagen haben.
B-04	Müssen alle diese Fragen beantwortet werden?
B-05	Uns wurden einige recht interessante Angebote gemacht.
B-06	Schüler können vom Unterricht ausgeschlossen werden,
	wenn sie sich ständig danebenbenehmen.
B-07	Am Hauptbahnhof werden die Briefkästen stündlich geleert.
B-08	Die Fälschung wurde erst Jahrhunderte später entdeckt.
B-09	Über dieses Thema sind -zig Bücher geschrieben worden.
B-10	Die meisten elektronischen Geräte werden in asiatischen Ländern
	wie China, Korea oder Japan hergestellt.
B-11	Der Aktenkoffer wurde gefunden, aber das Geld sah man nie wieder.
B-12	Die Ausstellung soll morgen im Beisein der Königin eröffnet werden.
B-13	Man gab der Frau eine Beruhigungsspritze
	und brachte sie umgehend in ein Krankenhaus.
B-14	Sein neuester Roman ist in mehr als vierzig Sprachen übersetzt worden.
B-15	Einem ermüdenden Vortrag folgte eine noch ermüdendere Diskussion.

C-01	Das b in *debt*, *doubt*, *climb* und *tomb* wird nicht gesprochen.
C-02	Alle öffentlichen Gebäude wurden von Sicherheitskräften bewacht,
	und die Innenstadt wurde für den Verkehr gesperrt.
C-03	Bei einem Flugzeug-Test wird nichts dem Zufall überlassen.
C-04	Man hätte uns viel früher informieren sollen.

C-05	Es sind mehrere Versuche gemacht worden,
	das Wrack vom Grund des Hafenbeckens zu heben.
C-06	In einer dramatischen Rettungsaktion wurden alle
	unter den Trümmern Verschütteten lebend geborgen.
C-07	Der amerikanische Präsident kann nur einmal wiedergewählt werden.
C-08	Viel ist erreicht worden, aber noch mehr bleibt zu tun.
C-09	Man glaubt, dass er in die jüngste Spionageaffäre verwickelt ist.
C-10	Der Vorsitzende wurde mit breiter Mehrheit im Amt bestätigt.
C-11	Statistiken zeigen, dass in Staaten, wo man die Todesstrafe abgeschafft hat,
	weniger Morde begangen werden als in denen, wo es sie noch gibt.
C-12	Wegen Einsturzgefahr kann der Glockenturm zur Zeit nicht besichtigt werden.
C-13	Von Seiten der Behörden wurde uns jede Unterstützung verweigert.
C-14	Das Spiel wird heute Abend um halb neun live übertragen.
C-15	Man schätzt, dass der Durchschnittsdeutsche
	etwa 150 Liter Bier pro Jahr trinkt.

Wiederholung: Übungsreihen 01 bis 24

D-01	Wie lange ist Irland schon geteilt?
D-02	Die Armut in diesem Land betrifft mehr Menschen als die,
	die in der offiziellen Statistik erscheinen.
D-03	Eine wachsende Zahl von Reisenden gibt vor, umweltbewusst zu sein,
	verhält sich aber nicht immer entsprechend.
D-04	Mein Großvater sagte immer: „Geld ist die Wurzel allen Übels."
	Jetzt weiß ich, dass er recht hatte.
D-05	Sie kennen sich seit 25 Jahren,
	sind aber seltsamerweise nie Freunde geworden.
D-06	Kennst du die Geschichte von dem Mann, der seinen Schatten verkaufte?
D-07	Der Preis wird für herausragende wissenschaftliche Leistungen vergeben.
D-08	Die Dame über uns spielt nun schon seit über drei Stunden Klavier.
	Ich hoffe, sie hört bald auf. • Ich nicht. Ich finde, sie spielt sehr schön.
D-09	Tom kommt zum Tee. • Welcher Tom? • Der Freund von Jerry. • Ach, der.
D-10	Der Schiedsrichter wurde heftig kritisiert. Aber da ich nicht viel
	vom Fußball verstehe, kann ich nicht sagen, ob zu Recht oder zu Unrecht.
D-11	Im Verlauf der Untersuchung wurde immer klarer,
	dass der Mann nicht vom Gerüst gefallen, sondern gestoßen worden war.
D-12	Es klingelt. • Um diese Zeit? Erwartest du jemanden? • Nein, du?
D-13	Wenn er etwas deutlicher gesprochen hätte, hätte ich ihn vielleicht verstanden.
D-14	Diese Art von Musik fasziniert mich,
	seit ich sie als Teenager das erste Mal gehört habe.
D-15	Manchmal kann man sich kaum vorstellen, wie die Welt aussah,
	bevor der Computer erfunden wurde.

Übungsreihe 25
Infinitiv und Gerundium

*Diese Übung wird zeigen, dass aus deutschen Nebensätzen mit **zu**…*
*keineswegs immer ein englisches **to** … wird.*

▶ Vorbereitung *Infinitiv*: **GOT IT GRAMMAR** THEMA **17**, Seite 223-228
▶ Vorbereitung *Gerundium*: **GOT IT GRAMMAR** THEMA **18**, ab Seite 229-234

A-01	Ich weiß nicht, was ich machen soll.
A-02	Könnten Sie uns helfen, den Wagen anzuschieben?
A-03	Denk daran, etwas Gemüse einzukaufen, wenn du zum Markt gehst.
A-04	Es ist sehr schön, hier mit euch zu sitzen.
A-05	Ein neunjähriger Junge war der einzige, der den Unfall überlebt hat.
A-06	Würdest du so nett sein und mir ein Bier aus dem Kühlschrank holen?
A-07	Georgina möchte gern, dass wir zum Abendessen bleiben. Wollen wir?
A-08	Ich bin nicht der Einzige, der davon weiß.

A-09	Bei jeder Gelegenheit ließ er mich seine Abneigung spüren.
A-10	Victoria ist noch nicht zurück; sie scheint ihren Zug verpasst zu haben.
A-11	Wir bedauern, Ihnen mitteilen zu müssen, dass Ihr Antrag abgelehnt worden ist.
A-12	Er hatte nicht erwartet, dass ich so früh zurückkomme.
A-13	Ich freue mich zu hören, dass alle wohlauf sind.
A-14	Es ist ungewöhnlich, dass Kinder so viel Geld bei sich haben.
A-15	Ich werde nie vergessen, wie ich das erste Mal versucht habe, mit Stäbchen zu essen.

B-01	Es macht ihm offenbar Spaß, seine Angestellten zu schikanieren.
B-02	Es ist nicht meine Art, so schnell aufzugeben.
B-03	Bitte entschuldigen Sie, wenn ich Sie unterbreche.
B-04	Ihre Uhr ist in Ordnung. Sie muss nur gereinigt werden.
B-05	Ich kann mich nicht erinnern, das gesagt zu haben.
B-06	Ich war es nicht gewohnt, links zu fahren.
B-07	Wir hatten ihm schon alles erklärt, aber er bestand darauf, den Chef zu sprechen.
B-08	Bevor wir eine Moschee betreten, müssen wir unsere Schuhe ausziehen.
B-09	Wir hatten große Schwierigkeiten, eine passende Wohnung zu finden.
B-10	Ich freue mich darauf, Sie nach all den Jahren wiederzusehen.
B-11	Man müsste enorme Summen an Geld aufbringen, um zu einer dauerhaften Lösung zu kommen.
B-12	Ich habe kein Problem damit, Überstunden zu machen, solange ich anständig bezahlt werde.
B-13	Was macht es für einen Sinn, ein Klavier zu kaufen, wenn man nicht spielen kann?
B-14	Eine Sprache zu verstehen ist immer einfacher, als sie zu sprechen.
B-15	Habt ihr auch die berühmte Bibliothek besichtigt? • Hätten wir gerne, aber sie war wegen Renovierungsarbeiten geschlossen.

C-01	Er gab schließlich zu, den Angeklagten zu kennen.
C-02	Weißt du, wie man eine echte französische Zwiebelsuppe macht?
C-03	Würde es Ihnen etwas ausmachen, Ihr Handy auszuschalten?
C-04	Eltern können sich weigern, ihren Kindern Spielzeugwaffen zu kaufen, aber sie können sie kaum daran hindern, Indianer oder Soldaten zu spielen.
C-05	Im Unterschied zu anderen rede ich nicht gern über mich selbst.
C-06	Einige Architekten haben sich auf das Restaurieren alter Fassaden spezialisiert.
C-07	Wenn du willst, dass ich dir glaube, wirst du mir die Wahrheit sagen müssen.
C-08	Ich habe nicht erwartet, dass die Ware so früh am Tag geliefert wird.
C-09	Ist es nötig, dass Dreijährige eine Fremdsprache lernen?
C-10	Als Lehrer bin ich es gewohnt, Dinge mehrere Male zu erklären.
C-11	Es zahlt sich immer aus, Preise zu vergleichen, bevor man irgendetwas online bestellt.
C-12	Alle wollen, dass wir Geld für unser Alter beiseite legen. Aber das können wir uns bei dem wenigen, was ich verdiene, nicht leisten.
C-13	Die Strände sind einmalig, aber Sie sollten unter allen Umständen vermeiden, in der Hochsaison dorthin zu fahren.
C-14	Wir haben beschlossen, unser Ferienhaus nicht wieder zu vermieten.
C-15	Gleichgeschlechtliche Beziehungen werden heutzutage nicht mehr als etwas Unnatürliches angesehen.

Wiederholung: Übungsreihen 01 bis 25

D-01	Es ist eine Krankheit, die unweigerlich zum Tode führt.
D-02	Ist die Polizei schon benachrichtigt worden?
D-03	Hast du heute Abend irgendwas vor? Wir könnten in die Disco gehen. • Ich war noch nie in meinem Leben in einer Disco. Der Lärm dort würde mich wahnsinnig machen.
D-04	Viele Kinder wissen nicht, wie man mit Besteck umgeht, da sie nur Fast Food essen.

D-05 Sie scheint recht selbstsicher zu sein, aber es ist
eine Art von Selbstsicherheit, die gelegentlich an Arroganz grenzt.
D-06 Ich kann mich noch genau erinnern, wie wir uns kennengelernt haben,
obwohl das über vierzig Jahre her ist.
D-07 Jedes dieser Häuser wird ausschließlich von Sonnenenergie beheizt.
D-08 In den am schlimmsten betroffenen Gebieten
musste die Bevölkerung evakuiert werden.
D-09 Alle Telefonleitungen waren besetzt; es war unmöglich durchzukommen.
D-10 Der Sturm letzte Nacht war von heftigen Regenschauern begleitet.
D-11 Statistiken lügen vielleicht nicht, aber sie sagen auch nicht die Wahrheit.
D-12 Verbrechen dieser Art sollten viel härter bestraft werden.
D-13 Wir konnten ihn nicht dazu bewegen, sich die Haare schneiden zu lassen.
D-14 Ältere Menschen haben oft Schwierigkeiten,
in der modernen Welt zurechtzukommen.
D-15 Wenn es ein echter Picasso wäre, würden sie sicherlich nicht versuchen,
ihn über das Internet verkaufen.

Übungsreihe 26
Indirekte Rede

Wir berichten, was andere gesagt, gefragt oder angeordnet haben.

▶ Vorbereitung: **GOT IT GRAMMAR** THEMA **20**, Seite 239-245

A-01 George sagte, es täte ihm leid.
A-02 Ich wollte nur wissen, warum es so lange gedauert hatte.
A-03 Wie oft habe ich ihm gesagt, er solle seine Sachen nicht herumliegen lassen.
A-04 Evelyn sagte, sie werde nicht vor Mitternacht zurück sein.
A-05 Der Kellner fragte uns, ob wir einen Tisch reserviert hätten.
A-06 Martha sagte, sie sei krank und könne nicht zur Arbeit gehen.
A-07 Ich fragte Linda, wann sie in ihre neue Wohnung einziehen würde.
A-08 Philip und Lucy sagten, sie würden sehr gern nach Deutschland kommen.
Sie hätten viel über das Land gehört, seien aber noch nie da gewesen.
A-09 Er wünschte mir einen guten Morgen und fragte mich,
ob ich gut geschlafen hätte.
A-10 Paul sagte, er habe ernsthaft erwogen, die Firma zu verlassen,
da er den Anforderungen seines Jobs nicht mehr gewachsen war.
A-11 Am Ende unseres Gesprächs fragte mich Mr Allen, ob ich bereit sei,
einen Job im Ausland zu übernehmen.
A-12 Sheila sagte, sie sei hundemüde und wolle sofort schlafen gehen.
A-13 Uns wurde ausdrücklich gesagt, dass wir ohne vorherige Genehmigung
keine Inhalte aus dem Internet verwenden dürften.
A-14 Sie rief mich an und sagte, sie habe Grippe und würde lieber im Bett bleiben.
A-15 Als ich ihn fragte, warum er so schnell fährt, sagte er,
er habe eine wichtige Verabredung und wolle nicht zu spät kommen.

B-01 Ich sagte Steve, er solle draußen vor dem Kino auf mich warten.
B-02 Wir baten Rosie, uns zu sagen, was ihr Kummer mache,
aber sie sagte, es sei zwecklos, wir würden ihr sowieso nicht helfen können.
B-03 Emily sagte, sie freue sich darauf, uns alle wiederzusehen.
B-04 Bob fragte uns, ob uns der Aufenthalt gefallen hätte
und wünschte uns eine gute Heimreise.
B-05 Frank sagte, er werde kommen, sobald er seine Arbeit beendet habe.
B-06 Christopher und Anne wollten wissen, wie viel wir für die Reise bezahlt hätten
und ob sie das Geld wert gewesen sei.
B-07 Mein Vater gratulierte mir und sagte, er habe immer gewusst,
dass ich es im Leben zu etwas bringen würde.
B-08 Tim sagte, er habe mich nicht erkannt, weil ich eine Sonnenbrille trug.
B-09 Kevin sagte, er fühle sich nicht gut und bat uns, einen Arzt kommen zu lassen.

B-10	Mr Gates fragte mich, ob ich mir vorstellen könne, die Abteilung zu leiten.
B-11	Der Verkäufer sagte uns, wir sollten die Pflanze nicht zu oft gießen.
B-12	Nachdem Sue gegangen war, fragte mich Bob, wie lange ich sie schon kenne.
B-13	Cedric sagte, irgendetwas stimme nicht mit seinem Laptop
	und fragte, ob ihn jemand benutzt hätte.
B-14	Der Zollbeamte wollte wissen, was ich in meiner Reisetasche hätte
	und bat mich, sie zu öffnen.
B-15	Lynn sagte, sie sei in ernsten Schwierigkeiten
	und wisse nicht, was sie tun solle.

C-01	Nach der Untersuchung sagte mir Dr Lindsay,
	ich solle mir keine Sorgen machen, aber ein paar Tage im Bett bleiben.
C-02	Miriam sagte, sie habe in letzter Zeit viel nachgedacht.
C-03	Ich fragte Mike, ob er mir fünfzig Euro leihen könne,
	doch er sagte, er habe selber kein Geld.
C-04	Sie wollte mir ihre Privatnummer nicht geben.
	Stattdessen sagte sie, ich solle im Telefonbuch nachsehen.
	Aber das hatte ich schon getan. Sie stand nicht drin.
C-05	Jenny erzählte mir, sie müsse ein paar Tage geschäftlich verreisen
	und fragte mich, ob ich mich um ihre Meerschweinchen kümmern könne.
C-06	Ich sagte ihm, er solle aufstehen, doch er blieb sitzen.
C-07	Meine Mutter wünschte uns eine gute Reise und bat uns,
	sie anzurufen, wenn wir angekommen seien.
C-08	Lara sagte, sie wolle nicht, dass ich gehe und bat mich zu bleiben.
C-09	Wir dachten, die Preise würden fallen, aber das taten sie nicht.
C-10	Bill sagte, er könne mich nicht bezahlen, er sei momentan knapp bei Kasse.
C-11	Obwohl wir ihr gesagt hatten, sie solle nicht zu spät kommen,
	ließ sie uns über eine halbe Stunde warten.
C-12	Unsere Kinder sagten, es mache ihnen nichts aus, ein paar Tage allein zu sein.
C-13	Richard zeigte uns eine Karte von Australien und sagte,
	er werde bald genug Geld gespart haben, um auswandern zu können.
C-14	Ein paar Tage nach unserem Gespräch rief er mich an und sagte,
	er habe seine Meinung geändert und sei nun bereit,
	meine Bedingungen zu akzeptieren.
C-15	Als er mir den Preis nannte, dachte ich, ich höre nicht richtig.

Wiederholung: Übungsreihen 01 bis 26

D-01	Armutsbekämpfung ist der beste Weg, um Kinderarbeit zu verhindern.
D-02	Ich glaube, sie hat sich mittlerweile daran gewöhnt, allein zu leben.
D-03	Dieser Film ist speziell für das Fernsehen gedreht worden.
D-04	Seit letztem Herbst unterrichtet sie Bauchtanz
	an der hiesigen Volkshochschule.
D-05	Sie machte leise die Tür zu, um das Baby nicht zu wecken.
D-06	Es nützt nichts, ihn um Geld zu bitten. Er wird dir keines geben.
D-07	In seinem ersten Interview kündigte der neu ernannte Vorstandsvorsitzende
	eine Reihe weitreichender Veränderungen an.
D-08	Du hättest für den kleinen Max keine Fahrkarte zu lösen brauchen;
	Kinder bis zu vier Jahren reisen umsonst.
D-09	Anstatt uns herumzukommandieren, solltest du lieber mit anpacken.
D-10	Die Frau hat ihm total den Kopf verdreht!
D-11	Viele Leute wissen nicht, was sie mit ihrer Freizeit anfangen sollen.
D-12	Hast du jemals daran gedacht, eine zweite Fremdsprache zu lernen?
D-13	Wäre es nicht sinnvoller, etwas Neues zu kaufen,
	anstatt die alten Sachen immer wieder reparieren zu lassen?
D-14	Gutes Aussehen ist heutzutage manchmal wichtiger als eine gute Ausbildung. •
	Es sind verrückte Zeiten, in denen wir leben.
D-15	Die Arterien eines Blauwals sind so groß,
	dass ein Kind mit Leichtigkeit hindurch krabbeln kann.

Übungsreihe 27
Phrasal Verbs

Wer sich schon mit den Präpositionen nicht so recht anfreunden konnte,
wird sich auch bei diesem Thema schwer tun. Schade eigentlich,
denn Phrasal Verbs *sind so etwas wie das Salz in der Suppe der Alltagssprache.*
Ihnen entgeht etwas, wenn Sie sie vernachlässigen.

▶ Vorbereitung: **GOT IT GRAMMAR** THEMA **16**, Seite 211-222

A-01   Nach der Werksbesichtigung wurden Kaffee und Kekse herumgereicht.
A-02   Füllen Sie das Formular aus, stecken Sie es in einen Umschlag,
       und schicken Sie es so bald wie möglich ab.
A-03   Es gibt im Moment so viel zu tun, dass ich selten vor zehn wegkomme.
A-04   Als ich letzte Woche ein paar alte Aktenordner durchsah,
       fiel mir dieses Dokument in die Hand.
A-05   Einer unserer Mitarbeiter wird Sie irgendwann nächste Woche aufsuchen.
A-06   Ich finde überhaupt nicht, dass es immer klüger ist nachzugeben.
A-07   Bleiben Sie einen Moment dran! Ich sehe nach, ob er da ist.
A-08   Ende März, wenn die Sommerzeit beginnt, stellen wir unsere Uhren
       eine Stunde vor, Ende Oktober stellen wir sie wieder zurück.
A-09   Als ich den Anrufer nach seinem Namen fragte, legte er auf.
A-10   Da es das erste Mal war, kam er mit einer Geldstrafe davon.
A-11   Sieh dir den Vertrag lieber noch mal durch, bevor du ihn unterschreibst.
A-12   Ich komme normalerweise mit jedem klar, warum also nicht mit ihm?
A-13   Da er mit den Zahlungen in Rückstand geraten war, schalteten sie ihm den
       Strom ab.
A-14   Er hat erwachsene Kinder, die sich um ihn kümmern.
A-15   Natürlich ist sie jetzt enttäuscht, aber sie wird darüber hinwegkommen.

B-01   Ihr braucht mich nicht abzuholen, das Treffen ist abgesagt worden.
B-02   Werden diese Gebäude einem Erdbeben standhalten?
B-03   Sie schaut hin und wieder auf ein Schwätzchen bei mir herein.
B-04   Ich werde mir sein Benehmen nicht länger bieten lassen.
B-05   Häuser, Fahrzeuge, Schiffe und Boote wurden von der Flut hinweggerissen.
B-06   Die Bande sitzt seit Jahren hinter Gittern,
       aber das Geld ist nie wieder aufgetaucht.
B-07   Es gelang der Polizei schließlich,
       den Besitzer des Fahrzeugs ausfindig zu machen.
B-08   Wir würden davon abraten, aber die Entscheidung liegt natürlich bei Ihnen.
B-09   Wenn du ihm gleich nachgegangen wärst, hättest du ihn bestimmt eingeholt.
B-10   Wir werden ihm immer beistehen, auch wenn andere ihn im Stich lassen.
B-11   Die Männer waren gerade dabei, die Tür aufzubrechen,
       als die Alarmanlage losging.
B-12   Er nahm seinen Hut ab, als er hereinkam,
       und setzte ihn wieder auf, als er ging.
B-13   Wenn wir unsere Ausgaben nicht einschränken,
       werden wir uns immer mehr verschulden.
B-14   Komm jetzt! Gehen wir hinein und bringen wir es hinter uns!
B-15   Als ihr klar wurde, dass er nur hinter ihrem Geld her war,
       warf sie ihn aus der Wohnung.

C-01   Der Lastwagen überschlug sich und ging in Flammen auf.
C-02   Ich fragte mich, was seinen plötzlichen Sinneswandel bewirkt haben könnte.
C-03   Das miese Wetter hat uns den Urlaub vermasselt.
C-04   Sie reißen die alten Lagerhallen ab,
       um stattdessen Bürogebäude hochzuziehen.
C-05   Ich könnte jetzt drei Wochen Urlaub gebrauchen.
C-06   Es gibt erste Anzeichen, dass es mit der Wirtschaft wieder aufwärts geht.

C-07	Es wird Zeit, dass wir den Küchenschrank loswerden.
	Er nimmt zu viel Platz weg.
C-08	Er brachte in ein paar Monaten durch,
	was seine Eltern über Jahre zur Seite gelegt hatten.
C-09	Ist es nicht frustrierend, eine Übersetzung zu machen,
	wenn man jedes zweite Wort nachschlagen muss?
C-10	Da wir hier nicht in der Armee sind,
	haben Sie kein Recht, mich so herumzukommandieren!
C-11	Ich habe von dieser Art Leben die Nase voll. Wenn ich nur etwas
	mehr Geld hätte, würde ich alles hinschmeißen und abhauen.
C-12	Die Dorfbewohner rechneten mit einer Dürre
	und hatten beizeiten Nahrungsvorräte angelegt.
C-13	Wir haben dich durchschaut! Glaub nicht, dass du uns hereinlegen kannst!
C-14	Es wird langsam Zeit, dass ihr euren Streit beilegt
	und euch wieder an die Arbeit macht.
C-15	Habt ihr euch die Wohnung angesehen? • Ja, sie gefällt uns. •
	Ihr werdet also einziehen. • Nun, wir sind noch nicht ganz sicher,
	die Miete schreckt uns ein wenig ab.

Wiederholung: Übungsreihen 01 bis 27

D-01	Die meisten Leute, mit denen ich gesprochen habe, sagen,
	dass die Finanzkrise keine Auswirkungen auf ihren Alltag hatte.
D-02	Viele von denen, die hier wohnen, sind ohne Arbeit,
	aber kaum jemand überlegt wegzuziehen.
D-03	Ich habe volles Vertrauen zu ihm.
	Er ist ein anerkannter Fachmann auf seinem Gebiet.
D-04	Wir haben mehrere Vorschläge eingebracht,
	aber die Geschäftsleitung hat jeden einzelnen abgelehnt.
D-05	Ich habe dieses Hemd immer wieder gewaschen,
	aber die Flecken gehen nicht heraus.
D-06	Den Besuchern wurde gezeigt,
	wie die Menschen zu der Zeit tatsächlich gelebt haben.
D-07	Wir brauchen dringend jemanden für unseren Kundendienst.
	Warum bewirbst du dich nicht?
D-08	Die Gespräche scheiterten, da keine Seite bereit war nachzugeben.
D-09	Politiker und Erzieher sind besorgt
	wegen der wachsenden Zahl von Teenager-Schwangerschaften.
D-10	Paul ist ein ganz anderer Mensch, seit er diese Frau kennengelernt hat.
D-11	Ich bin zufällig darauf gestoßen, als ich meine Kontoauszüge durchsah.
D-12	Vom Fahrer eines Rettungswagens erwartet man,
	dass er äußerst vorsichtig fährt.
D-13	Ich tauge nicht zum Buchhalter. Ich war nie gut im Rechnen.
D-14	Fahrer, die in Kurven überholen, riskieren ihr Leben ebenso wie das anderer.
D-15	Am ersten Morgen wurde uns ein typisch englisches Frühstück serviert.

Übungsreihe 28
Adverbialsätze

Ein Gedanke, ausgedrückt in mehreren Sätzen.
Kaum weniger wichtig als die Sätze selbst sind die Wörter, durch die sie verbunden sind.

▶ Vorbereitung: **GOT IT GRAMMAR** THEMA **22**, Seite 253-261

A-01	Bleiben Sie, wo Sie sind! Wir sind gleich bei Ihnen!
A-02	Wir haben es getan, weil sonst niemand bereit war, es zu tun.
A-03	Nehmt lieber einen Schlüssel mit für den Fall,
	dass wir nicht da sind, wenn ihr zurückkommt.
A-04	Jedes Mal, wenn sie in Oxford ist, besucht sie ihren früheren Lehrer.
A-05	Stell die Musik leiser, sonst hören wir das Telefon nicht.

A-06   Ich bin gekommen, weil ich dich um einen Gefallen bitten möchte.
A-07   Jemand wird ihn unterstützen müssen, bis er wieder Arbeit findet.
A-08   Nachdem die Kinder ihre Gedichte aufgesagt hatten,
        bekam jedes von ihnen ein kleines Geschenk.
A-09   Wer immer die Wahl gewinnt, es wird sich nichts ändern.
A-10   Sie behandelt uns immer noch, als wären wir kleine Kinder.
A-11   Was immer Sie sagen wollen: denken Sie nach, bevor Sie sprechen.
A-12   Ich bin nicht hingegangen, denn ich wusste, was passieren würde.
A-13   Während ich in der Küche mein Abendessen zubereitete, klingelte es
        an der Tür. Aber da ich niemanden erwartete, machte ich nicht auf.
A-14   Bevor ich etwas Falsches sage, sage ich besser gar nichts.
A-15   Keiner von uns verließ das Hotel, da wir um unsere Sicherheit fürchteten.
B-01   Er war gerade von einer Geschäftsreise zurück,
        als er in der Zeitung las, dass seine Firma verkauft werden sollte.

B-02   Obwohl er in Athen geboren ist und bis zu seinem fünften Lebensjahr
        dort gelebt hat, spricht er nur wenig Griechisch.
B-03   Ich kann mir erst eine Meinung bilden,
        wenn ich genauere Einzelheiten erfahren habe.
B-04   Soweit ich das beurteilen kann, hast du nichts zu befürchten,
        vorausgesetzt, du hast die Wahrheit gesagt.
B-05   Das Schloss war beschädigt worden,
        so dass ich den Safe nicht mehr öffnen konnte.
B-06   Jeder Raum hat eine Klimaanlage, die sich erst einschaltet,
        wenn die Innentemperatur ein bestimmtes Niveau erreicht hat.
B-07   Ich rufe dich an, sobald wir zurück sind,
        aber ich weiß noch nicht, wann das sein wird.
B-08   Große Firmen werden immer gut ausgebildete Leute brauchen,
        ganz gleich, aus welchem Teil der Welt sei kommen.
B-09   Ich hatte mein Handy unter mein Kopfkissen gelegt,
        um ihren Anruf nicht zu verpassen.
B-10   Wir sollten gleich nach dem Frühstück losfahren,
        so dass wir bis spätestens sechs Uhr dort ankommen.
B-11   Er sah aus, als ob er die Nacht in einem Heuhaufen verbracht hätte.
B-12   Jetzt, wo wir darüber gesprochen haben, fühle ich mich richtig erleichtert.
B-13   Welchen Teil des Landes du auch besuchst,
        die Menschen dort sind warmherzig und gastfreundlich,
        und man kommt sehr leicht mit ihnen in Kontakt.
B-14   Dafür, dass er erst seit sechs Monaten hier lebt,
        ist er mit der englischen Lebensart schon gut vertraut.
B-15   Es klingt unglaublich, und doch ist es wahr.

C-01   Ich durfte nie leben, wie ich leben wollte.
C-02   Du kannst in Urlaub fahren, so oft du willst,
        solange du von mir nicht erwartest, dass ich ihn bezahle.
C-03   Sie bestand darauf, allein zu reisen,
        obwohl man ihr gesagt hatte, dass es gefährlich sei.
C-04   Sie wird nicht kommen, es sei denn,
        du schickst ihr eine persönliche Einladung.
C-05   Warum kannst du die Dinge nicht so erklären, dass jeder sie verstehen kann?
C-06   Abgesehen davon, dass ich nicht das Geld habe,
        wäre eine solche Reise viel zu anstrengend für mich.
C-07   Ich war immer gut in Sport, während meine Fähigkeiten
        in anderen Fächern recht bescheiden waren.
C-08   Ich kann mich erst entscheiden, wenn ich mit meiner Frau gesprochen habe.
C-09   Als wir zum ersten Mal Bilder von dem Flugzeugwrack sahen,
        konnten wir nicht glauben,
        dass so viele Passagiere den Absturz überlebt hatten.

C-10	Vier Monate, nachdem wir eingezogen waren, erfuhren wir,
	dass das Haus abgerissen werden sollte.
C-11	Die Lehrer unserer Grundschule haben beschlossen,
	keine Hausaufgaben mehr aufzugeben,
	damit ihre Schüler mehr Zeit zum Spielen haben.
C-12	Nichts wird mehr so sein, wie es war,
	dennoch glaube ich, dass wir die richtige Entscheidung getroffen haben.
C-13	Er hatte gerade die Wagentür zugeknallt, als er merkte,
	dass der Schlüssel noch im Zündschloss steckte.
C-14	Unsere Situation ist nicht mit eurer zu vergleichen,
	da ihr das alles schon einmal durchgemacht habt.
C-15	Du kannst dir nicht vorstellen, wie es ist, wenn du es nicht probiert hast.

Wiederholung: Übungsreihen 01 bis 28

D-01	Mein Großvater starb am Vorabend seines 82. Geburtstags an Herzversagen.
D-02	Pläne für den Bau eines großen Freizeitzentrums
	auf einem ehemaligen Fabrikgelände trafen auf breite Zustimmung.
D-03	Als ich jung war, hatte ich reichlich Zeit, aber kein Geld.
	Heute ist es genau umgekehrt.
D-04	In einhundert Jahren wird die Welt nicht mehr die sein,
	in der ich leben möchte.
D-05	Ich habe zwei Telefone im Büro, aber keines von beiden funktioniert richtig.
D-06	Ihr Freund hat sie wegen einer anderen verlassen.
	Das ist traurig, aber heutzutage nichts Ungewöhnliches.
D-07	Da ich meinen Schlüssel verloren hatte,
	musste ich eine Fensterscheibe einschlagen, um ins Haus zu kommen.
D-08	Ich behaupte, dass er mehr über die Tierwelt Afrikas weiß
	als so mancher Experte auf diesem Gebiet.
D-09	Zahlreiche Wanderwege führen durch den Glacier National Park,
	eine der faszinierendsten Landschaften Kanadas.
D-10	Im richtigen Leben würden sich die Menschen bestimmt nicht so verhalten.
D-11	Dein Klavier klingt grausam.
	Du solltest es irgendwann mal stimmen lassen.
D-12	Sie ist entweder neidisch auf dich
	oder leidet unter einem Minderwertigkeitskomplex.
D-13	Neil Armstrong war der erste Mensch, der auf dem Mond herumspaziert ist.
D-14	Ich verdiene das Geld, und meine Frau bestimmt, wofür wir es ausgeben.
D-15	Für die meisten Engländer bedeutet Heiligabend nicht viel mehr als
	die letzte Gelegenheit, Essen und Geschenke für die Feiertage einzukaufen.

Übungsreihe 29
Partizipsätze

Relativsätze (siehe Übungsreihe 20) sind gut und nützlich.
Manchmal jedoch hemmen sie den Sprachfluss und werden darum gern umgangen.
Wann das möglich ist und wie das geht, können Sie hier üben.

► Vorbereitung: **GOT IT GRAMMAR** THEMA **23**, Seite 263-268

A-01	Der auf Bahnsteig 12 einfahrende Zug endet hier.
A-02	Wir hörten jemanden um Hilfe schreien.
A-03	Die befragten Zeugen machten zu dem Vorfall widersprüchliche Angaben.
A-04	Da ich den ganzen Tag hart gearbeitet hatte, war ich hundemüde.
A-05	Wir lassen die elektrische Anlage alle paar Monate überprüfen.
A-06	Wenn eine Mannschaft so schlecht spielt,
	bleiben selbst die treuesten Anhänger zu Hause.
A-07	Er nahm einen Schlüssel aus der Tasche und öffnete die Tür.
A-08	Die meisten der hier ausgestellten Waren werden exportiert.
A-09	Da ich annahm, der Hund gehöre niemandem, nahm ich ihn mit nach Hause.

A-10   Der für morgen geplante Empfang beim Bürgermeister
        musste abgesagt werden.
A-11   Ich habe einen älteren Bruder, der in Cambridge studiert.
A-12   Da ich nicht wusste, was ich tun sollte, rief ich die Feuerwehr.
A-13   Wir haben erst vor einer Woche ein Sicherheitsschloss einbauen lassen.
A-14   Die Polizisten, die in dem Fall ermitteln, suchen einen Mann in den Dreißigern.
A-15   Seid vorsichtig, wenn ihr über die Straße geht!

B-01   Als er sah, dass das Gebäude von Polizeikräften umstellt war, ergab er sich.
B-02   1802 plante ein französischer Ingenieur,
        einen Tunnel zu bauen, der England mit dem Festland verbindet.
B-03   Wenn du dein Auto in einem Parkhaus abstellst, vergewissere dich,
        dass alle Türen und Fenster sorgfältig verschlossen sind.
B-04   In der Landwirtschaft eingesetzte Chemikalien vergiften die Umwelt.
B-05   Man kann Fehler leicht vermeiden,
        indem man nur einfache Wörter verwendet.
B-06   Das bei dem Bankraub erbeutete Geld wurde nie gefunden.
B-07   Nachdem wir fünfzig Meilen gefahren waren, ging uns das Benzin aus.
B-08   Da wir uns in der Gegend nicht auskannten,
        hatten wir Schwierigkeiten, das Haus zu finden.
B-09   Ich bin, offen gesagt, ein wenig enttäuscht über das Ergebnis.
B-10   Als ich die Gartentür öffnete, kam mir unser Hund entgegengelaufen.
B-11   Wenn dir der Kopf so weh tut, kannst du unmöglich zur Arbeit gehen.
B-12   Der Polizist stoppte den Wagen und fragte den Fahrer,
        ob er das Verkehrszeichen nicht gesehen hätte.
B-13   Er lässt seine Anzüge bei einem Schneider in der *Savile Row* anfertigen.
B-14   Ich sah jemanden am Gartentor stehen,
        konnte aber nicht erkennen, wer es war.
B-15   Du wirst kaum jemanden finden,
        der eine fremde Sprache ohne Akzent spricht.

C-01   Es ist eine traurige Tatsache,
        dass die Anzahl rauchender Frauen stetig zunimmt.
C-02   Wenn es meine Gesundheit erlaubt, gehe ich nächstes Jahr auf Weltreise.
C-03   Wir kaufen grundsätzlich keine Produkte,
        die von Kindern hergestellt wurden.
C-04   Wütende Fans warfen Gegenstände auf das Spielfeld
        und verletzten einen Linienrichter am Hinterkopf.
C-05   Da Computer zurzeit so unglaublich billig sind,
        habe ich beschlossen, einen zu kaufen.
C-06   Einige der bei dem Flugzeugabsturz getöteten Passagiere
        konnten immer noch nicht identifiziert werden.
C-07   Ich sah einen Mann in das Haus unseres Nachbarn einsteigen,
        und einen Augenblick später hörte ich, wie die Alarmanlage losging.
C-08   Da Bob in Chester wohnt und Jane in York,
        können sie sich nur alle paar Wochen sehen.
C-09   Mehrere vom Sturm entwurzelte Bäume waren quer über die Straße gefallen.
C-10   Da ich (mir) ziemlich sicher war, dass er versuchen würde,
        uns zu betrügen, war ich auf der Hut.
C-11   Ich kann mich nicht konzentrieren,
        wenn mir jemand ständig über die Schulter sieht.
C-12   Der Wert der vom Zoll sichergestellten Ware
        beläuft sich auf mehrere hunderttausend Dollar.
C-13   Das Risiko, von einer Giftschlange gebissen zu werden, wird oft übertrieben.
C-14   Während er die Ostküste Mexikos überflog,
        bemerkte der Pilot, dass sich das Wetter dramatisch änderte.
C-15   Nach den ersten paar Seiten kann ich normalerweise sagen,
        ob es sich lohnt, ein Buch zu lesen oder nicht.

Wiederholung: Übungsreihen 01 bis 29

D-01   Es macht keinen Spaß, für die Familie zu kochen,
       wenn alle zu unterschiedlichen Zeiten nach Hause kommen.
D-02   Die Bootsfahrt den Amazonas hinauf, mitten hinein in den Regenwald,
       war ohne Frage der Höhepunkt unserer Reise nach Brasilien.
D-03   Der kleine mittelamerikanische Staat Costa Rica
       war das erste Land auf der Welt, das seine Armee abgeschafft hat.
D-04   Es sollte eine Überraschung sein. Darum habe ich dir nichts davon gesagt.
D-05   Die derzeitige deutsche Regierung hat beschlossen,
       alle Kernkraftwerke innerhalb des nächsten Jahrzehnts stillzulegen.
D-06   Wie oft habe ich dir gesagt, dass ich nicht will,
       dass der Hund auf unserem Bett schläft?
D-07   Wie kommst du dazu, einen Brief zu öffnen, der an mich adressiert ist? •
       Ich habe ihn aus Versehen aufgemacht, aber ich habe ihn nicht gelesen.
D-08   Nach mehreren gescheiterten Versuchen gelang es ihm schließlich
       mit Hilfe eines Komplizen, aus dem Gefängnis auszubrechen.
D-09   Seit Jahren protestieren Umweltschützer
       gegen den Anbau genmanipulierter Pflanzen.
D-10   Du brauchst nicht immer um Erlaubnis zu bitten,
       wenn du das Zimmer verlassen willst.
D-11   Die Wahrscheinlichkeit, dass eine Frau Fünflinge zur Welt bringt,
       ist äußerst gering. Aber es kommt vor.
D-12   Der Gewinn aus dem Verkauf des väterlichen Unternehmens
       wurde unter den beiden Brüdern aufgeteilt.
D-13   Wenn Kinder wählen dürften,
       würde die Welt mit Sicherheit anders aussehen.
D-14   Alkoholische Getränke dürfen an minderjährige Personen
       nicht verkauft werden, auch nicht in kleinen Mengen.
D-15   Hast du es selbst gemacht oder hast du es machen lassen?

Übungsreihe 30
Falsche Freunde

Eine unheimliche Begegnung zum Schluss. Zugleich eine nette Übung
für das richtige Leben, denn auch dort ist es gut zu wissen,
wem Sie trauen können, und wer mit Vorsicht zu genießen ist.

▶ Vorbereitung: **Anhang** FALSCHE FREUNDE, ab Seite 284

A-01   Bei vielen dieser Häuser geht zu viel Wärme verloren,
       weil sie schlecht isoliert sind.
A-02   Wir werden an der Kunsthochschule einen Fotokurs belegen.
A-03   Sandy ist ein braves Kind, aber sie hat eine lebhafte Phantasie.
A-04   Wir müssen daran denken, Salat zu kaufen, wenn wir zum Markt gehen.
A-05   Wo hast du die Mappe mit den Reiseprospekten hingelegt?
A-06   Die Wohnung des Hausmeisters liegt gegenüber vom Dom,
       gleich neben dem Antiquitätengeschäft.
A-07   Bei jedem Verkauf kassiert er eine fette Provision.
A-08   Seit mehr als 100 Jahren sind Nordsee und Ostsee
       durch einen Kanal verbunden.
A-09   Wie kannst du sagen, du magst keine Schnecken,
       wenn du nie welche probiert hast?
A-10   Man musste genau hinsehen, um zu erkennen,
       dass der Posten vor dem Museum ein Mensch von Fleisch und Blut war.
A-11   Meine Mutter lebt von einer Witwenrente, die kaum reicht,
       um die Miete zu bezahlen.
A-12   Er wurde auf freien Fuß gesetzt,
       nachdem er 50.000 Dollar Kaution gezahlt hatte.

A-13   Die Hitze dort unten hat mich fast umgebracht. An manchen Tagen
       stieg die Temperatur auf über vierzig Grad im Schatten.
A-14   Ich werde ein paar Romane mitnehmen, als Lektüre für die Reise.
A-15   Es ist also wahr.

B-01   Als Christ finde ich solches Verhalten skrupellos und unmoralisch.
B-02   Die Protestierer zogen mit Fahnen und Transparenten durch die Innenstadt.
B-03   Am Anfang haben nur Geschäftsleute Handys benutzt.
       Heutzutage sind sie zum Lieblingsspielzeug von Schulkindern geworden.
B-04   Ohne Rezept kann ich Ihnen diese Tabletten nicht geben.
B-05   Ich habe einen Angelschein, aber nur für Flüsse, nicht für Seen. •
       Macht man da einen Unterschied?
B-06   Ein kleines Mädchen mit einer Ponyfrisur kam auf uns zu
       und bot uns ein paar selbst gemachte Glasperlenketten an.
B-07   Ich kann mich nicht entscheiden: nehme ich Schweinekoteletts mit
       Pfeffersauce oder Schellfisch mit Butterkartoffeln und gemischtem Salat?
B-08   Die Kaserne wurde vollständig abgerissen. Die leerstehenden Fabrikgebäude
       dagegen wurden in Kunstgalerien und Einkaufszentren umgewandelt.
B-09   Ich habe mir während seines Vortrags an der Hochschule
       ein paar Notizen gemacht.
B-10   Mein Großvater war ein Mann mit festen Prinzipien,
       der in allem, was er tat, nach seinen Überzeugungen handelte.
B-11   Einige wertvolle Plastiken aus der Privatsammlung des Eigentümers
       standen in dem Park, der das Anwesen umgab.
B-12   Moderne Kreuzfahrtschiffe gleichen riesigen schwimmenden Hotels.
B-13   Es gibt ein Insekt, das den Namen einer Sportart trägt,
       die in England sehr beliebt ist. Wissen Sie, welches ich meine?
B-14   Bob hat eine Zeitlang als Detektiv in einem Warenhaus gearbeitet.
       Heute ist er ein international bekannter Fotograf.
B-15   Je mehr Kanäle wir empfangen können, desto weniger sehen wir fern.

C-01   Ich würde gern in Raten zahlen. Wie sind Ihre aktuellen Zinssätze?
C-02   Nach außen hin scheint Carolyn recht selbstbewusst (zu sein),
       doch wenn man sie erst einmal besser kennt, wird man bald merken,
       dass sie ein sehr sensibler Mensch ist.
C-03   Es war keine geniale Idee, in der Lokalzeitung zu annoncieren.
C-04   Die Spannungen in der Golfregion haben ein gefährliches Stadium erreicht.
C-05   Nicht einmal extrem hohe Steuern auf Alkoholika
       werden verhindern, dass Menschen zur Flasche greifen.
C-06   Jason hat eine neue Freundin. • Ach, wirklich? Kennst du sie? •
       Ja. Aber ich habe versprochen, dir nicht zu sagen, wer sie ist.
C-07   Bevor ich auf das Gymnasium gewechselt bin,
       hatte ich in allen Fächern gute Noten.
C-08   Tag für Tag sitzt sie auf einer Parkbank und füttert die Vögel.
       Ist das nun Tierliebe oder schlicht ein Spleen?
C-09   In den ersten Jahren nach dem Krieg wohnten wir
       in einer jener schäbigen Baracken neben der alten Maschinenfabrik.
C-10   Viele junge Menschen träumen von einer humaneren Welt
       und engagieren sich in Gruppen, die für diese Ziele eintreten.
C-11   Als Vorspeise nehme ich einen Krabbencocktail.
       Er ist gesund, wie jede Art von Meeresfrüchten.
C-12   Einige der Gäste trugen Smoking und Zylinder,
       was ich absolut unpassend fand.
C-13   Da die natürlichen Bodenschätze der Welt begrenzt sind,
       müssen wir nach alternativen Wegen der Energieversorgung suchen.
C-14   Es gab heftige Kritik an der Presse, weil einige Zeitungen
       private Fotos aus dem Familienalbum des Mordopfers veröffentlicht hatten.
C-15   Nicht jede Geschichte hat ein Happy-End.

Wiederholung aller Übungsreihen

D-01 In dem Alter Weltmeister zu sein, das ist schon etwas!

D-02 Es wird langsam Zeit, dass du aufhörst,
Versprechungen zu machen, die du nicht halten kannst.

D-03 Neben der überwältigenden Schönheit der Landschaft genossen wir
das seltene Vergnügen, auf breiten und leeren Straßen entlangzufahren.

D-04 In unserer Firma spielen Computer eine so große Rolle,
dass ohne sie wahrscheinlich alles zusammenbrechen würde.

D-05 Welches Sternzeichen bist du? • Waage. • Ich auch. •
Ist das möglich? Wir haben absolut nichts gemeinsam.

D-06 Diese Landschaft ist typisch englisch, oder besser,
sie ist typisch für diesen Teil Englands.

D-07 Als der Lärm aus der Fabrik unerträglich wurde, alarmierten wir die Polizei.

D-08 Wiebke war die erste Frau überhaupt, der diese Aufgabe übertragen wurde.

D-09 In England dürfen Fernsehprogramme, die für Kinder ungeeignet sind,
nicht vor 9 Uhr abends gezeigt werden.

D-10 Als klar geworden war, dass ihr Sohn nicht sprechen konnte,
brachten ihn seine Eltern zu mehreren Sprachtherapeuten,
aber keiner von ihnen konnte dem Jungen helfen.

D-11 Ich hasste es, zur Schule zu gehen, weil die anderen Kinder mich hänselten.

D-12 Bevor sie richtig lesen und schreiben können, haben manche Kinder
in den USA schon gelernt, wie man mit einem Gewehr umgeht.

D-13 Ein Mann saß seit über einer Stunde in einem Restaurant,
ohne bedient zu werden. Schließlich fragte er:
„Muss ich hier warten, bis ich verhungere?"
„Nein, Sir", erwiderte einer der Kellner, „wir schließen um zehn Uhr."

D-14 Ich fürchte, ich habe alles falsch gemacht. Ich kapiere es einfach nicht!

D-15 Nun, in dem Fall wirst du noch mal von vorn anfangen müssen.

* * *

Lösungsteil mit Erläuterungen

Der Lösungsteil begleitet Sie bei der Durchsicht und Korrektur Ihrer Arbeiten. Im Abschnitt *Schlüssel zu den Übungen* können Sie zunächst Ihre Übersetzungen mit den dort vorgeschlagenen Lösungen abgleichen.

Die durch **Fettdruck** hervorgehobenen Wörter werden in den anschließenden WORT- UND BEGRIFFSERLÄUTERUNGEN (ab Seite 105) noch einmal in aller Ausführlichkeit behandelt. Die Einträge sind alphabetisch geordnet und fortlaufend nummeriert, so dass sie auch über den Index (ab Seite 288) schnell ermittelt werden können.

SCHLÜSSEL ZU DEN ÜBUNGEN

ÜBUNGSREIHE 1

A-01 How are you? • Thanks, fine, and you?
A-02 Are you free tomorrow afternoon?
A-03 Why am I so **tired** today?
A-04 Are you **ready at last**? • Yes, we can **start**.
A-05 I'm sorry, but there is a problem.
A-06 Something is **wrong** with this **television**.
A-07 Is there a **petrol** station **near** here? -
A-08 We were there, but they were **not** at **home**.
A-09 How much is a taxi **trip** into the city centre?
A-10 **When** it's winter here, it's summer in Australia.
A-11 The **curtains** are blue. • And what **colour** is the **carpet**?
A-12 We are five **children**. I am the **only** girl.
A-13 Our train was over an hour **late**.
A-14 Be careful! **Most** of these products are **fakes**.
A-15 **Let** it be.

B-01 Your **name** is Cameron? Is that your first name or your surname [→ **name**]?
B-02 Where is my passport [→ **documents**]?
I **will need** it in **case** we want to **hire** [oder: rent] a car.
B-03 My father is German, but he was **born** in South Africa.
B-04 You were right. It was silly of me to **believe** him.
B-05 The **rent** is £285 a week. • That's **all right**.
B-06 **When** was your **wedding anniversary**? • **Last** week, on the 21st.
B-07 Are you in a **hurry**, or can you **wait** a moment?
B-08 What's the **date** today? • The 17th of February, why? • It's Emma's
birthday tomorrow and I **still** have **no present** for her.
B-09 What **time** is it? My **watch** is slow again.
B-10 Our room was on the third floor, and there was **no** lift.
B-11 What's your new flat like? • **Nice** and cosy, but a bit **too small** for us.
B-12 How much is it? • It's £29,45. • Here you are. • Thanks.
B-13 She was ill for a week, but now she is better.
B-14 There is nothing more to **say**.
B-15 To be or **not** to be, that is the question.

C-01 More and more **people learn** English
because it's a world [oder: global] **language**.
C-02 Mr Parker isn't in the **office**. He is off [→ **free** und **off**] this week.
C-03 There were rumours and allegations but **no** evidence.
C-04 I can't be in two **places** at **once**.
C-05 Some shops **around** here are **open only** in the mornings.
C-06 It's less difficult **than** it **looks**.
C-07 The **story** is about the **hard life** of the first settlers.
C-08 Those were **great** times. It's a pity (that) they are **gone**.
C-09 Mr Fox is **busy** at the moment. Could you call again in an hour?

C-10   **When** were you in Italy? Was that **last** year or two years **ago**?
C-11   Can school **really** be a **preparation** for **life**?
C-12   Who **will look** after us **when** we are **old**?
C-13   There are two men at the door. • **Ask** them who they are and what they want.
C-14   How is it that so many women are **afraid** of mice?
C-15   That's how it was, (that's how) how it is, and (that's how) how it **will** always be.

D-01   The **nearest** hospital was an hour's **drive** away.
D-02   I am **not** here on business, but on **holiday**.
D-03   What is there on TV [→ **television**] tonight? • Nothing **special**.
D-04   Our daughter was often ill **during** her first years of **life**.
D-05   This **time** we were unlucky [→ **luck**] with the weather.
D-06   It's never **too late** to **learn** something new.
D-07   These shirts were in fashion over forty years **ago**.
D-08   The Wilsons are our neighbours. We **know** them well.
D-09   She says she is over eighteen, but I doubt that.
D-10   The two girls at the **bar** are Judith and Miriam. •
        I **know**, but who are the boys?
D-11   It was half past nine in the morning and **still** dark.
D-12   Whose umbrella is this? • I think it's Barbara's.
D-13   **Small** cars **need** less **petrol** and are **easier** to park **than big** ones.
D-14   I **know** what **hard work** is like. I was **born** on a farm.
D-15   Thanks for **everything**.

ÜBUNGSREIHE 2

A-01   **Everyone** was sad.
A-02   My younger brother **attends** a boarding school [→ **schooling**] in Scotland.
A-03   Can anyone **drive** us to the (railway) station?
A-04   **Most** roads are in excellent condition, **even** in the mountains.
A-05   We were on **holiday until** the day before yesterday.
A-06   What **will** the new year **bring** us?
A-07   Our son is **only** thirteen, but **quite tall** for his **age**.
A-08   **Will** you be at **home when** I **come** back?
A-09   You can **hire** [oder: **rent**] a car at **almost any** airport nowadays.
A-10   His German is **quite all right, although** he is **sometimes hard** to understand.
A-11   **Everybody needs** somebody **sometime**.
A-12   The new internet café is [oder: **lies**] at the **end** of the **street**,
        opposite the **bus stop**.
A-13   She eats little and sleeps **even** less. That's **anything but** healthy.
A-14   These trains **run every** ten minutes, **except** on Sundays.
A-15   I would **go mad**.

B-01   Where can I **borrow money** at a reasonable [→ **reason**] **rate** of interest?
B-02   **Let** me **carry** this **bag**, it's **too heavy** for you.
B-03   Some **time ago** I was in Dublin with a **couple** of friends.
B-04   It's **hard** to **say** how **long** it **will take** this **time**.
B-05   After years of separation they were **all together** again.
B-06   What was the **matter** with you **last** night?
B-07   In Great Britan and some other **countries** they **drive** on the left.
B-08   I'll **make** us something to eat first.
B-09   It's **no** pleasure to **ride** on the **bus** day after day [oder: day by day].
B-10   **Everyone knows** him **as** a friendly and helpful person.
B-11   **If** you **get tired**, I **will drive**.
B-12   **Tell** us at least where we can **reach** you.
B-13   We do **all** the **work**, and he **makes** the **big money**.
B-14   I **will** never forget how difficult it was **at first**.
B-15   This mobile (phone) is **too** complicated.
        I'll **take** it back and **see if** I can **get** a **different** one.

C-01 He has a **large family**, but **only** a **small income**.
C-02 **As** parents we are responsible for our **children**'s future.
C-03 **Keep still** for a moment, I'd like to **take** a photo.
C-04 It's **no** secret that his firm is in serious **trouble**.
C-05 I **travel** at least 20,000 kilometres [→ **metre**] a year by train.
C-06 Please **draw** a number and have a **seat** for a moment.
C-07 My sister always wears gloves. She finds that smart.
C-08 There are **places** where you can **get** to **only** by plane.
C-09 Whenever [→ **ever**] Tim comes to **see** us,
you can be sure (that) he **needs money**.
C-10 Jeannie is **only** ten months **old**, she can't **walk yet**.
C-11 Is it **true** that in Italy they drink wine for breakfast?
C-12 Was Linda **alone all** the **time**? • **No**, her aunt was with her.
C-13 It's **not easy** to find a **job when** you are over fifty.
C-14 Many **people move** to **big** cities where they hope to find **work**.
C-15 **Remember**: **even** a **small** step is a step forward.

D-01 Our teacher was severe and pedantic. We were **all afraid** of him.
D-02 Our youngest daughter studies in New York.
She wants to be an actress [geschlechterneutral: actor].
D-03 What were the roads like up there? •
Rather narrow and **bendy**, but in good condition.
D-04 The **place** is ideal for a winter **holiday**.
D-05 Further efforts won't be necessary.
D-06 The band's gig at the Royal Albert Hall was a **great** success.
D-07 A lot of English words have more **than just** one meaning [→ **mean**].
D-08 Some **people keep** snakes and **small** crocodiles **as** pets.
D-09 In autumn **leaves turn** brown, red or yellow, and it gets colder.
D-10 Janne was there, Meike and Marek were there, **everyone** was there. •
I **know**, I was there **too**.
D-11 The **restaurant** is **known** for its varied menu.
D-12 How much is a return ticket to Edinburgh?
D-13 She **works** at the circus and **travels around** the **country** in the summer.
D-14 We have a **nice** little **holiday** cottage on the West **coast**.
D-15 You can [oder: may] **say** what you want. I **stay** with my **opinion**.

ÜBUNGSREIHE 3
A-01 Can you play **chess**?
A-02 Tina may phone this evening.
A-03 You may be right.
A-04 I can't **believe** what he says.
A-05 Can I have the bill please?
A-06 Put on your coat, it might rain.
A-07 Can David and Angela **come** with us?
A-08 Could you do me a favour?
A-09 He is **afraid** he might **lose** his **job**.
A-10 Could you **ring** me back in about twenty minutes?
A-11 She has a car, but she can't **drive**.·
A-12 I can **only explain** it in German.
A-13 It can **get very** cold there at night.
A-14 How can you **say such** a thing? You **know** it's **not true**.
A-15 We may **go** to the Baltic (**Sea**) over the weekend.

B-01 Excuse me, may I **ask** you a question?
B-02 How much may it cost? • **Not** much more **than last** year I think.
B-03 Where can we **get** German newspapers?
B-04 **Money** may be important, but it's **not everything**.
B-05 You can't park here, I'm **afraid**. • And why **not**, **if** I may **ask**?

B-06	Clarissa may be ill. She wasn't in the **office** today.
B-07	We could **just as** well **walk**. It's **not far**, and a bit of fresh air **will** do us good.
B-08	I can **only** hope that she has my mobile phone number.
B-09	It may sound funny, but it's the truth.
B-10	We can't possibly **accommodate** so many guests.
B-11	**Elderly people** fear that there might be another war.
B-12	How is it that an ant can **carry** so much weight?
B-13	I could **spend** my **whole life** by the **sea**.
B-14	He isn't in his room, but must be back **any** moment.
	You can **either wait** or **leave** a **message**.
B-15	That can't be the **only reason**.

C-01	Calm down, I can **explain everything**.
C-02	A **few wrong** mouse clicks on the Internet can **bring** you a lot of **trouble**.
C-03	It can **take** hours to **get** him on the phone.
C-04	He may be **quite** intelligent, but his English is awful.
C-05	With a little **luck** it might **work** out.
C-06	*Could you...* sounds more polite **than** *Can you...*
C-07	She may **not know** that it's your **birthday** today.
C-08	The fog **will** soon lift. **Then** we **will** be able to **see** where we are.
C-09	We may **not** be perfect, but we do what we can.
C-10	I have **no** idea where they could be.
C-11	**Shares** can **make** you rich, but they can **also** ruin you.
C-12	It's an extremely dangerous **trip**. • May be, but I'm **not afraid**.
C-13	I **love** Italian shoes, but I can't **wear** them. **Most** of them are **too tight**.
C-14	Faulty [→ **fault**] software can **cause** a computer to **crash**.
C-15	You can [oder: you may] think what you want,
	but you can't always **say** what you think.

D-01	In the **beginning everything** was **rather** difficult for me.
D-02	Our **tour** of Tibet was an unforgettable **experience**.
D-03	Trains to Heathrow Airport **run every few** minutes.
D-04	What newspaper is that? • It's the *Guardian*,
	one of the **country**'s leading newspapers.
D-05	There are **no easy answers** to these questions.
D-06	The first car with a **petrol engine** had **only** three wheels.
D-07	**All** British private schools demand tuition fees.
D-08	**Everyone** can **apply**, but **not everyone** can **become** a member.
D-09	**All** these words **mean** more or less **the same**.
D-10	We eat, drink and smoke **too** much and **take too** little exercise.
D-11	I understand him well because he speaks **very** slowly.
D-12	Can't you read? It says **NO SMOKING**.
D-13	**Bring** me a new glass, and **take** this one away.
D-14	Some of you may **wonder** why it is so dark in these rooms.
D-15	I could strangle him!

ÜBUNGSREIHE 4

A-01	Shall I **open** the window for a moment?
A-02	You ought to smoke less, or **rather**, **not** smoke **at all**.
A-03	**Tell** them they are (supposed) to **come** back at **once**.
A-04	We ought to **bring** her some flowers or a little **present**.
A-05	You had better **not drive** in this weather.
A-06	Why shouldn't women be [oder: **make**] good **bosses**?
A-07	Where am I (supposed) to **sign**? • Down here, please.
A-08	One should [oder: ought to] give **everyone** a second **chance**.
A-09	**Remember**, we are (supposed) to be at the station **by** eight o'clock.
A-10	Hadn't we better phone first and **see**
	whether [→ **if** und **whether**] they are at **home**?

A-11   The **big anniversary** party is to **take place** on Friday **next** week.
A-12   Shall we **go** to the cinema, or **watch** TV [→ **television**]?
A-13   Are we **really** supposed to clear the room **by** ten o'clock?
        That's **quite** impossible.
A-14   After **all** these years you should [oder: ought to] **know** me better.
A-15   **Let**'s **take** a **break**!

B-01   That should be **enough** for the moment.
B-02   Where shall we have breakfast? **Inside** or on the balcony?
B-03   George says you are to **wait** for him at the exit.
B-04   Why shouldn't that be possible?
B-05   Am I (supposed) to sit here? •
        No, over there, by the window, **next** to Jenny.
B-06   What shall we drink for breakfast? Tea or coffee?
B-07   He ought to be back **any** moment.
B-08   You shouldn't give the **children** so much **pocket money**.
B-09   I am to **tell** you that your rooms are **ready** now.
B-10   Should you **see** Martha, please give her this envelope.
B-11   John Knox? Never **heard** of him. Who is that supposed to be?
B-12   Should there be any problem, **just** phone me.
B-13   We had better **leave** now **if** we want to be there in **time**.
B-14   Should Mrs Warren **ask** for me, **tell** her I am **busy**.
B-15   You had better **shut** up now.

C-01   Can anyone **tell** me what I am supposed to do now?
C-02   You had better **stay** here and **wait until everything** is over
        [oder: … **until** it's **all** over].
C-03   Should parents **help** their **children** with homework?
C-04   Hadn't we better **leave** that to an **expert**?
C-05   You should **learn** some Spanish before you **travel** to Mexico.
C-06   The doctor says I am to **stay** in bed for at least three days.
C-07   Should you be interested, you can call me **any time**.
C-08   There should be more playgrounds **around** here.
C-09   An updated version is (supposed) to **come** out **by** the **end** of the month.
C-10   You ought to consider the consequences
        before you **make** a decision [→ **decide**].
C-11   What am I (supposed) to **tell** her **if** she **asks** me?
C-12   You had better **take** a weatherproof jacket with you.
        There is to be rain **later** today.
C-13   **Even if** [oder: **Even though** …] the **lake looks** inviting,
        remember that you can't **bathe** in it.
C-14   Is that supposed to be a threat?
C-15   What's that supposed to **mean**?

D-01   The world's **tallest** building is over one hundred and sixty storeys high.
D-02   The **road** winds through a **narrow** valley.
D-03   We **need** another five glasses. • Aren't there any more in the cupboard?
D-04   Can I **leave** my things here **until** I am back?
D-05   How many millionaires are there in the United Kingdom?
D-06   Be **sensible**! You can't **drive** (a car) now!
D-07   Many women find it difficult to combine **job** and **family**.
D-08   He can **carry** a backpack for hours without **getting tired**.
D-09   Can't you **shut** [oder: **close**] the door quietly?
D-10   **Any** of these ties **looks** better **than** the ones in the shop window.
D-11   I **wonder** how he can **afford all** that.
D-12   I'm sure he **will** soon be able to **leave** the hospital.
D-13   In 1950 there were twice **as** many **people** in the world **as** in 1850.
D-14   It may be wiser to **wait** another day or two.
D-15   **Everything depends** on the weather.

ÜBUNGSREIHE 5

A-01 **All children love** sweets.
A-02 Jane's new boyfriend **drives** a Japanese sports car.
A-03 In the evenings we usually **watch** TV [→ **television**]. • How boring!
A-04 **Although** Mrs Jones **lives next** door, we **know very** little about her.
A-05 **Every** month I **pay** 250 euros into my private bank account.
A-06 There is **still** so much in this village that **reminds** me of my childhood.
A-07 Gudrun **attends** a Spanish **course** twice a week.
A-08 Water **boils when** it gets hot.
A-09 I seldom **go** to bed before midnight,
and John **sometimes stays** up **all** night.
A-10 I don't **know** how, but it seems to **work**.
A-11 My grandfather spends **most** of the day in his workshop.
A-12 He drinks, and that **makes everything even** worse.
A-13 A flight to London normally takes one and a half hours
[oder: ... an hour and a half.]
A-14 They often sit together **until late** at night and discuss their problems.
A-15 My grandma always says: "An apple a day **keeps** the doctor away."

B-01 I **come** from a **place** where **everyone knows everyone**.
B-02 What do you do in your spare **time**? • Linda **paints**, and I photograph.
B-03 Pedro speaks English with a **slight** Spanish accent.
B-04 Do you often **come** here? • Very often, at least **once** a week.
B-05 In some **countries** school**children wear** uniform
and **look very** smart in it.
B-06 He is a dentist but doesn't **practise** any more.
B-07 Sheila doesn't often have breakfast, **not even** at weekends.
B-08 Do you **realise** how much water a golf **course needs**?
B-09 A **large** garden is something beautiful, but **means** a lot of **work**.
B-10 What do you do (for a living)? • I **work** for the Red Cross.
B-11 I **know** this song. They often play it on the radio.
B-12 How is it that we **know** so little about our **great** writers?
B-13 **Every** morning at half past six she **leaves** her flat to **walk** the dog.
B-14 Does she **know** who I am? • **No**, of **course not**.
B-15 Never **say** never.

C-01 I **work** in Munich, but I don't **live** there.
C-02 How can you **say** that? I **mean** what **makes** you so sure?
C-03 Banks **lend money not** because they are so generous
but because they profit from it.
C-04 **Every** year over twelve million tourists **visit** the Tower of London.
C-05 Does it often rain in Ireland? • Less often **than** you think.
C-06 She doesn't do it for fun, she **needs** the **money**.
C-07 Our **current** debts **amount** to
one hundred and twelve thousand euros **altogether**.
C-08 Lots of **children** in the Third World have **no** access to education
although they have a right to it.
C-09 A colleague of mine **collects** foreign coins. Some are **rare** and **hard** to **get**.
C-10 Modern digital cameras are light,
take pictures of excellent quality and are **easy** to handle.
C-11 I never **answer** the phone after nine o'clock. I **just let** it **ring**.
C-12 After a **few** miles the **road bends** to the left.
C-13 **According to** a **recent** survey
about 70% of **all** sixth-formers **work** after school or at weekends.
C-14 We **work** for **the same** firm,
but in **different** departments and at **different** times.
C-15 Our company employs more **than** 500 **people**
in **customer** services **alone**.

D-01	**Just** a little bit of **exercise** is better **than any** diet.
D-02	First **pay** your debts, **then** we can talk about a **holiday**.
D-03	Pupils should be [oder: ought to be] familiar with computers **even if** they don't have one of their **own**.
D-04	**Work** can be fun, but **certainly not** this **kind** of **work**.
D-05	We never **go** to the **seaside**, **not even** in good weather.
D-06	How much does the British Prime Minister earn? • More **than** I do in **any case**.
D-07	It was simply **too** cold to have breakfast in the garden.
D-08	Half of the village was under water, we were ankle-deep in mud.
D-09	Can't you **admit** at least this **once** that you were **wrong**?
D-10	Are there **no** [oder: Aren't there any …] ashtrays in this **house**? • **No**, we are **all** non-smokers.
D-11	**Fake** products can **contain** poisonous [→ **poison**] substances that **cause** serious damage to health.
D-12	We could **go** sailing on Sunday **if** the boat is **ready by then**.
D-13	A **child** understands more **than** it can **say**. With adults, it's often the **opposite**.
D-14	We have a little **holiday home** in the mountains. You may stay there whenever [→ **ever**] you like.
D-15	Do computers **control** us or do we **control** them?

ÜBUNGSREIHE 6

A-01	Philip is here. He is waiting in the living-room.
A-02	Don't forget your umbrella! It's raining.
A-03	Hello, Jenny, Tom here. I'm calling from Rome. How are you?
A-04	Could you **make** out my bill, please? We are leaving tomorrow.
A-05	Due to [oder: owing to] the fog **most** planes are arriving **late** today.
A-06	It's **getting** dark. We had better **go home**.
A-07	Excuse me, but you are sitting on my coat.
A-08	There is a boat on the **lake**. Can you **see** it?
A-09	Laura isn't **going** to school this week. She is ill.
A-10	It's **almost** midnight and he is **still working**.
A-11	A **few** miles past the **border** the **road** crosses a river.
A-12	My husband is **coming later** today. He is **working overtime**.
A-13	I **hear** you are **looking** for a **holiday job**. I think I've got something for you.
A-14	The water [oder: the kettle] is **boiling**. Shall we have tea or coffee?
A-15	I hope I'm **not** disturbing you. • **No**, **not at all**, have a **seat**.

B-01	Are you talking to me [oder: … with me]?
B-02	She is holding something in her hand, but I can't **recognise** what it is.
B-03	Your neighbour is digging a hole into his lawn. Why is he doing that? • **No** idea, **maybe** he is **looking** for oil.
B-04	My hair is **beginning** to **turn** grey.
B-05	Ben is taking his final **exam** today. We are **all very** excited.
B-06	What's the **matter** with you, Tommy? Are you dreaming?
B-07	I'm **currently staying** with a friend **until** I can **afford** a flat of my **own**.
B-08	The telephone is ringing. • Can you **answer** it please? I'm **just** having a shower. • It's your mother. She says she is **coming** to **see** us on Sunday.
B-09	This was our first radio. It's **almost** sixty years **old** but (is) **still working**.
B-10	I don't **quite** understand why you are **hurrying** me like this. We have plenty of **time**.
B-11	He is always sending me flowers and little **messages** of **love**.
B-12	Mr Taylor isn't **coming** back from New York before Friday **next** week.
B-13	Are **all** these **people queueing** for **autographs**?
B-14	I have **no** idea what you are talking about.
B-15	Are you listening **at all**?

C-01 Something smells burnt in here.
C-02 The baby is **crying**. Is it ill? • **No**, it's **just** hungry.
Babies **cry when** they are hungry. That's **quite** normal.
C-03 Paulina is **working** at a hotel somewhere in Spain,
but **only during** the season.
C-04 The government are planning a new law against **money**-laundering.
C-05 Mary **loves** sweets, but at the moment she isn't eating any.
She is **trying** to **lose** weight.
C-06 Do you **work** here? • **No**, I'm waiting for someone.
C-07 Can you **see** the police officer over there? I think he is watching us.
C-08 How is Benny doing at his new school? • **Very** well. I think he likes it there.
C-09 We usually **spend** our **holiday** by the **sea**,
but this year we are **going** to the mountains.
C-10 Millions of **people still live** in unimaginable poverty.
C-11 I'm **attending** a computer **course** at the moment.
It takes **place** twice a week.
C-12 Isn't your **home help coming** today? •
No, she never comes on Mondays. Monday is her day off [→ **free** und **off**].
C-13 It's so noisy in here. I **wonder if** anyone understands what he is saying.
C-14 These things exist **only** in your imagination.
C-15 What are you reading at the moment? Do you read **at all**?

D-01 What's your **name**? • **Tell** me yours first.
D-02 I'm doing this **exercise** to brush up my English.
D-03 Guernsey is the second **largest** of the British **Channel** Islands.
D-04 Does anybody **remember** the first moon landing?
D-05 Excuse me, how do I **get** from here to the motorway?
D-06 You **still owe** me £100. • I **know**, I'm sorry,
but I can't give you the **money until** [oder: before] **next** month.
D-07 **Remember**: **Pubs** in Scotland usually **close** at ten o'clock.
D-08 **Most** of the heat is lost [→ **lose**] through walls
that are **not properly insulated**.
D-09 Could you **collect** Hannah and Bo from school
and **take** them to the station?
D-10 How many foreign **languages** does your new assistant **know**? •
Five, and she speaks **all** of them **very** well.
D-11 Some firms offer preparatory **courses** for school-leavers. [→ **schooling**]
D-12 The government fear that negative headlines about their **country**
might frighten off [oder: scare off] tourists and investors.
D-13 I'm constantly having **trouble** with the new computer.
Why don't you **take** it back and buy a **different** one?
D-14 **Sometimes** the **children** don't **see** their father for weeks.
D-15 Where shall we have dinner tonight? •
Why **not** at my **place**? I could **cook** for us.

ÜBUNGSREIHE 7

A-01 How **long will** the **whole** procedure take?
A-02 In our company **such** a thing wouldn't be possible.
A-03 I would like to **know** a little more about your offer
before I **make** up my **mind**.
A-04 Shall I **make** coffee, or would you **rather** have something cold?
A-05 How much would it cost to **rent** a caravan for a week?
A-06 **Even if** I had the **money** for a car like this,
I'd **rather spend** it on something **else**.
A-07 In a **larger** flat we wouldn't have these problems.
A-08 I can **say** what I want, he won't listen.
A-09 We are **ready** for **take** off. **Will** you fasten your **seat** belts please?
A-10 Before we **start**, I'd like to **say** a **few** words **if** I may.

A-11   Won't you stay another night?
A-12   I would never **go** there **alone**. I would be **afraid**.
A-13   How would you react [→ **act**] in **such** a situation?
A-14   First I'd like to **hear** your **opinion**.
A-15   You can be sure that there'll be **trouble**.

B-01   What **time** would you like to have breakfast?
B-02   Would things **change** under a new government?
B-03   I wouldn't like to be in his **place** now.
B-04   **Will** you **close** the door behind you please?
B-05   No one [→ **none**] may **enter** these rooms without **special permission**.
B-06   Would you excuse me for a moment?
B-07   Without my **family**'s support I wouldn't be what I am.
B-08   I would **take** the photos soon, **as long as** the sun is **still** shining.
B-09   There is **no place** where I'd **rather** be.
B-10   **Which** would you **rather** have? Spaghetti or pizza?
B-11   Emily is cross with me, but she won't **tell** me why.
B-12   I wouldn't **rent** the flat, **let alone** buy it.
B-13   She **knows** it was her **mistake** [oder: her **fault**],
        but she would never **admit** it.
B-14   I hope Jim is **coming too**. Without him the party would be boring.
B-15   **Mistakes** are **human**, they **will** happen now and **then**.

C-01   Won't you **come** in? • **No** thanks, I'd **rather wait** out here.
C-02   I'm a housewife and a mother, and there is nothing I would **rather** be.
C-03   A **journey** by train would **take** a bit **longer** but **certainly** cost less.
C-04   We had better **take** along some cash.
        Just in **case** the **restaurant** doesn't **accept** credit cards.
C-05   We would like to **get married** in May but haven't **agreed** on a **date yet**.
C-06   I wouldn't always **believe** what it says in the papers,
        especially not in this one.
        [oder: … what the papers **say** / … **especially not** this one.]
C-07   **If** we had a **bigger** car a lot of things would be **easier**,
        but we can't **afford** one.
C-08   I **sometimes** think it would be better
        to **leave everything** behind and **start** again from **scratch**.
C-09   What shall I **say**? **Such** things **will** happen.
C-10   Wouldn't it be more **sensible** to **ask** the **price** first?
C-11   **If** it wasn't so **far** away, we would **go** there much more often.
C-12   The **money** wouldn't be a problem
        but we wouldn't have the **time** for **such** a **journey**.
C-13   The computer won't boot. What shall I do? •
        I would **pull** out the plug, **wait** for a minute and **try** again.
C-14   Regular **work** is **not** his cup of tea. He'd **rather change** the world.
C-15   I would **love** to be able to play the piano.

D-01   Why do so many **marriages end** in **divorce** these days?
D-02   She is **convinced** that we **all go** to **heaven when** we **die**.
D-03   How do you **pronounce** the **last** three letters of the English alphabet?
D-04   Maureen studies **languages**. She would like to be a translator.
D-05   I **spend nearly** half of my net **income** on **rent**.
D-06   There are **no** double rooms left. Shall we **take** two single ones?
D-07   May I **ask** you a question? • That **depends** on the question.
D-08   It's **almost** impossible these days to sell second hand furniture
        at reasonable [→ **reason**] **prices**.
D-09   Sally and Bob have similar interests but **different** tastes.
D-10   You have **such** a lovely **tan**. Were you on **holiday**?
D-11   A little stream forms the **boundary** between the two **estates**.

D-12   We can't and won't tolerate **such** behaviour.
D-13   Do you **know** any foreign **languages**? • **Only** a little French.
D-14   The pound **keeps** falling, the dollar is stable. •
         And what about the euro?
D-15   **Will** you please be quiet now?

ÜBUNGSREIHE 8

A-01   You must **not** smoke in here.
A-02   We have to check **every** single **name**.
A-03   Catherine has to **work every** other Saturday.
A-04   Nobody must **enter** [oder: may enter] this part of the building.
A-05   Must you always talk about football?
A-06   You must **not expect too** much of him.
A-07   The shoes must **go** with my red evening **dress**.
A-08   I dare **not ask** him. You **know** what he is like.
A-09   You **need not ring** the doorbell. I have a **key**.
A-10   I'm sorry, but we've got to **go** now.
A-11   I absolutely **need** to **know** at **which** hotel he is **staying**.
A-12   How dare you **say such** a thing?
A-13   **Remember** that we have to be back in **time**.
A-14   **Tell** them they **need not hurry**.
A-15   What must be, must be.

B-01   You **just need** to press this button, that's **all**.
B-02   How much do you have to **pay** for your private English lessons?
B-03   Some words are **really hard** to **remember**,
         I **need** to **look** them up again and again.
B-04   You have to upgrade your **driver** software from **time** to **time**,
         especially when you install a new operating system.
B-05   Don't worry, you **need not pay everything** at **once**.
B-06   What **else** must happen before you wake up **at last**?
B-07   I'm **afraid** we **will** have to put off our **appointment**.
B-08   She would never dare contradict her **boss even if** he is **wrong**.
B-09   Must you always have the **last** word?
B-10   Do motor cyclists have to **wear crash** helmets in your **country**?
B-11   We must do something before it **becomes** a problem.
B-12   I'll be back **late**. You **need not** stay up for me.
B-13   Sandra dare **not see** the doctor about her **pains**.
         She is **afraid** it might be something serious.
B-14   **Take** your hands off! How dare you!
B-15   You **need not** complete the form, you **just need** to **sign** it.

C-01   We must **report** the **incident** to the police.
C-02   There must be some **mistake**. That's **not** me in the photo,
         that's someone **else**.
C-03   **Every few** weeks I have to **see** the doctor about my blood pressure.
C-04   I have to **wear** contact lenses because I'm **short**-sighted.
C-05   You **need**n't download the **latest** versions
         as long as the previous ones **work** well.
C-06   You must **not** forget that this is a Third World **country**.
C-07   Mobile phones don't **need** to **look** fancy;
         they are **just** supposed to **work** [oder: to function] **properly**.
C-08   At private boarding schools parents have to **pay** a lot of **money**
         for their **children**'s **accommodation** and their tuition.
C-09   We **need not** stay here **if** you don't like the **area**.
C-10   You'll have to be **patient** for another **few** weeks.
C-11   You **need not tell** me what I have to do.
C-12   It's **no wonder** (that) you are overweight. You must eat less.

C-13 I **need** to renew my passport and **apply** for a visa [→ **documents**].
C-14 Do you have [oder: Have you got] any brothers
      and sisters [oder: any siblings]? • Yes, one brother and one sister.
      They are twins [→ **multiple births**].
C-15 May I? • Don't you dare!

D-01 How are you **getting** on in your new **job**?
D-02 A **raised** temperature, a sore throat and a runny nose
      are the typical symptoms of flu.
D-03 Don't touch this plant! It might be poisonous [→ **poison**].
D-04 The little one is two years **old** now and **still** can't **walk**.
D-05 What **will become** of us **when** we **get** older?
D-06 I have three elder brothers, Andrew is the oldest.
D-07 We are leaving tomorrow and won't be back **until** [oder: before] Monday.
D-08 I could eat spaghetti **every** day of my **life**.
D-09 **As** you may **know** from the papers, **buses** and trains are **not running** today.
D-10 Banks provide loans at low interest **rates**
      to **promote small** and medium businesses.
D-11 She must be about **as old** now **as** our daughter Catherine.
D-12 In this **country** you can **marry** at 16, **drive** a car at 17 and buy alcohol at 18.
D-13 Wouldn't it be wonderful to be on **holiday** now?
D-14 The number of business failures is constantly increasing.
D-15 **Money rules** the world. That may be sad, but it's **true**.
      Today more **than** ever.

ÜBUNGSREIHE 9

A-01 **When** the Head (of School) **entered** the school hall, everyone stood up.
A-02 The **man** sat down beside me and **ordered** two beers.
A-03 We got [→ **get**] the **message only** yesterday.
A-04 I **wish** he were a bit more **ambitious**.
A-05 My brother Anthony spent [→ **spend**] twelve years at **sea**.
A-06 It's **time** I got [→ **get**] my driving licence.
A-07 Someone from the insurance company wanted to **see** you.
A-08 The Wilsons **emigrated** to Canada twenty years **ago**.
A-09 He **asked** me questions and I told [→ **tell**] him what I **knew**.
A-10 One of our ancestors bought this **estate** in the nineteenth century.
A-11 I left [→ **leave**] the car in the garage and went [→ **go**] by **bus** instead.
A-12 Daniel studied **history** for four years and **then became** a teacher.
A-13 She had an excellent **memory** and **learnt almost** everything by heart.
A-14 From 1998 to 2009 I was employed at a **big** Danish shipping company.
A-15 We arrived early in the morning. **No** shop was **yet open** [oder: was **open yet**].

B-01 Did you **know** him? • **Only** by **name**.
B-02 **When** she had her first **child**, she gave up her **job** and **became** a housewife.
B-03 For my fourth **birthday** I got [→ **get**] a little guitar
      and **started** to play right away.
B-04 What **time** did you wake up this morning?
B-05 Obviously, he didn't understand what I meant [→ **mean**].
B-06 A Police **Task** Force searched the **whole** building for explosives
      but didn't find any.
B-07 What happened on the 22nd of November, 1963? •
      No idea, that was before my **time**.
B-08 It was **still** early in the day **when** we **started**.
B-09 Who gave you my **home** number?
B-10 The **beach** was so **crowded** that we **decided not** to stay a minute **longer**.
B-11 I didn't speak to Anna; I didn't **even see** her.
B-12 Where did you buy this wonderful bracelet? •
      I didn't buy it, I **inherited** it from my grandmother.

B-13   Suddenly two police officers **turned** up [oder: showed up] at the party.
B-14   I rang at least four times, but nobody **answered** the door.
B-15   **When** did you **last look** in the mirror?

C-01   Where did you put the car **keys**?
C-02   I **wish** my husband had more **time** for me.
C-03   **When** did Ireland **become** independent [→ **depend**]?
C-04   I was **born** in Manchester, but grew up in the **country**.
C-05   How many cigarettes did the tobacco industry sell **last** year?
C-06   Did you **watch** the game on TV [→ **television**] **last** night? •
        Only the first half. Who won?
C-07   **As** the coffeemaker didn't **work**, we took [→ **take**] it back.
C-08   And what happened **then**? I **mean** what did you do **then**?
C-09   She wanted to **start** a café but the plan failed **as neither** a bank
        nor her **family** were **ready** to **lend** her any **money**.
C-10   I didn't **believe** him **at first** but now I **know** he was right.
C-11   The war between the two neighbouring **countries** lasted over four years.
        Thousands of civilians lost [→ **lose**] their **lives**.
C-12   **When** they saw [→ **see**] us, they ran [→ **run**] away. •
        And why did they **run** away?
C-13   We spent [→ **spend**] our honeymoon in Venice,
        but didn't **see** much of the town.
C-14   **As** I didn't have **enough money** on me,
        I got [→ **get**] some from the cashpoint [oder: cash machine, bancomat].
C-15   I am **glad** (that) everything went [→ **go**] well.

D-01   I find that the **Church** should **keep** out of **politics**.
D-02   To me it was a clear **case** of bribery.
D-03   Celia says we are to **wait** here **until** she is back.
D-04   We would like to **move** out today **rather than** tomorrow,
        but it's difficult to find an affordable [→ **afford**] flat **close** to the city centre.
D-05   Doesn't she **look** delightful [oder: charming, ravishing] in her new **dress**?
D-06   Could someone **look** after our **luggage** please?
D-07   Don't you think the skirt is a little **too tight**?
D-08   Buy your cat a scratching post and it **will leave** the furniture **alone**.
D-09   My parents sold part of the **family** jewels to **get** by after the war.
D-10   **Which** city did you like best? Paris, Rome or London?
D-11   A dolphin **looks** like a fish but is a mammal.
D-12   **If** we had **children**, we wouldn't want to **live** here.
D-13   What is there for dinner today? • Fried noodles with chicken. •
        Oh **no, not** again!
D-14   Put these books back on the shelf where they **belong**.
D-15   **True love** never **ends**.

ÜBUNGSREIHE 10
A-01   Here is a letter for you. It was lying under the doormat.
A-02   **When** the war broke out, we were **still** living in Germany.
A-03   **While** Paul was taking a nap, I walked down to the **beach**.
A-04   The room was in a **great** disorder [→ **order**]. They were renovating it.
A-05   Nobody in the audience seemed to **notice**
        that the band was playing the **wrong** tune.
A-06   It was snowing **all** day yesterday.
A-07   Some of the guests arrived **while** others were **already** leaving.
A-08   I went [→ **go**] upstairs (in **order**) to **see** what the **children** were doing.
A-09   **While** I was buying a **birthday present** for my niece,
        somebody stole my handbag.
A-10   **When** I woke up, the cabin crew was **already** serving dinner.
A-11   In the rear-view mirror I saw [→ **see**] that a police car was following us.

A-12   On the stairs we ran [→ **run**] into two men
       who were **carrying** a **heavy** cupboard.
A-13   Mary was **laying** the table **while** Dave was reading the **sports** paper.
A-14   **Even though** we arrived a quarter of an hour **late**,
       the train was **still standing** at the platform.
A-15   We first met [→ **meet**] **when** she was doing a placement at our company.

B-01   It was about ten. We were **all** sitting in the kitchen.
       Suddenly the doorbell rang.
B-02   I woke up **every few** minutes
       because the young **couple** above us was **making** a terrible din.
B-03   What were you doing in the garage so **late last** night?
B-04   **When** I left [→ **leave**] my flat this morning, it was snowing.
B-05   How fast were you driving **when** the police **stopped** you?
B-06   **When** they found the vehicle it was **empty**, but the **engine** was **still running**.
B-07   Somebody in the **crowd** was reading **aloud** from the Bible.
B-08   Amy was **convinced** that the men at the **bar** were watching us.
B-09   Did you **really get** up **just** because the tap was dripping?
B-10   The delivery van **crashed** into a garden fence. Luckily [→ **luck**]
       nobody was **standing** there.
B-11   The ship hit a mine **when** it was leaving the harbour.
B-12   I didn't **recognise** her **at first** because she was **wearing** (a **pair** of) sunglasses.
B-13   My mother was **only** 16 **when** she first got [→ **get**] **pregnant**.
B-14   **While** the other guests were dancing, we stepped out onto the balcony.
B-15   It was a clear night. Thousands of stars were twinkling in the **sky**.

C-01   What did you do **when** you discovered the fire?
C-02   **While** we were lying relaxed on our deckchairs,
       the **children** were building sandcastles.
C-03   Suddenly it **began** to rain and **everybody** ran [→ **run**] under a tree.
C-04   He **dropped** his cigarette ash on the floor
       although there was an ashtray right in front of him.
C-05   **When** I was clearing the attic the other day I came across this photo album.
C-06   He came in, threw his coat into the corner and went [→ **go**] out again.
C-07   Lewis was watching TV [→ **television**] **while** his wife was cleaning the windows.
C-08   I slipped and fell on a banana skin.
       Luckily [→ **luck**] nothing is broken, but my knee is **aching** like hell.
C-09   I sold the motorbike **last** week. I was always having **trouble** with it.
C-10   It was pitch-dark **when** we **reached** the camp **site**,
       and it was pouring with rain [oder: it was raining cats and dogs].
C-11   I **stayed** at **home all** day yesterday
       because I was **expecting** an important (phone) call.
C-12   **As no buses** were **running** on that day, I had to **walk** to **work**.
C-13   Oh, you are **wearing** a new coat. •
       Yes, I bought it at Harrods this morning. Do you like it?
C-14   I was driving on the motorway at about 140 km/h
       when suddenly I **noticed** that the brakes weren't **working**.
C-15   Do you **realise** what you are saying?

D-01   It's high **time** (that) we left [→ **leave**].
D-02   What **kind** of business do you do?
D-03   I **need** 1,000 euros **just** to **pay** my **current** bills. •
       Can't you **borrow** the **money**
       from someone? • I don't **know** anyone who would **lend** me so much.
D-04   (Have a) **look** at this! It may [oder: it might] interest you.
D-05   In Germany civil servants have **no** right to strike.
D-06   **Turn** down the radio! I'm **going mad** with this **noise**!
D-07   **If** truffles weren't so expensive, I would occasionally [→ **occasion**] buy some.

D-08   I have **no** idea what happened. I was away **all** day.

D-09   I **just need** to **look** at you to **know** that you are lying.

D-10   Due to [oder: owing to] a calculation **error**
part of the staff received double **salary** this month.

D-11   Mr Banks is a widower. His wife **died last** year.

D-12   Bakers, mail carriers and **bus drivers** usually have to **get** up early.

D-13   They **named** their first son Randolph, after his grandfather.

D-14   His days **as Chairman** of the Board [oder: **as** CEO] seem to be numbered.

D-15   **All** men are equal, but some are more equal **than** others.

ÜBUNGSREIHE 11

A-01   We had to do it, there was **no** other **way**.

A-02   I could read before I **started** school.

A-03   His second novel was to be a **great** success.

A-04   **None** of the passengers was **allowed** to **leave** the airport building.

A-05   My grandpa used to be an excellent long-distance runner.

A-06   We didn't have to **wait long**. The **ambulance** arrived at **once**.

A-07   The door wasn't **locked**, so we were able to **get** in.

A-08   Before we **moved** out, we were supposed to renovate the **whole** flat.

A-09   The helicopters had to **break** off the search
because it was **getting too** stormy.

A-10   We couldn't sit much in the garden **last** summer
as it was unusually cold and rainy.

A-11   He never used to **come home** before midnight.

A-12   On the following day we went [→ **go**] to a **nearby** village
where a flea market was to **take place**.

A-13   We were **not allowed** to **keep** pets in the flat.

A-14   It was a serious **mistake**, and it wasn't to be his **last**.

A-15   **All** our **family** used to **go** to **church** on Sunday mornings.

B-01   How was I to **know** that she was **married**?

B-02   Did you use to smoke a lot?

B-03   Were you **allowed** to use a **dictionary during** the **exam**?

B-04   How **long** did you have to **wait until** it was your **turn**?

B-05   We didn't **even** have to show our passports [→ **documents**].

B-06   Didn't you use to have an Austin? • Yes, but that was ages [→ **age**] **ago**.

B-07   Nobody was able to understand his decision [→ **decide**]
but in the **end everyone** had to **accept** it.

B-08   The file was displayed on the screen, but I couldn't **open** it.

B-09   Despite his injuries, he managed to climb out of the **crashed** vehicle.

B-10   The thieves were able to **escape** undetected.

B-11   He used to drink up to ten bottles of beer a day
before he **finally joined** a self-help group.

B-12   For some **reason** I was unable to print my **document**.

B-13   I **still** don't **know** how he was able to find us.

B-14   Before I was eighteen, I was **not allowed** to **go** out **alone**.

B-15   A housewife's **work** is much **easier** today **than** it used to be.

C-01   Did the **children really** have to **pay** the full **fare**?

C-02   What was I to do, **all alone** and with **just** a **few** euros in my **pocket**?

C-03   Luckily [→ **luck**], he had a city **map** on him and was able to show us the **way**.

C-04   Women and **children** were **allowed** to **leave** the hijacked plane.

C-05   We used to have a parrot. His **name** was Willie and he could speak.

C-06   Jim got [→ **get**] **angry** because the car in front of him wouldn't **let** him pass.

C-07   The hostages were able to **get** free **even** before the police arrived.

C-08   **Next** to the new shopping centre [oder: shopping mall],
there used to **stand** my parents' **house**.
They tore it down **shortly** after the war.

C-09   Was he able to **convince** the judge of his innocence?
C-10   **As** a boy, I used to **go** to football **every** Sunday afternoon.
C-11   We had to hand in our **bags** at the cloakroom
       and were **not allowed** to **take** photograps.
C-12   Some had to **spend** the night in the gymnasium [kurz: gym]
       because they couldn't **afford** a hotel room.
C-13   I **wonder** how he managed to **get** a **salary** increase again.
C-14   **As** a **child**, he could **neither** read nor write **properly**.
       Today he **works** for a well-**know**n weekly (magazine).
C-15   It wasn't to be.

D-01   You sound funny somehow. Did **anything go wrong**?
D-02   She never says much, and **sometimes** she doesn't **say anything at all**.
D-03   Climatologists **say** that some of the world's coldest regions
       are warming up at an alarming speed.
D-04   The rebels laid [→ **lay**] down their **arms** and were **ready** to **make** peace.
D-05   He came in **every few** minutes and **asked** the **time**.
D-06   My husband's **working** day **begins** at half past four **every** morning.
D-07   We woke up in the middle of the night.
       Some dog from the neigbourhood was barking like **mad**.
D-08   Laura is slim because she watches her weight and **keeps** fit.
       Her younger brother Mark is overweight
       because he eats **too** much and takes **too** little **exercise**.
D-09   She got [→ **get**] up, walked to the window,
       drew back the **curtains** and saw [→ **see**] that the sun was shining.
D-10   For **only** [oder: **just**] £9,90 you can eat **as** much **as** you like.
D-11   **If** I had the **money**, I **certainly** wouldn't **ask** you to **lend** me some.
D-12   Don't worry, John **will** always find a solution.
D-13   You can **take** photos, but you may **not** [oder: must **not**] touch **anything**.
D-14   **According to** an eye-witness the **driver** was telephoning
       on his mobile phone **when** the **accident** happened.
D-15   Would you be interested in a little extra **income**?
       Sure. What am I (supposed) to do?

ÜBUNGSREIHE 12
A-01   I'm **afraid** I have forgotten your first **name**.
A-02   We have **known** David since his birth.
A-03   This is the first cigarette I have smoked today.
A-04   My daughter has **just** had her first **job interview**.
A-05   We have read your **report** with **great** interest.
A-06   There have been several thefts here **lately**.
A-07   Since her **accident** she has been blind in one eye.
A-08   **Most** of the **houses around** here have been **vacant** for months.
A-09   Does anyone have a match? The candle has gone [→ **go**] out.
A-10   I have been in the business **long enough** to **know**
       whether [→ **if** und **whether**] an investment **makes sense** or **not**.
A-11   We have received hundreds of phone calls, letters and emails.
A-12   Many **people** in this part of town have been jobless for years.
A-13   I have put on at least five kilos. • **No wonder** with your appetite!
A-14   This is the worst cold I have ever had.
A-15   Sharon has written more **than** forty applications [→ **apply**] so **far**.

B-01   Have you ever been to the Antarctic?
B-02   What Laura has told [→ **tell**] you is **not** the full truth.
B-03   Oh, it's you! Since **when** have you been back?
B-04   Geoffrey and I haven't had a **holiday** for years.
B-05   For security **reasons**, I have **changed all** passwords and access codes.
B-06   Those were the worst moments I have ever **experienced**.

B-07	Do you **like** Russian caviar? • I don't **know**, I have never tried [→ **try**] it.
B-08	Haven't we seen [→ **see**] this film before? The title sounds familiar to me.
B-09	In the past **few** days **alone** we have had hundreds of inquiries.
B-10	We have **just decided** to **get married**. • **Really**? I can **hardly believe** it! How **long** have you been together now?
B-11	I have seen [→ **see**] so much of the world that I would like to **spend** the **rest** of my **life** at **home**.
B-12	There have always been **people** who oppose **any kind** of **change**.
B-13	How **long** have you had these complaints [→ **complain**]?
B-14	We have often **wondered** how **people** can live on so little **money**.
B-15	Has the penny **dropped at last**?

C-01	How **long** did you **work** for the BBC [British Broadcasting Corporation]?
C-02	My brother-in-law had a stroke three years **ago**. Since **then** he has been **slightly** disabled.
C-03	He lived here for a **few** months and **then moved** to London.
C-04	I have lost [→ **lose**] my front door **key**. • (My) goodness! [oder: Good gracious!] **When** did you **last** have it?
C-05	Have you **married** me for **love** or because of my **money**?
C-06	We booked the flight a week **ago** but **still** haven't had a confirmation [→ **confirm**].
C-07	That is the **most** unbelievable **story** I have **ever heard**.
C-08	Since **last** week I've had a new flatscreen TV [→ **television**]. My girlfriend left [→ **leave**] it behind for me **when** she **moved** out.
C-09	Columbus never set foot on the American mainland.
C-10	We have had frost here for about a week, and **according to** the **latest** weather **report** it **will** stay cold for another **few** days.
C-11	How did it happen? • I don't **know**, I have **only just** arrived.
C-12	He got [→ **get**] a pacemaker years **ago** and has never had any problems with it.
C-13	We had an **appointment** for ten o'clock. Now it's half past eleven and she **still** hasn't arrived. • She may have overslept; it wouldn't be the first **time**.
C-14	Susan and John **moved** into their new **house last** week, but haven't sold their **old** one **yet**. So at the moment they have two **houses**.
C-15	You haven't been in this business **for a long** time, I suppose. • **No**, I **started** two weeks **ago**. • I **see**, and what did you do before?

D-01	Do you **still remember** the **time when** the miniskirt came into fashion?
D-02	Don't you think you are **asking** a bit **too** much?
D-03	You must **not open** the parcel **until** [oder: before] your **birthday**.
D-04	Nobody seemed to **hear** that the phone was ringing.
D-05	A **few** years **ago** this **property** was **worth** half a million.
D-06	Can anyone **explain** to me how I am supposed to **maintain** a **family** on 400 euros a month?
D-07	Your remarks show how little you understand of it.
D-08	She used her talk show appearance to **promote** her new novel.
D-09	We don't **need** a **roadmap** any more. I have a satnav [satellite navigation system] in my car.
D-10	My tooth is aching again. Could you **get** me some tablets **just** in **case** the **pain** gets **too** strong?
D-11	**During** our **journey** we **learned** a lot about foreign **peoples** and **countries**.
D-12	How did you manage to **get** here without a car?
D-13	**While** he was giving his **speech** he suddenly felt dizzy. But he **recovered**, and after a **short break** (he) was able to continue.
D-14	Where do we **get** tickets for the afternoon **performance**?
D-15	That's **easier** said [→ **say**] **than** done.

ÜBUNGSREIHE 13

A-01   I have been dreaming of you.

A-02   It has been snowing for a **whole** week now.

A-03   **Come** in. We've **already** been **expecting** you.

A-04   So **far**, Philip has been doing **quite** well at his new school.

A-05   Someone has been **smoking** again. I can smell it.

A-06   Since Christmas I have been taking more **exercise than ever** before.

A-07   John has been **working far too** much **lately**. He **badly needs** some **rest**.

A-08   For more **than** twenty years we have been **spending** the winter
          at the Mediterranean (**Sea**).

A-09   I have been watching him for **quite** some **time**.
          He seems to be **rather** nervous.

A-10   The play has been **running** at this theatre for over fifty years.

A-11   How **long** have your sons been studying at Eton?

A-12   I have been **trying** to do the translation, but it is **too** difficult for me.

A-13   **Most** of these problems are **not** new.
          We have been discussing them for years.

A-14   Harry has been chatting with Evelyn **all** evening.

A-15   **Let** me **take** the wheel now. You have been driving **long enough**.

B-01   **Which** of you has been eating garlic?

B-02   Sorry, I was delayed. Have you been waiting **long**?

B-03   Have the Millers **moved house**? For days I have been **trying**
          to **get** one of them on the phone.

B-04   What have you been doing down there **all** the **time**?

B-05   For some **time petrol prices** have been rising again,
          but (they) are **still** lower **than just** a **few** months **ago**.

B-06   Since we **moved** out of town things have been improving.

B-07   We have been knocking and knocking,
          but no one [→ **none**] **answered** (the door).

B-08   Sorry for the muddle! The **children** have been baking biscuits.

B-09   Have you been using my suncream, Helen? •
          Of **course not**, I **never** use other **people**'s things.

B-10   You won't **believe** it: it has been snowing.

B-11   I have been **looking** forward to your **visit** for weeks.

B-12   My feet are aching. I've walked here **all** the **way** from the station.

B-13   He has been lying in hospital with a broken leg
          since his motorbike **accident** five weeks **ago**.

B-14   Could you repeat that please? I haven't been listening.

B-15   We **know** that he has had **quite** a bit of **trouble lately**.

C-01   Have you **ever ordered anything** over the internet?

C-02   Since her **divorce** she has been **quite** a **different** person.

C-03   We haven't seen [→ **see**] you for **ages** [→ **age**]. Were you away?

C-04   Oh, you have laid [→ **lay**] the table. Are you **expecting** someone?

C-05   For some years scientists have been experimenting with **human** genes.

C-06   A **heavy** gale has been raging over the Baltic (**Sea**) since midnight.

C-07   They have been negotiating for years. And what have they **achieved**?

C-08   Over there you can **see** the Statue of Liberty.
          It has stood [→ **stand**] there [oder: has been **standing** there]
          for over a hundred years – to be precise [oder: exact], since 1886.

C-09   I **wonder** what excuses he has invented this **time**.

C-10   He has been **learning** English for two years now
          and isn't **even** able to spell his **name** correctly.

C-11   In the written part I have made [→ **make**] a **few** careless **mistakes**.

C-12   Clara and Paul have **announced** their engagement.

C-13   My husband and I have been doing the lottery for thirty years
          but have never won **anything**.

C-14 For centuries **people** have been **wondering**
whether [→ **if** und **whether**] there is **life** on other planets.
C-15 We hope (that) you have **learned** something from this exercise.

D-01 How often do the trains **run**? • **Every** half hour, **as far as** I **know**.
D-02 Honestly, what would you do **if** you were in my **place**?
D-03 The older you **get** the more **rest** you **need**.
D-04 Curry has **become** something like England's new national dish.
D-05 There have **never** been so many rainy days **as** this summer.
D-06 She used to be in **love** with me, but that was **long ago**.
D-07 The shop is **hard** to find. It's [oder: It **lies**] in a backyard
and doesn't **look very** inviting.
D-08 What is that? • What is what? I can't **hear anything**.
D-09 I went [→ **go**] into the kitchen where Carlotta was **just preparing** dinner.
D-10 My husband has been **complaining** about backache [→ **ache**] for some weeks.
D-11 I had to **come** by taxi, **as** my car wouldn't **start**.
D-12 You can have the boat **if** you like. But I **need** it back **by** Friday.
D-13 We have the laws, we **just need** to **apply** them.
D-14 **According to** this news article
Germans are going to **spend** less on Christmas **presents** this year.
D-15 **Will** you **move** your car please? You are parking on a yellow line. •
I'm sorry, I'm **colour**-blind. • You don't **say**! Your driving licence please.

ÜBUNGSREIHE 14

A-01 Our parents are celebrating their silver **wedding next** week.
A-02 **If** you **go** on like this, you **will** never pass the **exam**.
A-03 I'm going to **open** a savings account for our grandchildren.
A-04 We can **move** the **big** sofa in front of the **fireplace**,
so the **will** have more room to play.
A-05 We **will** be **staying** at the *Waldorf Hilton* **as** usual.
A-06 **Look** out! You are going to **lose** your wallet.
A-07 Sooner or later he **will realise** his **mistake**.
A-08 My **boss** is giving a **speech** at the book fair on Thursday.
A-09 **If** you **take** the 8.25 train, you **will** be here in **time** for dinner.
A-10 In a **couple** of weeks I **will** have lost [→ **lose**] at least five kilos.
A-11 I hope we'll have the **opportunity** to **see** you before we **leave**.
A-12 We **will** be flying at a height of about ten thousand **metres**.
A-13 Can I speak to Mr Carson? • **Just** a moment, I'll **see if** he is in.
A-14 I have seen [→ **see**] the film, and now I'm going to read the book.
A-15 **By** the **end** of March more **than** a million visitors [→ **visit**]
will have seen [→ **see**] the exhibition.

B-01 The **last** flight to Brussels **goes** at 5.45 pm.
B-02 Dave is back from Australia. He is **coming** to coffee tomorrow.
B-03 What **will** the world **look** like in a hundred years?
B-04 This **time next** year I'll be **enjoying** my retirement.
B-05 On the 1st of June we **will** have been **married** for fifteen years.
B-06 This drink **will keep** you awake for a **couple** of hours.
B-07 I hope Paul **will remember** to cancel the newspaper.
B-08 **Will** you be **spending** your summer **holiday** at the North **Sea** again?
B-09 **As** I didn't **order** the book, I am **not** going to **pay** for it.
B-10 We **will** probably never **know** what **really** happened that evening.
B-11 I **will** be **seeing** Bill tomorrow. We **work** in **the same office**.
B-12 How many **people** are **coming** to your party on Friday, Chris?
B-13 **If** you **miss** the **last** bus, you **will** have to **walk**.
B-14 What are you going to do with **all** the **money**? •
I don't **know yet**. **Perhaps** we'll **go** on a cruise.
B-15 **Will** you have **finished by** Saturday?

C-01   I **will** be **glad when** the **holidays** are over.
C-02   The ferry **goes** at eleven, but **as** we haven't got tickets **yet**,
       we'll have to be there an hour before sailing.
C-03   In about ten days we **will** have covered half the distance.
C-04   **Will** he **ever** be able to **walk** again after his **heavy** fall?
C-05   In (the year) 2020 I **will** have **worked** here for fifty years.
C-06   **If** I **turn** up the heating now, the room **will** be cosily warm in no **time**.
C-07   I won't phone her **until** she has **apologised** to me.
C-08   I **know** it's **not** going to be [oder: it won't be] **easy**, but I **will** do my best.
C-09   **By** the **end** of the year **all** volumes **will** have **come** out.
C-10   Phone me tomorrow evening. But **not** between
       seven and eight, at that **time** I'll be putting the **children** to bed.
C-11   I have **no money** on me. • Never **mind**, I **will lend** you some.
C-12   Wages have risen, and you can be sure (that) **prices will rise as well**.
C-13   **As** soon **as all** reconstruction **work** is completed,
       we'll **move** back into our flat.
C-14   Are you **going** into London? • Yes, I can give you a lift **if** you like. •
       Very kind of you, thanks a lot.
C-15   **By then** I'll be **old** and grey.

D-01   How well did you **know** him?
D-02   It's high **time** I brushed up my English a little.
D-03   What does Herbert do (for a living)? – He is a social worker or something.
D-04   Adventure **holidays** have been **enjoying**
       increasing popularity in **recent** years.
D-05   I'm **not really** awake **until** [oder: before] I've had my **first** cup of coffee.
D-06   Since the **beginning** of **last** week Stuart has been
       Deputy Head of our comprehensive school [→ **schooling**].
D-07   **Special** diets are said [→ **say**] to reduce the risk of cancer.
D-08   One **reason** for the **current** housing shortage [→ **short**] is
       that more and more young **people move** away from **home**.
D-09   It had been freezing overnight. The pavements were slippery
       and the **streets** were covered with a thin but dangerous layer of ice.
D-10   The usual for me, and a **glass** of tomato juice for my husband.
       He **will** have to **drive** today.
D-11   You are lucky [→ **luck**], the **boss** is **still** in, but he is telephoning.
       Please have a **seat**. It can't **take long**.
D-12   The town has **changed** completely in the **course** of **just** two decades.
D-13   Are you **paying** cash? • **No**, I'd like to **pay** by credit card **if** you don't **mind**.
D-14   **All** the fame and fortune haven't gone [→ **go**] to his head.
       That's what I like about him.
D-15   You are talking in riddles. What exactly do you **mean**?

ÜBUNGSREIHE 15
A-01   I was over an hour **late** because I had overslept.
A-02   **Everyone** was shocked **when** they **heard** what had happened.
A-03   The Company was in serious **trouble as orders**
       had been **dropping** [oder: … had been declining] for months.
A-04   The **crossing** took [→ **take**] **longer than** we had **expected**.
A-05   I had **just** gone [→ **go**] to bed **when** the phone rang.
A-06   He offered me 500 euros for the picture,
       twice **as** much **as** I had paid [→ **pay**] for it.
A-07   Nobody could **tell** us what had **become** of him.
A-08   We were **very** hungry **as** we hadn't **yet** had breakfast
       [oder: … hadn't had breakfast **yet**].
A-09   It had been raining for days. **Large areas** were under water.
A-10   We **realised** at **once** that someone had **helped** him.
A-11   He **knew** an awful lot about Egypt **although** he had never been there.

A-12   Henry was dead **tired**, he had been **working** in the garden **all** day.
A-13   Before the car was invented, **people** used to **travel** by **coach**.
A-14   We were **rather disappointed**. We had **expected** a lot more.
A-15   His dream had **become** reality.

B-01   He had to **realise** that he had gone [→ go] **too** far.
B-02   She wouldn't **tell** us where she had been so **long**.
B-03   About 25 persons were there, roughly **as** many **as** we had invited.
B-04   We had **known** for a **long time** that something was **wrong** with him.
B-05   Before he **started** to study architecture,
       Francis had been **working** on a building **site** for a year.
B-06   Carol had had the car **only** one week **when** the **accident** happened.
B-07   **If only** I hadn't drunk so much champagne yesterday!
B-08   **When** the mayor resigned **last** week, he had been in **office** for forty years.
B-09   The leather jacket **looked** like new, I had worn it **only once** or twice.
B-10   The return **trip** took [→ **take**] much **longer than** we had planned.
B-11   **Long** before the game **began**
       the police had **already** arrested hundreds of **fans**.
B-12   Water was **short as** the **country** had been suffering
       from an extreme drought for months.
B-13   **When** we arrived at his **home**, he had **not even** got [→ **get**] up.
B-14   Several workers **died** after they had **breathed** in
       large amounts of poisonous [→ **poison**] gas.
B-15   The police **stopped** me right **round** a **bend**. I had been driving **too** fast.

C-01   The **house looked as if** nobody was living in it.
C-02   He got [→ **get**] an electric shock **when** he touched the **power** cable.
C-03   They spoke German, so I was able to understand what they were saying.
C-04   At that **time** we **already knew** that he was taking drugs.
C-05   She had been sitting there for an hour and hadn't said [→ **say**] a word **yet**.
C-06   The **television** had been on **all** afternoon but,
       as nobody was watching, I switched it off.
C-07   They were **both** over fifty and had **lived** together for **quite** some **time**
       before they **finally decided** to **get married**.
C-08   I **knew** little to nothing **at all** about Africa **when** I got [→ **get**] there.
       But I soon **realised** that it was **quite different**
       from what I had seen [→ **see**] in films or read about it.
C-09   **When** I came **home late last** night, a light was on in the flat above me.
       When I went [→ **go**] to **work** this morning, the light was **still** on
       and I **wondered** whether [→ **if** und **whether**] it had been on **all** night.
C-10   He had **worked** for a Hamburg construction firm for years
       but **still** didn't speak any German.
C-11   **At first** we wanted to **take** a taxi but, **as** there wasn't any **around**,
       we **decided** to **walk**.
C-12   The visitors [→ **visit**] had **just** left [→ **leave**] the hall
       when the **ceiling** came down.
C-13   Mark had been driving like **mad** but **when** we arrived
       at the ferry port, the ship had **already** departed.
C-14   William hadn't **even** packed his **bags although** he knew
       that **everybody** was waiting for him.
C-15   I woke up in the middle of the night, **bathed** in sweat.
       I didn't **know at first** what was **going** on
       until I **realised** that I had been dreaming.

D-01   So **far, everything** has been **quite easy**.
D-02   You **needn't** be **afraid** of the dog. It won't bite.
D-03   I have some faint memories of my grandfather
       but I never **really** got [→ **get**] to **know** him. He **died when** I was three.
D-04   **Every** day there are eggs for breakfast. Do you call this balanced nutrition?

D-05	One says this, the other says that. **Which** am I to **believe**?
D-06	A parquet floor **looks** better **than** carpeting [→ **carpet**] but is much more expensive, and I'm **not** handy **enough** to **lay** it by myself.
D-07	I can understand you much better **if** you speak a bit more slowly.
D-08	He was so strong that he could easily **bend** an iron **bar**.
D-09	**Although** I earn more now, my disposable **income** has **stayed the same**.
D-10	This cream **makes** your skin **look** smooth and healthy. At least that's what it says on the package.
D-11	A **small** bottle of this perfume costs more **than** a dinner for two.
D-12	**As long as** there is **no** tangible evidence, we can't **take** any **action** against him.
D-13	Shall we stay here or would you **rather go** somewhere **else**?
D-14	I **wonder** what these **people** do in their spare **time**.
D-15	So, that was that. What are we going to do **next**?

ÜBUNGSREIHE 16

A-01	Is this your **first journey** to Australia? • Yes, it is.
A-02	**Nice** view from up here, isn't it? • Yes, it's **great**.
A-03	I was **rather** annoyed, to be honest. • So was I.
A-04	Are you familiar with London? • **No**, I'm **afraid not**, it's my **first visit**.
A-05	**Almost everyone** was **seasick** [→ **sick**]. • I wasn't!
A-06	**Which** of you speaks Portuguese? • I do.
A-07	I can't **stand** his arrogant ways. • **Neither** can I.
A-08	These hotel rooms haven't got internet connection, have they?
A-09	Do you **need** any **help**? • Yes, (we do). We've got [→ **get**] lost [→ **lose**].
A-10	Can you fly a helicopter? • **No**, can you?
A-11	I'm **not** interested in modern art. • Aren't you? I am.
A-12	You **mean** this medication is freely available? • Well, I think so.
A-13	You **still work** at the **tax office**, don't you?
A-14	American sounds **quite different** from British English. • Does it?
A-15	You don't have much in common, do you?

B-01	You weren't **born** here, were you? • **No**, I wasn't.
B-02	Is there a pharmacy **around** here? • Yes, there is.
B-03	**Let**'s **go** for a little **walk**, shall we?
B-04	I'm clever, aren't I? • You are, but you **needn't** always mention it.
B-05	The Dutch probably won't **agree**, **neither will** the French. • But the Germans **will**.
B-06	Have you been to vote **yet**? • **No**, **not yet**, have you? • **No**, I haven't. And I'm **not** sure whether [→ **if** und **whether**] I **will go** at all.
B-07	You are wasting your **time**. • Am I? • Yes, you are.
B-08	You can't **help** me **either**, can you?
B-09	Do you **believe** in a **life** after **death**? • **No**, I don't. Do you?
B-10	There is **too** much advertising on TV [→ **television**]. • Yes, (there is), isn't there?
B-11	They can't force us, can they? • Oh yes, they can!
B-12	The **actual** costs **will** be **even** higher. • They **certainly will**.
B-13	**Will** you **come** here again **next** summer? • That may well be, won't you? • **No**, **quite** definitely **not**.
B-14	You aren't **very** satisfied with your **work**, are you?
B-15	I found the show simply stunning! • Did you? I found it deadly boring.

C-01	That's good news for a **change**, isn't it?
C-02	There's a cobweb on the **ceiling**. • Is there? • Yes, (there is), right above your bed. • I don't **mind**. I'm **not afraid** of spiders.
C-03	I've never been away from **home** for more **than** a **few** days. Have you?
C-04	The **first** volume wasn't available any more. **Neither** was the second.

C-05	Do I have to fill in [oder: complete] the **whole** form? • **No, just** the top part.
C-06	You're **not** going to **disappoint** an old friend, are you?
C-07	Do you **know** the **rules** of the game? • Yes, of **course**, don't you? • **No**, I don't, that's why I'm **asking** you.
C-08	With some **people** you **get** along well, with others you don't.
C-09	Do you **work overtime** now and **then**? • **Only if** I have to.
C-10	I have **no** idea what this is supposed to **mean**. • **Neither** do I.
C-11	Your husband was **very** generous. • (That's what) he always is with other women.
C-12	You may think it was funny; but it wasn't, **not at all**.
C-13	These figures are **wrong**. • **No**, they aren't. • Yes, they are!
C-14	The **salary** isn't **very** tempting, and the **working** conditions aren't **either**. But **any job** is better **than none at all**.
C-15	Nothing new, is there? • **No**, I'm **afraid not**.

D-01	The wheel nuts were **loose**, I hadn't tightened them **properly**.
D-02	She won't **realise** that she has made [→ **make**] a **mistake**.
D-03	Has Ellen **got** [→ **get**] **married** again? • **No**, since her **divorce** she has **lived alone**.
D-04	Do you **know** how much an unskilled worker used to earn?
D-05	You are **moving** to Scotland? Doesn't it rain there night and day?
D-06	A **few** weeks after the operation the scars had **become almost** invisible.
D-07	For many **children** from **poorer** families school dinner is the **only proper meal** of the day.
D-08	Can wind **power** be the solution to our energy problems?
D-09	He was unemployed for **quite** a **while** but since Monday he has had a **job** again.
D-10	We were **just preparing** dinner **when** suddenly the light went [→ **go**] out. We had to continue [oder: to **carry** on] in the dark.
D-11	The trees have stood [→ **stand**] here for over a hundred years [oder: have been **standing** ...]. Now the local council has **decided** to cut them down.
D-12	**Any** of these drawings is **worth** over 1,000 euros.
D-13	Are you **really** going to stay up and **watch** this nonsense? I am **not**.
D-14	Private provision is **getting** more and more important nowadays.
D-15	Are you deaf or what? • Pardon?

ÜBUNGSREIHE 17

A-01	The United States is **still** a super **power**.
A-02	These stairs lead up to the roof garden.
A-03	I never smoke cigarettes, but I smoke a pipe now and **then**.
A-04	Theory is one thing, **practice** is another.
A-05	I **wonder if** that much homework is **really** necessary.
A-06	We sell our goods [oder: merchandise] to **all** parts of the world.
A-07	**As long as** I am young I want to **enjoy life**.
A-08	The **patient** has made [→ **make**] remarkable **progress**.
A-09	Listen carefully, I have some **most** interesting news for you.
A-10	Mr Burke is a musician. He plays the trumpet in a jazz band.
A-11	I have bought a blouse, a jacket and two **pairs** of tights.
A-12	**If** she has a temperature, she had better stay in bed.
A-13	Firefighters often risk their **lives when** they **enter** a burning **house**.
A-14	The German and the English **languages** have little in common.
A-15	Without a car you are stuck in this city.

B-01	What a pity you weren't there. We had **such** fun!
B-02	**Most** of his **advice** was useless.
B-03	I can't find my glasses. Have you seen [→ **see**] them?
B-04	Computers have **become** part of our everyday **lives**.

B-05   Whoever [→ **ever**] gave you this information, it is **wrong**.
B-06   The United Nations has **too** little influence on world **politics**.
B-07   The general strike **brought** public **life** to a standstill.
B-08   For the **first time ever** our **family** are taking **separate holidays**.
B-09   We are going to the hospital to **visit** Philip. •
        Oh, Philip is in hospital? I hope it's nothing serious.
B-10   Mount Everest is the highest mountain of the Himalayas.
B-11   After months in space, the astronauts were **glad** to be back on earth.
B-12   The police were **not** able to guard the building.
B-13   His **first act as** President was the release of **all** political prisoners.
B-14   On 42nd **Street** we bought theatre tickets, **then** we went [→ **go**]
        down Broadway to Wall **Street**.
        That's at least five kilometres [→ **metre**].
B-15   Wasn't he in prison? • Yes, but that was twenty years **ago**,
        and twenty years is a **long time**.

C-01   What **time** is the **next** news on **television**?
C-02   Palm trees 20 **metres** high cast their **shadows** over the **beach**.
C-03   Measles is an infectious **illness**.
C-04   I **will** have to put on a **different pair** of trousers, my jeans aren't dry **yet**.
C-05   Hurricane Katrina has caused disastrous damage
        both in the city and on the outskirts.
C-06   **Most** dictators have got [→ **get**] to **power** with the **help** of the army.
C-07   I have never **heard such** nonsense in **all** my **life**.
C-08   How **long** has the Netherlands been a member of the EU? •
        From the **beginning**. It was one of the six founder states.
C-09   I am **still wondering** how it was possible
        to **get** a **live** crocodile through **customs**.
C-10   He has **lived abroad** for eleven years, but is **still** a German citizen.
C-11   What you can **see** here is valuable [→ **value**] English furniture
        from the 17th and 18th centuries.
C-12   The parties are **divided** over the **issue** of **tax policy**.
C-13   Can we **come** to dinner **at last**? •
        I'm sorry, the spaghetti isn't **ready yet**.
C-14   There **will** never be **such** a thing. At least **not** in the **near** future, **if at all**.
C-15   My parents had waited for this moment **all** their **lives**.

D-01   You **needn't look** for a hotel, you can stay the night with us.
D-02   We **missed** our flight
        because Alfred had left [→ **leave**] the tickets in the glove compartment.
D-03   We cannot be **certain until** we have spoken to him.
D-04   I had been **working hard** and was **looking** forward to the weekend.
D-05   **Explain** that to your **boss, not** to me!
D-06   You **will** never guess who has **moved** in **next** door.
D-07   The police are **convinced** that there was a **special relationship**
        between the culprit and the victim.
D-08   **If** you like fish, you should [oder: ought to] **try** smoked eel.
        It's a typical dish of the local cuisine.
D-09   Do you **know** her? • Yes, I do. • **Tell** me about her. What is she like?
D-10   They wouldn't **let** us in because the **performance** had **already started**.
D-11   So you are a socialist. • Yes, I am. • That is,
        you **believe** in socialism. • Yes, of **course** I do, don't you? • **No**, I don't.
D-12   The policemen wore [→ **wear**] helmets
        but they didn't **carry** firearms [→ **arms**].
D-13   In spite of his injuries he managed to free himself from the burning car.
D-14   This **country** has made [→ **make**] **great** efforts in the past **few** years
        to **raise** the general standard of living.
D-15   Don't **start** that again, **will** you?

ÜBUNGSREIHE 18

A-01   She wears a ring on **each** finger.
A-02   Is there any red wine left? • Yes, but **only** half a bottle.
A-03   I'll **take** a **few** days off [→ **free** und **off**]
       as soon as we have **finished** here.
A-04   Do chain smokers **realise** what they do to their health?
A-05   In spring thousands of tourists **visit** this island,
       but **most** of them **travel** back (on) **the same** day.
A-06   With **few** exceptions [→ **except**],
       this ticket is valid for **all** domestic flights.
A-07   **None** of these **children** has **ever** been **abroad**.
A-08   The repair **will take** months and cost several million pounds.
A-09   We have **every reason** to be satisfied.
A-10   The **whole** event was a total flop.
A-11   The walls over there are the **remains** of an **ancient** Roman fortress.
A-12   I am **still making** silly **mistakes** because I forget **too** many words.
A-13   **All** our friends and relatives are **coming** to the **wedding**.
A-14   A French loaf, some cheese and a **few** olives **make** a tasty snack.
A-15   Many a genius **died** in poverty.

B-01   I myself wasn't there **when** it happened.
B-02   Some women had tears in their eyes.
B-03   One parent speaks English, the other one Spanish.
       Their **children** speak **both languages** fluently.
B-04   **All** of you can be [oder: You can **all** be] proud of your **performances**.
B-05   Is it possible to fly **around** the world in less **than** 24 hours?
B-06   **Such** a thing can happen again **any** moment.
B-07   There are **different** explanations [→ **explain**] for this phenomenon,
       but **none** of them is **really** convincing.
B-08   **By** the **end** of the year another 3,000 employees
       will have lost [→ **lose**] their **jobs**.
B-09   Under **certain** conditions we would be **ready**
       to **take** on a **few** more trainees.
B-10   It would have been **enough** to pour a bucketful of water over the fire.
B-11   Can **everybody** sit or do we **need** any more chairs?
B-12   Our company has a **stand** at the computer fair **every** year.
B-13   The news must have been **quite** a shock for her.
B-14   Due to the floods, the **coast road** was **closed** in **both** directions.
B-15   Miners **spend** half their **lives** underground.

C-01   I use the car for **both** private and business purposes.
C-02   Schoolchildren **presented each** of the visitors [→ **visit**] with a little
       bunch of flowers and – don't **ask** me why – a **bag** of potato chips.
C-03   You can have some more coffee **if** you like.
       But you'll have to drink it black; there isn't any milk left, I'm **afraid**.
C-04   The Scots drink more whisky **than** any other **people** in the world.
C-05   The oil spill in the Gulf of Mexico showed **once** again
       how little we have **learnt** from similar disasters.
C-06   For **most fans**, football is **just** an exciting adventure;
       for a **few** of them, however [→ **ever**], it's a **kind** of substitute for war.
C-07   She was fed up with **all** the quarrelling and **decided** to **divorce** him.
C-08   At **any time** of the year **large** flocks of sheep graze
       on my grandparents' farm in the south of Australia.
C-09   Part of the nature reserve **lies** on the other **side** of the **border**.
C-10   Adventurous tourists with plenty of **time** and **money will** soon be able
       to **travel** in a submarine down to the wreck of the Titanic.
C-11   After a two day's camel **ride** across the desert
       the expedition **finally reached** their **destination**.

C-12 For **certain reasons** we can't give you any further information.
C-13 Since **recently** we have been sitting
      in modern open-plan **offices** with computers on **each** desk.
C-14 You won't **believe** me, but in the **whole** of New York
      I haven't found one single suitable [→ **suit**] **present** for him.
C-15 **Once** you have **reached** a **certain age**,
      lots of things **become** less important.

D-01 What did we use to call that?
D-02 I think I'll furnish this room **as** a study.
D-03 Meanwhile unemployment **even affects** middle-class families.
D-04 For me he is the ideal husband. I couldn't have found a better one.
D-05 Mr Harris has been employed here **as** a caretaker [→ **care**] for 38 years.
D-06 This **time** tomorrow I'll be able to **tell** you more about it.
D-07 **If** you want to **take** good photos, you'll have to climb on to the roof.
D-08 John has left [→ **leave**] for The Hague.
      He is **attending** a conference there.
      I don't think he'll be back before Sunday.
D-09 **Everything** would be **easier if** we had **proper** tools.
D-10 **Time** is **money, as** we **all know**.
D-11 **First** (of **all**) **let** me **explain** what this project is **all** about.
D-12 The **twins** [→ **multiple births**] **will inherit** a fortune
      on their 18th **birthday**.
D-13 I was **pretty** naive **then** and **believed almost everything**.
D-14 John has been coughing a lot **lately**. • Does he smoke a lot? •
      No, he doesn't smoke **at all**. • In that **case** he ought to **see** the doctor.
      It might be something serious.
D-15 **By when** do we have to **make** up our **minds**?

ÜBUNGSREIHE 19

A-01 I didn't have a cent in my **pocket**.
A-02 She thinks **only** of herself, never of others.
A-03 Sarah and Janet hadn't seen [→ **see**] **each** other for years.
A-04 Do you **pay** more or less **if** you book in advance?
A-05 You **needn't apologise**, it was clearly my **mistake**.
A-06 It's damned cold today. • Yes, one could [oder: might] think it's winter.
A-07 **When** I **get** less **than** eight hours sleep, I feel **tired all** day.
A-08 A **large** tube of toothpaste is cheaper **than** two **small** ones.
A-09 **Look** at yourself, there is a mirror over there!
A-10 You **will hardly recognise** him. He has shaved off his beard.
A-11 An **old** pal of mine is **coming** to **see** me over the weekend.
A-12 They found him **dead** in his hunting lodge.
      He had shot himself with his gun.
A-13 We can't **afford** a **holiday**. So we are going to stay at **home** this summer.
A-14 I was so **afraid** of the **exam** that I couldn't think of **anything else**.
A-15 Behave yourself!

B-01 May I introduce myself? My **name** is Ray Gibbs.
      I have always been a **great admirer** [→ **admire**] of yours.
B-02 He was lying on his back and couldn't **move**.
B-03 I like the **country** and its **people even though**
      I don't understand them **as** I don't speak their **language**.
B-04 He has **applied** to several firms, but without **any** success so **far**.
B-05 I have kept my LP [LP = Long Playing Record] collection [→ **collect**];
      my sister has sold hers.
B-06 We **needn't hurry**. We'll be **late** anyway.
B-07 Are you sure it was Bob? • Yes, **quite** sure. Ann says so **too**.
B-08 Living costs have more **than** doubled within **only** five years.

B-09   One of the **longest queues** in London, **if not** the **longest**,
        is the one in front of *Madame Tussauds.*
B-10   We have **decided** to wallpaper our flat by ourselves.
        Craftsmen are **too** expensive.
B-11   We **really** can't **complain. Everything** is fine.
B-12   My neighbour **moved** out **last** week.
        He has bought himself a **house** somewhere in the south of Spain.
B-13   We took [→ **take**] a **bath** in the **lake** to cool ourselves.
B-14   The mail carrier **maintains** that our dog has bitten him in the leg.
B-15   **Everyone** took [→ **take**] off their hats.

C-01   Do we have to **change** for dinner?
C-02   In **case** someone phones, **tell** them I am at a meeting,
        but they can **reach** me on my mobile phone from four o'clock.
C-03   Is that you in the photo, Jeannie? • Yes, that's me at six. •
        Incredible! You have **hardly changed**.
C-04   You may **not remember** me, Professor, but I **remember** you.
        I was a student of yours.
C-05   Little **children** often **pull** their **blankets** over their heads
        when they are **afraid**.
C-06   I **just** want to **make** sure that this information is right.
C-07   It won't **help** anybody **if** we **shout** at one another.
C-08   Our landlord's flat is on the **first** floor
        and ours is on the ground floor.
        So we **run** into **each** other now and **then**.
C-09   You can **imagine** how surprised I was to **hear**
        that Amy and Julian have split up.
C-10   **When** it has **reached** a **certain** temperature,
        the heating switches itself on and off automatically.
C-11   **Even** the more expensive tickets have been selling **quite** well so **far**.
C-12   Someone has left [→ **leave**] their umbrella here. •
        Oh, that could be mine. What does it **look** like?
C-13   Can politicians **afford** to ignore public **opinion**?
C-14   You may understand me better **when** you have **children** yourself.
C-15   **Everyone** is amusing themselves.

D-01   I never used to be ill.
D-02   Is there **only** one **toilet**? • **No**, there is another one downstairs.
D-03   **During** his **speech** I was so **tired**
        that I could **hardly keep** my eyes **open**.
D-04   **Poor** Bill has fallen from a horse and twisted his ankle.
D-05   Always use a clean **cloth** to wipe the CD, otherwise you'll **scratch** it.
D-06   I have bought four bikes, one for **each** member of the **family**.
D-07   **If** you want to do business with these **people**,
        you **will** have to be **patient** and able to listen well.
D-08   What impact does **noise** have on **people**'s health?
D-09   Do you **know** Chinese? • **No**, do you? • **Not yet**,
        but I'm taking classes. • What for? • Well, **just** in **case**.
D-10   He was a talented footballer before
        he **started** his career **as** a TV [→ **television**] chef.
D-11   After school I wanted to **work abroad** for a year
        but my parents wouldn't **let** me **go**.
D-12   **If** I had better plans, I wouldn't be sitting here with you.
D-13   We do business to **make** profits.
D-14   He has been in hospital for five days,
        but we haven't been **allowed** to **visit** him so **far**.
D-15   The **accident** happened on a **lonely road**
        far away from **everything**.

ÜBUNGSREIHE 20

A-01   It's a **task** that requires a lot of patience.
A-02   The lady who wants to buy our piano phoned a **short while ago**.
A-03   Arthur has lots of **old** books,
        some of **which** are no longer [→ **long**] available.
A-04   My grandmother, who is over seventy, **still** plays tennis.
A-05   We went [→ **go**] to a **restaurant**
        that is well **known** for its outstanding cuisine.
A-06   I have five sisters, four of whom are **already married**.
A-07   Is that the **only reason**
        why you are in **such** a **bad mood** today?
A-08   I'd like to **live** in a **country** where there is **no** winter.
A-09   There aren't many parents who can **afford**
        to send their sons and daughters to a private school [→ **schooling**].
A-10   How much was the racing bike Mike got [→ **get**] for Christmas?
A-11   Do you **really** want to **know** what he said [→ **say**] about you?
A-12   **People** who always **pay** by credit card can easily **get** into debt.
A-13   Angela and Joe, whom we met [→ **meet**] on our **tour** of Asia **last** year,
        are **coming** to **see** us this summer.
A-14   **Everything** he owns **will** be yours one day.
A-15   There is something **else** I must **tell** you.

B-01   The firm I **worked** for went [→ **go**] bankrupt [oder: went bust].
        That's why we **moved** to the **country**.
B-02   He is a **nice** person, and what is **even** more important,
        one can trust him.
B-03   Now that she has given up her **job**, Sara has more **time** for herself.
B-04   He bought the ring back from the jeweller to whom his wife had sold it.
B-05   For the Millers, who have never been **abroad**,
        this **journey will** be an unforgettable **experience**.
B-06   The film we talked about **recently** is on at the Odeon from Monday.
B-07   **Children need** a room where they can play
        and do their homework undisturbed.
B-08   He has to **get** the goods through **customs**, **which** won't be **easy**.
B-09   Eric has invented a **machine** that **no** one [→ **none**] but him can operate.
B-10   **Even** Phil, who is **really** good at maths, has made [→ **make**] this **mistake**.
B-11   The number of families who **spend** more
        than they earn is increasing dramatically.
B-12   I **once** read a thrilling novel on this **issue**,
        whose exact title has **escaped** me at the moment.
B-13   I bought a sack of potatoes the other day
        more **than** half of **which** were rotten.
B-14   There are days **when everything goes wrong**. Today is **such** a day.
B-15   Chemistry is the **only subject** I **will certainly drop**.

C-01   She cursed the day (**when**) she met [→ **meet**] him.
C-02   My new computer **crashes quite** often, **which** my previous one never did.
C-03   He has two younger brothers, **both** of whom study at Oxford.
C-04   In my new class there are 28 pupils
        some of whom I **already know quite** well.
C-05   What he has told [→ **tell**] us is **only** half the truth.
C-06   There are lots of things I'd like to have, but cannot **afford**.
C-07   Mrs Allison, whose husband **died** in a motorbike **accident last** year,
        has won 100,000 pounds on the football pools.
C-08   In the blast six **people** were seriously **injured**,
        two of whom are **still** in a critical condition.
C-09   We used to **live** in a **house** where there was **no toilet**,
        let alone a bathroom.

C-10 Do you **know** Judith's new boyfriend? • You **mean** the one
she met [→ **meet**] in Paris? • Yes, that's the one (I mean).

C-11 These are Norman and his wife Isabel
at whose **house** we **stayed during** our **holiday**.

C-12 He was **anything but** friendly to the **customs** officer,
which made [→ **make**] things **even** more complicated.

C-13 **As** someone who grew up in a farmer's **family**
I **know very** well what it's like to have to **get** up early.

C-14 I didn't have my mobile on me, and in the **pub**
from where I wanted to phone you, there was **no** directory.

C-15 Much of what he says today sounds completely **different**
from what he said [→ **say**] **just** a **few** years **ago**.

D-01 Did it have to **get** that **far**?

D-02 The good thing about yoga is that one can **practise** it **almost** everywhere.

D-03 **According to** a **recent** survey, two out of three British schoolchildren
watch TV [→ **television**] for up to five hours daily.

D-04 I **sometimes** think mankind [oder: humankind] is about to **destroy** itself.

D-05 How about a ham roll? • **No**, thanks, I've **only just** had breakfast.

D-06 The Tower of London used to **serve as** a prison.
Today it's one of Britain's **big** tourist attractions.

D-07 The town itself is boring but the surroundings are wonderful.

D-08 Sandra is having a baby. She **already knows** that it's going to be a boy.

D-09 **All countries except** China have **agreed** to the declaration.

D-10 A wall **around** the **house** would reduce the **noise** but **look** awful.

D-11 The **colour** is neutral and **goes** with **almost everything**.

D-12 **Although as** a **child** he was **not allowed** to **go** to the cinema,
David Lean **became** one of the **great**est film directors of **all time**.

D-13 A twin room isn't a (hotel) room for twins [→ **multiple borths**],
but one with **separate** beds.

D-14 A savings account doesn't **carry** much interest.
But it's a **safe** investment.

D-15 Where would you want to **live if** you had the choice?

ÜBUNGSREIHE 21

A-01 Annabelle would have made [→ **make**] a good tacher.

A-02 We shouldn't have **accepted** the invitation.

A-03 He must have gone [→ **go**] completely **mad**.

A-04 It would never have happened **if** you had listened to me.

A-05 Who **except** the two of us could have **known** about it?

A-06 Who would have thought that **such** a thing could happen?

A-07 She must have been **pretty angry** [oder: annoyed].

A-08 Wouldn't it have been more **sensible** to **take** the underground?

A-09 Had I been younger, I would have got [→ **get**] the **job**.

A-10 We should have **known** that he would do it again.

A-11 That wasn't me. That must have been someone **else**.

A-12 You shouldn't have invited her. You **know** what she is like.

A-13 **If** we hadn't had a satnav [= satellite navigation system],
we would never have got [→ **get**] here.

A-14 Without your support this success wouldn't have been possible.

A-15 I would have **loved** to **travel first** class,
but that would have cost at least twice **as** much.

B-01 What should I have done?

B-02 **If** it hadn't been so sad, I would have laughed myself silly.

B-03 A simple phone call would have saved you a lot of **trouble**.

B-04 You should have thought about that before.

B-05 We would have informed you immediately **if** there had been a problem.

B-06   Someone must have stolen my bicycle [oder: my bike]. It's **gone**.

B-07   What might have caused a **power** blackout of that **kind**?

B-08   You shouldn't have thrown away the **receipt**.

B-09   The party wouldn't have been so boring
if we had had some **decent** music.

B-10   Wouldn't it have been **easier** to **take** the car to the car wash?

B-11   Hadn't I been in Rome **then**, we would never have met [→ **meet**].

B-12   We should have taken [→ **take**] the computer to an **expert**.

B-13   Had you phoned five minutes **later**, I would have been at **home**.

B-14   You **needn't** have rung the bell, I have a **key**.

B-15   **If** they hung the pictures a little lower,
even children would be able to have a **look** at them.

C-01   The jewellery **alone** must have cost a fortune.

C-02   You had better **not** have said [→ **say**] **anything at all**.

C-03   **If** I hadn't seen [→ **see**] it for myself, I wouldn't **believe** it.

C-04   Had there been something like the internet **then**,
we might have met [→ **meet**] in a chatroom.

C-05   Now that the **money** is **gone** I **know**
that I shouldn't have listened to his **advice**.

C-06   He plays the guitar **quite** well **already**. But he would play
even better **if** he **practised** a little more.

C-07   I wouldn't have done it like that. • How would you have done it **then**?

C-08   She must have been a wonderful person.
I would have liked to have met [→ **meet**] her.

C-09   **If** your windscreen wasn't so filthy, we might be able to **see** where we are.

C-10   Hadn't I taken [→ **take**] on a number of **side jobs last** year,
we wouldn't have been able to **afford** this **holiday**.

C-11   **If** I had something **decent** to put on, I wouldn't have to **wear**
[oder: wouldn't have to be **wearing**] **the same pair** of jeans for weeks.

C-12   You should have deposited your valuables [→ **value**] in the hotel **safe**.
That's what it's there for **after all**.

C-13   You **needn't** have bought any wine, there is some left in the cellar.

C-14   **If** the government hadn't **abolished** conscription,
Davey would be doing his military service now.

C-15   How could you climb up there? You might have broken your neck.

D-01   **Actually** I don't **care** much about boxing.
But tonight I'm **going** because I won a free ticket.

D-02   **When** the **first** settlers landed on this island, it was **still** uninhabited.

D-03   He **agreed** to **everything** we said [→ **say**].

D-04   **When** did you **last** have you hair cut?

D-05   **Which country** are you going to **visit next**? • I don't **know yet**.

D-06   It's difficult to improve your **language** skills
when you can't **apply** what you have **learnt** in class.

D-07   Dogs won't bite **if** you **leave** them **alone**.

D-08   She is **not** like the others. She has always tried [→ **try**] to be **different**.

D-09   Don't use your teeth, **take** a **pair** of scissors!

D-10   Admission was free, and so was the **first** drink.

D-11   It would have been silly to **miss such** a **chance**.

D-12   For some **time** there has been new hope
for **people** who suffer from this **disease**.

D-13   At school today we have been dealing with the laws of motion.
The second law says: force is mass times acceleration.

D-14   Don't you have a garage? •
Not yet, but we are having one built at the moment.

D-15   For years we have been demanding better **working** conditions,
but so **far** nothing has **changed**.

ÜBUNGSREIHE 22

A-01 Don't be so impatient! [→ **patient**]
A-02 What's the correct pronunciation of **action**?
A-03 Scotland is approximately four times **as big as** Wales
but has a lower **population** density.
A-04 The tea tastes **rather** bitter, don't you think?
A-05 Speak slowly, **loudly** and clearly so that **everyone** can understand you.
A-06 I **still** have my **small** portable black-and-white TV [→ **television**].
A-07 The **most** expensive **restaurants** are **not** necessarily the best.
A-08 On that morning I woke up **later than** usual.
A-09 We were **really** surprised at how well he **remembered everything**.
A-10 She was a **pretty** girl, but **very poorly dressed**.
A-11 **All** modern shopping malls basically **look the same**.
A-12 We have made [→ **make**] a deposit of 3,000 euros
and are **paying** off the rest monthly.
A-13 It was bitterly cold and the rooms were **badly** heated.
A-14 It's thirteen minutes past four. My **watch** is exactly right.
A-15 After a passionate discussion
nearly half of the members **present** voted **no**.

B-01 I'm awfully sorry, but I can't **help** it.
B-02 The **course** is so uninteresting that I might **just as** well **stay** away.
B-03 **As** to this **issue**, I fully **agree** with you.
B-04 He screamed **as loudly as** he could but no one [→ **none**] **heard** him.
B-05 Villages with picturesque limestone **houses** are typical of this **area**.
B-06 She is happily **married** and the mother of twins [→ **multiple births**].
B-07 What were his exact words? **Try** to **remember**.
B-08 Despite the biting cold,
people were queuing patiently [→ **patient**] for tickets.
B-09 Ben was **wearing** a honey-coloured jacket and a red and white striped tie.
B-10 Have you **ever** watched a total eclipse of the sun?
B-11 My former **boss** had a remarkably good **memory** for **names**.
B-12 Between you and me, I don't think
(that) he is the right **man** for **such** a responsible **job**.
B-13 This medicine is available **only** on **prescription**.
B-14 **As** you probably **know**, we have **all** been **working hard lately**.
B-15 The introduction of the 35-hour-week was one of our main demands **then**.

C-01 The economy has **recovered** from the crisis amazingly fast.
C-02 Snowfalls in May are possible, but **not very** likely.
C-03 Centrally situated flats are terribly expensive and **yet** scarce.
C-04 For a twelve-year-**old** he is unusually **tall**.
C-05 The piano was in excellent condition, **even if slightly** out of tune.
C-06 Are you **looking** for a good or a well-paid [→ **pay**] **job**?
C-07 Do we **care enough** for the **old**, the disabled and the socially deprived?
C-08 Rye is a lovely **historical** town
with beautifully restored half-timbered **houses**.
C-09 Grammatically, **pretty** is **both** an adjective and an adverb.
C-10 It was incredibly hot in there, but the show was simply overwhelming.
C-11 The **only** good thing about our **works outing** was
that we didn't have to **work** (on) that day.
C-12 I can't possibly **raise** so much **money** within a week.
C-13 What you can **see** here is a leather-bound
and **autographed** 18th century edition. It is particularly valuable [→ **value**].
C-14 There were lots of **people** on board,
mainly tourists from Japan and the USA.
C-15 The newly **opened** music shop on the corner offers
an enormous variety of CDs and DVDs for virtually **every** taste.

D-01 **If** I had **no** alarm-**clock**, I would **certainly** sleep **until** noon.
D-02 A **journey** across the Atlantic used to **take** several weeks.
D-03 We could **just as** well **take** the lift – **if** it **works**, that is.
D-04 **Will** you send us the tickets or do we have to **collect** them?
D-05 The gale was dying down, and the boat safely **reached** the **shore**.
D-06 The police have offered a £5,000 reward
in the **case** of the missing [→ **miss**] girl.
D-07 We are **currently** experiencing the worst economic crisis in decades.
D-08 In this business **experience** and good relations
are more important **than anything else**.
D-09 The soup we had at the **restaurant last** night was simply delicious!
Do you think I can phone the **chef** and **ask** for the **recipe**?
D-10 **Not** that I doubt what you are **saying**,
but you must **admit** that it sounds **rather** unlikely.
D-11 I don't often **watch** TV [→ **television**]. •
Neither do I, I listen to the radio **most** of the **time**.
D-12 This **time next** week I'll be lying on a **beach** in Portugal.
D-13 This is by **far** the **most** difficult crossword I have **ever** tried [→ **try**] to do.
D-14 Unemployment was at a **historical** high **then**.
D-15 **As** I didn't have to **work**, I was able to **stay** in bed a little **longer**.

ÜBUNGSREIHE 23
A-01 He hasn't written to us for over a year.
A-02 Our neighbours **leave** their dog with us **when** they **go** on **holiday**.
A-03 **During** the war lots of **children** got [→ **get**] **separated** from their parents.
A-04 On weekdays I **get** up at half past six, **make** myself a sandwich
for the morning **break** and **then go** to **work** by bike.
A-05 At 92, my grandmother was ill for the **first time** in her **life**.
A-06 The sad part of the **story began** on a rainy day in the autumn of 1989.
A-07 The beautiful thing about our new flat is that it's so **close** to my **office**.
A-08 For years we have been planning a **tour** across France,
we **just** don't **know yet** whether [→ **if** und **whether**] by **coach** or by car.
A-09 In **most** cities, museums are **open** daily **except** on Mondays.
A-10 Without a hammer you can't knock a nail into the wall.
A-11 My former **boss** is **married** to a Chinese woman. They **live**
in a **small** terrace **house** [oder: town house] on the outskirts of Liverpool.
A-12 It **takes** some **time** to **get** used to this climate.
I **know** that from **experience**.
A-13 In my **opinion** there is **only** one **way** to **resolve** the problem.
A-14 John had a quarrel with his wife again. It was about **money**, **as** usual.
A-15 **All** we can do is hope for better times.

B-01 I have a fixed deposit account with a foreign bank,
but at the moment there isn't much **money** in it.
B-02 **As** a hopeless perfectionist he is seldom satisfied with his **work**.
B-03 He is an acknowledged **expert** in the field of genetic research.
B-04 On our **journey** towards the south we took [→ **take**] a **break**
and watched cotton pickers at **work**.
B-05 She says she doesn't **believe** in ghosts, but is **afraid** of them.
B-06 We arrived at the stadium **just** in **time** for the kick-off.
B-07 The youths of today are **not** much **different** from the ones in our schooldays.
B-08 Chris is in hospital. He is **recovering** from a complicated operation.
B-09 This year she got [→ **get**] a B in French.
That's a **great** achievement [→ **achieve**]
considering that she has never been good at **languages**.
B-10 Again and again I have tried [→ **try**] to **change** her **mind**, but in vain.
B-11 How can I have confidence in him **when** he is constantly lying to me?

B-12 I would like to **apologise** to you for what I have said [→ **say**].
B-13 We took [→ **take**] the photos in a **bad** light,
        one can **hardly see anything** in them.
B-14 He has been suffering from high blood pressure for years,
        but that doesn't seem to worry him at **all**.
B-15 Have you **already** paid [→ **pay**] for the goods?

C-01 We ran [→ **run**] for our **lives**.
C-02 I didn't **need** to **join** the army.
        The doctor had found me unfit due to my **short**-sightedness.
C-03 Mrs Palmer is in Paris on business.
        She is taking part in a conference on the **subject** "Women in **Politics**".
C-04 How is Philip **getting** on at school? • **Quite** well at the moment,
        but he is **still** weak at maths and physics.
C-05 It's over 300 steps up to the viewpoint. We were completely out of **breath**
        when we got [→ **get**] there **at last**. But it's **worth** the effort.
C-06 We were deeply impressed by what we got [→ **get**] to **see**.
C-07 Anyone who wants to climb the mountain in this weather
        does so at their **own** risk.
C-08 I am **rather** annoyed at the **way** he has been behaving **lately**.
C-09 At Christmas they first met [→ **meet**]. Since **last** week
        they have been engaged, and on Easter Monday they are **getting married**. •
        And **when** is the baby **coming**?
C-10 The police have been investigating this **case** for years,
        without the **slightest** success so **far**.
C-11 Despite the partly devastating reviews in the media the book is selling well.
C-12 The young woman was shivering with cold. She had spent [→ **spend**] the night
        among the gravestones in the local cemetery.
C-13 For fear of a bomb attack the embassy was **closed** to visitors [→ **visit**].
C-14 We **will bring** up the **issue** at the first **opportunity**.
C-15 You shouldn't judge **people** by what they **say** but by what they do.

D-01 **As** a **child**, I could **spend** hours in the bath(tub). [→ **bath**]
D-02 **Even** clever **people sometimes act** stupidly.
D-03 **When** I think back on my schooldays,
        I **only remember bad**-tempered teachers and boring lessons.
D-04 I read the other day that the world **population** doubles **every** fifty years.
        Sounds frightening, doesn't it? • It does, but I don't **believe** it.
D-05 He says he is out of **practice**, but that is **only** part of the truth.
D-06 The majority of the immigrants to the USA **come**
        from Asian and Latin American **countries**.
D-07 **Accidents** in nuclear **power** plants are **certainly rare** but, **when** they happen,
        the consequences for **humans** and **environment** are disastrous.
D-08 **People** who suffer damage to their health due to tattoos or piercing
        should have to **pay** for the **treatment** [→ **treat**] themselves.
D-09 Young **people** are generally more **sensible than** many adults think.
        This is particularly **true** for their stance towards drugs.
D-10 Like **most** visitors [→ **visit** we have **come** to New York
        to shop and **see** the usual sights.
D-11 Tickets for the Tower, **as well as** for a number
        of other tourist attractions in London, have **become pretty** expensive.
D-12 **If** my English was good, I wouldn't **need** to do these **exercises**.
D-13 Brits send a Christmas card to **everyone** they **know**.
        So **every** year the Post **Office** has to **take** on additional staff.
D-14 I have found a wallet. It contains about one hundred pounds, **all kinds** of cards
        and a flight ticket to Naples. What shall I do? • You could phone the airline.
        They can identify the owner by **means** of the passenger list and contact them.
D-15 The **end** doesn't always justify the **means**.

ÜBUNGSREIHE 24

A-01 Linda, you are wanted on the phone!
A-02 This information is updated regularly.
A-03 English is spoken **nearly all** over the world.
A-04 He is said [→ **say**] to earn over a million pounds a year.
A-05 The woman was hit by a falling brick.
A-06 The factory **site** is guarded **around** the **clock**.
A-07 Hundreds of villages have been **destroyed** by the earthquake.
A-08 At **most** hotels, breakfast is **served** between seven and ten.
A-09 These rooms have **not** been used for more **than** fifty years.
A-10 Did you **know** by the **way** that rum is made [→ **make**] from sugar cane?
A-11 This pullover should be washed in lukewarm water **only**.
A-12 The motor race was overshadowed [→ **shadow**] by an awful **accident**.
A-13 We have to use the stairs, the lift is being repaired at the moment.
A-14 **All** flights from Dublin had to be cancelled due to fog.
A-15 The tourists were **advised** to **leave** the **country as** soon **as** possible.

B-01 The Nobel Peace **Prize** was first awarded in 1901.
B-02 **Most** of these **people** could be **helped**.
B-03 The bookkeeper is said [→ **say**] to have embezzled over £70,000.
B-04 Do **all** these questions have to be **answered**?
B-05 We were made [→ **make**] some **quite** interesting offers.
B-06 Pupils can be excluded from classes **when** they constantly misbehave.
B-07 At the main railway station letterboxes are **emptied** hourly.
B-08 The **fake** wasn't discovered **until** centuries **later**.
B-09 **Umpteen** books have been written on this subject.
B-10 **Most** electronic devices are manufactured [oder: produced]
     in Asian **countries** like China, Korea or Japan.
B-11 The briefcase was found, but the **money** was never seen [→ **see**] again.
B-12 The exhibition is to be **opened** in the **presence** of the Queen tomorrow.
B-13 The woman was given a sedative **injection** [oder: a sedative shot].
     and (was) immediately taken [→ **take**] to a hospital.
B-14 His **latest** novel has been translated into more **than** forty **languages**.
B-15 A tiring **lecture** was followed by an **even** more tiring discussion.

C-01 The "b" in debt, doubt, climb and tomb is **not pronounced**.
C-02 **All** public buildings were guarded by security forces,
     and the city centre was **closed** to **traffic**.
C-03 In an aeroplane inspection nothing is left [→ **leave**] to **chance**.
C-04 We ought to have been informed much earlier.
C-05 Several **attempts** have been made [→ **make**]
     to lift the wreck from the bottom of the harbour basin.
C-06 In a dramatic rescue operation,
     all people buried under the rubble were freed alive.
C-07 The American President can be re-**elected only once**.
C-08 Much has been **achieved**, but **even** more **remains** to be done.
C-09 He is **believed** to be involved in the **recent** spy **affair**.
C-10 The **chairman** was **confirmed** in **office** by a vast majority.
C-11 Statistics show that **fewer** murders are committed in states where the
     death penalty has been **abolished than** in those where it **still** exists.
C-12 Due to danger of collapse the bell-tower can't be **visited** at the moment.
C-13 On the part of the authorities, we were **refused any** support.
C-14 The game is being televised **live** at half past eight tonight.
C-15 The average German is reckoned to drink about 150 litres of beer a year.

D-01 How **long** has Ireland been **divided**?
D-02 Poverty in this **country affects** more **people**
     than those who appear in the official statistics.

D-03   An increasing number of travellers pretend to be
       environmentally conscious but don't always behave accordingly.
D-04   My grandfather used to **say**: "**Money** is the root of **all** evil".
       Now I **know** that he was right.
D-05   They have **know**n **each** other for 25 years
       but, strangely **enough**, have never **become** friends.
D-06   Do you **know** the **story** of the **man** who sold his **shadow**?
D-07   The **prize** is awarded for outstanding scientific achievements [→ **achieve**].
D-08   The lady above us has been playing the piano for over three hours now.
       I hope she'll **stop** soon. • I don't. She is playing **very** beautifully.
D-09   Tom is **coming** to tea. • **Which** Tom? • Jerry's friend. • Oh, that one!
D-10   The referee was heavily criticised [→ **critic**]. But **as** I don't **know** much
       about football, I can't **say** whether [→ **if** und **whether**] rightly or wrongly.
D-11   In the **course** of the investigation it **became** clearer and clearer
       that the **man** hadn't fallen but was pushed from the scaffold.
D-12   The doorbell is ringing. • At this **time**? Are you **expecting** someone? •
       No, are you?
D-13   **If** he had spoken a bit more clearly, I might have understood him.
D-14   This **kind** of music has fascinated me **ever** since I first **heard** it **as** a teenager.
D-15   **Sometimes** one can **hardly imagine**
       what the world **looked** like before the computer was invented.

ÜBUNGSREIHE 25

A-01   I don't **know** what to do.
A-02   Could you **help** us push-**start** the car?
A-03   **Remember** to buy some vegetables **when** you **go** to the market.
A-04   It's **very nice** to be sitting here with you.
A-05   A nine-year-**old** boy was the **only** one to survive the **accident**.
A-06   Would you be so **kind as** to **get** me [oder: fetch me] a beer from the fridge?
A-07   Georgina would like us to **stay** for dinner. Shall we?
A-08   I am **not** the **only** one to **know** about it.
A-09   On **every occasion** he made [→ **make**] me feel his aversion.
A-10   Victoria isn't back **yet**, she seems to have **missed** her train.
A-11   We **regret** to inform you that your request has been **turned** down
       [oder: … has been denied].
A-12   He hadn't **expected** me to **come** back so early.
A-13   I am **glad** to **hear** that **everyone** is well.
A-14   It's unusual for **children** to have so much **money** on them.
A-15   I'll never forget **trying** for the first **time** to eat with chopsticks.

B-01   He obviously **enjoys bullying** his employees.
B-02   It's **not** my **way** to give up so easily.
B-03   Please excuse me for interrupting you.
B-04   Your **watch** is fine. It **just needs** cleaning.
B-05   I can't **remember** saying that.
B-06   I was **not** used to driving on the left.
B-07   We had **already explained everything** to him,
       but he insisted on speaking to the **boss**.
B-08   Before **entering** a mosque, we have to **take** off our shoes.
B-09   We had **great** difficulty (in) finding a suitable [→ **suit**] flat.
B-10   I am **looking** forward to **seeing** you again after **all** those years.
B-11   One would have to **raise** enormous **amounts** of **money**
       to arrive at a durable solution.
B-12   I don't **mind working overtime as long as** I **get decently** paid [→ **pay**].
B-13   What **sense** does it **make** to buy a piano **if** one can't play?
B-14   Understanding a **language** is always **easier than** speaking it.
B-15   Did you **also visit** the **famous** library?
       We would have **loved** to, but it was **closed** for renovation.

C-01 He **finally** [oder: **eventually**] **admitted knowing** the culprit.
C-02 Do you **know** how to **make** a genuine French onion soup?
C-03 Would you **mind** switching off your mobile phone?
C-04 Parents can **refuse** to buy their **children** toy weapons,
but they can **hardly** prevent them from playing Indians or soldiers.
C-05 Unlike others, I don't like talking about myself.
C-06 Some architects have specialised in restoring **old** facades.
C-07 **If** you want me to **believe** you, you'll have to **tell** me the truth.
C-08 I didn't **expect** the goods to be delivered so early in the day.
C-09 Is it necessary for three year olds to **learn** a foreign **language**?
C-10 **As** a teacher I am used to **explaining** things several times.
C-11 It always **pays** to **compare prices** before **ordering** things online.
C-12 **Everyone** wants us to put aside **money** for our **old age**.
But we can't **afford** that with the little I earn.
C-13 The **beaches** are matchless, but you should avoid
by **all means going** there in the high season.
C-14 We have **decided not** to **let** our **holiday home** again.
C-15 Same-sex **relationships** are no longer [→ **long**] considered
something unnatural these days.

D-01 It's a **disease** that invariably leads to **death**.
D-02 Have the police been notified **yet**?
D-03 Do you have any plans for tonight? We could **go** to the disco.
• I've never been to a disco in my **life**.
The **noise** there would **drive** me **mad**.
D-04 Lots of **children** don't **know** how to use cutlery **as** they eat **only** fast food.
D-05 She seems to be **quite** self-assured, but it's a **kind** of self-assuredness
that occasionally [→ **occasion**] **borders** on arrogance.
D-06 I can **still remember** exactly how we met [→ **meet**]
although that was over forty years **ago**.
D-07 **Each** of these **houses** is heated exclusively by solar energy.
D-08 In the worst **affected areas** the **population** had to be evacuated.
D-09 **All** phone lines were **busy**; it was impossible to **get** through.
D-10 **Last** night's storm was accompanied by **heavy** showers.
D-11 Statistics may **not lie**, but they don't **tell** the truth **either**.
D-12 Crimes of this **kind** should be punished much more severely.
D-13 We couldn't **get** him to have his hair cut.
D-14 **Elderly people** often have difficulties coping with the modern world.
D-15 **If** it was a genuine Picasso
they would **certainly not try** to sell it over the internet.

ÜBUNGSREIHE 26

A-01 George said [→ **say**] he was sorry.
A-02 I **just** wanted to **know** why it had taken [→ **take**] so **long**.
A-03 How often have I told [→ **tell**] him **not** to **leave** his things lying about.
A-04 Evelyn said she wouldn't be back before midnight.
A-05 The waiter **asked** us whether [→ **if** und **whether**]
we had reserved a table.
A-06 Martha said she was ill and couldn't **go** to **work**.
A-07 I **asked** Linda **when** she was going to **move** into her new flat.
A-08 Philip and Lucy said they would **very much** like to **come** to Germany.
They had **heard** a lot about the **country** but had never been there.
A-09 He **wished** me good morning and **asked if** I had slept well.
A-10 Paul said he had seriously considered quitting the company
as he could no longer [→ **long**] **cope** with the demands of the **job**.
A-11 At the **end** of our conversation Mr Allen **asked** me
if I was **ready** to **take** on a **job abroad**.
A-12 Sheila said she was dog-**tired** and wanted to **go** to sleep at **once**.

A-13   We were told [→ **tell**] explicitly that we were **not allowed** to use
content from the internet without prior **permission**.
A-14   She phoned me and said she had flu and would **rather stay** in bed.
A-15   **When** I **asked** him why he was driving so fast, he said
he had an important **appointment** and didn't want to be **late**.

B-01   I told [→ **tell**] Steve to **wait** for me **outside** the cinema.
B-02   We **asked** Rosie to **tell** us what was worrying her,
but she said it was useless, we wouldn't be able to **help** her anyway.
B-03   Emily said she was **looking** forward to **meeting all** of us again.
B-04   Bob **asked** us whether [→ **if** und **whether**] we had **enjoyed** our **stay**
and **wished** us a **safe** return **home**.
B-05   Frank said he would **come as** soon **as** he had **finished** his **work**.
B-06   Christopher and Anne wanted to **know** how much we had paid [→ **pay**]
for the **journey** and **if** it had been **worth** the **money**
B-07   My father congratulated me and said
he had always **known** that I would **get** somewhere in **life**.
B-08   Tim said he hadn't **recognised** me because I was **wearing** sunglasses.
B-09   Kevin said he wasn't feeling well and **asked** us to send for a doctor.
B-10   Mr Gates **asked** me if I could **imagine** leading the department.
B-11   The shop-assistant told [→ **tell**] us **not** to water the plant **too** often.
B-12   After Sue had **gone**, Bob **asked** me how **long** I had **known** her.
B-13   Cedric said that something was **wrong** with his laptop
and **asked if** anyone had used it.
B-14   The **customs** officer wanted to **know**
what I had in my **travelling bag** and **asked** me to **open** it.
B-15   Lynn said she was in serious **trouble** and didn't **know** what to do.

C-01   After the **examination** Dr Lindsay told [→ **tell**] me **not** to worry,
but to **stay** in bed for a **couple** of days.
C-02   Miriam said she had been thinking a lot **lately**.
C-03   I **asked** Mike **if** he could **lend** me fifty euros,
but he said he didn't have any **money** himself.
C-04   She wouldn't give me her **home** number.
Instead, she told [→ **tell**] me to **look** it up in the telephone directory.
But I had **already** done that. She wasn't in it.
C-05   Jenny told [→ **tell**] me she had to **go** away on business for a **few** days
and **asked** me **if** I could **look** after her guinea-pigs.
C-06   I told [→ **tell**] him to **stand** up, but he **remained** seated.
C-07   My mother **wished** us a good **journey**
and **asked** us to phone her **when** we had arrived.
C-08   Lara said she didn't want me to **go** and **asked** me to **stay**.
C-09   We thought **prices** would fall, but they didn't.
C-10   Bill said he couldn't **pay** me; he was **short** of **money** at the moment.
C-11   **Although** we had told [→ **tell**] her **not** to be **late**,
she kept us waiting for over half an hour.
C-12   Our **children** said they didn't **mind** being **alone** for a **couple** of days.
C-13   Richard showed us a **map** of Australia and said he would soon
have saved **enough money** to be able to **emigrate**.
C-14   A **few** days after our conversation he phoned me and said
he had **changed** his **mind** and was now **ready** to **accept** my conditions.
C-15   **When** he told [→ **tell**] me the **price** I thought I didn't **hear** right.

D-01   Fighting poverty is the best **way** to prevent **child labour**.
D-02   I think she has meanwhile got [→ **get**] used to living **alone**.
D-03   This film has been shot **especially** for TV [→ **television**].
D-04   Since **last** autumn she has been teaching belly dancing
at the local Adult Education Centre.

D-05 She **closed** the door quietly in **order not** to wake the baby.
D-06 It's **no** use **asking** him for **money**. He won't give you any.
D-07 In his first **interview** the newly appointed CEO
announced a number of **far**-reaching **changes**.
D-08 You **needn't** have bought a ticket for little Max,
children up to 4 years of **age travel** free (of charge).
D-09 Instead of **ordering** us about, you had better lend a hand.
D-10 That woman has completely **turned** his head!
D-11 A lot of **people** don't **know** what to do with their leisure **time**.
D-12 Have you **ever** thought of **learning** a second foreign **language**?
D-13 Wouldn't it be more **sensible** to buy something new,
rather than having the **old** things repaired again and again?
D-14 Good **looks** are **sometimes** more important **than**
a good education these days. It's **crazy** times (that) we are living in.
D-15 The arteries of a blue whale are **big enough** for a **child**
to crawl through easily.

ÜBUNGSREIHE 27

A-01 After the **works visit** coffee and biscuits were handed **round**.
A-02 Fill in the form, put it into an envelope and send it off **as** soon **as** possible.
A-03 There is so much to do at the moment that I seldom **get** away before ten.
A-04 **When** I was **looking** through some **old** folders **last** week
I came across this **document**.
A-05 One of our staff members **will** call on you **sometime next** week.
A-06 I don't think **at all** that it's always wiser to give in.
A-07 Hold on a moment! I'll **see if** he is in.
A-08 At the **end** of March **when** summer **time begins**,
we put our **clocks** forward one hour, at the **end** of October
we put them back again.
A-09 **When** I **asked** the caller's **name**, he hung up.
A-10 **As** it was the first **time**, he got [→ **get**] away with a fine.
A-11 You had better **look** through the contract **once** again before you **sign** it.
A-12 I normally **get** along with **everyone**, so why **not** with him?
A-13 **As** he had fallen behind on payments [→ **pay**], they cut off his electricity.
A-14 He has grown-up **children** who **look** after him.
A-15 Of **course** she's **disappointed** now, but she'll **get** over it.

B-01 You **needn't collect** me, the meeting has been called off.
B-02 **Will** these buildings withstand an earthquake?
B-03 She **drops** in on me for a chat **every** now and **then**.
B-04 I'm **not** going to **stand** for his behaviour any **longer**.
B-05 **Houses**, vehicles, ships and boats were **carried** away by the flood.
B-06 The gang has been behind **bars** for years
but the **money** has never **turned** up again.
B-07 The police **finally** managed to track down the owner [→ **own**] of the vehicle.
B-08 We would **advise** against it, but of **course** the decision [→ **decide**] is yours.
B-09 **If** you had gone [→ **go**] after him at **once**,
you would **certainly** have caught him up.
B-10 We'll always **stand** by him **even if** others **let** him down.
B-11 The men were **just** about to **break open** the door
when the alarm system went [→ **go**] off.
B-12 He took [→ **take**] off his hat **when** he came in
and put it on again **when** he left [→ **leave**].
B-13 **If** we don't cut down [oder: Unless we cut down] on our expenses,
we'll **get** more and more into debt.
B-14 **Come** on now! **Let**'s **go** in and **get** it over with!
B-15 **When** she **became** aware that he was **only** after her **money**,
she kicked him out of the flat.

C-01   The lorry overturned and went [→ **go**] up in flames.
C-02   I **wondered** what might have **brought** about his sudden **change** of **mind**.
C-03   The lousy weather has messed up our **holiday**.
C-04   They are tearing down the **old** warehouses
       to **raise** [oder: throw up] **office** blocks instead.
C-05   I could do with a three week **holiday** now.
C-06   There are first indications that the economy is **looking** up again.
C-07   It's **time** we got [→ **get**] rid of the kitchen cupboard!
       It takes up **too** much room.
C-08   He ran [→ **run**] through in a **couple** of months
       what his parents had put aside over years.
C-09   Isn't it frustrating to do a translation
       when you have to **look** up **every** other word?
C-10   **As** we are **not** in the army here,
       you have **no** right to **order** me about like this!
C-11   I'm fed up with this **kind** of **life**. **If only** I had
       some more **money**, I would jack it **all** in and **get** away.
C-12   The villagers were in for a drought
       and had laid [→ **lay**] in **provisions** in **time**.
C-13   We have seen [→ **see**] through you. Don't think you can **take** us in!
C-14   It's about **time** you settled your argument and got [→ **get**] back to **work**.
C-15   Did you have a **look** at the flat? • Yes, we like it. •
       So you are going to **move** in. • Well, we are **not quite** sure **yet**,
       the **rent** scares us off a bit.

D-01   **Most people** (that) I have spoken to
       say that the financial crisis had **no effect** on their everyday **lives**.
D-02   Many of those who **live** here are without **work**
       but **hardly** anyone considers **moving** away.
D-03   I have full confidence in him. He is an acknowledged **expert** in his field.
D-04   We have put forward several suggestions
       but the management have **turned** down **every** single one of them.
D-05   I have washed this shirt again and again, but the stains won't **come** out.
D-06   The visitors [→ **visit**] were shown how **people actually lived** at that **time**.
D-07   We **badly need** someone for our **customer** services. Why don't you **apply**?
D-08   The talks failed **as neither side** was **prepared** to give in.
D-09   Politicians and educators are concerned
       about the increasing number of teenage pregnancies.
D-10   Paul has been **quite** a **different** person since he met [→ **meet**] that woman.
D-11   I came across it by **chance when** I was **looking** through my bank statements.
D-12   The **driver** of an **ambulance** is **expected** to **drive** extremely carefully.
D-13   I am **not** suited [→ **suit**] to be a bookkeeper. I was never good at counting.
D-14   **Drivers** who **overtake** in **bends** risk their **lives as** well **as** those of others.
D-15   On the first morning we were **served** a typically English breakfast.

ÜBUNGSREIHE 28

A-01   **Stay** where you are! We'll soon be with you!
A-02   We've done it because no one [→ **none**] else was **ready** to do it.
A-03   You had better **take** a **key** in **case** we're **not** in **when** you **get** back.
A-04   **Every time** she is in Oxford, she **goes** to **see** her former teacher.
A-05   **Turn** down the music, or **else** we won't **hear** the phone.
A-06   I have **come** because I would like to **ask** you a favour.
A-07   Someone **will** have to support him **until** he finds **work** again.
A-08   After the **children** had said [→ **say**] their poems,
       each one of them got [→ **get**] a little **present**.
A-09   Whoever [→ **ever**] wins the **election** [→ **elect**], nothing **will change**.
A-10   She **still treats** us **as if** we were **small children**.
A-11   Whatever [→ **ever**] you are going to **say**: think before you speak.

A-12	I didn't **go** there because I **knew** what was going to happen.
A-13	**While** I was **preparing** my dinner in the kitchen, the doorbell rang. But, **as** I wasn't **expecting** anyone, I didn't **answer** the door.
A-14	Before I **say** something **wrong**, I had better **say** nothing **at all**.
A-15	**None** of us left [→ **leave**] the hotel as we feared for our safety.

B-01	He was **just** back from a business **trip** **when** he read in the paper that his company was to be sold.
B-02	**Although** he was **born** in Athens and **lived** there **until** the **age** of five, he speaks **only** little Greek.
B-03	I can't form an **opinion** **until** [oder: before] I have **learnt** more precise details.
B-04	**As far as** I can judge it, you have nothing to fear provided you have told [→ **tell**] the truth.
B-05	The **lock** had been damaged so that I couldn't **open** the **safe** any more.
B-06	**Each** room has got [→ **get**] an air conditioning system that won't **start** **until** the **inside** temperature has **reached** a **certain** level.
B-07	I'll phone you **as** soon **as** we are back, but I don't **know yet when** that **will** be.
B-08	**Big** companies **will** always **need** well-qualified **people**, no matter [→ **matter**] **which** part of the world they **come** from.
B-09	I had put my mobile phone under my pillow in **order not** to **miss** her call.
B-10	We should **start** right after breakfast so that we **get** there **by** six o'clock at the **latest**.
B-11	He **looked as if** he had spent [→ **spend**] the night in a haystack.
B-12	Now that we have spoken about it, I feel **really** relieved.
B-13	Whichever [→ **ever**] part of the **country** you **visit**, the **people** there are warm-hearted and hospitable, and you **get** into contact with them **very** easily.
B-14	Considering that he has been living here for **only** six months, he is **already** well familiar with the British **way** of **life**.
B-15	It sounds incredible, and **yet** it's **true**.

C-01	I was never **allowed** to **live** the **way** I wanted to.
C-02	You may **go** on **holiday as** often **as** you like, **as long as** you don't **expect** me to **pay** for it.
C-03	She insisted on **travelling alone** **although** she had been told [→ **tell**] that it was dangerous.
C-04	She won't **come** unless you send her a personal invitation.
C-05	Why can't you **explain** things so that **everybody** can understand them?
C-06	Apart from the fact that I haven't got [→ **get**] the **money**, **such** a **journey** would be much **too** strenuous for me.
C-07	I was always good at **sports**, whereas my abilities in other subjects were **quite** modest.
C-08	I can't **make** up my **mind until** [oder: before] I have spoken to my wife.
C-09	**When** we first saw [→ **see**] pictures of the aircraft wreckage, we couldn't **believe** that so many passengers had survived the **crash**.
C-10	Four months after we had **moved** in we **learnt** that the **house** was to be torn down.
C-11	The teachers of our primary school [→ **schooling**] have **decided** **not** to give any more homework so that their pupils have more **time** to play.
C-12	Nothing is going to be the **way** it was [oder: the **way** it used to be], **yet** I think we made [→ **make**] the right decision [→ **decide**].
C-13	He had **just** slammed the car door **when** he **noticed** that the **key** was **still** in the ignition.
C-14	Our situation is **not** comparable to yours **as** you have been through **all** this before.
C-15	You can't **imagine** what it's like unless you have tried [→ **try**] it.

D-01   My grandfather **died** of heart failure on the eve of his 82nd **birthday**.
D-02   Plans for building a **large** recreation centre on former factory **premises**
       were met [→ **meet**] with **broad** approval.
D-03   **When** I was young, I had plenty of **time**, but **no money**.
       Today it's exactly the **opposite**.
D-04   In a hundred years' **time** [oder: A hundred years from now]
       the world **will** no longer [→ **long**] be the one in **which** I would like to **live**.
D-05   I have two telephones in the **office**
       but **neither** of them is **working properly**.
D-06   Her boyfriend has left [→ **leave**] her for someone **else**.
       That is sad, but nothing unusual these days.
D-07   **As** I had lost [→ **lose**] my **key**
       I had to smash a window pane to **get** into the **house**.
D-08   I **maintain** that he **knows** more about African wildlife
       than many an **expert** in this field.
D-09   A number of hiking trails lead across Glacier National Park,
       one of the **most** fascinating **landscapes** of Canada.
D-10   In real **life people** would **certainly not** behave like that.
D-11   Your piano sounds ghastly. You ought to have it tuned **sometime**.
D-12   She is **either** envious of you or suffers from an inferiority complex.
D-13   Neil Armstrong was the first **man** to have walked **around** on the moon.
D-14   I earn the **money**, and my wife determines what we **spend** it on.
D-15   For **most** of the British [oder: the Brits] Christmas Eve
       doesn't **mean** much more **than** the **last opportunity**
       to buy food and gifts for the **holiday**.

ÜBUNGSREIHE 29

A-01   The train **coming** in at platform 12 **ends** here.
A-02   We **heard** somebody **screaming** for **help**.
A-03   The witnesses questioned made [→ **make**] contradictory statements
       about the **incident**.
A-04   Having **worked hard all** day I was dead-**tired**.
A-05   We have the electrical installation checked **every few** months.
A-06   With a team playing so **badly even** the **most** loyal **fans stay** at **home**.
A-07   Taking a **key** out of his **pocket** he **opened** the door.
A-08   **Most** of the goods displayed here are for export.
A-09   Assuming the dog didn't **belong** to anyone, I took [→ **take**] it **home** with me.
A-10   The **reception** at the mayor's planned for tomorrow had to be called off.
A-11   I have an elder brother studying at Cambridge.
A-12   **Not knowing** what to do I called the fire brigade.
A-13   We had a security **lock** fitted **just** a week **ago**.
A-14   The police officers investigating the **case**
       are **looking** for a **man** in his thirties.
A-15   Be careful **when** crossing the **road**.

B-01   **Seeing** that the building was surrounded by police forces he surrendered.
B-02   In 1802 a French engineer planned to build a tunnel
       connecting Britain with the continent.
B-03   **When** leaving your car in a car park, **make** sure
       that **all** doors and windows are **properly locked**.
B-04   Chemicals used in agriculture **poison** the **environment**.
B-05   One can easily avoid **mistakes** by using **only** simple words.
B-06   The **money** stolen in the bank robbery was never found.
B-07   Having travelled fifty miles, we ran [→ **run**] out of **petrol**.
B-08   **Not** being familiar with the **area**, we had difficulties finding the **house**.
B-09   Frankly speaking, I am a little **disappointed** with the result.
B-10   **When opening** the garden gate, our dog came **running** towards me.
B-11   With your head aching like that you can't possibly **go to work**.

B-12	The police officer **stopped** the car **asking** the **driver** **whether** he hadn't seen [→ **see**] the **traffic sign**.
B-13	He has his **suits** made [→ **make**] at a tailor's in Savile Row.
B-14	I saw [→ **see**] someone **standing** at the garden gate but couldn't **recognise** who it was.
B-15	You **will hardly** find anyone [oder: You'll find hardly anyone...] speaking a foreign **language** without an accent.

C-01	It's a sad fact that the number of women **smoking** is increasing steadily.
C-02	Health **permitting**, I'm **going** on a world **tour next** summer.
C-03	On principle, we don't buy any products manufactured by **children**.
C-04	**Angry fans** threw objects onto the pitch **hurting** the back of the linesman's head.
C-05	With computers being so incredibly cheap at the moment I have **decided** to buy one.
C-06	Some of the passengers **killed** in the plane **crash still** couldn't be identified.
C-07	I saw [→ **see**] a **man** climbing into our neighbour's **house**, and a moment **later** I **heard** the alarm **go** off.
C-08	With Bob living in Chester and Jane in York, they can **see each** other **only every few** weeks.
C-09	Several trees uprooted by the gale had fallen across the **road**.
C-10	Being **pretty** sure (that) he would **try** to cheat us, I was on my guard.
C-11	I can't concentrate with somebody constantly **looking** over my shoulder.
C-12	The **value** of the goods seized by **customs** **amounts** to several hundred thousand dollars.
C-13	The risk of being bitten by a poisonous [→ **poison**] snake is often exaggerated.
C-14	**While** crossing the eastern **coast** of Mexico, the pilot **noticed** that the weather was changing dramatically.
C-15	After the first **few pages** I can normally **say** **whether** a book is **worth** reading or not.

D-01	It's **no** fun **cooking** for the **family when everyone** comes **home** at **different** times.
D-02	The boat **trip** up the Amazon right into the rainforest was without question the highlight of our **journey** to Brazil.
D-03	The **small** Central American state of Costa Rica was the first **country** in the world to have **abolished** its army.
D-04	It was meant [→ **mean**] to be a surprise. That's (the **reason**) why I didn't **tell** you **anything** about it.
D-05	The **current** German government have **decided** to decommission [oder: to **shut** down] **all** of its nuclear **power** plants **by** 2022.
D-06	How often have I told [→ **tell**] you that I don't want the dog to sleep on our bed!
D-07	How dare you **open** a letter that is addressed to me! • I **opened** it by **accident**, but I didn't read it.
D-08	After several abortive **attempts** he **finally** succeeded in escaping from prison with the **help** of an accomplice.
D-09	For years **environmentalists** have been protesting against growing genetically modified plants [oder: crops].
D-10	You **needn't** always **ask permission when** you want to **leave** the room.
D-11	The likelihood of a woman giving birth to quins [→ **multiple births**] is extremely **small**. But it happens.
D-12	The profit from the sale of their father's enterprise was **divided** between the two brothers.
D-13	**If children** were **allowed** to vote, the world would **certainly look different**.
D-14	Alcoholic drinks must **not** be sold to underage persons, **not even** in **small amounts**.
D-15	Did you do it by yourself or did you have it done?

A-01 With many of these **houses too** much heat **gets** lost [→ **lose**]
     because they are **badly insulated**.
A-02 We are going to enrol [oder: **sign** up] for a photo **course** at the Art College.
A-03 Sandy is a good **child**, but she has got [→ **get**] a lively imagination.
A-04 We must **remember** to buy lettuce **when** we **go** to the market.
A-05 Where did you put the folder with the **travel** brochures?
A-06 The caretaker's [→ **care**] flat **lies opposite** the cathedral,
     right **next** to the antique shop.
A-07 On **every** sale he **collects** a fat **commission**.
A-08 For more **than** a hundred years the North **Sea** and the Baltic **Sea**
     have been connected by a **canal**.
A-09 How can you **say** you don't like snails
     when you have never tried [→ **try**] any?
A-10 One had to **take** a **close look** to **recognise** that the guard
     in front of the Museum was a **human** of flesh and blood.
A-11 My mother **lives** on a widow's pension
     that is **hardly** sufficient to **pay** the **rent**.
A-12 He was set free after putting up $50,000 **as bail**.
A-13 The heat down there **almost killed** me. On some days
     the temperature rose to above 40 degrees in the **shade**.
A-14 I'll **take** along a **couple** of novels **as reading matter** for the **journey**.
A-15 So it's **true**.

B-01 **As a Christian** I find **such** behaviour unscrupulous and immoral.
B-02 The demonstrators were marching through the city with flags and **banners**.
B-03 In the **beginning only** businessmen used mobile phones.
     Nowadays they have **become** the favourite toy of school**children**.
B-04 Without a **prescription** I can't give you these tablets.
B-05 I have got a fishing **permit**, but **only** for rivers, **not** for **lakes**. •
     Do they **make** a difference [→ **different**] there?
B-06 A little girl with a fringe came up to us and offered us
     a **few** handmade strings of **glass** beads.
B-07 I can't **make** up my **mind**: **will** I have pork chop with pepper sauce
     or haddock with buttered potatoes and mixed salad?
B-08 The barracks were completely torn down. The **empty** factory buildings,
     however [→ **ever**], were converted into art galleries and shopping centres.
B-09 I took [→ **take**] a **few** notes **during** his **lecture** at the college.
B-10 My grandfather was a **man** of strong principles who,
     in **everything** he did, **acted according to** his convictions.
B-11 Some precious sculptures from the owner's private collection [→ **collect**]
     stood in the park that surrounded the **estate**.
B-12 Modern cruise ships resemble giant floating hotels.
B-13 There is an insect that **bears** the **name** of a **sport** that is **very** popular
     in Britain. Do you **know which** I **mean**? [The answer is *cricket*.]
B-14 Bob **worked as** a store detective in a department store for some **time**.
     Today he is an internationally renowned photographer.
B-15 The more **channels** we can receive, the less we **watch** TV [→ **television**].

C-01 I would like to **pay** by **instalments**. What are your **current rates** of interest?
C-02 Outwardly, Carolyn seems **quite** self-assured but, **once** you **know** her
     better, you'll soon **notice** that she is a **very sensitive** person.
C-03 It wasn't a brilliant idea to advertise in the local paper.
C-04 The tensions in the gulf region have **reached** a dangerous stage.
C-05 **Not even** an extremely high **tax** on spirits
     will prevent **people** from **turning** to the bottle.
C-06 Jason has a new girlfriend. • Oh, (has he) **really**? Do you **know** her? •
     Yes, I do. But I promised **not** to **tell** you who she is.

C-07 Before I **changed** over to secondary school,
      I had good marks [oder: grades] in **almost all** subjects [→ **schooling**].
C-08 Day after day she sits on a park **bench** and feeds the birds.
      Now is this a **love** of animals or simply a quirk?
C-09 **During** the first years after the war we **lived** in one of those shabby huts
      next to the **old** engineering **works**.
C-10 Lots of young **people** dream of a more **humane** world
      and **get** involved in groups that **stand** up for these goals.
C-11 **As** a **starter** I'll have a prawn cocktail.
      It's healthy, like **any kind** of seafood.
C-12 Some of the guests were **wearing** dinner jackets and top-hats,
      which I found absolutely inappropriate.
C-13 **As** the world's natural ressources are limited
      we **need** to **look** for alternative ways of energy supply.
C-14 There was **heavy** criticism [→ **critic**] of the press, because some papers
      had published private photos from the murder victim's **family** album.
C-15 **Not every story** has a happy **ending**.

D-01 To be world champion at that **age**, that's **quite** something!
D-02 It's about **time** you **stopped making** promises you can't **keep**.
D-03 Beside the overwhelming beauty of the **countryside** we **enjoyed**
      the **rare** pleasure of **travelling** along **wide** and **empty** roads.
D-04 In our firm computers play **such** an important role
      that without them probably **everything** would collapse.
D-05 What **sign** of the **zodiac** are you? • Libra. • So am I. •
      Is that possible? We have absolutely nothing in common.
D-06 This **landscape** is typically British, or **rather**,
      it's typical of this part of Britain.
D-07 With the **noise** from the factory **becoming** unbearable [→ **bear**],
      we alerted the police.
D-08 Wiebke was the first woman **ever** to have been **assigned** this **job**.
D-09 In Britain TV [→ **television**] programmes
      that are unsuitable [→ **suit**] for **children**
      must **not** be shown before 9 o'clock in the evening.
D-10 **When** it had **became** evident that their son was unable to speak,
      his parents took [→ **take**] him to several **speech** therapists,
      but **none** of them was able to **help** the boy.
D-11 I hated **going** to school because the other **children bullied** me.
D-12 Before they can read and write **properly**,
      some kids in the USA have **already learnt** how to handle a gun.
D-13 A **man** had been sitting in a **restaurant** for over an hour
      without being **attended** to. **Finally** he **asked**:
      "Do I have to **wait** here **until** I starve?" –
      "**No**, Sir", one of the waiters replied, "we **will** be **closing** at ten o'clock."
D-14 I have done **everything wrong** I'm **afraid**. I **just** don't **get** it!
D-15 Well, in that **case** you'll have to **start all** over again.

* * *

Wort- und Begriffserläuterungen

In diesem Teil von GOT IT PRACTICE finden Sie Erläuterungen zu 435 ausgewählten Wörtern und Begriffen, die in den Übersetzungsübungen durch **Fettdruck** hervorgehoben sind, weil sie aus unterschiedlichen Gründen eine nähere Betrachtung verdienen.

Die Auswahl folgt keinem bestimmten Prinzip. Es werden Wörter behandelt, die für den praktischen Umgang mit dem Englischen wichtig sind, die jedoch hinsichtlich ihrer Bedeutung und Verwendung oder auch in puncto Grammatik und Rechtschreibung mit Besonderheiten aufwarten, die sich dem Nicht-Muttersprachler nicht auf Anhieb erschließen und daher leicht zu Fehlern führen. Auf allgemein Bekanntes wurde verzichtet, ebenso auf die Erörterung fachspezifischer Inhalte, die normalerweise nicht Teil der Alltagssprache sind.

Neben dem als Haupteintrag behandelten Wort sind auch abgeleitete Formen aus anderen Wortarten sowie weitere sinnverwandte Bezeichnungen angegeben. Unter VOCABULARY und CONTEXT wird das behandelte Wort anhand ausgewählter Beispiele in gebräuchlichen Verbindungen und Textzusammenhängen dargestellt.

Sie können die Arbeit mit dem Erläuterungsteil ganz nach Ihren Wünschen und Bedürfnissen gestalten, eine bestimmte Vorgehensweise ist nicht erforderlich.

Abkürzungen und Lesehilfen

REG NOUN	Hauptwort, das in Einzahl und Mehrzahl vorkommt
REG VERB	Verb mit regelmäßigen Formen [Endungen: -**ed** bzw. -**d**]
IRREG VERB	Verb mit unregelmäßigen Formen: **go** [**went**, **gone**]
sb - *jmd, jmdm, jmdn*	somebody - *jemand, jemandem, jemanden*
sth - *etw*	something - *etwas*
os	oneself - *sich* [rückbezügliche Verben]
~ **to do** sth | ~ sb **to do** sth	Angabe der Verb-Ergänzung(en)
MOD VERB	modal verb - *Modalverb*
VERB PHR	Verbalphrase [Wortgruppe mit verbaler Bedeutung]
ADJ	adjective - *Adjektiv*, Eigenschaftswort
ADV	adverb - *Adverb*, Umstandswort
CONJ	conjunction - *Konjunktion*, Bindewort
PP	past participle - *Partizip Perfekt,* 3. Verbform
PREP	preposition - *Präposition*, Verhältniswort
PRON	pronoun - *Pronomen*, Fürwort
comp	comparative - *Komparativ*, 1. Steigerungsform
sup	superlative - *Superlativ*, 2. Steigerungsform
sg	singular - *Singular*, Einzahl
pl	plural - *Plural*, Mehrzahl
usu	usually - *gewöhnlich*
i.S.v.	im Sinne von
ugs.	umgangssprachlich
wörtl.:	wörtlich
z.B.	zum Beispiel
▶	Neuer Erläuterungsabschnitt
* (asterisk)	(Sternchen) Hinweis auf eine *unkorrekte* Form: *She is *getting* a baby. [Korrekt: She is having a baby.]
[Text]	Anwendungsumfeld: [Kino, Theater, Konzert] *Vorstellung, Auftritt*
[= Text]	Erläuternde Ergänzung: *aussprechen* [= in korrekter Lautform wiedergeben]
(Text)	Text in Klammern kann verwendet werden oder entfallen **I admit (that) I was there** kann gelesen werden: **I admit that I was there.** oder: **I admit I was there.**
~ (tilde)	vertritt das jeweilige Stichwort: a **bad** line, a ~ **mood** [zu lesen: **a bad mood**]
→ 265	Verweis auf anderen Eintrag, hier auf 265 (**meet**)

001 abolish | REG VERB

▶ *abschaffen, beseitigen:* **President Lincoln abolished slavery in the United States.** *Präsident Lincoln hat die Sklaverei in den USA abgeschafft.* | **The DM** [auch: Deutschmark, German Mark] **was abolished with the introduction of the Euro.** *Die DM wurde bei Einführung des Euro abgeschafft.*

CONTEXT: **abolish a law** *ein Gesetz abschaffen* | **~ a tax** *eine Steuer abschaffen* | **~ a fee** *eine Gebühr abschaffen* | **~ segregation** *die Rassentrennung abschaffen* | **~ a privilege** *ein Privileg abschaffen, ein Vorrecht beseitigen* | **~ the death penalty** *die Todesstrafe abschaffen*

- **abolition** | REG NOUN | *Abschaffung, Beseitigung*
- **abolished** | ADJ / PP | *abgeschafft, beseitigt*

002 abroad | ADV

▶ Das altenglische Adverb **abroad**, ursprünglich: *in die Breite, weit umher, weit fort,* wird heute nur noch in den Bedeutungen *im* Ausland und *ins* Ausland verwendet:

Our company has opened several new branch offices abroad. *Unsere Firma hat mehrere neue Niederlassungen im Ausland eröffnet.* | **I often travel abroad on business.** *Ich reise oft geschäftlich ins Ausland.* | **We sell our products at home and abroad.** *Wir verkaufen unsere Produkte im In- und Ausland.* | **More and more students take the opportunity of studying abroad.** *Immer mehr Studenten nutzen die Gelegenheit, im Ausland zu studieren.*

▶ Für das deutsche Wort *Ausland* kennt das Englische nur den Ausdruck **foreign countries,** also *fremde Länder.* Ein *Ausländer,* ein *Fremder* ist **a foreigner.**

▶ Das Adjektiv *ausländisch* heißt **foreign,** gesprochen [ˈfɒrɪn]: **Most shops accept foreign currencies.** *Die meisten Geschäfte akzeptieren ausländische Währungen.* | **Carmen speaks English with a foreign accent.** *Carmen spricht Englisch mit einem ausländischen Akzent.*

▶ Sagen Sie nicht **outlandish,** denn das bedeutet *seltsam, merkwürdig, eigenartig, sonderbar, ausgefallen:* **Some people hold outlandish views.** *Einige Leute vertreten seltsame Ansichten.*

003 accept | REG VERB

▶ *akzeptieren, annehmen:* **Both sides have accepted the verdict.** *Beide Seiten haben das Urteil akzeptiert.* | **We should accept people the way they are.** *Wir sollten Menschen so akzeptieren, wie sie sind.* | **Do you accept credit cards?** *Akzeptieren Sie Kreditkarten?*

CONTEXT: **accept an invitation** *eine Einladung annehmen* | **~ an apology** / **~ an excuse** *eine Entschuldigung annehmen* | **~ a challenge** *eine Herausforderung annehmen* | **~ an offer** *ein Angebot annehmen* | **~ a proposal** *einen Vorschlag annehmen* | **~ sb's thanks** / **~ sb's good wishes** / **sb's sympathies** *jmds Dank / gute Wünsche / Anteilnahme entgegennehmen*

- **acceptance** | NOUN, usu sg | *Annahme, Akzeptanz*
- **accepted** | ADJ / PP | *akzeptiert, allgemein anerkannt*
- **acceptable** | ADJ / PP | *annehmbar, akzeptabel*
- **unacceptable** | ADJ / PP | *unannehmbar, inakzeptabel*

004 accident | REG NOUN

▶ *Unfall, Unglück, Missgeschick:* **He lost a leg in a work accident.** *Er verlor bei einem Arbeitsunfall ein Bein.* | **A coach accident on the M4 claimed ten lives.** *Ein Busunfall auf der M4 hat zehn Menschenleben gefordert.* | **Accidents often happen in pairs.** *Ein Unglück kommt selten allein.*

VOCABULARY: **domestic accident** *häuslicher Unfall* | **traffic ~** [oder: **road ~**] *Verkehrsunfall* | **motorbike ~** *Motorradunfall* | **railway ~** *Eisenbahnunglück* | **air ~** *Flugzeugunglück* | **hit-and-run ~** *Unfall mit Fahrerflucht* | **nuclear ~** *Atomunglück* | **skiing ~** *Skiunfall* | **avalanche ~** *Lawinenunglück*

a bad accident *ein schlimmer Unfall* | **a serious ~** *ein schwerer Unfall* | **a terrible ~** *ein schrecklicher Unfall* | **a tragic ~** *ein tragischer Unfall* | **a fatal ~** *ein tödlicher Unfall*

CONTEXT: **get involved in an accident** *in einen Unfall verwickelt werden* | **be involved in an ~** *in einen Unfall verwickelt sein* | **get injured in an ~** *bei einem Unfall verletzt werden* | **be killed / get killed in an ~** *bei einem Unfall ums Leben kommen* | **have an ~** *einen Unfall haben, verunglücken* | **report an ~** *einen Unfall melden* | **cause an ~** *einen Unfall verursachen*

▶ *Zufall:* **It was pure accident that we met.** *Es war reiner Zufall, dass wir uns begegnet sind.* | **Do you believe in accidents?** *Glaubst du an Zufälle?* | **That can't possibly be an accident.** *Das kann unmöglich ein Zufall sein.*

- **accidental** | ADJ | *zufällige, Zufalls...:* **an accidental meeting** *eine zufällige Begegnung*
- **by accident** | ADV | *durch Zufall, ungewollt:* **Columbus discovered America by accident.** *Kolumbus hat Amerika durch Zufall entdeckt.* | **My sister got pregnant by accident.** *Meine Schwester ist ungewollt schwanger geworden.*
- **accidentally** | ADV | *versehentlich, unbeabsichtigt, zufällig*

005 accommodation | NOUN, usu sg

accommodation wird, auch von Muttersprachlern, häufig falsch geschrieben. Achten Sie daher auf die korrekte Schreibweise, mit **-cc-** und **-mm-**.

▶ *Unterkunft, Unterbringung:* **The College provides accommodation for 200 students.** *Das College bietet Unterkunft für 200 Studenten.* | **We eventually found accommodation in a farmhouse.** *Wir fanden schließlich Unterkunft in einem Bauernhaus.* | **There is a growing shortage of affordable accommodation in town.** *Es gibt einen wachsenden Mangel an bezahlbaren Unterkünften in der Stadt.*

- **accommodate** sb/sth | REG VERB | *jmdn/etw unterbringen, aufnehmen, Unterkunft bieten*
- **accommodated** | ADJ / PP | *untergebracht*

006 according to | PREP

▶ *entsprechend, gemäß, nach, laut:* **Everyone is well according to circumstances.** *Allen geht es den Umständen entsprechend gut.* | **Our staff are paid according to performance.** *Unsere Mitarbeiter werden nach Leistung bezahlt.*

Mit **according to** können Sie angeben, aus welcher Quelle eine Information stammt: **According to the government we are facing another severe crisis.** *Laut Regierung steht uns eine weitere schwere Krise bevor.* | **"Thus", according to my teacher, is not very common in spoken English.** *"Thus" ist, laut meinem Lehrer, im gesprochenen Englisch nicht sehr gebräuchlich.*

Sagen Sie aber nicht ***according to me** ...,* wenn Sie Ihre eigene Meinung kundtun wollen. Beginnen Sie den Satz stattdessen mit **in my opinion** ...: **In my opinion you have no reason to complain.** *Meiner Ansicht nach hast du keinen Grund, dich zu beklagen.*

- **accordance** | NOUN, usu sg | *Übereinstimmung:* **in accordance with** ...
- **accordingly** | ADV | *entsprechend, dementsprechend*

007 achieve | REG VERB

▶ *erreichen, erzielen, vollbringen, zustande bringen:* **He has achieved everything in life.** *Er hat alles im Leben erreicht.* | **We even wrote to the Mayor but achieved nothing.** *Wir haben sogar an den Bürgermeister geschrieben, (haben) aber nichts erreicht.*

CONTEXT: **achieve a goal** *ein Ziel erreichen* | **~ a success** *einen Erfolg erzielen* | **~ progress** *Fortschritte erzielen* | **~ good results** *gute Ergebnisse erzielen*

- **achievement** | REG NOUN | *Leistung, Errungenschaft*
- **achieved** | ADJ / PP | *erreicht*
- **achievable** | ADJ | *erreichbar,* **unachievable** - *unerreichbar*

008 act | REG NOUN

▶ **act** steht für eine einzelne, häufig durch eine entsprechende Beifügung konkretisierte Tat, eine Handlung, einen Akt, wie in

an ~ of charity *ein Akt der Nächstenliebe* | **an ~ of mercy** *ein Gnadenakt* | **an ~ of madness** *eine Wahnsinnstat* | **an ~ of desperation** *eine Verzweiflungstat* | **an ~ of God** *höhere Gewalt* | **an ~ of violence** *eine Gewalttat* | **a courageous ~** *eine mutige Tat* | **a heroic ~** *eine Heldentat* | **an official ~** *eine Amtshandlung* | **a thoughtless ~** *eine unüberlegte Handlung*

Diebe, Einbrecher, Fremdgeher & Co. werden zuweilen *auf frischer Tat überrascht* (**surprised in the act**) oder *auf frischer Tat* [auch: in flagranti] *ertappt* (**caught in the act**).

▶ [bei Theater- oder Opernaufführungen] *Akt, Aufzug:* **"An Inspector Calls" is a play in three acts by J.B. Priestley.** *„Ein Inspektor kommt" ist ein Theaterstück in drei Akten von John B. Priestley* [Englischer Schriftsteller, 1894-1984]. | **There will be a 20-minute interval after the second act.** *Nach dem zweiten Akt wird es eine 20-minütige Pause geben.*

act | REG VERB

▶ *handeln, agieren:* **Mrs Simpson acts on my behalf**. *Mrs Simpson handelt in meinem Auftrag.* | **She said he had acted from a sense of duty.** *Sie sagte, sie habe aus Pflichtgefühl gehandelt.* | **Think before you act**. *Erst nachdenken, dann handeln.* [Wörtl.: *Denk erst nach, bevor du handelst.*]

▶ *spielen; so tun, als ob:* **He acted innocent as usual.** *Er spielte wie üblich den Unschuldigen.* [Auch: *Er machte wie üblich einen auf unschuldig.*] | **Some children act like adults.** *Einige Kinder benehmen sich wie Erwachsene.* | **They acted as if they owned the place.** *Sie führten sich auf, als gehöre ihnen der Laden.* [= *Sie benahmen sich, als ob sie dort zu Hause wären.*] | **Whenever I ask him about it, he acts dumb.** *Wann immer ich ihn danach frage, stellt er sich dumm.* | **She is only acting.** *Sie tut nur so.*

▶ [bei Theater, Film, Fernsehen] *spielen, schauspielern:* **Gwendolyn is learning to act.** *Gwendolyn erlernt die Schauspielerei.* | **He acted the part of Macbeth**. *Er hat den Macbeth gespielt.* | **As a child she acted in various TV series**. *Als Kind hat sie in verschiedenen Fernsehserien mitgespielt.*

- **activity**, pl: **activities** | REG NOUN | *Tätigkeit, Aktivität*
- **actor** | REG NOUN | *Schauspieler*, **actress**, pl: **actresses** - *Schauspielerin*
- **activate** sth | REG VERB | *etw aktivieren, einschalten, in Gang setzen*
- **active** | ADJ | *aktiv*, [Maschinen, Geräte usw.] *eingeschaltet, in Betrieb*

009 **action** | REG NOUN

▶ *Handeln, Vorgehen, Tätigwerden* in einer bestimmten Lage: **The situation required prompt action**. *Die Situation erforderte umgehendes Handeln.* | **No action was taken.** *Es wurde nichts unternommen.* | **Regulations restrict the freedom of action.** *Vorschriften schränken die Handlungsfreiheit ein.* | [bei Filmaufnahmen] **Action!** *Achtung, Aufnahme!*

CONTEXT: **course of action** *Vorgehensweise* | **full freedom of** ~ *volle Handlungsfreiheit* | **man / woman of** ~ *Mann / Frau der Tat* | ~ **committee** *Krisenstab*

put sth **into action** *etw in die Tat umsetzen* | **put** sb **out of** ~ *jmdn außer Gefecht setzen* [Sport: jmdn verletzen] | **take** ~ *etwas unternehmen, aktiv werden*

Die Pluralform **actions** bezeichnet einzelne *Taten, Aktionen, Handlungen, Maßnahmen:* **Due to his age he can't be held responsible for his actions**. *Aufgrund seines Alters kann er für seine Taten nicht verantwortlich gemacht werden.* | **Nothing can justify such criminal actions**. *Nichts kann solche kriminellen Handlungen rechtfertigen.* | **I judge people by their actions rather than by their words**. *Ich beurteile Menschen eher nach ihren Taten als nach ihren Worten.* | **Actions speak louder than words**. *Taten sagen mehr als Worte.*

010 **actual** | ADJ | und **actually** | ADV

Vorsicht, Falle! Trotz einer verblüffenden Ähnlichkeit in Schreibweise und Aussprache haben **actual** und **actually** nichts mit unserem Adjektiv *aktuell* zu tun, sondern bedeuten *tatsächlich, eigentlich, wirklich, in Wirklichkeit:*
The actual debts of the company are much higher. *Die tatsächlichen Schulden der Firma sind viel höher.* | **The film is based on an actual case**. *Der Film basiert auf einem tatsächlichen Fall.* | **He looks (like) fifty-five, but is actually almost seventy**. *Er sieht aus wie 55, ist aber in Wirklichkeit fast siebzig.* | **The events related in this book didn't actually happen.** *Die in diesem Buch geschilderten Ereignisse sind nicht wirklich passiert.*

▶ Als geeignete Übersetzungen für *aktuell* kommen **current** [→ 121] und **up to date** in Frage: **Always use the current version of your software.** *Benutzen Sie immer die aktuelle Version Ihrer Software.* | **The figures are no longer up to date**. *Die Zahlen sind nicht mehr aktuell.*

▶ Mit dem Adverb **actually** (*eigentlich, ehrlich gesagt, genau genommen, im Grunde genommen, in Wirklichkeit*) können Sie Aussagen präzisieren, korrigieren oder einschränken: **Actually it's illegal. But everyone does it.** *Eigentlich ist es illegal. Aber alle tun es.* | **People often buy things they don't actually need.** *Die Leute kaufen oft Sachen, die sie eigentlich nicht brauchen.* | **What a wonderful painting! A typical Leonardo. – Well, actually, it's a Rembrandt.** *Was für ein wundervolles Gemälde! Ein typischer Leonardo. – Nun, ehrlich gesagt, es ist ein Rembrandt.* | **That isn't actually possible.** *Das ist eigentlich nicht möglich.*

Auch zum Ausdruck von Überraschung, Erstaunen, Ungläubigkeit oder Empörung treffen Sie mit **actually** den richtigen Ton: **The President actually answered our letter.** *Der Präsident hat tatsächlich auf unser Schreiben geantwortet.* | **Did she actually divorce him?** *Hat sie sich tatsächlich von ihm scheiden lassen?* | **He actually called me a liar, just imagine!** *Er hat mich doch tatsächlich einen Lügner genannt, stell dir das mal vor!*

011 **admire** | REG VERB

▶ **admire sb/sth** - *jmdn/etw bewundern:* **I admire his patience.** *Ich bewundere seine Geduld.* | **I admire my parents for what they have achieved in life**. *Ich bewundere meine Eltern für das, was sie im Leben erreicht haben.* | **We have always admired the way she copes with her situation.** *Wir haben immer bewundert, wie sie mit ihrer Situation umgeht.*

- **admiration** | REG NOUN, no pl | *Bewunderung*
- **admirer** | REG NOUN | *Bewunderer*
- **admirable** | ADJ | *bewundernswert*
- **admirably** | ADV | *in bewundernswerter Weise*
- **admired** | ADJ / PP | *bewundert*

012 **admit** | REG VERB

▶ **admit sth** - *etw zugeben, eingestehen, einräumen:* **The accused readily admitted his guilt.** *Der Angeklagte gestand bereitwillig seine Schuld ein.* | **The candidate refused to admit defeat.** *Der Kandidat weigerte sich, die Niederlage einzugestehen.*

▶ **admit (that)** … - *zugeben, eingestehen, dass* …: **I admit (that) I was there.** *Ich gebe zu, dass ich da war.* | **You must admit that such allegations are ridiculous.** *Du musst zugeben, dass solche Anschuldigungen lächerlich sind.*

▶ **admit doing** sth - *zugeben, etw getan zu haben:* **She was not willing to admit being wrong.** *Sie war nicht bereit zuzugeben, dass sie unrecht hatte.* | **He finally admitted inventing the story.** *Er gab schließlich zu, die Geschichte erfunden zu haben.*

▶ **admit sb [to a place, to an organisation, to an event]** - *jmdm Zutritt gewähren, aufnehmen:* **There are still a lot of colleges that admit only boys.** *Es gibt immer noch viele Colleges, die nur Jungen aufnehmen.* | **Men will not be admitted without a tie.** *Männer werden ohne Krawatte nicht eingelassen.* | **No hospital in town was able to admit any more casualties.** *Kein Krankenhaus der Stadt war in der Lage, noch Verletzte aufzunehmen.*

- **admission** | REG NOUN, usu sg | *Einlass, Eintritt*
- **admittance** | REG NOUN, usu sg | *[meist bei Privatbesitz] Zutritt*
- **admitted** | ADJ / PP | *zugegeben, eingestanden; zugelassen*
- **admittedly** | ADV | *zugegebenermaßen*

013 **advice** [əd·ˈvaɪs] | NOUN, no pl

▶ *Rat, Ratschläge:* **We are grateful for any well-meant advice.** *Wir sind für jeden gut gemeinten Rat dankbar.* | **Carlotta changed school on her parents' advice.** *Carlotta hat auf den Rat ihrer Eltern hin die Schule gewechselt.* | **We need some advice on how to use this application.** *Wir brauchen einen Rat, wie man dieses Programm benutzt.* | **I should have listened to your advice.** *Ich hätte auf deinen Rat hören sollen.* | **I didn't ask for your advice.** *Ich habe dich nicht um Rat gebeten.*

CONTEXT: **ask** sb's **advice** *jmdn um Rat bitten* | **give** sb **a piece of** ~ *jmdm einen Rat geben* | **turn to** sb **for** ~ *sich Rat suchend an jmdn wenden* | **follow** sb's ~ *jmds Rat befolgen* | **neglect** sb's ~ *jmds Rat missachten* | **seek** ~ *Rat suchen*, z.B. **professional** ~ *fachlichen Rat*, **financial** ~ *Rat in Geldfragen, finanzielle Beratung*, **investment** ~ *Anlageberatung*, **medical** ~ *ärztlichen Rat*, **legal** ~ *juristischen Rat, Rechtsberatung*, **tax** ~ *steuerlichen Rat, Steuerberatung*.

▶ **advice** ist nicht zählbar und hat keine Mehrzahlform. Bilden Sie darum auf keinen Fall Sätze wie: **He gave me a good advice* oder: **He gave me good advices*. Sie können **advice** allerdings dadurch zählbar machen, dass Sie **a piece of** … / **pieces of** … oder auch **a bit of** … / **bits of** … voranstellen:

May I give you a friendly piece of advice? *Darf ich dir einen freundschaftlichen Rat geben?* [Nicht: **… a friendly advice*] | **This book contains several good bits of advice.** *Dieses Buch enthält mehrere gute Ratschläge.* [Nicht: **… contains several good advices.*]

014 **advise** [əd·ˈvaɪz] | REG VERB

▶ *zu etwas raten:* **I would advise an allergy test.** *Ich würde zu einem Allergietest raten.* | **All experts advise caution.** *Alle Experten raten zur Vorsicht.*

▶ **advise sb on sth** - *jmdn in etw beraten:* **Mr Allen advises our family on financial matters.** *Mr Allen berät unsere Familie in Geldangelegenheiten.*

▶ **advise sb (not) to do sth** - *jmdm raten, etw (nicht) zu tun:* **I can only advise everyone to stay out of my business.** *Ich kann jedem nur raten, sich aus meinen Angelegenheiten herauszuhalten.* | **We would advise you to engage a lawyer.** *Wir würden Ihnen raten, einen Anwalt einzuschalten.*

▶ **advise against** [oder: **off**] **(doing)** sth - *von etw* abraten: **I would advise against an opera-tion**. *Ich würde von einer Operation abraten.* | **We strongly advise against travelling the country at this time of year**. *Wir würden dringend davon abraten, das Land zu dieser Jahres-zeit zu bereisen.*

- **advisor** | REG NOUN | *Berater, Ratgeber*
- **advised** | ADJ / PP | *beraten:* **well advised**, **badly / poorly advised** - *gut / schlecht beraten*
- **advisable** | ADJ | *ratsam*

015 affair | REG NOUN

▶ *Affäre, Angelegenheit, Sache:* **He couldn't keep his affairs secret any longer**. *Er konnte seine Affären nicht länger geheim halten.* | **This affair allows of no delay**. *Diese Angelegenheit duldet keinen Aufschub.* | **The way I spend my spare time is solely my affair**. *Wie ich meine Freizeit verbringe, ist allein meine Sache.*| **He was appointed foreign minister** [oder: **Minister of Foreign Affairs,** in den USA: **Secretary of State**]. *Er wurde zum Außenminister [in Deutsch-land offiziell: Bundesminister des Auswärtigen] ernannt.*

VOCABULARY: **bribery affair** *Bestechungsaffäre* | **corruption** ~ *Korruptionsaffäre* | **family** ~ *Familienangelegenheit* | **love** ~ *Liebesaffäre* | **extramarital** ~ *außereheliche Affäre* | **state's** ~ *Staatsaffäre*

costly affair *teure Angelegenheit* | **messy** ~ *verzwicke Angelegenheit* | **painful** ~ *peinliche An-gelegenheit* | **private** ~ *Privatangelegenheit* | **sensitive** ~ *heikle Angelegenheit*

016 affect | REG VERB

▶ *sich auf jmdn/etw auswirken, jmdn/etw beeinträchtigen:* **Can mobile phones affect health?** *Können Handys die Gesundheit beeinträchtigen?* | **The current crisis will mainly affect small and medium-sized businesses**. *Die gegenwärtige Krise wird sich vor allem auf kleinere und mittlere Betriebe auswirken.* | **Has anything ever affected our lives as much as computers do?** *Hat je irgendetwas unser Leben so sehr beeinflusst, wie es Computer tun?*

affect ist nicht zu verwechseln mit **effect** [→ 145]

▶ **affected** | ADJ / PP | *betroffen* [**by** sth - *von etw*]: **Vast areas were affected by the drought**. *Weite Gebiete waren von der Dürre betroffen.* | **The affected workers were offered redun-dancy payments**. *Den betroffenen Arbeitern wurden Abfindungszahlungen angeboten.*

017 afford | REG VERB

▶ *sich etw leisten:* **I can't afford private lessons for my children**. *Ich kann mir für meine Kinder keinen Privatunterricht leisten.* | **A life without work is a luxury that only few people can afford.** *Ein Leben ohne Arbeit ist ein Luxus, den sich nur wenige Menschen leisten können.*

▶ **afford to do** sth - *sich leisten, etwas zu tun:* **I can't afford to be ill**. *Ich kann es mir nicht leisten, krank zu sein.* | **Poorer families can barely afford to bring up children**. *Ärmere Fami-lien können es sich kaum leisten, Kinder großzuziehen.*

- **affordable** | ADJ | *bezahlbar, erschwinglich*
- **unaffordable** | ADJ | *unbezahlbar, unerschwinglich*

018 afraid | ADJ

▶ **afraid** *(ängstlich)* kann nie einem Hauptwort vorangehen. Ein *ängstliches, verängstigtes Kind* ist also nicht **an afraid child,* sondern **an anxious child** oder **a frightened child**.

▶ Im Alltag begegnet man **afraid** ausschließlich in den Formen von **be afraid** *(Angst haben, sich ängstigen, sich fürchten):* **He is afraid he might fail the exam a second time**. *Er hat Angst, er könne ein zweites Mal durch die Prüfung fallen.* | **I was afraid to tell her the truth**. *Ich hatte Angst, ihr die Wahrheit zu sagen.* | **Don't be afraid, the dog won't bite**. *Hab keine Angst, der Hund beißt nicht.*

Anstelle von **be afraid** können Sie auch **be scared** oder **be frightened** sagen.

▶ **be afraid of** sb/sth - *sich vor jmdm/vor etw fürchten, vor jmdm/vor etw Angst haben:* **I would be afraid of going there alone**. *Ich hätte Angst, allein dorthin zu gehen.* | **As a boy I never climbed trees because I was afraid of heights**. *Als Junge bin ich nie auf Bäume geklettert, weil ich Höhenangst hatte.* | **Who is afraid of Virginia Woolf?** *Wer hat Angst vor Virginia Woolf?* [Theaterstück des amerikanischen Dramatikers Edward Albee].

▶ **be afraid for** sb/sth - *um jmdn/etw fürchten, um jmdn/etw Angst haben:* **The passengers were afraid for their lives**. *Die Passagiere hatten Angst um ihr Leben.* | **Do we need to be afraid for our savings?** *Müssen wir um unsere Ersparnisse fürchten?*

▶ **I'm afraid** (Leider ...) drückt Bedauern aus: **I'm afraid I've forgotten your name.** Ich habe leider Ihren Namen vergessen. | **We are booked up I'm afraid.** Wir sind leider ausgebucht.

Notieren Sie sich auch die allgegenwärtigen Kurzantworten **I'm afraid so** (Leider ja) und **I'm afraid not** (Leider nicht. / Leider nein.)

019 after all | ADV

▶ doch noch, am Ende doch: **She said she wouldn't pay, but then paid after all.** Sie sagte, sie werde nicht zahlen, aber dann zahlte sie doch. | **So you got the job after all.** Dann hast du den Job also doch bekommen. | **The rain stopped, so we were able to finish the match after all.** Der Regen hörte auf, darum konnten wir das Match doch noch zu Ende spielen.

▶ schließlich, immerhin: **It was your idea after all.** Es war schließlich deine Idee. | **You should at least lend him an ear. After all, he is your brother.** Du solltest ihn wenigstens anhören. Immerhin ist er dein Bruder. | **I'm dying with hunger. After all, I haven't eaten anything for hours.** Ich komme um vor Hunger. Schließlich habe ich seit Stunden nichts gegessen.

Verwechseln Sie **after all** nicht mit Angaben wie **at last, finally** oder **eventually** [→ 047, 181], die alle in einem rein zeitlichen Sinne verwendet werden: **There you are at last!** Da seid ihr ja endlich! | **The fault was finally found.** Der Fehler wurde schließlich gefunden. | **After waiting for hours we were eventually admitted.** Nach stundenlangem Warten wurden wir endlich eingelassen.

020 age | REG NOUN

▶ Lebensalter, Dauer des Bestehens: **My great-grandfather died at the biblical age of 101.** Mein Urgroßvater starb im biblischen Alter von 101 Jahren. | **My brother is 28 years of age now.** Mein Bruder ist jetzt 28 Jahre alt. | **Our daughter is at an awkward age.** Unsere Tochter ist in einem schwierigen Alter. | **Archaeologists have been trying to determine the exact age of the inscriptions.** Archäologen haben versucht, das genaue Alter der Inschriften zu bestimmen. | **Age before beauty.** Alter vor Schönheit.

Fragen wie **What's your age? What's her age?** usw. sind in der Umgangssprache eher unüblich. Erfragen Sie das Alter von Personen, wenn es denn sein muss, mit **How old are you? How old is she?** usw.

Mit 18 werden junge Menschen volljährig (**come of age**), oder, anders ausgedrückt, erlangen die Volljährigkeit (**reach the age of majority**). Bis dahin sind sie minderjährig (**under age**).

Von Gleichaltrigen sagt man, dass sie **one's age** sind, nicht: *at one's age, auch nicht *in one's age: **It's not easy to learn a language for someone my age.** Es für jemanden in meinem Alter nicht leicht, eine Sprache zu lernen. [Nicht: *... for someone in my age.] | **Joe is about my age.** Joe ist ungefähr in meinem Alter. [Nicht: *... about in my age.] | **Julia married a man who is twice her age.** Julia hat einen Mann geheiratet, der doppelt so alt ist wie sie. | **My father is 84, but doesn't look his age.** Mein Vater ist 84, aber man sieht ihm das Alter nicht an.

VOCABULARY: **age difference** Altersunterschied | **~ group** Altersgruppe | **~ restriction** Altersbeschränkung | **~ limit** Altersgrenze | **marital ~** heiratsfähiges Alter, gesetzliches Mindestalter für eine Heirat | **middle ~** mittleres Alter | **old ~** Alter [= späte Lebensjahre, Lebensabend] | **old ~ provision** Altersvorsorge

▶ Zeitalter, erdgeschichtliche oder kulturhistorische Epoche: **What may life have been like in the Stone Age?** Wie mag das Leben in der Steinzeit gewesen sein? | **We are living in the Age of Globalisation.** Wir leben im Zeitalter der Globalisierung.

ANDERE EPOCHEN: **Ice Age** Eiszeit | **Middle ~s** Mittelalter | **~ of Enlightenment** Zeitalter der Aufklärung | **Golden ~** goldenes Zeitalter, Blütezeit | **Atomic ~** [oder: **Nuclear ~**] Atomzeitalter | **information ~** Informationszeitalter.

▶ Beachten Sie: Bei Angaben mit dem Lebensalter steht **at**, in Verbindung mit dem Zeitalter dagegen **in**: **She lost both parents at the age of 10** [oder: ... at ten]. Sie verlor beide Eltern im Alter von 10 Jahren. [Nicht: *... in the age of ten.] | **It's not easy to start something new at my age.** [Nicht: *... in my age.] Es ist nicht leicht, in meinem Alter etwas Neues anzufangen.

▶ Die Angabe **ages** bezeichnet das, was wir ewig, eine Ewigkeit nennen, im Sinne von sehr, sehr lange: **I haven't heard of him for ages.** Ich habe seit Ewigkeiten nichts von ihm gehört. | **It has taken us ages to come to an agreement.** Wir haben eine Ewigkeit gebraucht, um zu einer Vereinbarung zu kommen. | **That must have been ages ago.** Das muss ewig her sein.

- **age** | REG VERB | altern, alt werden
- **aged** | ADJ / PP | alt, betagt, gealtert
- **aging** | ADJ | alternd, älter werdend: **an aging society** - eine alternde Gesellschaft

021 **ago** und **before** | ADVs

▶ Angaben mit nachgestelltem **ago** *(vor ...)* besagen, wie lange etwas her ist. Sie beziehen sich auf den GEGENWÄRTIGEN Zeitpunkt und stehen immer mit einem Verb im *Past Simple*:
We arrived two hours ago. *Wir sind vor zwei Stunden angekommen.* [= Unsere Ankunft ist *zwei Stunden* her. Nicht: *We *have arrived* two hours ago.*] | **They moved away from here some time ago.** *Sie sind vor einiger Zeit von hier weggezogen.* [= Ihr Umzug ist *einige Zeit* her. Nicht: *They *have moved* away from here some time ago.*]

▶ Angaben mit nachgestelltem **before** *(vorher, zuvor)* beziehen sich dagegen immer auf einen VERGANGENEN oder einen ZUKÜNFTIGEN Zeitpunkt:
Last week he smashed the car that he had bought only a few days before. *Letzte Woche hat er das Auto zu Schrott gefahren, das er erst ein paar Tage zuvor gekauft hatte.* | **The show starts at eight thirty, but we had better be there an hour before.** *Die Vorstellung fängt um halb neun an, aber wir sollten lieber eine Stunde vorher da sein.*

022 **agree** | REG VERB

▶ **agree** drückt aus, dass man die Meinung eines Gesprächspartners teilt: **It's a crazy world we live in. – I agree.** *Es ist eine verrückte Welt, in der wir leben. – Ganz meine Meinung.* | **She thought she deserved a rise, but her boss wouldn't agree.** *Sie dachte, sie hätte eine Gehaltserhöhung verdient, aber ihr Chef war anderer Meinung.* | **We agree on most issues, but not on this one.** *Wir stimmen in den meisten Fragen überein, nicht aber in dieser.*

▶ **agree with** sb/sth - *mit jmdm einer Meinung sein, mit etw übereinstimmen:* **In principle I agree with you.** *Im Prinzip stimme ich Ihnen zu.* | **I fully agree with the statements in this book.** *Ich stimme mit den Aussagen in diesem Buch völlig überein.*

▶ **agree to** sth - [Vorschlägen, Vereinbarungen usw.] *zustimmen:* **Finally everyone agreed to the deal.** *Am Ende stimmten alle der Vereinbarung zu.*

▶ **agree on** (**doing**) sth - *sich auf etw einigen, sich einig werden:* **The parties agreed on a new statute.** *Die Parteien einigten sich auf eine neue Satzung.* | **Everyone agreed on postponing the meeting.** *Alle haben sich darauf geeinigt, das Treffen zu verschieben.*

- **agreement** | REG NOUN | *Vereinbarung, Abmachung, Übereinkunft*
- **agreeable** | ADJ | *annehmbar, angenehm:* **an agreeable voice** *eine angenehme Stimme*
- **be agreed** | VERB PHR | *sich einig sein:* **Are we agreed?** *Sind wir uns einig?*

023 **all**

all ist ein zwar kurzes, aber ungemein wichtiges Wort, das Ihnen in zahlreichen Zusammenhängen und Verwendungen begegnen wird. Hier die wichtigsten:

all in der Bedeutung *(ausnahmslos)* **alle**

▶ [einem Hauptwort oder einer Hauptwort-Gruppe **vorangestellt**]: **All men are equal.** *Alle Menschen sind gleich.* | **All foreign tourists have to pay an exit fee.** *Alle ausländischen Touristen müssen eine Ausreisegebühr bezahlen.* | **She moved into the new flat with all her pets.** *Sie ist mit allen ihren Haustieren in die neue Wohnung eingezogen.*

▶ [nach dem 1. Hilfsverb, nach einer Form von **be**, und immer vor einem Vollverb]: **You can all come with us.** *Ihr könnt alle mit uns kommen.* [Nicht: *You *all can* come ...] | **We all know why he is not here.** *Wir alle wissen, warum er nicht hier ist.* | **We have all made mistakes.** *Wir alle haben Fehler gemacht.* | **They were all tired after the long flight.** *Sie waren alle müde nach dem langen Flug.* [Nicht: *They *all were* tired ...]

Geht dem Hauptwort ein Bestimmungswort (**the, this, that, these, my, our** usw.) voran, so kann anstelle von **all** auch **all of** stehen...: **All (of) our neighbours were there.** *Alle unsere Nachbarn waren da.* | **Where do all (of) these people come from?** *Wo kommen alle diese Menschen her?*

In Verbindung mit **us**, **you** und **them** ist entweder ein nachgestelltes **all** (... **us all**, ... **you all**, ... **them all**) oder ein vorangestelltes **all of** möglich: **It was a big treat for us all** oder ... **for all of us**. *Es war für uns alle eine große Freude.* | **Best wishes to you all** oder ... **to all of you.** *Euch allen die besten Wünsche.* | **Carol has hundreds of books, and she has read them all** oder ... **has read all of them.** *Carol hat Hunderte von Büchern, und sie hat sie alle gelesen.*

all in der Bedeutung **alles** [= alle Dinge]

▶ [meist nach einer Form von **be**] **Is that all**? *Ist das alles?* | **That's all very strange.** *Das ist alles sehr merkwürdig.* | **It's all a matter of taste.** *Es ist alles Geschmackssache.* | **All's well that ends well.** [William Shakespeare] *Ende gut, alles gut.*

Siehe auch **everything** [→ 164]

▶ [vor Relativsätzen: das Einzige] **All we have is a few old photos**. *Alles, was wir besitzen, sind ein paar alte Fotos.* | **That's all I can remember**. *Das ist alles, woran ich mich erinnern kann.* | **Is that all you have to say?** *Ist das alles, was du zu sagen hast?* | **All they need is a roof over their heads.** *Alles, was sie brauchen, ist ein Dach über dem Kopf.*

all in der Bedeutung *ganz*

▶ vor Adjektiven: *völlig, ganz und gar, durch und durch:* **His father lives all alone in an old house by the river.** *Sein Vater lebt ganz allein in einem alten Haus am Fluss.* | **My clothes were all wet, so I took them off.** *Meine Sachen waren total durchnässt, darum zog ich sie aus.* | **He was all confused and could hardly speak.** *Er war ganz durcheinander und konnte kaum sprechen.*

▶ vor **the, this, that, these, those, my, your, his, her, our** und **their**: **Fiona spends almost all her money on clothes.** *Fiona gibt fast ihr ganzes Geld für Kleidung aus.* | **My grandmother had to work hard all her life.** *Meine Großmutter musste ihr ganzes Leben hart arbeiten.* | **We had lost the keys and went all the way back to look for them.** *Wir hatten die Schlüssel verloren und gingen den ganzen Weg zurück, um sie zu suchen.* | **The new car was all his pride.** *Das neue Auto war sein ganzer Stolz.*

024 allow | REG VERB

▶ *etw erlauben, gestatten, zulassen, möglich machen:* **They don't allow pets.** *Sie erlauben keine Haustiere.* | **My income allows no extra expenses.** *Mein Einkommen lässt keine Extra-Ausgaben zu.* | **Allow me a personal question.** *Gestatten Sie mir eine persönliche Frage.* | **The new system allows easy transfer of data to any other computer.** *Das neue System ermöglicht eine einfache Übertragung von Daten auf jeden anderen Computer.*

▶ **allow** (sb) **to do** sth - *jmdm erlauben, etw zu tun:* **They do not allow their tenants to keep pets.** *Sie erlauben ihren Mietern nicht, Haustiere zu halten.* | **Hotels don't normally allow to take indoor photos.** *Hotels erlauben es normalerweise nicht, Innenaufnahmen zu machen.*

Häufiger noch dürften die passivischen Formen **be allowed** bzw. **be allowed to** zu hören sein: **Pets are not allowed.** *Haustiere sind nicht erlaubt.* | **Keeping pets is not allowed.** *Haustiere zu halten ist nicht erlaubt.* | **Tenants are not allowed to keep pets.** *Mietern ist es nicht erlaubt, Haustiere zu halten.* | **We were not allowed to take indoor photos at the hotel.** *Wir durften im Hotel keine Innenaufnahmen machen.*

Unüblich ist hingegen die dem Deutschen nachgebildete Wendung **it is not allowed to** ...: It is not allowed to keep pets. It is not allowed to take photos.

▶ Schließen Sie von dem Verb **allow** nicht vorschnell auf das Hauptwort **allowance**, denn das hat nur entfernt mit *Erlaubnis* zu tun. Als **allowance** bezeichnet man finanzielle Zuwendungen aufgrund von erworbenen Ansprüchen oder bei Bedürftigkeit, also einen *Zuschuss*, einen *Nachlass*, einen *Freibetrag* oder eine *Beihilfe*:

My mother gets a monthly allowance of 200 euros. *Meine Mutter bezieht eine monatliche Beihilfe von 200 Euro.* | **I have claimed housing allowance.** *Ich habe Wohngeld beantragt.*

In den USA wird unter **allowance** auch *Taschengeld* verstanden: **My parents won't give me more allowance** [BE: **pocket money**]. *Meine Eltern wollen mir nicht mehr Taschengeld geben.*

Dem deutschen Wort *Erlaubnis* entspricht das englische **permission** [→ 308]

025 all right und okay

▶ **all right** und **okay** [andere Schreibweisen: **o.k., OK, O.K.**] signalisieren Einverständnis und Zustimmung: *In Ordnung, also gut, na schön, geht klar* usw.: **That's all right.** *Keine Ursache.* [Erwiderung auf **Thank you**]. | **Are you all right?** *Bist du in Ordnung? Bist du okay? Alles klar bei dir?* | **It's all right with me.** *Meinetwegen. Von mir aus. Mir soll's recht sein.*

all right – nicht jedoch **okay** – wird darüberhinaus in der Absicht verwendet, Sorgen und Befürchtungen anderer zu zerstreuen (deutsch: *schon ...*): **Don't worry, you'll get your money all right.** *Keine Sorge, du wirst dein Geld schon bekommen.* | **It will work out all right.** *Es wird schon klappen.* [ugs. auch: *Es wird schon schiefgehen.*] | **We'll manage all right.** *Wir schaffen das schon. Wir kriegen das schon hin. Wir werden das Kind schon schaukeln.*

Auch wenn man hier und da der Form **alright** begegnet, so wird doch die traditionelle Schreibweise **all right** nach wie vor als die korrektere angesehen.

Während es sich bei **all right** und **alright** um zwei Varianten ein und desselben Wortes handelt, gibt es andere Wortpaare, wo sich – je nachdem, ob zusammen- oder getrennt geschrieben – auch die Bedeutung ändert. Beispiele hierfür sind **all ways** und **always, all ready** und **already** [→ 030], **all together** und **altogether** [→ 026].

026 **all together** und **altogether**

▶ **all together** bedeutet das, was man vermutet: *alle zusammen, alle miteinander:* **Let's sing all together**. *Lasst uns* ***alle zusammen*** *singen.* Bei **altogether** dagegen handelt es sich um ein Adverb mit der Bedeutung *alles in allem, insgesamt:* **We visited five castles altogether**. *Wir besichtigten* ***insgesamt*** *fünf Burgen.* | **The food wasn't altogether bad.** *Das Essen war alles in allem nicht schlecht.* | **The repair cost us 2000 euros altogether.** *Die Reparatur hat uns insgesamt 2000 Euro gekostet.*

▶ **altogether** wird außerdem i.S.v. *ganz und gar, völlig, total* gebraucht: **Without a car it was altogether impossible to get away from there**. *Ohne Auto war es ganz und gar unmöglich, von dort wegzukommen.* | **This engine is based on an altogether new technology.** *Dieser Motor basiert auf einer völlig neuen Technologie.* | **That's another matter altogether.** *Das ist etwas völlig anderes.*

Ein nettes Beispiel für diese Verwendung ist auch **altogether naked** *(ganz und gar unbekleidet, splitternackt),* was der britische Humor mit der Wendung **in the altogether** verhüllt: **In warm summer nights I always sleep in the altogether**. *In warmen Sommernächten schlafe ich immer nackt.*

027 **almost** und **nearly** | ADVs

almost *(fast)* und **nearly** *(beinahe, nahezu)* unterscheiden sich weniger in ihrer Bedeutung als in ihrem Gebrauch: **I almost missed my flight** [oder: **I nearly missed my flight**]. *Ich habe fast / beinahe meinen Flug verpasst.* | **I almost fainted with fear** [oder: **I nearly fainted with fear**]. *Ich bin vor Angst fast / beinahe ohnmächtig geworden.* Beachten Sie aber:

Bei *verneinenden* Wörtern wie **never**, **no one**, **nowhere** oder **nothing** kann nur **almost** stehen, nicht **nearly**. Sie können zwar sagen: **I nearly always travel first class**, nicht jedoch: **I nearly never* travel first class. Richtig wäre hier: **I almost never travel first class.**

028 **alone** | ADJ

▶ *allein* [von niemandem begleitet oder gestört]: **As a child I hated being alone in the house.** *Als Kind hasste ich es, allein im Haus zu sein.* | **She can spend hours alone in her room**. *Sie kann Stunden allein in ihrem Zimmer verbringen.* | **Can I see you alone for a minute?** *Kann ich Sie kurz allein sprechen?* | **I'd rather be alone than in bad company.** *Ich bin lieber allein als in schlechter Gesellschaft.*

▶ [seinem Bezugswort nachgestellt] *allein, für sich genommen:* **In August alone over 50,000 jobs were lost**. *Allein im August gingen über 50.000 Jobs verloren.* | **Money alone won't make them happy.** *Geld allein wird sie nicht glücklich machen.* | **That alone will hardly be enough.** *Das allein wird kaum reichen.* | **Man cannot live by bread alone.** *Der Mensch lebt nicht vom Brot allein.*

▶ **leave sb/sth alone** ist die unmissverständliche Aufforderung, jemanden *in Ruhe* zu lassen bzw. eine Sache nicht anzurühren: **Why can't you just leave us alone?** *Warum könnt ihr uns nicht einfach in Ruhe lassen?* | **A camera is not a toy, so leave it alone**. *Eine Kamera ist kein Spielzeug, also lass die Finger davon.* | **Leave me alone.** *Lass mich in Ruhe.*

▶ **go it alone** beschreibt den Entschluss, etwas auf eigene Faust zu versuchen, etwas selbst in die Hand zu nehmen oder auf die Beine zu stellen:

Richard has decided to quit his job and go it alone. *Richard hat beschlossen, seine Stellung aufzugeben und etwas eigenes zu versuchen.* | **Do you really think Quebec can go it alone?** *Glauben Sie wirklich, dass Quebec es allein schaffen kann?* [= Kann die Provinz Quebec, von Kanada losgelöst, eigenständig überleben?]

▶ Aufgepasst: **let alone** meint nicht das, wonach es sich anhört *(allein lassen),* sondern entspricht der deutschen Wendung *geschweige denn, ganz zu schweigen von ...:* **We can't afford a larger flat, let alone a house of our own**. *Wir können uns keine größere Wohnung leisten, geschweige denn ein eigenes Haus.*

▶ Neben **alone** ist, vor allem in der Umgangssprache, auch **on one's own** zu hören [→ 300], insbesondere dann, wenn betont werden soll, dass jemand etwas allein, also ohne fremde Hilfe geschafft hat:

My mother brought us up on her own. *Meine Mutter hat uns allein großgezogen.* | **Little Lykka can dress herself all on her own**. *Die kleine Lykka kann sich ganz allein anziehen.* | **We did it all on our own.** *Wir haben es alles allein gemacht.*

Vergleichen Sie: **I want to do it alone.** *Ich will es allein machen.* [= Ich will niemanden dabei haben.] | **I want to do it on my own** *Ich will es allein machen.* [= Es darf gern jemand dabei sein, aber es soll mir niemand helfen.]

029 LAUT: **aloud** und **loudly** | ADV

▶ **aloud** findet sich nur in den Verbindungen **read aloud** (*laut lesen*) und **think aloud** (*laut denken*), bei Vorgängen also, die sich normalerweise lautlos abspielen: **Reading aloud would certainly improve your pronunciation.** *Laut lesen würde deine Aussprache mit Sicherheit verbessern.* | **I didn't say anything; I was just thinking aloud.** *Ich sagte nichts, ich habe nur laut gedacht.*

▶ **loudly** ist die Adverb-Form von **loud** (*laut*) und drückt aus, dass etwas mit einer gewissen Lautstärke geschieht: **He spoke very loudly, but not very clearly.** *Er sprach sehr laut, aber nicht sehr deutlich.* | **Some of the players protested loudly against the referee's decision.** *Einige der Spieler protestierten lautstark gegen die Entscheidung des Schiedsrichters.* | **They said they hadn't heard us, we hadn't knocked loudly enough.** *Sie sagten, sie hätten uns nicht gehört, wir hätten nicht laut genug geklopft.*

030 **already** und **yet** | ADV

▶ **already** (*schon, bereits*) steht in *bejahten* Sätzen: **We have already paid for everything.** *Wir haben schon alles bezahlt.* | **The train had already left when we arrived at the station.** *Der Zug war bereits abgefahren, als wir den Bahnhof erreichten.*

▶ **yet** (*schon*) steht am Ende von Fragen und verneinten Sätzen: **Is Emily back from school yet?** *Ist Emily schon aus der Schule zurück?* – **She doesn't go to school yet.** *Sie geht noch nicht zur Schule.* | **Have you had an answer yet?** – **No, not yet.** *Habt ihr schon eine Antwort bekommen? – Nein, noch nicht.* | **She has been in bed for a week now, but doesn't feel any better yet.** *Sie liegt jetzt seit einer Woche im Bett, fühlt sich aber noch nicht besser.*
In verneinten Sätzen kann **not yet** auch zusammenhängend verwendet werden, so dass **yet** in die Satzmitte rückt: **Although Carmelita has lived here for almost two years now, she hasn't yet started to learn German.** *Obwohl Carmelita nun schon fast zwei Jahre hier lebt, hat sie noch nicht angefangen, Deutsch zu lernen.*

▶ Wenn eine Frage, anstatt mit **yet**, mit **already** beendet wird, so drückt dies Erstaunen oder Überraschung aus: **Have you finished already?** *Bist du schon fertig?* [= Das ging ja schnell!]
Vergleichen Sie: **Can the little one walk yet?** [Interessiert] *Kann der Kleine schon laufen?* | **Can the little one walk already?** [Erstaunt] *Kann der Kleine (etwa) schon laufen?!*

▶ … **(and) yet** | CONJ | - *(und) dennoch …, und doch …, trotzdem …*: **It may seem strange to you, (and) yet it's true.** *Es mag dir seltsam vorkommen, und doch ist es wahr.* | **I eat so little, yet I'm putting on weight.** *Ich esse so wenig, und trotzdem nehme ich zu.* | **What I need is a comprehensive, yet easy-to-use word processor.** *Was ich brauche, ist ein umfassendes und dennoch leicht zu bedienendes Textverarbeitungsprogramm.*

031 **although** und **though** | CONJs

▶ Beide Wörter bedeuten dasselbe: *obwohl, obgleich, obschon.* Im gesprochenen Englisch überwiegt **though**, verstärkend auch **even though** [→ 160]: **We had a good time by the sea, although it was pretty cold** [oder: … **though it was pretty cold**, oder: … **even though it was pretty cold.**] *Wir hatten viel Spaß am Meer, obwohl es ganz schön kalt war.* Nicht möglich ist: … **even although it was pretty cold.*
Indem Sie **though** an das Ende eines Satzes stellen, können Sie eine voraufgegangene Aussage einschränken bzw. relativieren: **We had a good time by the sea. It was pretty cold though.** *Wir hatten viel Spaß am Meer. Allerdings war es ganz schön kalt.* Mit **although** ist eine solche Konstruktion wiederum nicht möglich: **… it was pretty cold although.*

032 **ambitious** | ADJ

▶ *ehrgeizig, ambitioniert:* **She is highly talented but not a bit ambitious.** *Sie ist hochtalentiert, aber kein bisschen ehrgeizig.* | **The city has ambitious plans for the future.** *Die Stadt hat ehrgeizige Zukunftspläne.* | **Starting up a new company is an ambitious undertaking.** *Eine neue Firma zu gründen ist ein ehrgeiziges Vorhaben.*

- **ambition** | REG NOUN | *Ehrgeiz, Streben*

033 **ambulance** | REG NOUN

▶ Beachten Sie: Mit **ambulance** ist nicht die *Ambulanz* als Notfallstation gemeint (die heißt **outpatient department**, kurz: **OPD**), sondern das Fahrzeug, in dem Verletzte transportiert werden und eine medizinische Erstversorgung erhalten: **The ambulance arrived three minutes after our call.** *Der Notarztwagen traf drei Minuten nach unserem Anruf ein.* [Also nicht: **The ambulance car …*]

034 amount | REG NOUN

▶ *Betrag, Summe:* **The total amount was far higher than estimated.** *Der Gesamtbetrag war weitaus höher als geschätzt.* | **Every year she donates a fixed amount to the day nursery.** *Jedes Jahr spendet sie der Kindertagesstätte einen festen Betrag.* | **He admitted transferring large amounts to a numbered account abroad.** *Er gab zu, große Summen auf ein Nummernkonto im Ausland überwiesen zu haben.*

▶ **amount of** … bezeichnet, meist in Verbindung mit einem geeigneten Adjektiv (**a large ~**, **an immense ~**, **a tiny ~**, **a considerable ~**, **an amazing ~**), die Menge, das Ausmaß, den Umfang von etwas:

Even small amounts of nicotine will harm the unborn child. *Selbst kleine Mengen Nikotin schaden dem ungeborenen Kind.* | **I was shocked at such an amount of ignorance.** *Ich war schockiert über ein solches Maß an Ahnungslosigkeit.* | **An immense amount of work lies ahead of us.** *Eine riesige Menge Arbeit liegt vor uns.* | **No one can imagine the amount of destruction left behind by a tornado.** *Niemand kann sich das Ausmaß an Verwüstung vorstellen, das ein Tornado zurücklässt.*

Auf **amount of**… folgt ein Hauptwort im Singular: **A large amount of snow fell last night.** *Eine große Menge Schnee fiel letzte Nacht.* Einem Hauptwort im Plural kann hingegen nur **a number of** … vorangehen: **A large number of drivers were marooned in their cars.** *Eine große Zahl von Fahrern steckte in ihren Autos fest.*

REG VERB | **amount to** sth … - *sich belaufen auf…, hinauslaufen auf…:* **The damage amounts to several million euros.** *Die Schäden belaufen sich auf mehrere Millionen Euro.* | **Whichever way you look at it, it amounts to the same thing.** *Wie immer man es betrachtet, es läuft auf dasselbe hinaus.*

035 angry | ADJ

▶ *wütend, verärgert, böse:* **Hundreds of angry customers stormed the bank.** *Hunderte verärgerter Kunden stürmten die Bank.* | **He threw an angry look at her.** *Er warf ihr einen wütenden Blick zu.* | **She sounded pretty angry on the phone.** *Sie klang ganz schön verärgert am Telefon.* | **It's a feeling of helplessness that makes people angry.** *Es ist ein Gefühl von Hilflosigkeit, das die Menschen wütend macht.*

▶ **be angry with** sb - *auf jmdn wütend, böse sein:* **Everyone was angry with the boss.** *Alle waren wütend auf den Chef.* | **Don't be angry with him, I'm sure he didn't mean it.** *Sei ihm nicht böse, ich bin sicher, er hat es nicht so gemeint.*

▶ **be angry at** sth oder **be angry about** sth - *über etw wütend, verärgert sein; sich über etw aufregen:* **We were rather angry at his answer.** *Wir waren über seine Antwort ziemlich verärgert.* | **Some people get angry about everything.** *Manche Leute regen sich über alles auf.*

Zum Ausdruck von Unmut und Verärgerung hält das Englische neben **angry** noch eine ganze Palette von Adjektiven bereit. Hier eine Auswahl:

annoyed [schwächer als **angry**] *leicht verärgert, genervt* | **cross** [vor allem umgangssprachlich verbreitet] *böse, sauer* | **upset** [von stärkerer emotionaler Wirkung als die übrigen] *verärgert, aufgebracht, völlig durcheinander, bestürzt* | **furious** *erbost, wütend, in Rage, fuchsteufelswild*

- **anger** | NOUN, no pl | *Ärger, Zorn*
- **anger** sb | REG VERB | *jmdn verärgern, erzürnen:*
  Recent political decisions angered the voters.
  Die jüngsten politischen Entscheidungen haben die Wähler verärgert.
- **angrily** | ADV | *verärgert:* **She slammed the door angrily and rushed off.**
  Sie schlug verärgert die Tür zu und stürmte davon.

036 anniversary | REG NOUN

▶ Als **anniversary** bezeichnet man die jährliche Wiederkehr eines Ereignisses, das als *Jahrestag* oder *Jubiläum* oft feierlich begangen wird: **The whole nation celebrated the 20th anniversary of the fall of the Wall.** *Das ganze Land feierte den 20. Jahrestag des Mauerfalls.* | **Uncle Tom made a very humorous anniversary speech.** *Onkel Tom hielt eine sehr humorvolle Jubiläumsrede.*

VOCABULARY: **wedding anniversary** *Hochzeitstag* [nicht zu verwechseln mit **wedding day**, dem *Tag der Hochzeit*] | **golden / silver / diamond ~** *goldene / silberne / diamantene Hochzeit* | **company ~** *Firmenjubiläum* | **an ~ celebration / an ~ party** *eine Jubiläumsfeier* | **an ~ dinner** *ein Jubiläumsessen* | **celebrate an ~** *ein Jubiläum feiern* | **commemorate an ~** *einen Jahrestag begehen*

037 **announce** | REG VERB

▶ *ankündigen:* **The new government has announced massive tax cuts.** *Die neue Regierung hat massive Steuersenkungen angekündigt.* | **BA** [British Airways] **regret to announce that Flight 2642 to Berlin will be delayed by one hour.** *BA bedauert bekanntgeben zu müssen, dass sich Flug 2642 nach Berlin um eine Stunde verspäten wird.*

PEOPLE **announce an engagement** *kündigen eine Verlobung an* | ~ **the birth of a baby** *geben die Geburt eines Kindes bekannt* | ~ **the result of** sth *geben das Ergebnis von etw bekannt*

COMPANIES **announce a takeover** *kündigen eine Übernahme an* | ~ **a merger** *kündigen eine Fusion an* | ~ **the recruitment of staff** *kündigen die Einstellung von Personal an* | ~ **the launch of a new product** *kündigen die Markteinführung eines neuen Produkts an* | ~ **the dismissal of labour** *kündigen die Entlassung von Arbeitskräften an* | ~ **the closure of a plant** *kündigen die Schließung eines Werks an*

RADIO / TV PEOPLE **announce a programme** *kündigen ein Programm an*

OFFICIALS and POLITICIANS **announce a declaration** *kündigen eine Erklärung an* | ~ **their candidature** *kündigen ihre Kandidatur an* | ~ **their resignation** *kündigen ihren Rücktritt an*

- **announcement** | REG NOUN | *Ankündigung*

038 **answer** | REG NOUN
Aussprache im britischen Englisch [ˈɑːnsə], im amerikanischen Englisch [ˈæːnsər]

▶ *Antwort, Bescheid:* **There are no easy answers to these questions.** *Es gibt auf diese Fragen keine leichten Antworten.* | **A broad grin was his only answer.** *Ein breites Grinsen war seine einzige Antwort.* | **Have you had an answer yet?** *Hast du schon eine Antwort bekommen?* | **Silence can be an answer too.** *Schweigen kann auch eine Antwort sein.* | **An answer is requested.** *Um Antwort wird gebeten.*

VOCABULARY: **a verbal answer** *eine mündliche Antwort* | **a written** ~ *eine schriftliche Antwort* | **a blunt** ~ *eine klare, ungeschminkte Antwort* | **an honest** [oder: **a straight**] ~ *eine ehrliche Antwort* | **a silly** ~ *eine dumme Antwort* | **a cheeky** ~ *eine freche Antwort* | **a polite** ~ *eine höfliche Antwort* | **a positive** ~ *eine positive Antwort, ein positiver Bescheid,* [Bewerbungen usw.] *eine Zusage* | **a negative** ~ *eine negative Antwort,* [Bewerbungen usw.] *eine Absage* | **an evasive** ~ *eine ausweichende Antwort* | **a satisfactory** ~ *eine befriedigende Antwort* | **an unsatisfactory** ~ *eine unbefriedigende Antwort*

CONTEXT: **give sb an answer** [oder: **give an ~ to sb**] *jmdm eine Antwort geben* | **want an ~** *eine Antwort verlangen* | **expect an ~** *eine Antwort erwarten* | **know the ~ to a question** *die Antwort auf eine Frage wissen* | **have an ~ from** sb *von jmdm eine Antwort erhalten*

SOME PEOPLE **find an answer for everything** *finden für alles eine Antwort* | **are never at a loss for an ~** *sind nie um eine Antwort verlegen* | **are always ready with an ~** *sind immer mit einer Antwort bei der Hand* | **always have an ~ off pat** *haben immer eine Antwort parat*

KORRESPONDENZ: **In answer to your letter / your inquiry of May 27 regarding …** *In Beantwortung Ihres Schreibens / Ihrer Anfrage vom 27. Mai bezüglich …*

answer | REG VERB

▶ *antworten, etw beantworten, auf etw antworten:* **Think well before you answer.** *Denk gut nach, bevor du antwortest.* | **Some of the questions were hard to answer.** *Einige der Fragen waren schwer zu beantworten.* | **A fool asks more questions in an hour than a wise man can answer in seven years.** *Ein Narr stellt in einer Stunde mehr Fragen, als ein Weiser in sieben Jahren beantworten kann.* [In anderer Formulierung als Redensart: *Ein Narr fragt mehr, als sieben Weise beantworten können.*]

CONTEXT: **answer a question** *eine Frage beantworten* | ~ **an advertisement** *auf eine Anzeige antworten* | ~ **a letter** *einen Brief beantworten* | ~ **the door (to sb)** *an die Tür gehen,* [um *jmdm* zu öffnen] | ~ **the phone** *ans Telefon gehen* [um einen Anruf entgegenzunehmen] | ~ **yes, ~ no** [Nicht: **answer with yes / *answer with no*] *mit „ja" antworten, mit „nein" antworten* | ~ **in the negative** *verneinen* | ~ **sb back** *jmdm eine freche Antwort geben*

Wie die Beispiele zeigen, steht die auf **answer** folgende Ergänzung ohne **to: They didn't even answer our invitation.** *Sie haben auf unsere Einladung nicht einmal geantwortet.* [Nicht: **… answer to our invitation*]. **When I ask you a question, I expect you to answer me.** *Wenn ich dich etwas frage, dann erwarte ich, dass du mir antwortest.* [Nicht: **… to answer to me.*]

answer to sb würde bedeuten, dass man sich jemandem gegenüber *verantworten, sich rechtfertigen, Rechenschaft ablegen* muss: **MPs** [= **M**embers of **P**arliament, *Parlamentsabgeordnete*] **have to answer to their constituents.** *Abgeordnete müssen sich vor ihrer Wählerschaft verantworten.*

▶ **answer to the name of** … | Wenn eine Person oder ein Tier auf einen bestimmten Namen hört, so heißt das nicht **listen* to the name of …, sondern: **answer to the name of** …: *My land-lord's new dog is a mastiff and answers to the name of Capone*. *Der neue Hund meines Vermieters ist eine Dogge und hört auf den Namen Capone.*

- **answered** | ADJ / PP | *beantwortet*, **unanswered** - *unbeantwortet*
- **be answerable for** sb/sth | VERB PHR | für *jmdn/etw verantwortlich sein*
- **be answerable to** sb | VERB PHR | *jmdm gegenüber verantwortlich sein, jmdm unterstehen*

039 apply | REG VERB

Das Verb **apply** kann auf unterschiedliche Weise mit seinen Ergänzungen verbunden sein, was sich auch auf die Bedeutung auswirkt:

▶ **apply** sth - *etw anwenden, zur Anwendung bringen*: **apply a law** *ein Gesetz anwenden* | ~ **a rule** *eine Regel anwenden* | ~ **a regulation** *eine Vorschrift anwenden* | ~ **a method** *eine Me-thode anwenden* | ~ **a theory** *eine Theorie anwenden* | ~ **a procedure** *ein Verfahren anwenden* | ~ **force** *Gewalt anwenden*

▶ [auf eine Wunde aufbringen] **apply a plaster** *ein Pflaster aufkleben* | ~ **a cream** *eine Creme auftragen* | ~ **an ointment** *Salbe auftragen, mit Salbe einreiben*

▶ **apply to** sb/sth - *für jmdn/etw gelten*: **Road traffic regulations apply to everyone.** [Nicht: **… apply for everyone.*] *Die Straßenverkehrsvorschriften gelten für alle.* | **These limitations do not apply to EU citizens**. [Nicht: **… for EU citizens.*] *Diese Beschränkungen gelten nicht für Bürger der EU.*

▶ **apply to** sb, **to** a company - *sich (bei jmdm/bei einer Firma) bewerben*: **My daughter has applied to several companies.** *Meine Tochter hat sich bei mehreren Firmen beworben.* | **Please apply in writing to our HR** [Human Resources] **department.** *Bitte bewerben Sie sich schriftlich bei unserer Personalabteilung.* | **Anyone can apply.** *Jeder kann sich bewerben.*

▶ **apply for** a job - *sich um eine Stelle, um einen Posten bewerben*: **She got the job without having applied for it.** *Sie hat die Stelle bekommen, ohne sich darum beworben zu haben.* | **John has applied for the position of sales manager.** *John hat sich um die Stelle als Ver-kaufsleiter beworben.*

▶ **apply for** sth - *etw beantragen*: **Immigrants have to meet a number of requirements be-fore they can apply for citizenship.** *Einwanderer müssen eine Reihe von Voraussetzungen erfüllen, bevor sie die Staatsbürgerschaft beantragen können.* | **Have you ever considered applying for a scholarship?** *Hast du schon einmal daran gedacht, dich um ein Stipendium zu bewerben?*

CONTEXT: **apply for leave** *Urlaub beantragen* | ~ **for a cure** *eine Kur beantragen* | ~ **for a transfer** *eine Versetzung beantragen* | ~ **for membership** *die Mitgliedschaft beantragen* | ~ **for a visa** *ein Visum beantragen* | ~ **for a loan** *ein Darlehen beantragen* | ~ **for child allowance** *Kindergeld beantragen* | ~ **for a grant** *einen Zuschuss beantragen* | ~ **for a respite** *einen Zah-lungsaufschub beantragen* | ~ **for a residence permit** *eine Aufenthaltserlaubnis beantragen* | ~ **for a work permit** *eine Arbeitserlaubnis beantragen*

- **application** | REG NOUN | *Anwendung, Bewerbung; Computerprogramm*
- **applicant** | REG NOUN | *Bewerber, Antragsteller.* [Nicht: *Anwender. Der heißt* **user**.]
- **applicable** | ADJ | *anwendbar, geltend*
- **appliance** [auch: **home appliance**] | REG NOUN | *Haushaltsgerät:*
  MAJOR APPLIANCES: dishwasher, freezer, refrigerator, washing machine, microwave oven
  SMALL APPLIANCES: clock, telephone, answering machine,
  CD player, DVD player, camcorder

040 appointment | REG NOUN

▶ *Termin, Verabredung:* **Can I get an appointment for ten o'clock?** *Kann ich für zehn Uhr einen Termin bekommen?* | **I have a hairdresser's appointment tomorrow.** *Ich habe morgen einen Friseurtermin.* | **I asked my accountant for an appointment.** *Ich habe meinen Steuer-berater um einen Termin gebeten.* | **Treatment by appointment only.** *Behandlung nur nach Voranmeldung.*

CONTEXT: **make / arrange / fix an appointment with** sb *mit jmdm einen Termin vereinbaren* | **have an ~ with** sb *mit jmdm eine Verabredung haben* | **have an ~ at** sb *bei jmdm einen Termin haben* | **keep an ~** *einen Termin einhalten* | **confirm an ~** *einen Termin bestätigen* | **cancel an ~** *einen Termin absagen* | **put off an ~** *einen Termin verschieben*

Siehe auch **date** [→ 124]

▶ *Ernennung, Berufung:* **His appointment as vice president met with general approval.** *Seine Ernennung zum Vizepräsidenten fand allgemeine Zustimmung.* | **The new ambassador will receive his letter of appointment within the next days.** *Der neue Botschafter wird in den nächsten Tagen seine Ernennungsurkunde erhalten.*

appoint sb sth | REG VERB | *jmdn zu etw ernennen*
be appointed sth | VERB PHR | *zu etw ernannt werden, berufen werden*
Beachten Sie diese Konstruktion: sb **is appointed** sth - *jmd wird* **zu** *etw ernannt:*
Ben was appointed deputy director. *Ben wurde zum stellvertretenden Direktor ernannt.*
[Nicht: *Ben was appointed to deputy director.*]

- **appointee** | REG NOUN | *Beauftragter, Ernannter*
- **newly-appointed** | ADJ | *neu ernannt,* **self-appointed** | ADJ | *selbsternannt*

041 area | REG NOUN

▶ **area** [Nicht: **areal**!] bezeichnet ein durch bestimmte Merkmale gekennzeichnetes Gebiet, eine Gegend, einen Bereich: **Parking is allowed in marked areas only.** *Das Parken ist nur in den gekennzeichneten Bereichen erlaubt.* | **There used to be lots of windmills in this area. They are all gone.** *Es gab in dieser Gegend viele Windmühlen. Sie sind alle weg.* | **Come round for a cup of tea when you are in our area.** *Kommt doch auf eine Tasse Tee vorbei, wenn ihr in der Gegend [= in unserer Gegend] seid.*

VOCABULARY: **building area** *Bebauungsgebiet* | **business** ~ *Geschäftsbereich* | **residential** ~ *Wohngebiet, Wohngegend* | **rural** ~ *ländliches Gebiet* | **urban** ~ *städtisches Gebiet, Stadtgebiet* | **catchment** ~ *Einzugsbereich* | **commercial** ~ *Gewerbegebiet* | **shopping** ~ *Einkaufsviertel* | **industrial** ~ *Industriegebiet* | **research** ~ *Forschungsbereich* | **border** ~ *Grenzgebiet* | **conflict** ~ *Krisengebiet* | **grey** ~ [AmE: **gray** ~] *Grauzone* | **no go** ~ *Sperrgebiet, Tabuzone* | **skiing** ~ *Skigebiet* | **conservation** ~ *Naturschutzgebiet* | **holiday** ~ *Urlaubsgegend* | **the Ruhr** ~ *das Ruhrgebiet* | **in the Greater London** ~ *im Großraum London* | **in the German-speaking area** *im deutschsprachigen Raum*

▶ Für die Angabe *in dieser Gegend, hier in der Gegend* bieten sich an: **in the neighbourhood** [AE: **neighborhood**], **around here** und **in these parts:**
Most of the people living around here are immigrants. *Die meisten Leute, die in dieser Gegend wohnen, sind Einwanderer.* | **We have plenty of snow in these parts.** *Wir haben viel Schnee in dieser Gegend.* | **People are worried by the increasing number of burglaries in the neighbourhood.** *Die Leute sind beunruhigt wegen der wachsenden Zahl von Einbrüchen in dieser Gegend [= in der Nachbarschaft, in der näheren Umgebung].*

042 arms | REG NOUN, usu pl und weapons | REG NOUN

▶ **arms** sind *Waffen,* vor allem Schusswaffen und Kriegswaffen: **Do British policemen carry firearms?** *Tragen britische Polizisten Waffen?* | **This small country has 500,000 men under arms.** *Dieses kleine Land hat 500.000 Mann unter Waffen.* | **They laid down their arms and made peace.** *Sie legten ihre Waffen nieder und schlossen Frieden.*

▶ **weapons** steht für alles, was als Waffe verwendet werden kann: **The murder weapon was an icicle.** *Die Mordwaffe war ein Eiszapfen.* | **A weapon is not a toy.** *Eine Waffe ist kein Spielzeug.* | **More or less anything can be used as a weapon.** *So gut wie alles kann als Waffe benutzt werden.*

weapon steht auch für einzelne, durch einen entsprechenden Zusatz näher bezeichnete Waffen wie **duty weapon** *(Dienstwaffe)* oder **sporting weapon** *(Sportwaffe),* ebenso in übertragenen Bedeutungen wie **secret weapon** *(Geheimwaffe),* **wonder weapon** *(Wunderwaffe)* oder **universal weapon** *(Allzweckwaffe).*

Zu den **weapons** zählen ferner Waffensysteme mit großer bis verheerender Zerstörungskraft wie **nuclear** [oder: **atomic**] **weapons** *(Atomwaffen),* **biological weapons** *(biologische Waffen),* **chemical weapons** *(chemische Waffen),* **NBC weapons** [auch: **ABC weapons**] *(ABC-Waffen),* **bacteriological weapons** *(bakteriologische Waffen)* und **weapons of mass destruction** *(Massenvernichtungswaffen).*

- **arm** sb/sth | REG VERB | *jmdn bewaffnen, etw mit Waffen ausrüsten*
- **army** [pl **armies**] | REG NOUN | *Armee*
- **armament** | REG NOUN, no pl | *Bewaffnung, Aufrüstung*
- **disarmament** | REG NOUN, no pl | *Abrüstung*
- **armed** | ADJ / PP | *bewaffnet:* **armed forces** - *Streitkräfte*
- **unarmed** | ADJ / PP | *unbewaffnet*

043 as

as | PREP | in der Bedeutung *als*

▶ [in einer bestimmten Eigenschaft oder Rolle] **I say this as your friend**. *Ich sage dies als dein Freund.* | **I saw her as Miss Sophie in *Dinner for One***. *Ich habe sie als Miss Sophie in Dinner for One gesehen.* | **My uncle works here as a caretaker**. *Mein Onkel arbeitet hier als Hausmeister.* | **We can't accept this as an excuse**. *Wir können dies nicht als Entschuldigung akzeptieren.*

▶ CONJ | *gerade als…, in dem Moment, als …*: **I ran into him as I was getting off the bus**. *Ich traf ihn zufällig, als ich (gerade) aus dem Bus stieg.* | **A children's choir started to sing as the couple walked down the aisle**. *Ein Kinderchor begann zu singen, als das Paar zum Altar schritt.* | **As we approached the door, the alarm went off**. *Als wir uns der Tür näherten, ging die Alarmanlage los.*

as | CONJ | in der Bedeutung *wie*

▶ *so wie …*: **As it looks**, **Linda and Charly have decided to split up**. *Wie es aussieht, haben Linda und Charly beschlossen, sich zu trennen.* | **As you may know**, **the company made big losses last year**. *Wie Sie vielleicht wissen, hat die Firma letztes Jahr große Verluste gemacht.* | **As I already told you on the phone, we are fully booked up for the weekend**. *Wie ich Ihnen bereits am Telefon sagte, sind wir für das Wochenende restlos ausgebucht.*

▶ [in Vergleichssätzen des Typs *so… wie …*] **as … as …**: **The beach was (as) white as snow**. *Der Strand war (so) weiß wie Schnee.* | **Pamela's flat is twice as big as ours, but she pays less in rent**. *Pamelas Wohnung ist doppelt so groß wie unsere, aber sie zahlt weniger an Miete.* | **We would like to see as much of the country as possible**. *Wir möchten so viel vom Land sehen wie möglich.*

as | CONJ | in der Bedeutung *da*

▶ [einen (meist vorangestellten) Nebensatz der Begründung einleitend]: **As there was little time left we skipped breakfast**. *Da nur noch wenig Zeit war, ließen wir das Frühstück sausen.* | **As it was getting late we decided to leave**. *Da es spät wurde, beschlossen wir zu gehen.*

044 ask | REG VERB

▶ *fragen*: **If you have any problems, just ask**. *Wenn Sie Probleme haben, fragen Sie nur.* | **Are you free tomorrow afternoon? – Well, yes, why do you ask?** *Haben Sie morgen Nachmittag Zeit? – Ja, schon. Warum fragen Sie?* | **What time is supper? – No idea, but I'll go and ask**. *Wann ist Abendessen? – Keine Ahnung, aber ich gehe mal fragen.* | **Who could we ask?** *Wen könnten wir fragen?* | **You may well ask!** *Gute Frage! Würde ich auch gern wissen.* | **Ask away!** *Frag nur!* | **Don't ask me!** *Mich darfst du nicht fragen! Keine Ahnung! Was weiß ich?!* | **Thanks for asking!** *Danke der Nachfrage!*

CONTEXT: **ask** (sb) **the price** *(jmdn) nach dem Preis fragen* | ~ (sb) **a question** *(jmdm) eine Frage stellen* | ~ (sb) **a favour** [AmE: **favor**] *(jmdn) um einen Gefallen bitten* | ~ (sb) **the time** *(jmdn) nach der Uhrzeit fragen* | ~ (sb) **the way** *(jmdn) nach dem Weg fragen*

ask sb's **name** / ~ sb's **address** / ~ sb's **mobile phone number** *jmdn nach seinem Namen / nach seiner Adresse / nach seiner Handynummer fragen* | ~ sb's **opinion** *jmdn nach seiner Meinung fragen* | ~ sb's **permission** *jmdn um Erlaubnis bitten* | ~ sb's **help** *jmdn um Hilfe bitten* | ~ sb's **patience** *jmdn um Geduld bitten* | ~ sb's **support** *jmdn um Unterstützung bitten*

▶ **ask for** sb - *nach jmdm fragen, jmdn sprechen wollen*: **Somebody from the tax office has asked for you**. *Jemand vom Finanzamt hat nach dir gefragt [= wollte dich sprechen].*

▶ **ask for** sth - *etw erbitten, um etw bitten*: **ask for help** *um Hilfe bitten* | ~ **for asylum** *um Asyl bitten* | ~ **for silence** *um Ruhe bitten* | ~ **for trouble** *Streit suchen* | ~ **for the bill** *um die Rechnung bitten* | ~ **for a loan** *um ein Darlehen bitten* | ~ **for a donation** *um eine Spende bitten*.

▶ **ask** sb **in** *jmdn hereinbitten* | **ask** sb **out** *jmdn zum Ausgehen [z.B. Essen gehen] einladen* | ~ sb **to tea / to coffee / to dinner** *jmdn zum Kaffee / zum Tee / zum Essen einladen*.

▶ **ask** sth - *etw verlangen*: **On the black market they are asking as much as 500 euros for a ticket**. *Auf dem Schwarzmarkt verlangen sie bis zu 500 Euro für eine Karte.* | **You must not ask too much**. *Ihr dürft nicht zuviel verlangen.* | **Just a little bit of respect, that is all I ask of you**. *Nur ein klein wenig Respekt, das ist alles, was ich von dir verlange.* | **Could you lend a hand? Or is that asking too much?** *Könntest du mal mit anfassen? Oder ist das zuviel verlangt?*

- **asked** | ADJ / PP | *gefragt, gefordert*:
  frequently asked questions [FAQ] - *häufig gestellte Fragen*

045 assign | REG VERB

▶ **assign** sb sth - *jmdm etw zuteilen, zuweisen*, [Arbeiten, Aufgaben usw.] übertragen: **Each of the players was assigned a locker.** *Jedem der Spieler wurde ein Schließfach zugeteilt.* | **As the flight was overbooked, we were assigned seats in the business class.** *Da der Flug überbucht war, wurden uns Plätze in der Business Class zugewiesen.* | **Is it really necessary for teachers to assign homework every day?** *Ist es wirklich nötig, dass Lehrer jeden Tag Hausaufgaben aufgeben?*

CONTEXT: **assign** sb **a room** *jmdm ein Zimmer zuweisen* | ~ sb **a seat** *jmdm einen (Sitz)platz zuweisen* | ~ sb **work** *jmdm Arbeit zuteilen* | ~ sb **a job** *jmdm eine Arbeit übertragen* | ~ sb **a task** *jmdm eine Aufgabe übertragen* | ~ sb **a position** *jmdm eine Stellung zuweisen*

- **assignment** | REG NOUN | *Auftrag, Anweisung, Zuweisung, Aufgabe*
- **assigned** | ADJ / PP | *zugewiesen, zugeteilt, übertragen*

046 at all | ADV

▶ **at all** kommt hauptsächlich in Fragen und in verneinten Sätzen vor, steht in der Regel am Satzende und entspricht unserem Wort *überhaupt*: **Can you drive at all?** *Kannst du überhaupt fahren?* | **Are there any tickets left at all?** *Sind überhaupt noch Karten da?* | **Why did you go there at all?** *Warum bist du da überhaupt hingegangen?*

Die verneinte Form **not at all** bedeutet *überhaupt nicht, auf keinen Fall, ganz und gar nicht*: **We won't sign at all an agreement like this.** *Wir werden eine solche Vereinbarung auf keinen Fall unterschreiben.* | **I don't understand anything at all.** *Ich verstehe überhaupt nichts.* | **You see what I mean? – Not at all.** *Ihr versteht, was ich meine? – Überhaupt nicht.*

047 at last | ADV

▶ **at last** *(endlich)* ist eine Art Stoßseufzer der Erleichterung darüber, dass langes Warten nun ein Ende hat: **At last! Where have you been so long?** *Endlich! Wo wart ihr so lange?* | **Have you finished at last?** *Seid ihr endlich fertig?* | **Alone at last!** *Endlich allein!*

In einem mit **when** eingeleiteten Nebensatz der Zeit kann **at last** unmittelbar auf **when** folgen: **When at last we got there, the ceremony was almost over.** *Als wir endlich dort ankamen, war die Zeremonie fast vorüber.* | **When at last we found a hotel, it was fully booked.** *Als wir endlich ein Hotel fanden, war es restlos ausgebucht.*

048 attempt und **try** | REG NOUNS

▶ **attempt** bezeichnet den (meist geplanten, vorbereiteten) Versuch, ein bestimmtes Ziel zu erreichen: **They didn't even make an attempt to run away.** *Sie machten nicht einmal den Versuch, wegzulaufen.* | **George passed his driving test at the third attempt.** *George hat seine Fahrprüfung im dritten Anlauf bestanden.* | **He was killed in an attempt to defuse a bomb.** *Er wurde bei dem Versuch, eine Bombe zu entschärfen, getötet.*

VOCABULARY: **coup attempt** *Putschversuch, Umsturzversuch* | **escape** ~ *Fluchtversuch, Ausbruchsversuch* | **murder** ~ *Mordversuch* | **rescue** ~ *Rettungsversuch* | **resuscitation** ~ *Wiederbelebungsversuch* | **suicide** ~ *Selbstmordversuch* | **takeover** ~ *Übernahmeversuch* | **abortive** ~ *gescheiterter Versuch, Fehlversuch* | **vain** ~ *vergeblicher, erfolgloser Versuch*

- **attempt** sth | REG VERB | *etw versuchen; einen Versuch unternehmen*
- **attempted** | ADJ / PP | *versucht*: **attempted murder** - *versuchter Mord, Mordversuch*

▶ **try** unterscheidet sich in der Bedeutung nicht von **attempt**, ist aber der im Alltag gebräuchlichere Ausdruck und betont vor allem das Ausprobieren von etwas:

At the first try it didn't work perfectly yet. *Beim ersten Versuch [oder: Beim ersten Anlauf] klappte es noch nicht perfekt.* | **I've never done a bungee jump before, but I could give it a try.** *Ich habe noch nie einen Bungee-Sprung gemacht, aber ich könnte es ja mal versuchen.* | **It's worth a try!** *Es ist einen Versuch wert.* | **Have a try!** [oder: **Have a go!**] *Versuch's mal!* | **Nice try.** *Netter Versuch.*

049 attend | REG VERB

▶ [Veranstaltung, Schule, Lehrgang, Kurs] *besuchen, teilnehmen, beiwohnen*: **I love music but seldom attend concerts.** *Ich mag Musik, besuche aber selten Konzerte.* | **Thousands of people attended the funeral ceremony.** *Tausende von Menschen wohnten der Trauerfeier bei.* | **Last term I attended one lecture and two seminars.** *Letztes Semester habe ich eine Vorlesung und zwei Seminare belegt.* | **I'm currently attending evening classes to improve my Spanish.** *Ich besuche zur Zeit Abendkurse, um mein Spanisch zu verbessern.*

▶ **attend to** sb/sth | *sich um jmd/etw kümmern, jmdm/etw Beachtung schenken,* [im Geschäft oder im Restaurant] *jmdn bedienen:* **The cabin crew attended to the unconscious woman.** *Das Bordpersonal kümmerte sich um die bewusstlose Frau.* | **We ought to attend to it before it becomes a problem.** *Wir sollten uns darum kümmern, bevor es ein Problem wird.* | **That's being attended to.** *Das wird bereits erledigt* [wörtlich: *Darum wird sich bereits gekümmert.*] | [beim Einkaufen] **Are you being attended to?** *Werden Sie schon bedient?*

- **attendance** | REG NOUN | *Anwesenheit, Besucherzahl*
- **in attendance** - *im Dienst, in Bereitschaft, diensthabend, diensttuend*
- **attendant** | REG NOUN | *Aufseher, Aufsichtsperson, Begleiter,* z.B.
  bath ~ *Bademeister,* **flight** ~ *Flugbegleiter,* **parking** ~ *Parkwächter*
- **attended** | ADJ / PP | *besucht:* **well-attended, poorly attended** *gut / mäßig besucht*
  (un)attended [Parkplatz, Gepäck usw.] *(un)bewacht, (un)beaufsichtigt*

050 **autograph** | REG NOUN

▶ *Autogramm:* **His autograph was illegible.** *Sein Autogramm war unleserlich.* | **The Hollywood star was surrounded by autograph hunters.** *Der Hollywoodstar war von Autogrammjägern umlagert.* | **We were able to speak a few words with the author after getting his autograph.** *Wir konnten ein paar Worte mit dem Autor sprechen, nachdem wir ein Autogramm bekommen hatten.*

▶ Im Unterschied zu **autograph** bezeichnet **signature** eine *Unterschrift,* wie wir sie unter bestimmte Dokumente (Verträge, Urkunden, Ausweise, Bescheinigungen usw.) setzen und damit deren Richtigkeit oder Gültigkeit anerkennen.

- **autograph** sth | REG VERB | *etw signieren*
- **autographed** | ADJ / PP | *(hand)signiert*

051 **bad** | ADJ [comp: **worse**, sup: **worst**]

▶ *schlecht, schlimm:* **He was seldom invited because of his bad manners.** *Er wurde wegen seiner schlechten Manieren selten eingeladen.* | **Too much sugar is bad for your teeth.** *Zu viel Zucker ist schlecht für deine Zähne.* | **Working in bad light may spoil your eyes.** *Arbeiten bei schlechtem Licht kann deine Augen verderben.*

Anstelle eines dem Hauptwort vorangestellten **bad** können Sie auch **poor** verwenden: … **for his poor manners, working in poor light** … Bei Nachstellung ist diese Ersetzung nicht möglich: **Too much sugar is poor for your teeth.*

CONTEXT: **a bad line** [Telefon] *eine schlechte Verbindung* | **a ~ mood** *schlechte Laune* | **a ~ cold** *eine schlimme Erkältung* | **a ~ tooth** *ein schlechter Zahn* | **~ influence** *schlechter Einfluss* | **a ~ pronunciation** *eine schlechte Aussprache* | **~ memory** *schlechtes Gedächtnis* | **~ luck** *Pech* | **~ quality** *schlechte Qualität* | **~ management** *Missmanagement* | **a ~ mark** [im Zeugnis] *eine schlechte Note* | **a ~ reputation** *ein schlechter Ruf* | **~ taste** *schlechter Geschmack* | **go from ~ to worse** *immer schlechter werden, sich mehr und mehr verschlechtern*

052 **badly** | ADV

▶ **badly** ist das Gegenteil von **well** und drückt aus, dass etwas *schlecht gemacht* bzw. *ausgeführt* wurde: **As the room was badly lit, we didn't see much.** *Da der Raum schlecht beleuchtet war, sahen wir nicht viel.* | **He behaved rather badly towards us.** *Er hat sich uns gegenüber ziemlich schlecht benommen.*

PEOPLE are **badly dressed** *schlecht gekleidet* | **~ informed** *schlecht informiert* | **~ injured** *schwer verletzt* | **~ wounded** *schwer verwundet* | **~ off** *schlecht dran.*

BUILDINGS, ROOMS are **badly insulated** *schlecht isoliert* | **~ lit** *schlecht beleuchtet* | **~ heated** *schlecht geheizt* | **~ ventilated** *schlecht belüftet*

JOBS are **badly paid** *schlecht bezahlt*

WORK is **badly done** *schlecht gemacht, schlecht ausgeführt*

MEETINGS, PARTIES, JOURNEYS are **badly organized** *schlecht organisiert*

TEXTS are **badly written** *schlecht geschrieben*

PUPILS are **badly prepared** *sind schlecht vorbereitet,*
do badly at school *sind schlecht in der Schule*

▶ Weniger bekannt ist, dass **badly** auch in der Bedeutung *dringend, unbedingt* verwendet wird, besonders häufig in Verbindung mit den Verben **need** und **want**:
We badly need help. *Wir brauchen dringend Hilfe.* | **I badly want to know what happened.** *Ich will unbedingt wissen, was passiert ist.*

053 **bag** und **pocket** | REG NOUNS

▶ Taschen, Tüten, Beutel und ähnliche Behältnisse heißen **bag**: **She left the shop with an armful of grocery bags**. *Sie verließ den Laden mit einem Armvoll Einkaufstüten.* | **How much is a bag of fish and chips?** *Wie viel kostet eine Tüte Chips?* | **They packed their bags and left**. *Sie packten ihre Sachen und reisten ab.*

PEOPLE USE **handbags** *Handtaschen* | **school bags** *Schultaschen* | **sports ~** [oder: **gym ~**] *Sporttaschen* | **paper ~** *Papiertüten* | **plastic ~** *Plastiktüten* | **shopping ~** [AmE: **tote ~**] *Einkaufstaschen* | **travelling ~** *Reisetaschen*

OTHER USEFUL BAGS: **airbag** *Luftkissen, Airbag* | **tea ~** *Teebeutel* | **sleeping ~** *Schlafsack* | **refuse ~** [oder: **rubbish ~**, AmE: **trash ~**] *Müllbeutel* | **toilet ~** *Kulturbeutel*.

Hundebesitzer können sich nach einem Restaurantbesuch die nicht verzehrten Speisen in eine **doggy bag** (wörtlich: *Hundetüte*) packen lassen und mit nach Hause nehmen, um sie dort an ihren Hund zu verfüttern – oder auch selbst zu verspeisen.

▶ Die auf ein Kleidungsstück aufgenähte *Tasche* heißt **pocket**. Das Wort begegnet uns in Bezeichnungen wie **pocket watch** (*Taschenuhr*), **pocket book** (*Taschenbuch, Notizbuch*), **pocket edition** (*Taschenbuchausgabe*), **pocket money** (*Taschengeld*), **pocket calculator** (*Taschenrechner*) und **pocket knife** [pl: **pocket knives**] (*Taschenmesser*).

Unter den zahlreichen Schildern mit der Aufschrift **Beware of** … *(Vorsicht vor…)* ist auch eines, das vor **pickpockets** warnt. Zu Recht, denn diese Zeitgenossen haben es auf den Inhalt Ihrer Taschen abgesehen: **Pickpockets know a lot of tricks to divert their victims.** *Taschendiebe kennen eine Menge Tricks, um ihre Opfer abzulenken.*

054 **bail** | REG NOUN

▶ **a bail** ist eine *Bürgschaft*, eine *Kaution*, eine als Sicherheit zu leistende Zahlung: **He can't be released from custody until somebody makes** [auch: **stands** oder: **puts up**] **bail for him.** *Er kann erst aus der Untersuchungshaft entlassen werden, wenn jemand Kaution für ihn stellt.* | **The accused was released on bail.** *Der Beschuldigte wurde auf Kaution freigelassen.*

Das so verdächtig nach *Kaution* aussehende Wort **caution** bedeutet dagegen *Vorsicht, Behutsamkeit*: **Caution! Wet paint!** *Vorsicht! Frisch gestrichen!* | **We have to proceed with caution.** *Wir müssen behutsam vorgehen.* | **Persons who work with explosives have to use extreme caution.** *Menschen, die mit Sprengstoff arbeiten, müssen äußerste Vorsicht walten lassen.*

▶ **bail** sb **out** (**of** sth) | REG VERB | *jmdm aus einer (meist finanziellen) Notlage befreien, jmdn durch Stellung einer Kaution frei bekommen:*
After a few hours in police custody some influential friends bailed him out. *Nach ein paar Stunden in Polizeigewahrsam holten ihn einflussreiche Freunde durch Stellung einer Kaution heraus.* | **When I was a student, my parents bailed me out of many a difficult situation.** *Als ich Student war, haben mir meine Eltern aus manch schwieriger Lage herausgeholfen.*

055 **banner** | REG NOUN

▶ Das hierzulande als *Transparent* bezeichnete Spruchband heißt im Englischen **banner**: **In front of the parliament the demonstrators unfurled a banner.** *Vor dem Parlament rollten die Demonstranten ein Transparent aus.* | **People had stretched banners across the street to welcome the President.** *Die Menschen hatten Spruchbänder über die Straße gespannt, um den Präsidenten willkommen zu heißen.*

Das englische Wort **transparent** hingegen ist ein Adjektiv und bedeutet *durchsichtig, durchschaubar, transparent*: **The surgeon wore a transparent facemask.** *Der Chirurg trug eine durchsichtige Gesichtsmaske.* | **The government's policy is not always transparent.** *Die Politik der Regierung ist nicht immer transparent* [= für die Allgemeinheit durchschaubar].

056 **bar** | REG NOUN

Das englische Wort **bar** bedeutet weit mehr als das, was wir aus Bezeichnungen wie **cocktail bar**, **hotel bar**, **snack bar** oder der häuslichen **cellar bar** [AmE: **basement bar**] kennen. Seine ursprüngliche Bedeutung als *Stange, Schranke, Absperrung*, die einst in Wirtshäusern dazu diente, die durstige Kundschaft auf Abstand zu halten und ihr den eigenmächtigen Zugriff auf die Getränke zu verwehren, lebt in vielen modernen Anwendungen fort. Beispiele:

▶ *Stange, Stab, Strich:* **handlebar** [Fahrrad] *Lenker* | **crossbar** [Fußballtor] *Querlatte* | **parallel ~s** [Turngerät] *Barren* | **uneven ~s** *Stufenbarren* | **high ~** *Reck* | **~ code** *Barcode, Strichcode* | **progress ~** [Computergrafik] *Fortschrittsbalken* | **iron ~** *Eisenstange* | **~ line** [Musik, Partitur] *Taktstrich*

▶ *Barren, Stück, Riegel* [Süßigkeit]: **gold bar** *Goldbarren* | **~ of soap** *Stück Seife* | **candy ~** *Schokoriegel* | **granola ~** *Müsliriegel*

▶ *Schranke, Barriere, Hindernis:* **toll ~** *Schlagbaum* | **colour ~s** *Rassenschranken* | **behind ~s** *hinter Gittern* [im Gefängnis] | **a bar to** sth *ein Hindernis, ein Hinderungsgrund für etw*

Beachten Sie aber: Sie können zwar **pay at the bar** *(an der Bar zahlen)*, nicht jedoch ***pay bar** *(bar zahlen)*. Das heißt korrekterweise **pay cash**.

- **bar** sth | REG VERB | *etw sperren, abriegeln,* **bar** sb **out** *- jmdn aussperren*

057 **bath** | REG NOUN

▶ **bath** kann dreierlei bezeichnen: das *Bad*, das man nimmt, die *Wanne*, in die man sich setzt oder legt [AmE: **tub** oder **bathtub**] und der *Raum*, in dem dies geschieht: **Shall I have a bath or a shower?** *Soll ich baden oder duschen?* | **She was found dead in her bath** [oder: … **in her bathtub**]. *Sie wurde tot in ihrer Badewanne aufgefunden.* | **Is the bath** [= **the bathroom**] **free at last?** *Ist das Bad endlich frei?*

VOCABULARY: **bath attendant** *Bademeister* | **~ robe** *Bademantel* | **~ towel** *Badehandtuch* | **swimming ~** *Schwimmbad* | **indoor swimming ~** *Hallenbad, Schwimmhalle* | **open air ~** *Freibad* | **thermal ~** *Thermalbad* | **Turkish ~** *Türkisches Bad, Hamam* | **bubble ~** [oder: **foam ~**] *Schaumbad* | **bloodbath** *Blutbad*

▶ Wer in den USA nach dem **bathroom** fragt, möchte in aller Regel kein Bad nehmen, sondern die Toilette aufsuchen. Lesen Sie hierzu auch die Erläuterungen bei **toilet** [→ 403].

058 **bath** [bɑːθ] und **bathe** [beɪð] | REG VERBS

Für das deutsche Verb *baden* kennt das Englische zwei Wörter, die sich in Schreibung, Aussprache und Bedeutung unterscheiden: **bath** und **bathe.** Außerdem schwankt der Gebrauch zwischen britischem und amerikanischem Englisch.

▶ **bath** besagt, dass jemand in einer *Badewanne* sitzt, um ein Bad zu nehmen: **He baths** [Nicht: ***bathes**] **only once a month**. *Er badet nur einmal im Monat.* Statt mit dem Verb **bath** können Sie dies auch mit dem Ausdruck **have a bath** [oder: **take a bath**] ausdrücken: **He has a bath** [oder: **takes a bath**] **only once a month**.

▶ Bei **bathe** steht weniger die Körperpflege als vielmehr das Badevergnügen im Vordergrund – man steigt in ein Gewässer, um darin zu schwimmen, zu plantschen oder sich zu erfrischen, nicht aber, um sich zu waschen: **Can one bathe in this lake?** *Kann man in diesem See baden?* | **Bathing is not allowed here**. *Baden ist hier nicht erlaubt.*

Merken Sie sich als Gedankenstütze: **The British bath in the bathroom and bathe in the sea** – ein Satz, der sich mit der notwendigen Differenzierung kaum ins Deutsche übersetzen lässt.

▶ Kleinkinder oder pflegebedürftige Personen *baden* heißt im BE **bath**, im AmE **bathe**: **Aretha is upstairs, she is bathing the baby**. *Aretha ist oben, sie badet das Baby.* | **They bath** [AmE: **bathe**] **their patients regularly**. *Sie baden ihre Patienten regelmäßig.*

059 **beach**, **coast** und **shore** | REG NOUNS

Alle diese Wörter bezeichnen den Übergang von Land zu Wasser, sind aber nicht beliebig austauschbar, sondern unterscheiden sich wie folgt:

▶ **coast** bezeichnet die *Küste* als das an ein Meer angrenzende Land: **From the plane we could see the Irish coast.** *Aus dem Flugzeug konnten wir die irische Küste sehen.* | **The coast guard seized a shipment of weapons**. *Die Küstenwache beschlagnahmte eine Ladung von Waffen.* | **Our village lies on the west coast of Scotland**. *Unser Dorf liegt an der Westküste Schottlands.* | **We drove along the Channel coast**. *Wir fuhren die Kanalküste entlang.*

WELL-KNOWN COASTS: **Adriatic coast** *Adriaküste* | **Atlantic ~** *Atlantikküste* | **North Sea ~** *Nordseeküste* | **Baltic ~** *Ostseeküste* | **Carribean ~** *Karibikküste* | **East ~** *Ostküste* (der USA) | **West ~** *Westküste* (der USA) | **Gulf ~** *Golfküste* | **Ivory ~** *Elfenbeinküste* | **Pacific ~** *Pazifikküste* | **Mediterranean ~** *Mittelmeerküste*

▶ Der Unterschied zwischen **coast** und **shore** *(Ufer)* besteht darin, dass **coast** immer mit einem Namen verbunden ist, der *Land* bezeichnet, während **shore** stets an ein Gewässer grenzt. Vergleichen Sie: **We travelled along the Canadian coast.** *Wir fuhren die kanadische Küste entlang.* | **We travelled along the shore of Lake Ontario.** *Wir fuhren am Ufer des Ontario-Sees entlang.* | **We spent a week at a hotel on the rocky coast of Cornwall.** *Wir haben eine Woche an der Felsküste von Cornwall verbracht.* | **The Cornish seashore is quite rocky.** *Die Meeresküste von Cornwall ist sehr felsig.*

▶ Während **shore** den gesamten Küstenverlauf umfasst (einschließlich der nicht zugänglichen Stellen), sind mit **beach** *(Strand)* nur diejenigen Abschnitte gemeint, die uns an Urlaub, Badespaß und andere Freizeitvergnügen denken lassen:

There were fisherman's huts all along the shore. *Überall entlang der Küste standen Fischerhütten.* | **The tanker had run aground a few miles off the shore.** *Der Tanker war wenige Meilen vor der Küste auf Grund gelaufen.* | **Jill can spend hours lying on the beach, I can't.** *Jill kann stundenlang am Stand liegen, ich nicht.* | **The Carribean islands are famous for their magnificent beaches**. *Die Inseln der Karibik sind für ihre herrlichen Strände berühmt.*

Vergleichen Sie: **The shore was covered with litter.** *Der Strand* [= das Meeresufer] *war von Müll übersät.* | **The beach was covered with litter.** *Der Strand* [= der Badestrand] *war von Müll übersät.*

060 **bear** | IRREG VERB [**bore, borne**]

▶ *tragen, auf sich nehmen, übernehmen:* **Adults bear full responsibility for their actions.** *Erwachsene tragen die volle Verantwortung für ihr Handeln.* | **My Health Insurance agreed to bear the costs of the treatment.** *Meine Krankenversicherung erklärte sich bereit, die Kosten der Behandlung zu tragen.* | **It has remained unclear until today who bore the blame for the accident.** *Es ist bis heute ungeklärt, wer die Schuld an dem Unfall trug.*

▶ *halten, aushalten, tragen:* **Keep off the ice, it's too thin and won't bear your weight.** *Geht nicht auf das Eis, es ist noch zu dünn und trägt (euer Gewicht) nicht.* | **I can't bear all these names in mind.** *Ich kann mir diese Namen nicht alle merken.*

▶ *an Ertrag abwerfen:* **Our apple tree bore very well last year.** *Unser Apfelbaum hat letztes Jahr sehr gut getragen.* | **A savings account doesn't bear much interest.** *Ein Sparkonto bringt nicht viele Zinsen.*

▶ *ertragen, aushalten, ausstehen:* **The cold was hard to bear.** *Die Kälte war kaum auszuhalten.* | **As he couldn't bear the pain any longer he decided to see the doctor.** *Da er den Schmerz nicht mehr aushalten konnte, beschloss er, zum Arzt zu gehen.* | **I just can't bear him.** *Ich kann ihn einfach nicht ausstehen.* | **She can't bear the sight of blood.** *Sie kann kein Blut sehen.* [Wörtl.: Sie kann den Anblick von Blut nicht ertragen].

▶ [Aufschrift, Inschrift, Unterschrift] *tragen:* **Each gravestone** [AmE: **tombstone**] **bears the name of a fallen soldier.** *Jeder Grabstein trägt den Namen eines gefallenen Soldaten.* | **The document bore an illegible signature.** *Das Dokument trug eine unleserliche Unterschrift.*

- **bearer** | REG NOUN | *Träger, Inhaber, Überbringer*
- **unbearable** | ADJ | *unerträglich*

061 WERDEN: **become, get, turn, go** und **will**

Die korrekte Übersetzung des deutschen Verbs *werden* ist keine ganz einfache Übung. Doch zumindest die folgenden Anwendungen sollten Sie kennen:

▶ **become** | IRREG VERB [**became, become**] | beschreibt das *Ergebnis einer Veränderung.* Es wird vor allem in Verbindung mit Hauptwörtern und Adjektiven verwendet:

Children become adults. *Aus Kindern werden Erwachsene.* | **What will become of his family if he loses his job?** *Was wird aus seiner Familie, wenn er seine Arbeit verliert?* | **Not every dream becomes reality.** *Nicht jeder Traum wird Wirklichkeit.* | **Life has become more difficult for all of us.** *Das Leben ist für uns alle schwieriger geworden.* | **Little Juliana has become a pretty young lady.** *Die kleine Juliana ist eine hübsche junge Frau geworden.* | **I had hoped we could become friends one day.** *Ich hatte gehofft, wir könnten eines Tages Freunde werden.*

▶ **get** | IRREG VERB [**got, got**] + ADJ / PP | beschreibt *die allmähliche Veränderung eines Zustands.* Es ist in der Umgangssprache stärker vertreten als **become**:

We all get older. *Wir werden alle älter.* | **When I get tired, I go to bed.** *Wenn ich müde werde, gehe ich ins Bett.* | **Your German is getting better every day.** *Dein Deutsch wird jeden Tag besser.* | **In winter it gets dark early.** *Im Winter wird es früh dunkel.* | **Take an umbrella or else you'll get wet.** *Nehmt einen Schirm mit, sonst werdet ihr nass.* | **Get well soon!** *Werde bald gesund! Gute Besserung!*

In Passivsätzen steht **get** oft anstelle von **be**, vor allem dann, wenn Personen oder Dinge in unangenehmer Weise von etwas betroffen sind, wie bei Unfällen, Schäden usw.: **The painting got damaged during transportation.** *Das Gemälde wurde während des Transports beschädigt.* | **George got fired after only 8 months in his job.** *George wurde nach nur 8 Monaten (Beschäftigung) in seinem Job entlassen.* | **Lots of villages got destroyed by the tsunami.** *Viele Dörfer wurden durch den Tsunami zerstört.*

▶ Mit **turn** | REG VERB + ADJ | werden meist *farbliche Veränderungen* beschrieben: **In autumn, leaves turn yellow, red or brown**. *Im Herbst werden die Blätter gelb, rot oder braun*. | **Philip turned all red when Belinda asked him to dance**. *Philip wurde ganz rot, als Belinda ihn zum Tanz aufforderte*. | **When she saw all the blood, she turned as white as chalk**. *Als sie das ganze Blut sah, wurde sie kreidebleich*.

▶ **go** | IRREG VERB [**went, gone**] + ADJ | bezeichnet *Verfallsprozesse* bei Menschen (z.B. aufgrund von Alter oder Krankheit), auch im übertragenen Sinne: **Don't look into the sun, you might go blind**. *Sieh nicht in die Sonne, du könntest blind werden*. | **She went insane**. *Sie wurde verrückt*. [= Sie verlor den Verstand] | **I'm going deaf with this noise**. *Ich werde noch taub bei diesem Lärm*. | **I would certainly go crazy if I had to work there all my life**. *Ich würde mit Sicherheit wahnsinnig werden, wenn ich mein ganzes Leben lang dort arbeiten müsste*. | **The crowd went bananas when their team scored the decisive goal**. *Die Menge flippte aus, als ihre Mannschaft das entscheidende Tor schoss*.

Auch Verfallsprozesse bei Lebensmitteln lassen sich mit dem Verb **go** beschreiben: **The bread has gone hard but we can still toast it**. *Das Brot ist hart geworden, aber wir können es immer noch toasten*. | **The milk will go sour if you don't put it back into the fridge**. *Die Milch wird sauer, wenn du sie nicht in den Kühlschrank zurückstellst*. | **We'd better eat the cheese before it goes mouldy**. *Wir sollten den Käse lieber essen, bevor er schimmelig wird*.

▶ **will** | MOD VERB, verneinte Form: **won't** | steht zum Ausdruck von Zukünftigkeit, vor allem unter den Gesichtspunkten *Vorhersage, Versprechen, fester Vorsatz*: **Try the plum cake, you'll like it**. *Probier mal den Pflaumenkuchen, er wird dir schmecken*. | **It must work and it will work**. *Es muss funktionieren, und es wird funktionieren*. | **I won't accept any offer under 20,000 pounds**. *Ich werde kein Angebot unter 20.000 Pfund akzeptieren*. | **Everything will change**. *Alles wird sich ändern*.

062 **begin** und **start** | REG VERBS

Die Verben **begin** und **start** unterscheiden sich, wenn überhaupt, nur in Nuancen:

▶ **begin** *(beginnen, einsetzen, seinen Anfang nehmen)* bezeichnet den Beginn von etwas, das meist ohne Zutun einer handelnden Person einsetzt:

The show begins at seven o'clock. *Die Show beginnt um sieben Uhr*. | **When exactly does human life begin?** *Wann genau beginnt das menschliche Leben?* | **I begin to see what you mean**. *Ich beginne zu verstehen, was du meinst*. | **Her fame is beginning to fade**. *Ihr Ruhm beginnt zu verblassen*. | **It began to rain**. *Es fing an zu regnen*. | **Today's meeting began after an hour's delay**. *Die heutige Sitzung begann mit einer einstündigen Verspätung*. | **We saw the lorry begin to lurch**. *Wir sahen, wie der LKW zu schlingern begann*.

▶ Bei **start** *(anfangen, starten)* ist in der Regel mehr „Aktion" im Spiel, es wird etwas *in Angriff genommen, in Gang gesetzt*:

Children start school at five. *Kinder kommen mit 5 (Jahren) in die Schule*. [Nicht: *Children begin school …*, aber: **The new school term begins in September**. *Das neue Schuljahr fängt im September an*.] | **We are going to Frankfurt tomorrow. We'll start at eight**. *Wir fahren morgen nach Frankfurt. Wir starten um acht*. [Nicht: *We begin at eight*.] | **How did all this start?** *Wie hat das alles angefangen?*

They immigrated to Canada to start a new life. *Sie sind nach Kanada ausgewandert, um ein neues Leben anzufangen*. | **My father started a company right after World War II**. *Mein Vater hat gleich nach dem Zweiten Weltkrieg eine Firma gegründet*. | **How to Stop Worrying and Start Living**. *Sorge dich nicht – lebe!* [Titel eines Selbsthilfe-Bestsellers von Dale Carnegie]

CONTEXT: **start a business** *ein Geschäft aufmachen, eine Firma gründen* | ~ **a family** *eine Familie gründen* | ~ **a joke** *einen Witz erzählen* | ~ **a machine** *eine Maschine in Gang setzen* | ~ **anew** *neu anfangen* | ~ **right away** *sofort anfangen* | ~ **all over** *noch mal von vorn anfangen* | ~ **from scratch** *wieder bei Null anfangen*.

- **start** | REG NOUN | *Anfang*: **for a start** - *zunächst einmal, erst einmal*
- **starter** | REG NOUN | [Restaurant] *Vorspeise*

063 **beginning** | REG NOUN

▶ *Beginn, Anfang* heißt **beginning,** nicht *begin: **All beginnings are difficult**. *Aller Anfang ist schwer*. | **The invention of the computer marked the beginning of a new era**. *Die Erfindung des Computers markierte den Beginn einer neuen Ära*. | **It was the beginning of a wonderful friendship**. *Es war der Beginn einer wunderbaren Freundschaft*. | **Idleness is the beginning of all vice**. [Redensart] *Müßiggang ist aller Laster Anfang*. | **That was only the beginning**. *Das war erst der Anfang*.

▶ Die Angabe **at the beginning** bezeichnet den Anfang als den *Punkt,* an dem etwas beginnt: **At the beginning of the lesson we used to say a prayer.** *Am Anfang der Stunde haben wir immer ein Gebet gesprochen.* | **A small shop at the beginning of the pathway** [AmE: **trail**] **provides information about the area.** *Ein kleiner Laden am Anfang des Wanderweges bietet Informationsmaterial über die Gegend an.*

▶ **in the beginning** beschreibt den *Zeitraum* am Anfang von etwas, bedeutet also soviel wie *in den ersten Minuten, Stunden, Tagen usw., in der ersten Zeit:* **We were a very small company in the beginning.** *Wir waren am Anfang eine sehr kleine Firma.* | **In the beginning we got no support at all.** *Am Anfang* [= in der ersten Zeit] *bekamen wir keinerlei Unterstützung.*

- **beginner** | REG NOUN | *Anfänger:* **I'm an absolute beginner.**

064 believe | REG VERB

▶ *glauben:* **The story is hard to believe but true.** *Die Geschichte ist schwer zu glauben, aber wahr.* | **She has never lied to me, so why shouldn't I believe her?** *Sie hat mich noch nie angelogen. Warum sollte ich ihr also nicht glauben?* | **I just can't believe what you are telling me.** *Ich kann einfach nicht glauben, was du mir (da) erzählst.*

▶ **believe in** sb/sth | *an jmdn/etw glauben:* **You must believe in yourselves.** *Ihr müsst an euch glauben.* | **My wife believes in horoscopes.** *Meine Frau glaubt an Horoskope.* | **Do you believe in a life after death?** *Glaubst du an ein Leben nach dem Tode?*

Wenn Sie eine Vermutung äußern möchten, so können Sie dieser anstelle von **I think** ... auch **I believe** ... voranstellen oder anfügen: **I believe he is innocent.** *Ich glaube, er ist unschuldig.* | **They live separately, I believe.** *Sie leben getrennt, glaube ich.*

- **belief** [pl **beliefs**, nicht: *believes*] | REG NOUN | *Glaube*
- **believer** - [Religion] | REG NOUN | *Glaubender, Gläubiger*
- **believable** | ADJ | *glaubhaft,* **unbelievable** [auch: **incredible**] - *unglaublich*

065 belong | REG VERB

▶ [an einen bestimmten Ort oder Platz] *gehören:* **These cartons belong in the attic.** *Diese Kartons gehören auf den Dachboden.* | **A dog doesn't belong in the kitchen.** *Ein Hund gehört nicht in die Küche.* | **Pharmaceuticals don't belong in children's hands.** *Arzneimittel gehören nicht in die Hand von Kindern.*

▶ **belong to** sb/sth | *(zu) jmdm/etw gehören, jmdm/etw angehören:* **Greenland belongs to Denmark.** *Grönland gehört zu Dänemark.* | **We belong to a German travel group.** *Wir gehören zu einer deutschen Reisegruppe.* | **They belong together.** *Sie gehören zusammen.*

- **belongings** | REG NOUN, no sg | *Habe, Habseligkeiten, Hab und Gut*

066 bench | REG NOUN

Verwechseln Sie nicht **bank** und **bench.** Ersteres ist ein Geldinstitut, letzteres eine Sitzgelegenheit für Spaziergänger, für Parlamentsabgeordnete oder für Spieler, die z.B. bei einem Fußballspiel nicht zum Einsatz kommen: **She was sitting on a park bench feeding birds.** *Sie saß auf einer Parkbank und fütterte Vögel.* | **There was laughter on the opposition benches.** *Auf den Oppositionsbänken gab es Gelächter.* | **A knee injury forced him to sit on the bench.** *Eine Knieverletzung zwang ihn auf die Bank* [= Ersatzbank]. | **My grandfather spends hours at his work bench.** *Mein Großvater verbringt Stunden an seiner Werkbank.*

067 bend | REG NOUN

▶ *Biegung, Kurve:* **A series of sharp bends lay ahead of us.** *Eine Reihe scharfer Kurven lag vor uns.* | **Most motorbike accidents happen in bends.** *Die meisten Motorradunfälle passieren in Kurven.* | **The camp site lay at the bend of a river.** *Der Campingplatz lag an einer Flussbiegung.*

bend | IRREG VERB [**bent, bent**]

▶ *beugen, biegen; sich neigen:* **My left arm aches when I bend it.** *Mein linker Arm tut weh, wenn ich ihn beuge.* | **The trees along the road bent dangerously in the storm.** *Die Bäume entlang der Straße bogen sich gefährlich im Sturm.* | **Can you touch your toes when you bend over?** *Kannst du deine Zehen berühren, wenn du dich vornüber beugst?* | **He sat there, bent over his desk, reading the paper.** *Er saß da, über seinen Schreibtisch gebeugt, und las die Zeitung.*

- **bendy** | ADJ | *kurvig, kurvenreich:* **a bendy road**
- **bent** | ADJ / PP | *gebogen, verbogen:* **a bent pipe**

068 GROSS: **big**, **large**, **tall** und **great** | ADJs

Die am häufigsten verwendete Übersetzung des deutschen Adjektivs *groß* ist zweifellos **big**. Aber nicht in jedem Fall ist sie auch die passende. Hier eine Übersicht:

big

▶ *groß* im Hinblick auf Masse, Umfang und Gewicht, aber auch hinsichtlich Bedeutung, Wichtigkeit und Einfluss:

Big cities have big problems. *Große Städte haben große Probleme.* | **This building used to be one of the biggest hotels in town**. *Dieses Gebäude war einmal eines der größten Hotels der Stadt.* | **He is a big name in the world of finance**. *Er ist ein großer Name in der Finanzwelt.* | **Some do the work, others make the big money**. *Einige machen die Arbeit, andere das große Geld.* | **Farmers expect a big crop this year**. *Die Bauern erwarten dieses Jahr eine große Ernte.* | **She has a big heart for animals**. *Sie hat ein großes Herz für Tiere.*

CONTEXT: **big belly** *dicker Bauch, Wampe* | **~ deal** *große Sache* | **~ fool** *Volltrottel* | **~ game** *Großwild* | **~ landowner** *Großgrundbesitzer* | **~ mouth** *große Klappe, Großmaul* | **~ fuss** *großes Getue, Riesenaufstand* | **~ noise** *Riesenlärm* [auch: wichtige Person] | **~ pond** *Großer Teich* [Atlantischer Ozean] | **~ shot** *hohes Tier* [einflussreiche Person], *Bonze* | **~ talk** *leeres Gerede, Angeberei* | **~ wheel** *Riesenrad* | **~ with child** *schwanger* | **~ with young** [Tier] *trächtig.*

Big Apple ist der Spitzname für *New York,* **Big Ben** heißt eine der berühmten Glocken im Uhrturm des Londoner Parlamentsgebäudes. Der Name wird auch auf den Turm selbst angewandt.

CONTEXT: **talk big** *große Sprüche klopfen, große Reden schwingen* | **act ~** *den großen Max spielen* | **win ~** [Lotterie, Casino] *„abräumen", absahnen* [= einen Haufen Geld gewinnen]

large

▶ *groß* im Hinblick auf *Ausdehnung, Raum* oder *Anzahl,* daher oft in Verbindung mit Wörtern wie **number, amount, quantity, area, audience** oder **crowd**:

Large families need large flats. *Große Familien brauchen große Wohnungen.* | **Which size do you wear? Medium, large or extra-large**? *Welche Größe trägst du? M, L oder XL?* | **The house itself is rather small, but has a large garden**. *Das Haus selbst ist ziemlich klein, hat aber einen großen Garten.* | **Customs officers discovered large quantities of cocaine in a businessman's luggage**. *Zollbeamte entdeckten im Gepäck eines Geschäftsmannes große Mengen von Kokain.*

large wird gegenüber **big** als der „gewähltere" Ausdruck empfunden und kommt dementsprechend in der Umgangssprache seltener vor. Man hört also auch: **a big family, a big shirt, a big crowd** und **big flats**.

tall

▶ *groß* der Höhe nach bei gleichzeitig geringem Durchmesser. Bezogen auf Personen bedeutet es *groß gewachsen:*

I am 5 feet 10 inches tall. *Ich bin 1,78 groß.* | **My sister is only twelve, but is already taller than me** [auch: … **than I**]. *Meine Schwester ist erst zwölf, aber schon größer als ich.* | **The farmhouse was surrounded by tall trees**. *Das Bauernhaus war von hohen Bäumen umgeben.* | **Professional basketball players are usually very tall**. *Profi-Basketballer sind gewöhnlich sehr groß.* | **The world's tallest building has 160 floors and 57 lifts**. *Das größte* [= das höchste] *Gebäude der Welt hat 160 Stockwerke und 57 Fahrstühle.*

great

▶ *groß* im Sinne von *großartig, berühmt,* politisch oder historisch *bedeutend:*

To me, Muhammad Ali is the greatest boxer of all time. *Für mich ist Muhammad Ali der größte Boxer aller Zeiten.* | **It was a great moment for all of us**. *Es war für uns alle ein großer Augenblick.* | **Alexander the Great died at 32**. *Alexander der Große starb mit 32 (Jahren).* | **Would you still consider Russia a Great Power**? *Würdest du Russland noch für eine Großmacht halten?* | **Did you visit the Great Wall of China?** *Habt ihr die (Große) Chinesische Mauer besichtigt?* | **Italy is a land of great and impressive monuments**. *Italien ist ein Land großer, eindrucksvoller Bauwerke.*

069 **birthday** | REG NOUN

▶ Der Tag, an dem man das Licht der Welt erblickt hat, heißt **day of birth**. Von da an feiert man Jahr für Jahr die Wiederkehr dieses Tages als **birthday** *(Geburtstag).*

Wer Geburtstag hat, sagt: **It's my birthday** (**today**). Die Wendung **have a birthday** lenkt den Blick mehr auf die *Feier* des Geburtstags: **Julia had a birthday yesterday**. *Julia hatte gestern Geburtstag* [= Sie hat gestern (ihren) Geburtstag gefeiert.]

Und so gratulieren wir: **Happy birthday! / Happy birthday to you! / I wish you a happy birthday**. *Herzlichen Glückwunsch zum Geburtstag!* | **Belated happy birthday.** *Herzlichen Glückwunsch nachträglich!* [Sagen Sie nicht: *Happy belated birthday, denn das würde bedeuten, dass sich der Geburtstag verspätet hat.] | **All the best for your birthday**. *Alles Gute zum Geburtstag.* Beliebt ist auch die Wendung **Many happy returns (of the day)**, womit man den Wunsch zum Ausdruck bringt, dass dem Geburtstagskind noch viele solcher Tage beschieden sein mögen.

▶ Die meisten der mit **birthday** gebildeten Bezeichnungen wie **birthday card**, **birthday cake**, **birthday present** oder **birthday party** sind allgemein bekannt und bedürfen keiner Erwähnung. Mit **birthday child** ist das *Geburtstagskind* gemeint, mit **a child's birthday (party)** ein *Kindergeburtstag.*

Manchmal jedoch ist Vorsicht geboten: ein **birthday suit** zum Beispiel bezeichnet nicht etwa den Anzug, den man an seinem Geburtstag trägt, sondern das, was man *bei seiner Geburt* „trug": das *Adams-* bzw. *Evakostüm* – also gar nichts.

070 blanket | REG NOUN

▶ *Decke* [zum Zudecken]: **The young mother wrapped her baby into a blanket.** *Die junge Mutter wickelte ihr Baby in eine Decke.* | **As a little child I always crept under the blanket when a thunderstorm was nearing.** | *Als kleines Kind bin ich immer unter die Decke gekrochen, wenn ein Gewitter heraufzog.* | **The village lay under a thick blanket of snow.** *Das Dorf lag unter einer dicken Schneedecke.* | **Time to get between the blankets.** *Zeit, schlafen zu gehen* [Wörtl.: Zeit, zwischen die Decken zu kommen.]

▶ **a wet blanket** ist nicht nur eine *nasse Decke*, sondern auch die wenig schmeichelhafte Bezeichnung für einen *Langweiler*, einen *Spaßverderber*, eine *„trübe Tasse"*: **William is a wet blanket so nobody ever invites him to parties.** *William ist ein Langweiler, darum lädt ihn nie jemand auf Partys ein.*

▶ *Auf der falschen Seite der Bettdecke* (**on the wrong side of the blanket**) geboren zu sein, ist die humoristische Variante von **born out of wedlock** *(unehelich geboren):* **I was born on the wrong side of the blanket and never got to know my father.** *Ich bin unehelich geboren und habe meinen Vater nie kennengelernt.*

071 GRENZE: border, boundary, frontier und limit | REG NOUNS

border

▶ **border** ist der allgemeine Ausdruck für *Grenze* als Trennungslinie zwischen Staaten, die auch durch natürliche Gegebenheiten (z.B. Flüsse, Gebirge) gebildet werden kann: **After a ten hours' train ride we got to the Swiss border**. *Nach einer zehnstündigen Bahnfahrt erreichten wir die Schweizer Grenze.* | **The Andes form a natural border between Chile and Argentina.** *Die Anden bilden eine natürliche Grenze zwischen Chile und Argentinien.*

Mit **border** werden viele gebräuchliche Zusammensetzungen gebildet wie z.B. **border area** *Grenzgebiet*, **~ crossing (point)** *Grenzübergang*, **~ disputes** *Grenzstreitigkeiten*, **~ incident** *Grenzzwischenfall*, **~ town** *Grenzstadt*, **~ district** *Grenzbezirk* und **~ land** *Grenzland.*

- **border (on** a country) | REG VERB | *(an ein Land)* grenzen
  im übertragenen Sinne: **border on** sth - *an etw grenzen* [an Wahnsinn, an ein Wunder usw.]
- **borderline** | REG NOUN | *Grenzlinie, Grenzbereich*
- **borderline** | ADJ | *Grenz….:* **borderline experience** *Grenzerfahrung*,
  borderline case *Grenzfall*, **borderline personality disorder** [kurz: **BPD**] -
  Borderline-Persönlichkeitsstörung [BPS]

boundary [pl: boundaries]

▶ Mit **boundary** bezeichnet man in erster Linie die Begrenzung kleinerer Einheiten wie die von Grundstücken, Stadtteilen, Wahlbezirken, Landesteilen usw.: **The cemetery lies outside the city boundary.** *Der Friedhof liegt außerhalb der Stadtgrenze.* | **There is a wall along the boundary of the estate.** *Entlang der Grundstücksgrenze verläuft eine Mauer.*

frontier

▶ **frontier** wird in einem ähnlichen Sinne wie **border** verwendet, weckt aber mehr die Vorstellung von Bewachung, Sicherung, Kontrolle: **Israel has common frontiers with four countries.** *Israel hat gemeinsame Grenzen mit vier Ländern.* | **The former frontier between East and West Germany was protected by minefields.** *Die ehemalige Grenze zwischen Ost- und Westdeutschland war mit Minenfeldern gesichert.*

limit

▶ **limit** wird im Sinne von *Obergrenze, Grenze des Möglichen, des Hinnehmbaren usw.* gebraucht: **Our team will have to go to their limits if they want to win.** *Unsere Mannschaft muss an ihre Grenzen gehen, wenn sie gewinnen will.* | **There is a limit to everything.** *Alles hat seine Grenzen.* | **Her disappointment knew no limits.** *Ihre Enttäuschung kannte keine Grenzen.* | **Children need to know their limits.** *Kinder müssen ihre Grenzen kennen.*

Ein Schild mit der Aufschrift **Off limits!** ist die Aufforderung, *außerhalb der Begrenzungen zu bleiben. Im Klartext: für Unbefugte ist der Zutritt verboten.*

- **limitation** | REG NOUN | *Begrenzung, Beschränkung*
- **limit** sth | REG VERB | *etw begrenzen, beschränken*
- **limited** | ADJ / PP | *begrenzt, beschränkt:*
  Limited Company (kurz: **Limited, Ltd.**) *- Gesellschaft mit beschränkter Haftung (GmbH)*
- **unlimited** | ADJ | *unbegrenzt, unbeschränkt, grenzenlos:*
  the land of unlimited possibilities *- das Land der unbegrenzten Möglichkeiten*

072 born | ADJ

▶ Zur Erinnerung: Da der Tag der Geburt immer in der Vergangenheit liegt, heißt es: **I was born (in …)**, nicht: **I am born (in …)*.

▶ Der Geburtsort oder das Geburtsland einer Person lässt sich auf zweierlei Weise angeben: durch ein nachgestelltes **born in**…: **an architect born in Munich** *(ein in München geborener Architekt)*, **a singer born in Ireland** *(ein in Irland geborener Sänger)* oder, vorangestellt, in Form eines verbundenen Adjektivs: **a Munich-born architect, an Irish-born singer**.

▶ Als Zusatz zum Nachnamen einer verheirateten Frau steht nicht **born**, sondern die französische Form **née**: **Ann Johnson, née Smith.** Allerdings können Sie nicht sagen: **Ann is a née Smith* oder * … a born Smith*. Stattdessen hieße es: **Ann's maiden name is Smith.**

073 LEIHEN: borrow | REG VERB | und lend | IRREG VERB [lent, lent]

Obwohl beide Verben dem deutschen *leihen* entsprechen, sollte die Unterscheidung nicht schwerfallen:

▶ **borrow** beschreibt den Vorgang des Leihens aus Sicht dessen, der etwas *bekommt*, etwas *annimmt*: **I borrow DVDs from the library now and then.** *Ich leihe hin und wieder DVDs aus der Bücherei.* | **We have borrowed a friend's car for the weekend.** *Wir haben für das Wochenende das Auto eines Freundes ausgeliehen.* | **How will they ever pay back all the money they have borrowed?** *Wie wollen sie jemals das ganze Geld zurückzahlen, das sie sich geliehen haben?*

▶ **lend** *(entleihen, verleihen)* besagt, dass man jemandem etwas *leihweise überlässt:* **Could you lend me your pen for a moment?** *Könntest du mir einen Moment deinen Stift leihen?* | **Currently my bank lends money at 6.5 per cent interest.** *Meine Bank verleiht Geld zu einem Zinssatz von derzeit 6,5 %.* | **My children aren't willing to lend a hand in the kitchen.** *Meine Kinder sind nicht bereit, in der Küche zu helfen.* | **The presence of the Queen lent the event splendour.** *Die Anwesenheit der Königin verlieh der Veranstaltung Glanz.*

074 boss, chief und chef | REG NOUNS

Diese Wörter sind nicht ganz leicht auseinanderzuhalten und werden gern verwechselt. Hier eine Unterscheidungshilfe:

▶ Wer in einer Firma, einer Abteilung (oder auch in den eigenen vier Wänden) das Sagen hat, heißt in englischsprachigen Ländern, wie umgangssprachlich ja auch hierzulande, **boss**: **Now that I have started a business I'm my own boss at last.** *Jetzt, wo ich mich selbständig gemacht habe, bin ich endlich mein eigener Chef.* | **That is a matter for the boss.** *Das ist Chefsache.* | **He likes playing the boss now and then.** *Er spielt sich gern als Chef auf.* | **At home my wife is the boss.** *Zu Hause ist meine Frau der Chef* [= hat meine Frau das Sagen].

- **boss** sb **around** [oder: **about**] | REG VERB | *jmdn herumkommandieren*
- **bossy** | ADJ | *herrisch, rechthaberisch, bestimmend*

▶ **chief** [pl.: **chiefs**, nicht: **chieves*] ist Teil der Bezeichnung eines Dienstrangs, wie etwa bei dem aus vielen Krimis bekannten **Chief Inspector** von Scotland Yard. Zu nennen wären außerdem der **Chief Constable**, in Großbritannien so etwas wie ein regionaler Polizeichef, der **Chief Scout**, der Chef der Pfadfinder, der **editor-in-chief**, der Chefredakteur, der **Chief Executive Officer** [kurz: **CEO**], der Vorsitzende der Geschäftsleitung [bei einer AG: der Vorstandsvorsitzende] und der **commander-in-chief**, der Oberbefehlshaber oder Oberkommandierende einer militärischen Einheit.

chief ist auch die Bezeichnung für den Häuptling eines Stammes: **Sitting Bull was Chief of the Sioux tribe.** *Sitting Bull war Häuptling des Stammes der Sioux.* | **One of her ancestors was a famous Indian chief.** *Einer ihrer Vorfahren war ein berühmter Indianerhäuptling.*

▶ Das Betätigungsfeld eines **chef** ist die Küche eines Restaurants. Das Wort wurde aus dem Französischen übernommen *(chef de cuisine)* und bezeichnet den *Küchenchef*, den *Chefkoch*: **He is a brilliant chef and even has his own TV show.** *Er ist ein hervorragender Koch und hat sogar eine eigene Fernsehshow.* Dagegen: **My husband is a passionate amateur cook.** *Mein Mann ist ein leidenschaftlicher Hobbykoch.*

075 both

▶ Als Bestimmungswort steht **both** *(beide)* unmittelbar vor einem Hauptwort: **Both answers are correct.** *Beide Antworten sind richtig.* | **Our dog is deaf in both ears.** *Unser Hund ist auf beiden Ohren taub.* | **Due to a mass pile-up the motorway was closed in both directions.** *Wegen einer Massenkarambolage war die Autobahn in beiden Richtungen gesperrt.*

Auf **both** kann ein weiteres Bestimmungswort folgen: **Both these versions are easy to use.** *Diese beiden Versionen sind einfach zu benutzen.* | **Both my sisters are married to actors.** *Meine beiden Schwestern sind mit Schauspielern verheiratet.* | **Both their children died young.** *Ihre beiden Kinder sind jung gestorben.*

Durch ein so verwendetes **both** wird hervorgehoben, dass die Aussage des Satzes auf *beide* genannten Personen oder Dinge zutrifft. Ist eine Betonung nicht beabsichtigt, lassen sich solche Sätze auch mit dem Zahlwort **two** formulieren: **These two versions are easy to use. My two sisters are married to actors. Their two children died young.**

Sagen Sie keinesfalls *these both…, *my both… usw., auch wenn dies der deutschen Satzstellung entspricht: *diese beiden …, meine beiden … .* Das Englische will es genau anders herum: **both these…, both my…, both the…** usw. Manchmal wird zusätzlich **of** angefügt: **Both of these versions are easy to use.** *Diese beiden Versionen sind leicht zu bedienen.* | **Both of my sisters are married to actors.** *Meine beiden Schwestern sind mit Schauspielern verheiratet.*

Auch die Verbindungen *wir beide, ihr beide* und *sie beide* lassen sich am besten durch eine Konstruktion mit **of** wiedergeben, wobei Sie die Wahl haben zwischen **both of us** und **the two of us** *(wir beide, uns beide)*, **both of you** und **the two of you** *(ihr beide, euch beide)*, **both of them** und **the two of them** *(sie beide)*. Nicht möglich sind *the both of us, *the both of you, *the both of them, während **we both, you both** und **they both** akzeptabel sind.

▶ In Verbindung mit einem Verb ist **both** an den folgenden Satzpositionen zu finden: nach dem ersten Hilfsverb [They **had both made** the same mistake], nach einer Form von **be** [We **were both** nervous. You **are both** right], immer aber *vor* Vollverben [We **both knew** it was wrong].

▶ Mit **both of whom** (bei Personen) bzw. **both of which** (bei Sachen) lassen sich Relativsätze einleiten *(…, die beide …)*: **There are two versions both of which are easy to use.** *Es gibt zwei Versionen, die beide einfach zu benutzen sind.* | **I have two sisters both of whom are married to actors.** *Ich habe zwei Schwestern, die beide mit Schauspielern verheiratet sind.*

Eine andere, wohl auch einfacher zu konstruierende Möglichkeit wäre: … **which are both easy to use** bzw … **who are both married to actors.**

▶ **both … and …** bilden eine feste Verbindung und entsprechen dem deutschen *sowohl … als auch …*: **The institute offers courses for both adults and young people.** *Das Institut bietet sowohl für Erwachsene als auch für Jugendliche Kurse an.* | **There are special cameras that can take pictures both in the day and at night.** *Es gibt spezielle Kameras, die sowohl bei Tag als auch bei Nacht Aufnahmen machen können.* | **This processing software is suitable for both amateurs and professionals.** *Diese Bearbeitungssoftware ist sowohl für Amateure als auch für Profis geeignet.*

076 break, rest und interval | REG NOUNS

▶ Als **break**, wörtlich: *Unterbrechung,* bezeichnet man einen Zeitraum, in dem die üblicherweise praktizierten Tätigkeiten und Abläufe ruhen:

Let's take [oder: Let's have] a short break. *Machen wir eine kurze Pause.* | **Pupils are normally not allowed to stay in the classrooms during the break.** *Normalerweise dürfen die Schüler während der Pause nicht in den Klassenzimmern bleiben.* | **Will the library remain open during the semester break?** *Bleibt die Bibliothek während der Semesterferien geöffnet?* | **Two new players were signed in the winter break.** [Mannschaftssport] *Zwei neue Spieler wurden in der Winterpause verpflichtet.* | **They had been working hard and had earned a break.** *Sie hatten hart gearbeitet und eine Pause verdient.*

Eine Pause an amerikanischen Schulen und anderen Institutionen heißt **recess**: **Some pupils do their homework during recess**. *Einige Schüler machen während der Pause ihre Hausaufgaben..* | **The Senate will pass the Bill, even before the summer recess**. *Der Senat wird das Gesetz noch vor der Sommerpause verabschieden.*

PEOPLE take **a morning break** *eine Frühstückspause* [Nicht: *breakfast break*] | **a midday ~** / **a lunch ~** *eine Mittagspause* | **a coffee ~** *eine Kaffeepause* | **a tea ~** *eine Teepause* | **a toilet ~** [umgangssprachlich: **a pee ~**] *eine Pinkelpause* | **a forced ~** *eine Zwangspause*

▶ **rest** bedeutet *Ruhepause, Rast*: **The three men had carried a heavy wardrobe upstairs and badly needed a rest**. *Die drei Männer hatten einen schweren Kleiderschrank nach oben getragen und brauchten dringend eine Pause.* | **We took a short rest before continuing our hike**. *Wir machten eine kurze Pause, bevor wir unsere Wanderung fortsetzten.*

Übrigens: **a restroom** ist kein *Pausenraum*, sondern, ebenso wie **bathroom**, eine amerikanische Bezeichnung für *Toilette*. Siehe hierzu auch **toilet** [→ 403].

▶ **interval** [AmE: **intermission**] ist die *Pause im Theater, in der Oper, beim Konzert*: **There will be an interval after the third act**. *Es gibt eine Pause nach dem 3. Akt.* | **They offer snacks during the interval**. *Sie bieten während der Pause einen Imbiss an.*

077 **breath** [breθ] | REG NOUN

▶ *Atem, Atemzug* [im Unterschied zu **air**, *der Luft, die uns umgibt*]: **What I got to see there took my breath away**. *Was ich dort zu sehen bekam, verschlug mir den Atem.* | **Gasping for breath, he jumped onto the bus**. *Nach Luft ringend, sprang er auf den Bus.* | **Peppermint candies freshen your breath**. *Pfefferminzbonbons erfrischen den Atem.*

PEOPLE **take a deep breath** *tief Luft holen* | **catch a deep ~** *(tief) Luft holen, verschnaufen, durchatmen* | **hold their ~** *die Luft anhalten* | **pant for ~** *nach Luft schnappen* | **are short of ~** *unter Atemnot leiden* | **be out of ~** *außer Atem sein* | do sth **in one ~** *etw in einem Atemzug tun* | do sth **to the last ~** *etw bis zum letzten Atemzug tun* | **take one's ~ away** *jmdm den Atem verschlagen*

THINGS happen **at a breath-taking speed** - *mit atemberaubender Geschwindigkeit*
CAR DRIVERS have to **take a breath test** now and then -
… müssen hin und wieder einen Alkoholtest machen.

078 **breathe** [briːθ] | REG VERB

▶ *atmen, Luft holen*: **I can't breathe normally under a face mask**. *Ich kann unter einer Gesichtsmaske nicht normal atmen.* | **About one fifth of the air that we breathe is oxygen**. *Etwa ein Fünftel der Luft, die wir atmen, ist Sauerstoff.* | [beim Arzt] **Breathe deeply and then exhale**. *Einmal tief ein- und ausatmen.*

PEOPLE **breathe in** *atmen ein* | **~ out** *atmen aus* | **~ freely** *atmen frei durch, atmen befreit auf* | **~ quickly** *atmen schnell* | **~ heavily** *atmen schwer, keuchen* | **~ noisily** *atmen laut hörbar* | **~ through their noses** *atmen durch die Nase*.
FISH **~ through gills** - *atmen durch Kiemen*
- **breather** | REG NOUN | *Atempause, Verschnaufpause*

079 BRINGEN: **bring** [brought, brought], **take** [took, taken] und **see** [saw, seen] | IRREG VERBS

▶ **bring** besagt, dass etwas geholt, (her)gebracht oder mitgebracht wird: **Could you bring us another bottle of wine, please**? *Könnten Sie uns bitte noch eine Flasche Wein bringen?* | **The new boss has brought fresh ideas into the company**. *Der neue Chef hat frische Ideen* [oder: *frischen Wind*] *in die Firma gebracht.* | **Can I bring my girlfriend**? *Kann ich meine Freundin mitbringen?* | **What will the future bring**? *Was wird die Zukunft bringen?*

PHR VERBS: **bring about** *hervorbringen* | **~ along** *mitbringen* | **~ back** *zurückbringen* | **~ in** *einbringen* | **~ out** [Buch, Produkt] *herausbringen, auf den Markt bringen* | **~ forward** *voranbringen* | **~ sb up** *jmd großziehen*

▶ Mit **take** drücken Sie aus, dass etwas vom Sprecher fortgebracht, weggebracht, entfernt wird: **Please take the empty cartons to the paper bank**. *Bringt bitte die leeren Kartons zum Papiercontainer.* | **Could someone take my luggage upstairs**? *Könnte jemand mein Gepäck nach oben bringen?* | **My dog won't touch his food, I'll take him to a vet**. *Mein Hund rührt sein Futter nicht an, ich werde ihn zum Tierarzt bringen.*

Auch wenn Personen in einem Fahrzeug irgendwohin gebracht werden, steht **take**: **Before she goes to work, Meredith takes the kids to school**. *Bevor sie zur Arbeit geht, bringt Meredith die Kinder zur Schule.* | **A helicopter took the casualties to a nearby hospital**. *Ein Hubschrauber brachte die Verletzten in ein nahegelegenes Krankenhaus.*

▶ Ein in der Bedeutung *bringen* verwendetes **see** besagt, dass jemand eine andere Person (aus Höflichkeit oder zu deren Schutz) irgendwohin begleitet:

See the lady to her car please. *Bringen* [= begleiten] *Sie die Dame bitte zu ihrem Wagen.* | **My wife will see you out.** *Meine Frau wird Sie hinausbegleiten.* | **I saw Christina home at half past eleven.** *Ich habe Christina um halb zwölf nach Hause gebracht.* | **We saw the children across the road.** *Wir brachten die Kinder über die Straße.*

080 **bully** | REG VERB

Hinter dem so harmlos klingenden Verb **bully** verbirgt sich etwas ganz und gar nicht Lustiges, nämlich eine Form von **harassment** – das Bedrängen, Schikanieren, Tyrannisieren, Quälen und Demütigen anderer, meist körperlich unterlegener, sozial schwächerer oder beruflich abhängiger Personen.

Besonders üble Spielarten von **harassment** sind **mobbing**, das fortgesetzte Schikanieren von Kollegen am Arbeitsplatz [von **mob** - *bedrängen, drangsalieren, über jmdn herfallen*], **hazing**, erniedrigende Rituale, mit denen neue Schüler, Studienanfänger oder junge Soldaten in die Gemeinschaft „eingeführt" werden [von **haze** - *quälen, triezen*], und **stalking,** das beharrliche Auflauern, Verfolgen und Belästigen einer bestimmten (meist weiblichen) Person über einen längeren Zeitraum hinweg [von **stalk**, was in der Jägersprache soviel bedeutet wie *nachstellen, hetzen, jagen*].

081 BUS: **bus** und **coach** | REG NOUNS

▶ **bus**, pl: **buses**, ist die Bezeichnung für einen *Linienbus*, der in regelmäßigem Fahrbetrieb auf festgelegter Route im Nahverkehr eingesetzt wird: **The bus was late again.** *Der Bus hatte wieder Verspätung.* | **Buses from here to the city centre run every 5 minutes.** *Die Busse von hier zur Innenstadt fahren alle 5 Minuten.* | **I often stand in the bus even if there are vacant seats.** *Ich stehe oft im Bus, auch wenn es freie Plätze gibt.*

VOCABULARY: **bus bay** *Haltebucht* | ~ **stop** *Haltestelle* | ~ **conductor** *Busschaffner* | ~ **ride** *Busfahrt* | ~ **connection** *Busverbindung* | ~ **terminal** *Busbahnhof* | ~ **timetable** *Busfahrplan*

PEOPLE **travel by bus** *fahren mit dem Bus* | **wait for the** ~ *warten auf den Bus* | **queue for the** ~ *stellen sich an der Bushaltestelle an* | **catch the** ~ *kriegen den Bus* [= *sind rechtzeitig an der Haltestelle*] | **miss the** ~ *verpassen den Bus* | **get on the** ~ [auch: **board the bus**] *steigen in den Bus ein* | **ride on the** ~ *fahren im Bus* | **get off the** ~ *steigen aus dem Bus aus.*

▶ Als **coach** bezeichnete man in früheren Zeiten die *Kutsche*, mit der man über Land von Ort zu Ort fuhr. Heute bedienen **coaches** als *Fernlinienbusse* das Umland von Städten oder sind, in entsprechender Ausstattung, als *Reisebusse* unterwegs: **We chartered a coach for our staff outing.** *Wir haben für unseren Betriebsausflug einen Bus gechartert.*

▶ In den USA macht man diesen Unterschied nicht, dort wird jeder Bus **bus** genannt.

082 **busy**

▶ **busy** hat, je nach Zusammenhang, verschiedene Bedeutungen, die sich aber alle auf einen gemeinsamen Nenner bringen lassen – *beschäftigt, arbeitsreich, betriebsam, belebt*:

Leave Geoffrey alone for a moment. He has had a busy day today. *Lasst Geoffrey einen Moment in Ruhe. Er hatte heute einen anstrengenden* [= *arbeitsreichen*] *Tag.* | **I am still busy with my tax return.** *Ich bin immer noch mit meiner Steuererklärung beschäftigt.* | **Living near a busy road, we are constantly exposed to fumes.** *Da wir an einer belebten Straße wohnen, sind wir ständig Abgasen ausgesetzt.*

Wollen Sie sagen, *womit* jemand beschäftigt war, so lassen Sie unmittelbar auf **be busy** eine -ing-Form folgen: **She was busy sending out emails all day.** *Sie war den ganzen Tag über damit beschäftigt, E-Mails zu verschicken.*

Wenn aus dem Telefonhörer ein **busy signal**, ein *Besetztzeichen*, an Ihr Ohr dringt, wissen Sie: **The line is busy.** *Die Leitung ist besetzt.*

- **business** | REG NOUN | *Geschäftsleben, Geschäfte, Angelegenheit(en), Business*

083 Stummes -b- (unpronounced -b-)

Die Schreibweise von **debt** *(Schulden)* und **doubt** *(Zweifel)* geht auf lateinische Formen zurück, die ein -b- enthielten: *debitum, dubitum.* Dieses wurde jedoch von dem lautlich dominanteren -t- übertönt, so dass es im modernen Englisch als Laut entfällt, als Buchstabe aber erhalten bleibt: debt, doubt.

Gleiches gilt für **climb** [klaɪm] *klettern,* **comb** [kəʊm] *kämmen, Kamm,* **tomb** [təʊm] *Grab,* **lamb** [læm] *Lamm,* **thumb** [θʌm] *Daumen,* **plumber** [plʌmə(r)] *Klempner.*

084 care | NOUN, no pl

▶ **care** bezeichnet den behutsamen, pfleglichen Umgang mit Sachen und Personen, insbesondere solchen, die besonderer Fürsorge, Zuwendung oder Betreuung bedürfen:
Please handle these books with care. *Behandle diese Bücher bitte vorsichtig.* | **More and more people need home care**. *Immer mehr Menschen benötigen häusliche Pflege.* | **The staff is not specially trained in the care of dementia patients**. *Das Personal ist nicht speziell für die Pflege von Demenzpatienten ausgebildet.* | **The young woman was taken to the intensive care unit** [kurz: **ICU**]. *Die junge Frau wurde auf die Intensivstation gebracht.*

▶ **take** (good) **~ of sb/sth** | *auf jmdn/etw aufpassen, auf jmdn/etw achten:* **Who takes care of the children?** *Wer kümmert sich um die Kinder?* | **You ought to take care of your weight**. *Du solltest auf dein Gewicht achten.* | **Take good care of yourself**. *Pass gut auf dich auf!*

Die in einem Heim tätigen (bezahlten) Pfleger heißen **care worker**. Personen, die sich ohne Bezahlung um pflegebedürftige Menschen kümmern, heißen im BE **carer**, im AmE **caregiver** oder **caretaker**. An britischen Schulen gibt es **key carer**, Bezugs- und Vertrauenspersonen, die Kindern und Jugendlichen bei Problemen im Schulalltag unterstützend zur Seite stehen.

In Großbritannien versteht man unter einem **caretaker** einen *Hausmeister*, der in Wohnanlagen und öffentlichen Einrichtungen seiner Arbeit nachgeht: **The shower isn't working, I hope the caretaker can fix it**. *Die Dusche funktioniert nicht. Ich hoffe, der Hausmeister kann sie reparieren.* Ein Hausmeister in den USA heißt **janitor**.

care | REG VERB

▶ **care** (**about**) drückt Interesse bzw., in verneinter Form, Gleichgültigkeit aus: **Mike cares a lot about politics**. *Mike interessiert sich sehr für Politik.* | **Money is all she cares about**. *Geld ist das Einzige, was sie interessiert.* | **I don't care what others say**. *Es ist mir egal, was andere sagen.* | **I couldn't care less**. *Das ist mir sowas von egal.* | **Who cares?** *Wen interessiert's? Wen kümmert's? Wen juckt's?*

▶ **care about** sb/sth - *sich um jmdn/um etw Sorgen machen, Gedanken machen:* **I seriously care about the future of our children**. *Ich mache mir ernsthaft Sorgen um die Zukunft unserer Kinder.* | **Betty has never cared much about her appearance**. *Betty hat sich um ihr Aussehen nie viel Gedanken gemacht.*

▶ **care for** sb - *jmdn mögen, jmdn sehr gern haben, jmdn lieben:* **She doesn't know how much I care for her**. *Sie weiß nicht, wie sehr ich sie liebe.*
sich um jmdn kümmern, für jmdn sorgen, jmdn pflegen: **Parents have the obligation to care for their children**. *Eltern sind verpflichtet, sich um ihre Kinder zu kümmern.* | **Who will care for us when we are old?** *Wer wird sich um uns kümmern, wenn wir alt sind?* | **We have employed a nurse to care for our sick father**. *Wir haben eine Pflegekraft eingestellt, die sich um unseren kranken Vater kümmern soll.*

Statt **care for** können Sie auch **look after** sagen: … to **look after** their children, …to **look after** our sick father, Who will **look after** us …?

▶ **care for** sth - *sich aus etw etwas machen, Interesse für etw zeigen:* **I don't care much for computer games**. *Ich mache mir nicht viel aus Computerspielen.*

▶ Mit der Frage **Would you care for** …? oder kurz: **Care for** …? können Sie Ihrem Gesprächspartner etwas anbieten: **Would you care for a cup of tea?** *Wie wär's mit einer Tasse Tee? Möchten Sie eine Tasse Tee?* | **Care for a beer?** *Willst du ein Bier?*

- **careful** | ADJ | *vorsichtig, sorgfältig, behutsam:*
  After careful consideration they decided to leave.
  Nach reiflicher Überlegung beschlossen sie abzureisen.
- **careless** | ADV | *sorglos, leichtsinnig:* **It was careless to leave the terrace door open**.
  Es war leichtsinnig, die Terrassentür offen zu lassen.

085 carpet | REG NOUN

▶ *Teppich:* **They rolled out the red carpet for the Queen**. *Sie rollten für die Königin den roten Teppich aus.* | **The floors were covered with precious Persian carpets**. *Der Fußböden waren mit wertvollen Perserteppichen bedeckt.* | **The truth was swept under the carpet**. *Die Wahrheit wurde unter den Teppich gekehrt.*

Teppichboden als *Auslegware* heißt **fitted carpet** oder **wall-to-wall carpet**. In bildlichem Sinne spricht man auch von **carpet of flowers** *Blumenteppich*, **carpet of grass** *Grasteppich*, **carpet of leaves** *Blätterteppich*, **carpet of algae** *Algenteppich* und **carpet of oil** *Ölteppich* [auch: **oil layer** oder **oil slick**].

086 TRAGEN: **carry** | REG VERB | und **wear** | IRREG VERB [**wore, worn**]

▶ **carry** - *tragen* [= heben und befördern], *bei sich haben:* **The boy will help you carry your luggage upstairs.** *Der Boy wird Ihnen helfen, das Gepäck nach oben zu tragen.* | **This lift can carry up to four normal-weight persons.** *Dieser Fahrstuhl kann bis zu vier normalgewichtige Personen befördern.* | **I don't normally carry much cash money on me.** *Ich trage normalerweise nicht viel Bargeld mit mir herum.* | **Do British policemen carry firearms?** *Tragen britische Polizisten Schusswaffen?*

VOCABULARY: **carry away** *davontragen,* [Flut] *mit sich reißen* | ~ **along** *mitreißen* [= in Begeisterung versetzen] | ~ **on** *weitermachen, fortfahren* | ~ **out** *durchführen, ausführen, erledigen* | ~ **off** [Preis, Auszeichnung] *gewinnen,* [Diebesgut] *erbeuten,* [Opfer von Krankheiten, Seuchen] *hinweggraffen*

▶ **wear** - *am Körper tragen* [Kleidung, Schmuck, Brille, Bart]: **At work we have to wear rubber gloves.** *Bei der Arbeit müssen wir Gummihandschuhe tragen.* | **Peter is wearing a beard now. One hardly recognises him.** *Peter trägt jetzt einen Bart. Man erkennt ihn kaum wieder.* | **Most British schools require pupils to wear a school uniform.** *Die meisten britischen Schulen verlangen, dass die Schüler eine Schuluniform tragen.* | **Ann wears glasses just because it looks smart.** *Ann trägt eine Brille, nur weil es schick aussieht.*

- **worn** [Kleidung] | ADJ / PP | *getragen, abgenutzt*
- **worn-out** | ADJ / PP | *abgenutzt, abgewetzt, verschlissen,* [Schuhe] *ausgetreten, abgetragen*

087 **case** | REG NOUN

▶ *Fall, Streitfall:* **I think in this one case we can make an exception.** *Ich denke, in diesem einen Fall können wir eine Ausnahme machen.* | **The case was taken to court.** *Der Fall kam vor Gericht.* | **The murdercase made a big stir.** *Der Mordfall hat großes Aufsehen erregt.* | **Who is in charge of the case?** *Wer ist mit dem Fall befasst?* | **I know of similar cases in our company.** *Ich weiß von ähnlichen Fällen in unserer Firma.*

CONTEXT: **a case of bribery** *ein Fall von Bestechung* | **in ~ of emergency** *im Notfall* | **in ~ of doubt** *im Zweifelsfall* | **a ~ of hardship** *ein Härtefall* | [Versicherung] **in ~ of loss** *im Falle des Verlusts, im Schadensfall* | **in ~ of death** *im Todesfall* | **in ~ of survival** *im Erlebensfall*

in my case *in meinem Fall* | **in this case** *in diesem Fall* | **in any case** *auf jeden Fall* | **in no case** *in keinem Fall* | **just in case** … *nur für den Fall* … | **if that is the case**… *wenn das der Fall ist*… | **That's not the case.** *Das ist nicht der Fall.*

▶ **in case** und **if**

Obwohl sich beide Konjunktionen mit *falls* … wiedergeben lassen, können Sie **if** … und **in case** … nicht nach Belieben verwenden, denn sie beziehen sich auf unterschiedliche Situationen.

if - *falls* …   [= in einem *bereits eingetretenen* Fall]
in case … - *falls* …   [= vorsorglich, für einen *möglicherweise eintretenden* Fall]

Vergleichen Sie: **Take one of these pills in case you feel sick.** *Nimm eine dieser Pillen, falls dir übel wird* [= vorsorglich: für den Fall, dass dir übel wird.] | **Take these pills if you feel sick.** *Nimm diese Pillen, falls dir schlecht wird* [= als Gegenmittel: sobald dir schlecht wird; in dem Moment, wo dir schlecht wird.]

088 **cause** | REG VERB

▶ *verursachen, (zu etw) führen, (etw) nach sich ziehen, hervorrufen:* | **The sudden onset of winter has caused a number of accidents.** *Der plötzliche Wintereinbruch hat zu einer großen Zahl von Unfällen geführt.* | **One false entry can cause a lot of trouble.** *Eine falsche Eingabe kann eine Menge Ärger verursachen.* | **The government's announcement caused a storm of protest.** *Die Ankündigung der Regierung rief einen Sturm der Entrüstung hervor.*

▶ **cause** sb/sth **to do** sth - *jmdn veranlassen, etw zu tun; jmdn/etw dazu bringen, etwas zu tun:* **A series of bad crops caused the farmers to abandon their farms.** *Eine Folge schlechter Ernten veranlasste die Bauern, ihre Höfe aufzugeben.* | **No one was able to say what caused the pipe to burst.** *Niemand konnte sagen, was das Rohr zum Bersten gebracht hatte.* | **The corruption affair caused the minister to resign.** *Die Korruptionsaffäre bewog den Minister zum Rücktritt.*

cause | REG NOUN

▶ *Ursache:* **A sudden weight loss may have various causes.** *Plötzlicher Gewichtsverlust kann verschiedene Ursachen haben.* | **What were the actual causes of the recent financial crisis?** *Was waren die wirklichen Ursachen der jüngsten Finanzkrise?*

089 ceiling | REG NOUN

▶ *(Zimmer)decke:* **I love large rooms with high ceilings**. *Ich liebe große Zimmer mit hohen Decken.* | **The chapel is famous for its ceiling painting**. *Die Kapelle ist berühmt für ihre Deckenmalerei.* | **She sat there staring at the ceiling**. *Sie saß da und starrte an die Decke.*

▶ *Obergrenze, Höchstgrenze:* **salary ceiling** *Gehaltsobergrenze* | **price ~** *Preisobergrenze* | **debt ~** *Schuldenobergrenze* | **budget ~** *Haushaltsobergrenze* | **assessment ~** *Beitragsbemessungsgrenze* | **ceiling amount** *Höchstbetrag*

glass ceiling

Möglicherweise wird Ihnen im Verlauf eines Gesprächs der Begriff **glass ceiling** begegnen. Damit wird auf eine unsichtbare Barriere angespielt, die es ethnischen oder sozialen Minderheiten schwer macht, beruflich voranzukommen. Besonders häufig wird damit die Tatsache beschrieben, dass es Frauen – trotz gleicher Qualifikation wie ihre männlichen Kollegen – nur bis in die mittlere Führungsebene eines Unternehmens schaffen, wo sie dann an eine Art „gläserne Decke" stoßen, die ihnen den Aufstieg in höhere Führungspositionen verwehrt.

090 certain | ADJ

▶ *gewisse(-r, -s), bestimmte(-r, -s):* **A certain Mr Bean has called.** *Ein gewisser Mr. Bean hat angerufen.* | **Applicants must fulfil** [AmE: **fulfill**] **certain requirements.** *Bewerber müssen bestimmte Anforderungen erfüllen.* | **The baby seems to be allergic to certain foods.** *Das Baby scheint gegen bestimmte Nahrung allergisch zu sein.* | **She's got that certain something** *Sie hat das gewisse Etwas.*

CONTEXT: **to a certain degree** *bis zu einem gewissen Grad* | **to a ~ extent** *in gewissem Umfang* | **in ~ cases** *in bestimmten Fällen* | **in a ~ way** *in gewisser Weise, gewissermaßen* | **under ~ conditions** *unter bestimmten Bedingungen* | **a ~ amount of** *… ein gewisses Maß an …*

▶ **be certain** (**that** …) | *sicher sein, (dass …)* **Are you certain that this is the right address?** *Sind Sie sicher, dass dies die richtige Adresse ist?* | **I'm absolutely certain that it was here.** *Ich bin absolut sicher, dass es hier war.* | **One thing is certain: there'll be a lot of work for us.** *Eines steht fest: es wird eine Menge Arbeit für uns geben.*

▶ Mit **be certain to** … lässt sich ausdrücken, dass etwas mit Sicherheit (oder doch mit allergrößter Wahrscheinlichkeit) geschehen wird: **She is certain to pass the exam.** *Sie wird die Prüfung mit Sicherheit bestehen.* | **You will be certain to have plenty of snow there at this time of year.** *Ihr werdet dort zu dieser Jahreszeit reichlich Schnee haben.*

▶ Notieren Sie auch **make certain that** … bzw. **make certain to** … - etwas *sicherstellen, sich einer Sache vergewissern; darauf achten, dass …, dafür sorgen, dass…:* **Make certain that no one leaves the building before the police arrive.** *Sorgen Sie dafür, dass niemand das Haus verlässt, bevor die Polizei eintrifft.* | **Make certain to lock the door properly when you leave the house.** *Vergewissert euch, dass ihr die Tür richtig abgeschlossen habt, wenn ihr das Haus verlasst.*

In allen genannten Fällen können Sie anstelle von **certain** auch **sure** verwenden: **I'm sure that** …, **Are you sure that** …, **One thing is for sure**: …, **be sure to** …, **make sure to** …

certainly

▶ *gewiss, bestimmt, mit Sicherheit, garantiert:* **It was certainly not his intention.** *Es war bestimmt nicht seine Absicht.* | **It would certainly be wiser not to travel at the weekend.** *Es wäre mit Sicherheit klüger, nicht am Wochenende zu reisen.* | **This is certainly not a serious offer.** *Das ist garantiert kein ernsthaftes Angebot.*

Certainly! Why certainly! oder, vor allem im amerikanischen Englisch, **Sure!** sind beliebte Kurzantworten: *Aber sicher. Natürlich. Na klar! Klar doch!* **Certainly not** besagt das genaue Gegenteil: *Bestimmt nicht. Auf gar keinen Fall.*

091 chairman | NOUN

▶ Ein **chairman** [pl: **chairmen**, bei weiblichen Personen: **chairwoman**, pl **chairwomen**, meist jedoch neutral: **chairperson,** kurz: **chair**] sitzt einem Unternehmen, einer Partei, einem Ausschuss oder einem anderen Gremium vor, zum Beispiel als **chairman of the board** *Vorstandsvorsitzender,* **chairman of the works committee** [auch: **shop chairman**] *Betriebsratsvorsitzender,* **chairman of the advisory board** *Aufsichtsratsratsvorsitzender* oder **chairman of the Party** [auch: **party chairman**] *Parteivorsitzender.*

In den USA ist die Bezeichnung **chairperson** nicht üblich; die vergleichbaren Funktionsträger in Wirtschaft und Politik heißen dort meist **president** oder **CEO** (**C**hief **E**xecutive **O**fficer).

092 **chance** | REG NOUN

▶ *Chance, Möglichkeit, Gelegenheit:* **There was no chance to escape the fire.** *Es gab keine Chance, dem Feuer zu entkommen.* | **We still have a chance of getting there in time if we hurry a bit.** *Wir haben immer noch die Möglichkeit, rechzeitig hinzukommen, wenn wir uns ein bisschen beeilen.* | **We have missed a big chance.** *Wir haben eine große Chance verpasst.* | **This job is the chance of my lifetime.** *Dieser Job ist die Chance meines Lebens.* | **He won't be given a second chance.** *Man wird ihm keine zweite Chance geben.* | **No chance!** *Keine Chance! Daraus wird nichts. Vergiss es!*

▶ *Zufall, Glück:* **It was by pure chance that we met on that day.** *Es war reiner Zufall, dass wir uns an dem Tag begegnet sind.* | **In this business nothing is left to chance.** *In diesem Geschäft wird nichts dem Zufall überlassen.* | **Roulette is a game of chance.** *Roulette ist ein Glücksspiel.* | **It's all a matter of chance.** *Es ist alles Glückssache.*

▶ **take a chance** oder **take chances (on sb/sth)** | *ein Risiko eingehen, (sein Glück) versuchen:* **One must take chances in life now and then.** *Man muss im Leben hin und wieder etwas riskieren.* | **Let's take a chance on us.** *Riskieren wir es miteinander. Versuchen wir unser Glück!* | **Why not take a chance on it?** *Warum riskieren wir's nicht?*

093 **change** | REG VERB

▶ *sich ändern, sich verändern:* **She has hardly changed.** *Sie hat sich kaum verändert.* | **The weather in the mountains can change within minutes.** *Das Wetter in den Bergen kann sich innerhalb von Minuten ändern.* | **His convictions have changed radically.** *Seine Überzeugungen haben sich radikal verändert.* | **Everything changes.** *Alles verändert sich.*

▶ *etw ändern, verändern, wechseln:* **An experience like that can change everything.** *So ein Erlebnis kann alles verändern.* | **9/11 has changed the world.** *Der 11. September (2001) hat die Welt verändert.* | **This car has changed hands five times.** *Dieses Auto hat fünf Mal den Besitzer gewechselt.* | **We had better change the subject.** *Wechseln wir lieber das Thema.* | **Could you change this note?** *Könnten Sie diesen Schein wechseln?* | **The good thing about the euro is that we don't need to change money any longer.** *Das Gute am Euro ist, dass wir kein Geld mehr tauschen müssen.*

CONTEXT: **change a tyre** *einen Reifen wechseln* | ~ **address** *die Anschrift ändern, die Wohnung wechseln* | ~ **direction** *die Richtung ändern* | ~ **gear** *den Gang wechseln, schalten:* ~ **up** *hochschalten,* ~ **down** *herunterschalten* | ~ **one's mind** *seine Meinung ändern, es sich anders überlegen* | ~ **seats** *die Plätze tauschen* | ~ **clothes** *die Kleidung wechseln, sich umziehen* | ~ **a baby** *einem Baby die Windeln wechseln* | ~ **buses /** ~ **trains** *umsteigen.*

change | REG NOUN

▶ *Veränderung, Wechsel, Abwechslung:* **A bit of change would do you good.** *Ein bisschen Abwechslung würde dir gut tun.* | **This summer we are staying at home for a change.** *Diesen Sommer bleiben wir zur Abwechslung zu Hause.* | **Except for a few minor changes, the film is a perfect adaptation of the novel.** *Von ein paar kleineren Änderungen abgesehen, ist der Film die perfekte Umsetzung des Romans.* | **Does the new government mean a change for the better?** *Bedeutet die neue Regierung eine Wende zum Besseren?*

▶ *Kleingeld, Wechselgeld:* **I always carry some loose change in my pocket.** *Ich habe immer etwas Kleingeld in der Tasche.* | **You have given me the wrong change.** *Sie haben mir falsch herausgegeben.* | **Keep the change.** *Der Rest ist für Sie.* [Trinkgeld; wörtl.: Behalten Sie das Wechselgeld.]

VOCABULARY: **change of air** *Luftveränderung* | ~ **of weather** *Wetterumschwung* | ~ **of climate** *Klimawandel* | ~ **of government** *Regierungswechsel* | ~ **of mind** *Sinneswandel* | ~ **of life** *Wechseljahre, Menopause* | ~ **of mood** *Stimmungswandel* | ~ **of voice** *Stimmbruch.*

094 KANAL: **channel** | REG NOUN | und **canal** | REG NOUN

▶ **channel** *ist der Kanal, auf dem Rundfunk und Fernsehen ihre Sendungen ausstrahlen:* **My favourite TV series is televised on Channel 2.** *Meine Lieblingsserie im Fernsehen wird auf Kanal 2 ausgestrahlt.* | **Why don't you switch over to another channel if you don't like the programme [AmE: program]?** *Warum schaltest du nicht auf einen anderen Kanal um, wenn dir das Programm nicht gefällt?*

▶ **The Channel** *ist die Bezeichnung für den Ärmelkanal, die Meerenge zwischen England und Frankreich:* **She crossed the Channel in a balloon.** *Sie überquerte den Ärmelkanal in einem Ballon.* | **Who was the first person to have swum the Channel?** *Wer war der erste Mensch, der den Kanal durchschwommen hat?*

Seit 1994 sind England und Frankreich durch einen *Kanaltunnel* (**Channel tunnel**) verbunden. Der Volksmund hat daraus das Kunstwort **Chunnel** geformt und dem Bauwerk damit neben seiner offiziellen Bezeichnung *Eurotunnel* einen zweiten Namen gegeben.

▶ Unter **canal** versteht man eine künstliche Wasserstraße wie den *Nord-Ostsee-Kanal* (the **Kiel Canal**), den *Suezkanal* (**The Suez Canal**) oder den *Panamakanal* (**The Panama Canal**). Auch innerstädtische Kanäle heißen **canal**, darunter so berühmte wie *die Kanäle von Venedig* (**the canals of Venice**) oder *die Grachten von Amsterdam* (**the canals of Amsterdam**).

095 chess | NOUN, no pl

Das königliche Spiel **chess** (*Schach*) ist ein **boardgame** (*Brettspiel*), das auf einem **chessboard** (*Schachbrett*) mit jeweils 16 weißen und schwarzen **pieces** [oder: **chessmen**] (*Figuren*) auf 64 **squares** (*Feldern*) gespielt wird. Diese heißen, zum Teil abweichend von ihren üblichen Bedeutungen, **king** (*König*), **queen** (*Dame*), **rook** oder **castle** (*Turm*), **bishop** (*Läufer*), **knight** (*Springer*) und **pawn** (*Bauer*). Ziel des Spiels ist es, *den gegnerischen König matt zu setzen* (**to checkmate the opponant's king**). Gelingt dies nicht, endet die Partie *mit einem Patt* (**in a stalemate**) oder *mit einem remis* (**in a draw**).

Beachten Sie aber: Schach als *Spielsituation*, als Bedrohung des Königs, heißt nicht **chess**, sondern **check**.

096 child | NOUN

▶ **child** [pl **children**] ist die übliche, wenn auch nicht die einzige Bezeichnung für *Kind*, denn das aus dem Amerikanischen stammende **kid** ist längst auch im britischen Englisch angekommen: **As a child I dreamed of being a locomotive driver.** *Als Kind träumte ich davon, Lokführer zu werden.* | **He sometimes acts like a child.** *Er führt sich manchmal auf wie ein Kind.* | **At 16 you are no longer a child.** *Mit 16 ist man kein Kind mehr.*

VOCABULARY: **an unborn child** *ein ungeborenes Kind* | **a newborn** ~ *ein neugeborenes Kind* | **an only** ~ *ein Einzelkind* | **an illegitimate** ~ [oder: **a love** ~] *ein uneheliches Kind* | **a foster** ~ *ein Pflegekind* | **a** ~ **of divorce** *ein Scheidungskind* | **a godchild** *ein Patenkind* | **an orphan** ~ *ein Waisenkind* | **a city** ~ *ein Stadtkind* | **a country** ~ *ein Kind vom Lande* | **a Sunday** ~ *ein Sonntagskind* | **a** ~ **of war** *ein Kriegskind* | **a** ~ **of sorrow** *ein Sorgenkind*

child's welfare *Kindeswohl* | **~'s pushchair** [auch: **pram**, **buggy**] *Kinderwagen* | **~'s safety seat** *ein Kindersitz* | **~'s work** [oder: **child labour**, AmE: ~ **labor**] *Kinderarbeit* | **child abuse** *Kindesmissbrauch*

▶ CHILDREN may be **good** *brav, artig* | **obedient** *gehorsam, folgsam* | **bright** [oder: **smart**] *klug, aufgeweckt, „helle"* | **gifted** *begabt* | **talented** *talentiert*. Children may also be **naughty** *ungezogen, frech* | **disobedient** *ungehorsam* | **noisy** *laut* | **fretful** *quengelig* | **pampered** *verhätschelt* | **spiteful** *boshaft, gehässig* | **spoilt** *verdorben, verwöhnt, verzogen* | **stubborn** *dickköpfig, bockig*.

A WOMAN **is having a child** *bekommt ein Kind* [Nicht: **is getting a child*], **is big with child** *ist schwanger*, **gives birth to a child** oder **delivers a child** *bringt ein Kind zur Welt*.

PARENTS **raise a child** [oder: **bring up a child**] *ziehen ein Kind groß*, **adopt a child** *adoptieren ein Kind*, **pamper a child** *verhätscheln ein Kind*

Leider gibt es auch Fälle wie diese: **beat a child** *ein Kind schlagen* | **neglect a child** *ein Kind vernachlässigen* | **abandon a child** *ein Kind aussetzen* | **abuse a child** *ein Kind misshandeln / missbrauchen*.

- **childhood** | REG NOUN, no pl | *Kindheit*
- **childish** | ADJ | *kindisch, kindlich*

097 chimney und fireplace | REG NOUNS

Der häusliche *Kamin* als ein Ort von Wärme und Behaglichkeit wird im Englischen **fireplace** genannt: **We all love the cosy warmth of our fireplace.** *Wir lieben alle die behagliche Wärme unseres Kamins.* | **An open fireplace may be nice to look at but is quite an inefficient way of heating.** *Ein offener Kamin mag nett anzuschauen sein, ist aber eine höchst ineffiziente Art zu heizen.*

Widerstehen Sie der Versuchung, **chimney** zu sagen. Zwar ist auch der **chimney** ein *Kamin*, doch damit ist der gemeint, durch den der Rauch (und ein Großteil der Wärme) aus Gebäuden abzieht, also der *Schornstein* oder, wie er bei Fabriken oft genannt wird, der *Schlot*. Für dessen regelmäßige Kontrolle ist der **chimney-sweep** (*Schornsteinfeger*) zuständig. Auch von einer Person mit hohem Zigarettenkonsum wird manchmal gesagt, er oder sie *rauche wie ein Schlot*: **He / She smokes like a chimney.**

098 **Christ** und **Christian**

▶ **Christ** [kraɪst] ist der Name von Jesus Christus und begegnet uns in Ausrufen wie **Holy Christ!** sowie in der Zeitangabe **before Christ** (vor Christus, kurz: **BC**). Für die Zeitangabe *nach Christus* steht dagegen nicht *after Christ, sondern **Anno Domini** (kurz: **AD** oder **A.D.**)

▶ Ein *Christ* ist **a Christian** [krɪstʃen]: **He is a convinced Christian.** *Er ist ein überzeugter Christ.* | **As faithful Christians we strongly oppose abortion.** *Als gläubige Christen sind wir entschieden gegen Abtreibung.*

- **christianity** | REG NOUN, no pl | *Christentum*
- **christen** sb | REG VERB | *jmdn taufen*
- **Christian** | ADJ | *christlich:* **Christian faith** - *der christliche Glaube*

099 **church** | REG NOUN

▶ *Kirche* als *Kirchengebäude* heißt **church** [Kleinschreibung]: **a Romanesque church** *eine romanische Kirche*, **a Gothic church** *eine gotische Kirche*, **a Byzantine church** *eine byzantinische Kirche*.

Die *Kirche* als *Institution* ist **the Church** [Großschreibung]: the **Catholic Church**, the **Anglican Church**, the **Protestant Church**, the **Methodist Church,** the **Orthodox Church** usw. Hieraus erklärt sich auch der Unterschied zwischen **leave the church** (die Kirche [das Kirchengebäude] verlassen) und **leave the Church** (die [Institution] Kirche verlassen, aus der Kirche austreten).

Ist mit *Kirche* der *Gottesdienst* gemeint, entfällt der Artikel: **What time does church begin?** *Um wie viel Uhr fängt die Kirche [= der Gottesdienst] an?* | **My grandparents regularly attend church.** *Meine Großeltern gehen regelmäßig zur Kirche [= besuchen den Gottesdienst].* | **We got married in church.** *Wir haben in der Kirche [= kirchlich] geheiratet.*

100 SCHLIESSEN: **close** | REG VERB |, **shut** | IRREG VERB [**shut, shut**] | und **lock** | REG VERB

▶ So wie im Deutschen zwischen *schließen* und *zumachen* kein nennenswerter Unterschied festzustellen ist, so existieren auch im Englischen die Verben **close** und **shut** gleichbedeutend nebeneinander her. Ob Sie also **close the window** (das Fenster schließen) oder **shut the window** (das Fenster zumachen) sagen, bleibt sich gleich.

close gilt als der „gepflegtere" Ausdruck, während **shut** forscher und auch fordernder klingt. Vergleichen Sie: **Lay down and close your eyes.** [Einfühlsam] *Leg dich hin und schließe die Augen.* | **Lay down and shut your eyes.** [Fordernd] *Leg dich hin und mach die Augen zu.*

Klar, dass bei Ansagen der deftigeren Art immer **shut** steht: **Shut up!** *Sei still!* | **Shut your mouth!** *Halt den Mund!* | **Shut your trap!** *Halt die Klappe!* | **Shut your face!** *Halt die Fresse!* Hier wäre **close**, wenn man sich denn schon so ausdrücken muss, nicht angebracht.

▶ Als Gegensatz zu **open** i.S.v. *eröffnen, beginnen* kommt nur **close** in Frage: **The judge opened the trial and closed it after a few minutes.** *Der Richter eröffnete die Verhandlung und schloss sie nach wenigen Minuten.* [Nicht: *… shut it after a few minutes.] | **When it became clear that no agreement could be reached, the negotiations were closed.** *Als klar wurde, dass keine Einigung erzielt werden konnte, wurden die Verhandlungen beendet.*

▶ Bei **lock** (abschließen, verschließen, verriegeln) ist immer ein Schlüssel oder ein Riegel im Spiel: **Have you locked the garage?** *Hast du die Garage abgeschlossen?* | **I always lock my bike and chain it to a lamp post.** *Ich schließe mein Fahrrad immer ab und kette es an einen Laternenpfahl.*

lock sb/sth **up** | *jmdn/etw einschließen, einsperren:* **We always lock up our valuables in a safe.** *Wir schließen unsere Wertsachen immer in einem Safe ein.* | **At times my parents would lock me up in the cellar.** *Früher sperrten mich meine Eltern manchmal im Keller ein.*

close | ADJ

▶ *nahe, dicht (an etw), knapp,* [Untersuchung, Prüfung] *eingehend, gründlich:* **We had seats close to the stage.** *Wir hatten Plätze nahe an der Bühne.* | **She didn't realise how close to death she had been.** *Ihr war nicht bewusst, wie nahe sie dem Tod gewesen war.* | **Pollsters predicted a close election.** *Meinungsforscher sagten einen knappen Wahlausgang voraus.* | **A close examination of the incident brought about a surprising result.** *Eine gründliche Untersuchung des Vorfalls erbrachte ein überraschendes Ergebnis.*

▶ [enge persönliche Beziehung] *nahe, nahestehend:* **He was a close friend of the decedent.** *Er war ein enger Freund des/der Verstorbenen.* | **In all those years, a close relationship had developed between them.** *In all den Jahren hatte sich zwischen ihnen eine enge Beziehung entwickelt.*

101 **clothes** | NOUN, no sg | und **cloth** | REG NOUN

▶ Als **clothes** (seltener: **clothing**, *Bekleidung*) bezeichnen wir das, was wir am Körper tragen: *Kleidung, Klamotten, Sachen* (zum Anziehen). Von **clothes** gibt es keine Einzahlform, ein einzelnes *Kleidungsstück* ist **a piece** [auch: **an article**] **of clothing** oder **a garment**. Sagen Sie also nicht: *a clothe oder *three clothes.

VOCABULARY: **casual clothes** *saloppe Kleidung, Freizeitbekleidung* | **designer** ~ *Designerklamotten* | **groovy** ~ *schicke Klamotten* | **old** ~ *Altkleider* | **spare** ~ *Ersatzklamotten, Sachen zum Wechseln* | **working** ~ *Arbeitskleidung, Dienstkleidung* | **worn** ~ *getragene Kleidung*.

Bemühen Sie sich nicht, ein an die Endung -th angefügtes Plural-s lautgenau auszusprechen – Engländer tun es auch nicht. Das hinderliche -th- wird mehr oder weniger verschluckt, so dass nur noch das **s** zu hören ist. Sagen darum auch Sie ganz unangestrengt [kləʊz].

▶ **cloth** [klɒθ] bedeutet *Tuch* oder *Stoff*, bezeichnet also das Material, aus dem Kleidung, Vorhänge oder Decken gefertigt werden. Kleinere Stücke finden auch im Haushalt Verwendung, z.B. als **tablecloth** *Tischtuch, Tischdecke*, **floor cloth** *Wischlappen, Scheuerlappen*, **cleaning cloth** *Reinigungstuch*, **dustcloth** *Staublappen*, **oven cloth** *Topflappen* oder **drying up-cloth** *Geschirrtuch*, **lens cloth** *Brillenputztuch*.

102 **collect** | REG VERB

▶ *(ein)sammeln, kassieren, abholen*: **School children were collecting empty cans from the beach.** *Schulkinder sammelten am Strand leere Dosen ein.* | **We are collecting money for our school trip.** *Wir sammeln Geld für unsere Klassenreise.* | **Collecting dolls is a costly hobby.** *Puppen (zu) sammeln ist ein kostspieliges Hobby.*

PEOPLE **collect autographs** *sammeln Autogramme* | ~ **beermats** *Bierdeckel* | ~ **coins** *Münzen* | ~ **old records** *alte Schallplatten* | ~ **signatures** (for a petition) *Unterschriften (für eine Petition)* | ~ **stamps** *Briefmarken* | ~ **shells** *Muscheln* | ~ **mushrooms** *Pilze* | ~ **mail** *holen Post ab* | ~ **their car from the garage** *holen ihr Auto aus der Werkstatt ab*.

AUTHORITIES **collect fees / charges / taxes / contributions** *ziehen Gebühren / Abgaben / Steuern / Beiträge ein* | ~ **information** *sammeln Informationen* | ~ **data** *sammeln Daten*.

TEACHERS **collect homework** / ~ **compositions** / ~ **exercise-books** *sammeln Hausaufgaben / Aufsätze / Hefte ein*.

PARENTS **collect their children from school** - *… holen ihre Kinder aus der Schule ab*.
HOTELS **collect their guests from the airport** - *… holen ihre Gäste vom Flughafen ab*.

- **collection** | REG NOUN | *Sammlung*
- **collector** | REG NOUN | *Sammler*
- **collective** | ADJ | *gesammelt, Sammel…, kollektiv;* [Arbeitswelt] *Tarif-…:*
  collective bargaining *-Tarifverhandlung(en)*, **collective agreement** *-Tarifvertrag*

103 FARBE: **colour, paint** und **tan** | REG NOUNS

▶ **colour** [AmE: **color**] ist *Farbe* als Sinneseindruck: **My favourite colour is green.** *Meine Lieblingsfarbe ist grün.* | **Most of the photos in this book are in colour.** *Die meisten Fotos in diesem Buch sind in Farbe.* | **This year we are going to Canada because of the wonderful autumn colours.** *Dieses Jahr fahren wir nach Kanada wegen der wunderschönen Herbstfarben.* | **Some animals change their colour to match their surroundings.** *Einige Tiere wechseln die Farbe, um sich ihrer Umgebung anzupassen.* | **Colour TV was introduced in 1967.** *Das Farbfernsehen wurde 1967 eingeführt.*

▶ **paint** [usu sg] ist der *Farbanstrich*, die *aufgetragene Farbe*, die *Schminke*: **I need some white gloss paint for my garden-fence.** *Ich brauche weiße Lackfarbe für meinen Gartenzaun.* | **Be careful, the paint isn't dry yet**. *Sei vorsichtig, die Farbe ist noch nicht trocken.* | **It was hard to scrape the old paint off the wall.** *Es war schwer, die alte Farbe von der Wand zu kratzen.* | **Wet paint!** *Frisch gestrichen!* | **She would look much prettier without that much paint on her face.** *Ohne so viel Schminke auf dem Gesicht sähe sie viel hübscher aus.*

paint sth | REG VERB | [Wände, Fassaden, Oberflächen usw.] *anstreichen, bemalen*
painting | REG NOUN | *Gemälde*

▶ **tan** [no pl] geht auf das französische **teint** zurück und bezeichnet die durch Sonneneinwirkung (Natur oder Studio) entstandene Bräune der Haut: **Cynthia came back from holiday with a wonderful tan.** *Cynthia kam schön braungebrannt aus dem Urlaub zurück.* | **My tan is beginning to fade.** *Meine Bräune fängt an zu verblassen.* | **A nice tan is one thing, healthy skin is another**. *Eine nette Bräune ist eine Sache, gesunde Haut eine andere.*

- **tan** | REG VERB | *bräunen, sich bräunen lassen*
- **tanned** | ADJ / PP | *gebräunt, braungebrannt*

104 come | IRREG VERB [came, come]

▶ *kommen* [um etwas zu erledigen oder bei etwas dabei zu sein], *herkommen, näher kommen:* **The dustmen come every other Wednesday.** *Die Müllmänner kommen jeden zweiten Mittwoch.* | **I've come straight from work.** *Ich komme direkt von der Arbeit.* | **We've come about your advertisement.** *Wir kommen wegen Ihrer Anzeige.* | **How many are coming to the class reunion?** *Wie viele kommen zum Klassentreffen?* | **Telephone for you, Madam! – I'm coming.** *Telefon für Sie, Madam! – Ich komme.*

PHR VERBS: **come across** sb/sth *auf jmdn/etw stoßen* | ~ **along** (**with sb**) *(mit jmdm) mitkommen, mitgehen* | ~ **round** [AmE: **around**] *vorbeikommen* | ~ **near** *sich nähern, näherkommen* | ~ **back** *zurückkommen* | ~ **closer** *näherkommen* | ~ **down** *herunterkommen, herabstürzen* | ~ **in** *hereinkommen* | ~ **off** [Farbe, Schmutz, Knopf] *abgehen, sich ablösen* | ~ **on!** [aufmunternd, auffordernd] *Na los! Nun komm schon! Nun mach schon! Auf geht's!* | ~ **out** *herauskommen,* [Fleck aus Kleidung] *rausgehen,* [Buch, Film, Produkt] *herauskommen, erscheinen* | ~ **running** *(an)gelaufen kommen* | ~ **together** *zusammenkommen* | ~ **true** *in Erfüllung gehen, sich erfüllen, wahr werden* | ~ **up** *aufkommen,* [Thema] *zur Sprache kommen,* [Ereignis] *bevorstehen*

105 compare | REG VERB

▶ *etw vergleichen:* **I compared several cameras before buying this one.** *Ich habe mehrere Kameras verglichen, bevor ich diese gekauft habe.* | **It's not easy to compare prices when you pay in foreign currency.** *Es ist nicht leicht, Preise zu vergleichen, wenn man in ausländischer Währung bezahlt.* | **When I compare the classical and the modern versions, I can't tell which I prefer.** *Wenn ich die klassische und die moderne Fassung vergleiche, kann ich nicht sagen, welche ich besser finde.*

▶ **compare** sb/sth **with** [oder: **to**] sb/sth - *jmdn/etw mit jmdn/etw vergleichen:* **Look at this copy and compare it with the original: you will hardly notice a difference.** *Sieh dir diese Kopie an und vergleiche sie mit dem Original: du wirst kaum einen Unterschied feststellen.* | **You can't compare apples with oranges.** *Man kann nicht Äpfel mit Orangen* [Wir sagen: ... Äpfel mit Birnen] *vergleichen.*

▶ **compare** sb/sth **to** sb/sth - *jmdn/etw mit jmdn/etw vergleichen* [auf Ähnlichkeiten oder Gemeinsamkeiten aufmerksam machen]: **Some critics compare her to Marilyn Monroe for her way of acting.** *Wegen ihrer Art zu spielen vergleichen einige Kritiker sie mit Marilyn Monroe.*

▶ **compare with** [oder: **to**] sb/sth - *sich mit etw vergleichen lassen, mit etw messen können, mit etw mithalten können:* **Imported tomatoes can't compare with homegrown ones.** *Importierte Tomaten können mit selbst angebauten nicht mithalten.* [= Selbst angebaute Tomaten schmecken besser]. | **Nothing compares with a good dinner.** *Es gibt nichts Schöneres als ein gutes Essen. Nichts geht über ein gutes Essen.* | **Nothing compares with a life in poverty.** *Es gibt nichts Schlimmeres als ein Leben in Armut.*

▶ **compared with** ... [auch: **compared to**] - *verglichen mit ..., im Vergleich zu ...:* **Compared with other big cities, London is quite an expensive place.** *Im Vergleich zu anderen Großstädten ist London ein ziemlich teures Pflaster.* | **A thunderstorm in this part of the world is nothing compared to what one can experience in the tropics.** *Ein Gewitter in diesem Teil der Welt ist nichts im Vergleich zu dem, was man in den Tropen erleben kann.*

- **comparison** | REG NOUN | *Vergleich:* **in comparison with** ... - *im Vergleich zu ...*
- **comparable** (**with** ...) | ADJ | *vergleichbar (mit ...)*
- **comparative** | ADJ | *vergleichend, Vergleichs...:* **a comparative study**
- **comparatively** | ADV | *vergleichsweise:* **comparatively rare** - *vergleichsweise selten*

106 complain | REG VERB

▶ *sich beklagen, sich beschweren* (**about** sb/sth - *über jmdn/etw*): **We really can't complain. Everything is fine.** *Wir können uns wirklich nicht beklagen. Alles ist bestens.* | **Some people are constantly complaining about something.** *Manche Leute beklagen sich ständig über irgendetwas.*

▶ **complain to** sb - *sich bei jmdm beschweren:* **You had best complain to the management.** *Sie beschweren sich am besten bei der Geschäftsleitung.*

▶ **complain of** sth - *über Beschwerden klagen:* **He often complains of pains in his back.** *Er klagt oft über Schmerzen im Rücken.* | **She has been complaining a lot of headaches lately.** *Sie klagt in letzter Zeit viel über Kopfschmerzen.*

- **complaint** | REG NOUN | *Beschwerde, Klage:*
- **make a complaint** - *Klage führen, eine Beschwerde vorbringen*

107 **confirm** | REG VERB

▶ *bestätigen, bekräftigen:* **The hotel has confirmed my booking in writing.** *Das Hotel hat meine Buchung schriftlich bestätigt.* | **These figures have been neither confirmed nor denied so far.** *Diese Zahlen sind bislang weder bestätigt noch dementiert worden.* | **We found our worst fears confirmed.** *Wir fanden unsere schlimmsten Befürchtungen bestätigt.*

- **confirmation** | REG NOUN | *Bestätigung,* auch: *Konfirmation*
- **confirmed** | ADJ / PP | *bestätigt;* **unconfirmed** - *unbestätigt*
- **confirmed** | ADJ | *überzeugt, … aus Überzeugung:*
  a confirmed vegetarian - *ein überzeugter Vegetarier*

108 **consider** | REG VERB

▶ **consider** sb sth | **consider** sth sth - *jmdn/etw für … halten, jmdn/etw als … betrachten, als … ansehen,* **We don't consider a further meeting necessary.** *Wir halten ein weiteres Treffen nicht für nötig.* | **I consider this matter finished.** *Ich sehe diese Angelegenheit als beendet an.* | **She considers her new job a big chance to advance professionally.** *Sie sieht ihre neue Aufgabe als große Chance an, beruflich voranzukommen.* [Nicht: *consider as necessary, … as finished, … as a chance*] | **Consider it done.** *Schon erledigt.* [= Wird sofort gemacht.] | **Consider me gone.** *Bin schon weg!* [= Ich gehe gleich.]

▶ **consider** sth | **consider doing** sth | *etw bedenken, in Betracht ziehen, überlegen, erwägen, ins Auge fassen:* **Have you considered my proposal?** *Haben Sie über meinen Vorschlag nachgedacht?* | **Have you ever considered marrying?** *Habt ihr je daran gedacht zu heiraten?* | **She has never seriously considered starting a family.** *Sie hat nie ernsthaft erwogen, eine Familie zu gründen.*

REG NOUN | **consideration** - *Betrachtung, Überlegung, Erwägung:*
after careful consideration - *nach reiflicher Überlegung*
- **considerable** | ADJ | *beträchtlich:* **the costs were considerable**
- **considerably** | ADV | *beträchtlich:* **the costs were considerably higher**
- **considering that** … | CONJ PHR | *Wenn man bedenkt, dass …*

109 **contain** | REG VERB

▶ *enthalten, beinhalten, zum Inhalt haben:* **All these foods contain too much fat.** *Alle diese Nahrungsmittel enthalten zuviel Fett.* | **How much nicotine does a cigarette contain?** *Wie viel Nikotin enthält eine Zigarette?* | **The report contained a number of serious mistakes.** *Der Bericht enthielt eine Reihe schwerwiegender Fehler.*

- **container** | REG NOUN | *Behälter, Container*
- **containerise** [AmE: **containerize**] sth | REG VERB | *etw in Container verladen*

110 **control** | REG VERB

▶ **control** heißt *kontrollieren im Sinne von lenken, steuern, regeln, überwachen, beherrschen, unter Kontrolle haben:*
A few big companies control the world's oil production. *Einige wenige große Gesellschaften kontrollieren die Ölproduktion der Welt.* | **The rebel army now controls large parts of the country.** *Die Rebellenarmee kontrolliert jetzt große Teil des Landes.* | **The police were no longer able to control the crowd.** *Die Polizei war nicht länger in der Lage, die Menge unter Kontrolle zu halten.* | **The population keeps growing inexorably although the government strictly control the birth rate.** *Die Bevölkerung wächst unaufhaltsam weiter, obwohl die Regierung streng die Geburtenrate kontrolliert.*

Wir begegnen dem Verb **control** auch auf Flughäfen, an Grenzübergängen oder in öffentlichen Gebäuden, etwa in Bezeichnungen wie **admission control** *Eingangskontrolle,* **identity control** *Identitätskontrolle,* **customs control** *Zollkontrolle,* **luggage control** [AmE: **baggage control**] *Gepäckkontrolle* oder **passport control** *Passkontrolle.*

▶ Verwenden Sie **control** nicht, wenn es darum geht, Geräte, Dokumente, Unterlagen usw. auf Richtigkeit, Gültigkeit oder Funktionsfähigkeit hin zu überprüfen. Solche Vorgänge werden mit Verben wie **check, examine** oder **inspect** bezeichnet:
Don't forget to check the oil (level) and the tyre pressure. *Vergiss nicht, den Ölstand und den Reifendruck zu kontrollieren.* | **Planes are carefully checked before take off.** *Flugzeuge werden vor dem Start gründlich kontrolliert.* | **The tax inspector thoroughly examined the company's books.** *Der Steuerprüfer hat die Bücher gründlich kontrolliert.* | **Hospitals, care homes, kindergartens and restaurants should be inspected regularly.** *Krankenhäuser, Pflegeheime, Kindergärten und Restaurants sollten regelmäßig kontrolliert werden.*

111 **convince** und **persuade** | REG VERBS

▶ **convince** sb | *jmdn überzeugen (of sth ... von etwas ...* | **that** ... *dass ...*): **The arguments of the prosecution didn't fully convince the court.** *Die Argumente der Staatsanwaltschaft haben das Gericht nicht restlos überzeugt.* | **My wife finally convinced me that it was better for me to see the doctor.** *Meine Frau hat mich schließlich (davon) überzeugt, dass es besser sei, wenn ich einen Arzt aufsuche.*

- **be convinced** | VERB PHR | *überzeugt sein (of sb/sth von jmdm/etw* | **that** ... *dass ...*)
- **conviction** | REG NOUN | *Überzeugung*
- **convincing** | ADJ | *überzeugend*

▶ **persuade** sb **to do** sth (*jmdn überreden, jmdn dazu bringen, etwas zu tun*) bezeichnet den Versuch, jemanden durch gutes, oft beharrliches Zureden zu einem bestimmten *Handeln* oder *Verhalten* zu bewegen, dem er skeptisch oder ablehnend gegenübersteht:

The tour guide persuaded us to visit a carpet factory. *Der Reiseleiter überredete uns zum Besuch einer Teppichfabrik.* | **It wasn't easy to persuade my mother to go to a nursing home.** *Es war nicht leicht, meine Mutter dazu zu überreden, in ein Altersheim zu gehen.*

- **persuasion** | REG NOUN | *Überredung*
- **persuasive** | ADJ | *überzeugend*: **persuasive power** - *Überzeugungskraft*

112 KOCHEN: **cook** und **boil** | REG VERBS

▶ **cook** | [Essen] *kochen, zubereiten*: **If you cook our dinner tonight, I'll do the washing up.** *Wenn du heute Abend unser Essen kochst, mache ich den Abwasch.* | **A week before we were to get married, Jodie told me she couldn't cook.** *Eine Woche, bevor wir heiraten sollten, sagte mir Jodie, sie könne nicht kochen.* | **Do you cook with gas or electricity?** *Kocht ihr mit Gas oder Strom?*

▶ **boil** | *kochen, sieden,* [Speisen, Wäsche] *in kochendem Wasser erhitzen*: **The potatoes have to boil for twenty minutes.** *Die Kartoffeln müssen 20 Minuten kochen.* | **At what temperature does water boil?** *Bei welcher Temperatur kocht Wasser?* | **We haven't got much for breakfast, but I could boil some eggs.** *Wir haben wenig zum Frühstück, aber ich könnte ein paar Eier kochen.* | **Be careful with these shirts! Above all, don't boil them.** *Sei vorsichtig mit diesen Hemden. Koche sie vor allem nicht!*

Wenn Engländer sagen: **The kettle is boiling**, so bedeutet das nichts anderes als: **The water is boiling** *(Das Wasser kocht.)*

- **cook** | REG NOUN | *Koch*
- **cooker** | REG NOUN | *Kocher* [AmE: **stove** oder **range**]

113 **cope** | REG VERB

▶ **cope** (**with** sth) bezeichnet die Fähigkeit, Probleme, schwierige Situationen zu *meistern,* zu *bewältigen,* zu *verkraften,* ihnen *gewachsen zu sein,* mit ihnen *fertig zu werden*:

Martha has to cope with three small children and all the housework. *Martha muss mit drei kleinen Kindern und der ganzen Hausarbeit fertig werden.* | **He has never learnt to cope with difficulties.** *Er hat es nie gelernt, mit Schwierigkeiten fertigzuwerden.* | **I sometimes wonder how he manages to cope with all that stress.** *Ich frage mich manchmal, wie er es schafft, den ganzen Stress auszuhalten.* | **Some just can't cope.** *Einige kommen einfach nicht zurecht.*

114 **country, countryside, landscape** und **land** | REG NOUNS

▶ **country** bezeichnet das *Land* im Sinne von *Staat,* aber auch das *ländliche Gebiet* als Siedlungsraum (im Gegensatz zur Stadt):

Which country are you from? *Aus welchem Land sind Sie?* | **I live in Canada, but my native country is Austria.** *Ich lebe in Kanada, aber mein Geburtsland ist Österreich.* | **My aunt has bought an old country cottage not far from Kilkenny.** *Meine Tante hat ein altes Landhaus nicht weit von Kilkenny gekauft.* | **Life in the country needn't be dull.** *Das Leben auf dem Land muss nicht eintönig sein.*

▶ **countryside** [no pl] beschreibt das *Land* als *ländliche Gegend,* als *malerische Landschaft,* als *ländliche Idylle,* als *Provinz*:

We have a holiday home in the countryside. *Wir haben ein Ferienhaus auf dem Lande.* | **How about a trip into the countryside?** *Wie wär's mit einem Ausflug ins Grüne?* | **We would love to live in the countryside, wouldn't you?** *Wir würden sehr gern auf dem Land leben, Sie nicht?* | **The autumn sun bathed the countryside in beautiful light.** *Die Herbstsonne tauchte die Landschaft in wunderschönes Licht.*

▶ **landscape** ist enger gefasst als **countryside**. Das Wort bildet gewissermaßen einen Ausschnitt von **countryside** ab, der durch charakteristische Merkmale gekennzeichnet ist, wie in **autumn landscape** *Herbstlandschaft* | **winter** ~ *Winterlandschaft* | **desert** ~ *Wüstenlandschaft* | **moon** ~ *Mondlandschaft* | **crater** ~ *Kraterlandschaft* | **heath** ~ *Heidelandschaft* | **moor** ~ *Moorlandschaft* | **coastal** ~ *Küstenlandschaft,* | **dune** ~ *Dünenlandschaft* | **natural** ~ *Naturlandschaft* | **bleak** ~ *kahle, karge Landschaft* | **tropical** ~ *Tropenlandschaft*

VOCABULARY: **landscape gardener** *Landschaftsgärtner* | ~ **photographer** *Landschaftsfotograf* | ~ **painter** *Landschaftsmaler* | ~ **mode** [oder: ~ **format**] *Querformat*

▶ Mit **land** wird das *feste Land* bezeichnet (im Gegensatz zur See), ebenso *Grund und Boden, nutzbares Land, Landbesitz:*

After several weeks at sea they finally sighted land. *Nach mehreren Wochen auf See sichteten sie endlich Land.* | **All of us were glad to be on land again**. *Wir waren alle froh, wieder an Land zu sein.* | **Good building land has become scarce around here**. *Gutes Bauland ist knapp geworden in dieser Gegend.* | **It's almost impossible to grow anything on such dry and stony land**. *Es ist fast unmöglich, auf so trockenem und steinigem Land etwas anzubauen.*

115 **course** | REG NOUN

▶ *Kurs* [Verlauf von Straßen, Flüssen usw.]: **Follow the course of the road for about a mile.** *Folgen Sie etwa eine Meile dem Lauf der Straße.* | **Along the course of the river there are some nice resting places**. *Entlang dem Lauf des Flusses gibt es ein paar nette Rastplätze.*

▶ *Kurs* [vorgegebene Route von Schiffen und Flugzeugen], *Rennstrecke, Rennbahn, Piste, Parcours:* **The ship set course for the Bahamas.** *Das Schiff nahm Kurs auf die Bahamas.* | **The gale forced the pilot to go off course**. *Der Sturm zwang den Piloten, vom Kurs abzuweichen.* | **Hours before the start fans gathered along the race course**. *(Schon) Stunden vor dem Start fanden sich die Fans entlang der Rennstrecke ein.*

▶ *Kurs* als Lehrgang: **language course** *Sprachkurs* | **dancing** ~ *Tanzkurs* | **basic** ~ *Einführungkurs, Grundkurs* | **first-aid** ~ *Erste-Hilfe-Kurs* | **sailing** ~ *Segelkurs* | **beginner's** ~ *Anfängerkurs* | **advanced** ~ *Fortgeschrittenenkurs, Leistungskurs* | **crash** ~ *Intensivkurs* | **evening** ~ *Abendkurs* | **holiday** ~ *Ferienkurs* | **refresher** ~ *Wiederholungskurs, Auffrischungskurs*

▶ *Lauf, Ablauf, Verlauf von etw:* **in the course of time** *im Laufe der Zeit* | **in the** ~ **of history** *im Laufe der Geschichte* | **in the** ~ **of the discussion** *im Verlauf der Diskussion* | **in the** ~ **of a long life** *im Laufe eines langen Lebens* | **in due** ~ *zu gegebener Zeit* | **take the expected** ~ *den erwarteten Verlauf nehmen* | **take an unexpected** ~ *einen unerwarteten Verlauf nehmen*

▶ **of course** - *natürlich, selbstverständlich, freilich, klar, na klar, klar doch, logo:* **It's not free of course but worth the money.** *Es ist natürlich nicht umsonst, aber es ist sein Geld wert.* | **Will you help me? – Of course I will.** *Hilfst du mir? – Na klar.*

Verwechseln Sie **of course** nicht mit **off course**, was Sie in Wendungen finden wie **go off course** *vom Kurs abweichen*, **come off course** [oder: **get off course**] *vom Kurs abkommen* und **throw** sb **off course** *jmdn* [als Folge eines negativen Erlebnisses] *aus der Bahn werfen*

116 **crash** | REG NOUN

▶ Bei **crash** hört man förmlich, was passiert – es *kracht:* **The cause of the plane crash is still unclear.** *Die Ursache des Flugzeugabsturzes ist immer noch unklar.* | **Computer crashes can't be completely avoided.** *Computerabstürze können nicht vollständig vermieden werden.* | **Each car has to undergo a crash test before it gets onto the market.** *Jedes Auto muss einen Crashtest durchlaufen, bevor es auf den Markt kommt.*

VOCABULARY: **plane crash** [oder: **air crash**] *Flugzeugabsturz* | **bank** ~ *Bankenzusammenbruch, Bankenpleite* | **housing** ~ *Immobilienkrise* | **stock exchange** [oder: **stock market**] ~ *Börsenkrach* | **computer** ~ *Computerabsturz*

crash barrier *Leitplanke* | ~ **helmet** *Sturzhelm* | ~ **landing** *Notlandung* | ~ **course** *Intensivkurs, Crashkurs*

crash | REG VERB

▶ *stürzen, krachen, zusammenbrechen,* [Fahrzeuge] *auffahren, zusammenstoßen:* **The baby pulled at the tablecloth, and the dishes crashed to the floor.** *Das Baby zerrte an der Tischdecke, und das Geschirr fiel krachend zu Boden.* | **The police car crashed into a parked lorry.** *Das Polizeifahrzeug fuhr auf einen parkenden Lastwagen auf.* | **A huge tree crashed onto the roof.** *Ein riesiger Baum stürzte auf das Dach.* | **The global financial markets threatened to crash.** *Die Weltfinanzmärkte drohten einzubrechen.*

- **crash out** | PHR VERB | *sich aufs Ohr legen*, ugs: *sich hinhauen* [= ein Schläfchen machen]

117 **critic** | REG NOUN

▶ Aufgepasst: mit **critic** ist nicht *Kritik gemeint,* sondern derjenige, der eine solche verfasst – der *Kritiker:* **He is a noted film critic.** *Er ist ein bekannter Filmkritiker.* | **I am my own sharpest critic.** *Ich bin mein eigener schärfster Kritiker.* | **The influence of critics is overestimated.** *Der Einfluss von Kritikern wird überschätzt.*

▶ *Kritik* als wertende Meinungsäußerung heißt **criticism: Constructive criticism is always welcome.** *Konstruktive Kritik ist immer willkommen.* | **I don't think your criticism is justified.** *Ich denke nicht, dass deine Kritik gerechtfertigt ist.* | **He is feared for his biting criticism.** *Er ist wegen seiner beißenden Kritik gefürchtet.*

▶ *Kritik* als veröffentlichter Beitrag heißt **review: The show got excellent reviews.** *Die Show erhielt glänzende Krtitiken.* | **I always read the reviews on a film before I go to see it.** *Ich lese immer die Kritiken eines Films, bevor ich ihn mir ansehe.*

- **criticise** [AmE: **criticize**] sb/sth | REG VERB | *jmdn/etw kritisieren*
- **critical** - *kritisch:* **in critical conditon** | ADJ | [Kranker, Verletzter] *in kritischem Zustand*

118 **crossing** | REG NOUN

▶ *Übergang, Überquerung, Durchquerung, Überfahrt* [mit dem Schiff]: **We waited nearly three hours at the frontier crossing.** *Wir warteten fast drei Stunden am Grenzübergang.* | **The first crossing of the Himalayas dates back to the year 1941.** *Die erste Himalaya-Überquerung geht ins Jahr 1941 zurück.* | **How long will the ferry crossing take?** *Wie lange wird die Überfahrt mit der Fähre dauern?*

VOCABULARY: **railway crossing** [oder: **railroad** ~, auf Straßenniveau: **level** ~] *Bahnübergang* | **pedestrian** ~ *Fußgängerüberweg* | **zebra** ~ *Zebrastreifen*

Eine *Straßenkreuzung* heißt **crossroads** (meist im Plural), **junction** oder **intersection.**

119 **crowd** | REG NOUN

▶ *Menge, Menschenmenge, Gedränge:* **The thieves disappeared into the crowd.** *Die Diebe tauchten in der Menge unter.* | **In front of Buckingham Palace a large crowd was waiting for the Queen.** *Vor dem Buckingham-Palast wartete eine große Menschenmenge auf die Königin.* | **I'm not used to speaking in front of a large crowd.** *Ich bin es nicht gewohnt, vor einer großen Menschenmenge zu sprechen.* | **The police told the crowd to disperse.** *Die Polizei forderte die Menge auf, sich zurückzuziehen.*

- **crowd** sb/sth | REG VERB | *jmdn/etw umlagern, umringen, sich um jmdn drängen:*
  Customers crowded the counter. - *Kunden umlagerten den Ladentisch.*
  The pupils crowded their teacher. - *Die Schüler scharten sich um ihren Lehrer.*

crowded, populated und **inhabited** | ADJs / PPs

Alle diese Wörter beziehen sich auf Orte, an denen sich viele Menschen aufhalten. Anhand der folgenden Merkmale sind sie aber leicht zu unterscheiden:

▶ **crowded** - *voll, überfüllt:* **I hate crowded beaches.** *Ich hasse überfüllte Strände.* | **The bus was so crowded that I had to stand.** *Der Bus war so voll, dass ich stehen musste.* | **Around the stadium the streets were crowded with cars.** *Rund um das Stadion waren die Straßen von Autos überfüllt.*

▶ **populated** - *bevölkert, besiedelt:* **The Scottish Highlands are a thinly** [oder: **sparsely**] **populated area.** *Das schottische Hochland ist eine dünn besiedelte Gegend.* | **Before the first settlers arrived, the land was populated by Indian tribes.** *Bevor die ersten Siedler ankamen, war das Land von Indianerstämmen besiedelt.* | **Singapore is a small but densely populated city state.** *Singapur ist ein kleiner, aber dicht bevölkerter Stadtstaat.*

- **population** | REG NOUN | *Bevölkerung*

▶ **inhabited** - *bewohnt:* **What's the name of the world's smallest inhabited island?** *Wie heißt die kleinste bewohnte Insel der Welt?* | **This building hasn't been inhabited for years.** *Dieses Gebäude ist seit Jahren unbewohnt.*

- **inhabitant** | REG NOUN | *Bewohner, Einwohner:*
  The London Metropolitan Area has 14 million inhabitants.
  Der Großraum London hat 14 Millionen Einwohner.
- **habitat** | REG NOUN | [insbesondere von Tieren] *Lebensraum*

▶ **uninhabited** - *unbewohnt:* **The whole place looked rather uninhabited.** *Der ganze Ort sah ziemlich unbewohnt aus.* | **Any building will fall into disrepair when it remains uninhabited for years.** *Jedes Gebäude verfällt, wenn es jahrelang unbewohnt bleibt.*

120 cry, shout und scream | REG VERBS

▶ **cry** kann sowohl *schreien* als auch *weinen* bedeuten: **Babies start to cry as soon as they are born.** *Babys fangen an zu schreien, sobald sie geboren sind.* | **She cried bitter tears when the verdict was announced.** *Sie weinte bittere Tränen, als das Urteil verkündet wurde.* | **I could cry for joy.** *Ich könnte weinen vor Freude.*

Ein etwas veralteter Ausdruck für *weinen*, dem man vor allem in literarischen Texten begegnet, ist **weep: Maria lay weeping on her bed.** *Maria lag weinend auf ihrem Bett.*

▶ Bei **shout** fließen in der Regel keine Tränen, dafür wird es laut: **Stop shouting at me like that!** *Hör auf, mich so anzuschreien!* | **She shouted for joy.** *Sie jubelte vor Freude.* | **We shouted as loud as we could, but no one heard us.** *Wir riefen so laut wir konnten, aber niemand hörte uns.* | **I sometimes have to shout, as grandma doesn't hear very well.** *Ich muss manchmal schreien, weil Oma nicht sehr gut hört.* | **Our side lost the match although the fans were shouting themselves hoarse.** *Unsere Mannschaft verlor das Spiel, obwohl sich die Fans heiser schrien.*

▶ **scream** ist durchdringender als **shout**; man schreit vor Schmerzen, vor Angst oder in großer Erregung: **The boy was screaming with pain.** *Der Junge schrie vor Schmerzen.* | **She started to scream as she detected a big black spider on her blanket.** *Sie fing an zu schreien, als sie auf ihrer Decke eine große schwarze Spinne entdeckte.* | **My new boss is in the habit of screaming at his staff when he is in a bad mood.** *Mein neuer Chef hat die Angewohnheit, seine Mitarbeiter anzuschreien, wenn er schlechte Laune hat.*

121 current | ADJ

▶ Als Adjektiv bezeichnet **current** alles, was *jetzt* ist. Geläufige deutsche Entsprechungen sind *aktuelle, augenblickliche, momentane, derzeitige, derzeit gültige, laufende, gegenwärtige*:
The company expects further losses in the current business year. *Das Unternehmen erwartet im laufenden Geschäftsjahr weitere Verluste.* | **What's the current rate of exchange for the British pound?** *Wie ist der derzeitige Umtauschkurs für das britische Pfund?* | **The current indication is that we will be able to move into our new office by the end of May.** *Nach dem derzeitigen Stand der Dinge werden wir bis Ende Mai in unser neues Büro umziehen können.*

VOCABULARY: **current affairs, current issues** - *aktuelle Ereignisse, Zeitgeschehen*

FINANZEN: **current account** *Girokonto* | ~ **balance** *laufendes Guthaben* | ~ **liablilites** *laufende Verbindlichkeiten* | ~ **assets** *Umlaufvermögen* | ~ **rate** *aktueller Kurs, Tageskurs* | ~ **business** *laufende Geschäfte* | ~ **receipts** *laufende Einnahmen* | ~ **expenses** *laufende Ausgaben* | ~ **commitments** *laufende Verpflichtungen*

▶ Rechtschreibung: Verwechseln Sie **current** (Endung: -ent) nicht mit **currant** (Endung: -ant), der *Johannisbeere*.

- **currently** | ADV | *zur Zeit, gegenwärtig:*
The book is currently unavailable. *Das Buch ist zur Zeit nicht erhätlich, nicht lieferbar.*
- **current** | REG NOUN | *Strom:* **current of air** - *Luftströmung* | **electrical current** *elektrischer Strom:* **alternating current** - *Wechselstrom*, **direct current** - *Gleichstrom* [nach der Abkürzung **AC/DC** hat sich auch die gleichnamige australische Rockband benannt]

122 curtain | REG NOUN

▶ *Vorhang, Gardine:* **The stage curtain was made of heavy red velvet.** *Der Bühnenvorhang war aus schwerem rotem Samt gefertigt.* | **It's sometimes necessary to close the curtains when watching TV in daylight.** | *Es ist manchmal notwendig, die Vorhänge zuzuziehen, wenn man bei Tageslicht fernsieht.*

Für Theaterfreunde interessant: the curtain **rises** *(hebt sich)*, **goes up** *(geht auf)*, **comes down** oder **falls** *(fällt)*. Am Ende der Vorstellung gibt es, so sie denn gut war, **curtain calls**, wenn das lebhaft applaudierende Publikum die Schauspieler immer wieder vor den Vorhang ruft.

Mit dem **last curtain call**, dem *letzten Auftritt*, endet die Bühnenkarriere eines Künstlers: **After fifty years on stage he made his last curtain call on Saturday.** *Nach fünfzig Jahren auf der Bühne hatte er am Sonnabend seinen letzten Auftritt.*

Eine Erwähnung verdient in diesem Zusammenhang auch Winston Churchills berühmt gewordenes Wort vom **Iron Curtain** (*Eiserner Vorhang*) als Bezeichnung für die politisch-ideologische Trennung zwischen Ost und West in den Zeiten des Kalten Krieges. Churchill wörtlich: "**From Stettin in the Baltic to Trieste in the Adriatic an Iron Curtain has descended across the Continent.**" *Von Stettin an der Ostsee bis Triest am Mittelmeer hat sich ein eiserner Vorhang über den Kontinent gesenkt.*

123 custom, customer, customs | NOUNS

▶ **custom** - *Sitte, Brauch, Gewohnheit:* **Afternoon tea is a traditional custom in Britain.** *Der Nachmittagstee ist ein traditioneller Brauch in England.* | **In the villages they still cherish the old customs.** *Auf den Dörfern pflegen sie immer noch die alten Bräuche.*

▶ Aus **custom** ist auch **customer** *(Kunde)* entstanden – ursprünglich die Bezeichnung für jemanden, der „aus Gewohnheit" in einem bestimmten Geschäft einkaufte: **Mr Peterson is a regular customer at this shop.** *Mr Peterson ist Stammkunde in diesem Laden.* | **We supply to customers all over the world.** *Wir beliefern Kunden überall auf der Welt.* | **Customer services is an important part of our business.** *Kundendienst ist ein wichtiger Teil unseres Geschäfts.* | **The customer is king.** *Der Kunde ist König.*

- **customise** [AmE: **customize**] | REG VERB | *(individuell, nach Wunsch) anpassen, einrichten:* **The software can be customised according to the user's needs.** *Die Software kann den Bedürfnissen des Benutzers angepasst werden.*

- **customary** | ADJ | *üblich:* **Is it customary to tip taxi drivers?** *Ist es üblich, Taxifahrern Trinkgeld zu geben?*

▶ **customs** [no sg] ist der *Zoll* als Grenzkontrollbehörde: **As EU citizens I didn't need to go through customs.** *Als Bürger der EU brauchte ich nicht durch den Zoll zu gehen.* | **We got through customs without any problems.** *Wir sind ohne Probleme durch den Zoll gekommen.*
CONTEXT: **customs control** *Zollkontrolle* | ~ **formalities** *Zollformalitäten* | ~ **regulations** *Zollbestimmungen* | ~ **duties** *Zollgebühren* | ~ **investigation** *Zollfahndung*

124 date | REG NOUN

▶ **date** ist eine modische Bezeichnung für das, was man früher ein *Rendezvous* oder (veraltet) ein *Stelldichein* nannte: die Verabredung zweier Menschen zu einem privaten Beisammensein, einem Kennenlerntreffen, hinter dem meist die Absicht steht, eine romantische Beziehung zu beginnen oder sich auf ein erotisches Abenteuer einzulassen:
He never dared ask her out on a date. *Er hat sich nie getraut, sie um ein Date zu bitten.* | **We went to the cinema for our first date.** *Wir haben uns für unser erstes Treffen zu einem Kinobesuch verabredet.* | **Never be late for a date.** *Komme nie zu spät zu einer Verabredung.*

Trifft man sich mit einem Partner, dem man nie zuvor begegnet ist, spricht man von einem **blind date**. Solche Kontakte werden meist durch Freunde „eingefädelt", kommen aber auch über das Internet zustande: **My first blind date was disappointing,** *Mein erstes Blind Date verlief enttäuschend.* | **Our love story began with a blind date.** *Unsere Liebesgeschichte begann mit einem Blind Date.*

date sb | REG VERB, bes. AmE | mit jmdm *gehen* [= zusammen sein, eine Beziehung haben]

date | REG NOUN

▶ *Datum, Zeitpunkt, Termin:* **Have you already fixed a date for your next meeting?** *Habt ihr für euer nächstes Treffen schon ein Datum vereinbart?* | **The exam results will be announced at a later date.** *Die Prüfungsergebnisse werden zu einem späteren Zeitpunkt bekanntgegeben.* | **Can I rescind the contract if the manufacturer is unable to keep to the agreed delivery date?** *Kann ich vom Vertrag zurücktreten, wenn der Hersteller den vereinbarten Liefertermin nicht einhalten kann?*

Nach dem Datum fragen Sie wie folgt: **What's the date today?** [oder: **What's today's date?**] *Welches Datum haben wir heute? Den wievielten haben wir heute?* Die Antwort könnte dann beispielsweise lauten: **It's the eighth of January**, kurz: **The eighth of January** oder: **January the eighth.**

▶ **DAS DATUM IN GESCHRIEBENER FORM**
In Texten schreiben Sie ein Datum wie folgt: **She was born on the 3rd of February 1971.**
Our wedding date is **the 28th of November 2003.**
Als Angabe in Geschäftsbriefen: **3 February 2011** oder **3 Feb 2011**
Als Angabe in rein numerischer Form in Briefen oder auf Formularen: **3/2/1971, 28/11/2003**
[alt] She was born on **February the 3rd, 1971** | Our wedding date is **November the 28th, 2003**

Die Endungen **-st**, **-nd** und **-th** nach der Tagesziffer können entfallen:
February 3, 1971; November 28, 2003.

Will man diese Endungen mitschreiben, werden sie in der Regel nicht hochgestellt
(**February 3rd**). In Textverarbeitungsprogrammen
wird die *Hochstellung* allerdings oft automatisch erzeugt (**February 3rd.**)

▶ **DAS DATUM IN ZIFFERN**

Wollen Sie das Datum in Ziffern schreiben, beachten Sie bitte folgendes: In der amerikanischen Schreibweise steht die erste Ziffer für den **Monat**, in der britischen – wie bei uns auch – für den **Tag**. Ein besonders anschauliches Beispiel ist das Datum 9/11, das in den Vereinigten Staaten als *11. September* gelesen wird, im britischen Englisch dagegen als *9. November.* Da es sich in beiden Fällen um Ereignisse von historischer Bedeutung handelt (die Anschläge auf das World Trade Center bzw. den Fall der Berliner Mauer), sollte durch zusätzliche Angaben deutlich gemacht werden, welches Datum gemeint ist.

▶ **DAS DATUM IN GESPROCHENER FORM**

Die heute übliche Sprechform eines Datums lautet: Tag als Ordnungszahl + **of** + Monat + Jahr:
the third of February 1971, the 28th of November 2003
möglich auch: **February the third 1971**, **November the 28th, 2003**

Jahreszahlen sind immer als zwei Zehnergruppen zu sprechen (ohne Einfügung von **hundred**):
I was born on **February the third, nineteen seventy-one.**

Fällt die Jahreszahl ins 21. Jahrhundert, sagen Sie:
the 28th of November, two thousand three.

▶ Verwechseln Sie **dates** nicht mit **data**. Damit sind *Daten* gemeint, die Sie als Informationen über jemanden oder etwas aufbewahren oder in einem Computer verwalten.

update | REG NOUN | *Aktualisierung*, [Computerprogramm] *Update*
update sth | REG VERB | *etw aktualisieren, auf den neuesten Stand bringen, updaten*
dated [auch: **out of date**] | ADJ | *veraltet, aus der Mode, überholt*

125 dead, died und death

▶ Verwechseln Sie das Adjektiv **dead** *(tot)* nicht mit dem Hauptwort **death** *(Tod)* und der Verbform **died** *(starb, gestorben)*:

My father has been dead for twenty years. *Mein Vater ist seit zwanzig Jahren tot.* | **He died of a snakebite.** *Er starb an einem Schlangenbiss.* | **She was found dead under a bridge; it is still unknown what she died of.** *Sie wurde tot unter einer Brücke aufgefunden; es ist noch nicht bekannt, woran sie starb.* | **He died much too young, his death was a heavy blow to all of us.** *Er ist viel zu jung gestorben, sein Tod war ein schwerer Schlag für uns alle.*

- **die** (**from** sth oder **of** sth) | REG VERB | *(an etw) sterben*
- **die down** | REG VERB | *nachlassen,* [Wind, Sturm] *abflauen,* **die away** - *abebben, absterben*
- **deadly** | ADJ | *tödlich:* a **deadly** weapon, a **deadly** virus, a **deadly** poison

126 decent | ADJ

▶ Wieder eine dieser tückischen Fallen: **decent** klingt verlockend nach *dezent*, bedeutet aber *anständig, ordentlich, vernünftig, angemessen, fair:*

Our grandparents were plain but decent people. *Unsere Großeltern waren einfache, aber anständige Leute.* | **It was decent of him to acknowledge his share of responsibility.** *Es war anständig von ihm, seinen Teil der Verantwortung anzuerkennen.* | **I need some decent shoes for the hike.** *Ich brauche vernünftige Schuhe für die Wanderung.* | **We started the day with a decent breakfast.** *Wir begannen den Tag mit einem anständigen Frühstück.*

- **decency** | REG NOUN | *Anstand*
- **indecent** | ADJ | *unanständig*

127 decide | REG VERB

▶ *(sich) entscheiden:* **The case was decided in favour** [AmE: **favor**] **of the defendant.** *Der Fall wurde zugunsten des Angeklagten entschieden.* | **They are all good candidates. I can't decide who to vote for.** *Es sind alles gute Kandidaten. Ich kann mich nicht entscheiden, wen ich wählen soll.* | **A few hundred votes decided the election.** *Ein paar hundert Stimmen entschieden die Wahl.*

▶ **decide** (**not**) **to do** sth - *beschließen, etw (nicht) zu tun:* **We decided to stay another few days.** *Wir beschlossen, noch ein paar Tage zu bleiben.* | **The city council has decided to tear down the old bandstand.** *Der Stadtrat hat beschlossen, den alten Musikpavillon abzureißen.* | **After careful consideration they decided not to move to the city.** *Nach reiflicher Überlegung haben sie beschlossen, nicht in die Stadt zu ziehen.*

▶ **decide on** sb/sth - *sich für jmdn/etw entscheiden:* **For cost reasons we decided on a smaller car.** *Wir haben uns aus Kostengründen für ein kleineres Auto entscheiden.* | **After looking at lots of dogs we decided on an Irish terrier.** *Nachdem wir uns jede Menge Hunde angesehen hatten, entschieden wir uns für einen Irischen Terrier.*

▶ **decide against** sb/sth - *sich gegen jmdn/etw entscheiden:* **The offer wasn't too bad, but I finally decided against it.** *Es war kein so schlechtes Angebot, aber ich habe mich am Ende dagegen entschieden.* | **I still don't know why they decided against me.** *Ich weiß immer noch nicht, warum man sich gegen mich entschieden hat.*

- **decision** | REG NOUN | *Entscheidung:*
  make [oder: **take**] **a decision** *eine Entscheidung treffen*
- **decided** | ADJ / PP | *entschlossen*
- **decisive** | ADJ | *entscheidend*

128 depend | REG VERB

▶ **depend (on** sb/sth**)** - *von jmdm/etw abhängen, auf etw ankommen:* | **This country largely depends on foreign aid.** *Dieses Land hängt weitgehend von ausländischer Hilfe ab.* | **Success in life doesn't depend merely on oneself.** *Erfolg im Leben hängt nicht nur von einem selbst ab.* | **Whether you are admitted at university depends on your GPA (grade point average).** *Ob du an der Uni aufgenommen wird, hängt von deinem Notendurchschnitt ab.* | **Is he a rich man? – Well, it depends on what you understand by "rich".** *Ist er ein reicher Mann? - Nun, es kommt darauf an, was du unter „reich" verstehst.*

- **dependence** | REG NOUN | *Abhängigkeit,* **independence** [no pl] - *Unabhängigkeit*
  Independence Day - *Unabhängigkeitstag* [in den USA: 4. Juli, in Irland: 24. April]
- **dependent** | ADJ | *abhängig,* **independent** - *unabhängig*

129 destination | REG NOUN

▶ **destination** ist das *Reiseziel,* der *Bestimmungsort,* der *Zielbahnhof* oder *Zielflughafen:* **We were dead tired when we arrived at our destination.** *Wir waren todmüde, als wir unser Reiseziel erreichten.* | **Some airlines fly only to European destinations.** *Einige Fluggesellschaften fliegen nur europäische Ziele an.*

Verwechseln Sie **destination** nicht mit dem in gehobener Sprache verwendeten Wort **destiny** *(Bestimmung, Schicksal, Vorsehung):* **Destiny is a force that people can't control.** *Das Schicksal ist eine Macht, die Menschen nicht beeinflussen können.* | **The Force of Destiny is one of my favourite operas.** *„Die Macht des Schicksals"* [von Giuseppe Verdi, Originaltitel: La Forza del Destino] *ist eine meiner Lieblingsopern.*

VERB PHR | **be destined for** - *bestimmt sein für ...:* **These products are destined for export.** *Diese Produkte sind für den Export bestimmt.* | **The money was destined for the restoration of the library.** *Das Geld war für die Restaurierung der Bibliothek bestimmt.*

130 destroy | REG VERB

▶ *zerstören, vernichten:* **During the war, whole cities were destroyed by bombs.** *Im Krieg wurden ganze Städte durch Bomben zerstört.* | **The town of Pompeii was destroyed by the eruption of Mount Vesuvius in the year AD 79.** *Die Stadt Pompeji wurde durch den Ausbruch des Vesuv im Jahre 79 zerstört.* | **The fire in the archives has destroyed some precious documents.** *Das Feuer im Archiv hat wertvolle Dokumente vernichtet.* | **He was suspected of having destroyed evidence.** *Er wurde verdächtigt, Beweise vernichtet zu haben.*

- **destruction** | REG NOUN | *Zerstörung, Vernichtung*
- **destructive** | ADJ | *zerstörend, zerstörerisch:* **destructive power** - *zerstörerische Kraft*

131 different | ADJ

▶ *verschieden, unterschiedlich, anders (als jmd/etw* - **from** sb/sth oder **to** sb/sth, nicht aber: **than** sb/sth**):** **We put our household rubbish in three different bins.** *Wir tun unseren Hausmüll in drei verschiedene Behälter.* | **They are mother and daughter, different as they may look.** *Sie sind Mutter und Tochter, so unterschiedlich sie auch aussehen mögen.* | **Niklas and Lucas are twins, but as different as day and night.** *Niklas und Lucas sind Zwillinge, aber so verschieden wie Tag und Nacht.*

▶ Verwechseln Sie nicht **another** *(noch ein, -e, -en ...)* und **a different** *(einen anderen, eine andere, ein anderes):* **Bring me another beer.** *Bringen Sie mir noch ein Bier* [= das gleiche noch einmal]. Dagegen: **Bring me a different beer.** *Bringen Sie mir ein anderes Bier* [= nicht noch einmal das gleiche].

differ (from ... / **in** ...**)** | REG VERB | *verschieden sein, sich unterscheiden (von... / in ...):*
Tastes differ - *Die Geschmäcker sind verschieden.*

- **difference** | REG NOUN | *Unterschied:* **One can't see any difference.**
- **differently** | ADV | *anders:* **I think differently about it.** - *Ich denke anders darüber.*

132 disappoint | REG VERB

▶ **disappoint** heißt *enttäuschen,* ist also nicht das Gegenteil von **appoint** *(ernennen)* [→ 040]. Zum Wortschatz der Enttäuschten gehören ferner das Hauptwort **disappointment** *(Enttäuschung)* sowie die Adjektive **disappointing** *(enttäuschend)* und **disappointed** *(enttäuscht):* **We had invited her, but to our great disappointment she didn't even give an answer.** *| Wir hatten sie eingeladen, aber zu unserer großen Enttäuschung hat sie nicht einmal geantwortet.* | **The response to our appeal was a bit disappointing.** *Die Resonanz auf unseren Aufruf war etwas enttäuschend.* | **We were disappointed at** [oder: **about] the results.** *Wir waren von den Ergebnissen enttäuscht.* | **You are disappointing me.** *Du enttäuschst mich.*

133 divide | REG VERB

▶ *teilen, aufteilen, dividieren:* **She divided the birthday cake into 8 equal pieces.** *Sie teilte den Geburtstagskuchen in 8 gleich große Teile auf.* | **We normally divide our expenses.** *Wir teilen normalerweise unsere Ausgaben.* | **The teacher divided the class into six groups of four.** *Der Lehrer teilte die Klasse in sechs Vierergruppen auf.* | **The boys divided the money among themselves.** *Die Jungs teilten das Geld unter sich auf.*

- **division** | REG NOUN | *Teilung, Abteilung;* [Militär] *Division*
- **divided** | ADJ / PP | *geteilt:* **Korea is a divided country.** *Korea ist ein geteiltes Land.*
- **dividing** | ADJ | *trennend, Trennungs-…:* **a dividing line** - *eine Trennlinie*

134 divorce | REG NOUN

▶ Eine *Scheidung* bringt nicht nur im richtigen Leben eine Menge Probleme mit sich, auch ihre Bewältigung auf sprachlicher Ebene ist nicht ganz ohne. Haben sich beispielsweise Mark und Charlotte scheiden lassen, so lässt sich dies auf dreierlei Weise ausdrücken. Entweder sagen Sie: **Mark and Charlotte got a divorce** oder: **Mark and Charlotte got divorced** oder einfach: **Mark and Charlotte divorced**

Und so hat es sich dieser Vorgang abgespielt: einer der beiden musste *die Scheidung einreichen* (**file for divorce**), der andere *in die Scheidung einwilligen* (**grant the divorce**). Ist man einvernehmlich auseinandergegangen, so spricht man von **amicable divorce** oder von **divorce by mutual consent**. *(Scheidung in gegenseitigem Einvernehmen.)*

▶ **get a divorce** - *sich scheiden lassen:* **After living separately for more than one year, they decided to get a divorce.** *Nachdem sie mehr als ein Jahr getrennt gelebt hatten, beschlossen sie, sich scheiden zu lassen.* | **My parents got a divorce when I was seven years old.** *Meine Eltern ließen sich scheiden, als ich sieben Jahre alt war.* | **She is ready to part from him but refuses to get a divorce.** *Sie ist bereit, sich von ihm zu trennen, weigert sich aber, sich scheiden zu lassen.*

divorce | REG VERB

▶ **divorce sb** - *sich von jmdm scheiden lassen:* **She wanted him to divorce his wife.** *Sie wollte, dass er sich von seiner Frau scheiden lässt.* [Nicht: …*from his wife.] | **Celia divorced her husband after 30 years of marriage** [Nicht: …*from her husband]. *Celia hat sich nach 30 Jahren Ehe von ihrem Mann scheiden lassen.*

▶ **divorced** | ADJ | *geschieden:* **They have been divorced for half a year.** *Sie sind seit einem halben Jahr geschieden.* | **Phil has married a divorced woman with three children.** *Phil hat eine geschiedene Frau mit drei Kindern geheiratet.*

135 do | IRREG VERB [**did, done**]

▶ Grundbedeutung: *machen* [ohne nähere Angabe darüber, *was* gemacht wird], *tun, anstellen:* **What shall I do?** *Was soll ich machen?* | **What do you do** (for a living)**?** *Was machen Sie beruflich?* | **What are they doing over there?** *Was machen die da drüben?* | **Why did you do that?** *Warum hast du das getan?* | **I don't think I would do it a second time.** *Ich glaube nicht, dass ich es ein zweites Mal machen würde.* | **I am losing my hair and can't do anything about it.** *Ich verliere meine Haare und kann nichts dagegen tun.* | **Do what you like.** *Mach, was du willst.* | **Do as I do.** *Mach es so wie ich.* | **We'll never forget what you have done for us.** *Wir werden nie vergessen, was ihr für uns getan habt.*

▶ *etwas erledigen, abarbeiten, wegarbeiten, herrichten:* **Martha does at least one crossword a day**. *Martha macht mindestens ein Kreuzworträtsel pro Tag.* | **Someone phoned last night and asked if he could do an interview with me**. *Gestern Abend rief jemand an und fragte, ob er ein Interview mit mir machen könne.* | **It's no pleasure to do business with such people**. *Es ist kein Vergnügen, mit solchen Leuten Geschäfte zu machen.* | **He is a brilliant pupil but never does his homework**. *Er ist ein glänzender Schüler, macht aber nie seine Hausaufgaben.*

CONTEXT: **do housework** *Hausarbeit machen* | ~ **an exercise** *eine Übung machen* | ~ **a translation** *eine Übersetzung machen* | ~ **paperwork** *Papierkram erledigen* | ~ **a job** *eine Arbeit, eine Aufgabe erledigen* | ~ **one's military service** *seinen Militärdienst ableisten* | ~ **one's hair** *seine Haare machen* [= frisieren] | ~ **the beds** *die Betten machen* | ~ **the laundry** *Wäsche machen* | ~ **a room** *ein Zimmer herrichten* | ~ **the dishes** *den Abwasch machen* | ~ **sports** *Sport treiben* | ~ **the stairs** *die Treppe machen* [= putzen] | ~ **needle-work** *Handarbeit machen* | ~ **medicine** *usw. Medizin studieren* | ~ **a city** *eine Stadt besichtigen* [= die Sehenswürdigkeiten „abarbeiten"] | ~ **a film** *einen Film drehen* | ~ **Romeo** *usw. den Romeo* [= die Rolle des Romeo in *Romeo und Julia*] *spielen* | ~ **Beethoven's Fifth (Symphony)** *Beethovens Fünfte (Sinfonie) aufführen.*

do well *sich gut machen, seine Sache gut machen* | ~ **with** sth *etw gut gebrauchen können* | ~ **without** sth *auf etw verzichten können* | ~ **away with** sth *etw abschaffen, sich etw vom Hals schaffen*

WENDUNGEN: **How are you doing?** *Wie geht's denn so?* | **I'm doing fine** [oder: **all right**]. *Mir geht's gut.* | **Mother and baby are doing well.** *Mutter und Kind sind wohlauf.* | **Do as you please.** *Tun Sie, was Ihnen gefällt.* | **He is doing time.** *Er sitzt* [im Gefängnis]. | **She can't help doing it.** *Sie kann es nicht lassen.* | **Nothing doing!** *Nichts da! Kommt nicht in Frage!* | **That's all my doing.** *Das ist alles meine Schuld.*

136 documents

Auch in Großbritannien und den USA, wo es einen *Personalausweis* (**Identity Card,** kurz: **ID card** oder **IC**) nicht gibt, muss man seine Identität nachweisen können, indem man ein Dokument (**identity document,** kurz: **ID**) vorlegt, das ein *Passfoto* (**portrait photo**) enthält, also z.B. den *Führerschein* (**driving licence,** AmE: **driver's license**) oder den *Reisepass* (**passport**). Briten und Amerikaner weisen sich auch durch ihre *Sozialversicherungskarte* (**national insurance numbercard,** USA: **social security card**) aus; anhand der *Sozialversicherungsnummer* (**National Insurance number,** kurz: **NINO**) lässt sich die Identität einer Person zweifelsfrei ermitteln. Die Frage **Have you got any ID?** bedeutet also im Grunde nichts anderes als: *Können Sie sich ausweisen?*

Für die Einreise in bestimmte Länder wird ein *Visum* (**visa**) verlangt, das je nach Zweck des *Aufenthalts* (**purpose of stay**) ein *Touristenvisum* (**tourist visa**), ein *Durchreisevisum* (**transit visa**) oder ein *Geschäftsvisum* (**business visa**) sein kann und entweder als *befristetes Visum* (**temporary visa**) oder als *unbefristetes Visum* (**permanent visa**) ausgestellt wird.

Ein **working holiday visa** erlaubt es jungen Menschen, für längere Zeit (normalerweise ein Jahr) in einem Land zu bleiben und den Aufenthalt durch Arbeit zu finanzieren. Entsprechende Regelungen gelten beispielsweise für Australien, Neuseeland und Kanada.

In bestimmten Fällen werden auch eine *Meldebescheinigung* (**proof of residence**), ein *Staatsbürgerschaftsnachweis* (**certificate of citizenship**), eine *Aufenthaltserlaubnis* (**residence permit**) oder eine *Arbeitserlaubnis* (**work permit**) verlangt.

Wichtige Dokumente im Zusammenhang mit Gesundheit sind die *Krankenversicherungskarte* (**Health Insurance Card,** für das europäische Ausland: **European Health Insurance Card,** kurz: **EHIC**), die *Impfbescheinigung* (**Certificate of Vaccination,** auch: **Yellow Card**), der *Blutspenderausweis* (**blood donor card**) und der *Organspenderausweis* (**organ donor card**).

Dokumente und Bescheinigungen *werden beantragt* (**are applied for**), *ausgestellt* (**issued**) und bei Bedarf *erneuert* (**renewed**), *verlängert* (**extended**) oder *ersetzt* (**replaced**).

137 ZIEHEN: draw | IRREG VERB [drew, drawn] und pull | REG VERB

▶ **draw** - [ohne großen Kraftaufwand, z.B. eine Linie, einen Vorhang, eine Schublade] *ziehen:* **She drew her scarf over her face to protect herself from the icy wind.** *Sie zog sich den Schal vor das Gesicht, um sich gegen den eisigen Wind zu schützen.* | **I drew the curtains and saw that it was snowing.** *Ich zog die Vorhänge beiseite und sah, dass es schneite.* | **Before I realised what was going on, the man drew a pistol.** *Bevor ich begriff, was geschah, zog der Mann eine Pistole.* | **Draw two cards!** *Ziehen Sie zwei Karten.*

▶ **pull** - [oft mit Kraftaufwand, z.B. schwere Tür, Möbel, Stecker] *ziehen, auch: zerren:* **You push and we pull.** *Ihr schiebt, und wir ziehen.* | **A farmer was pulling a goat behind him.** *Ein Bauer zog eine Ziege hinter sich her.* | **Some strong men were trying to pull the boat ashore.** *Ein paar kräftige Männer versuchten, das Boot an Land zu ziehen.* | **The little girl pulled at her mother's dress.** *Das kleine Mädchen zerrte am Kleid ihrer Mutter.* | **A rescue helicopter pulled the passengers of the stricken ship up on a rope.** *Ein Rettungshubschrauber zog die Passagiere des havarierten Schiffes an einem Seil hoch.*

138 **dress** | REG VERB

▶ In der Bedeutung *sich anziehen, sich ankleiden* ist das Verb **dress** selten zu hören, stattdessen sagt man **get dressed: I overslept this morning and had to get dressed in a hurry.** *Ich habe heute morgen verschlafen und musste mich in aller Eile anziehen.*

Mit **get dressed** ist immer das vollständige Ankleiden gemeint. Zieht man sich dagegen nur ein einzelnes Kleidungsstück über, so heißt das **put on: Put on a clean shirt before you go and see the dentist.** *Zieh dir ein sauberes Hemd an, bevor du zum Zahnarzt gehst.* | **It's quite chilly today, you'd better put on something warm.** *Es ist recht kühl heute, du solltest dir etwas Warmes anziehen.* | **I have nothing to put on.** *Ich habe nichts anzuziehen.*

▶ Die rückbezügliche Form **dress oneself** ist nur angebracht, wenn betont werden soll, dass jemand, etwa durch Krankheit oder Behinderung, Schwierigkeiten beim Anziehen hat oder, wie zum Beispiel ein Kind, darin noch nicht geübt ist: **Lykka is pretty smart for her age, she can dress herself and tie up her shoes.** *Lykka ist sehr geschickt für ihr Alter; sie kann sich allein anziehen und die Schuhe zubinden.*

▶ **dress up** wird dort verwendet, wo man sich besonders *schick anzieht, fein macht, in Schale wirft:* **In my younger days people used to dress up on Sundays.** *In meiner Jugend haben sich die Leute sonntags fein gemacht.* | **Michelle had dressed her children up to mark the occasion.** *Michelle hatte ihre Kinder zur Feier des Tages schick angezogen.*

Wer mit seinem Outfit besondere Aufmerksamkeit erregt, ist **dressed up to the nines** *(herausgeputzt, „aufgebrezelt")* oder, mit einer leicht schrillen Note, **dressed to kill** *(aufgedonnert).*

- **dress** | REG NOUN | *Kleid, Tracht:* **evening dress** *Abendkleid* | **ball dress** *Ballkleid* | **dirndl** ~ *Dirndlkleid* | **party** ~ *Partykleid* | **bridal** ~ *Brautkleid* | **wedding** ~ *Hochzeitskleid*
  dress allowance *Kleidergeld* | ~ **code** *Kleiderordnung, Kleidervorschrift* | ~ **circle** [Theater] *erster Rang* | ~ **rehearsal** [Theater] *Generalprobe*

139 **drive** | IRREG VERB [drove, driven]

▶ *fahren, ein Fahrzeug lenken, am Steuer sitzen:* **Can you drive a lorry?** *Kannst du einen Lastwagen fahren?* | **It took him almost a year to learn to drive.** *Er hat fast ein Jahr gebraucht, um fahren zu lernen.* | **She drives quite well, but often a bit too fast.** *Sie fährt ganz gut, aber oft ein bisschen zu schnell.* | **Could anyone drive us home?** *Könnte uns jemand nach Hause fahren?*

▶ *treiben, vorantreiben,* [Maschinen] *antreiben:* **The farmer drove the cattle to pasture.** *Der Bauer trieb das Vieh auf die Weide.* | **The storm drove the ship towards the coast.** *Der Sturm trieb das Schiff auf die Küste zu.* | **The machine is driven by a powerful electric motor.** *Die Maschine wird von einem leistungsstarken Elektromotor angetrieben.*

▶ *in etw/zu etw treiben:* **The noise from the airport drives everyone around here insane.** *Der Flughafenlärm treibt alle hier in der Gegend zum Wahnsinn.* | **His behaviour towards us sometimes drives me into despair.** *Sein Verhalten uns gegenüber treibt mich manchmal zur Verzweiflung.* | **A severe depression can drive people to suicide.** *Eine schwere Depression kann Menschen in den Selbstmord treiben.*

drive | REG NOUN

▶ *Ausfahrt, Spritztour:* **How about a little drive around the island?** *Wie wäre es mit einer kleinen Inselrundfahrt?* | **Bobby invited me for a drive in his new convertible.** *Bobby lud mich zu einer Fahrt in seinem neuen Cabrio ein.*

▶ *Antrieb; Trieb, Tatendrang, „Drive":* **You can see more and more four wheel drive (4WD) vehicles on the road these days** [auch: ... **four by four (4x4)** oder **all wheel drive (AWD) vehicles**]. *Man sieht heutzutage immer mehr Fahrzeuge mit Allradantrieb auf der Straße.* | **I felt highly motivated and full of drive.** *Ich fühlte mich hochmotiviert und voller Tatendrang.*

▶ [Computer] *Laufwerk:* **floppy disk drive** *Diskettenlaufwerk* | **hard disk** ~ *Festplattenlaufwerk* | **CD / DVD** ~ *CD/DVD-Laufwerk* | **optical** ~ *optisches Laufwerk*

140 **driver** | REG NOUN

▶ a **driver** ist jemand, der ein Fahrzeug lenkt, als **car driver** *Autofahrer* | **bus** ~ *Busfahrer* | **coach** ~ *Reisebusfahrer* | **engine** ~ [oder: **train** ~] *Lokführer, Zugführer* | **excavator** ~ *Baggerführer* | **crane** ~ *Kranführer* | **tractor** ~ *Treckerfahrer, Traktorfahrer* | **lorry** ~ [oder: **truck** ~] *Lastwagenfahrer* | **racing** ~ *Rennfahrer* oder **test** ~ *Testfahrer.*

Hinsichtlich der Fahrweise spricht man von **a safe** ~ *(ein sicherer Fahrer),* **a pushy** ~ *(ein Drängler)* oder gar **a reckless** ~ *(ein rücksichtsloser Fahrer).*

▶ **driver** kann auch *Treiber, Antreiber* bedeuten wie in **donkey ~** *Eseltreiber,* **camel ~** *Kamel-treiber* oder **slave ~** *Sklaventreiber, Schleifer, Schinder.* Auch bei einem Computer läuft nichts ohne **driver**: Er begegnet uns dort in Bezeichnungen wie **device driver** oder **hardware driver** *Gerätetreiber,* **driver software** *Treibersoftware* oder **printer driver** *Druckertreiber.*

▶ Ein Fall für sich ist der **backseat driver**. Damit ist nicht einfach eine Person gemeint, die als Beifahrer im Wagen sitzt, sondern jemand, der dem Fahrer durch ständiges Dazwischenreden, vor allem durch ungebetene Kommentare zu dessen Fahrweise auf die Nerven geht.

141 **drop** | REG VERB

▶ *umfallen, herunterfallen,* [Preise, Zahlen usw.] *fallen, zurückgehen:* **Some of the marathon runners dropped from exhaustion.** *Einige der Marathonläufer fielen vor Erschöpfung um.* | **The population has dropped by 20 percent.** *Die Bevölkerungszahl hat um 20 Prozent abge-nommen.* | **Prices will drop when demand is low.** *Die Preise fallen, wenn die Nachfrage ge-ring ist.* | **It was so quiet that one could have heard a pin drop.** *Es war so still, dass man eine Stecknadel hätte fallen hören können.* | **Has the penny dropped at last?** *Ist der Groschen end-lich gefallen? Hast du's endlich kapiert?*

▶ **drop** sth - etw *fallen lassen,* [aus der Luft] *abwerfen:* **Be careful with the camera, don't drop it.** *Sei vorsichtig mit der Kamera, lass sie nicht fallen.* | **Transport planes dropped relief supplies over the quake-hit area.** *Transportflugzeuge warfen über dem Erdbebengebiet Hilfs-güter ab.*

CONTEXT: **drop a card** *eine Karte schreiben* | **~ a charge** *eine Anklage fallenlassen* | **~ a habit** *eine Gewohnheit aufgeben* | **~ a remark** *eine Bemerkung fallenlassen* | **~ sb a line** *jmdm ein paar Zeilen schreiben* | **~ a subject** [in der Schule] *ein Fach abwählen,* [Gespräch, Diskussion] *ein Thema fallenlassen* | **~ everything** *alles stehen- und liegenlassen* | **~ behind** [bei einem Wettkampf, einem Wettbewerb] *zurückfallen* | **~ in** (for a visit) [auf einen kurzen Besuch] *vorbei-kommen, vorbeischauen* | **~ sb (off)** [einen Mitfahrer] *absetzen, aussteigen lassen* | **~ dead** *tot umfallen* | **drag and ~** [mit der Computermaus] *ziehen und ablegen.*

142 **drunk** | ADJ / PP

▶ **drunk** ist der nüchterne Hinweis darauf, dass jemand zuviel getrunken hat – wobei natürlich nicht von Mineralwasser oder Orangensaft die Rede ist: **He was so drunk that he couldn't walk straight.** *Er war so betrunken, dass er nicht mehr geradeaus gehen konnte.* Der Grad der Trunkenheit lässt sich durch Ergänzungen wie **drunk as a lord**, **drunk as a skunk** [wörtl.: wie ein Stinktier], **blind drunk**, **dead drunk**, **stone drunk** und eine Fülle weiterer, nicht immer druckreifer Ausdrücke bestimmen.

Das Adjektiv **drunken** geht stets seinem Bezugswort voran: **a drunken man** *ein Betrunkener,* **drunken youths** *betrunkene Jugendliche,* **drunken revellers** *betrunkene Zecher.* Ein weiteres Beispiel liefert das alte Seemannslied *What shall we do with the drunken sailor?*

- **drunkard** [auch: **inebriate**] | REG NOUN | *Trinker, Trunkenbold, „Schluckspecht"*
- **drunkenness** | REG NOUN | *Trunkenheit* [auch: **inebriation**]
- **drink driving** [AmE: **drunk driving**] | REG NOUN | *Trunkenheit am Steuer*

▶ Die Farbe **blue** wird im Englischen mit vielem assoziiert, nicht jedoch – wie das hierzulande der Fall ist – mit Trunkenheit. Wenn jemand sagt: **I'm blue**, dann ist er nicht angetrunken, son-dern, ganz im Gegenteil, *melancholisch, unglücklich.* Schlagerpoesie bietet da reichlich An-schauung: die Damen, die in Textzeilen wie *My baby is blue* oder *Red Roses for a Blue Lady* besungen werden, sind nicht angeheitert, sondern in Melancholie versunken.

Auch Bezeichnungen wie **Oxford Blue** oder **Cambridge Blue** könnten zu irrigen Vermutungen verleiten. Aber auch hier geht es nicht um feucht-fröhliche Gelage in studentischer Runde. Gemeint ist vielmehr eine Auszeichnung, die sich die jungen Herren der jeweiligen Universitäten durch herausragende sportliche Leistungen erworben haben.

143 **during** und **while**

Da es bei der Übersetzung des Wortes *während* immer mal wieder Probleme gibt, hier noch einmal das Wichtigste in Kürze:

▶ **during** ist eine *Präposition.* Ihr folgt eine *Hauptwortgruppe,* die einen *begrenzten Zeitraum* bezeichnet, innerhalb dessen etwas geschieht. Typische Angaben dieser Art sind z.B.

during the day *während des Tages, tagsüber* | **during the flight** *während des Fluges* | **during office hours** *während der Geschäftszeit* | **during the last weeks of the war** *während der letz-ten Kriegswochen* | **during the Great Depression** *während der Großen Depression* [Weltwirt-schaftskrise 1929] | **during my working life** *während meiner Berufstätigkeit*

▶ **while** ist eine *Konjunktion*. Ihr folgt ein *Nebensatz*, in dem etwas beschrieben wird, das den Rahmen, den Hintergrund für die im Hauptsatz berichtete Handlung bildet: **The pipe burst while I was trying to fix it.** | *Das Rohr platzte, während ich versuchte, es zu reparieren.* | **While we were waiting for her call she suddenly showed up in the door.** *Während wir auf ihren Anruf warteten, stand sie plötzlich in der Tür.*

144 LEICHT: **easy**, **light** und **slight** | ADJs

Die englischen Entsprechungen des deutschen Adjektivs *leicht* unterscheiden sich wie folgt:

▶ **easy** | *mühelos, bequem, einfach zu lösen oder zu bewältigen:* **It was no easy task.** *Es war keine leichte Aufgabe.* | **Learning German isn't an easy matter.** *Deutsch zu lernen ist keine leichte Angelegenheit.* | **Some passages of the text were easy to translate.** *Einige Passagen des Textes waren leicht zu übersetzen.* | **She has always led an easy und carefree life.** *Sie hat schon immer ein leichtes, sorgenfreies Leben geführt.* | **It's easier said than done.** *Es ist leichter gesagt als getan.* | **Take it easy.** *Nimm's leicht.* | **Easy come, easy go.** [Redensart] *Wie gewonnen, so zerronnen.*

- **easily** | ADV | *leicht, mit Leichtigkeit*

▶ **light** | *von geringem Gewicht, geringer Kraft,* [Essen] *gut bekömmlich, leicht verdaulich:* **I have a light sweater with me as it can get pretty cool in the evenings.** *Ich habe einen leichten Pullover dabei, da es abends recht kühl werden kann.* | **Her eyes are blue with a light touch of green.** *Ihre Augen sind blau mit einem leichten Hauch von Grün.* | **It was a light but filling meal.** *Es war eine leichte, aber sättigende Mahlzeit.* | **Is it true that light cigarettes contain less nicotine?** *Ist es wahr, dass leichte Zigaretten weniger Nikotin enthalten?*

▶ **slight** | *schwach, geringfügig:* **The doctor detected symptoms of a slight stroke.** *Der Arzt hat Anzeichen eines leichten Schlaganfalls entdeckt.* | **The instruments react to even slight changes.** *Die Instrumente reagieren schon auf leichte Veränderungen.* | **Christine doesn't show the slightest interest in her job.** *Christine zeigt nicht das geringste Interesse für ihre Arbeit.* | **We don't have the slightest doubt that he is right.** *Wir haben nicht den geringsten Zweifel, dass er recht hat.*

145 **effect** | REG NOUN [nicht zu verwechseln mit **affect** → 016]

▶ *Wirkung, Auswirkung, Effekt:* **The effects of the earthquake were devastating.** *Die Auswirkungen des Erdbebens waren verheerend.* | **The therapy hasn't had the desired effect so far.** *Die Therapie hat bislang nicht die erhoffte Wirkung gezeigt.* | **The effect of the medication was wearing off fast.** *Die Wirkung des Medikaments ließ schnell nach.*

VOCABULARY: **broad effect** *Breitenwirkung* | **special** ~ [Film] *Spezialeffekt, Trickaufnahme* | **side** ~ *Nebenwirkung* | **deterrent** ~ *Abschreckungseffekt, abschreckende Wirkung* | **surprise** ~ *Überraschungseffekt* | **demonstration** ~ *Vorführeffekt* | **placebo** ~ *Placebo-Effekt* | **hypnotic** ~ *hypnotisierende Wirkung* | **greenhouse** ~ *Treibhauseffekt*

effect | REG VERB

▶ *bewirken:* **The change of government hasn't effected any change of policy so far.** *Der Regierungswechsel hat bis jetzt keinen Politikwechsel bewirkt.* | **I don't think the new laws will effect any change.** *Ich glaube nicht, dass die neuen Gesetze irgendeine Änderung bewirken werden.*

- **effective** | ADJ | *wirkungsvoll, effektiv*

146 **either** | ADV

▶ **either** bezieht sich auf die Zahl „2" und bedeutet *jede, jeder, jedes (von beiden):* **Lucy had big tattoos on either arm.** *Lucy hatte große Tätowierungen auf jedem Arm.* Sagen Sie nicht **... on each arm,* auch nicht **... on every arm,* denn **each** und **every** beziehen sich auf *mehr als zwei* Personen oder Sachen. Andere Beispiele, in denen dieser Unterschied sichtbar wird, sind: **on either side, in either hand, in either ear,** aber: **on each finger** und **on every face.**

Bei Fragesätzen ist entsprechend zwischen **either** und **any** zu unterscheiden: [Frage an zwei Personen] **Can either of you lend me twenty euros?** *Kann mir einer von euch* [= von euch beiden] *zwanzig Euro leihen?* | [Frage an mehr als zwei Personen] **Can any of you lend me twenty euros?** *Kann mir einer von euch zwanzig Euro leihen?*

either wird mit einem Verb im Singular verbunden: **You can say** *no one* **or** *nobody* – **either is correct.** *Man kann* no one *oder* nobody *sagen – beides ist richtig.* Auf **either of** ... dagegen folgt ein Verb im Plural: **Either of them are correct.** *Beide sind richtig.*

▶ **not … either** ist die verneinte Form von **too** *(auch)*, bedeutet also *auch nicht:*
I didn't understand it either. *Ich habe es auch nicht verstanden.* [Nicht: *… didn't understand it *too.]* | **The lift isn't working, and the escalator isn't (working) either.** *Der Fahrstuhl funktioniert nicht, und die Rolltreppe auch nicht.* | **The food is delicious and not expensive either.** *Das Essen ist ausgezeichnet, und auch nicht teuer.*

▶ **either … or …** *(entweder … oder …)* gehört zu den sogenannten verbundenen Konjunktionen, deren erstes Element zwingend ein ganz bestimmtes zweites nach sich zieht:
Most modern TV sets are available in either silver or black. *Die meisten modernen Fernseher sind entweder in Silber oder in Schwarz erhältlich.* | **At the end of the leasing period you can either buy the car or return it.** *Am Ende des Leasingzeitraums kann man das Auto entweder kaufen oder es zurückgeben.*

Beachten Sie: **either** und **or** sollten immer direkt vor den Teilen des Satzes stehen, auf die sie sich beziehen:
You can have either chips or rice with your fish. *(Sie können zu Ihrem Fisch entweder Bratkartoffeln oder Reis bekommen.* [Besser als: You can *either have chips* or rice with your fish.]

Beachten Sie auch: ein auf **either … or …** folgendes Verb richtet sich immer nach dem Satzteil, der auf **or** folgt:
Either my brother or my sister *KNOWS* it. [Auf **or** folgt hier die *Einzahlform* **my sister,** darum: **knows**]. Dagegen: **Either my brother or my parents** *KNOW* it [Hier folgt auf **or** die *Mehrzahlform* **my parents,** darum: **know**].
Ebenso: **Either Susanna or I** *AM* **right.** Aber: **Either I or Susanna** *IS* **right.**

147 elect | REG VERB

▶ [in ein Amt] *wählen:* **The president cannot be elected for more than two terms.** *Der Präsident kann nicht für mehr als zwei Amtszeiten gewählt werden.* | **At the beginning of each term we elect a new class representative.** *Zu Beginn eines jeden Schuljahrs wählen wir einen neuen Klassensprecher.*

▶ **elect sb (to** an office**)** | *jmdn* [in ein Amt, ein Gremium usw.] *wählen:* **Richard has been elected to the Board.** *Richard ist in den Vorstand gewählt worden.* | **He was first elected to parliament in 1978.** *Er ist 1978 erstmals ins Parlament gewählt worden.*

▶ **elect sb sth** - *jmdn zu etw wählen* | **For the first time in the country's history they elected a woman head of state.** *Zum ersten Mal in der Geschichte des Landes haben sie eine Frau zum Staatsoberhaupt gewählt.* [Nicht: *… elected a woman *to Head of State.]*

- **elected** | ADJ | *gewählt:* **The democratically elected government was overthrown in a bloodless coup.** *Die demokratisch gewählte Regierung wurde durch einen unblutigen Staatsstreich gestürzt.*

- **elect** | ADJ | Ein *nachgestelltes* **elect** verweist darauf, dass die betreffende Person bereits in ein Amt gewählt wurde, dieses aber noch nicht angetreten hat. Das bekannteste Beispiel ist **the President elect** *(der gewählte* [auch: *der designierte*] *Präsident),* nicht: *the President elected,* auch nicht: *the elected President.*

148 else

▶ **else** *(sonst, sonst noch, außerdem)* steht nach allen Fürwörtern, die mit **every-, some-, any-** und **no-** beginnen, ebenso nach Fragewörtern, insbesondere nach **who, what, where, which, how** und **why:**
Tim will stay here, everyone else follow me please. | *Tim bleibt hier, alle anderen kommen bitte mit mir.* | **There is something else you should know.** *Da ist noch etwas, das ihr wissen solltet.* | **Anything else?** *Sonst noch etwas?* | **Anyone else?** *Sonst noch jemand?* | **No one else but Tony can operate this machine.** *Niemand außer Tony kann dieses Gerät bedienen.* | **I have nothing else to say.** *Ich habe nichts weiter zu sagen.* | **I really don't know who else I could ask.** *Ich weiß wirklich nicht, wen ich sonst noch fragen könnte.* | **What else should we have done?** *Was sonst hätten wir tun sollen?*

▶ In Sätzen mit vorangestelltem **or else** *(sonst, andernfalls, dann…)* wird gesagt, angekündigt, oft auch angedroht, was passiert, wenn jemand einem Rat oder einer Anweisung nicht folgt:
Tell me everything you know, or else I can't help you. *Sag mir alles, was du weißt, sonst kann ich dir nicht helfen.* | **Take some notes, or else you will forget what was said.** *Mach dir ein paar Notizen, sonst vergisst du, was gesagt wurde.* | **You will sign right now, or else…** – **Or else what?** *Du wirst jetzt sofort unterschreiben oder…* – *Oder was?*

149 **emigrate** und **immigrate** | REG VERBS

Nach deutschem Sprachgebrauch kann man *in* ein Land *aus*wandern (Meine Vorfahren sind **in** die USA **aus**gewandert) und ebenso *aus* einem Land *ein*wandern (Unsere Nachbarn sind **aus** der Türkei **ein**gewandert). Dies wird im Englischen als unlogisch empfunden und daher als nicht korrekt angesehen. Richtig heißt es:

▶ **emigrate** (**from** a country) - *(aus einem Land) auswandern:* **Most people who emigrate do so for economical reasons**. *Die meisten Menschen, die auswandern, tun das aus wirtschaftlichen Gründen.* | **His maternal great-grandparents emigrated from Greece**. [Nicht: **... immigrated* from Greece.] *Seine Urgroßeltern mütterlicherseits sind aus Griechenland ausgewandert* [oder: *... eingewandert.*]

▶ **immigrate** (**to** a country) | *(in ein Land) einwandern:* **Not all of those who immigrate to Europe stay here for life.** *Nicht alle, die in Europa einwandern* [oder: *... die nach Europa auswandern*], *bleiben ihr Leben lang hier.* | **Millions of Irish immigrated to the USA during the Great Famine.** *Millionen von Iren wanderten während der großen Hungersnot in die USA aus.*

- **emigrant** | REG NOUN | *Auswanderer*, **immigrant** - *Einwanderer*
- **emigration** | REG NOUN, no pl | *Auswanderung*, **immigration** - *Einwanderung*

150 **empty** | REG VERB

▶ *sich leeren, (ent)leeren, auskippen:* **After the show the hall emptied slowly**. *Nach der Show leerte sich die Halle langsam.* | **Empty your pockets!** *Leeren Sie Ihre Taschen!* | **Peter emptied his glass in one gulp and ordered another one.** *Peter leerte sein Glas in einem Zug und bestellte ein neues.* | **They emptied their litter bags into the river**. *Sie entleerten ihre Abfalltüten in den Fluss.*

empty und **vacant** | ADJs

▶ *leer:* **Empty bottles don't belong in the dustbin.** *Leere Flaschen gehören nicht in den Mülleimer.* | **Empty cans of beer were scattered all across the floor.** *Leere Bierdosen lagen auf dem ganzen Fußboden verstreut.* | **I don't like travelling on empty trains or buses**. *Ich fahre nicht gern in leeren Zügen oder Bussen.*

▶ *leer, nichtssagend:* **empty promises** - *leere Versprechungen* | ~ **phrases** - *leere Worte, hohle Phrasen* | ~ **threats** - *leere Drohungen*

▶ Im Zusammenang mit Gebäuden, Zimmern, Wohnraum *(leerstehend, unbewohnt, nicht vermietet, frei)*, mit freien Plätzen, neu zu besetzenden Positionen in einem Unternehmen oder Stellen am Arbeitsmarkt *(unbesetzt)* wird meist nicht **empty**, sondern **vacant** verwendet: **Even during the holiday season a lot of rooms remained vacant**. *Selbst während der Feriensaison blieben viele Zimmer leer.* | **The post has been vacant for months as we haven't found a qualified applicant so far.** *Die Stelle ist seit Monaten unbesetzt, da wir bisher keinen geeigneten Bewerber gefunden haben.*

Das zu **vacant** gehörende Hauptwort ist **vacancy**: **No vacancies**. [Hinweis an Hotels und Pensionen] *Keine Zimmer frei. Belegt.* | **The number of job vacancies is slowly increasing**. *Die Zahl freier Stellen nimmt langsam zu.*

Das Gegenteil von **empty** is **full** [→ 193], das von **vacant** ist **occupied** oder **taken** *(besetzt)*: **Let's take the next bus, this one is full.** *Nehmen wir den nächsten Bus, dieser ist voll.* | **We had to stand as all seats were taken.** *Wir mussten stehen, da alle Plätze besetzt waren.*

151 **end** und **ending** | REG NOUNS

▶ **end** bezeichnet das *Ende, den Endpunkt, Schlusspunkt, Abschluss* von etwas: **We hiked from one end of the island to the other**. *Wir wanderten von einem Ende der Insel zum anderen.* | **They live at the upper end of the town**. *Sie leben am oberen Ende der Stadt.* | **We are longing for the end of winter.** *Wir sehnen das Ende des Winters herbei.* | **It's not the end of the world**. *Es ist nicht das Ende der Welt.* [Wir sagen auch: *Davon geht die Welt nicht unter.*]

▶ **in the end** - *schließlich, letztendlich, am Ende:* **In the end everyone was satisfied.** *Am Ende waren alle zufrieden.* | **It took some time, but in the end we made it.** *Es dauerte einige Zeit, aber schließlich schafften wir es.* | **He was right in the end.** *Er hatte am Ende recht.*

▶ **at the end of** ... [Endpunkt von etwas]: **Our new office is at the opposite end of town.** *Unser neues Büro liegt am anderen Ende der Stadt.* | **There was a lot of applause at the end of the performance.** *Am Ende der Vorstellung gab es eine Menge Applaus.*

▶ **by the end of** ... [Ablauf einer Frist] - *bis spätestens:* **I need an answer by the end of this week.** *Ich brauche bis Ende dieser Woche eine Antwort.* | **An updated version will be available by the end of the year**. *Eine aktualisierte Version wird bis Ende des Jahres zu haben sein.*

▶ Will man zum Ausdruck bringen, dass eine Geschichte, ein Film, eine Beziehung ein gutes, glückliches oder trauriges Ende nimmt, spricht man nicht von **end**, sondern von **ending**: **The ending of the film was hard to bear**. *Das Ende des Films war schwer zu ertragen.* | **It all started so well, but the ending was sad**. *Alles fing so gut an, aber das Ende war traurig.* Dies erklärt auch, warum das *glückliche Ende,* das wir als *Happy End* bezeichnen, im Englischen zu einem **happy ending** wird.

▶ **end** lässt sich auch im Sinne von **purpose** *(Zweck)* verwenden: **We want our home to be safe from burglaries. To this end we have installed an alarm-system**. *Wir wollen, dass unser Haus gegen Einbrüche gesichert ist. Zu diesem Zweck haben wir eine Alarmanlage eingebaut.* | **The end justifies the means**. *Der Zweck heiligt die Mittel.*

- **end** | REG VERB | *enden, zu Ende gehen:* **All is well that ends well**. *Ende gut, alles gut.*
- **end up** | PHR VERB | *enden, „landen":* **Do you know how many tons of food end up in the rubbish?** *Wissen Sie, wie viele Tonnen von Nahrungsmitteln im Müll landen?* | **On his way to work he ended up in a pub**. *Auf dem Weg zur Arbeit landete er in einer Kneipe.*

152 engine, motor und machine | REG NOUNS

engine und **motor** werden heute weitgehend unterschiedslos verwendet, auch wenn sie eigentlich etwas Verschiedenes bezeichnen. Sie brauchen sich aber nicht in technische Details zu vertiefen, sondern können sich an die Faustregel halten, dass **engines** in der Regel mt Kraftstoff, **motors** dagegen mit Elektrizität betrieben werden.

Die heute wohl am meisten genutzte **engine** entzieht sich allerdings dieser Definition: die **search engine**, die *(Internet)-Suchmaschine.*

▶ **engine** - *Motor, Maschine:* **The engine of my car uses too much petrol**. *Der Motor meines Autos verbraucht zu viel Benzin.* | **Could there once be engines that run on water?** *Könnte es einmal Motoren geben, die mit Wasser laufen?* | **Ships of this size need extremely powerful engines**. *Schiffe dieser Größe benötigen extrem starke Motoren.*

VOCABULARY: **car engine** *Automotor* | **ship's ~** *Schiffsmotor* | **steam ~** *Dampfmaschine* | **start an ~** *einen Motor starten* | **stall an ~** *einen Motor abwürgen* | **petrol ~** *Benzinmotor* | **diesel ~** *Dieselmotor* | **~ oil** [auch: **motor oil**] *Motoröl*
ENGINES **run** *laufen* [im Leerlauf: **run at idle**] | **break down** *setzen aus* | **stutter** *stottern*

▶ Ein **motor** ist eine Apparatur, die die ihr zugeführte Energie in Bewegung umsetzt: **The boat is equipped with an outboard motor**. *Das Boot ist mit einem Außenbordmotor ausgestattet.* | **Our lawnmower is powered by an electric motor**. *Unser Rasenmäher wird von einem Elektromotor angetrieben.*

In deutschen Wortverbindungen mit *Motor-* steht **motor**, nicht **engine**: **motor car** *Auto* | **motorcycle** [oder: **motorbike** *Motorrad* | **motor boat** *Motorboot* | **motor home** *Wohnmobil* | **motor hotel** [kurz: **motel**] *Motel* | **motor scooter** *Motorroller* | **motor vehicle** *Kraftfahrzeug* | **motor mechanic** *Automechaniker* | **motor industry** *Automobilindustrie* | **motor pool** *Fuhrpark*

▶ Mit **machine** bezeichnet man ein technisches Gerät, das für einen ganz bestimmten Zweck entwickelt wurde, und das uns aus vielen Anwendungen im Alltag bekannt ist, z.B. als **coffee machine** *Kaffeemaschine* | **washing ~** *Waschmaschine* | **fax ~** *Faxgerät* | **copying ~** [auch: **copier**] *Kopierer* | **slot ~** *Automat* | **cigarette ~** *Zigarettenautomat* | **drinks ~** *Getränkeautomat* | **ticket ~** *Fahrkartenautomat* | **cash ~** *Geldautomat* | **X-ray ~** *Röntgengerät* | **drilling ~** *Bohrmaschine* | **sewing ~** *Nähmaschine*

153 enjoy | REG VERB

▶ **enjoy (doing)** sth - *genießen, sich einer Sache erfreuen, an etw Gefallen finden, gern etw tun,* [Essen] *es sich schmecken lassen:* **The audience enjoyed the play**. *Dem Publikum gefiel das Stück.* | **After years in prison he enjoyed his newly found freedom**. *Nach Jahren in Haft genoss er seine wiedergewonnene Freiheit.* | **I enjoy doing nothing**. *Ich genieße es, nichts zu tun.* | **Did you enjoy the wine?** *Hat dir der Wein geschmeckt?*

Mit **enjoy** können Sie ihren Mitmenschen gute Wünsche mit auf den Weg geben, zum Beispiel: **Enjoy yourself**. *Amüsiert euch gut! Viel Spaß!* | **Enjoy your weekend**. *Schönes Wochenende!* | **Enjoy your stay**. *Genießen Sie Ihren Aufenthalt.* | **Enjoy your meal**. *Lass es dir schmecken! Guten Appetit!* | **Enjoy life**. *Genieße das Leben.*

CONTEXT: **enjoy great popularity** *sich großer Beliebtheit erfreuen* | **~ good health** *sich guter Gesundheit erfreuen* | **~ a good reputation** *einen guten Ruf genießen* | **~ sth to the full** *etw in vollen Zügen genießen*

154 enough

▶ **enough** *(genug)* steht *nach* Adjektiven und Verben, aber *vor* Hauptwörtern: **We have heard enough**. *Wir haben genug gehört.* | **It was quite good, but not good enough**. *Es war ganz gut, aber nicht gut genug.* | **Do solar cells produce enough electricity?** *Produzieren Solarzellen genug Strom?*

In Verbindung mit **time** ist dagegen eine Nachstellung üblich: **We needn't hurry, we have time enough**. *Wir brauchen uns nicht zu beeilen, wir haben Zeit genug.*

Notieren Sie auch einige Wendungen mit nachgestelltem **enough**, die deutschen Adverbien auf -weise entsprechen: **interestingly enough** *interessanterweise* | **amazingly enough** *erstaunlicherweise* | **funnily enough** *komischerweise* | **strangely enough, oddly enough, curiously enough** *merkwürdigerweise, seltsamerweise, eigenartigerweise*

155 enter | REG VERB

▶ *etw betreten, in etw eintreten:* **We entered the hall through a side door**. *Wir betraten die Halle durch eine Seitentür.* | **He entered the company as a trainee**. *Er trat als Auszubildender in die Firma ein.* | **The government entered into negotiations with the unions**. *Die Regierung trat in Verhandlungen mit der Gewerkschaft ein.*

▶ *[in ein Notizbuch, Formular] eintragen, [in Computer] eingeben:* **Enter your name in the list**. *Tragen Sie Ihren Namen in die Liste ein.* | **I must have entered a wrong password**. *Ich muss ein falsches Passwort eingegeben haben.*

- **entrance** | REG NOUN | *Eingang*
- **entry** | REG NOUN | *Zutritt, Zufahrt, Einlass,* [in Buch, Liste, Verzeichnis] *Eintrag*

156 environment | REG NOUN

▶ **environment** steht ganz allgemein für *Umgebung, Milieu, Umwelt:* **Do all chemicals cause damage to the environment?** *Verursachen alle Chemikalien Umweltschäden?* | **My sister and I grew up in a sheltered environment**. *Meine Schwester und ich sind in behüteten Verhältnissen aufgewachsen.* | **Overpopulation has a negative impact on the environment**. *Überbevölkerung hat negative Auswirkungen auf die Umwelt.*

VOCABULARY: **family environment** *familiäre Verhältnisse* | **home** ~ *häusliches Milieu* | **working** ~ *Arbeitsumfeld* | **learning** ~ *Lernumgebung* | **social** ~ *soziales Umfeld* | **media** ~ *Medienlandschaft* | **market** ~ *Marktumfeld*

ADJs | **environment-friendly** *umweltfreundlich* | **environment-compatible** *umweltverträglich* | **environment-conscious** *umweltbewusst*

▶ Wer sich aktiv für den Schutz der *Umwelt* engagiert, ist ein **environmentalist: The project eventually foundered on the environmentalists' opposition**. *Das Projekt scheiterte schließlich am Widerstand der Umweltschützer.* | **Many environmentalists are members of the Green Party** [oder einfach: **The Greens**]. *Viele Umweltschützer sind Mitglieder der Partei DIE GRÜNEN* [in Deutschand: Bündnis 90/Die Grünen].

157 escape | REG VERB

▶ *entkommen, entwischen, entweichen:* **The thieves were able to escape before the police arrived**. *Die Diebe konnten entkommen, bevor die Polizei eintraf.* | **The village just escaped disaster as the slope began to slide**. *Das Dorf entkam knapp einer Katastrophe, als der Berghang ins Rutschen kam.* | **People living in the area feared that radioactivity might have escaped from the reactor**. *Die Menschen, die in der Gegend wohnen, fürchteten, dass Radioaktivität aus dem Reaktor entwichen sein könnte.*

▶ *[von Namen, Daten usw.] entfallen, der Aufmerksamkeit entgehen:* **I remember her face, but her name has escaped me**. *Ich erinnere mich an ihr Gesicht, aber ihr Name ist mir entfallen.* | **It won't have escaped your attention that we have made a few changes**. *Es wird Ihrer Aufmerksamkeit nicht entgangen sein, dass wir ein paar Änderungen vorgenommen haben.*

escape | REG NOUN | *Ausbruch, Entkommen:* **There was no escape**. *Es gab kein Entkommen*

158 even | ADV

▶ Durch ein vorangestelltes **even** *(sogar, selbst, auch)* können Sie ausdrücken, dass etwas nicht unbedingt zu erwarten war:

Even my grandmother enjoyed the film. *Sogar meiner Großmutter hat der Film gefallen.* | **Mary always wears high-heeled shoes, even at work**. *Mary trägt immer Schuhe mit hohen Absätzen, selbst bei der Arbeit.* | **Even small donations are welcome**. *Auch kleine Spenden sind willkommen.* [Nicht: **Also small donations …*]

▶ **not even** *(nicht einmal)* besagt das genaue Gegenteil – etwas, das man eigentlich hätte erwarten können, ist nicht eingetreten:

She didn't recognise anyone, not even me. *Sie hat niemanden erkannt, nicht einmal mich.* | **They didn't even listen to us.** *Sie haben uns nicht einmal angehört.* | **I would never have thought this could come true, not even in my wildest dreams.** *Ich hätte gedacht, dass dies wahr werden könnte, nicht einmal in meinen wildesten Träumen.*

▶ [vor Steigerungsformen] *noch (…-er)* | **His English is rather bad, but his French is even worse.** *Sein Englisch ist ziemlich schlecht, aber sein Französisch ist noch schlechter.* | **There's no point in asking William; he knows even less about it than I do.** *Es hat keinen Zweck, William zu fragen; er versteht noch weniger davon als ich.* | **The film is even more shocking than the novel on which it is based.** *Der Film ist noch schockierender als der Roman, auf dem er beruht.*

- **even** | ADJ | *eben, ebenmäßig, gleichmäßig* [Gegensatz: **uneven**]:
  an even surface - *eine ebene Oberfläche,*
  [von Zahlen] *gerade*: **an even number** - *eine gerade Zahl*

159 **even when** und **even if**

▶ *selbst wenn …, auch wenn …* wird, je nach Zusammenhang, mit **even when** … *(selbst dann, wenn …)* oder **even if** … *(selbst in dem Fall, dass…)* wiedergegeben:

I do my daily yoga practice even when I'm tired. *Ich mache meine täglichen Yoga-Übungen, selbst (dann), wenn ich müde bin.* | **Even if he called you names, you can't react like that.** *Selbst wenn er dich beschimpft hat, kannst du nicht so reagieren.* [Nicht: **Also if he called you names…*] | **Even if he was a millionaire, I wouldn't marry him.** *Selbst wenn er Millionär wäre, würde ich ihn nicht heiraten.*

160 **even though** | CONJ | und **even so** | ADV

▶ **even though** bedeutet dasselbe wie **although** *(obwohl, obgleich).* Da es sich um eine Konjunktion handelt, kann sie nur in einer Verbindung von zwei Sätzen stehen:

They were refused entry even though they had valid papers. *Ihnen wurde die Einreise verweigert, obwohl sie gültige Papiere hatten.* | **Even though he is my neighbour, I know almost nothing about him.** *Obwohl er mein Nachbar ist, weiß ich fast nichts von ihm.*

▶ **even so** ist ein adverbialer Ausdruck *(allerdings, trotzdem, dennoch)* und kann, anders als **even though**, auch einen Einzelsatz einleiten. Der Unterschied wird deutlich, wenn Sie die folgenden Sätze mit den oben angeführten Beispielen vergleichen:

They had valid papers. Even so, they were refused entry. *Sie hatten gültige Papiere. Dennoch wurde ihnen die Einreise verweigert.* | **He is my neighbour. Even so, I know almost nothing about him.** *Er ist mein Nachbar. Trotzdem weiß ich fast nichts von ihm.*

161 **ever** | ADV

▶ **ever** *(je, jemals)* steht im britischen Englisch mit dem *Present Perfect*, im amerikanischen dagegen fast ausschließlich mit dem *Past Simple*:

BE: **That was the best stage show we HAVE EVER ATTENDED.** AmE: **That was the best stage show we EVER ATTENDED.** *Das war die beste Bühnenshow, die wir je erlebt haben.* | BE: **HAVE you EVER HEARD anything like that?** AmE: **DID you EVER HEAR anything like that?** *Habt ihr so etwas schon einmal gehört?*

▶ Als Wortbestandteil in Verbindung mit einem Fragewort (**who**, **where**, **when** usw.) entspricht **-ever** dem deutschen Zusatz *… auch, … immer, … auch immer*:

Whatever happens, we won't let him down. *Was auch immer geschieht, wir werden ihn nicht im Stich lassen.* | **Whoever it may be, tell them I'm not in.** *Wer immer es auch sein mag, sag ihm, ich bin nicht da.* | **Wherever he goes, they'll find him.** *Wohin er auch geht, man wird ihn finden.* | **Whenever the weather is fine, we have breakfast on the balcony.** *Immer, wenn das Wetter schön ist, frühstücken wir auf dem Balkon.*

▶ Die Verbindung **Fragewort + ever** [in Getrenntschreibung] leitet eine emotional gefärbte Frage ein, die sich vor allem dann anbietet, wenn einem etwas erstaunlich oder unerklärlich vorkommt. Ein so verwendetes **ever** ließe sich, noch eine Spur emotionaler, auch durch Ausdrücke wie **the hell** oder **on earth** ersetzen:

Where ever might he be? *Wo mag er nur stecken? Wo um alles in der Welt mag er stecken?* [auch: **Where on earth** …] | **Why ever didn't you tell me anything?** *Warum zum Teufel hast du mir nichts gesagt?* [auch: **Why the hell** …]

▶ In Verbindung mit einer Ordnungszahl (**the first, the second** usw.) oder einem Superlativ (**the best, the worst, the longest, the most expensive** usw.) steht ein dem Hauptwort nachgestelltes **ever** für deutsche Ergänzungen wie … *überhaupt, … aller Zeiten:*

For the first time ever these animals could be filmed in the wild. *Zum ersten Mal überhaupt konnten diese Tiere in freier Wildbahn gefilmt werden.* | **The longest tennis match ever took over 11 hours**. *Das längste Tennismatch aller Zeiten dauerte über elf Stunden.*

however | ADV

▶ **however** steht zum Ausdruck eines Gegensatzes, entspricht darin den deutschen Adverbien *jedoch, allerdings, dagegen, hingegen* und wird immer durch Kommas vom Rest des Satzes abgesetzt:

It's rather hot during the day; at night, however, the temperature may fall below zero. *Tagsüber ist es ziemlich heiß, nachts dagegen kann die Temperatur auf unter null Grad fallen.* | **Our sales abroad are increasing, those at home, however, are stagnant**. *Unsere Verkäufe im Ausland nehmen zu, die im Inland hingegen stagnieren.*

▶ **however** ist auch als verstärkende Form von **how** zu hören. Es ähnelt in dieser Verwendung dem Ausdruck **no matter how** [→ 260]:

We are ready to wait, however long it will take. [oder: … **no matter how long it will take**.] *Wir sind bereit zu warten, wie lange es auch dauert.* | **We'll have to resolve these problems, however difficult they may be.** *Wir werden diese Probleme lösen müssen, so schwierig sie auch sein mögen.* | **We must put up with it, however hard it may be.** *Wir uns damit abfinden, so schwer es auch sein mag.*

Merken Sie sich auch die Verbindung **however much** … *so sehr (… auch):* **However much I love the country, I wouldn't want to live there**. *So sehr ich das Land mag, ich würde dort nicht leben wollen.* | **I sometimes can't get to sleep, however much I try.** *Ich kann manchmal nicht einschlafen, so sehr ich mich auch bemühe.* | **However much I bring home, we never make it to the end of the month.** *So viel ich auch (an Geld) nach Hause bringe, wir schaffen es nie bis zum Monatsende.*

162 every, each und any

Wenn *jeder, jede, jedes* oder *jeden* einem Hauptwort vorangehen, so kommen als Übersetzungen **every, each** und **any** in Frage, wobei die folgenden Unterschiede zu beachten sind:

▶ **every** bedeutet *jede, jeder, jedes ohne Ausnahme:* **Every month we put some money aside for a house of our own.** | *Jeden Monat legen wir etwas Geld zur Seite für ein eigenes Haus.* | **It was a great holiday. We enjoyed every single minute of it.** *Es war ein toller Urlaub. Wir haben jede einzelne Minute genossen.* | **You are right in every respect**. *Du hast in jeder Hinsicht recht.*

▶ **every** vor einer Zeit- oder Entfernungsangabe bezeichnet einen gleichbleibenden räumlichen oder zeitlicher Abstand: *alle …*

Buses to Dover run every forty minutes. *Die Busse nach Dover fahren alle 40 Minuten.* | **Last night I woke up every few hours**. *Letzte Nacht bin ich alle paar Stunden aufgewacht.* | **You'll find an emergency phone** [oder: **SOS phone**] **every 5 kms along the motorway**. *Man findet entlang der Autobahn alle 5 km ein Notruftelefon.*

Merken Sie sich auch: **every other** … *jeden zweiten …, jede zweite …, jedes zweite …* oder: *alle zwei …:* **I have my eyes checked every two years**. *Ich lasse alle zwei Jahre meine Augen untersuchen.*

▶ **each** betont jede einzelne Person oder Sache aus einer begrenzten Anzahl: **The Spencers have a televison in each room**. *Die Spencers* [= Familie Spencer] *haben in jedem Zimmer einen Fernseher.* | **John has ten suits, each one in a different colour**. *John hat zehn Anzüge, jeden in einer anderen Farbe.* | **At the exit each visitor got a souvenir photo**. *Am Ausgang bekam jeder Besucher ein Erinnerungsfoto.* | **Each piece of luggage was carefully checked**. *Jedes Gepäckstück wurde gründlich untersucht.*

▶ **any** bedeutet *jeder* im Sinne von *jeder beliebige, welcher auch immer:* **You can phone us at any time**. *Ihr könnt uns jederzeit anrufen.* | **We can return the car at any airport**. *Wir können den Wagen an jedem Flughafen zurückgeben.* | **Any child could do that**. *Jedes Kind könnte das.* | **You can use this software with any computer system**. *Sie können diese Software auf jedem Computersystem verwenden.*

Merken Sie sich auch: **every time** - *jedesmal,* **any time** - *jederzeit* [wann immer es möglich ist, genehm ist, passt], **sometime** - *irgendwann einmal, bei Gelegenheit*

163 **everybody** [oder: **everyone**]

▶ *alle, (ausnahmslos) jeder, jedermann.* Beachten Sie, dass das auf **everybody / everyone** folgende Verb, anders als im Deutschen, in der **Einzahl** steht:

No one was mentioned by name, but everybody knew who was meant. *Es wurde niemand namentlich genannt, aber alle wussten, wer gemeint war.* | **Everybody was in a mood.** *Alle waren in aufgeräumter Stimmung.* | **She is everybody's darling.** *Sie ist jedermanns Liebling.* | **Is everyone listening?** *Hören alle zu?* | **Don't push! There's enough for everyone.** *Nicht drängeln! Es ist für jeden genug da.* | **Everybody knows him, but hardly anybody likes him.** *Jeder kennt ihn, doch kaum jemand mag ihn.* | **Everybody loves somebody sometime.** [Songtitel] *Jeder liebt irgendwann einmal jemanden.*

▶ Beachten Sie, dass **everybody** – wie auch **somebody, anybody** und **nobody** – durch ein Fürwort *IM PLURAL* vertreten wird: **Everyone knows what *THEY* have to do. Somebody left *THEIR* coat here.**

164 **everything** und **anything**

▶ **everything** | *ausnahmslos alles:* **Help is badly needed for those who have lost everything.** *Für die, die alles verloren haben, wird dringend Hilfe benötigt.* | **When we got there at last, everything was over.** *Als wir endlich dort ankamen, war alles vorbei.* | **It's not easy to find a present for someone who already has everything.** *Es ist nicht einfach, ein Geschenk für jemanden zu finden, der schon alles hat.* | **Is everything all right with you?** *Ist alles in Ordnung mit dir?* | **I have said everything there is to say.** *Ich habe alles gesagt, was zu sagen ist.*

▶ *alles im Sinne von das Wichtigste, das Wertvollste:* **His children mean everything to him.** *Seine Kinder bedeuten ihm alles.* | **Money isn't everything, but it makes life a lot easier.** *Geld ist nicht alles, aber es macht das Leben viel leichter.* | **She was his everything.** *Sie war sein (Ein und) Alles.*

▶ **anything** - *alles im Sinne von ganz egal, was:* **You may ask anything you want.** *Du kannst alles fragen, was du willst.* | **Horoscopes can mean anything, that's why they always apply in some way.** *Horoskope können alles (Mögliche) bedeuten, darum treffen sie immer irgendwie zu.* | **She would do anything for him.** *Sie würde alles für ihn tun.* | **We talked about everything and anything.** *Wir haben über alles Mögliche geredet.* | **Anything goes.** *Alles ist möglich.*

Die Verneinungsform **not … anything** ist gleichbedeutend mit **nothing**, klingt jedoch weniger bestimmt: **I couldn't see anything at all** [= I could see nothing at all.] *Ich konnte überhaupt nichts sehen.* | **You won't probably understand anything** [= You will probably understand nothing.] *Du wirst wahrscheinlich nichts verstehen.*

Ebenso: **not … anybody** [= **nobody**] / **not … anyone** [= **no one**] *niemand, keiner* | **not … anywhere** [= **nowhere**, AmE: **not … anyplace** [= **noplace**] *nirgendwo, nirgendwohin.*

▶ **anything but**… - *alles außer …, alles andere als…, ganz und gar nicht:* **She was anything but happy in her new job.** *Sie war alles andere als glücklich in ihrem neuen Job.* | **His jokes were anything but funny.** *Seine Witze waren ganz und gar nicht komisch.* | **Anything but that!** *(Alles), bloß das nicht!* | **Me tired? Anything but.** *Ich und müde? – Kein bisschen. Ganz und gar nicht.*

165 **exam** | REG NOUN

▶ **exam**, die Kurzform von **examination** *(Prüfung, Examen)*, wird meist im Zusammenhang mit *Schule, Ausbildung* und *Beruf* verwendet, z.B. in **entrance exam** *Aufnahmeprüfung*, **final exam** [oder: **exit exam**] *Abschlussprüfung*, **oral exam** [oder: **verbal exam**] *mündliche Prüfung*, **written exam** *schriftliche Prüfung*.

STUDENTS **take** [oder: **sit**] **an exam** *machen eine Prüfung, legen eine Prüfung ab* | **are well / poorly prepared for an** ~ *sind gut / schlecht für eine Prüfung vorbereitet* | **are coached for an** ~ *werden für eine Prüfung vorbereitet* | **pass an** ~ *bestehen eine Prüfung* | **fail an** ~ *fallen durch eine Prüfung durch* | **have** ~ **nerves** *haben Prüfungsangst* | **take a re-examination** *wiederholen eine Prüfung*

Verwenden Sie in anderen Zusammenhängen die Form **examination**: **A close examination revealed that the photo was a fake.** *Eine eingehende Untersuchung ergab, dass das Foto eine Fälschung war.* Auch bei *ärztlichen Untersuchungen* (**medical examinations**) wird in der Regel nicht abgekürzt: **an eye examination** - *eine Augenuntersuchung.*

- **examine sb/sth** | REG VERB | *jmdn/etw prüfen*
- **examiner** | REG NOUN | *Prüfer* [= prüfende Person], **examinee** - *Prüfling* [= geprüfte Person]

166 except | PREP

▶ *außer, mit Ausnahme von:* **We are open every day except Monday.** *Wir haben jeden Tag geöffnet, außer Montag.* | **We accept any kind of payment except by cheque.** *Wir akzeptieren jede Art von Bezahlung, außer mit Scheck.* | **Put everything in the suitcase, except the camera and the reading stuff.** *Tu alles in den Koffer, außer der Kamera und der Lektüre.*

▶ **except for** sb/sth - *abgesehen von etw:* **Except for a few minor scratches the car still looks like new.** *Von ein paar kleineren Kratzern abgesehen, sieht der Wagen noch aus wie neu.* | **Except for the first two days we had fantastic weather.** *Von den ersten zwei Tagen abgesehen, hatten wir traumhaftes Wetter.* | **I am quite all right except for a slight cold.** *Ich fühle mich ganz gut, abgesehen von einer leichten Erkältung.*

- **exception** | REG NOUN | **Exceptions prove the rule.** *Ausnahmen bestätigen die Regel.*
- **exceptional** | ADJ | **an exceptional performance** - *eine außergewöhnliche Leistung*
- **exceptionally** | ADV | **She is exceptionally slim.** *Sie ist außergewöhnlich schlank.*

167 excuse und **apologise** | REG VERBS

▶ **excuse** sb/sth - *jmdn/etw entschuldigen:* **Please excuse the mess.** *Bitte entschuldigen Sie die Unordnung.* | **Excuse me one moment, I'll be right back.** *Entschuldige mich einen Moment, ich bin gleich zurück.* | **Nothing can excuse such behaviour.** *Nichts kann solch ein Verhalten entschuldigen.*
[Auskunft erbitten] **Excuse me, are you familiar here**? *Entschuldigen Sie, kennen Sie sich hier aus?* | **Excuse me, which way is Polperro?** *Entschuldigung, wo geht es nach Polperro?*

▶ **apologise** | *sich für etw* (**for** sth) oder *bei jmdm* (**to** sb) *entschuldigen:* **I'd like to apologise for what I said.** *Ich möchte mich für das, was ich gesagt habe, entschuldigen.* | **I hope you have apologised to her.** *Ich hoffe, du hast dich bei ihr entschuldigt.* | **He was an hour late and didn't even apologise.** *Er kam eine Stunde zu spät und hat sich nicht einmal entschuldigt.*

- **apology** | REG NOUN | *Entschuldigung, Rechtfertigung*

168 exercise | REG NOUN

▶ [no pl] *Übung, Training* [zur Festigung erlernter Fähigkeiten]: **Learning a language is good exercise for your brain.** *Das Erlernen einer Sprache ist gutes Training für den Geist.* | **Playing scales is a useful exercise for piano players.** *Tonleitern spielen ist eine nützliche Übung für Klavierspieler.* | **What was the point of the exercise?** *Was war der Zweck der Übung?*

▶ *im Unterricht gestellte Übungsaufgabe:* **We had to do some difficult grammar exercises in today's class test.** *Wir hatten in der heutigen Klassenarbeit ein paar schwierige Grammatikaufgaben zu lösen.* | **It's all in my exercise book.** *Es steht alles in meinem Übungsheft.*

▶ [no pl] *Bewegung, Training, Sport* [für körperliche Fitness]: **The doctor advised me to do** [oder: **to take**] **regular exercise.** *Der Arzt riet mir zu regelmäßiger Bewegung.* | **Walking, swimming and cycling are excellent forms of exercise.** *Spazierengehen, Schwimmen und Radfahren sind ausgezeichnete Formen von Bewegung.* | **Fresh air and plenty of exercise is all you need to keep fit.** *Frische Luft und viel Bewegung ist alles, was man braucht, um fit zu bleiben.*

VOCABULARY: **exercise room** *Übungsraum* | **~ area** [bei Militär, Polizei usw.] *Übungsgelände, Manövergelände* | **~ bike** *Trimmrad* | **conditional ~** *Konditionstraining* | **breathing ~** *Atemübung* | **physical ~** [**PE,** Schulfach] *Leibesübungen, Turnen* | **relaxation ~** *Entspannungsübung* | **take ~** *sich bewegen, Sport treiben*

- **exercise** | REG VERB | *üben, trainieren*

169 expect und **await** | REG VERBS

▶ **expect** ist der übliche Ausdruck für *erwarten:* **Linda and Mark are expecting their third child.** *Linda und Mark erwarten ihr drittes Kind.* | **It took longer than expected.** *Es dauerte länger als erwartet.* | **We don't expect much of the meeting.** *Wir erwarten nicht viel von dem Treffen.* | **I expect another payment by the end of this month.** *Ich erwarte bis Ende dieses Monats eine weitere Zahlung.* | **What do you expect of me?** *Was erwartet ihr von mir?*

▶ **expect** sb **to do** sth | Mit dieser (dem Deutschen unbekannten) Konstruktion wird ausgedrückt, dass man von jemandem ein bestimmtes Tun oder Verhalten erwartet: **I expect him to apologize to me.** *Ich erwarte, dass er sich bei mir entschuldigt.* | **I expect a mobile phone to work properly.** *Ich erwarte, dass ein Handy ordentlich funktioniert.* | **Tim expected us to meet him at the station.** *Tim erwartete, dass wir ihn am Bahnhof abholen.* | **We hadn't expected the weather to be so lousy.** *Wir hatten nicht erwartet, dass das Wetter so schlecht ist.*

- **expectation** | REG NOUN | [nicht *expection]: **What we got to see was beyond our best expectations**. *Was wir zu sehen bekamen, übertraf alle unsere Erwartungen.* | **Against all expectations the business boomed.** *Entgegen allen Erwartungen boomte das Geschäft.* | **We returned the goods as they didn't meet our expectations.** *Wir haben die Ware zurückgeschickt, da sie nicht unseren Erwartungen entsprach.*
- **expected** | ADJ | *erwartet:* **as expected** - *wie erwartet, wie zu erwarten*
- **unexpected** | ADJ | *unerwartet:* **an unexpected turn** - *eine unerwartete Wendung*
- **unexpectedly** | ADV | *unerwartet:* **He died all unexpectedly.** *Er ist völlig unerwartet gestorben.*

▶ Bei **await** steht der Aspekt des (oft ungeduldigen, bangen, sehnsüchtigen) Wartens, Entgegensehens im Vordergrund: **The crowd eagerly awaited the Queen's arrival.** *Die Menge wartete gespannt auf die Ankunft der Königin.* | **The students impatiently awaited the results of the examination.** *Die Studenten erwarteten ungeduldig die Prüfungsergebnisse.* | **Fans are awaiting a refund for the cancelled concert.** *Die Fans erwarten eine Erstattung für das ausgefallene Konzert.*

170 **experience** | REG NOUN

▶ *Erfahrung, Praxis:* **We have had good experience with this method.** *Wir haben mit dieser Methode gute Erfahrungen gemacht.* | **We need someone with at least some professional experience.** *Wir brauchen jemanden mit zumindest ein wenig Berufserfahrung.*

CONTEXT: **bitter experience** *bittere Erfahrung* | **driving** *~ Fahrpraxis* | **daily** *~ tägliche Erfahrung* | **foreign** [oder: **international**] *~ Auslandserfahrung* | **practical** *~ praktische Erfahrung.*

PEOPLE **gain experience** *sammeln Erfahrung* | **know sth from** *~ wissen etw aus Erfahrung* | **learn from** *~ lernen aus Erfahrung* | **put sth down to** *~ verbuchen etw unter Erfahrung.*

▶ *Erlebnis:* **In the book she describes her experiences as an au pair.** *In dem Buch schildert sie ihre Erlebnisse als Au-Pair-Mädchen.* | **I had a strange experience the other day.** *Ich hatte neulich ein seltsames Erlebnis.* | **My mother often tells us about her childhood experiences.** *Meine Mutter erzählt uns oft von ihren Kindheitserlebnissen.*

VOCABULARY: **aha experience** *Aha-Erlebnis* | **key** *~ Schlüsselerlebnis* | **memorable** *~ denkwürdiges Erlebnis* | **traumatic** *~ traumatisches Erlebnis* | **once in a lifetime** *~ einmaliges Erlebnis*

experience | REG VERB

▶ *erleben, mitmachen:* **At the airport we experienced a nasty surprise.** *Am Flughafen erlebten wir eine böse Überraschung.* | **It's unbelievable what you can experience when you work with children.** *Es ist unglaublich, was man erleben kann, wenn man mit Kindern arbeitet.*
- **experienced** | ADJ | *erfahren,* **inexperienced** | ADJ | *unerfahren, unbedarft*

171 **experiment** | REG NOUN

▶ *Experiment, Versuch:* **All products are tested in lab experiments.** *Alle Produkte werden im Laborversuch getestet.* | **They carry out a series of experiments before a product is launched.** *Es werden reihenweise Versuche durchgeführt, bevor ein Produkt auf den Markt kommt.* | **I strictly oppose animal experiments.** *Ich bin entschieden gegen Tierversuche.*
- **experiment** | REG VERB | *experimentieren*

172 **expert** | REG NOUN

▶ Ein **expert** ist ein *Fachmann, Sachverständiger, Gutachter* und generell jeder, der von etwas besonders viel Ahnung hat:
The government commissioned various expert opinions. *Die Regierung gab verschiedene Gutachten in Auftrag.* | **One needn't be an expert to be able to use a computer.** *Man muss kein Experte sein, um mit einem Computer umgehen zu können.* | **He is an expert at restoring old furniture.** *Er ist ein Experte im Restaurieren alter Möbel.*
- **expertise** | REG NOUN, usu sg | *Sachkenntnis, Sachverstand, Kompetenz*
- **expert** | ADJ | *sachverständig, fachkundig, fachmännisch:* **an expert driver, an expert cook**

173 **explain** | REG VERB

▶ *erklären:* **First the guide explained the history of the building.** *Zuerst erklärte der Reiseleiter die Geschichte des Gebäudes.* | **Can anyone explain how a rainbow is formed?** *Kann jemand erklären, wie ein Regenbogen entsteht?* | **No one could explain how it happened.** *Niemand konnte erklären, wie es passiert war.*

▶ **explain** sth **to** sb - *jmdm etw erklären*, [nicht: *explain sb sth]: **The tour guide explained to the visitors the history of the castle**. *Der Reiseleiter erklärte den Besuchern die Geschichte der Burg.* | **The teacher explained to us how a negative sentence is formed.** *Der Lehrer hat uns erklärt, wie ein verneinter Satz gebildet wird.* | **Can anyone explain that to me?** *Kann mir das jemand erklären?*

- **explanation** [Nicht: *explaination] | REG NOUN | *Erklärung*
- **explanatory** [Nicht: *explanatory] | ADJ | *erklärend, erläuternd*

174 **fairly**, **quite** und **rather** | ADVs

▶ **fairly** *(recht, ganz, einigermaßen)* kennzeichnet eine Eigenschaft als brauchbar, akzeptabel, aber doch eher durchschnittlich und keinesfalls überragend:

I was fairly satisfied. *Ich war einigermaßen zufrieden* [= alles in allem zufrieden]. | **Frederic speaks German fairly well.** *Frederic spricht einigermaßen gut Deutsch* [= kann sich aber noch verbessern]. | **Meals at this restaurant are fairly good.** *Das Essen in diesem Restaurant ist ganz gut* [= kann man essen]. | **His latest film is fairly good, but certainly not his best**. *Sein neuester Film ist ganz gut, aber bestimmt nicht sein bester.*

▶ Mit **quite** werden die genannten Eigenschaften etwas höher eingestuft als mit **fairly**. Vergleichen Sie:

I was quite satisfied. *Ich war recht zufrieden* [= ausgesprochen zufrieden]. **Frederic speaks German quite well**. *Frederic spricht ganz gut Deutsch.* | **Meals at this restaurant are quite good.** *Das Essen in diesem Restaurant ist richtig gut* [= kann man empfehlen]. | **His latest film is quite good, certainly one of his best**. *Sein neuester Film ist ziemlich gut, sicherlich einer seiner besten.* |

▶ **not quite ...** *nicht ganz ...*: **One moment, we haven't quite finished yet**. *Einen Moment, wir sind noch nicht ganz fertig.* | **Sorry, I don't quite understand you**. *Tut mir leid, ich verstehe Sie nicht ganz.* | **You aren't quite wrong**. *Sie haben nicht ganz unrecht.* | **That's not quite the same**. *Das ist nicht ganz dasselbe.*

▶ Mit **rather** *(ziemlich)* werden vor allem negativ besetzte oder als negativ empfundene Eigenschaften verbunden:

The situation was rather desperate. *Die Lage war ziemlich aussichtslos.* | **She gets along quite well, although her English is rather poor**. *Sie kommt ganz gut klar, obwohl ihr Englisch ziemlich schlecht ist.* | **I was rather annoyed at the way the matter was dealth with**. *Ich war ziemlich verärgert über die Art, wie mit der Angelegenheit umgegangen wurde.*

Manchmal steht **rather** *vor dem Artikel* **a**: **It's rather a hopeless case**. *Es ist ein ziemlich hoffnungsloser Fall* [statt: ... **a rather hopeless case**]. | **It was rather a cold day**. *Es war ein ziemlich kalter Tag.*

▶ Mit **would rather** (**not**), kurz: **'d rather** (**not**), lässt sich ausdrücken, dass man etwas *lieber* (bzw. *lieber nicht*) sein, haben oder tun möchte:

I would rather finish my studies first. *Ich würde lieber erst mein Studium abschließen.* | **My sister says she would rather have been a boy**. *Meine Schwester sagt, sie wäre lieber ein Junge geworden.* | **I would rather not talk about it**. *Ich möchte lieber nicht darüber reden.*

▶ **... or rather** [Nicht: *... or better] entspricht deutschen Wendungen wie *oder besser...*, *oder eher ...*, die wir benutzen, um eine Aussage zu präzisieren bzw. zu korrigieren:

You should arrange two hours, or rather three, for the journey. *Ihr solltet zwei, oder (noch) besser, drei Stunden für die Reise einplanen.* [Nicht: ... **two hours**, *or better* **three**, ...]

175 **fake** | REG NOUN

▶ **a fake** ist eine Fälschung, ein Imitat, eine Kopie – jedenfalls nichts Echtes: **Only an expert can tell whether the painting is a fake**. *Nur ein Experte kann sagen, ob das Gemälde eine Fälschung ist.* | **The *Hitler Diaries* were soon revealed as fakes**. *Die* [1983 im Magazin *STERN* veröffentlichten] *Hitler-Tagebücher wurden bald als Fälschungen entlarvt.*

Wenn eine Person als **fake** enttarnt wird, dann hat sie sich als etwas ausgegeben, was sie nicht ist: **No one at the hospital ever discovered that their colleague was a fake**. *Niemand im Krankenhaus hatte je gemerkt, dass ihr Kollege ein Hochstapler war.* | **To me he is not a faith healer but a fake**. *Für mich ist er kein Geistheiler, sondern ein Schwindler.*

- **faker** | REG NOUN | *Fälscher*: **faker of art, art faker** - *Kunstfälscher*
- **fake** sth | REG VERB | *etw fälschen*: **fake a signature** - *eine Unterschrift fälschen*
- **fake** | ADJ | *falsch, gefälscht, vorgetäuscht, nachgemacht*: **a fake beard**, **a fake tan**

176 family

▶ Die Familie im engeren Sinne – manchmal **nuclear family** *(Kleinfamilie,* wörtl.: *Kernfamilie)* genannt – bilden die *Eltern* (**parents**), also *Vater* und *Mutter* (**father** and **mother**) mit ihren *Söhnen und Töchtern* (**sons** and **daughters**). Eine **single-parent family** besteht aus einem alleinerziehenden Elternteil – **a single mother** oder **a single father** – und deren Kindern. Wenn *unverheiratete Paare* (**unmarried couples**) wie in einer Ehe zusammenleben, spricht man von einer *eheähnlichen Lebensgemeinschaft* (**cohabitation**).

Zum *erweiterten Familienkreis* (**extended family**) zählen die *Verwandten* (**relatives, relations**) wie *Onkel* (**uncle**), *Tante* (**aunt**), *Neffe* (**nephew**), *Nichte* (**niece**), *Cousin, Vetter* (**male cousin**) und *Cousine* (**female cousin**).

Im weitesten Sinne umfasst die Bezeichnung **family** sämtliche *Generationen* (**generations**) von *Vorfahren* (**ancestors, forebears**) und *Nachkommen* (**descendants, offspring**).

Wer keine Geschwister (**brothers and sisters,** auch: **siblings**) hat, ist ein *Einzelkind* (**only child**). Ein Kind, das ohne Eltern aufwächst, ist ein *Waisenkind* (**orphan**).

▶ Einige Verwandtschafts- und verwandtschaftsähnliche Verhältnisse werden durch Voranstellung bestimmter Wörter oder Wortelemente gebildet:
GROSSELTERN, URGROSSELTERN: **grand-** *(Groß-…),* **great-grand-** *(Urgroß-…),* **great-great-grand-** usw. *(Ururgroß-)* usw.:
grandparents: grandfather [ugs: **grandpa, grandad**] | **grandmother** [ugs: **grandma, granny**] | **great-grandparents** | **great-grandfather** | **great-grandmother**.
ENKEL: **grandchildren** *Enkelkinder:* **grandson** *Enkel,* **granddaughter** *Enkelin* | **great-grandchildren** *Urenkel:* **great-grandson** *Urenkel,* **great-granddaughter** *Urenkelin*
STIEFVERWANDTE: **step-…** | **stepmother** *Stiefmutter* | **stepfather** *Stiefvater* | **stepson** *Stiefsohn* | **stepdaughter** *Stieftochter* | **stepbrother** *Stiefbruder* | **stepsister** *Stiefschwester*
PFLEGE: **foster parents** *Pflegeeltern* | **foster child** *Pflegekind*
ADOPTION: **adoptive parents** *Adoptiveltern* | **adoptive child** *Adoptivkind*
PATEN: **godparents** *Pateneltern:* **godfather** *Pate,* **godmother** *Patin* | **godchild** *Patenkind*

▶ Die angeheiratete Verwandtschaft, für die das Deutsche eigene Namen kennt wie *Schwager* oder *Schwiegersohn,* erhält im Englischen den Zusatz **-in-law.** Vater, Mutter, Eltern, Bruder, Schwester, Sohn und Tochter aus der Familie des Ehepartners werden so zu **father-in-law** *(Schwiegervater),* **mother-in-law** *(Schwiegermutter),* **parents-in-law** *(Schwiegereltern),* **sister-in-law** *(Schwägerin),* **brother-in-law** *(Schwager),* **son-in-law** *(Schwiegersohn)* und **daughter-in-law** *(Schwiegertochter).*

Im Laufe des Lebens ändert sich der *Familienstand* (**family status** oder **marital status**). Wir sind *ledig* (**single**), *verlobt* (**engaged**) oder *verheiratet* (**married**), sind Partner einer *ehelichen Lebensgemeinschaft* (**partner of a cohabitation**), leben *getrennt* (**separated**), sind *geschieden* (**divorced**), *wieder verheiratet* (**remarried**) oder *verwitwet* (**widowed**).

VOCABULARY: **family affairs** *Familienangelegenheiten* | **~ business** *Familienbetrieb* | **~ doctor** *Hausarzt* | **~ background** *familiäre Verhältnisse* | **~ relations** *verwandtschaftliche Beziehungen* | **~ get-together** *Familientreffen* | **~ jewels** *Familienschmuck* | **~ income** *Familieneinkommen* | **~ issues** *Familienfragen* | **~ member** *Familienmitglied* | **~ next door** *Nachbarsfamilie* | **~ of four** *vierköpfige Familie* | **~ outing** *Familienausflug* | **~ planning** *Familienplanung* | **~ photos** *Familienfotos* | **~ tomb** *Familiengrab* | **~ tree** *Ahnentafel, Stammbaum*

average family *Durchschnittsfamilie* | **extended ~** *Großfamilie, Sippe* | **blended ~** [auch: **patchwork ~**] *Patchworkfamilie* | **farmer's ~** *Bauernfamilie* | **immigrant ~** *Einwandererfamilie* | **fugitive ~** *Flüchtlingsfamilie* | **host ~** *Gastfamilie* | **middle-class ~** *Familie der Mittelschicht* | **head of the ~** *Familienoberhaupt* | **merchant ~** *Kaufmannsfamilie* | **noble ~** *Adelsfamilie* | **royal ~** *königliche Familie*

CONTEXT: **start a family** [oder: **raise a ~**] *eine Familie gründen* | **maintain / support a ~** *eine Familie ernähren, unterhalten* | **keep a ~ / provide for a ~** *für eine Familie sorgen* | **abandon a ~** *eine Familie verlassen*

177 famous und infamous | ADJs

▶ **famous** ist von **fame** *(Ruhm)* abgeleitet, bedeutet also *berühmt:* **Who, in your opinion, is the most famous person alive?** *Wer ist deiner Ansicht nach der berühmteste lebende Mensch?* | **Being famous is more than just being well known.** *Berühmt zu sein ist mehr, als einfach nur bekannt zu sein.* | **Bearing a famous name can sometimes be a burden.** *Einen berühmten Namen zu tragen, kann manchmal eine Belastung sein.*

▶ **infamous** ist dem deutschen Fremdwort *infam* vergleichbar, bedeutet also [bezogen auf Personen] *bösartig, gemein, niederträchtig,* [bezogen auf Orte] *übel, verrufen, berüchtigt.* Obwohl die Vorsilbe **in-** normalerweise bewirkt, dass der Sinn eines Wortes in sein Gegenteil verkehrt wird (wie z.B. bei **insane, incompetent** oder **incurable**), bedeutet **infamous** nicht, dass eine Person oder eine Sache *nicht berühmt* ist – es sei denn, die Eigenschaft *berühmt* wird in einem negativen Sinn, als traurige Berühmtheit, verstanden. Vergleichen Sie:

This quarter is famous for its excellent restaurants. *Dieses Viertel ist für seine ausgezeichneten Restaurants berühmt.* | **This quarter is infamous for its crime.** *Dieses Viertel ist für seine Kriminalität berüchtigt.* | **I read a book about James Cook, the famous navigator.** *Ich habe ein Buch über James Cook gelesen, den berühmten Seefahrer.* | **I read a book about Genghis Khan, the infamous conqueror.** *Ich habe ein Buch über Dschingis Khan gelesen, den berüchtigten Eroberer.*

178   fan | REG NOUN

Die *Anhänger, Verehrer* von jemandem oder etwas bezeichnet man bekanntlich auch hierzulande als **fans**, so dass dieser Ausdruck keiner weiteren Erläuterung bedarf. Es gibt **fans** von jeder Sorte: **sport fans, football fans, rock fans, opera fans, Donald Duck fans, motor sport fans, London fans, Italian food fans** und und und …

Sollten die erhitzten Fan-Gemüter einmal etwas Abkühlung brauchen, könnte eine ganz und gar andere Art von **fan** Abhilfe schaffen – ein *Fächer:* **Some spectators used their brochures as fans.** *Einige Zuschauer benutzten ihre Programmhefte als Fächer.* | **She was hiding her face behind a large fan.** *Sie verbarg ihr Gesicht hinter einem großen Fächer.*

179   far und a long way | ADVs

▶ Als Entfernungsangabe steht **far** vor allem *in Fragen* und in *verneinten Sätzen:* **Is it far from here?** *Ist es weit von hier?* | **The school isn't too far from where we live.** *Die Schule ist nicht allzu weit von unserem Wohnort entfernt.*

In *Aussagesätzen* ist **a long way** die bessere Wahl: **The office lies a long way from my flat.** *Das Büro liegt weit von meiner Wohnung entfernt.* | **We had to drive a long way to get there.** *Wir mussten weit fahren, um dorthin zu kommen.*

Diese Unterscheidung entfällt, wenn **far** in übertragenem Sinne verwendet wird: **I am far from thinking everything is all right.** *Ich bin weit davon entfernt, zu glauben, dass alles in Ordnung ist.* [Nicht: I'm *a long way from thinking…*]

▶ Vor einem Hauptwort steht nicht **far,** sondern **far-away: In my younger days I dreamed of travelling to far-away places.** [Nicht: **… to far places.*] *In meiner Jugend träumte ich davon, in ferne Länder zu reisen.* | **The story is set in a far-away country.** [Nicht: **… in far countries.*] *Die Geschichte spielt in einem fernen Land.* | **One day we may be able to travel to far-away planets.** [Nicht: **… to far planets.*] *Eines Tages werden wir vielleicht zu fernen Planeten reisen können.*

▶ Notieren Sie auch: **so far** *(bis jetzt, bisher, bislang),* **by far** *(bei weitem)* und **as far as** *(soweit, sofern):*
We haven't had an answer so far. *Wir haben bis jetzt keine Antwort erhalten.* | **It's by far the best shop around here.** *Es ist der bei weitem beste Laden hier in der Gegend.* | **Paul is still in the Navy, as far as I know.** *Paul ist immer noch bei der Marine, soweit ich weiß.*

▶ **as far as** … bei einer Ortsangabe heißt soviel wie *ganz bis …:* **We travelled as far as the North Cape.** *Wir sind ganz bis zum Nordkap gefahren.* | **The glacier once reached down as far as the river.** *Der Gletscher erstreckte sich einst ganz bis zum Fluss hinunter.*

farther und further

▶ **far** hat zwei Steigerungsformen (**farther** und **further**), die beide zur Angabe einer Entfernung dienen können:
The place is farther away than it seems [oder: … **further away than it seems**]. *Der Ort ist weiter entfernt, als es scheint.* In übertragener Bedeutung ist dagegen nur **further** möglich: **A solution to this problem is further away than politicians make us believe.** *Eine Lösung dieses Problems ist weiter entfernt, als Politiker uns glauben machen.*

▶ Für die Angabe *weitere …* im Sinne von *zusätzliche …* lässt sich nur **further** verwenden: **They need a further 20 million dollars.** *Sie brauchen weitere zwanzig Millionen Dollar.* [Nicht: ** … a farther 20 million dollars.*] | **Further information will be released in due course.** *Weitere Informationen werden zu gegebener Zeit veröffentlicht.* | **We know nothing further.** *Wir wissen weiter nichts.*

180 few und little

▶ Die Mengenbezeichnungen **few** *(wenige)* und **a few** *(ein paar, einige)* stehen bei zählbaren Hauptwörtern: **Can one explain that in few words?** *Kann man das in wenigen Worten erklären?* | **He will take a few months to recover completely.** *Er wird ein paar Monate brauchen, um sich vollständig zu erholen.*

▶ **little** *(wenig)* und **a little** *(ein wenig, etwas)* stehen bei Verben sowie bei *unzählbaren* Hauptwörtern:
These things mean little to me. *Diese Dinge bedeuten mir wenig.* | **I wonder how one can live on so little money.** *Ich frage mich, wie man von so wenig Geld leben kann.* | **Come on, let's chat a little.** *Komm, plaudern wir ein wenig.* | Zu **little** *(klein)* → 381.

▶ **a few** und **a little** werden in der Regel als *positiv* empfunden: es ist nicht viel, aber es reicht. Dagegen sind **few** und **little** eher *negativ* besetzt: es reicht nicht, ist nicht gut genug usw.:
I earn little more than last year. [Enttäuschend] *Ich verdiene wenig mehr als letztes Jahr.* | **I earn a little more than last year.** [Erfreulich] *Ich verdiene etwas mehr als letztes Jahr.* | **It's a difficult language, only few people can speak it.** *Es ist eine schwierige Sprache, nur wenige Menschen sprechen sie.* | **It's a difficult language, but a few people can speak it.** *Es ist eine schwierige Sprache, aber ein paar Menschen sprechen sie.*

▶ Die Steigerungsform **fewer** steht vor *zählbaren* Hauptwörtern, die Steigerungsform **less** steht vor *unzählbaren* Hauptwörtern:
Families have fewer children nowadays than they used to have. *Familien haben heute weniger Kinder als sie früher hatten.* | **Childless families need less money than those with children.** *Kinderlose Familien brauchen weniger Geld als welche mit Kindern.*
In der Umgangssprache wird dieser Unterschied oft vernachlässigt: die Form **fewer** wird mehr und mehr durch **less** verdrängt: **The less mistakes you make the fewer you have to correct.** *Je weniger Fehler du machst, desto weniger hast du zu korrigieren.* [Korrekt wäre: **The FEWER mistakes you make** ...]

181 finally und eventually

▶ Beide Adverbien bringen zum Ausdruck, dass etwas (manchmal erst nach einiger Zeit und der Überwindung von Schwierigkeiten) *endlich, letztendlich, schließlich* beendet, geschafft, erledigt ist:
After long and nerve racking negotiations we finally came to a result. *Nach langen und nervenaufreibenden Verhandlungen kamen wir endlich zu einem Ergebnis.* | **During a careful inspection they finally found the fault.** *Während einer gründlichen Untersuchung fand man schließlich den Fehler.* | **Did you get your visa? – Yes, eventually.** *Hast du dein Visum erhalten? – Ja, endlich.*

▶ Das deutsche Adverb *eventuell* heißt nicht **eventually,** sondern **possibly: We may possibly be a bit late.** *Wir kommen eventuell etwas später.* [Nicht: *We may eventually be ...*]

- **final** | ADJ | *letzte, endgültige:* the **final version** | the **final exam** | the **final consumer**
- **eventual** | ADJ | *schließliche, spätere:*
  the **eventual winner** - *der spätere Sieger* | her **eventual husband** - *ihr späterer Ehemann*

182 first und at first

Die Angaben **first** und **at first** werden häufig verwechselt oder beliebig verwendet. Beachten Sie aber:

▶ **first** bedeutet *zuerst, als erstes, erst einmal* [= bevor man irgendetwas anderes tut]: **You have to enter the password first.** *Sie müssen zuerst das Passwort eingeben.* | **First let me say how glad we are to be here.** *Lassen Sie mich zuerst sagen, wie froh wir sind, hier zu sein.* | **What's your name? – Tell me yours first.** *Wie ist Ihr Name? – Sagen Sie mir zuerst Ihren.*

▶ **at first** entspricht deutschen Angaben wie *anfangs, zunächst, im ersten Moment*. Im Gegensatz zu **first** geht es nicht darum zu sagen, dass etwas als erstes zu geschehen hat und erst danach andere Dinge an der Reihe sind. Vielmehr soll ausgedrückt werden, dass man eine Person, eine Sache oder eine Situation zunächst anders eingeschätzt hat, als sie sich später herausstellt. Beispiele:
At first I didn't like her at all, but today we are good friends. *Erst konnte ich sie überhaupt nicht leiden, aber heute sind wir gute Freunde.* | **At first I thought I would never learn it, but then I was surprised how easy it was.** *Zuerst dachte ich, ich würde es nie lernen, aber dann war ich überrascht, wie leicht es war.* | **We felt really comfortable here at first but now can't wait to move away.** *Wir haben uns hier zu Anfang richtig wohl gefühlt, aber jetzt können wir es nicht erwarten, wegzuziehen.*

183 **first** und **last**

Neben der allgemein bekannten Verwendung vor einem Hauptwort (in der Bedeutung *erste* bzw. *letzte*) werden **first** und **last** auch adverbial im Sinne von *das erste Mal, erstmals* bzw. *das letzte Mal, zuletzt* gebraucht. Hinsichtlich der Satzstellung ist zu beachten, dass **first** und **last** vor dem Vollverb stehen:

Before you first use this machine you ought to clean it carefully. *Bevor Sie das Gerät das erste Mal beutzen, sollten Sie es gründlich reinigen.* | **We first met at my daughter's wedding.** *Wir sind uns das erste Mal auf der Hochzeit meiner Tochter begegnet.* | **He was in good health when we last heard of him.** *Er war bei guter Gesundheit, als wir das letzte Mal von ihm hörten.* | **When did you last see the dentist?** *Wann warst du das letzte Mal beim Zahnarzt?*

184 PASSEN: **fit**, **suit** und **match** | REG VERBS

▶ **fit** besagt, dass etwas die richtige Größe hat, irgendwo hineinpasst, [bei Kleidung] richtig sitzt:

The new jacket fits like a glove. *Die neue Jacke passt wie angegossen* [wörtl.: ... wie ein Handschuh]. | **The best thing about a small car is that it fits in every parking space.** *Das Beste an einem Kleinwagen ist, dass er in jede Parklücke passt.* | **He fits the description, but is he the man we are looking for?** *Er passt zu der Beschreibung, aber ist er der Mann, den wir suchen?*

▶ **suit** bezieht sich nicht auf die Größe, sondern bedeutet, dass etwas *zu jmdm passt, jmdm zusagt, für jmdn geeignet ist,* dass eine Farbe, ein Kleidungsstück jemandem steht:

Green is a colour that simply doesn't suit me. *Grün ist eine Farbe, die mir einfach nicht steht.* | **I really can't say I'm paid well, but the job suits me.** *Ich kann nicht gerade sagen, dass ich gut bezahlt werde, aber der Beruf passt zu mir.* | **I hope Susan will find someone who suits her.** *Ich hoffe, Susan findet jemanden, der zu ihr passt.* | **This kind of language doesn't suit you at all.** *Diese Art von Sprache passt überhaupt nicht zu dir.*

- **suit** | REG NOUN | Auch **a suit** ist etwas, das passen sollte – ein *Anzug*. Neben dem feinen Ausgehanzug gehört dazu auch manch praktische Bekleidung für besondere Lebenslagen:

  swimsuit [AmE: **bathing suit**] *Badeanzug* | **ski** ~ *Skianzug* | **diving** ~ *Tauchanzug* | **combat** ~ *Kampfanzug* | **camouflage** ~ *Tarnanzug* | **made-to-measure** ~ *Maßanzug* **ladies'** ~ *Kostüm* [für Damen] | **single-breasted / double-breasted** ~ *einreihiger / zweireihiger Anzug*

  CONTEXT: **a badly cut** ~ *ein schlecht geschnittener Anzug* | **a perfectly-fitting** ~ *ein tadellos sitzender Anzug* | **a pin-stripe** ~ *ein Nadelstreifenanzug* | **a shabby** ~ *ein schäbiger Anzug* | **a ready-to-wear** ~ [oder: **a** ~ **off the peg**] *ein Konfektionsanzig, ein Anzug von der Stange* [wörtl.: vom Kleiderhaken]

  Siehe auch die Erläuterung zu **birthday suit** bei **birthday** [→ 069]

- **suitable, suited / unsuitable, unsuited** | ADJs | *passend, geeignet / unpassend, ungeeignet, nicht geeignet:* **We are still looking for a suitable flat.** *Wir suchen immer noch eine passende Wohnung.* | **I am unsuited for a job like this.** *Ich bin für eine solche Arbeit ungeeignet.* | **Movies of this kind are unsuitable for under-age persons.** *Filme dieser Art sind für Minderjährige nicht geeignet.*

▶ Wenn es darum geht, ob Dinge optisch oder geschmacklich (in Stil, Design, Farbe usw.) zueinander passen, sich „vertragen", sind auch die Verben **go with** oder **match** [Nicht aber: *match with*] oder eine gute Wahl:

The green tie doesn't match my jacket. *Die grüne Krawatte passt nicht zu meinem Jackett.* | **Julie and Tim match each other perfectly.** *Julie und Tim passen hervorragend zueinander.* | **The wallpaper must go with the colour of the curtains.** *Die Tapete muss zur Farbe der Gardinen passen.* | **Does red wine go with fish?** *Passt Rotwein zu Fisch?*

185 **flat** und **apartment** | REG NOUNS

▶ Ein **apartment** [Nicht: *appartement*, das ist die französische Schreibweise] findet man in Großbritannien nur in vornehmeren Stadtvierteln, ansonsten heißt eine (gemietete) Wohnung **flat**. In den USA dagegen wird so gut wie jede Wohnung als **apartment** bezeichnet.

Last year we moved into a new three-room flat. *Letztes Jahr sind wir in eine neue Dreizimmerwohnung gezogen.* | **He lives in London but also has an apartment in New York.** *Er lebt in London, hat aber auch eine Wohnung in New York.* | **From our attic flat we have a great view of the park.** *Von unserer Dachgeschosswohnung haben wir eine großartige Aussicht auf den Park.* | **There are people who can't even afford a council flat.** *Es gibt Menschen, die sich nicht einmal eine Sozialwohnung leisten können.*

186 flesh | NOUN, no pl

▶ Im Gegensatz zu **meat**, dem zum Verzehr geeigneten *Fleisch* von Tieren, bezeichnet **flesh** das Fleisch als Körpersubstanz, bei Früchten das *Fruchtfleisch*:

These birds like the sweet flesh of a pineapple. *Diese Vögel lieben das süße Fleisch einer Ananas.* | **A ghost is no being of flesh and blood.** *Ein Geist ist kein Wesen von Fleisch und Blut.* | **She was wearing a pair of flesh-coloured tights.** *Sie trug eine fleischfarbene Strumpfhose.* | **The spirit is willing but the flesh is weak.** [in anderen Übersetzungen: ... **but the body is weak.** Ursprünglich ein Bibelzitat (Matthäus 26/41): *Das Fleisch ist willig, aber der Geist ist schwach.*]

- **fleshy** | ADJ | *fleischig*

187 floor | REG NOUN

▶ Mit **floor** werden sowohl der *Fußboden* eines Zimmers als auch das *Stockwerk*, die *Etage* bezeichnet: **The children were sitting on the floor watching TV.** *Die Kinder saßen auf dem Fußboden und sahen fern.* | **The lift took us up to the 72nd floor.** *Der Fahrstuhl brachte uns zum 72. Stock hinauf.*

Beachten Sie: Die Zählung von Stockwerken wird zu beiden Seiten des Atlantiks unterschiedlich gehandhabt, was durchaus zu Missverständnissen führen kann. Während in Großbritannien vom **ground floor**, dem *Erdgeschoss*, an aufwärts gezählt wird (**first floor, second floor, third floor** usw.), bezeichnet man in den USA bereits das Erdgeschoss als **first floor**.

Wer also in London eine Wohnung über dem Erdgeschoss besitzt, lebt **on the first floor** [oder: **in a first-floor flat**], während sich eine vergleichbare Wohnung in Chicago **on the second floor** befindet bzw. ein **second-floor apartment** ist.

▶ **floor** steht auch für große Räume, die viel Platz bieten und sich darum gut für bestimmte Verwendungen eignen. So wird etwa der *Plenarsaal* des Parlaments als **floor** bezeichnet. Weitere Beispiele sind **dance floor** *Tanzboden, Parkett* [= *Tanzfläche*], **executive floor** *Chefetage*, **office floor** *Büroetage*, **dealing floor** *Börsenparkett* oder **factory floor** *Fabrikhalle*.

▶ Sagen Sie nicht **floor**, wenn Sie einen *Flur* meinen. Flur [= *Gang*] heißt, je nach Zuschnitt, **corridor** oder **hallway**: **The boss's office is at the end of a long corridor.** *Das Büro des Chefs liegt am Ende eines langen Flurs.* Bei einer Diele, einem Vorraum oder dem Eingangsbereich eines größeren Gebäudes spricht man von **hall**: **You can leave your luggage in the hall.** *Sie können Ihr Gepäck im Flur stehen lassen.*

188 fog und **mist** | REG NOUNS, usu sg

Ob **fog** oder **mist** – in beiden Fällen herrscht schlechte Sicht. Der Unterschied ergibt sich allein aus dem Grad der Sichtbehinderung, wobei **fog** einen dichten *Nebel* mit geringen Sichtweiten bezeichnet, während mit **mist** eher so etwas wie *Dunst* gemeint ist:

A passenger plane crashed in dense fog during its landing approach. *Ein Passagierflugzeug stürzte während des Landeanflugs in dichtem Nebel ab.* | **The bridge was completely enveloped in a cloud of mist.** *Die Brücke war vollständig in eine Nebelwolke eingehüllt.*

- **foggy** | ADJ | *neblig, trüb* | **misty** - *diesig, dunstig*

189 football

Wenn Engländer von **football** sprechen, meinen sie in der Regel das gleiche wie wir, nämlich *Fußball*. Zuweilen wird auch der Begriff **soccer** verwendet, um den Unterschied zum **rugby** deutlich zu machen, einer Sportart, die auf den britischen Inseln als Variante des **football** gilt.

Als **soccer** bezeichnen auch die Amerikaner den Fußball, zur Unterscheidung von ihrer Art des **football**, dem **American Football**, der außer dem Namen rein gar nichts mit dem europäischen Fußball zu tun hat. Der etwas merkwürdig anmutende Name **soccer** ist eine verkürzte und verdrehte Form von **Association Football**, dem weltweit auf unterschiedlichen Verbandsebenen (**associations**) organisierten Spielbetrieb der nationalen Ligen.

Das Spiel (**game**) startet mit dem *Anpfiff* (**starting whistle**), wird nach 45 Minuten durch den *Halbzeitpfiff* (**half-time whistle**) unterbrochen und nach der *Halbzeitpause* (**half-time break**) und dem *Seitenwechsel* (**changeover**) mit der *zweiten Halbzeit* (**second half**) fortgesetzt. Der Mann mit der Pfeife heißt **referee**, ihm zur Seite stehen die beiden *Schiedsrichterassistenten* (**assistant referees**), früher *Linienrichter* (**linesmen**) genannt. In den Profiligen und bei internationalen Begegnungen kommt ein *Vierter Offizieller* (**Fourth Official**) hinzu, der bestimmte Aufgaben außerhalb des Spielfelds wahrnimmt, indem er zum Beispiel die *Aus- und Einwechslungen* (**substitutions**) kontrolliert, auf regelkonformes Verhalten der *Trainer* (**football managers**) achtet und die *Nachspielzeit* (**added time** oder **stoppage time**) anzeigt.

Das *Spielfeld* (**pitch**), durch die *Mittellinie* (**halfwayline**) in zwei Hälften geteilt, wird durch die *Seitenlinien* (**sidelines** oder **touchlines**) und die *Torauslinie* (**byline**) begrenzt. Innerhalb des Spielfeldes sind bestimmte Bereiche durch Kreidemarkierungen abgegrenzt: der *Torraum* oder *5 Meter-Raum* (**goal area**), der *Strafraum* oder *16-Meter-Raum* (**penalty area / penalty box / 18-yard box**) mit dem *Elfmeterpunkt* (**penalty spot**) sowie der *Anstoßkreis* (**centre circle**) mit dem *Anstoßpunkt* (**centre spot**), wo bei Spielbeginn und nach einem Tor der *Anstoß* (**kick-off**) ausgeführt wird.

Zu einer *Mannschaft* (**team** oder **side**) gehören der *Torhüter* (**goalkeeper, keeper, goalie**), *Abwehrspieler* (**defenders**), *Mittelfeldspieler* (**midfielders**) und *Stürmer* (**strikers, forwards**). Auf der *Ersatzbank* (**bench**) warten *Auswechselspieler* (**substitutes**) auf ihren Einsatz, während sich die Mannschaftskollegen auf dem Feld in allerlei Ballspielvarianten üben wie *Pass* (**pass**), *Querpass* (**cross pass, square pass**), *Doppelpass* (**one-two**), *Rückpass* (**back pass**), *Flanke* (**cross**), *Kopfball* (**header**), *Fallrückzieher* (**overhead kick**) oder *Schuss* (**shot**). Sie praktizieren *Raumdeckung* (**zonal defence**) oder *Manndeckung* (**man-to-man marking**), sie *passen* (**pass**), *stoppen* (**stop**), *flanken* (**centre**) und *köpfen* (**head**) den Ball – alles mit dem Ziel, *ein Tor zu erzielen* (**score a goal**) bzw. *eines zu verhindern* (**prevent a goal**).

Bei jedem Regelverstoß, also bei *Foulspiel* (**foul**), *Abseits* (**offside**) oder *Spielverzögerung* durch *Zeitspiel* (**time-wasting**), unterbricht der Schiedsrichter das Spiel durch einen Pfiff (**whistle**). Die Sanktionen reichen von einer *Ermahnung* (**admonition**), über die *Verwarnung* (**booking**), die durch eine *gelbe Karte* (**yellow card**) angezeigt wird, bis hin zum *Platzverweis* (**expulsion, sending off**), bei dem der betroffene Spieler die *rote Karte* (**red card**) sieht, und der im Normalfall eine *Sperre* (**ban**) zur Folge hat.

Regelverstöße werden mit *Freistoß* (**free kick**) oder, wenn im Strafraum begangen, mit *Strafstoß* (**penalty kick**) geahndet. Verlässt der Ball das Feld, gibt es, je nach voraufgegangener Spielsituation, *Abstoß* (**goal-kick**), *Einwurf* (**throw-in**) oder *Eckball* (**corner kick, corner**).

Das Spiel endet beim *Abpfiff* (**final whistle**) mit einem *Sieg* (**victory**), einer *Niederlage* (**defeat**) oder einem *Unentschieden* (**draw**). Bei Turnieren und in Pokalwettbewerben wird die siegreiche Mannschaft oft erst nach *Verlängerung* (**extra time**) und anschließendem *Elfmeterschießen* (**penalty shootout**) ermittelt. In einem solchen Fall spricht man von einem *Sieg nach Elfmeterschießen* (**victory on penalties**).

Das Team, das am letzten Spieltag *an der Tabellenspitze* (**on top of the table**) steht, ist Meister (**champion**) und tritt bei der nächsten Runde als Titelverteidiger (**defending champion**) an.

190 fortune | REG NOUN

▶ Bei dem Wort **fortune** stand erkennbar die Schicksalsgöttin *Fortuna* Pate, und die brachte nicht nur **good fortune** *(Glück)*, sondern auch **ill fortune** oder **misfortune** *(Unglück, Missgeschick)*. **We seek good fortune, misfortune seeks us** heißt ein englisches Sprichwort, zu deutsch: *Wir suchen das Glück, das Unglück sucht uns.*

Im Umfeld dieser Idee sind nette Bezeichnungen entstanden wie **fortune teller** *(Wahrsager, Kartenleger)*, **soldier of fortune** *(Glücksritter)* und **fortune hunter** *(Mitgiftjäger)*.

Heute denkt man bei **fortune** in erster Linie an *materiellen Besitz, Reichtum, Vermögen:* **This property must have cost a fortune.** *Dieses Anwesen muss ein Vermögen gekostet haben.* | **This painting is worth a fortune.** *Dieses Gemälde ist ein Vermögen wert.* | **Some have lost a fortune on the stock exchange.** *Einige haben an der Börse ein Vermögen verloren.* | **He has accumulated a tremendous fortune over the years.** *Er hat über die Jahre ein sagenhaftes Vermögen angehäuft.*

- **be fortunate** | VERB PHR | *Glück haben*
- **fortunate** | ADJ | *glücklich:* **a fortunate coincidence** - *ein glücklicher Zufall*
- **fortunately** | ADV | *glücklicherweise, zum Glück*
- **unfortunately** | ADV | *unglücklicherweise, leider*

191 free | ADJ

▶ *nicht behindert oder eingeschränkt:* **This is a free country.** *Dies ist ein freies Land.* | **I feel as free as a bird.** *Ich fühle mich frei wie ein Vogel.* | **Thought is free.** *Die Gedanken sind frei.* | **Free elections, a free press and the right to free expression of opinion are features of democracy.** *Freie Wahlen, eine freie Presse und das Recht auf freie Meinungsäußerung sind Merkmale von Demokratie.*

▶ *nicht besetzt, nicht belegt, nicht benutzt:* **Will the rooms be free over the weekend?** *Sind die Zimmer über das Wochenende frei?* | **There are no tables free at the moment.** *Im Moment sind keine Tische frei.* | **I have only one hand free.** *Ich habe nur eine Hand frei.*

▶ *kostenlos, gratis, umsonst:* **I have two free tickets for the game.** *Ich habe zwei Freikarten für das Spiel.* | **Drinks are free.** *Die Getränke sind umsonst.* | **Seniors pay half fare, children travel free.** *Senioren zahlen den halben Preis, Kinder fahren umsonst.* | **The first fifty callers will get a free copy.** *Die ersten fünfzig Anrufer erhalten ein Freiexemplar.* | **On Wednesdays there is free admission.** *Mittwochs ist der Eintritt frei.*

VOCABULARY [*…-frei*]: **accent-free** *akzentfrei* | **ad-free** [Funk, Fernsehen] *werbefrei* | **accident-** ~ *unfallfrei* | **alcohol-** ~ *alkoholfrei* | **caffeine-** ~ *koffeinfrei* | **carefree** *sorgenfrei* | **debt-** ~ *schuldenfrei* | **duty-** ~ *zollfrei* | **error-** ~ *fehlerfrei*, [Computer: **bug-** ~] | **interest** ~ *zinsfrei, zinslos* | **nuclear-** ~ *atomwaffenfrei* | **lead-** ~ *bleifrei, unverbleit* | **pain-** ~ *schmerzfrei* | **pollution-** ~ *schadstofffrei* | **rent-** ~ *mietfrei* | **stress-** ~ *stressfrei* | **sugar-** ~ *zuckerfrei* | **tax-** ~ *steuerfrei* | **toll-** ~ *gebührenfrei* | **trouble-** ~ *störungsfrei, reibungslos.*

SOME PEOPLE **work free-lance** *arbeiten freiberuflich*
PRISONERS **get free** *kommen frei,* **are set free** *werden freigelassen*
DOGS **run free** *laufen frei herum*
ROOMS, SEATS usw. **are kept free** *werden frei gehalten,* siehe auch **vacant** [→ 150]

- **freedom** [auch: **liberty**] | REG NOUN | *Freiheit*
- **freely** | ADV | *frei, frei heraus:* **You can speak freely.** - *Du kannst frei* [= offen] *sprechen.*

free | REG VERB

▶ [Personen, Tiere] *befreien:* **A police special unit freed the hostages.** *Eine Spezialeinheit der Polizei befreite die Geiseln.* | **Animal right activists freed thousands of minks from a fur farm.** *Tierschutzaktivisten haben Tausende von Nerzen aus einer Pelzfarm befreit.*

▶ **free os from sth** | *sich von/aus etw befreien:* **The fish was able to free itself from the net.** *Der Fisch konnte sich aus dem Netz befreien.* | **They did everything to free themselves from their plight.** *Sie taten alles, um sich aus ihrer Notlage zu befreien.*

192 **free und off** | ADJs

▶ Mit den Formen von **be free** lässt sich auf einfache Art sagen, dass man Zeit hat, nichts vorhat, nichts geplant hat:
On Sundays we are usually free. *Sonntags haben wir gewöhnlich nichts vor.* | **Are you free for a drink?** *Haben Sie Zeit für einen Drink?* | **I am free for only half an hour.** *Ich habe nur eine halbe Stunde Zeit.*

▶ **off** dagegen besagt, dass man sich an einem Tag, an dem man normalerweise arbeiten müsste, frei genommen bzw. vom Arbeitgeber frei bekommen hat:
This year I'll take a few days off after Christmas. *Dieses Jahr werde ich nach Weihnachten ein paar Tage frei nehmen.* | **I have Monday off.** *Ich habe Montag frei.* | **It's Frank's birthday tomorrow. I hope my boss will give me the day off.** *Frank hat morgen Geburtstag. Ich hoffe, mein Chef gibt mir den Tag frei.*

▶ Beachten Sie auch dies: **a day off** ist, wie oben erläutert, ein *freier Tag,* **an off day** dagegen ist einer, den man möglichst schnell vergessen möchte – ein *schlechter,* ein *schwarzer* oder, wie wir manchmal sagen, ein *„gebrauchter"* Tag: **She must have had an off day yesterday.** *Sie muss gestern einen schlechten Tag gehabt haben.* | **Our side lost because the goalkeeper had an off day.** *Unsere Mannschaft hat verloren, weil der Torwart einen schlechten Tag hatte.*

193 **full** | ADJ

▶ *voll, voll besetzt:* **This car park is full. Is there another one nearby?** *Dieser Parkplatz ist voll. Gibt es noch einen anderen in der Nähe?* | **Trains to Wembley were more than full, lots of passengers had to stand.** *Die Züge nach Wembley* [= zum Londoner Wembley-Stadion] *waren mehr als voll, viele Fahrgäste mussten stehen.* | **Even students and seniors pay the full amount.** *Auch Studenten und Rentner zahlen den vollen Betrag.*

CONTEXT: a **full beard** *Vollbart* | ~ **board** *Vollpension* | ~ **house** *volles, ausverkauftes Haus, volle Hütte;* [beim Poker: *Full House,* Kartenkombination aus einem Drilling und einem Paar] | ~ **employment** *Vollbeschäftigung* | ~ **length** *in voller Länge* | ~ **moon** *Vollmond* | ~ **name** *voller Name* | ~ **employment** *Vollbeschäftigung* | ~ **payment** *vollständige Bezahlung* | ~ **range** *volle Auswahl, ganze Palette* | ~ **recovery** *vollständige Genesung* | at ~ **speed** / at ~ **tilt** *mit voller Geschwindigkeit, mit voller Wucht* | the ~ **story** *die ganze Geschichte* | ~ **stop** [Satzzeichen] *Punkt* | ~ **version** [Software] *Vollversion.*

▶ **full of** … - *voll von …, voller …:* **Life is full of surprises.** *Das Leben ist voller Überraschungen.* | **The book is full of explanations and examples.** *Das Buch ist voll von Erläuterungen und Beispielen.*

▶ Bei einer unbedachten Verwendung von **full** droht ein ähnliches Missverständnis wie bei **blue** [→ 142]. Darum aufgepasst! Wer sagt: **I am full**, hat nicht zuviel getrunken, sondern genug gegessen: **No dessert please, I'm full.** *Keinen Nachtisch, bitte. Ich bin satt.* | **You ought to stop eating when you are full.** *Du solltest aufhören zu essen, wenn du satt bist.*

Merken Sie sich in diesem Zusammenhang auch die Wendung **on a full stomach** *(mit vollem Magen;* also nicht: **with a full stomach):* **One should never go to sleep on a full stomach.** *Man sollte nie mit vollem Magen schlafen gehen.*

ADV | **fully** - *völlig, total,* [in Wortverbindungen] *voll-...:* **fully automatic** *vollautomatisch* | ~ **booked** *voll ausgebucht* | ~ **furnished** *voll möbliert* | ~ **insured** *voll versichert* | ~ **responsible** *voll verantwortlich* | ~ **paid** *voll bezahlt* | ~ **licenced** [Restaurants: *voll lizenziert,* mit einer uneingeschränkten Lizenz zum Ausschank alkoholischer Getränke ausgestattet, siehe auch → 354] | ~ **trained** *voll ausgebildet*

194 garage | REG NOUN

Unter **garage** versteht man nicht nur eine *Garage,* sondern auch eine *Reparaturwerkstatt:* **Our house is the only one with a two-car garage.** *Unser Haus ist das einzige mit einer Doppelgarage.* | **The car is still at the garage for inspection.** *Das Auto ist noch zur Inspektion in der Werkstatt.*

195 genius | NOUN |, genial und genuine | ADJs

Diese Wörter klingen sehr ähnlich und haben doch nichts miteinander zu tun. Beachten Sie:

▶ **genius** [pl: **geniuses**] ist das, wonach es sich anhört: ein *Genie,* ein Mensch von begnadeten Fähigkeiten: **Mozart was a musical genius.** *Mozart war ein musikalisches Genie.* | **One needn't be a genius to resolve this problem.** *Man muss kein Genie sein, um dieses Problem zu lösen.*

Dem deutschen Adjektiv *genial* entsprechen die englischen Wörter **ingenious** [ɪn·ˈdʒiːnjʊəs] und **brilliant**: **He was quite a peculiar person, but a brilliant scientist.** *Er war ein recht seltsamer Mensch, aber ein genialer Wissenschaftler.* | **The proposed solution was simply ingenious.** *Der Lösungsvorschlag war einfach genial.* Das aus **ingenious** abgeleitete Hauptwort *(Genialität)* ist **ingenuity** [In dieser Verwendung nicht: **geniality**].

Das Adjektiv **ingenious** wiederum ist nicht zu verwechseln mit **ingenuous** [ɪn·ˈdʒenjʊəs], einem in der Umgangssprache nicht sehr verbreiteten Wort, das soviel bedeutet wie *treuherzig, blauäugig, naiv:* **She gave him an ingenuous look.** *Sie sah ihn treuherzig an.* Das von **ingenuous** abgeleitete Hauptwort *(Treuherzigkeit)* ist **ingenuousness**.

▶ Das englische Adjektiv **genial** [ˈdʒiːnjəl], ein falscher Freund der übelsten Sorte, bezeichnet nicht etwa eine überragend intelligente, sondern eine umgängliche, gesellige, stets gutgelaunte Person: **The boss was genial to everyone.** *Der Chef war zu jedermann freundlich.* Das von **genial** abgeleitete Hauptwort *(Freundlichkeit, Geselligkeit)* ist **geniality**.

▶ Das Adjektiv **genuine** [ˈdʒenjʊɪn] hat mit den zuvor genannten Bedeutungen nichts gemein, sondern bedeutet *echt, nicht gefälscht oder vorgetäuscht:* **The jacket is of genuine leather.** *Die Jacke ist aus echtem Leder.* | **If it was a genuine van Gogh, it wouldn't be hanging in your flat.** | *Wenn es ein echter van Gogh wäre, würde er nicht in deiner Wohnung hängen.* | **Her words showed genuine sadness.** *Ihre Worte verrieten echte Trauer.* Das aus **genuine** abgeleitete Hauptwort *(Echtheit)* ist **genuineness**.

196 get | IRREG VERB [got, got]

get ist eines der bedeutungsreichsten und am vielseitigsten verwendbaren Verben des Englischen. Wir beschränken uns hier auf Anwendungen, die Ihnen im Verlauf der Übersetzungsübungen begegnet sind:

▶ **get** sth - *etw bekommen, etw erhalten:* **We got a strange phone call last night.** *Wir haben gestern Abend einen seltsamen Anruf erhalten.* | **She got a fancy mobile phone for her birthday.** *Sie hat zu ihrem Geburtstag ein schickes Handy bekommen.* | **Did you get my message?** *Haben Sie meine Nachricht erhalten?* | **Benedict got an A in his French test.** *Benedict hat in seiner Französischarbeit eine 1 bekommen.* | **How much do you think you'll get for your old car?** *Wie viel, glaubst du, wirst du für dein altes Auto bekommen?*

▶ **get** sb sth - *(sich/jmdm) etw besorgen, etw anschaffen, etw (herbei)holen, jmdn/etw abholen:* **I'll get us something to drink first.** *Ich werde uns erst einmal etwas zu trinken holen.* | **Could you get me this medicine from the pharmacy?** *Könntest du mir aus der Apotheke dieses Medikament besorgen?* | **We got ourselves a dog to be safe from burglars.** *Wir haben uns einen Hund angeschafft, um vor Einbrechern sicher zu sein.*

▶ **get** sth - *verstehen, begreifen, kapieren*: **He never gets a joke.** *Er versteht nie einen Witz.* | **Sorry, I didn't get your name.** *Tut mir leid, ich habe Ihren Namen nicht verstanden.* | **Do you get what I mean?** *Verstehen Sie, was ich meine?* | **Get me right!** *Verstehe mich richtig!* | **Don't get me wrong!** *Verstehen Sie mich nicht falsch.* | **Got it?** *Kapiert? Alles verstanden? Alles klar?*

▶ **get** somewhere, **get to** a place - *irgendwo ankommen, hinkommen, an ein Ziel gelangen, zu einem Ort finden*: **How did you get here in this weather?** *Wie seid ihr bei dem Wetter herge-kommen?* | **The best way of getting there is by dog sled.** *Die beste Art, dort hinzukommen, ist mit dem Hundeschlitten.* | **You were on Greenland? How did you get there?** *Ihr wart auf Grönland? Wie seid ihr da hingekommen?* | **It will be dark when we get there.** *Es wird dunkel sein, wenn wir dort ankommen.* | **Excuse me, how do I get to Hyde Park?** *Entschuldigen Sie, wie komme ich zum Hyde Park?* | **What time was it when you got home last night?** *Wie spät war es, als ihr gestern Abend nach Hause gekommen seid?*

▶ **get** somewhere - *es zu etwas bringen*: **Although he never did well at school, he got somewhere in life.** *Obwohl er in der Schule nie gut war, hat er es im Leben zu etwas gebracht.* | **With an attitude like this you won't get anywhere.** *Mit einer solchen Einstellung wirst du es zu nichts bringen.*

▶ **get** sb/sth **to do** sth - *jmdn/etw dazu bringen, etw zu tun; jmdn zu etw bewegen*: **You will easily get a cat to use the cat loo.** *Man wird eine Katze leicht dazu bringen, das Katzenklo zu benutzen.* | **I couldn't get him to agree to the proposal.** *Ich konnte ihn nicht dazu bewegen, dem Vorschlag zuzustimmen.* | **No one will ever get us to move away from here.** *Niemand wird uns je dazu bringen, von hier wegzuziehen.*

▶ **get** + ADJ - *werden* [= in einen Zustand übergehen]: **get cold / hot / wet** usw. *kalt / heiß / nass usw. werden* | ~ **seasick** *seekrank werden* | ~ **worse** *schlimmer werden* | ~ **better** *besser werden* | ~ **well** *gesund werden* | ~ **hungry** *Hunger bekommen* | ~ **tired** *müde werden* | ~ **drunk** *sich betrinken* | ~ **lost** *sich verlaufen, verfahren* | ~ **excited** *sich aufregen* | ~ **ready** *sich bereit machen* | **Get cracking!** [Aufforderung, sich zu beeilen] *Nun mach schon!* [ugs:] *Hau rein! Mach hinne!* | **Get lost!** [Aufforderung, zu verschwinden] *Verzieh dich! Zisch ab! Zieh Leine!*

CONTEXT: **get** sth **done** *etw erledigen* | ~ **used to** sb/sth/**doing** sth *sich an etw gewöhnen* | ~ **rid of** sb/sth *jmdn/etw loswerden* | ~ **involved with** sb/sth *sich mit jmdm/auf etw einlassen* | ~ **involved in** sth *bei etw mitmachen, in etw verwickelt werden* | ~ sth **going** *etw in Gang setzen*

▶ PHR VERBS: **get along (with** sb/sth) *mit jmdm/etw klarkommen, zurechtkommen* | ~ **around** (sth) *um etw herumkommen* | ~ **away** *wegkommen* | ~ **away (with** sth) *ungeschoren, ungestraft davonkommen* | ~ **by** *zurechtkommen, über die Runden kommen* | ~ **over** (sth) *über etw hin-wegkommen* | ~ **on** [Bahn, Bus] *einsteigen* | ~ **off** [Bahn, Bus] *aussteigen* | ~ **on (with** sth) *mit etw vorankommen* | ~ **together** *zusammenkommen, sich zusammentun* | ~ **to power** *an die Macht kommen* | ~ **through** *durchkommen* | ~ **up** [aus dem Bett] *aufstehen*

197 **glad** | ADJ

glad dürfte Ihnen nur in den Formen von **be glad** *(froh sein, sich freuen)* begegnen: **I'm glad that everything is over.** *Ich bin froh, dass alles vorbei ist.* | **We would be glad to welcome you to our home.** *Wir würden uns freuen, Sie bei uns zu Hause begrüßen zu dürfen.* | **I was glad to hear that everyone had arrived safely.** *Ich war froh, als ich hörte, dass alle wohlbe-halten angekommen waren.*

Außer in ein paar festen Wendungen wie **glad news** *(frohe Botschaft, freudige Nachricht)* steht glad in der Regel nicht vor einem Hauptwort.

198 **glass** | REG NOUN

glass ist die Bezeichnung für *Glas,* ganz gleich, ob als Trinkgefäß oder als Material: **Another glass of wine?** *Noch ein Glas Wein?* | **The window panes of the car were (made) of tinted glass.** *Die Fensterscheiben des Wagens waren aus getöntem Glas.*

Die Mehrzahlform **glasses** steht sowohl für *Gläser* als auch für *Brille:* **He walked around the table and filled our glasses with champagne.** *Er ging um den Tisch herum und füllte unsere Gläser mit Sekt.* | **I wear my glasses only for reading.** *Ich trage meine Brille nur zum Lesen.*

199 **go** | IRREG VERB [**went, gone**]

▶ **go** ist die übliche Bezeichnung für *gehen*: **I'm sorry, but we have to go.** *Es tut mir leid, aber wir müssen gehen.* | **Does Kira go to school yet?** *Geht Kira schon zur Schule?* | **Steve had worked as a teacher for some time, then he went into politics.** *Steve hatte einige Zeit als Lehrer gearbeitet, dann ging er in die Politik.* | **Life goes on.** *Das Leben geht weiter.* | **Well, that's how it goes.** *Tja, so geht das.*

▶ **go** steht, gewöhnlich mit der Angabe des Ziels, für *fahren*: **In the summertime we go to the Baltic Sea once a week**. *Im Sommer fahren wir einmal im Jahr an die Ostsee.* | **When are you going on holiday this year**? *Wann fahrt ihr dieses Jahr in Urlaub?* | **Go back, this is the wrong direction**. *Fahren Sie zurück, dies ist die falsche Richtung.* | **Do all of these buses go to the airport**? *Fahren alle diese Busse zum Flughafen?*

Das für die Fahrt benutzte Verkehrsmittel kann mit **by** angefügt werden: **We went there by car / by train / by coach / by ship**. *Wir sind mit dem Auto / dem Zug / dem Bus / dem Schiff dorthin gefahren.* | **I normally go to work by underground**. *Ich fahre normalerweise mit der U-Bahn zur Arbeit.*

CONTEXT: **go abroad** *ins Ausland gehen/fahren* | ~ **places** *herumreisen* | ~ **public** *an die Öffentlichkeit gehen* | ~ **underground** *in den Untergrund gehen, untertauchen.*

go astray *verloren gehen, abhanden kommen* | ~ **away** *weggehen, abhauen* | ~ **bust** [oder: ~ **bankrupt**] *pleite gehen, bankrott gehen* | ~ **by** *vorübergehen, vorbeigehen* | ~ **Dutch** *sich die Rechnung teilen* | ~ **off** *in die Luft fliegen, hochgehen, explodieren* | ~ **unnoticed** *unbemerkt bleiben* | ~ **unpunished** *straffrei ausgehen* | ~ **wrong** *schiefgehen, schieflaufen*

▶ **go + ing**-Form | etwas unternehmen, besonders in der Freizeit: **go walking** [oder: ~ **for a walk**] *spazieren gehen* | ~ **dancing** [oder: ~ **for a dance**] *tanzen gehen* | ~ **swimming** [oder: ~ **for a swim**] *schwimmen gehen* | ~ **shopping** *einkaufen gehen* | ~ **boating** *Boot fahren gehen* | ~ **fishing** *angeln gehen* | ~ **riding** *reiten gehen* | ~ **hiking** *wandern gehen* | ~ **skiing** *skifahren gehen* |

200 **gone** | ADJ / PP

Etwas, das *weg, nicht auffindbar, verschwunden* ist, ist nicht **away**, sondern **gone**: **My bike has gone**. *Mein Fahrrad ist weg.* | **Has your headache gone at last?** *Sind deine Kopfschmerzen endlich weg?* | **All those start-up companies are here today and gone tomorrow**. *Alle diese Firmenneugründungen kommen und gehen.* [Wörtl.: … sind heute da und morgen weg.]

▶ **gone for good** bedeutet, dass Personen und Dinge *endgültig, ein für allemal, unwiederbringlich weg* sind: **If you don't back up your data, they are gone for good**. *Wenn du deine Dateien nicht speicherst, sind sie für immer verloren.* | **Those carefree childhood days are gone for good**. *Die sorgenfreien Kindheitstage sind für immer vorbei.*

▶ Mit **How far gone** …? kann man den Stand einer Schwangerschaft erfragen: **My daughter is having a baby. – Oh, really? How far gone is she?** *Meine Tochter erwartet ein Kind. – Ach wirklich? Im wievielten Monat ist sie?*

201 **greet** | REG VERB

▶ *(be)grüßen, empfangen*: **Our new neighbours never greet us**. *Unsere neuen Nachbarn grüßen uns nie* [… sagen nie „Guten Tag"]. | **Florida greeted us with heavy showers**. *Florida begrüßte uns mit heftigen Regenschauern.* | **My host family greeted me with open arms**. *Meine Gastfamilie empfing mich mit offenen Armen.*

▶ **be greeted** - [Person] *begrüßt werden*, [Nachricht, Entscheidung] *aufgenommen werden*: **The news of the release of the hostages was greeted enthusiastically**. *Die Nachricht von der Befreiung der Geiseln wurde enthusiastisch begrüßt.* | **The visiting team was greeted with furious catcalls**. *Die Gastmannschaft wurde mit einem wütenden Pfeifkonzert begrüßt.* | **The government's proposals to reform the health system were greeted with reservation**. *Die Vorschläge der Regierung, das Gesundheitssystem zu reformieren, wurden mit Zurückhaltung aufgenommen.*

Möchten Sie jemandem Grüße bestellen, so sagen Sie nicht **greet**, sondern: **Give my regards to** … oder: **Remember me to** …: **Give my regards to your wife**. *Grüßen Sie Ihre Frau von mir.* | **Should you see Philip, give him my regards**. *Solltest du Philip sehen, grüße ihn von mir.* | **Remember me to Clara**. *Grüße an Clara von mir.*

- **greeting** | REG NOUN | *Begrüßung, Gruß*
- **greetings** | REG NOUN | *Grüße*: **birthday greetings**, **Christmas greetings**

202 **hard** und **hardly**

▶ **hard** | ADJ / ADV - *schwer, hart, mühsam, anstrengend*: **Every beginning is hard**. *Aller Anfang ist schwer.* | **Hard work has never hurt anyone**. *Harte Arbeit hat noch niemandem geschadet.* | **Some of these words are hard to pronounce**. *Einige dieser Wörter sind schwer auszusprechen.* | **It's hard work, but as long as I am well paid I don't mind**. *Es ist schwere Arbeit, aber solange ich gut bezahlt werde, macht mir das nichts aus.* | **Hard times are ahead of us**. *Schwere Zeiten liegen vor uns.* | **Don't take it too hard**. *Nimm's nicht so schwer.*

CONTEXT: **hard facts** *harte* [oder: *nackte*] *Tatsachen* | **a ~ fate** *ein schweres Schicksal* | **~ times** *harte, schwere Zeiten* | **a ~ question** *eine schwere Frage* | **~ -earned money** *schwer verdientes Geld* | **a ~ and fast rule** *eine Faustregel*

SOME PEOPLE are **hard to please** *schwer zufriedenzustellen, anspruchsvoll* | **~ of hearing** *schwerhörig* | **~ of understanding** *schwer von Begriff*

SOMETHING is **~ to bear** *schwer zu ertragen* | **~ to believe** *schwer zu glauben* | **~ to explain** *schwer zu erklären* | **~ to find** *schwer zu finden* | **~ to imagine** *schwer vorstellbar* | **~ to say** / **~ to tell** *schwer zu sagen* | **~ to take** *schwer zu verkraften*

▶ **hard** und **hardly** klingen nicht nur verwandt, sie sind es auch, denn aus dem Adjektiv **hard** *(schwer)* lässt sich, völlig regelkonform, das Adverb **hardly** *(schwerlich)* bilden. Allerdings ist der Ausdruck *schwerlich* in der deutschen Umgangssprache selten geworden, an seine Stelle ist das Wort *kaum* getreten. Unterscheiden Sie darum genau zwischen **hard** und **hardly**, sonst kommt bei Ihrem Gesprächspartner nicht das an, was Sie gemeint haben: Sätze wie **He has to work hard** *(Er muss hart arbeiten)* und **He is a hard worker** *(Er ist ein harter Arbeiter)* besagen etwas völlig anderes als **He hardly works** *(Er arbeitet kaum)*.

▶ **hardly** steht im Satz unmittelbar vor seinem Bezugswort: **I can hardly believe what you say.** *Ich kann kaum glauben, was du sagst.* | **This is hardly the right moment to joke.** *Dies ist kaum der richtige Moment, um Witze zu machen.*

▶ Merken Sie sich auch **hardly ever** *(kaum einmal)* sowie alle Verbindungen des Typs **hardly any-…**: **hardly anything** *(kaum etwas,* statt: **almost nothing**), **hardly anyone** *(kaum jemand,* statt: **almost no one**), **hardly anywhere** *(kaum irgendwo,* statt: **almost nowhere**).

203 **hear** | IRREG VERB [**heard, heard**] | und **listen** | REG VERB |

▶ **hear** bezeichnet das Hören als eine natürliche, passive Sinneswahrnehmung: **Speak a little louder please. Grandma doesn't hear very well.** *Sprich bitte etwas lauter, Oma hört nicht sehr gut.* | **Bats can hear much better than humans.** *Fledermäuse können viel besser hören als Menschen.* | **With a plane flying over the house I can hardly hear my own voice.** *Wenn ein Flugzeug über unser Haus fliegt, kann ich kaum meine eigene Stimme hören.*

▶ **hear** wird außerdem verwendet im Sinne von *etw erfahren, von jmdm Nachricht erhalten:* **We hear that you are looking for a larger flat.** *Wir hören* [= uns ist zu Ohren gekommen], *dass ihr eine größere Wohnung sucht.* | **Do you still hear from your uncle in Australia now and then?** *Hörst du ab und zu noch von deinem Onkel in Australien?* | **We are glad to hear that your family is well.** *Wir freuen uns zu hören, dass es Ihrer Familie gut geht.*

▶ **listen** beschreibt das *bewusste Zuhören, Hinhören, Lauschen:* **Isn't it frustrating to make a speech when no one is listening?** *Ist es nicht frustrierend, eine Rede zu halten, wenn niemand zuhört?* | **At breakfast we always listen to the news on the radio.** *Beim Frühstück hören wir immer die Nachrichten im Radio.* | **I told them it was dangerous, but they just wouldn't listen.** *Ich sagte ihnen, dass es gefährlich sei, aber sie wollten einfach nicht hören.* | **Listen everybody!** *Alle mal herhören!*

204 **heavy** | ADJ

▶ *schwer an Gewicht, schwer in seinen Auswirkungen, heftig,* [Speisen] *wenig bekömmlich, schwer im Magen liegend:* **Is this suitcase heavy?** *Ist der Koffer schwer?* | **I could hardly sleep after that heavy meal.** *Ich konnte nach dem schweren Essen kaum schlafen.* | **The ship sank in heavy seas.** *Das Schiff sank in schwerer See* | **His sudden death was a heavy blow to all of us.** *Sein plötzlicher Tod war ein schwerer Schlag für uns alle.*

- **heaviness** | NOUN, no pl | *Schwere, Schwerfälligkeit*
- **heavily** | ADV | **heavily armed** - *schwer bewaffnet* , **heavily damaged** - *schwer beschädigt*

205 **help** | REG VERB

Auf **help** *(helfen)* kann ein Verb in der Grundform folgen, korrekterweise ohne, oft allerdings auch mit **to**: **Could anyone please help me (to) carry our luggage upstairs?** *Könnte mir bitte jemand helfen, unser Gepäck nach oben zu bringen?* | **A generous loan from my grandfather helped me (to) venture a fresh start.** *Ein großzügiges Darlehen meines Großvaters hat mir geholfen, einen neuen Anfang zu wagen.*

▶ **can't help (…-ing)** | *etw nicht ändern können; sich nicht helfen können; nicht anders können (als …); einfach, unwillkürlich etw tun müssen:* **It's sad but I can't help it.** *Es ist traurig, aber ich kann es nicht ändern.* | **We couldn't help laughing.** *Wir mussten einfach lachen.* | **I can't help thinking something is wrong here.** *Ich kann mir nicht helfen, aber irgendetwas stimmt hier nicht.* | **She can't help doing it.** *Sie kann es einfach nicht lassen.*

▶ **Please help yourself (to** sth) ist die freundliche Aufforderung, sich bei etwas zu bedienen, sich etwas zu nehmen: *Bitte bedienen Sie sich!* [Bei Tisch] *Greifen Sie zu! Nehmen Sie nur! Tun Sie sich was auf (den Teller)!* | **Help yourself to the coffee!** *Nehmen Sie sich Kaffee!*

Aus dieser Anwendung ist auch **helping** entstanden, das soviel bedeutet wie *Portion, Nachschlag:* **I'll have a curry sausage and a large helping of chips.** *Ich nehme eine Currywurst mit einer großen Portion Chips.* | **Would you like a second helping?** *Möchten Sie Nachschlag?*

- **help** | REG NOUN, no pl | *Hilfe* [unterstützende Tätigkeit]: **She badly needs help**
- **help** | REG NOUN | *Hilfe* [Person, die regelmäßig hilft, z.B. im Haushalt]: **a home help**.
- **helper** | REG NOUN | *Helfer* [unterstützende Person]
- **helpfulness, readiness to help** | REG NOUN, no pl | *Hilfsbereitschaft*
- **helpful** | ADV | *hilfreich, hilfsbereit* | **helpless** - *hilflos*

206 **hire, rent** | REG VERBS | und **let** | IRREG VERB [**let, let**]

▶ In **hire** klingt noch das deutsche Verb *heuern* an, und auch die heutige Verwendung ist nicht so weit entfernt davon: **hire** steht im britischen Englisch zum einen für das Anheuern, also das befristete Einstellen von Arbeitskräften, zum anderen für das kurzzeitige Mieten, Anmieten oder Chartern einer beweglichen Sache:

Our parents hired an excursion boat for their silver wedding party. *Unsere Eltern haben für die Feier ihrer silbernen Hochzeit ein Ausflugsschiff gemietet.* | **You don't need to bring your bikes, you can hire some.** *Ihr braucht eure Fahrräder nicht mitzubringen, ihr könnt euch welche leihen.* | **As my mother is no longer able to cope with the housework we have decided to hire a home help.** *Da meine Mutter die Hausarbeit nicht mehr bewältigen kann, haben wir beschlossen, eine Haushaltshilfe einzustellen.*

Beachten Sie: **hire** beschreibt den Vorgang aus Sicht des Nutzers: *leihen, mieten.* Das Ausleihen durch den Besitzer heißt **hire out** *(verleihen, vermieten).*

Im amerikanischen Englisch wird **hire** ausschließlich für das Einstellen von Arbeitskräften gebraucht – ob für kurze oder für längere Zeit, spielt keine Rolle. Das Anmieten anderer Dinge wird dagegen durchweg als **rent** bezeichnet: **We are ging to rent a bus with driver for our works outing.** *Wir werden für unseren Betriebsausflug einen Bus mit Fahrer mieten.*

▶ Für das Mieten und Vermieten über einen längeren Zeitraum, ebenso bei Immobilien oder teuren Gerätschaften steht (aus Sicht des Mieters, des Nutzers) **rent** bzw. (aus Sicht des Vermieters) **let, let out** oder, im amerikanischen Englisch, auch **rent out**:

You can rent the car right at the airport. *Ihr könnt das Auto direkt am Flughafen mieten.* | **Our neighbours rent out their cottage all year round.** *Unsere Nachbarn vermieten ihr Ferienhaus das ganze Jahr über.* | **We have let our attic flat to a student from New Zealand.** *Wir haben unsere Dachwohnung an einen Studenten / eine Studentin aus Neuseeland vermietet.* | **Room to let.** *Zimmer zu vermieten.*

▶ **rent** | REG NOUN

Das oben genannten Beispiele für das Verb **rent** lassen bereits vermuten, dass es sich auch bei dem Hauptwort **rent** nicht um die *Rente* handelt (die heißt **pension**), sondern um die *Miete* oder die *Pacht,* die für Wohnungen, Häuser, Läden, Büros usw. zu entrichten ist:

Office rents in the City of London are downright astronomical. *Die Büromieten in der Londoner City* [hier: das Londoner Bankenviertel] *sind geradezu astronomisch.* | **My landlady has raised the rent again.** *Meine Vermieterin hat schon wieder die Miete erhöht.* | **The rent is due on the first of each month.** *Die Miete ist an jedem Monatsersten fällig.*

Die Gebühr, die man für das Anmieten von Autos, Booten, Kameras, Computern und anderen beweglichen Objekten zu entrichten hat, heißt **rental** (**car rental, boat rental, computer rental** usw.). Durch den Einfluss des amerikanischen Englisch steht die Bezeichnung **rental** mittlerweile aber auch für die Überlassung dieser Dinge, also die *Vermietung,* den *Verleih.* Demnach kann **car rental** sowohl *AutoMIETE* als auch *AutoVERMIETUNG* bedeuten. Ebenso: **boat rental** *(Bootsverleih),* **bicycle** [oder: **bike**] **rental** *(Fahrradverleih),* **costume rental** *(Kostümverleih),* **DVD rental** *(DVD-Verleih).*

207 **historical** und **historic**

▶ Alles, was mit Geschichte, mit Vergangenheit zusammenhängt, ist **historical**: a **historical figure** *eine historische Persönlichkeit* | **a ~ sight** *eine historische Sehenswürdigkeit* | **a ~ novel** *ein historischer Roman* | **a ~ old city** *eine historische Altstadt* | **a ~ site** *eine historische Stätte* | **on ~ ground** *auf historischem Boden* | **the ~ legacy** *das historische Vermächtnis* | **~ research** *Geschichtsforschung, historische Forschung*

► **historic** bedeutet *historisch* im Sinne von *denkwürdig, einmalig:* **November 9 is a historic date in German history.** *Der 9. November ist ein historisches Datum in der deutschen Geschichte.* | **Our candidate scored a historic victory in last Sunday's elections.** *Unser Kandidat hat bei den Wahlen am letzten Sonntag einen historischen Sieg errungen.* | **We took a two hours' walk around the historic town of Warsaw.** *Wir machten einen zweistündigen Spaziergang durch die Altstadt von Warschau.*

- **historically** | ADV | *historisch:* **historically important places** - *historisch bedeutsame Orte*

208 **history** | NOUN, usu sg

history ist *Geschichte* als Schulfach, Studienfach, Forschungsgebiet oder ganz allgemein die Betrachtung vergangener Zeiten und Ereignisse:

He studied ancient history at Cambridge. *Er hat in Cambridge Altertumsgeschichte studiert.* | **World War II was a dark period in the history of this country.** *Der Zweite Weltkrieg war ein düsteres Kapitel in der Geschichte dieses Landes.* | **This event will make history.** *Dieses Ereignis wird Geschichte machen.* [Oder: … **will go down in history** … *wird in die Geschichte eingehen.*] | **Does history repeat itself?** *Wiederholt sich Geschichte?*

- **historian** [Nicht: *historic] | REG NOUN | *Historiker, Geschichtswissenschaftler*

209 **holiday** | REG NOUN

► **a holiday** ist sowohl ein *Feiertag* als auch *Urlaub*, die Pluralform **holidays** entspricht unserem Wort *Ferien:*

Is Ascension Day a public holiday in Germany? *Ist Himmelfahrt ein gesetzlicher Feiertag in Deutschland?* | **I don't think we are going on holiday this year.** *Ich denke nicht, dass wir dieses Jahr in Urlaub fahren.* | **I can't take a holiday over Christmas.** *Ich kann über Weihnachten keinen Urlaub nehmen.* | **Have a great holiday!** *Schöne Ferien!*

VOCABULARY: **legal holiday** [auch: **bank ~** , **official ~** oder **public ~**] *gesetzlicher Feiertag* | **movable ~** *beweglicher Feiertag* | **National ~** *Nationalfeiertag*

adventure holiday *Abenteuerurlaub* | **package ~** *Pauschalurlaub* | **company ~** *Betriebsferien* | **language ~** *Sprachferien* | **short ~** *Kurzurlaub* | **sailing ~** *Segelurlaub* | **skiing ~** *Skiurlaub*

holiday accommodation *Ferienunterkunft* | **~ acquaintance** *Urlaubsbekanntschaft* | **~ camp** *Ferienlager* | **~ replacement** *Urlaubsvertretung* | **~ feeling** *Urlaubsstimmung* | **~ home** *Ferienhaus* | **~ job** *Ferienjob* | **~ resort** *Ferienort* | **~ season** *Urlaubszeit, Feriensaison* | **~ traffic** *Urlaubsverkehr, Reiseverkehr*

► Im AmE heißt *Urlaub* **vacation.** Wenn man den, anstatt zu verreisen, zu Hause verbringt, wird daraus **staycation** [aus: **stay** *bleiben* + **vacation**]: **I think we'll take another staycation this year.** *Ich glaube, wir werden dieses Jahr den Urlaub wieder zu Hause verbringen.*

► *Urlaub* in der Sprache der Arbeitswelt heißt **leave**, bekannt aus Wortverbindungen wie **annual leave** *Jahresurlaub* | **paid ~** *bezahlter Urlaub* | **unpaid ~** *unbezahlter Urlaub* | **special ~** *Sonderurlaub* | **educational ~** *Bildungsurlaub* | **home ~** [Soldaten] *Heimaturlaub* | **study ~** *Studienurlaub* | **maternity ~** *Mutterschaftsurlaub* | **parental ~** *Erziehungsurlaub, Elternzeit*

- **holiday** | REG VERB | *urlauben, den Urlaub verbringen*
- **holiday maker** | REG NOUN | *Urlauber*

210 **home** | REG NOUN

► *Haus* als *Zuhause*, auch *Heimat, Heim* [= *Betreuungs-Einrichtung*]: **Not everyone had a happy home.** *Nicht jeder hatte ein glückliches Zuhause.* | **France has become my second home.** *Frankreich ist meine zweite Heimat geworden.* | **Their home was a miserable wooden hut.** *Ihr Heim war eine elende Holzhütte.* | **She grew up in a home.** *Sie ist in einem Heim aufgewachsen.* | **We look after children from broken homes.** *Wir kümmern uns um Kinder aus zerrütteten Familien.*

VOCABULARY: **animals' home** *Tierheim* | **children's ~** *Kinderheim* | **retirement ~** [oder: **old people's ~**] *Altersheim* | **care ~** [oder: **nursing ~**] *Pflegeheim*

home address *Privatadresse* | **~ number** *Privatnummer* | **~ care** *ambulante Pflege, häusliche Pflege* | **~ country** *Heimatland* | **~ town** *Heimatstadt* | **~ match** [oder: **~ game**] *Heimspiel* | **Home Office** [in GB] *Innenministerium* | **Home Secretary** [in GB] *Innenminister* | **~ page** *eigener Internetauftritt, Startseite* | **~ port** *Heimathafen* | **~ rule** *Autonomie, Selbstverwaltung* | **~ schooling** *Hausunterricht* [Unterrichtung zu Hause] | **~ sickness** *Heimweh* | **~ -made** *hausgemacht, selbstgemacht* | **~ -baked** *selbstgebacken* | **~ -grown** *aus dem eigenen Garten.*

Beachten Sie:

▶ ZU HAUSE ist **at home**: **Is there anyone at home?** *Ist jemand zu Hause?* | **We feel very much at home there.** *Wir fühlen uns sehr heimisch dort.* Aber auch: **Welcome home!** *Willkommen zu Hause!* [Statt: Welcome at home!]

▶ VON ZU HAUSE heißt **from home**: **far away from home** *weit weg von zu Hause* | **a letter from home** *ein Brief von zu Hause* | **greetings from home** *Grüße von zu Hause*

▶ NACH HAUSE, *heim*, verbunden mit einem Verb der Bewegung, heißt lediglich **home**, nicht *to home: **go home** *nach Hause gehen, fahren* | **come** ~ *nach Hause kommen* | **be back** ~ *wieder zu Hause sein* | **see sb** ~ *jmdn nach Hause begleiten* | **take** ~ *mit nach Hause nehmen,* [Lohn, Gehalt] *netto verdienen* | **take sb** ~ *jmdn nach Hause bringen* [= nach Hause fahren]

211 **house** | REG NOUN

▶ *Wohnhaus, Haus einer Familie:* **They are still dreaming of a house of their own.** *Sie träumen immer noch von einem eigenen Haus.* | **Don't make such noise! You are waking up the whole house.** *Mach nicht so einen Lärm! Du weckst das ganze Haus auf.* | **I need to get some flowers for the Lady of the house.** *Ich muss noch Blumen für die Dame des Hauses besorgen.* | **A tidy house, a tidy mind.** [Redensart] *Ordnung ist das halbe Leben.*

VOCABULARY: **house arrest** *Hausarrest* | **household** *Haushalt* | **housewife** *Hausfrau* | **house husband** *Hausmann* [Nicht: houseman, das ist die Bezeichnung für einen *Assistenzarzt*] | **house owner** *Hausbesitzer* | **house management** *Hausverwaltung* | **house call** *Hausbesuch* [eines Arztes]

PEOPLE live in a **detached house** *Einzelhaus* | a **family** ~ *Einfamilienhaus* | a **semi-detached** ~ *Doppelhaushälfte* [kurz: **semi**] | a **duplex** ~ *Zweifamilienhaus* | a **terraced** ~ [auch: **row** ~, **town** ~] *Reihenhaus* | an **apartment** ~ AmE: *Mehrfamilienhaus* | a **brick** ~ *Backsteinhaus* | a **prefabricated** ~ [kurz: **prefab** ~] *Fertighaus* | a **farmhouse** *Bauernhaus*

PEOPLE **build a house** *bauen ein Haus* | **enlarge a** ~ *erweitern ein Haus, bauen ein Haus aus* | | **rebuild a** ~ *bauen ein Haus um* | **tear down a** ~ *reißen ein Haus ab* | **let a** ~ *vermieten ein Haus* | **rent a** ~ *mieten ein Haus* | **mortgage a** ~ *belasten ein Haus* [mit einer Hypothek]. [ohne Artikel] **clean** ~ *saubermachen, den Hausputz erledigen* | **move** ~ [in ein anderes Haus] *umziehen* | **keep** ~ *den Haushalt führen*

CHILDREN **play house** - *spielen Vater, Mutter und Kind*
DAY-TRIPPERS take a rest at a **roadhouse** (*Rasthaus, Raststätte*)
LITTLE GIRLS play with a **doll house** (*Puppenhaus, Puppenstube*)
TRAVELLERS stay the night at a **boarding house** (*Pension*) or at a **guesthouse** (*Gasthaus*)
SHIPS are guided by a **lighthouse** (*Leuchtturm*)

▶ *Gebäude, die einem bestimmten Zweck dienen:* **coffee house** *Kaffeehaus* | **steak house** *Steakhaus* | **Opera House** *Oper, Opernhaus* | **Courthouse** *Gericht, Gerichtsgebäude* | **The Houses of Parliament** [bestehend aus **The House of Commons** *Unterhaus* und **The House of Lords** *Oberhaus*] | **The House of Representatives** *Repräsentantenhaus* [eine der beiden Kammern des amerikanischen Kongresses].

- **house sb** | REG VERB | *jmdn beherbergen*
- **housing** | REG NOUN | *Wohnungsbau, Wohnungen* [Wohnungsbestand, Wohnungsangebot]

212 **human** und **humane** | ADJs

▶ **human** [ˈjuːmən] | *menschlich* [= zum Menschen gehörend, für Menschen charakteristisch]: **To err is human.** *Irren ist menschlich.* | **Human bones were found at the excavation site.** *An der Ausgrabungsstätte wurden Menschenknochen gefunden.* | **None of these states respects human rights.** *Keiner dieser Staaten respektiert die Menschenrechte.* | **The human body is a marvel.** *Der menschliche Körper ist ein Wunderwerk.* | **We all have our little human weaknesses.** *Wir alle haben unsere kleinen menschlichen Schwächen.*

▶ **humane** [juːˈmeɪn] | *menschlich* [= mitfühlend, human], *menschenwürdig:* **Even a criminal has a right to humane treatment.** *Auch ein Verbrecher hat ein Recht auf menschenwürdige Behandlung.* | **Is there a humane way of killing animals?** *Gibt es eine humane Art, Tiere zu töten?* | **Will we ever succeed in creating a more humane society?** *Wird es uns jemals gelingen, eine menschlichere Gesellschaft zu schaffen?*

- **inhumane** | ADJ | *unmenschlich, menschenunwürdig:* **live under inhumane conditions**
- **humanity** | NOUN, no pl | *Menschheit:*
  for the good of humanity - *zum Wohle der Menschheit;*
  Menschlichkeit: **crime against humanity** - *Verbrechen gegen die Menschlichkeit*

213 **hurry** | NOUN, no pl

▶ *Eile, Hast:* **In the hurry I forgot my passport.** *In der Eile habe ich meinen Pass vergessen.* | **Everything had to happen in a great hurry.** *Alles musste in großer Eile geschehen.* | **Take your time, we are in no hurry.** *Lasst euch Zeit, wir haben es nicht eilig.* | **I need the books back sometime, but there is no hurry.** *Ich muss die Bücher irgendwann zurück haben, aber es eilt nicht.* | **What's the hurry?** *Wozu die Eile? Warum so eilig?*

hurry | REG VERB

▶ [auch: **hurry up**] *eilen, sich beeilen:* **I'll have to hurry (up) if I want to catch the bus.** *Ich muss mich beeilen, wenn ich den Bus bekommen will.* | **There is no need to hurry (up), we have plenty of time.** *Es besteht kein Grund zur Eile, wir haben jede Menge Zeit.*

▶ **hurry sb** | *jmdn drängen, hetzen, (zur Eile) antreiben:* **I don't want to hurry you, but we are closing in ten minutes.** *Ich will Sie nicht drängeln, aber wir schließen in zehn Minuten.* | **Don't hurry me like this!** *Hetz mich nicht so!*

Mit **Hurry up!** (*Beeil dich! Nun mach schon! Komm in die Gänge!*) können Sie Bummelanten zur Eile mahnen: **Hurry up, or we'll be late!** *Beeil dich, wir kommen sonst zu spät.*

- **hurried** | ADJ | *eilig, hastig, gehetzt:* **a hurried visit** - *ein Besuch „auf die Schnelle"*
- **hurriedly** | ADV | *eilig, hastig:* **a hurriedly written text** - *ein hastig verfasster Text*

214 WENN ...: **if und when**

▶ **if** leitet einen Nebensatz der **Bedingung** (*Konditionalsatz*) ein und entspricht dem deutschen *wenn* im Sinne von *falls, sofern, vorausgesetzt, dass ...* Bei dem im if-Satz beschriebenen Vorgang handelt es sich um etwas, von dem noch nicht sicher ist, ob es geschehen wird:

If the weather is fine, we'll have tea in the garden. *Wenn das Wetter schön ist, trinken wir im Garten Tee.* | **We would come here much more often if it wasn't such a long journey.** *Wir würden viel öfter herkommen, wenn es nicht so eine lange Fahrt wäre.* | **If there is a problem, you can call me at my home number.** *Wenn es ein Problem gibt, könnt ihr mich auf meiner Privatnummer anrufen.* | **If Mrs Forsythe is still in the office, give the key to her, if not, put it into the letter box.** *Wenn Mrs Forsythe noch im Büro ist, gib ihr den Schlüssel, wenn nicht, stecke ihn in den Briefkasten.*

Notieren Sie auch die folgenden Verbindungen: **as if** *als ob* | **even if** *selbst wenn* | **if at all** *wenn überhaupt* | **if ever** *wenn ... jemals* | **if necessary** *wenn nötig* | **if possible** *wenn möglich* | **if so** *wenn ja* | **if not** *wenn nicht* | **what if** *was (wäre), wenn* | **if only ...** *wenn doch nur ...* | **if I may** *wenn ich darf* | **if you like** *wenn Sie wollen* | **if you don't mind** *wenn Sie nichts dagegen haben*

▶ **when** leitet einen Nebensatz der **Zeit** (*Temporalsatz*) ein und entspricht dem deutschen *wenn* im Sinne von *dann, wenn...* oder *immer wenn...* Bei dem beschriebenen Vorgang handelt es sich um etwas, das mit Sicherheit oder mit großer Wahrscheinlichkeit stattfinden wird:

My sister will call on us when she comes to Munich. *Meine Schwester wird uns besuchen, wenn sie nach München kommt.* [Es steht fest, dass die Schwester nach München kommt] | **My sister always calls on us when she comes to Munich.** *Meine Schwester besucht uns immer, wenn sie nach München kommt.* | **My sister will call on us if she comes to Munich.** *Meine Schwester wird uns besuchen, wenn sie nach München kommt.* [= FALLS sie nach München kommt. Es steht noch nicht fest, ob sie nach München kommt.]

215 OB ...: **if und whether**

▶ Wenn *ob* einen *indirekten Fragesatz* einleitet, kommen als Übersetzung sowohl **whether** als auch **if** in Frage:

He asked us whether we had enjoyed the trip oder: **... if we had enjoyed the trip.** *Er fragte uns, ob uns der Ausflug gefallen habe.* | **She just wanted to know if everything was fine** oder: **... whether everything was fine.** *Sie wollte nur wissen, ob alles in Ordnung wäre.*

Andere Sätze hingegen lassen nur **whether** zu: **Whether it will work, I can't say.** *Ob es funktionieren wird, kann ich nicht sagen.* [Nicht: *If it will work ...*] | **She didn't know whether to laugh or to cry.** *Sie wusste nicht, ob sie lachen oder weinen sollte.* [Nicht: *... if to laugh or to cry.*] | **Somebody raised the question of whether there is a God or not.** *Jemand warf die Frage auf, ob es einen Gott gibt oder nicht.* [Nicht: *... the question of if there is a God or not.*]

Wählen Sie, wenn Sie sich nicht sicher sind, **whether**, damit liegen Sie in jedem Fall richtig. Achten Sie auch darauf, dass Sie nicht **weather** (*Wetter*) schreiben.

▶ *als ob ...* heißt immer **as if** [nicht: *as whether*]: **The house looked as if it was going to collapse any moment.** *Das Haus sah aus, als ob es jeden Moment zusammenbrechen würde.*

216 KRANK: **ill** und **sick**

▶ **ill** [comp: **worse**, sup: **worst**] ist das britisch-englische, **sick** das amerikanische Wort für *krank*: **My brother was ill** [AmE: **sick**] **with the flu, now I have fallen ill too**. *Mein Bruder war an Grippe erkrankt, nun bin ich auch krank geworden.* | **I'm not ill enough** [AmE: **sick enough**] **to need a doctor**. *Ich bin nicht so krank, dass ich einen Arzt brauche.*

▶ **ill** folgt immer einem Verb: **fall ill** *(krank werden)*, **feel ill** *(sich krank fühlen)*, **be ill** *(krank sein)*. Vor einem Hauptwort dagegen steht **sick**, auch im BE:
She has a sick child at home. *Sie hat ein krankes Kind zu Hause.* [Nicht: *... an *ill* child]. | **We need someone to look after our sick father**. *Wir brauchen jemanden, der sich um unseren kranken Vater kümmert.*

▶ **be sick** bedeutet im BE, dass einem übel ist, und zwar so sehr, dass man sich übergeben muss. Der Ausdruck **feel sick** beschreibt das Gefühl, das einen kurz davor überkommt:
I already feel sick, so I had better not eat another piece of cake. *Mir ist schon ganz übel, ich esse lieber kein Stück Kuchen mehr.* | **I was sick all night**. *Mir war die ganze Nacht übel* [= Ich habe mich die ganze Nacht übergeben.]

TRAVELLERS ON BOARD A SHIP get **seasick** *(werden seekrank)*,
TRAVELLERS ON BOARD A PLANE get **airsick** *(werden flugkrank)*,
PEOPLE AWAY FROM HOME get **homesick** *(haben Heimweh)*.

▶ **It makes me sick** [Nicht: *It makes me *ill*] sagen Sie, wenn Ihnen bestimmte Dinge, Situationen oder Verhaltensweisen ganz und gar zuwider sind: **This kind of weather makes me sick**. *Diese Art von Wetter macht mich krank.* | **His arrogant ways make me sick**. *Seine arrogante Art steht mir bis hier* [derb: ... *kotzt mich an*].

Auch zur Bezeichnung für *die Kranken* [= die erkrankten Personen] steht **the sick**, nicht *the ill: **The old and the sick were looked after first**. *Um die Alten und Kranken kümmerte man sich zuerst.*

- **sickness** | NOUN, usu sg | *Übelkeit*
- **sicken** | REG VERB | *krank machen, anwidern,* [ugs] *ankotzen*

217 **illness** und **disease** | REG NOUNS

▶ **illness** ist der übliche Ausdruck für *Krankheit,* betont aber weniger das Leiden selbst als vielmehr die *Dauer des Krankseins:*
Last year I had one illness after another. *Letztes Jahr hatte ich eine Krankheit nach der anderen.* | **She went back to school today after weeks of illness**. *Sie ist heute nach wochenlanger Krankheit wieder in die Schule gegangen.* | **Some people go to see the doctor for the most minor illnesses**. *Einige Leute gehen wegen der geringsten Krankheiten zum Arzt.*

▶ **disease** ist die konkret bezeichnete Krankheit, der medizinische Befund, die Ursache, der Auslöser des Krankseins:
Bird Flu is a highly infectuous disease. *Die Vogelgrippe ist eine hochansteckende Krankheit.* | **His wife is suffering from a rare hereditary disease**. *Seine Frau leidet an einer seltenen Erbkrankheit.* | **There are diseases that are still considered incurable**. *Es gibt Krankheiten, die immer noch als unheilbar gelten.*

Vergleichen Sie: **She died after a serious illness**. *Sie starb* NACH *schwerer Krankheit* [= nach langem Kranksein]. Dagegen: **She died of a serious disease**. *Sie starb* AN *einer schweren Krankheit* [= an den Folgen einer schweren Krankheit].

disease ist Bestandteil medizinisch-fachlicher Krankheitsbezeichnungen wie in **mental disease** *Geisteskrankheit* | **respiratory disease** *Atemwegserkrankung* | **cardiovascular disease** *Herz-Kreislauf-Erkrankung* | **kissing disease** *Kusskrankheit* [umgangssprachlich für: Pfeiffersches Drüsenfieber] | **nervous disease** *Nervenkrankheit* | **mad cow disease** *Rinderwahnsinn* | **foot and mouth disease** *Maul- und Klauenseuche*
[mit Eigennamen] **Alzheimer's disease** *Alzheimer-Krankheit* | **Parkinson's disease** *Parkinson'sche Krankheit* | **Creutzfeld-Jakob disease** *Creutzfeld-Jakob-Krankheit.*

218 **imagine** | REG VERB

▶ *sich etw vorstellen, sich eine Vorstellung von etw machen:* **Can you imagine Charlotte as a caring grandmother?** *Kannst du dir Charlotte als treusorgende Großmutter vorstellen?* | **I can imagine how you feel**. *Ich kann mir vorstellen, wie du dich fühlst.* | **Just imagine my surprise!** *Stell dir bloß mal meine Überraschung vor!* | **No one can imagine what we have been through**. *Niemand kann sich vorstellen, was wir durchgemacht haben.*

▶ **imagine doing** sth - *sich vorstellen können, etw zu tun:* **I could** well **imagine travelling to the moon one day.** *Ich könnte mir gut vorstellen, eines Tages zum Mond zu reisen.* | **Could you imagine living without the Internet for a year?** *Könntest du dir vorstellen, ein Jahr ohne Internet zu leben?*

- **imagination** | NOUN, no pl | *Vorstellung, Vorstellungskraft, Phantasie, Einbildung*
- **imaginable** | ADJ | *vorstellbar, denkbar,* **unimaginable** - *unvorstellbar, undenkbar*

219 incident | REG NOUN

▶ *Vorfall, Zwischenfall:* **A funny incident occurred here last night.** *Ein seltsamer Vorfall hat sich letzte Nacht hier ereignet.* | **The police are trying to minimise the incident.** *Die Polizei versucht, den Zwischenfall herunterzuspielen.* | **The number of border incidents has notably increased.** *Die Zahl der Grenzzwischenfälle hat merklich zugenommen.*

- **incidental** | ADJ | *zufällig*
- **incidentally** | ADV | *zufällig, nebenbei bemerkt*

220 inherit | REG VERB

▶ **inherit** sth **(from** sb**)** | *etw* **(von** *jmdm)* **erben**, *als Hinterlassenschaft von einem Vorbesitzer oder Vorgänger übernehmen:*
According to the law, all children inherit equally. *Laut Gesetz erben alle Kinder zu gleichen Teilen.* | **What did she do with all the money she inherited?** *Was hat sie mit dem ganzen Geld gemacht, das sie geerbt hat?* | **The new President inherited a financial mess from his predecessor.** *Der neue Präsident hat von seinem Vorgänger einen finanziellen Saustall geerbt.* | **Tradition is what we have inherited from our ancestors.** *Tradition ist das, was wir von unseren Vorfahren geerbt haben.* | **When my sister moved out, I inherited her doll collection.** *Als meine Schwester auszog, habe ich ihre Puppensammlung geerbt.*

▶ Die erbenden Personen heißen **heir** *(Erbe)* bzw. **heiress** *(Erbin):* **His son was the sole heir to a large estate.** *Sein Sohn war der Alleinerbe eines großen Landbesitzes.* | **Some of the paintings exhibited are from the private collection of a Texan oil heiress.** *Einige der ausgestellten Bilder stammen aus der Privatsammlung einer texanischen Ölerbin.*

▶ *Erbe* als *Erbschaft, Nachlass, Hinterlassenschaft* heißt **inheritance**: **She said she was not going to accept her inheritance.** *Sie sagte, sie werde ihr Erbe nicht antreten.* | **In Germany you won't come into your inheritance until the age of 18.** *In Deutschland kann man seine Erbschaft erst im Alter von 18 Jahren antreten.*

▶ Der Begriff **heritage** bezeichnet das *Erbe* als die schützenswerte kulturelle Hinterlassenschaft eines Volkes in Gestalt von Bauwerken, Sprache, Schrifttum, Traditionen usw., die es für künftige Generationen zu erhalten gilt. Er findet sich in Bezeichnungen wie **spiritual heritage** *geistiges Erbe,* **natural heritage** *Naturerbe* oder **World Cultural Heritage** *Weltkulturerbe.*

221 injection | REG NOUN

▶ **injection** *(Spritze, Einspritzung)* findet sich in Verbindungen wie **cash injection** *Geldspritze, Finanzspritze* | **fuel** ~ [Automotor] *Benzineinspritzung* | **anaesthetic** ~ *Betäubungsspritze* | **hormone** ~ *Hormonspritze* | **insulin** ~ *Insulinspritze* | **lethal** ~ *Giftspritze* [Form der Hinrichtung] | **sedative** ~ *Beruhigungsspritze*

Beachten Sie: mit **injection** ist im medizinischen Sinne ausschließlich die *Spritze* als die *verabreichte Injektion* gemeint. Das hierfür verwendete Gerät, das im Deutschen ebenfalls als *Spritze* bezeichnet wird, heißt im Englischen **syringe** [səˈrɪndʒ].

- **inject** (sb **with** sth) | REG VERB | *jmdm etw spritzen, injizieren*

222 interview | REG NOUN

▶ [Presse, Rundfunk, Fernsehen] *Interview:* **The candidate has decided to give no more TV interviews before the election day.** *Der Kandidat hat beschlossen, vor dem Wahltag keine Fernsehinterviews mehr zu geben.* | **The interview will appear in our weekend edition.** *Das Interview erscheint in unserer Wochenendausgabe.*

▶ [Bei Bewerbung] *Vorstellungsgespräch, Einstellungsgespräch:* **If I'm lucky, they may invite me for an interview.** *Wenn ich Glück habe, laden sie mich vielleicht zu einem Vorstellungsgespräch ein.* | **Although the interview didn't go really well, they took me on.** *Obwohl das Vorstellungsgespräch nicht besonders gut verlief, haben sie mich eingestellt.*

- **interview** sb | REG VERB | *jmdn interviewen*
- **interviewer** | REG NOUN | *Interviewer, Fragesteller*
- **interviewee** | REG NOUN | *Interviewpartner, Befragter*

223 -ise oder -ize?

Die Endung **-ise** können Sie bei mehrsilbigen Wörtern auch **-ize** schreiben: **sympathise** oder **sympathize, realise** oder **realize, recognise** oder **recognize**.

Im britischen Englisch gelten beide Varianten als korrekt: **-ise** überwiegt in allgemeinsprachlichen Texten (die meisten Zeitungen verwenden sie), während man **-ize** eher in wissenschaftlichen Publikationen findet. Im amerikanischen Englisch wird durchweg **-ize** bevorzugt.

224 **isolated** und **insulated** | ADJs

Auch bei diesen beiden Wörtern gilt es genau hinzuschauen:

▶ **isolated** steht für *isoliert* i.S.v. *ausgegrenzt, räumlich getrennt*: **As an immigrant you often feel isolated in an alien environment**. *Als Einwanderer fühlt man sich in einer fremden Umgebung oft isoliert.* | **The virus that had caused the disease still couldn't be isolated.** *Der Virus, der die Krankheit ausgelöst hatte, konnte noch nicht isoliert werden.* | **Patients with contagious diseases were isolated**. *Patienten mit ansteckenden Krankheiten wurden isoliert.*

- **isolate** sb/sth | REG VERB | *jmdn/etw isolieren, ausgrenzen*
- **isolation** | NOUN, no pl | *Isolation, Vereinsamung*

▶ **insulated** besagt, dass Gebäude, Rohre, Leitungen *isoliert,* also gegen Feuchtigkeit, Kälte, Wärmeverlust usw. *geschützt* sind:

One should only use screwdivers with insulated handles. *Man sollte nur Schraubendreher mit isoliertem Griff verwenden.* | **Modern buildings are far better insulated than older ones.** *Moderne Gebäude sind viel besser isoliert als ältere.* | **Insufficiently insulated walls are the main reason for moisture in basements.** *Unzureichend isolierte Wände sind die Hauptursache für Feuchtigkeit im Keller.*

▶ **insulated from** sb/sth | *von jmdm/etw abgeschirmt, abgeschottet, geschützt [vor äußeren Einflüssen, Kontakten usw.]*: **No national economy is insulated from the rest of the world.** *Keine nationale Wirtschaft ist vom Rest der Welt isoliert.* | **The wealthy often live in gated communities, insulated from their neighbours.** *Die Reichen leben oft in geschlossenen Wohnanlagen, abgeschirmt von ihren Nachbarn.* | **How can a child be insulated from bad influence?** *Wie kann ein Kind vor schlechten Einflüssen geschützt werden?*

- **insulate** sth | REG VERB | *etw isolieren, dämmen, abschotten*
- **insulation** | REG NOUN | *Isolierung, Dämmung, Abschottung*

225 jobs

Wer einen Job sucht, geht die *Stellenanzeigen* (**advertisements**, kurz: **ads**) einer Zeitung oder Jobangebote im Internet durch. *Freie Stellen* (**vacant posts** oder **vacancies**) werden auch durch eine *Arbeitsagentur* (**employment agency**) vermittelt.

Die *Bewerbung* (**application of employment**) beginnt mit der *Einsendung von Bewerbungsunterlagen* (**submission of application documents**): Diese bestehen aus einem *Anschreiben* (**covering letter** oder **cover letter**), aus den *Referenzschreiben früherer Arbeitgeber* (**letters of reference from past employers**) sowie einem kurzen, meist *in tabellarischer Form* (**in table format**) abgefassten *Lebenslauf* (**Curriculum vitae**, kurz: **CV**, AmE: **résumé**).

Dieser enthält neben den üblichen *Personendaten* (**personal details**) Angaben zum *Bildungsweg* (**education**), zu *Schul- und Hochschulabschlüssen* (**qualifications**), zu *gegenwärtiger* und *früherer Beschäftigung* (**present** and **previous employment**), zu besonderen *Fähigkeiten* (**skills**) wie *Fremdsprachen- und Computerkenntnissen* (**foreign language** and **computer skills**) sowie anderen Interessen und Hobbys. Auch ein *aktuelles Lichtbild* (**current photo**) darf nicht fehlen. Kommt der Bewerber (**applicant**) *in die engere Wahl* (**is shortlisted**), wird er zu einem *Bewerbungsgespräch* (**job interview**) geladen.

Am Ende der erfolgreichen Bewerbung steht der Abschluss eines *Arbeitsvertrags* (**employment contract**) zwischen *Arbeitgeber* (**employer**) und *Angestelltem* (**employee**), in dem die *Einzelheiten des Beschäftigungsverhältnisses* (**details of employment**) festgelegt sind, darunter:

Beginn des Beschäftigungsverhältnisses (**date of commencement**), *Arbeitszeit* (**working hours**), *Aufgaben* (**duties**), *Gehalt* (**salary**), *Urlaubsregelungen* (**leave regulations**) und *Beendigung des Arbeitsverhältnisses* (**termination of employment**). Einer festen Anstellung geht in der Regel eine *Probezeit* (**probationary period**) voraus.

Das Beschäftigungsverhältnis endet mit der *Kündigung durch den Arbeitnehmer* (**constructive dismissal**), der *Entlassung durch den Arbeitgeber* (**dismissal**) oder eine *betriebsbedingte Kündigung* (**layoff**). Bei Ausscheiden gibt es eine *Abfindung* (**severance pay**), die der Volksmund bei üppiger Ausstattung auch als *goldenen Handschlag* (**golden handshake**) bezeichnet.

226 join | REG VERB

▶ *verbinden, zusammenfügen, (mit etw) vereinigen:* **The Channel tunnel joins Britain to the rest of Europe.** *Der Kanaltunnel verbindet Großbritannien mit dem Rest Europas.* | **We joined two rooms into one by pulling down the wall between them.** *Wir haben zwei Zimmer zu einem verbunden, indem wir die Wand zwischen ihnen herausgerissen haben.*

▶ *beitreten, eintreten in …, sich jmdm/etw anschließen:* **West Germany joined NATO in 1955.** *Westdeutschland [= die Bundesrepublik Deutschland] ist 1955 der NATO beigetreten.* | **Our shop chairman will presently join the management.** *Unser Betriebsratsvorsitzender wird demnächst in die Geschäftsleitung eintreten.* | **Would you like to join me for a little walk?** *Gehst du ein Stück mit mir spazieren?* | **Come and join us!** *Kommen Sie, leisten Sie uns Gesellschaft!* | **May I join you?** *Darf ich mich Ihnen anschließen?*

CONTEXT: **join the army** [auch: ~ **the services**, ~ **up**] *zum Militär gehen* | **join a party** *einer Partei beitreten* | ~ **forces** *sich zusammentun, sich zusammenschließem* | ~ **in** (doing) sth *bei etw mitmachen* | ~ **in a conversation** *sich in ein Gespräch einmischen* | ~ **in a discussion** *mitdiskutieren* | ~ **in singing** *mitsingen* | ~ **in fighting** sth *beim Kampf gegen etw mitmachen, sich am Kampf gegen etw beteiligen*

▶ Beachten Sie den Unterschied zwischen der Verbform **joined** und dem Adjektiv **joint** (verbunden, gemeinschaftlich): **We have joined a local citizens' initiative.** *Wir haben uns einer örtlichen Bürgerinitiative angeschlossen.* | **Many of today's problems can be resolved only by joint action.** *Viele der heutigen Probleme können nur durch gemeinsames Handeln gelöst werden.* | **We started a joint venture with a Chinese company.** *Wir haben ein Gemeinschaftsunternehmen mit einer chinesischen Firma gegründet.*

Die Idee von etwas miteinander Verbundenem liegt auch dem **joint** zugrunde, jener Zigarette, der Haschisch, Marihuana oder Cannabis beigemischt sind. Im Bereich von Anatomie und Technik steht **joint** für ein *Gelenk*, ein *Verbindungsstück*. In der Gastronomie und der heimischen Küche versteht man unter **joint** einen *Braten*, wie er nach alter Tradition, als **Sunday joint** *(Sonntagsbraten)*, am Sonntag nach dem Kirchgang aufgetischt wird.

227 just | ADV

▶ **just** (gerade, eben, soeben) und **only just** (eben erst, gerade erst) werden im britischen Englisch mit dem Aspekt *perfect* verbunden, während das amerikanische das *Past Simple* bevorzugt. Beispiel BE: **I HAVE just HAD a call from my ex-husband.** Beispiel AmE: **I just HAD a call from my ex-husband.** *Ich habe soeben einen Anruf von meinem Ex-Mann erhalten.* BE: **We HAVE only just COME back.** AmE: **We only just CAME back.** *Wir sind eben erst zurückgekommen.*

Bei **just now** (vorhin) steht dagegen auch im britischen Englisch ausschließlich das *simple past*: **I had a phone call from my ex-husband just now.** *Ich habe vorhin einen Anruf von meinem Ex-Mann erhalten.*

▶ **just as** … (**as**) - *ebenso … (wie), genauso … (wie):* **Jill is just as stubborn as her father.** *Jill ist genauso stur wie ihr Vater.* | **Travelling by train makes little sense. It would cost just as much.** *Mit dem Zug zu fahren, macht wenig Sinn. Es würde genauso viel kosten.* | **If we never use our bikes, we might just as well sell them.** *Wenn wir unsere Fahrräder niemals benutzen, können wir sie ebenso gut verkaufen.*

228 keep | IRREG VERB [kept, kept]

▶ *etw (bei sich, für sich) behalten:* **You can keep the key, I have another one.** *Du kannst den Schlüssel behalten, ich habe noch einen.* | **Can you keep a secret?** *Kannst du ein Geheimnis für dich behalten?* | **Keep your ticket.** *Behalten Sie Ihre Karte!* [zwecks späterer Kontrolle] | **Keep your seat.** *Behalten Sie Platz!* | **Keep the change.** [Trinkgeld] *Stimmt so.*

▶ [Termine, Versprechen] *halten, einhalten:* **We'll keep our promise.** *Wir werden unser Versprechen halten.* | **I have given her my word, and I intend to keep it.** *Ich habe ihr mein Wort gegeben, und ich gedenke es zu halten.* | **We decided to keep silence about what we had seen.** *Wir beschlossen, Stillschweigen zu bewahren über das, was wir gesehen hatten.* | **We will do everything possible to keep the delivery date.** *Wir werden alles tun, um den Liefertermin einzuhalten.*

▶ *jmdn/etw halten, unterhalten* [versorgen]: **She had five children to keep.** *Sie hatte fünf Kinder zu versorgen.* | **We can't keep two cars although we need them.** *Wir können keine zwei Autos unterhalten, obwohl wir sie brauchten.* | **My uncle and aunt own a little farmhouse where they keep chickens and geese.** *Mein Onkel und meine Tante besitzen ein kleines Bauernhaus, wo sie Hühner und Gänse halten.*

▶ *etw aufbewahren, aufheben:* **Do you know where she keeps her medicine?** *Weißt du, wo sie ihre Medikamente aufbewahrt?* | **I keep my valuables in a locked drawer.** *Ich bewahre meine Wertsachen in einer verschlossenen Schublade auf.* | **We have kept some cake for you.** *Wir haben etwas Kuchen für dich aufgehoben.*

▶ *[einen Zustand, eine Eigenschaft] beibehalten:* **Always keep your hands on the wheel.** *Behalte immer die Hände am Steuer.* | **She has kept her figure over all those years.** *Sie hat all die Jahre über ihre Figur behalten.* | **You must try to keep calm.** *Du musst versuchen, ruhig zu bleiben.* | **We should keep in touch.** *Wir sollten in Verbindung bleiben.* | **What do you do to keep fit?** *Was tust du, um fit zu bleiben?* [oder: ... *um dich fit zu halten?*] | **Keep well!** *Bleib gesund!* | **Keep relaxed!** *Bleib entspannt!* | **Keep cool!** *Ruhig Blut!* | **Keep quiet!** *Ruhe bitte!* | **Keep out of this!** *Halte dich da raus!*

ANWEISUNGEN IM STRASSENVERKEHR: **Keep** (to the) **left** / (to the) **right**. *Links halten. / Rechts halten.* | **Keep on this road.** *Bleiben Sie auf dieser Straße.* | **Keep off the grass!** *Betreten des Rasens verboten!* | **Keep driveway clear!** *Einfahrt freihalten!* | **Keep out!** *Kein Zutritt! Zutritt verboten!*

▶ **keep doing** sth | *fortfahren, nicht aufhören, etw zu tun; immerzu etw tun:* **He kept calling her names.** *Er beschimpfte sie immer weiter.* | **If you keep harassing me, I'll report you.** *Wenn Sie mich weiter belästigen, zeige ich Sie an.* | **Grandma keeps telling me how unwell she is.** *Großmutter erzählt mir dauernd, wie schlecht es ihr geht.* | **Keep going!** *Machen Sie nur weiter!* | **Keep smiling!** *Immer schön lächeln!*

- **keeper** | REG NOUN | *Wärter, Wächter, Hüter, Bewahrer*
- **keeping** | REG NOUN | *Haltung:* **keeping of animals** - *Tierhaltung*

229 key | REG NOUN

▶ *Schlüssel:* **The ignition key was still in the lock.** *Der Zündschlüssel steckte noch.* | **I have lost my bike key.** *Ich habe meinen Fahrradschlüssel verloren.* | **The room key will also fit the front door.** *Der Zimmerschlüssel passt auch für die Vordertür.*

▶ *Schlüssel in übertragenen Bedeutungen:* **Refer to the key for the correct translations.** *Schlagen Sie die korrekten Übersetzungen im Lösungsschlüssel nach.* | **He plays a key role in this affair.** *Er spielt eine Schlüsselrolle in dieser Angelegenheit.* | **All key positions are held by pro-government people.** *Alle Schlüsselpositionen sind von Leuten besetzt, die der Regierung nahestehen.*

▶ *Taste:* **The piano, the organ and the accordion are key instruments.** *Klavier, Orgel und Akkordeon sind Tasteninstrumente.* | **Press any key.** *Drücken Sie eine beliebige Taste.*

KEYS ON A STANDARD COMPUTER KEYBOARD: **alternate key** *ALT-Taste* | **backspace** ~ *Rückschritt-Taste* | **cancelling** ~ *Löschtaste* | **control** ~ [Ctrl] *Steuerungstaste* | **enter** ~ *Eingabetaste* | **escape** ~ [Esc] *Abbruchtaste* | **tab** ~ [auch: **skip** ~] *Tabulatortaste* | **shift** ~ *Hochstelltaste* | **space** ~ *Leertaste.*

230 kill | REG VERB

▶ *töten, umbringen,* auch im übertragenen Sinne: **Smoking kills.** *Rauchen ist tödlich.* | **This heat is killing me.** *Diese Hitze bringt mich um.* | **The bushfire killed hundreds of animals.** *Das Buschfeuer tötete Hunderte von Tieren.* | **During his escape attempt the prisoner killed a guard.** *Bei seinem Ausbruchsversuch tötete der Gefangene einen Wärter.* | **We are sitting out here trying to kill time.** *Wir sitzen hier draußen und versuchen, die Zeit totzuschlagen.* | **That little extra work won't kill you.** *Das bisschen Mehrarbeit bringt dich nicht um.* | **I'll kill him!** *Den bringe ich um!*

▶ **be killed** [auch: **get killed**] - *ums Leben kommen, getötet werden:* **Their son was killed in a bus accident.** *Ihr Sohn kam bei einem Busunglück ums Leben.* | **They still don't know how many were killed in the air crash.** *Man weiß immer noch nicht, wie viele bei dem Flugzeugabsturz umgekommen sind.*

▶ **kill oneself** - *sich umbringen, sich das Leben nehmen:* **She killed herself for love.** *Sie nahm sich aus Liebeskummer das Leben.* | Im übertragenen Sinne: **Some people nearly kill themselves working up to 80 hours a week.** *Einige Leute arbeiten sich fast zu Tode bei bis zu 80 Stunden die Woche.* | **I could kill myself laughing.** *Ich könnte mich totlachen.*

- **killing** | REG NOUN | *(das) Töten, (das) Morden*
- **killer** | REG NOUN | *(Auftrags)mörder, Killer*
- **killing** | ADJ | *tötend, abtötend:* **germ-killing** *(keimtötend),* **pain-killing** *(schmerzstillend)*
- NOTIEREN SIE AUCH: **commit suicide** | VERB PHR | *Selbstmord begehen*

231 **kind** und **kindly**

▶ Sowohl **kind** als auch **kindly** sind Adjektive mit der Bedeutung *freundlich, gütig, liebenswürdig*. Der feine Unterschied liegt darin, dass **kindly** eine Charaktereigenschaft, einen Wesenszug bezeichnet, während sich **kind** eher auf das Verhalten in einer konkreten Situation bezieht:

It was kind of you to give me a lift. *Es war nett von Ihnen, mich mitzunehmen.* | **Thanks a lot for your kind invitation.** *Vielen Dank für Ihre freundliche Einladung.* | **Kind regards.** *Liebe Grüße.* | **My mother always had a kindly word for us children.** *Meine Mutter hatte für uns Kinder immer ein freundliches Wort übrig.*

▶ Natürlich ist **kindly** auch das zu **kind** gehörende Adverb: **They kindly offered us the use of their mobile phone.** | *Sie boten uns freundlicherweise an, ihr Handy benutzen zu dürfen.* | **Fate didn't always treat her kindly.** *Das Schicksal hat es nicht immer gut mit ihr gemeint.*

Mit den etwas gestelzt wirkenden Wendungen **Would you be so kind as to** … und **Would you be kind enough to** … *(Wären Sie so nett und …)* können Sie jemanden auf eine ausgesucht höfliche Art um eine Gefälligkeit bitten: **Would you be so kind as to close the window?** [oder: **Would you be kind enough to close the window?**] *Wären Sie wohl so freundlich, das Fenster zu schließen?*

Bei **Would you kindly** …? schwingt dagegen oft ein leicht genervter Unterton mit: **Would you kindly shut up now?** heißt soviel wie: *Würdest du jetzt bitte mal die Klappe halten?* Und selbst hinter einer scheinbar höflich formulierten Frage wie **Would you kindly move your car?** verbirgt sich eher eine Aufforderung als eine freundliche Bitte: *Würden Sie wohl die Güte haben, Ihr Auto wegzufahren?*

232 **kind** | REG NOUN

▶ *Art, Sorte:* **What kind of music do you like best?** *Welche Art Musik magst du am liebsten?* | **You will find all kinds of things there.** *Man findet dort jede Art von Sachen.* | **I have never said anything of that kind.** *Ich habe so etwas nie gesagt.* | **We need a hot water bottle or something of the kind.** *Wir brauchen eine Wärmflasche oder etwas in der Art.* | **He is a crook, and one of the worst kind.** *Er ist ein Gauner, und einer von der übelsten Sorte.* | **Is this kind of advertising permitted at all?** *Ist diese Art Werbung überhaupt erlaubt?*

Beachten Sie, dass auf **this kind of** … immer die *Einzahl* folgt. Sagen Sie darum nicht: **this kind of things, sondern: **this kind of thing.** Korrekt wäre dagegen: **things of this kind.**

▶ **kind of** … gehört vorwiegend der gesprochenen Sprache an. Es steht vor Adjektiven und Verben und entspricht in etwa dem deutschen *irgendwie*: **It's kind of funny.** *Es ist irgendwie komisch.* | **We kind of thought everything was okay.** *Wir dachten irgendwie, alles sei in Ordnung.* | **I was kind of hoping to see him here.** *Ich hatte irgendwie gehofft, ihn hier zu sehen.*

Anstelle von **kind of** hört man auch **sort of** …: **Obviously there are people who like that sort of thing.** *Es gibt offensichtlich Leute, die so etwas mögen.* | **Everything was sort of different on that day.** *Alles war irgendwie anders an dem Tag.* | **I had sort of suspected it, so it wasn't a surprise.** *Ich hatte es irgendwie geahnt, darum war es keine Überraschung.*

233 **know** | IRREG VERB [knew, known]

▶ *kennen:* **Most smokers know the dangers of smoking.** *Die meisten Raucher kennen die Gefahren des Rauchens.* | **I've heard the story so many times that I know it inside out.** *Ich habe die Geschichte so oft gehört, dass ich sie in- und auswendig kenne.* | **Except for you we don't know anybody around here.** *Außer euch kennen wir hier in der Gegend niemanden.*

Wollen Sie sagen, wie lange Sie jemanden schon kennen, müssen Sie ein *Perfect* verwenden **(have known)**: **I have known Martha for many years.** *Ich kenne Martha seit vielen Jahren.* [Nicht: **I know Martha for many years.*] | **How long have you known each other?** *Wie lange kennt ihr euch schon?* [Nicht: **How long do you know each other?*]

▶ *wissen:* **Say what you know.** *Sag, was du weißt.* | **I knew the new job was going to be difficult.** *Ich wusste, der neue Job würde schwierig werden.* | **Ebba knows almost everything about horses.** *Ebba weiß fast alles über Pferde.* | **We still know little about the beginnings of life.** *Wir wissen immer noch wenig über die Anfänge des Lebens.* | **As you probably know, Clarissa and I are marrying next week.** *Wie du wahrscheinlich weißt, heiraten Clarissa und ich nächste Woche.*

▶ *etw können (weil man es gelernt hat):* **I know Spanish and French but no German.** *Ich kann Spanisch und Französisch, aber kein Deutsch.* [Keinesfalls: **I can Spanish and French …*] | **She got her first job because she was the only one to know shorthand.** *Sie bekam ihren ersten Job, weil sie die einzige war, die Stenografie konnte.*

► **know about** sth - *etwas verstehen (von …), sich auskennen (mit …), gut Bescheid wissen (über …):* **We should ask someone who knows about these things.** *Wir sollten jemanden fragen, der sich in solchen Dingen auskennt.* | **I don't know much about wines, I can only say whether or not I like them.** *Ich verstehe nicht viel von Weinen, ich kann nur sagen, ob ich sie mag oder nicht.*

- **be in the know** | VERB PHR | *Bescheid wissen, eingeweiht sein*
- **be knowledgeable about** sth | VERB PHR | *von etw Ahnung haben*
- **knowledge** | NOUN, no pl | *Kenntnisse*
- **known, well-known** | ADJ | *bekannt:* **a well-known restaurant** - *ein bekanntes Restaurant*
- **knowingly** | ADV | *wissentlich, vorsätzlich, absichtlich, bewusst*

234 **language** | REG NOUN

► *Sprache, Ausdrucksweise:* **I was never really good at learning languages.** *Ich war nie wirklich gut im Sprachenlernen.* | **Everybody should know at least one foreign language.** *Jeder sollte zumindest eine Fremdsprache können.* | **I have opted for Spanish as second language.** *Ich habe als zweite Sprache Spanisch gewählt.* | **We are quite familiar with the country and have command of the language.** *Wir kennen das Land ganz gut und beherrschen die Sprache.* | **He was taken by her looks, less so by her language.** *Von ihrem Aussehen war er sehr angetan, von ihrer Ausdrucksweise weniger.*

VOCABULARY: **native language** [auch: **first language**] *Muttersprache* | **world** [oder: **global**] ~ *Weltsprache* | **foreign** ~ *Fremdsprache* [auch im Sinne von *völlig unverständliche Sprache*] | **written** ~ *Schriftsprache* | **spoken** ~ *gesprochene Sprache* | **colloquial** ~ *Umgangssprache* | **everyday** ~ *Alltagssprache* | **business** ~ *Geschäftssprache* | **living** ~ *lebendige Sprache* | **dead** ~ *tote Sprache* | **youth** ~ *Jugendsprache* | **bad** ~ *ordinäre Sprache, Schimpfwörter* | **gutter** ~ *Gossensprache, Vulgärsprache* | **standard** ~ *Hochsprache* | **formal** ~ *gehobene Sprache* | **special** [auch: **technical**] ~ *Fachsprache* | **programming** ~ *Programmiersprache* | **in plain** ~ *in deutlichen Worten, im Klartext, auf gut Deutsch* | **body** ~ *Körpersprache*

language barrier *Sprachbarriere* | ~ **disorder** *Sprachstörung* | ~ **experience** *Sprachpraxis* | ~ **course** *Sprachkurs* | ~ **holiday** *Sprachferien* | ~ **laboratory** [kurz: **language lab**] *Sprachlabor* | ~ **processor** [Computer] *Übersetzungsprogramm* | ~ **skills** *Sprachkenntnisse* | ~ **teacher** *Sprachenlehrer*

235 **late** | ADJ / ADV

► ADJEKTIV | *spät, verspätet:* **Immigration reached its peak in the late 19th century.** *Die Einwanderung erreichte im späten 19. Jahrhundert ihren Höhepunkt.* | **Wheat is harvested in the late summer.** *Weizen wird im Spätsommer geerntet.* | **He's always been a late developer.** *Er ist schon immer ein Spätentwickler gewesen.*

► Wird einer Person das Adjektiv **late** vorangestellt, so bedeutet dies, dass die betreffende Person *verstorben* ist:
She showed us a photo of her late husband. *Sie zeigte uns ein Foto ihres verstorbenen Mannes.* | **The new prime minister will continue the policies of his late predecessor.** *Der neue Premierminister wird die Politik seines verstorbenen Vorgängers fortsetzen.*

► ADVERB | Während hierzulande Busse, Züge oder Flugzeuge *Verspätung haben* und Personen *sich verspäten* oder *zu spät kommen,* sind sie im Englischen einfach nur **late:**
Our train was an hour late. *Unser Zug hatte eine Stunde Verspätung.* | **Due to a traffic jam on the motorway we arrived half an hour late.** *Wegen eines Staus auf der Autobahn kamen wir eine halbe Stunde zu spät an.* | **He has never been late for appointments.** *Er ist zu Verabredungen noch nie zu spät gekommen.*
Sagen Sie in diesen Fällen nicht: **… half an hour too late.* Die Angabe **too late** ergibt nur dann einen Sinn, wenn zugleich angegeben wird, *wofür* es zu spät war bzw. was man infolge des Zuspätkommens verpasst hat:
It was already too late to take action. *Es war schon zu spät, um etwas zu unternehmen.* | **We were too late to witness the beginning of the ceremony.** *Wir kamen zu spät, um den Anfang der Feier mitzubekommen.*

236 **lately** | ADV

► *in letzter Zeit* [immer mit dem Aspekt *perfect*]: **My wife hasn't been feeling well lately.** *Meine Frau fühlt sich in letzter Zeit nicht wohl.* | **We have had little contact lately.** *Wir hatten in letzter Zeit wenig Kontakt.* | **What have you been doing lately?** *Was habt ihr in letzter Zeit so gemacht?*

237 **latest** und **last** | ADJs

▶ **last** *(letzte)* besagt, dass niemand oder nichts mehr folgt: **The *Magic Flute* was Mozart's last opera.** *Die „Zauberflöte" war Mozarts letzte Oper.* Dagegen steht **latest** für das *neueste, jüngste, (bislang) letzte, aktuelle:* **Have you read his latest book?** *Hast du sein neuestes Buch gelesen?* | **She is always dressed in the latest fashion.** *Sie ist immer nach der letzten* [= der neuesten] *Mode gekleidet.*

CONTEXT: **last night** *gestern Abend, letzte Nacht* | ~ **order** [im Pub] *letzte Bestellung* [vor Schließung des Lokals] | ~ **call** *letzte Aufforderung, letzter Aufruf* | ~ **will** *letzter Wille, Testament* | **have the ~ word** *das letzte Wort haben* | **the Last Supper** [Bibel] *das letzte Abendmahl*

the latest news *die neuesten Nachrichten* | **the ~ figures** *die neuesten Zahlen* | **the ~ fashion** *die neueste Mode* | **the ~ version** *die neueste Version* | **the ~ thing** [oder: **the ~ craze**] *der letzte Schrei* | **the ~ state of things** *der letzte Stand der Dinge*

Beachten Sie den Unterschied zwischen **at last** *(endlich)* und **at the latest** *(spätestens).*
Zu **last** in der Bedeutung *das letzte Mal, zuletzt* siehe → 183

238 **learn** | BE: IRREG VERB [**learnt, learnt**], AmE: REG VERB [**learned, learned**]

▶ *lernen:* **We learn throughout our lives.** *Wir lernen unser ganzes Leben hindurch.* | **I hope she has learned from her mistakes.** *Ich hoffe, sie hat aus ihren Fehlern gelernt.* | **How long have you been learning German?** *Wie lange lernen Sie schon Deutsch?* | **I'm not much of a dancer. I have never learnt it.** *Ich bin kein besonders guter Tänzer. Ich habe es nie gelernt.* | **Some people never learn.** *Manche (Leute) lernen es nie.* | **She is very quick at learning.** *Sie lernt sehr schnell.*

▶ **learn (how) to do sth** - *lernen, etw (zu tun):* **He has never learnt to listen.** *Er hat nie ge- lernt zuzuhören.* | **Today we have learned how to draft an application letter.** *Heute haben wir gelernt, wie man ein Bewerbungsschreiben verfasst.*

CONTEXT: **learn a language** *eine Sprache lernen* | ~ **vocabulary** *Vokabeln lernen* | ~ **a trade** *ein Handwerk erlernen* | ~ **a poem** *ein Gedicht lernen* | ~ **sth by heart** *etw auswendig lernen* | ~ **from experience** *aus Erfahrung lernen* | ~ **from scratch** [oder: **from the bottom up**] *von der Pike auf lernen* | ~ **by doing** *durch praktisches Tun erlernen* | ~ **the ropes of** sth *sich in etw einarbeiten, „einfuchsen"* | ~ **the lessons of** sth *die Lehren aus etw ziehen*

- **learner** | REG NOUN | *Lernender, Anfänger:* **learner driver** - *Fahrschüler, Fahranfänger*
- **learned** | ADJ | *gelehrt, gebildet*

▶ *erfahren* [= hören, mitgeteilt bekommen]: **I learned about it from the newspaper.** *Ich habe es aus der Zeitung erfahren.* | **At the airport we learned that our flight had been cancelled.** *Am Flughafen erfuhren wir, dass unser Flug gestrichen worden war.* | **When and how did you learn that he is not your real father?** *Wann und wie hast du erfahren, dass er nicht dein rich- tiger Vater ist?*

239 **leave** | IRREG VERB [**left, left**]

▶ *losfahren, abfahren, abreisen:* **Nora has left for Berlin.** *Nora ist nach Berlin abgereist.* | **Is everyone ready? We are leaving in five minutes.** *Sind alle soweit? Wir fahren in fünf Minuten los.* | **We left home on a rainy day and arrived in summer-like weather.** *Wir sind an einem verregneten Tag von zu Hause losgefahren und bei sommerlichem Wetter angekommen.*

▶ *etw stehen* oder *liegen lassen:* **Leave everything as it is until the police arrive.** *Lassen Sie alles, wie es ist, bis die Polizei kommt.* | **You should never leave your cellphone inside the car.** *Man sollte sein Handy nie im Auto liegen lassen.* | **Could we leave our luggage here for a couple of hours?** *Könnten wir unser Gepäck für ein paar Stunden hier lassen?*

▶ *etw hinterlassen, zurücklassen:* **Her lipstick had left red marks on the teacup.** *Ihr Lippen- stift hatte rote Flecken auf der Teetasse hinterlassen.* | **The former tenants had left the house in a mess.** *Die Vormieter hatten das Haus in einem saumäßigen Zustand hinterlassen.* | **He leaves a wife and three young children.** *Er hinterlässt eine Frau und drei kleine Kinder.*

▶ [Ort, Einrichtung, Organisation usw.] *verlassen:* **The circus left the town this morning.** *Der Zirkus hat heute Morgen die Stadt verlassen.* | **Alexander is going to leave school after the holidays.** *Alexander wird die Schule nach den Ferien verlassen.* | **I left the golf club after a 25 year membership.** *Ich habe den Golfclub nach 25jähriger Mitgliedschaft verlassen* [= bin ausgetreten].

▶ [Familie, Partner, nahestehende Menschen] *verlassen:* **Her father left the family when she was a baby.** *Ihr Vater verließ die Familie, als sie ein Baby war.* | **She has left him for another man.** *Sie hat ihn wegen eines anderen Mannes verlassen.*

▶ **leave** sth **to** sb - *jmdm etw überlassen, vermachen, vererben:* **Leave the rest to us.** *Überlassen Sie den Rest uns.* | **Leave the investigation to the police.** *Überlasst die Untersuchung der Polizei.* | **Aunt Mary has left everything she possessed to the Church.** *Tante Mary hat alles, was sie besaß, der Kirche vermacht.*

- **school leaver** | REG NOUN | *Schulabgänger*
- **leave** | NOUN, no pl | *Urlaub* [Freistellung aus besonderem Grund, s. auch → 209]
- **left** | ADJ | *übrig:* **There were no tickets left.** *Es waren keine Karten übrig.*

240 **lecture** und **reading matter** | REG NOUNS

▶ Aufgepasst: **lecture** bedeutet nicht *Lektüre*, sondern *Vorlesung, Vortrag:* **I didn't attend the lecture today.** *Ich war heute nicht in der Vorlesung.* | **She gives lectures on 19th-century English literature.** *Sie hält Vorlesungen über die englische Literatur des 19. Jahrhunderts.*

▶ Was Sie auf eine Reise oder in den Urlaub zum Lesen mitnehmen, ist **reading matter**, also *Lesestoff:* **I have taken along plenty of reading matter so I won't get bored during the long flight.** *Ich habe jede Menge Reiselektüre mitgenommen, da wird mir auf dem langen Flug nicht langweilig werden.*

241 LASSEN: **let** | IRREG VERB [**let, let**], **make** | IRREG VERB [**made, made**] und **have** sth **done** | IRR VERB PHR [**had, had** sth **done**]

▶ **let** sb/sth (**do** sth) - *etw zulassen, erlauben, gestatten, jmdn etw tun lassen:* **Let them talk.** *Lass sie reden.* | **The police didn't let anyone enter the building.** *Die Polizei ließ niemanden das Gebäude betreten.* | **He is letting his beard grow.** *Er lässt seinen Bart wachsen.* | **Don't let the fire go out.** *Lass das Feuer nicht ausgehen.* | **Never let anyone watch you enter your secret code at a cash machine.** *Lass niemanden zusehen, wenn du an einem Geldautomaten deine Geheimzahl eingibst.*

▶ Mit der Aufforderung **Let's** … (bzw. **Let's not** …) können Sie andere dazu animieren, gemeinsam mit Ihnen etwas zu unternehmen (bzw. zu unterlassen): **Let's go and have coffee together!** *Gehen wir einen Kaffee zusammen trinken!* | **Let's not talk about work now.** *Wir wollen jetzt nicht von der Arbeit reden* [oder: *Reden wir jetzt nicht von der Arbeit!*]

▶ **make** sb/sth **look, seem, feel** [+ ADJ] - *jmdn/etw* [+ ADJ] *aussehen, erscheinen, sich fühlen lassen:* **Olga's new hairdo makes her look much younger.** *Olgas neue Frisur lässt sie viel jünger aussehen.* | **The dark wallpaper made the room seem smaller.** *Die dunkle Tapete ließ das Zimmer kleiner erscheinen.* | **Talking to you has made me feel a lot better.** *Dadurch, dass ich mit dir gesprochen habe, fühle ich mich viel besser.* [Wörtl.: *Das Reden mit dir hat bewirkt, dass ich mich viel besser fühle.*]

▶ **make** sb **do** sth - *jmdn zu etw bringen, zu etw bewegen, zu etw veranlassen:* **His answer made me hesitate.** *Seine Antwort ließ mich zögern.* | **She wanted to make us believe that doomsday was near.** *Sie wollte uns glauben machen* [oder: *weismachen*], *dass der Weltuntergang* [eigentlich: *Tag des Jüngsten Gerichts*] *bevorstehe.* | **The drought has made thousands of people leave their villages.** *Die Dürre hat Tausende von Menschen dazu gebracht, ihre Dörfer zu verlassen.*

▶ Mit **have** sth **done** lässt sich sagen, dass man etwas – anstatt es selbst zu erledigen – durch andere, zumeist entsprechend geschulte Personen *ausführen* bzw. *erledigen* lässt: **Everyone should have their eyes checked regularly.** *Jeder sollte seine Augen regelmäßig untersuchen lassen.* | **We had our heating system replaced about two years ago.** *Wir haben unsere Heizungsanlage vor ungefähr zwei Jahren erneuern lassen.* | **I would like to have my teeth done if it wasn't so expensive.** *Ich würde mir gern die Zähne machen* [= *richten, in Ordnung bringen*] *lassen, wenn es nicht so teuer wäre.* | **Susan told us she was going to have her arms tattooed.** *Susan erzählte uns, sie wolle sich die Arme tätowieren lassen.*

242 **lie** | REG VERB |, **lie** | IRREG VERB [**lay, lain**] und **lay** | IRREG VERB [**laid, laid**]

lie und **lay** dürften zu den am häufigsten verwechselten Verben des Englischen gehören. Unterscheiden Sie darum genau:

▶ **lie** *lügen* | **lie to** sb - *jmdn belügen, jmdn anlügen:* **It became soon clear that the witness had lied.** *Es wurde bald klar, dass der Zeuge gelogen hatte.* | **A mirror never lies.** *Ein Spiegel lügt nie.* | **We taught our children that they must not lie.** *Wir haben unseren Kindern beigebracht, dass sie nicht lügen sollen.* | **Don't lie to me!** *Lüg mich nicht an!*

- **lie** | REG NOUN | *Lüge:* **a white lie** - *eine Notlüge*
- **liar** | REG NOUN | *Lügner*

▶ **lie** - *liegen:* **She is lying in bed with a heavy cold.** *Sie liegt mit einer schlimmen Erkältung im Bett.* | **Lots of buildings lay in ruins.** *Viele Gebäude lagen in Trümmern.* | **The Galapagos islands lie to the west of Ecuador.** *Die Galapagos-Inseln liegen westlich von Ecuador.* | **All the mail still lay unopened on his desk.** *Die ganze Post lag immer noch ungeöffnet auf seinem Schreibtisch.*

▶ **lay** - *legen:* **Are there birds that don't lay eggs?** *Gibt es Vögel, die keine Eier legen?* | **The ambulance men laid the woman on a stretcher.** *Die Sanitäter legten die Frau auf eine Bahre.* | **Lay the paper aside and help me lay the table.** *Leg die Zeitung weg und hilf mir den Tisch decken.* | **Our teacher of French lays much emphasis on good pronunciation.** *Unser Französischlehrer legt großen Wert auf gute Aussprache.*

Beachten Sie den Unterschied: **lie down** *(sich hinlegen),* **lay down** sth *(etwas hinlegen):* **I'll lie down for a moment.** *Ich lege mich einen Moment hin.* | **Lay down that knife before you hurt yourself.** *Leg das Messer hin, bevor du dich verletzt.* | **Lie down on the sofa and lay down your head on the pillow.** *Lege dich auf das Sofa und lege deinen Kopf auf das Kissen.*

243 lift | REG NOUN

▶ Einen *Fahrstuhl* in mehrstöckigen Gebäuden nennen die Briten **lift**, die Amerikaner **elevator**: **Is the lift out of order again?** *Ist der Fahrstuhl schon wieder außer Betrieb?* Bei anderen Liften entfällt dieser Unterschied: **A new chair lift takes skiers up to an altitude of 2,000 metres.** *Ein neuer Sessellift befördert Skifahrer bis zu einer Höhe von 2.000 Metern hinauf.*

▶ Falls Sie jemand fragt: **Can I give you a lift?**, so will er Sie nicht in einen Fahrstuhl locken, sondern bietet Ihnen an, Sie in seinem Fahrzeug mitzunehmen: **A lorry gave us a lift.** *Ein LKW hat uns mitgenommen.* | **I had just got into my car when a young man asked me for a lift.** *Ich war gerade in mein Auto gestiegen, als mich ein junger Mann bat, ihn mitzunehmen.* | **Could someone give Charlie a lift home? His car won't start.** *Könnte jemand Charlie nach Hause fahren? Sein Auto springt nicht an.*

▶ **lift** ist darüberhinaus alles, was einem Auftrieb gibt, neuen Schwung verleiht und nach oben bringt: **What he needs is a real lift.** *Was er braucht, ist ein echtes Erfolgserlebnis.* | **Their first victory after a series of defeats gave the team quite a lift.** *Der erste Sieg nach einer Serie von Niederlagen gab der Mannschaft mächtig Auftrieb.* | **A tax cut would certainly give the economy a lift.** *Eine Steuersenkung würde der Wirtschaft mit Sicherheit Auftrieb geben.*

lift | REG VERB

▶ *(hoch)heben;* [Telefonhörer] *abheben,* [Gesichtshaut, Brust] *straffen lassen:* **Huge cranes lifted the cargo onto the vessel.** *Riesige Kräne hoben die Fracht auf das Schiff.* | **Carol is thinking about having her face lifted.** *Carol überlegt, ob sie sich liften lassen soll.*

▶ [Nebel, Schleier, Geheimnis] *sich lichten, lüften:* **When the fog has lifted, it will be a sunny day.** *Wenn sich der Nebel gelichtet hat, wird es ein sonniger Tag werden.* | **It's a secret that will never be lifted.** *Es ist ein Geheimnis, das nie gelüftet werden wird.*

244 like | REG VERB

▶ Mit **like** drückt man aus, dass man etwas mag, dass einem etwas gefällt oder schmeckt: **Whether classical or pop, I like any good music.** *Ob klassisch oder Pop, ich mag jede gute Musik.* | **We don't like films that show too much violence.** *Wir mögen keine Filme, die zuviel Gewalt zeigen.* | **I like Asian food, and I believe it's healthy.** *Mir schmeckt asiatisches Essen, und ich glaube, dass es gesund ist.*

▶ **like doing** sth - *gerne etw tun:* **I like talking to people who listen.** *Ich rede gern mit Menschen, die zuhören.* | **We like lying on the beach but hate having to pay for it.** *Wir liegen gern am Strand, aber hassen es, dafür bezahlen zu müssen.* | **I don't like being put under pressure.** *Ich mag es nicht, wenn man mich unter Druck setzt.*

▶ Wer etwas *haben* möchte, sagt **I would like [I'd like]** ... *Ich hätte gern ...:* **I'd like another beer.** *Ich hätte gern noch ein Bier.* Wenn Sie jemandem etwas *anbieten* möchten, fragen Sie **Would you like ...?: Would you like another beer?** *Möchten Sie noch ein Bier?*

▶ Wer etwas *tun* möchte, sagt **I would like to [I'd like to]** ... *(Ich würde gern, ich möchte ...):* **I'd like to stay another two nights.** *Ich würde gern noch zwei Nächte bleiben.* Möchten Sie anderen vorschlagen, etwas zu tun, so fragen Sie **Would you like to ...?: Would you like to take part in the guided tour?** *Möchten Sie an der Führung teilnehmen?* | **What would you like to know?** *Was möchten Sie wissen?*

- **liking** | NOUN, usu sg | *Vorliebe, Geschmack:*
  for my liking *für meinen Geschmack,* **(not) to my liking** *(nicht) nach meinem Geschmack*

like | PREP

▶ [in Vergleichssätzen] *wie*: **Hotel prices like these are not unusual for a city like London.** *Solche Hotelpreise sind für eine Stadt wie London nicht ungewöhnlich.* | **The tickets are selling like mad.** *Die Karten gehen weg* [= verkaufen sich] *wie verrückt.* | **Samantha sings like a nightingale, although she smokes like a chimney.** *Samantha singt wie eine Nachtigall, obwohl sie raucht wie ein Schlot.*

NOTIEREN SIE AUCH: **like this, like that** *so, auf diese Weise* | **like mad** *wie verrückt, wie wahnsinnig* | **something like** *… so etwas wie …*

what is … like? *Wie ist …?* | **it looks / sounds / feels / tastes / smells like** *… es sieht aus / klingt / hört sich an / fühlt sich an / schmeckt / riecht wie …*

- **likelihood** | REG NOUN | *Wahrscheinlichkeit*
- **likely** | ADJ | *wahrscheinlich,* **unlikely** | ADJ | *unwahrscheinlich*

245 **live** | REG VERB | und **life** | REG NOUN

Das Leben macht es einem auch in sprachlicher Hinsicht nicht immer leicht. Darum hier ein paar Klarstellungen:

▶ **live** [gesprochen: lɪv], ist ein Verb und bedeutet *leben, wohnen*: **Lots of families in those countries are poor and live in bleak conditions.** *Viele Familien in diesen Ländern sind arm und leben in trostlosen Verhältnissen.* | **All of my relatives live in Austria.** *Alle meine Verwandten leben in Österreich.*

Für *leben* im Sinne von *am Leben sein* steht **be alive**: **Most of my relatives are still alive.** *Die meisten meiner Verwandten leben noch.*

▶ **live on** sth - *von etw leben* [= seinen Lebensunterhalt bestreiten]: **My grandmother lives on a small pension.** *Meine Großmutter lebt von einer kleinen Rente.* | **You can't live on air alone.** *Man kann nicht nur von Luft (und Liebe) leben.* | **They mainly lived on fruit and water.** *Sie haben hauptsächlich von Obst und Wasser gelebt.* | **Can you live on your job?** *Kannst du von deinem Job leben?*

- **living** | NOUN, no pl | *Lebensunterhalt*: **What do you do for a living?** *Was machen Sie beruflich?* [Wörtl.: Womit verdienen Sie Ihren Lebensunterhalt?]

▶ **life** [gesprochen: laɪf], pl **lives** [laɪvz], ist ein Hauptwort: *das Leben.* **There are so many forms of life on earth.** *Es gibt so viele Formen von Leben auf der Erde.* | **Everyone ran for their lives.** *Alle rannten um ihr Leben.*

life steht ohne den bestimmten Artikel **the**, es sei denn, es geht um ein bestimmtes Leben, was durch eine Ergänzung mit **of** deutlich gemacht wird. Vergleichen Sie: **What do we know about life?** *Was wissen wir über das Leben?* Aber: **What do we know about the life of a movie star?** *Was wissen wir über das Leben eines Filmstars?*

▶ **lifetime** bezeichnet *Leben* als Lebenszeit, Zeit des Lebens: **I'd like to travel into space once in my lifetime.** *Ich möchte einmal im Leben ins All reisen.* | **We hoped our love would last a lifetime, but it didn't.** *Wir hofften, unsere Liebe würde ein Leben lang andauern, aber das tat sie nicht.*

VOCABULARY: **life boat** *Rettungsboot* | **~ buoy** [oder: **~ belt**] *Rettungsring* | **~ vest** *Schwimmweste* | **~ raft** *Rettungsinsel* | **~ support** *lebensrettende Maßnahmen*

life expectancy *Lebenserwartung* | **~ insurance** *Lebensversicherung* | **~ partner** *Lebenspartner* | **~ planning** *Lebensplanung* | **~ task** *Lebensaufgabe* | **~ story** *Lebensgeschichte* | **~ model** *Aktmodell*

life appointment *Ernennung auf Lebenszeit* | **~ membership** *lebenslange Mitgliedschaft* | **~ partnership** *Lebensgemeinschaft* | **~ imprisonment** *lebenslange Freiheitsstrafe* | **~ ban** [Sport] *lebenslange Sperre*

business life *Geschäftsleben* | **professional ~** *Berufsleben* | **working ~** *Arbeitsleben* | **privat ~** *Privatleben* | **everyday ~** *Alltag, Alltagsleben* | **sex ~** *Liebesleben, Sexualleben*

- **live** [gesprochen: laɪv] | ADJ | *lebend, lebendig*: **Have you ever petted a live tiger?** *Hast du schon einmal einen lebenden Tiger gestreichelt?* | **A live bear stood in front of the shop.** *Vor dem Laden stand ein echter* [= lebender] *Bär.* | **We attended an opera performance with live elephants on stage.** *Wir erlebten eine Opernaufführung mit lebenden Elefanten auf der Bühne.*
- **live** | ADJ | *unter Strom stehend, unter Spannung stehend, stromführend:*
  live parts - *stromführende Teile* | **live wire** - *stromführender Draht* | **live cable** - *stromführendes Kabel*

live dürfte auch aus der Welt der Medien bekannt sein, wo man von **live performance, live show** *(Liveauftritt)*, **live broadcast** *(Live-Übertragung)* oder **live coverage** *(Live-Berichterstattung)* spricht: **And now, live from the UN headquarters, our correspondent Roger Morgan.** *Und nun, live aus dem UNO-Hauptquartier, unser Korrespondent Roger Morgan.*

- **lively** | ADJ | *lebhaft, lebendig, munter:* **We had a lively discussion.**

246 lonely | ADJ

▶ Im Gegensatz zu **alone** [→ 028] steht bei **lonely** [AmE auch: **lonesome**] das Gefühl von *Einsamkeit, Vereinsamung, Abgeschiedenheit* im Vordergrund:

This book has seen me through many lonely nights. *Dieses Buch hat mich durch viele einsame Nächte begleitet.* | **She knows quite a number of people and yet feels lonely.** *Sie kennt eine ganze Menge Leute und fühlt sich dennoch einsam.* | **We had a flat tyre on a lonely mountain road.** *Wir hatten eine Reifenpanne auf einer einsamen Gebirgsstraße.*

- **loneliness** | NOUN, no pl | *Einsamkeit*
- **loner** | REG NOUN | *Einzelgänger, Eigenbrötler*

247 long und a long time

▶ **long** *(lange, längere Zeit)* steht in Fragen und verneinten Sätzen sowie in Verbindung mit **so, as … as, too** und **enough**: **Did you have to wait long?** *Musstet ihr lange warten?* | **I didn't need to think long.** *Ich brauchte nicht lange zu überlegen.* | **I know Munich well. I lived there long enough.** *Ich kenne München gut. Ich habe lange genug dort gelebt.* | **Stay as long as you like.** *Bleiben Sie, so lange Sie wollen.* | **I won't be long.** - *Ich bin nicht lange weg sein. Ich bin bald wieder da.* | **It won't be long** (until … / before …) - *Es dauert nicht mehr lange, bis…* | **It can't take long.** *Es kann nicht lange dauern.*

Notieren Sie auch: **long ago** *vor langer Zeit, lange her* | **long before** *lange vorher* | **no longer** [oder: **not … any longer**] *nicht länger, nicht mehr*

▶ In bejahten Aussagesätzen gilt **(for) a long time** als die korrektere Form: **We had to wait a long time** [Statt: We had to wait *long*.] *Wir mussten lange warten.* | **I thought for a long time before buying a new car.** *Ich habe lange überlegt, bevor ich mir ein neues Auto gekauft habe.* [Nicht: *I thought long …*]

▶ Beachten Sie den Unterschied zwischen **not for long** und **not for a long time**: **Bob didn't work for long.** *Bob hat NICHT LANGE gearbeitet* [= hat die Arbeit schnell beendet]. | **Bob hasn't worked for a long time.** *Bob hat LANGE NICHT gearbeitet* [= hat seit längerem keine Arbeit].

248 look | REG VERB

▶ *schauen, blicken, gucken:* **Look over there!** *Sieh mal da drüben!* | **I can't find my key. – Have you looked in all your pockets?** *Ich kann meinen Schlüssel nicht finden. – Hast du in allen deinen Taschen nachgesehen?* | **Always look both ways before you cross the road.** *Sieh immer nach beiden Seiten, bevor du die Straße überquerst.* | **I hate people looking over my shoulder when I read the paper** *Ich hasse es, wenn mir Leute beim Zeitung lesen über die Schulter sehen.*

▶ *aussehen:* **A different hair style would make her look younger.** *Eine andere Frisur würde sie jünger aussehen lassen.* | **To me, all these cities look the same.** *Für mich sehen alle diese Städte gleich aus.* | **Everything looks fine.** *Alles sieht gut aus.*

look like sth - *nach etw aussehen, aussehen wie:* **It looks like rain.** *Es sieht nach Regen aus.* | **What will the new school building look like?** *Wie wird das neue Schulgebäude aussehen?*

look like sb - *aussehen wie jmd, jmdm ähneln:* **When he puts on his bowler hat, he looks like Charlie Chaplin.** *Wenn er seinen Zylinder aufsetzt, sieht er aus wie Charlie Chaplin.*

look as if … [oder: **look as though** …, AmE oft: **look like** …] - *aussehen, den Anschein haben, als ob …:* **It looks as if they'll have to sell the house.** *Es sieht aus, als müssten sie das Haus verkaufen.* | **It looks as if his state of health is slowly improving.** *Es hat den Anschein, als würde sich sein Gesundheitszustand langsam bessern.* Gelegentlich wird **it** ganz weggelassen: **Looks as if they'll have to sell …,** **Looks as if his state of health …**

look geht eine Reihe von Verbindungen ein. Hier ein paar nützliche für den Alltag:

▶ **look after** sb/sth - *sich um jmdn/etw kümmern, auf jmdn/etw aufpassen,* wörtl.: *nach jmdm/etw sehen:* **Who will look after the flowers while you are away?** *Wer kümmert sich um die Blumen, während ihr weg seid?* | **I have to look after myself.** *Ich muss mich um mich selbst kümmern.* | **I wish my wife would stay at home and look after the children.** *Ich wünschte, meine Frau würde zu Hause bleiben und sich um die Kinder kümmern.*

► **look at** sb/sth - *jmdn/etw ansehen, betrachten:* **Look at this.** *Sieh dir das an!* | **Look at those dark clouds. It's quite certainly going to rain.** *Sieh dir die dunklen Wolken an. Es wird ganz bestimmt gleich regnen.* | **First let's look at the facts.** *Sehen wir uns zuerst die Fakten an.* | **Any way you look at it, it doesn't pay off.** *Wie man es auch betrachtet, es rechnet sich nicht.* | **Look at me when I'm speaking to you.** *Sieh mich an, wenn ich mit dir rede.*

► **look for** sb/sth - *jmdn/etw suchen:* **The police are looking for a man in his thirties.** *Die Polizei sucht einen Mann in den Dreißigern.* | **Everyone is looking for ways out of the crisis.** *Alle suchen nach Wegen aus der Krise.* | **What are you looking for?** *Was suchen Sie?*

► **look forward to** sb/sth | **look forward to doing** sth - *sich auf jmdn/etw freuen:* **Peter is looking forward to his retirement.** | *Peter freut sich auf seinen Ruhestand.* | **We are looking forward to seeing all of you again.** *Wir freuen uns (darauf), euch alle wiederzusehen.*

► **look** *sth* **up:** *etw nachschlagen:* **I had to look up every other word.** *Ich musste jedes zweite Wort nachschlagen.* | **You can look up almost everything on the internet these days.** *Man kann heutzutage fast alles im Internet nachsehen.*

► **look through** - [Papiere, Zeitung usw.] *durchsehen:* **Do we need to look through all these files?** *Müssen wir alle diese Akten durchsehen?* | **I have been looking through the job ads for days but can't find anything suitable.** *Ich sehe schon seit Tagen die Stellenanzeigen durch, finde aber nichts Passendes.*

► **Look out!** - *Pass auf! Achtung! Vorsicht!:* **Look out! There are some sharp bends ahead!** *Pass auf! Gleich kommen ein paar eine scharfe Kurven!* | **Next time you had better look out!** *Das nächste Mal solltest du besser aufpassen!*

- **look** | REG NOUN | *Blick:* **There was a strange look on her face.**
  Es lag ein seltsamer Blick in ihrem Gesicht.
- **have** [oder: **take**] **a look at** sth | VERB PHR | *sich etw ansehen, einen Blick auf etw werfen*
- **looks** | NOUN pl | *Aussehen:* **I envy him for his good looks.**
  Ich beneide ihn um sein gutes Aussehen.

249 **lose** | IRREG VERB [**lost**, **lost**] und **loose** | ADJ

► **lose** [lu:z] *verlieren:* **I have nothing to lose.** *Ich habe nichts zu verlieren.* | **The rider lost his balance and fell from the horse.** *Der Reiter verlor das Gleichgewicht und stürzte vom Pferd.* | **He lost control of the car and went off the road.** *Er verlor die Kontrolle über den Wagen und kam von der Straße ab.* | **Our side lost the game by 1-3.** *Unsere Mannschaft hat das Spiel 1:3 verloren.* | **We lost each other in the crowd.** *Wir haben uns in der Menge [aus den Augen] verloren.* | **Although she had lost a lot of blood, she survived the accident.** *Obwohl sie viel Blut verloren hatte, überlebte sie den Unfall.*

CONTEXT: **lose weight** *abnehmen* [an Gewicht] | ~ one's **hair** *die Haare verlieren* | ~ one's **way** *sich verlaufen, verfahren* | ~ one's **head** *den Kopf verlieren* | ~ one's **temper** *die Beherrschung verlieren* | ~ one's **mind** *den Verstand verlieren* | ~ **sight of** sb/sth *jmdn/etw aus den Augen verlieren* | ~ **confidence in** sb/sth *das Vertrauen in jmdn/etw verlieren* | ~ **interest in** sb/sth *an jmdn/etw das Interesse verlieren* | ~ **touch with reality** *den Bezug zur Wirklichkeit verlieren*

- **be lost** | VERB PHR | *verloren sein, verlorengehen, nicht mehr weiter wissen*
- **get lost** | VERB PHR | *sich verlaufen, sich verfahren, abhanden kommen*
  Get lost! [Nachdrückliche Aufforderung] *Verschwinde! Hau ab! Verzieh dich! Zieh Leine!*
- **loser** | REG NOUN | *Verlierer, Versager:* **The real losers of the crisis are the taxpayers.**
  Die eigentlichen Verlierer der Krise sind die Steuerzahler.

► **loose** [lu:s], mit -oo- geschrieben, ist ein Adjektiv mit der Bedeutung *lose, locker* wie in **loose change** *Kleingeld* | **lead a loose life** *ein lockeres Leben führen* | **stay loose** *locker bleiben* | **have a loose tongue** *eine lose Zunge haben* | **have a loose tooth** *einen losen Zahn haben* | **have a screw loose** *eine Schraube locker haben* [= nicht ganz bei Verstand sein].

250 **love** | NOUN, usu sg

► *Liebe* zu Personen und Sachen: **There is no feeling stronger than love.** *Kein Gefühl ist stärker als Liebe.* | **Love is what children need most.** *Liebe ist das, was Kinder am meisten brauchen.* | **I don't share his love of fast cars.** *Seine Liebe zu schnellen Autos teile ich nicht.*

► [geliebte Person]: **Belinda was my first great love.** *Belinda war meine erste große Liebe.* | **He was the love of her life.** *Er war die Liebe ihres Lebens.* | **Don't be afraid, love.** *Hab keine Angst, Liebes.*

Seien Sie nicht verwundert, wenn Sie ein wildfremder Mensch mit **love** anspricht. Dies ist nichts weiter als eine nett gemeinte Anredeform: **That'll be all right, love.**

▶ Briefschluss, Grüße: **Give my love to your children.** *Liebe Grüße an eure Kinder.* | **Hope to hear from you soon. Love, Christine.** *Hoffe bald von euch zu hören. Alles Liebe, Christine.*

CONTEXT: **love affair** *Liebesaffäre, Verhältnis* | ~ **bite** *Liebesbiss, Knutschfleck* | ~ **life** *Liebesleben* | ~ **marriage** *Liebesheirat* | ~ **at first sight** *Liebe auf den ersten Blick*

early love *Jugendliebe* | **true** ~ *wahre Liebe* | **eternal** ~ *ewige Liebe* | **romantic** ~ *romantische Liebe* | **unrequited** ~ *unerwiderte Liebe* | **parental** ~ *elterliche Liebe*

PEOPLE **fall (head over heels) in** ~ **with** sb *verlieben sich (Hals über Kopf) in jmdn* | **are in love with sb** *sind in jmdn verliebt* | **make** ~ **to** sb *schlafen mit jmdn* [= haben Sex mit jmdm]

love | REG VERB

▶ *lieben, gern haben, gern tun:* **I love my children with all my heart.** *Ich liebe meine Kinder von ganzem Herzen.* | **He said he loved me.** *Er sagte, er liebt mich.* | **He seems to love his car more than me.** *Er scheint sein Auto mehr zu lieben als mich.* | **I love walking in the rain.** *Ich liebe es, im Regen spazierenzugehen.* | **He loves ordering people about.** *Er liebt es, Leute herumzukommandieren.*

▶ Wenn Sie etwas *sehr gern, liebend gern* tun würden, sagen Sie: **I would love to [I'd love to]** …: **I'd love to come with you but I can't.** *Ich würde sehr gern mit euch kommen, aber ich kann nicht.* | **My daughter would love to have a horse but we can't afford one.** *Meine Tochter würde liebend gern ein Pferd haben, aber wir können uns keines leisten.*

251 **luck** | REG NOUN, no pl

▶ **luck** bedeutet *Glück*, **hard luck** [oder: **bad luck**] ist *Pech*, wörtlich also *schlechtes Glück:* **With a little luck it might work out.** *Mit ein bisschen Glück könnte es klappen.* | **I could hardly believe my luck.** *Ich konnte mein Glück kaum fassen.* | **Marvin has no luck with women.** *Marvin hat kein Glück bei Frauen.* | **Let's try our luck!** *Versuchen wir unser Glück!* | **A four-leaf clover is said to bring good luck.** *Ein vierblättriges Kleeblatt soll Glück bringen.* | **A black cat is said to bring bad luck.** *Eine schwarze Katze bringt angeblich Unglück.* | **Good luck!** *Viel Glück!* | **Better luck next time!** *Beim nächsten Mal klappt's bestimmt!*

SOME PEOPLE wear a **good luck charm**, *einen Talisman, einen Glücksbringer*
GAMBLERS *(Glücksspieler, Zocker)* **chance their luck** *(versuchen ihr Glück),* have **a run of good luck** *(eine Glückssträhne)* or **a run of bad luck** *(eine Pechsträhne).*

▶ **be lucky** *Glück haben* | **be unlucky** *Pech haben:* **We were lucky with the weather.** *Wir hatten Glück mit dem Wetter.* | **Lucky at cards, unlucky in love.** *Glück im Spiel, Pech in der Liebe.* [Umgekehrt hört man es seltener: Lucky in love, unlucky at cards.]
- **lucky** | ADJ | *glücklich:* **You lucky thing!** *Du Glückliche(r)!*
- **luckily** | ADV | *zum Glück, glücklicherweise*

▶ Während bei **be lucky** oft der Zufall im Spiel ist, beschreibt **be happy** ein Gefühl von Glück, Freude und innerer Zufriedenheit: **Those were the happiest days of my life.** *Das waren die glücklichsten Tage meines Lebens.* | **Don't worry, be happy.** *Sorge dich nicht, sei glücklich.*
Vergleichen Sie: **They were LUCKY that no one was injured.** *Sie hatten Glück, dass niemand verletzt wurde.* | **They were HAPPY that no one was injured.** *Sie waren glücklich [= waren froh, waren erleichtert, freuten sich], dass niemand verletzt wurde.*
- **happiness** | NOUN, no pl | *Glück* [= Zustand des Glücklichseins]
- **happily** | ADV | *glücklich:* **We are happily married.** *Wir sind glücklich verheiratet.*
  Im Märchen: … **and they lived happily ever after** - *Sie lebten glücklich bis ans Ende ihrer Tage.* [Und wenn sie nicht gestorben sind, dann leben sie noch heute.]

252 **luggage** | NOUN, no pl

▶ **luggage**, abgeleitet von **lug** *(schleppen),* steht für *Gepäck,* womit in der Regel *Reisegepäck* gemeint ist: **We have only two items of luggage.** *Wir haben nur zwei Gepäckstücke.* | **Never leave your luggage unattended.** *Lassen Sie Ihr Gepäck nie unbeaufsichtigt.*

VOCABULARY: **luggage trolley** [AmE: ~ **cart**] *Gepäckwagen* | ~ **compartment** *Gepäckraum* | ~ **deposit** *Gepäckaufbewahrung* | ~ **allowance** *Freigepäck* | ~ **insurance** *Gepäckversicherung* | ~ **rack** *Gepäckablage* | **hand** ~ *Handgepäck* | **excess** ~ *Mehrgepäck* | ~ **label** *Gepäckaufkleber* | ~ **tag** *Gepäckanhänger*

▶ Im internationalen Reiseverkehr begegnet man anstelle von **luggage** meist der Bezeichnung **baggage**: **How many pieces of baggage do you have?** *Wie viele Gepäckstücke haben Sie dabei?* | **We had to wait over an hour at the baggage claim.** *Wir mussten über eine Stunde an der Gepäckausgabe warten.*

253 mad und **crazy**

▶ Beide Adjektive bedeuten *verrückt, irre, wahnsinnig*. Soweit sie sich auf Menschen beziehen, sind damit jedoch nur (gesunde) Personen gemeint, die durch seltsame, in den Augen anderer unverständliche Handlungen oder Ideen auffallen:

The car dashed down the motorway at a mad speed. *Der Wagen raste mit einer Wahnsinnsgeschwindigkeit über die Autobahn.* | **It was a mad idea from the start**. *Es war von Anfang an eine verrückte Idee.* | **I would be mad if I refused such an offer.** *Ich wäre verrückt, wenn ich so ein Angebot ablehnen würde.* | **Have you all gone crazy?** *Seid ihr alle verrückt geworden?* | **It's a crazy world we live in.** *Es ist eine verrückte Welt, in der wir leben.*

Vermeiden Sie **mad** als Bezeichnung für Menschen mit einer geistigen Behinderung (**mentally disabled persons**). Auf Tiere dagegen lässt sich **mad** anwenden, wenn sie von *Tollwut* (**rabies**) oder einer anderen Tierseuche befallen sind, wie etwa im Falle des *Rinderwahnsinns*, der im Englischen **mad cow disease** heißt.

▶ **-mad**, einem Hauptwort angefügt, bedeutet *-verrückt, -gierig, -geil* wie in **money-mad** *geldgierig*, **football-mad** *fußballverrückt*, **power-mad** *machtversessen* oder **sex-mad** *sexbesessen, sexsüchtig*.

▶ **mad** (nicht jedoch **crazy**) kann auch im Sinne von **angry** *(böse, wütend, verärgert, zornig)* gebraucht werden: **Elizabeth is mad with me because I forgot our wedding anniversary.** *Elizabeth ist wütend auf mich, weil ich unseren Hochzeitstag vergessen habe.* | **Don't be mad with me.** *Sei mir nicht böse.*

CONTEXT: **go mad** *wütend, wahnsinnig werden* | **be ~ about** sb/sth *ganz verrückt nach jmdm/ etw sein* | **be ~ [with pain, fear, jealousy]** *wahnsinnig sein* [vor Schmerzen, Angst, Eifersucht] | **drive** sb ~ *jmdn verrückt machen, zum Wahnsinn treiben*

- **madness** | REG NOUN | *Wahnsinn, Irrsinn*
- **madman** | REG NOUN | *Verrückter, Wahnsinniger* [weibl. Person: **madwoman**]

254 maintain | REG VERB

▶ etwas Bestehendes *beibehalten, aufrechterhalten*: **It's the police's job to maintain public order.** *Es ist Aufgabe der Polizei, die öffentliche Ordnung aufrechtzuerhalten.* | **Healthy food, a lot of sleep, and regular exercise has helped me maintain my figure.** *Gesundes Essen, viel Schlaf und regelmäßige Bewegung haben mir geholfen, meine Figur zu halten.* | **We have maintained our friendship through all those years.** *Wir haben unsere Freundschaft all die Jahre hindurch aufrechterhalten.*

▶ [Kinder, Familie] *unterhalten, ernähren*: **My income isn't sufficient to maintain a family.** *Mein Einkommen reicht nicht aus, um eine Familie zu ernähren.* | **Philip has to maintain two children from a previous marriage.** *Philip muss für zwei Kinder aus einer früheren Ehe Unterhalt zahlen.*

▶ [Gebäude, Straßen, Fahrzeuge, technische Geräte usw.] *warten, instandhalten*: **Most of the old buildings were amazingly well maintained.** *Die meisten der alten Gebäude waren erstaunlich gut erhalten.* | **A lot of money is needed to maintain the roads in this area.** *Es wird viel Geld benötigt, um die Straßen in dieser Gegend instandzuhalten.* | **We need to have the machines maintained at regular intervals.** *Wir müssen die Maschinen in regelmäßigen Abständen warten lassen.*

- **maintenance** | NOUN, no pl | *Wartung*
- **maintained** | ADJ | *erhalten*: **a well-maintained building**

▶ etw behaupten: **Laura maintains she is eighteen but I know she is not.** *Laura behauptet, sie sei achtzehn, aber ich weiß, dass sie es nicht ist.* | **No one can seriously maintain that we live in a safe world.** *Niemand kann ernsthaft behaupten, dass wir in einer sicheren Welt leben.*

255 make | IRREG VERB [made, made]

▶ *machen* [herstellen, erzeugen, zubereiten]: **I'm making a cake for Carol's birthday.** *Ich mache einen Kuchen für Carols Geburtstag.* | **The boys had made a fire in the middle of the wood**. *Die Jungen hatten mitten im Wald ein Feuer gemacht.* | **Our neighbour's lawn mower makes a terrible noise.** *Der Rasenmäher unseres Nachbarn macht einen schrecklichen Lärm.* | **Wine is made from grapes.** *Wein wird aus Trauben gemacht.*

CONTEXT: **make the best of** sth *das Beste aus etw machen* | **~ a living of** sth *mit etw seinen Lebensunterhalt verdienen* | **~ a mess of** sth *etw vermasseln* | **~ a virtue of necessity** *aus der Not eine Tugend machen* | **~ up one's mind** *sich entscheiden* | **~ sure** *sichergehen, sich vergewissern*

make tea *Tee machen* | **~ coffee** *Kaffee machen* | **~ breakfast / lunch / dinner** *Frühstück / Mittagessen / Abendessen machen* | **~ a fire** *ein Feuer machen* | **~ a choice** *eine Wahl treffen* | **~ a fuss** *einen „Aufstand" machen, viel Aufhebens machen* | **~ a mistake** *einen Fehler machen* | **~ a difference / ~ no difference** *einen / keinen Unterschied machen* | **~ war** *Krieg führen* | **~ peace** *Frieden schließen* | **~ a decision** *eine Entscheidung treffen* | **~ friends** *Freundschaft schließen, sich anfreunden* | **~ inquiries** *Nachforschungen anstellen* | **~ progress** *Fortschritte machen* | **~ money** *Geld machen [= viel verdienen]* | **~ a profit** *Gewinn machen* | **~ a loss** *einen Verlust machen* | **~ a speech** *eine Rede halten*

▶ *abgeben, ausmachen* [zum Ergebnis haben]: **Jill would make an excellent cook.** *Jill würde eine ausgezeichnete Köchin abgeben.* | **It's not the actors that make a good film, it's the story.** *Es sind nicht die Schauspieler, die einen guten Film ausmachen, es ist die Story.* | **Julia and Fred would make an ideal couple.** *Julia und Fred würden ein ideales Paar abgeben.*

▶ **make it** - *es schaffen* [= etwas erfolgreich hinbekommen]: **Sorry I am late. But I couldn't make it any earlier.** *Tut mir leid, wenn ich zu spät komme, aber ich konnte es nicht früher schaffen.* | **Will you make it by next week?** *Werdet ihr es bis nächste Woche schaffen?*

▶ **make** sb + ADJ - *bei jmdm eine Wirkung oder Reaktion hervorrufen, bestimmte Folgen nach sich ziehen*: **It's the kind of work that makes people sick.** *Es ist die Art von Arbeit, die die Leute krank macht.* | **His resignation wouldn't necessarily make things easier.** *Sein Rücktritt würde die Dinge nicht unbedingt einfacher machen.* | **His first novel made him popular, his second made him rich.** *Sein erster Roman hat ihn populär gemacht, sein zweiter reich.*

- **making** | REG NOUN | *Herstellung; [Film] Making of …*
- **remake** | REG NOUN | *[Film] Neuverfilmung, Neufassung, Remake*
- **made in** | ADJ | *hergestellt in…:* **Made in China, Made in Germany**

256 **man** | NOUN, pl.: **men**

▶ *Mann:* **We need a strong man for this job.** *Wir brauchen einen starken Mann für diese Aufgabe.* | **He's always been a man of clear words.** *Er ist schon immer ein Mann klarer Worte gewesen.* | **This disease frequently occurs in young men.** *Diese Krankheit tritt häufig bei jungen Männern auf.* | **Robin Hood and his men lived in Sherwood Forest.** *Robin Hood und seine Männer lebten (im Wald von) Sherwood Forest.*

Frauen sprechen von ihrem männlichen Partner gelegentlich als **my man**: **I won't abandon him, he is my man after all.** *Ich werde ihn nicht verlassen, er ist schließlich mein Mann.* Jugendliche titulieren ihre Väter manchmal als **old man** *(alter Herr, Alter)*: **My old man doesn't care at all what I do.** *Meinem Alten ist es völlig egal, was ich mache.* | **It was a shock for my old man when I told him I was not going to study.** *Es war ein Schock für meinen alten Herrn, als ich ihm sagte, dass ich nicht studieren wolle.*

▶ [nur Einzahl, ohne **the**] *(der) Mensch* [als Bild, als Vorstellung vom Menschen, vorwiegend im Zusammenhang mit Philosophie, Religion, Literatur]: **What is Man?** *Was ist der Mensch?* | **Man is God's creation.** *Der Mensch ist Gottes Geschöpf.* | **Man doesn't live on bread alone.** *Der Mensch lebt nicht vom Brot allein.* | **Man is wolf to man** [Auch: **Man is man's wolf**]. *Der Mensch ist des Menschen Wolf.*

▶ Für den real existierenden Menschen, dem wir im Alltag begegnen, ist **person** die passende Bezeichnung: **He is a good person.** *Er ist ein guter Mensch.* [**He is a good man** würde verstanden werden als: *Er ist ein guter Mann.*]

Für die Pluralform *Menschen* bieten sich mehrere Übersetzungen an. Am gebräuchlichsten ist wohl **people** (ohne **the**), was soviel bedeutet wie: *die Leute, die Allgemeinheit:* **A lot of people are unaware of the danger.** *Viele Menschen sind sich der Gefahr nicht bewusst.* | **They are people like you and me.** *Es sind Menschen wie du und ich.*

▶ Sprechen wir von *Menschen* im Unterschied zu Tieren, ist **humans** die beste Wahl: **Most of these problems are created by humans, not by nature.** *Die meisten dieser Probleme werden von Menschen geschaffen, nicht von der Natur.* | **When this kind of food is good for humans, why shouldn't it be good for animals as well?** *Wenn diese Art von Nahrung gut für Menschen ist, warum sollte sie dann nicht auch für Tiere gut sein?*

▶ Für den Begriff *Menschheit* steht **mankind** oder, geschlechterneutral, **humankind** (beide ohne **the**): **One small step for man, one giant leap for mankind.** *Ein kleiner Schritt für den Menschen, ein riesiger Schritt für die Menschheit.* [Der berühmt gewordene Ausspruch Neil Armstrongs bei der Mondlandung am 20. Juli 1969]. | **The moon landing was one of the greatest moments in the history of humankind.** *Die Mondlandung war einer der größten Momente in der Geschichte der Menschheit.*

257 **map** | REG NOUN

A **map** ist keine *Mappe* (die heißt **folder, briefcase** oder **portfolio**]), sondern eine *Landkarte,* eine *Straßenkarte* oder eine *Wanderkarte*:

Have you got a street map of Rome? *Hast du eine Straßenkarte von Rom?* | **Are you familiar with San Francisco? – No, but I have bought a city map.** *Kennst du dich in San Francisco aus? – Nein, aber ich habe einen Stadtplan gekauft.* | **We need an up-to-date road map for our tour of Ireland.** *Wir brauchen eine aktuelle Straßenkarte für unsere Reise durch Irland.* | **According to the map, we have to turn right at the next crossroads.** *Laut Karte müssen wir an der nächsten Kreuzung rechts abbiegen.* | **Many car drivers use satnavs instead of maps now.** *Viele Autofahrer benutzen jetzt Navigationsgeräte [kurz: Navis] anstelle von Karten.*

258 **marriage** und **wedding** | REG NOUNS

▶ **marriage** bezeichnet die *Ehe* als Lebensbund: **More and more marriages end in divorce.** *Immer mehr Ehen werden geschieden.* | **They are still happy after sixty years of marriage.** *Sie sind nach sechzig Jahren Ehe immer noch glücklich.* | **Lonely people sometimes hope to find a partner through a marriage bureau.** *Einsame Menschen hoffen manchmal, über eine Heiratsvermittlung einen Partner zu finden.* | **His new wife has a 10 year-old daughter by a previous marriage.** *Seine neue Frau hat eine zehnjährige Tochter aus erster Ehe.* | **Forced marriages are illegal in most countries, arranged marriages are not.** *Zwangsehen sind in den meisten Ländern strafbar, arrangierte Ehen sind es nicht.*

▶ Sowohl **marriage** als auch **wedding** können für *Hochzeit, Eheschließung, Trauung* stehen. Während sich manche Paare mit einer *standesamtlichen Trauung* (**civil marriage** oder **civil wedding**) begnügen, die von einem *Standesbeamten* (**registrar**) im Beisein von *Trauzeugen* (des Bräutigams: **best man**, der Braut: **best woman**) vollzogen wird, bildet für viele andere nach wie vor die *kirchliche Trauung* (**church marriage**, **church wedding**) den Höhepunkt des Tages. Die *Braut* (**bride**) trägt ein weißes *Brautkleid* (**wedding dress,** nicht: **marriage dress*), manchmal auch einen *Schleier* (**veil**), der *Bräutigam* (**bridegroom**, **groom**) erscheint in einem *Hochzeitsanzug* (**wedding suit,** auch hier nicht: **marriage suit*).

Dann beginnt die *Trauzeremonie* (**wedding ceremony**): das *Brautpaar* (**bridal couple**) *tritt vor den Traualtar* (**walk down the aisle,** wörtlich: geht den Gang hinunter) und *spricht das Ehegelöbnis* (**speaks the marriage vows**), das in Großbritannien folgenden Wortlaut hat:

I do solemnly declare that I know not of any lawful impediment
Why I [vollständiger Name] *may not be joined in matrimony to* [vollständiger Name] …

Danach *tauschen* die frisch Vermählten *die Ringe aus* (**exchange rings**) und *besiegeln ihren Bund mit einem Kuss* (**seal their union with a kiss**).

Alles, was den festlichen Teil der Hochzeit ausmacht, heißt **wedding**. Begleitet vom Klang der *Hochzeitsglocken* (**wedding bells**) und vielleicht einem *Hochzeitsmarsch* (**wedding march**) geht es zur großen *Hochzeitsfeier* (**wedding party**), die in Großbritannien traditionell mit einem **wedding breakfast** eröffnet wird. Dabei handelt es sich allerdings nicht um ein Frühstück, wie man es an normalen Tagen serviert bekommt, sondern um ein recht *üppiges Festmahl* (**a sumptuous feast**) für das Brautpaar und die *Hochzeitsgesellschaft* (**wedding party**).

Wenn sich dann am Ende des Tages die letzten Gäste verabschiedet haben, darf sich das Paar ungestört den Freuden des Ehelebens hingeben – zunächst in der *Hochzeitsnacht* (**wedding night** oder **bridal night**), dann in den *Flitterwochen* (**honeymoon**), die man zu Hause oder auf einer *Hochzeitsreise* (**honeymoon trip**) verbringt.

An den Tag der Hochzeit, den **wedding day**, erinnert fortan Jahr für Jahr ein *Hochzeitstag* (**wedding anniversary**). Besondere Jubiläen sind die *Silberhochzeit* (**silver wedding,** after 25 years of marriage), die *Goldene Hochzeit* (**golden wedding,** after 50 years of marriage) und die *Diamantene Hochzeit* (**diamond wedding,** after 60 years of marriage).

259 **marry** | REG VERB

▶ **marry** sb - *jmdn heiraten* | **be married to** sb [AmE: **with** sb] *mit jmdm verheiratet sein*: **Carol has married a former classmate.** *Carol hat einen früheren Klassenkameraden geheiratet.* | **Benjamin's sister is married to a former baseball star.** *Benjamins Schwester ist mit einem ehemaligen Baseballstar verheiratet.* | **How long have you been married?** *Wie lange seid ihr schon verheiratet?*

Das Verb *heiraten*, ohne Objekt verwendet, wird meist mit **get married** wiedergegeben: **Cathy and Bill got married in May.** *Cathy und Bill haben im Mai geheiratet.* | **It's her dream to get married in white.** *Es ist ihr Traum, in Weiß zu heiraten.* Aber auch … **married in May** und … **marry in white** sind in Ordnung.

matter | REG NOUN

▶ **matter** bedeutet ursprünglich *Materie, Stoff*, wird aber überwiegend im Sinne von *Sache, Angelegenheit, Thema, Frage* verwendet: **This is a purely personal matter.** *Dies ist eine rein persönliche Angelegenheit.* | **Mr Simmons advises us on money matters.** *Mr Simmons berät uns in Geldangelegenheiten.* | **I don't know anything about the matter.** *Ich weiß nichts von der Sache.* | **We don't attach too much importance to this matter.** *Wir messen dieser Angelegenheit keine allzu große Bedeutung bei.* | **Making announcements is one thing, making decisions is another matter altogether.** *Ankündigungen zu machen, ist eine Sache, Entscheidungen zu treffen, ist etwas völlig anderes.*

VOCABULARY: **a private matter** *eine Privatangelegenheit* | **a serious ~** *eine ernste Angelegenheit* | **a minor ~** *Nebensache* | **no laughing ~** *kein Spaß, kein Witz* [etwas Ernstes oder Ernstgemeintes] | **printed ~** *eine Drucksache* | **reading ~** *Lesestoff, Lektüre* | **subject ~** *Lernstoff*
a matter of taste *Geschmackssache* | **a ~ of fact** *eine Tatsache* | **a ~ of money** *eine Frage des Geldes* | **a ~ of life and death** *eine Frage von Leben und Tod* | **a ~ of time** *eine Frage der Zeit* | **a ~ of ten minutes** *eine Sache von zehn Minuten* | **a ~ of confidence** *Vertrauenssache* | **a ~ of opinion** *Ansichtssache* | **a ~ of habit** *eine Frage der Gewohnheit* | **a ~ of routine** *eine Routineangelegenheit*

SATZEINLEITUNGEN: **as a matter of course** *selbstverständlich, natürlich* | **as a matter of fact** *eigentlich, genaugenommen; Tatsache ist, dass …* | **as a matter of prudence** *in weiser Voraussicht* | **as a matter of principle** *grundsätzlich, aus grundsätzlichen Erwägungen*

▶ **be the matter** - *los sein*: **I don't know what the matter is with her. She hasn't shown up for weeks.** *Keine Ahnung, was mit ihr los ist. Sie hat sich seit Wochen nicht blicken lassen.* | **Is anything the matter?** *Ist irgendwas los?* | **Nothing is the matter.** *Nichts ist los.*

What's the matter? ist eine gut gemeinte Frage, in der sich mitfühlende Besorgnis ausdrückt: **You are looking so sad. What's the matter?** *Du schaust so traurig. Was ist los?*

In der Frage **What's the matter with you?** kann durchaus auch Verärgerung mitschwingen: **What's the matter with you? Pull yourself together and try to concentrate!** *Was ist los mit dir? Reiß dich zusammen und versuche dich zu konzentrieren.*

▶ **no matter**, in Verbindung mit einem folgenden Fragewort, entspricht Wendungen wie *ganz gleich, wer / was / wo…* usw., *egal, wer / was / wo … usw., wer / was / wo* usw. *auch immer …*: **No matter what she tells you, it's not true.** *Was sie dir auch erzählt, es ist nicht wahr.* | **No matter what will happen we'll stand by you.** *Egal, was passiert, wir halten zu dir.* | **It was the wrong decision, no matter how you look at it.** *Es war die falsche Entscheidung, wie immer man es auch betrachtet.*

matter | REG VERB

▶ [keine -**ing**-Form] *eine Rolle spielen, wichtig sein, von Bedeutung sein*: **Money is all that matters to him.** *Geld ist alles, was ihn interessiert.* | **Does that really matter?** *Spielt das wirklich eine Rolle?* | **That doesn't matter.** *Das macht nichts.* | **The cold didn't matter much, but the strong wind was annoying.** *Die Kälte machte nichts, aber der starke Wind war nervig.*

261 **maybe** und **perhaps** | ADVs

Beide Wörter sind unterschiedslos verwendbar, in der Umgangssprache überwiegt **maybe**: **Are you going to Madeleine's party? – Maybe, I don't know yet.** *Gehst du zu Madeleines Party? – Vielleicht, ich weiß noch nicht.* | **It will cost 200, maybe 250 euros.** *Es wird 200, vielleicht 250 Euro kosten.* | **Perhaps I am wrong, but I think we can get it cheaper somewhere else.** *Vielleicht irre ich mich, aber ich glaube, wir können es anderswo billiger bekommen.* | **Not now, some other time perhaps.** *Jetzt nicht, ein andermal vielleicht.*

Beachten Sie: In Sätzen, in denen eine Vermutung geäußert wird (… *ist vielleicht, … sind vielleicht …*), steht **may be** in Getrenntschreibung: **She may be ill.** *Vielleicht ist sie krank.* **They may be on holiday.** *Vielleicht sind sie im Urlaub.* [Nicht: *They maybe on holiday.*]

262 **meals**

Die *Mahlzeiten des Tages* (**meals of the day**) sind *Frühstück* (**breakfast**), *Mittagessen* (**lunch**) und *Abendessen* (**dinner** oder **supper**). Sie alle werden ohne Artikel gebraucht: **Breakfast is ready.** *(Das Frühstück ist fertig.)* | **What time is dinner?** *(Wann gibt es Abendessen?).*

Das Einnehmen der Mahlzeiten wird durch ein vorangestelltes **have** beschrieben, also: **have breakfast** *(frühstücken)*, **have lunch** *(zu Mittag essen)*, **have dinner** oder: **have supper** *(zu Abend essen).*

Den ersten Tee des Tages, den **early morning tea**, trinken viele Briten schon vor dem Frühstück. Nachmittags folgt dann der **afternoon tea**, eine kleine Zwischenmahlzeit, die nach alter Tradition an einem niedrigen Teetisch serviert und daher auch als **low tea** bezeichnet wird – im Unterschied zum **high tea**, den man am frühen Abend am Esstisch einnimmt, und der unserem Abendbrot vergleichbar ist.

263 **mean** | IRREG VERB [**meant**, **meant**]

▶ [keine **-ing**-Form] *bedeuten* [= eine bestimmte Bedeutung haben]: **My first name is Regina, that means *queen*.** *Ich heiße Regina mit Vornamen, das bedeutet „Königin".* | **What do all these symbols on my mobile phone display mean?** *Was bedeuten alle diese Symbole auf meinem Handy-Display?*

▶ *bedeuten* [= wichtig sein, von Bedeutung sein] **Money means little to him.** *Geld bedeutet ihm wenig.* | **I thought I meant something to you.** *Ich dachte, ich bedeute dir etwas.*

▶ *bedeuten* [= zur Folge haben, nach sich ziehen]: **What would the company's insolvency mean for the staff?** *Was würde die Zahlungsunfähigkeit der Firma für die Mitarbeiter bedeuten?* | **Online papers don't necessarily mean the end of the print media.** *Online-Zeitungen bedeuten nicht unbedingt das Ende der Printmedien.*

▶ *meinen* [= eine Aussage präzisieren, näher erläutern]: **I don't have much hope of finding a job. I mean, I am 48.** *Ich habe wenig Hoffnung, einen Job zu finden. Ich meine, ich bin 48.* | **When I say *now*, I mean *now*.** *Wenn ich „jetzt" sage, dann meine ich „jetzt"!* | **You see what I mean?** *Verstehst du, was ich meine?* | **I really don't know what you mean.** *Ich weiß wirklich nicht, was Sie meinen.*

Wollen Sie dagegen eine Meinung äußern, sagen Sie **I think**…: **I think we will survive the crisis**. *Ich denke, wir werden die Krise überstehen.* [Nicht: *I *mean* we will survive…]

meaning | REG NOUN

▶ *(innewohnende) Bedeutung, Sinn, Sinngehalt:* **Archaeologists are still puzzling over the meaning of these inscriptions.** *Archäologen rätseln immer noch über die Bedeutung dieser Inschriften.* | **A lot of terms have lost their original meanings.** *Viele Begriffe haben ihre ursprüngliche Bedeutung verloren.* | **The verb *get* has a great variety of meanings.** *Das Verb get hat eine große Vielzahl von Bedeutungen.*

Verwenden Sie **meaning** nicht i.S.v. *Meinung,* das im Englischen **opinion** [→ 293] heißt.

▶ *Bedeutung im Sinne von Wichtigkeit* heißt **importance**: **I don't attach much importance to these things.** *Ich messe diesen Dingen keine große Bedeutung bei.* [Nicht: *I don't attach much meaning …*] | **The decision was of vital importance for the continued existence of our company** [Nicht: *… of vital meaning …*] *Die Entscheidung war von entscheidender Bedeutung für den Fortbestand unserer Firma.*

264 **means** | NOUN

means ist trotz des auslautenden **-s** ein Einzahlwort, die Mehrzahl lautet ebenfalls **means**. Das mit **means** verbundene Verb steht dementsprechend im Singular oder im Plural: **Not every means IS justified.** *Nicht jedes Mittel ist gerechtfertigt.* | **Not all means ARE justified.** *Nicht alle Mittel sind gerechtfertigt.*

▶ *Mittel, Geldmittel, Hilfsmittel, Verkehrsmittel; Möglichkeit, Weg:* **We would love to travel more often, but we don't have the means.** *Wir würden sehr gern öfter verreisen, aber wir haben nicht die Mittel.* | **The best means of getting somewhere is by plane.** *Der schnellste Weg, irgendwo hinzukommen, ist per Flugzeug.* | **The end doesn't always justify the means.** *Der Zweck heiligt nicht immer die Mittel.* | **These people use every means to gain their ends.** *Diesen Leuten ist jedes Mittel recht* [wörtl.: *wenden jedes Mittel an*], *um ihr Ziel zu erreichen.*

VOCABULARY: **means of transport** [oder: **means of transportation**] *Transportmittel, Verkehrsmittel* | **~ of evidence** *Beweismittel* | **~ of communication** *Kommunikationsmittel* | **~ of preservation** *Konservierungsmittel* | **~ of expression** *Ausdrucksmittel* | **~ of payment** *Zahlungsmittel* | **public ~** *öffentliche Mittel, öffentliche Gelder* | **private ~** *private Mittel, Privatvermögen* | **~ test** *Vermögensprüfung*

CONTEXT: **be without means** *mittellos sein, kein Geld haben* | **live within one's ~** *im Rahmen seiner Verhältnisse leben* | **live beyond one's ~** *über seine Verhältnisse leben*

by means of… *mittels, mit Hilfe von …* | **by all ~** *unter allen Umständen, unbedingt* | **by no ~** *unter keinen Umständen, keinesfalls* | **by legal ~** *mit legalen Mitteln* | **by unfair ~** *mit unerlaubten Mitteln* | **a ~ to an end** *ein Mittel zum Zweck* | **ways and means** *Mittel und Wege* [Nicht: *means and ways*]

▶ Ein Mittel, das Heilung bringen oder Abhilfe schaffen soll, heißt **remedy**: **I need an efficient remedy for headache.** *Ich brauche ein wirksames Mittel gegen Kopfschmerzen.* | **There seems to be no effective remedy for unemployment.** *Es scheint kein wirksames Mittel gegen Arbeitslosigkeit zu geben.*

265 meet | IRREG VERB [met, met]

▶ *sich (mit jmdm) treffen, jmdn treffen, jmdm begegnen:* **Guess who I met in town the other day.** *Rate mal, wen ich neulich in der Stadt getroffen habe.* | **I was at the concert too. It's funny we didn't meet.** *Ich war auch im Konzert. Komisch, dass wir uns nicht begegnet sind.* | **When shall we meet?** *Wann wollen wir uns treffen?* | **We meet regularly for an exchange of ideas.** *Wir treffen uns regelmäßig zu einem Gedankenaustausch.* | **We have written to each other for years but have never met face to face.** *Wir schreiben uns seit Jahren, sind uns aber noch nie persönlich begegnet.*

Beachten Sie, dass **meet** – anders als das deutsche *sich treffen* – nicht reflexiv verwendet wird. Sagen Sie also keinesfalls, wie manchmal zu hören ist: *we meet us.

▶ *einander kennenlernen, jmdn kennenlernen:* **I'll never forget the day (when) we met.** *Ich werde nie den Tag vergessen, an dem wir uns kennengelernt haben.* | **In my younger days most couples met at a dance.** *In meiner Jugend haben sich die meisten Paare beim Tanzen kennengelernt.* | **Lynn was brought up by her aunt and never met her parents.** *Lynn ist bei ihrer Tante aufgewachsen und hat ihre Eltern nie kennengelernt.*

▶ [Begrüßung, Vorstellung] **Come and meet my husband.** *Kommen Sie, ich möchte Ihnen meinen Mann vorstellen.* [Wörtl.: … und lernen Sie meinen Mann kennen.] | **Haven't we met before?** *Sind wir uns nicht schon einmal begegnet? Kennen wir uns nicht von irgendwoher?* | **Pleased to meet you.** *Freut mich, Sie kennenzulernen.* | **It was a pleasure meeting you.** *War mir ein Vergnügen, (Sie kennenzulernen).*

▶ [Vorgaben, Anforderungen, Standards] *erfüllen:* **meet criteria** *Kriterien erfüllen* | ~ **demands** *Ansprüche befriedigen* | ~ **obligations** *Verpflichtungen erfüllen, nachkommen* | ~ **requirements** *Anforderungen erfüllen* | ~ **payments** *Zahlungen nachkommen*

▶ **meet with** sth - *auf etw stoßen, etw erfahren, etw entgegengebracht bekommen:* **meet with applause** *Beifall finden* | **meet with broad approval** *breite Zustimmung finden* | **meet with disapproval** *auf Ablehnung stoßen* | **meet with difficulties** *Schwierigkeiten bekommen* | **meet with opposition** *auf Widerstand stoßen* | **meet with disappointment** *Enttäuschung erfahren*

- **meeting** | REG NOUN | *Treffen, Begegnung;* [geschäftlich] *Besprechung, Sitzung, Tagung, Versammlung:* **On Friday we are holding our annual general meeting** [bei Aktiengesellschaften: **annual shareholder's meeting**]. *Am Freitag halten wir unsere Jahreshauptversammlung ab.*

266 memory | REG NOUN

▶ *Gedächtnis:* **Is there a way of improving one's memory?** *Gibt es eine Möglichkeit, sein Gedächtnis zu verbessern?* | **I can still recite some old poems from memory.** *Ich kann immer noch ein paar alte Gedichte aus dem Gedächtnis hersagen.* | **They say learning languages is excellent memory training.** *Man sagt, das Erlernen von Sprachen sei ein ausgezeichnetes Gedächtnistraining.*

VOCABULARY: **short-term memory** *Kurzzeitgedächtnis* | **long-term** ~ *Langzeitgedächtnis* | ~ **aid** *Gedächtnisstütze* | ~ **gap** *Gedächtnislücke* | **loss of** ~ *Gedächtnisschwund, Gedächtnisverlust, Amnesie*

PEOPLE HAVE **a good memory / a bad** ~ *ein gutes Gedächtnis / ein schlechtes Gedächtnis* | **a fading** ~ *ein nachlassendes Gedächtnis* | **a** ~ **like an elephant** *ein Gedächtnis wie ein Elefant* | **a** ~ **like a sieve** *ein Gedächtnis wie ein Sieb* | **a good** ~ **for names** *ein gutes Namensgedächtnis* | **a good** ~ **for numbers** *ein gutes Zahlengedächtnis* | **a photographic** ~ *ein fotografisches Gedächtnis*

▶ *Erinnerung:* **This song evokes memories of times gone by.** *Dieses Lied weckt Erinnerungen an vergangene Zeiten.* | **Unlike most of my former classmates I have only pleasant memories of my schooldays.** *Im Gegensatz zu den meisten meiner früheren Klassenkameraden habe ich nur angenehme Erinnerungen an meine Schulzeit.*

▶ [Computer] *Speicher:* **virtual memory** *virtueller Speicher* | **read-only** ~ *ROM-Speicher, Festspeicher* | **random access** ~ *RAM-Speicher, Schreib-Lese-Speicher* | **additional** ~ *Speichererweiterung* | **buffer** ~ *Zwischenspeicher* | **main** ~ *Hauptspeicher, Arbeitsspeicher* | **flash** ~ *Flash-Speicher* | ~ **chip** *Speicherchip* | ~ **card** *Speicherkarte* | ~ **capacity** *Speicherkapazität*

267 **message** | REG NOUN

▶ *Nachricht, Mitteilung, Botschaft,* [von Büchern, Filmen] *Aussage:* **Did you get my message in time?** *Hast du meine Nachricht rechtzeitig bekommen?* | **There was a strange message on my answerphone.** *Auf meinem Anrufbeantworter war eine merkwürdige Nachricht.* | **Didn't he leave a message?** *Hat er keine Nachricht hinterlassen?* | **I don't like films that try to convey a message.** *Ich mag keine Filme, die versuchen, eine Botschaft zu vermitteln.*

- **messenger** | REG NOUN | *Bote, Kurier*

CONTEXT: **deliver** (sb) **a message** *(jmdm) eine Nachricht überbringen* | **send** (sb) **a ~** *(jmdm) eine Nachricht senden* | **convey a ~** *eine Nachricht übermitteln* | **take a ~** (for sb) *eine Nachricht aufnehmen, notieren, (jmdm) etwas ausrichten* | **forward a ~** *eine Nachricht weiterleiten* | **receive a ~** *eine Nachricht erhalten* | **text a ~** *eine SMS versenden* | **leave an out-of-office ~** *eine Abwesenheitsnotiz hinterlassen.*

268 **metre** und **meter** | REG NOUNS

Angaben wie **metre**, **litre**, **centimetre**, **kilometre**, **square metre** *(Quadratmeter)* enden im britischen Englisch auf **-tre**, im amerikanischen auf **-ter** (**meter**, **liter** usw.) Gleiches gilt für die Schreibung von **centre** und **theatre**.

▶ **meter** in der Schreibung **-ter** bezeichnet alles, was mit *Messungen, dem Ablesen von Messgeräten, Messuhren, Zählern* usw. zu tun hat: **electric meter** *Stromzähler,* **gas meter** *Gasuhr,* **light meter** *Belichtungsmesser,* **parking meter** *Parkuhr,* **chronometer** *Zeitmesser.*

Erwähnt werden sollte hier auch die **meter maid** - eine freundliche Dame, deren Aufgabe es ist zu kontrollieren, ob Sie die *Parkuhr* (**parking meter**) neben Ihrem Fahrzeug ausreichend mit Münzgeld bestückt haben.

Für alle, die jetzt an den Beatles-Titel *Lovely Rita* denken: Den Anstoß zu diesem Lied gab tatsächlich eine New Yorker Politesse namens Meta Davis. Sie hatte Paul McCartney wegen Falschparkens einen Strafzettel verpasst, und der ließ sich durch diese Begebenheit wie auch durch die Namensähnlichkeit zu dem Song inspirieren, der so beginnt: *Lovely Rita, meter maid, nothing can come between us …*

269 **mind** | REG NOUN

mind ist mit zahlreichen Bedeutungen befrachtet und gehört zu den am schwierigsten zu übersetzenden Wörtern des Englischen. Allen in Frage kommenden Entsprechungen ist jedoch gemeinsam, dass sie um Begriffe wie *Geist, Verstand, Sinn, Gesinnung* kreisen.

▶ *Gedanken, Sinn:* **Write it down if you can't keep it in mind.** *Schreib es auf, wenn du es nicht behalten kannst.* | **His words are always on my mind.** *Seine Worte gehen mir nicht aus dem Sinn. Ich muss ständig an seine Worte denken.* | **The fear of failing was always in the back of her mind.** *Die Angst zu versagen hatte sie immer im Hinterkopf.* | **Out of sight, out of mind.** *Aus den Augen, aus dem Sinn.* | **His mind was full of ideas.** *Er hatte den Kopf voller Ideen.* | **Can you read my mind?** *Kannst du (meine) Gedanken lesen?* | **What do you have in mind?** *Was hast du vor? Woran denkst du?* | **Do you have anything special in mind?** *Denkst du an etwas Bestimmtes?* | **It came into my mind …** *Mir ist eingefallen, …* | **Bearing in mind that** … *Wenn man bedenkt, dass…*

▶ *Verstand, Vorstellung, (geistiger) Horizont:* **My mind is clear again.** *Ich bin wieder klar bei Verstand.* | **I had something different in mind.** *Ich hatte mir etwas anderes vorgestellt.* | **Are you out of your mind?** *Hast du den Verstand verloren?* | **Travel broadens your mind.** *Reisen erweitert den Horizont.*

▶ **not be in one's right mind** - *nicht richtig bei Verstand sein:* **Whoever said that can't be in his right mind.** *Wer immer das gesagt hat, kann nicht richtig bei Verstand sein.* | **No one in their right mind would sign such an agreement.** *Niemand, der bei Verstand ist, würde eine solche Vereinbarung unterschreiben.*

▶ *Geist* [im Unterschied zu Körper und Materie]: **Yoga is good for body and mind.** *Yoga ist gut für Körper und Geist.* | **For ages, philosophers have dealt with the issue of mind and matter.** *Seit Jahrhunderten befassen sich Philosophen mit dem Thema Geist und Materie.* | **My brother and I used to fight a lot, today we are of one mind.** *Mein Bruder und ich haben uns früher viel gestritten, heute sind wir ein Herz und eine Seele.* [Wörtl.: … eines Geistes.]

VOCABULARY: **state of mind** [oder: **frame of mind**] *Geisteszustand, Gemütsverfassung* | **change of ~** *Sinneswandel* | **attitude of ~** *Geisteshaltung* | **presence of ~** *Geistesgegenwart* | **absence of ~** *Geistesabwesenheit* | **peace of ~** *innerer Frieden, Gemütsruhe*

▶ *Meinung:* **To my mind our school system badly needs reforming.** *Meiner Meinung muss unser Schulsystem dringend reformiert werden.* | **As to this, we are all of one mind.** *Was das betrifft, sind wir alle einer Meinung.* | **There can't be two minds about that.** *Darüber kann es keine zwei Meinungen geben.* | **I am not of your mind.** *Ich bin nicht Ihrer Meinung.* | **You should give him a piece of your mind.** *Du solltest ihm mal gründlich die Meinung sagen.*

▶ **make up one's mind** - *sich* [zwischen mehreren Möglichkeiten] *entscheiden:* **I can't make up my mind which one to take. They are both wonderful.** *Ich kann mich nicht entscheiden, welche ich nehmen soll. Sie sind beide wunderschön.*

▶ **change one's mind** - *seine Meinung ändern, es sich anders überlegen:* **For my liking she changes her mind a bit too often.** *Für meinen Geschmack ändert sie ihre Meinung ein bisschen zu oft.* | **George was a confirmed bachelor but when he met Cynthia he changed his mind.** *George war ein eingefleischter Junggeselle, aber als er Cynthia kennenlernte, änderte er seine Meinung.*

mind | REG VERB

▶ [keine -**ing**-Form] *etwas dagegen haben:* **I'd like to turn off the TV if nobody minds.** *Ich würde gern den Fernseher ausschalten, wenn niemand etwas dagegen hat.* | **Does anyone mind if I open the window?** *Hat jemand etwas dagegen, wenn ich das Fenster aufmache?* | **Do you mind my smoking?** *Stört es Sie, wenn ich rauche?* | **I don't mind your asking me these questions.** *Es stört mich nicht, wenn Sie mir diese Fragen stellen.* | **We don't mind the rain.** *Uns macht der Regen nichts aus.* | **I don't mind coming back some other time.** *Es macht mir nichts aus, ein andermal wiederzukommen.*

HÖFLICHE BITTE: **Would you mind filling in this form?** *Würden Sie bitte dieses Formular ausfüllen?* | **Would you mind waiting a moment?** *Würden Sie bitte einen Moment warten?* [Wörtl.: *Würde es Ihnen etwas ausmachen, einen Moment zu warten?*]

WARNUNG: **Mind the steps!** *Vorsicht, Stufen!* | **Mind the dog!** *Vorsicht, bissiger Hund!* | **Mind your head!** [niedriger Türbalken]: *Stoß dir nicht den Kopf!* | **Mind your words!** *Überlege dir, was du sagst.* | **Mind your own business!** *Kümmern Sie sich um Ihren eigenen Kram!*

Don't mind sb/sth ist die Bitte, die Aufforderung, etwas nicht zu beachten, sich von etwas nicht stören zu lassen: **Don't mind me.** *Beachten Sie mich gar nicht.* [= Lassen Sie sich von mir nicht stören.] | **Don't mind the disorder.** *Achte nicht auf die Unordnung.* [= Lass dich davon nicht stören]. | **Never mind!** *Mach dir nichts draus! Halb so wild.*

▶ Häufig zu hören sind Verbindungen mit dem Wortelement **-minded**, die einen bestimmten Gemütszustand, aber auch eine Einstellung, Geisteshaltung, Gesinnung bezeichnen:
absent-minded *geistesabwesend, nicht bei der Sache* | **bright-** ~ *aufgeweckt* | **ecology-** ~ oder **green-** ~ *umweltbewusst* | **evil-** ~ oder **ill-** ~ *übel gesinnt* | **like-** ~ *gleichgesinnt* | **open-** ~ *aufgeschlossen, unvoreingenommen* | **independent-** ~ *unabhängig im Denken* | **narrow-** ~ oder **small-** ~ *engstirnig, kleinkariert* | **simple-** ~ *einfältig, naiv, von schlichtem Gemüt*

270 **miss** | REG VERB

▶ *vermissen, verpassen, verfehlen:* **I'm missing my wallet.** *Ich vermisse meine Brieftasche.* | **I sometimes feel I have missed my vocation.** *Ich habe manchmal das Gefühl, ich hätte meinen Beruf verfehlt.* | **Due to her illness she has missed school for weeks.** *Wegen ihrer Krankheit hat sie wochenlang in der Schule gefehlt.* | **The bullet missed him by a few inches.** *Die Kugel verfehlte ihn um wenige Zentimeter* [eigentlich: *Zoll*, 1 inch = 2,54 Zentimeter.] | **It's a huge building, you can't miss it**. *Es ist ein riesiges Gebäude, du kannst es nicht übersehen.*

- **missing** | ADJ | *fehlend, vermisst*
- **be missing** | VERB PHR | *fehlen:* **Most of the guests have arrived, but Dorothy and John are still missing**. *Die meisten der Gäste sind schon angekommen, aber Dorothy und John fehlen noch.*

271 FEHLER: **mistake, error** und **fault** | REG NOUNS

mistake

▶ *Fehler als Fehlverhalten, Fehleinschätzung, Versehen:* **Sorry, my mistake.** *Tut mir leid. Mein Fehler.* | **We learn from our mistakes.** *Wir lernen aus unseren Fehlern.* | **We can't afford another such mistake.** *Noch so einen Fehler können wir uns nicht leisten.* | **You are about to make a big mistake.** *Du bist im Begriff, einen großen Fehler zu machen.* | **I sent the mail to your old address by mistake.** | *Ich habe die Mail versehentlich an deine alte Adresse geschickt.* | **With so many spelling mistakes, you can't expect a better mark** [oder: **grade**]. *Bei so vielen Rechtschreibfehlern kannst du keine bessere Note erwarten.*

▶ **make no mistake** - *Glaube mir. Mach dir da nichts vor* | Diese in den Satz eingeschobene Wendung macht deutlich, dass man von der Richtigkeit einer Aussage fest überzeugt ist: **They will chase him and, make no mistake, they will find him.** *Sie werden ihn jagen und, glaube mir, sie werden ihn finden.*

▶ IRREG VERB [mistook, mistaken] - *verwechseln:* **Sorry, I must have mistaken the door.** *Tut mir leid, ich muss mich in der Tür geirrt haben.* | **On the phone people often mistake me for my sister.** *Am Telefon verwechseln mich die Leute oft mit meiner Schwester.*

▶ **be mistaken in** sth/sb - *sich in jmdm/etw täuschen:* **We all were mistaken in him.** *Wir haben uns alle in ihm getäuscht.* | **The witness admitted being mistaken about the time.** *Der Zeuge gab zu, sich in der Uhrzeit geirrt zu haben.*

error

▶ *Irrtum, Fehler im Umgang mit Geräten, technisches Versagen, Abweichung von einer gegebenen Norm:* **There must be some error in our calculations.** *In unseren Berechnungen muss irgendein Fehler sein.* | **His letter was full of typing errors.** *Sein Brief war voller Tippfehler.* | **The discrepancies resulted from a translation error.** *Die Unstimmigkeiten waren auf einen Übersetzungsfehler zurückzuführen.*

Wie die Beispiele zeigen, ist der Unterschied zwischen **mistake** und **error** nicht sehr bedeutend. Sagen wir so: **a mistake** ist ein Fehler, der in der Regel schnell zu erkennen ist und sofort berichtigt werden kann. Ein **error** hingegen fällt nicht auf Anhieb ins Auge. Wir merken nur, dass etwas *im Ergebnis nicht stimmt*, oder dass etwas *nicht richtig funktioniert* und rätseln nun, wo der Fehler steckt. Das erklärt auch, warum der Begriff **error** oft in technischen Zusammenhängen auftritt. Auch Fehlermeldungen eines Computers wie **hardware error, disk read error** oder **fatal error** wären hier zu nennen.

Man könnte den Unterschied – etwas vereinfacht zwar, aber nicht ganz unzutreffend – auf die folgende Formel bringen: **People make mistakes, machines make errors.**

fault

▶ **fault** bezeichnet die *Mängel, Schwächen von Personen* und wird darüberhinaus im Sinne von *Schuld, Verschulden, Verantwortung* verwendet: **No one is without fault.** *Niemand ist ohne Fehler.* | **He may have his faults, but he would never let us down.** *Er mag seine Fehler haben, aber er würde uns nie im Stich lassen.* | **That's not my fault.** *Das ist nicht mein Fehler* [= nicht meine Schuld]. | **The accident was clearly his fault.** *Der Unfall war eindeutig seine Schuld.*

- **faulty** | ADJ | *fehlerhaft, schadhaft, mit Fehlern behaftet, defekt:* **Every buyer has the right to return faulty goods.** *Jeder Käufer hat das Recht, schadhafte Ware zurückzugeben.* | **The cause of the fire was faulty insulation.** *Die Ursache des Brandes war eine schadhafte Isolierung.*

272 **money** | NOUN, no pl

▶ *Geld:* **Some people spend more money than they earn.** *Einige Leute geben mehr Geld aus, als sie verdienen.* | **It's no good carrying so much money around.** *Es ist nicht gut, so viel Geld mit sich herumzutragen.* | **She wasn't paying attention for a moment – and bang went the money!** *Sie passte einen Moment nicht auf, und bumms war das Geld weg.*

CONTEXT: **black money** *Schwarzgeld* | **bribe** [oder: **slush**] ~ *Bestechungsgeld, Schmiergeld* | **cash** ~ *Bargeld* | **counterfeit** ~ *Falschgeld* | **housekeeping** ~ *Haushaltsgeld* | **outstanding** ~ *Außenstände* | **pin** ~ *Nebeneinkünfte* | **plastic** ~ *Plastikgeld* [Kreditkarte] | **smart** ~ *Schmerzensgeld* | **subsistance** ~ *Unterhaltsgeld* | **tax** ~ *Steuergelder* | **hush** ~ *Schweigegeld*

PEOPLE **earn money** *verdienen Geld* | **make** ~ *machen Geld* | **save** ~ *sparen Geld* | **spend** ~ *geben Geld aus* | **borrow** ~ *nehmen Geld auf* | **lend** ~ *verleihen Geld* | **raise** ~ *beschaffen Geld, bringen Geld auf* | **advance** ~ *schießen Geld vor* | **bank** ~ *legen Geld an* | **launder** ~ *waschen Geld* | **invest** ~ *investieren Geld* | **donate** ~ *spenden Geld* | **owe** ~ *schulden Geld* | **waste** ~ *vergeuden Geld* | **throw their** ~ **about** *werfen mit Geld um sich*

Geld gibt es in *Scheinen* (**banknotes, notes**; AmE: **bills**) und *Münzen* (**coins**). Was man nicht als *Bargeld* (**cash money**) bei sich trägt, liegt *auf einem Konto* (**in an account**) bei einer *Bank* (**bank**) oder einer *Sparkasse* (**savings bank**) – in der Regel als *Girokonto* (**giro account** oder **current account**), als *Sparkonto* (**savings account**) oder als *Festgeldkonto* (**term account**). Ein *Kontoauszug* (**statement of account**) verzeichnet sämtliche *Kontobewegungen* (**account movements**) wie *Einzahlungen* (**deposits**), *Abhebungen* (**withdrawals**) und *Überweisungen* (**transfers**) und weist in *Soll und Haben* (**debit and credit**) den jeweils *aktuellen Kontostand* (**current account balance**) aus.

BANK CUSTOMERS **open an account** *eröffnen ein Konto* | **operate an** *~ verfügen über ein Konto* | **close an** *~ kündigen ein Konto* | **pay money into an** *~ zahlen Geld auf ein Konto ein* | **transfer money to an** *~ überweisen Geld auf ein Konto* | **withdraw money from an** *~ heben Geld vom Konto ab* | **overdraw an** *~ überziehen ein Konto*.

273 **mood** | REG NOUN

▶ *Laune, Stimmung, Gemütslage:* **Drugs change moods and have an impact on health.** *Drogen verändern Stimmungen und haben Folgen für die Gesundheit.* | **I'm not in the mood for joking.** *Mir ist nicht nach Scherzen zumute.* | **You had better stay away from him when he is in one of his moods.** *Halte dich lieber von ihm fern, wenn er eine seiner Launen hat.*

VOCABULARY: **good mood** *gute Laune* | **bad** *~ schlechte Laune, schlechte Stimmung* | **bleak** *~ getrübte Stimmung* | **dark** *~ düstere Stimmung* | **pleasant** *~ angenehme Stimmung* | **joyful** *~ fröhliche Stimmung* | **festive** *~ Feierlaune* | **holiday** *~ Urlaubsstimmung* | **buying** *~ Kauflaune* | **generous** *~ Spendierlaune* | **gold-rush** *~ Goldgräberstimmung* | **varying** *~ wechselnde Stimmung* | **depressed** *~ gedrückte Stimmung*

- **moody** | ADJ | *launisch, missmutig*

▶ [Grammatik] *Modus, Aussageweise:* **imperative mood** *Imperativ, Befehlsform* | **indicative mood** *Indikativ, Wirklichkeitsform* | **subjunctive mood** *Konjunktiv, Möglichkeitsform*

274 **most**

Nicht ganz einfach, weil vom Sprachgebrauch des Deutschen abweichend, ist der korrekte Gebrauch von **most** und **the most**. Beachten Sie:

▶ *die meisten* [= der größte Teil, die überwiegende Zahl von …] heißt nur **most**, nicht **the most**: **Most accidents happen at home.** *Die meisten Unfälle passieren zu Hause.* | **With proper treatment most colds will disappear after a few days**. *Bei richtiger Behandlung sind die meisten Erkältungen nach ein paar Tagen verschwunden.* | **Using a mobile phone when driving is fined in most countries.** *Wer beim Autofahren mit dem Handy telefoniert, wird in den meisten Ländern zur Zahlung eines Bußgelds verurteilt.*

▶ [vor einem Adjektiv] *höchst, überaus:* **That was a most respectable decision.** *Das war eine höchst respektable Entscheidung.* | **They found themselves in a most threatening situation.** *Sie befanden sich in einer überaus bedrohlichen Lage.*

Achten Sie darauf, dass Sie **a most** [+ ADJ] nicht mit der Steigerungsform **the most** [+ ADJ] verwechseln. Vergleichen Sie: **That's a most peculiar story.** *Das ist EINE HÖCHST SELTSAME Geschichte.* Dagegen: **That's the most peculiar story I've ever heard.** *Das ist DIE SELTSAMSTE Geschichte, die ich je gehört habe.*

the most

▶ *die meisten … als statistische Größe, als Höchstwert i.S.v. die größte Zahl an …* heißt **the most**: **Which is the country with the most mobile phones per head?** *Welches ist das Land mit den meisten Handys pro Kopf?* | **The U.S. state with the most immigrants is California.** *Der US-Bundesstaat mit den meisten Einwanderern ist Kalifornien.*

▶ *am meisten:* **What I hate (the) most is unreliability.** [Allgemein] *Was ich am meisten hasse, ist Unzuverlässigkeit.* | **What I hate the most about John is his unreliability.** [Konkret] *Was ich am meisten an John hasse – unter mehreren Dingen, die ich hasse – ist seine Unzuverlässigkeit.*

▶ Nützlich sind auch begrenzende Angaben wie **at most**, **at the most** *(höchstens, allenfalls)* und **at the very most** *(allerhöchstens)*:
The presentation should take at (the) most ten minutes. *Der Vortrag sollte höchstens zehn Minuten dauern.* | **This so called masterpiece is worth $20 at the very most.** *Dieses sogenannte Meisterwerk ist allerhöchstens 20 Dollar wert.*

ADV | **mostly** - *meistens, überwiegend:* **It will be mostly sunny over the weekend.**

275 **move** | REG VERB

▶ *sich bewegen, rücken:* **Don't move!** *Nicht bewegen! Keine Bewegung!* | **Could you move over a bit?** *Könntet ihr ein bisschen rücken?* | **The bus had already started to move when I jumped onto it.** *Der Bus hatte sich schon in Bewegung gesetzt, als ich auf ihn aufsprang.*

▶ *umziehen, wegziehen, den Wohnort wechseln:* **So you are moving to Bavaria.** *Ihr zieht also nach Bayern.* | **Mrs Appleton no longer lives here. She moved last year.** *Mrs. Appleton wohnt hier nicht mehr. Sie ist letztes Jahr weggezogen.* | **We are moving out. – And who is moving in?** *Wir ziehen aus. – Und wer zieht ein?*

Ergänzend zu einem so verwendeten **move** wird oft die Art des Gebäudes genannt, aus dem man aus- bzw. in das man einzieht: **move flat**, **move house**, **move home**, **move office** usw.: **We are planning to move house**. *Wir planen umzuziehen.* | **Alice has moved flat for the third time in two years.** *Alice ist innerhalb von zwei Jahren zum dritten Mal umgezogen.*

Beachten Sie hierbei, dass diese Ergänzungen ohne Artikel stehen. Sagen Sie also nicht: **move the flat, **move the house, **move the office usw.

▶ *etw bewegen, verschieben, rücken, [Fahrzeug] wegfahren:* **I can't move my left arm.** *Ich kann meinen linken Arm nicht bewegen.* | **Move the table nearer to the window.** *Rück den Tisch näher an das Fenster.* | **They have moved Miriam to a different ward.** [Krankenhaus] *Sie haben Miriam auf eine andere Station verlegt.* | **The government has moved heaven and earth to get the hostages free.** *Die Regierung hat alles versucht* [wörtl.: Himmel und Erde in Bewegung gesetzt], *um die Geiseln freizubekommen.*

▶ [emotional] *rühren, bewegen:* **The ending of the film moved everyone to tears.** *Das Ende des Film rührte alle zu Tränen.* | **It moves me to see all those children suffer.** *Es berührt mich, alle diese Kinder leiden zu sehen.*

▶ [Brettspiel] *eine Figur ziehen:* **You had better not move your queen**! | [Schach] *Ziehen Sie Ihre Dame lieber nicht!* | **If you touch a piece, you have to move it. That's the rule.** *Wenn du eine Figur berührst, musst du sie auch ziehen. So ist die Regel.*

- **move** | REG NOUN | *Bewegung, Umzug,* [Brettspiel] *Zug*
  Schachzug [Vorgehensweise]: **a clever move** - *ein geschickter Schachzug*
- **moving** | ADJ | *bewegend, rührend, ergreifend:* **a moving story**

276 name | REG NOUN

▶ *Name:* **What's your name?** *Wie ist Ihr Name? Wie heißen Sie? Wie heißt du?* | **May I ask your name and address?** *Darf ich Sie um Ihren Namen und Ihre Anschrift bitten?* | **My name is Dolores but all my friends call me Dolly.** *Ich heiße Dolores, aber alle meine Freunde nennen mich Dolly.* | **Do you know the name of this plant?** *Kennst du den Namen dieser Pflanze?* | **Does this name mean anything to you?** *Sagt Ihnen dieser Name etwas?*

▶ **first name** ist die gebräuchlichste Übersetzung für *Vorname.* Daneben sind auch **Christian name** (von dem Verb **christen** abgeleitet, also eigentlich: *Taufname)*, **forename** und – in der Umgangssprache allerdings seltener – **given name** zu hören.

▶ **middle name** ist ein *zweiter Vorname.* Vor allem in den USA ist es üblich – und das nicht nur bei prominenten Zeitgenossen – ihn in Form seines Anfangsbuchstabens dem Vornamen hinzuzufügen, wie am Beispiel einiger US-Präsidenten zu sehen: Franklin D. (Delano) Roosevelt, John F. (Fitzgerald) Kennedy, Lyndon B. (Baines) Johnson, George W. (Walker) Bush.

Einen **middle name**, wenn auch keinen echten, vergibt das Englische auch an all jene, von denen man zum Beispiel sagen möchte, dass sie die *Höflichkeit,* die *Zuverlässigkeit* oder die *Schönheit in Person* sind: **Courtesy / reliability / beauty is his / her middle name.**

▶ *Nachname* heißt im Englischen **surname** (Aussprache wie **Sir**, nicht wie **sure**!) oder **last name**, während **family name** der deutschen Bezeichnung *Familienname* entspricht. Der *Mädchenname* einer verheirateten Frau ist **maiden name**, nicht **girl's name** - das wäre ein weiblicher Vorname wie Lisa, Mary oder Jennifer.

MORE NAMES: **assumed name** *angenommener Name* | **big ~** *großer Name* [bekannte, bedeutende Persönlichkeit] | **pen ~** *Pseudonym von Autoren* | **stage ~ / showbiz ~ / screen ~** *Künstlername von Schauspielern und Entertainern* | **household ~** *allgemein bekannter, geläufiger Begriff* | **hyphenated ~** *Doppelname mit Bindestrich* | **nickname** *Spitzname, auch: Kosename* | **~ at birth** *Geburtsname* [betrifft Personen, die im Laufe ihres Lebens den Nachnamen geändert haben, beispielsweise durch Adoption] | **brand ~** *Markenname*

CONTEXT: **by the name of** ... - *namens* | **in the ~ of** ... *auf den Namen* ... | **in sb's ~** *in jmds Namen* | **in God's ~** *in Gottes Namen* | **as the ~ suggests** *wie der Name schon sagt* | **under a false ~** *unter falschem Namen*

▶ **answer to the name of** ... *auf den Namen* ... *hören, heißen* | **call sb ~s** *jmdn beschimpfen* [Nicht zu verwechseln mit **call sb by ~** *jmdn bei seinem Namen rufen*] | **know sb by ~** *jmdn mit Namen kennen, jmdn dem Namen nach kennen* | **make a ~ for oneself (as** ...) *sich (als* ... *) einen Namen machen* | **recall a ~** *sich an einen Namen erinnern*

▶ **in name only** - *nur dem Namen nach, nur auf dem Papier:* **Their marriage was in name only.** *Ihre Ehe bestand nur auf dem Papier.* | **That country is a democracy in name only.** *Das Land ist nur dem Namen nach eine Demokratie.*

name | REG VERB

▶ *nennen, benennen, einen Namen geben:* **They named their first daughter Philomena**. *Sie nannten ihre erste Tochter Philomena* [= Sie gaben ihr den Namen Philomena.] | **The capital city of Washington was named after America's first president**. *Die Hauptstadt Washington wurde nach Amerikas erstem Präsidenten* [George Washington, US-Präsident von 1789-1797] *benannt.* | **You seem to suspect someone. Can you name names?** *Sie scheinen jemanden im Verdacht zu haben. Können Sie Namen nennen?*

▶ *beim Namen nennen, aufzählen:* **I can still name all the players of the team that became World Champions in 1966**. *Ich kann immer noch alle Spieler der Mannschaft aufzählen, die 1966 Weltmeister wurde.* | **He was not willing to name his accomplice**. *Er war nicht bereit, den Namen seines Komplizen zu nennen.*

▶ **name sb after sb** - *jmdn/etw nach jmdm/etw nennen:* **He named all his sons after foot-ballers**. *Er hat alle seine Söhne nach Fußballern benannt.* | **Mount Everest was named after a Welsh surveyor**. *Der Mount Everest wurde nach einem walisischen Landvermesser benannt.*

▶ **to name but a few** [auch: **just to name a few**] *um nur einige (Beispiele) zu nennen:* **Our company has subsidiaries in several countries - in the USA, in Canada, in India, to name but a few.** *Unsere Firma hat Niederlassungen in mehreren Ländern – in den USA, in Kanada, in Indien, um nur einige zu nennen.*

277 **narrow** und **tight** | ADJs

Beide Wörter werden in ähnlichem Sinne verwendet *(eng, schmal)*, sind aber nicht völlig bedeu-tungsgleich:

▶ **narrow** besagt, dass kaum Platz vorhanden ist, um sich frei bewegen, um an etwas vorbei oder durch etwas hindurch kommen zu können:
A narrow staircase led up to the attic. *Eine enge Treppe führte zum Dachboden hinauf.* | **The streets are so narrow that no car, let alone a lorry, can get through**. *Die Straßen sind so eng, dass kein Auto, geschweige denn ein LKW, hindurchkommt.* | **We crossed the river at its narrowest place**. *Wir durchquerten den Fluss an seiner schmalsten Stelle.*

▶ **narrow** kann auch *knapp, beschränkt, begrenzt* bedeuten: **Only the narrowest circle of friends was invited to the wedding**. *Nur der engste Freundeskreis war zur Hochzeit geladen.* | **He won the election by a narrow majority**. *Er gewann die Wahl mit knapper Mehrheit.* | **In the narrow sense, these people are not refugees**. *Diese Menschen sind keine Flüchtlinge im engeren Sinne.*

CONTEXT: **a narrow escape** *ein knappes Entkommen* | **a ~ mind** *ein beschränkter Verstand* | **a ~ view** *ein borniertter Standpunkt* | **~ means** [oder: **funds**] *begrenzte Mittel* | **a ~ interpretation** *eine enge Auslegung* | **within ~ bounds** *in engen Grenzen* | **a ~ victory** *ein knapper Sieg*

- **narrowness** | NOUN, no pl | *Enge, Beengtheit*
- **narrow** | REG VERB | *sich verengen, schmaler werden:* **The road narrows.**

▶ **tight** bedeutet *eng im Sinne von stramm, straff, eng anliegend, die Bewegungs- oder Atem-freiheit einschränkend, dicht verschlossen, fest gebunden, verschnürt, verknotet usw.:*
She likes wearing tight jeans. *Sie trägt gern enge Jeans.* | **Tight shoes may look elegant but my feet ache in them**. *Enge Schuhe sehen vielleicht elegant aus, aber mir tun darin die Füße weh.* | **If you pull the knot too tight no one will be able to loosen it**. *Wenn du den Knoten zu fest ziehst, kriegt ihn keiner auf.* | **The hall was packed so tight that I could hardly breathe**. *Die Halle war so rappelvoll, dass ich kaum Luft kriegte.* | **For a short moment they remained in a tight embrace**. *Für einen kurzen Moment verharrten sie in enger Umarmung.*

Dass *eng* nicht immer *unbequem* bedeuten muss, zeigt die *Strumpfhose* (**a pair of**) **tights**: **I like wearing tights as they are comfortable and go well with skirts**. *Ich trage gern Strumpf-hosen, weil sie bequem sind und gut zu Röcken passen.*

278 **near** | PRP | und **nearby** | ADJ / ADV

▶ **near** bezeichnet die *räumliche Nähe* zu etwas: **We wouldn't like to sit near the exit**. *Wir würden nicht gern in der Nähe des Ausgangs sitzen.* | **They live in a village near the border**. *Sie leben in einem Dorf nahe der Grenze.* | **Let's move the chairs a bit nearer to the fire-place**. *Stellen wir doch die Stühle etwas näher an den Kamin.*

▶ **nearby** - *nahe, nahegelegen, in der Nähe:* **The noise came from a nearby factory**. *Der Lärm kam aus einer nahegelegenen Fabrik.* | **We took a rest at a nearby lake**. *Wir machten Rast an einem nahegelegenen See.* | **Is there a petrol station nearby?** *Gibt es eine Tankstelle in der Nähe?*

279 nearest

▶ **nearest** *(nächste, nächstgelegene)* betont die kurze Entfernung zu etwas, ebenso die verwandtschaftliche Nähe: **Where is the nearest hospital?** *Wo ist das nächste Krankenhaus?* | **The nearest cashpoint is right round the corner.** *Der nächste Geldautomat ist gleich um die Ecke.* | **Only his nearest relatives showed up at his funeral.** *Nur die nächsten Angehörigen waren bei seiner Beerdigung zugegen.* | **I need some presents for my nearest and dearest.** *Ich brauche ein paar Geschenke für meine Lieben.*

280 next

▶ *nächste* [innerhalb einer gegebenen Abfolge oder Reihenfolge]: **Who is next?** *Wer ist der Nächste?* [= Wer kommt als nächster (dran)? Wer ist als nächster an der Reihe?] | **Turn right at the next traffic-light.** *Biegen Sie an der nächsten Ampel rechts ab.* | **Alice lives next door.** *Alice wohnt nebenan.* | **The next train to Southampton goes at 11.30.** *Der nächste Zug nach Southampton fährt / geht um 11.30.* | **This is an issue for the next government to deal with.** *Dies ist ein Thema, mit dem sich die nächste Regierung befassen muss.* | **Who or what would you like to be in your next life?** *Wer oder was möchtest du in deinem nächsten Leben sein?* | **Next question, please.** *Die nächste Frage bitte.*

▶ *als nächstes, das nächste Mal:* **What is happening next?** *Was passiert als nächstes?* | **What are we doing next?** *Was machen wir als nächstes?* | **Next, we'll visit an old fishing village on the fjord.** *Als nächstes besichtigen wir ein altes Fischerdorf am Fjord.* | **Up next …** [Programmansage]: *Als nächstes folgt … Es folgt nun … Und nun …* | **You'll see a lot more of London when we next go there.** *Du wirst noch viel mehr von London sehen, wenn wir das nächste Mal hinfahren.*

▶ **next to …** bedeutet *direkt neben, unmittelbar benachbart:* **Who was the woman sitting next to you last night?** *Wer war die Frau, die gestern Abend neben dir saß?* | **The house next to the church hosts a nursery.** *Das Haus neben der Kirche beherbergt einen Kindergarten.*

281 need | REG VERB | und **take** | IRREG VERB [**took, taken**]

▶ **need** bedeutet *brauchen* in dem Sinne, wie es üblicherweise verstanden wird – man benötigt etwas, das fehlt oder gerade nicht zur Hand ist: **They'll need a couple of strong men for that job.** *Sie werden für diese Arbeit ein paar starke Männer brauchen.* | **What we definitely need when we go camping is a torch.** *Was wir auf jeden Fall brauchen, wenn wir zelten gehen, ist eine Taschenlampe.* | **Could you open the window for a moment? I badly need some fresh air.** *Könntest du das Fenster einen Moment aufmachen? Ich brauche dringend frische Luft.*

need not drückt aus, dass etwas nicht nötig ist, dass man etwas nicht zu tun braucht: **You need not buy tickets. Admission is free.** *Du brauchst keine Karten zu kaufen. Der Eintritt ist frei.*

Mit **need** …**-ing** lässt sich sagen, dass etwas *getan werden muss*: **The walls need painting.** *Die Wände müssen gestrichen werden.* | **Some may not like to hear it but it needs saying.** *Einige werden es vielleicht nicht hören wollen, aber es muss gesagt werden.*

▶ Wenn gesagt werden soll, was an Zeit, Mut, Energie, Geduld usw. erforderlich ist, um ein angestrebtes Ziel zu erreichen, wird nicht **need**, sondern **take** verwendet:
It will take us at least three days to get there. *Wir werden mindestens drei Tage brauchen, um dort hinzukommen.* [Auch: **We will take at least three days to get there.**] | **How long will it take?** *Wie lange wird es dauern?* | **It takes a lot of courage to do that.** *Es braucht viel Mut, um das zu tun.* | **Don't be so impatient! These things take time.** *Sei nicht so ungeduldig! Diese Dinge brauchen Zeit.* | **It took me one hour to get the computer started.** *Ich habe eine Stunde gebraucht, um den Computer in Gang zu bekommen.* | **I won't take long.** *Ich werde nicht lange brauchen.*

282 nice | ADJ

▶ **nice** ist ein Allerweltswort, das ganz überwiegend im gesprochenen Englisch verwendet wird und für alles passt, was als *schön, nett, freundlich, angenehm,* empfunden wird: **a nice day**, **a nice evening**, **a nice trip**, **a nice weather**, **a nice guy**, **nice neighbours**, **a nice little sum** *(ein nettes Sümmchen)* oder, in Verbindung mit Verben, **look nice, sound nice, taste nice** usw.

▶ Oft wird **nice** als verhüllende, ironisierende Umschreibung gebraucht, auch im Zusammenhang mit Dingen, die man ganz und gar nicht als nett oder angenehm empfindet wie z.B. **a nice mess** *ein schönes Durcheinander, eine schöne Bescherung,* **a nice try** *ein netter Versuch,* **nice prospects** *schöne* [= schlechte, trübe] *Aussichten,* **a nice story** *eine schöne* [= unerfreuliche] *Geschichte* oder auch **a nice day for ducks**, wörtlich: *ein schöner Tag für Enten,* gemeint ist: *ein total verregneter Tag.*

Merken Sie sich auch so beliebte Wendungen wie **Have a nice day!** *Schönen Tag!* | **Have a nice weekend!** *Schönes Wochenende!* | **Have a nice holiday!** *Schönen Urlaub!* | **Have a nice trip!** *Gute Reise!* | **Nice to meet you.** *Nett, Sie kennenzulernen.* | **Nice to have met you.** *War nett, Sie kennengelernt zu haben. War mir ein Vergnügen.*

283 VERNEINUNG: **no, not, neither** und **none**

no

▶ [negative Antwort] *nein:* **Some more coffee? – No, thanks.** *Noch Kaffee? – Nein, danke.* | **Didn't she tell you what happened? – No, she didn't.** *Hat sie dir nicht erzählt, was passiert ist? – Nein.* | **I was the only one to have voted no.** [Nicht: **… to have voted with no.*] *Ich war der Einzige, der mit Nein gestimmt hat.* | **My answer is no.** *Meine Antwort ist nein.*

▶ [vor Hauptwort bzw. Hauptwortgruppe] *kein, keine, keinen:* **No news is good news.** *Keine Nachrichten sind gute Nachrichten.* | **That's no answer to my question.** *Das ist keine Antwort auf meine Frage.* | **That makes no difference.** *Das macht keinen Unterschied. Das bleibt sich gleich.*

▶ [vor Komparativ] *nicht:* **The new boss is no better than the one we had before.** *Der neue Chef ist nicht besser als der, den wir vorher hatten.* [Nicht: * … is *not* better] | **Without a visa you can stay no longer** [oder: … **can't stay any longer**] **than six months.** *Ohne Visum kannst du nicht länger als sechs Monate bleiben.* | **Although completely renovated, the hotel was no more expensive than last year.** *Obwohl komplett renoviert, war das Hotel nicht teurer als letztes Jahr.* [Nicht: * … was *not* more expensive].

HÄUFIGE WENDUNGEN: **No chance.** *Keine Chance. Ist nicht drin.* | **No choice.** *Keine Wahl. Geht nicht anders.* | **No doubt.** *Kein Zweifel.* | **No fear.** *Keine Bange.* | **No idea.** *Keine Ahnung.* | **No savvy.** *Null Ahnung.* | **No kidding.** *Im Ernst. Kein Witz.* | **No problem.** *Kein Problem. Kein Thema.* | **No looking!** *Nicht gucken!* | **No luck!** *Kein Glück.* | **No way!** *Auf gar keinen Fall. Kommt nicht in Frage.* | **No worries.** *Keine Sorge.* | **No back talk!** *Keine Widerrede!* | **It's no use.** *Es hat keinen Zweck.* | **That's no good.** *Das bringt nichts. Das taugt nichts.*

VERBOTE IM ÖFFENTLICHEN RAUM: **No smoking!** *Rauchen verboten!* | **No admittance!** *Zutritt verboten!* | **No trespassing!** *Betreten verboten!* | **No fishing!** *Angeln verboten!* | **No camping!** *Zelten verboten!* | **No begging!** *Betteln verboten!* | **No soliciting!** *Hausieren verboten!*

VERKEHRSZEICHEN, HINWEISSCHILDER: **No parking / No stopping** *Parkverbot.* | **No standing / No waiting** *Halteverbot.* | **No entry** *Einfahrt verboten.* | **No passing / No overtaking** *Überholen verboten.* | **No thoroughfare** *Durchgang / Durchfahrt verboten.* | **No U-turns** *Wenden verboten.* | **No vacancies** [Hotel, Pension, Gasthaus] *Belegt. Keine Zimmer frei.*

not

▶ Mit **not** *(nicht)* wird die Aussage eines Satzes oder eines Teils davon verneint: **You can call me any time, but not after nine o'clock.** *Du kannst mich jederzeit anrufen, aber nicht nach neun Uhr.* | **What he says is not true.** *Was er sagt, ist nicht wahr.* | **If you like it, keep it, if not, give it back.** *Wenn es dir gefällt, behalte es, wenn nicht, gib es zurück.* | **You said it, not me.** *Du hast es gesagt, nicht ich.* | **I want an answer, not an excuse.** *Ich will eine Antwort, keine Ausrede.* | **We are not going to buy a new TV because we don't need one.** *Wir werden keinen neuen Fernseher kaufen, weil wir keinen brauchen.*

▶ **not** kann, anders als im Deutschen, nur mit Hilfsverben – nicht aber mit Vollverben – verbunden werden: **am not** *bin nicht,* **are not** *sind nicht,* **is not** *ist nicht,* **was not** *war nicht,* **were not** *waren nicht,* **cannot** *kann nicht,* **could not** *könnte nicht,* **should not** *sollte nicht,* **will not** *wird nicht,* **would not** *würde nicht,* **must not** *darf nicht,* **need not** *braucht nicht (zu…),* **would rather not** *würde lieber nicht,* **had better not** *sollte besser nicht.*

Die Verneinungsformen **do not, does not, did not, have not, has not** und **had not** sind nur möglich, wenn **do** und **have** als Hilfsverben verwendet werden. Ausgeschlossen sind dagegen Verneinungen wie **say not* [korrekt: **don't say**], **goes not* [korrekt: **doesn't go**] oder **knew not* [korrekt: **didn't know**]. Zu den wenigen Ausnahmen gehören Kurzantworten wie **I hope not.** *Ich hoffe nicht.* | **I'm afraid not.** *Leider nicht.* | **I suppose not.** *Ich nehme es nicht an.*

▶ In verneinten Sätzen mit **because** kann es zu Missverständnissen kommen. Ein Satz wie **We didn't take her on because of her age** kann zweierlei bedeuten: *Wir haben sie NICHT WEGEN IHRES ALTERS eingestellt* [= Wir HABEN sie eingestellt, aber der Grund dafür war nicht ihr Alter] oder: *Wir haben sie WEGEN IHRES ALTERS NICHT eingestellt.* [= Wir haben sie NICHT eingestellt; der Grund hierfür war ihr Alter]. Um solche Unklarheiten auszuschließen, empfiehlt es sich, den Satz anders zu formulieren, z.B. **We took her on, but not because of her age** bzw. im anderen Fall: **We didn't take her on. She was too young.**

HÄUFIGE WENDUNGEN: **of course not** *natürlich nicht* | **better not** *lieber nicht* | **certainly not** *gewiss nicht* | **quite definitely not** *ganz bestimmt nicht* | **not a bit** *kein bisschen* | **not quite** *nicht ganz* | **not now** *jetzt nicht* | **not only … but also** *nicht nur … sondern auch …* | **whether or not** *ob … oder nicht* | **not me** *ich nicht* | **not a bit** *kein bisschen* | **not at all** *überhaupt nicht*

▶ **not a** steht für **no** *(kein, keine):* **Not a sound was heard** [Statt: **No sound was heard** *(Nicht ein Laut war zu hören)*. Ebenso: **not one** für **none** *(keiner, keine)*, **not anything** für **nothing** *(nichts)*, **not anyone** für **no one** *(niemand)*, **not anywhere** für **nowhere** *(nirgendwo)*.

neither

▶ **neither** bedeutet *keine, keiner, keines (von beiden):* **We visited two nice flats, but neither was the right size.** *Wir haben zwei Wohnungen besichtigt, aber keine hatte die richtige Größe.* [Wenn dagegen von *mehr als zwei* Personen oder Sachen die Rede ist, sagen Sie **none**: **We visited several flats, but none was the right size.** *… aber keine hatte die richtige Größe.*] Auf **neither of** … folgt ein Verb im Plural: **Neither of them WERE the right size.**

▶ **neither … nor …** ist eine verbdungene Konjunktion mit der Bedeutung *weder … noch …*: **We are neither willing nor in a position to bear the cost.** *Wir sind weder gewillt noch in der Lage, die Kosten zu tragen.* | **My sister is a strict vegetarian, she eats neither meat nor dairy products.** *Meine Schwester ist strenge Vegetarierin, sie isst weder Fleisch noch Milchprodukte.*
Das mit **neither … nor …** verbundene Verb richtet sich nach dem Satzteil, der auf **nor** folgt: **Neither my children nor my wife IS at home.** *Weder meine Kinder noch meine Frau sind zu Hause.* Aber: **Neither my wife nor my children ARE at home.** *Weder meine Frau noch meine Kinder sind zu Hause.*

▶ **neither** *(… auch nicht)* leitet Kurzsätze ein, mit denen einer *negativen* Aussage zugestimmt wird: **I can't imagine (that) this is true. – Neither can I.** *Ich kann mir nicht vorstellen, dass das wahr ist. – Ich auch nicht.* | **We are not here as tourists. – Neither are we.** *Wir sind nicht als Touristen hier. – Wir auch nicht.* | **We don't care much about politics. – Neither do we.** *Wir machen uns nicht viel aus Politik. – Wir auch nicht.* | **China will not sign the agreement. – Neither will Russia.** *China wird das Abkommen nicht unterzeichnen. – Russland auch nicht.*

none

▶ **none** *(keiner, keine, keines, keinen)* ist eine Verbindung aus **no + one**: **None of us could believe it**. *Keiner von uns konnte es glauben.* | **The officer wanted to see my ID card, but I have none.** *Der Beamte wollte meinen Ausweis sehen, aber ich habe keinen.* | **None of our products was ever tested on animals.** *Keines unserer Produkte wurde je an Tieren erprobt.*
WENDUNGEN: **That's none of my doing.** *Damit habe ich nichts zu tun.* | **That's none of your business.** *Das geht dich nichts an!* | **The opening speech was delivered by none other than the Duke of Cambridge.** *Die Eröffnungsrede hielt kein Geringerer als der Herzog von Cambridge* [= Prinz William von Großbritannien] | **Aunt Betty's cooking is second to none.** *Tante Bettys Kochkünste sind unübertroffen.* | **None of that!** *Kommen Sie mir nicht damit!*

284 **noise** | REG NOUN
▶ *Geräusch, Lärm:* **Noise is measured in decibels.** *Lärm wird in Dezibel gemessen.* | **It's normal for children to make noise.** *Es ist normal, dass Kinder Krach machen.* | **We have moved to the country to escape the city noise.** *Wir sind aufs Land gezogen, um dem Stadtlärm zu entfliehen.* | **I heard strange noises from the room next door.** *Ich hörte seltsame Geräusche aus dem Zimmer nebenan.*

▶ Mit **din** *(Krach, Getöse, Radau)* sind noch einige Dezibel mehr im Spiel: **The din was so terrible that we had to shout at each other to make our voices heard.** *Der Lärm war so fürchterlich, dass wir uns anschreien mussten, um uns verständlich zu machen.*
- **noisy** | ADJ | *laut, geräuschvoll:* **a noisy car** | **a noisy street** | **noisy neighbours**
- **noiseless** | ADJ | *geräuschlos, leise:* **an almost noiseless engine**

285 **note** | REG NOUN
▶ *kurze (schriftliche) Mitteilung, Notiz, Zettel:* **She had left a note on my desk to inform me she would be home late.** *Sie hatte mir einen Zettel auf den Schreibtisch gelegt, um mir mitzuteilen, dass sie später nach Hause komme.* | **I never took any notes during lectures.** *Ich habe mir während der Vorlesungen nie Notizen gemacht.* | **There was a note on the door saying "I'll be back soon."** *Da war ein Zettel an der Tür, auf dem stand: „Bin gleich zurück."* | **The notes at the end of each chapter made the story more comprehensible.** *Die Anmerkungen am Ende eines jeden Kapitels machte die Geschichte verständlicher.*

▶ [Text] *Anmerkung:* **Too many notes may confuse readers**. *Zu viele Anmerkungen können den Leser verwirren.*

▶ [Musik] *Note:* **Can one learn to play an instrument without knowing notes?** *Kann man ein Instrument lernen, ohne Noten zu kennen?*

▶ [Geld] *Banknote, Schein:* **Most ticket machines accept both coins and notes.** *Die meisten Parkscheinautomaten nehmen sowohl Münzen als auch Scheine an.*

▶ Die Bezeichnung **notebook** steht sowohl für ein *Notizbuch* im herkömmlichen Sinne als auch für dessen elektronische Variante als *Laptop*, als kleiner tragbarer Klappcomputer. Die Bezeichnung wurde vor gut 20 Jahren von der japanischen Herstellerfirma in Europa eingeführt und hat sich auch im deutschsprachigen Raum rasch durchgesetzt.

note | REG VERB

▶ *beachten, daran denken:* **Note that "information" must not be used in the plural.** *Beachten Sie, dass "information" nicht im Plural gebraucht werden darf.* | **Please note that this form is not available as a download version.** *Bitte beachten Sie, dass dieses Formular nicht als Download-Version* [zum Herunterladen aus dem Internet] *zur Verfügung steht.*

- **note down** | REG VERB | *notieren, aufschreiben:*
  You'd better note down my mobile pone number
- **noted** | ADJ | *bekannt, beachtet, namhaft:* **a noted restaurant, a noted writer**

286 **notice** | REG VERB

▶ *bemerken, wahrnehmen, mitbekommen:* **Have you noticed the ring on her finger?** *Hast du den Ring an ihrem Finger bemerkt?* | **They didn't even notice us.** *Sie haben uns nicht einmal bemerkt.* | **You may not have noticed that we have changed opening hours.** *Sie haben vielleicht nicht bemerkt, dass wir die Öffnungszeiten geändert haben.* | **Some people try everything to get noticed.** *Einige Leute tun alles, um wahrgenommen zu werden.*

- **noticeable** | ADJ | *nennenswert:* **no noticeable difference** -
  kein nennenswerter Unterschied

notice | REG NOUN

▶ *Mitteilung, Hinweis, Notiz, Aushang:* **You will get a notice in writing in due course.** *Sie erhalten zu gegebener Zeit eine schriftliche Benachrichtigung.* | **There are lots of little sales notices on the supermarket pinboard.** *Am Anschlagbrett im Supermarkt hängen viele kleine Verkaufsanzeigen aus.* | **The book will be available at short notice.** *Das Buch wird in Kürze lieferbar sein.* | **The school will remain closed until further notice.** *Die Schule bleibt bis auf Weiteres geschlossen.* | **She didn't take any notice of me.** *Sie beachtete mich gar nicht. Sie nahm keinerlei Notiz von mir.*

▶ *Kündigung, Kündigungsfrist:* **She was sacked without previous notice.** *Sie wurde fristlos entlassen.* | **Our employment contracts usually provide a three months notice.** *Unsere Arbeitsverträge sehen in der Regel eine 3-monatige Kündigungsfrist vor.* | **About one third of the staff were given notice (to quit).** *Etwa einem Drittel der Belegschaft wurde gekündigt.*

287 **occasion** und **opportunity** | REG NOUNS

▶ **occasion** steht für eine Gelegenheit, die sich aus einem bestimmten *Anlass* ergibt: **He films on great occasions such as christenings, weddings and confirmations.** *Er filmt bei großen Anlässen wie Taufe, Hochzeit oder Konfirmation.* | **I met him on various occasions.** *Ich bin ihm bei verschiedenen Gelegenheiten* [= Anlässen] *begegnet.* | **I'd like to take this occasion to thank you for your generous support.** *Ich möchte diese Gelegenheit wahrnehmen, um Ihnen für Ihre großzügige Unterstützung zu danken.*

- **occasional** | ADJ | *gelegentlich*
- **occasionally**, **on occasion** | ADV | *hin und wieder, gelegentlich*

▶ **opportunity** ist die Gelegenheit, die sich jemandem als *Möglichkeit*, als *Chance* bietet: **Will we be given the opportunity to ask questions?** *Werden wir Gelegenheit bekommen, Fragen zu stellen?* | **Unlike many of my friends I never had the opportunity to study abroad.** *Im Gegensatz zu vielen meiner Freunde hatte ich nie die Möglichkeit, im Ausland zu studieren.* | **One of our field workers will call on you at the next opportunity.** *Einer unserer Außendienstmitarbeiter wird Sie bei nächster Gelegenheit aufsuchen.*

CONTEXT: **a good opportunity** *eine gute Gelegenheit* | **an excellent ~** *eine ausgezeichnete Gelegenheit* | **a favourable ~** *eine günstige Gelegenheit* | **a missed ~** *eine verpasste Gelegenheit* | **equal opportunities** *Chancengleichheit*

288 **office** | REG NOUN

▶ *Büro, Geschäftsstelle, Dienststelle:* **Mr Carter isn't in the office today.** *Mr Carter ist heute nicht im Büro.* | **Andrew spent most of his life in the office.** *Andrew hat die meiste Zeit seines Lebens im Büro verbracht.* | **We need someone for our Berlin office.** *Wir brauchen jemanden für unser Berliner Büro.* | **John has turned our living room into an office.** *John hat aus unserem Wohnzimmer ein Büro gemacht.*

VOCABULARY: **betting office** *Wettbüro* | **booking** ~ [auch: **box** ~] *Theater-, Kinokasse* | **head** ~ *Hauptsitz, Zentrale* | **branch** ~ *Zweigstelle, Niederlassung* | **broker's** ~ / **estate** ~ *Maklerbüro* | **dental** ~ *Zahnarztpraxis* | **law** ~ *Anwaltsbüro, Anwaltskanzlei* | **open-plan** ~ *Großraumbüro*

office assistant *Büroangestellte* | ~ **clerk** *Bürokaufmann* | ~ **help** *Bürogehilfe, -gehilfin* | ~ **staff** *Büropersonal* | ~ **block** [oder: ~ **building**] *Bürogebäude* | ~ **furniture** *Büromöbel* | ~ **equipment** *Büroausstattung* | ~ **supplies** *Bürobedarf* | ~ **hours** *Sprechzeiten* | ~ **work** *Büroarbeit*

ÄMTER, BEHÖRDEN: **anti-trust** ~ *Kartellamt* | **district** ~ *Bezirksamt* | **employment** ~ *Arbeitsamt, Agentur für Arbeit* | **Federal Office** *Bundesamt, Bundesanstalt* | **housing** ~ *Wohnungsamt* | **post** ~ *Postamt* | **tourist** ~ *Fremdenverkehrsamt* | **tax** ~ oder **revenue** ~ *Finanzamt*

MINISTERIEN DER BRITISCHEN REGIERUNG: **Foreign Office** *Außenministerium* [in Deutschland: Auswärtiges Amt], **Home Office** *Innenministerium*

AMT ALS FUNKTION: **in office** *im Amt, an der Regierung* | **out of** ~ *nicht mehr im Amt* | **come into** ~ *ins Amt kommen* | **put** sb **into** ~ *jmdn in ein Amt einsetzen* | **take** ~ *ein Amt antreten, die Regierung übernehmen* | **hold** ~ *ein Amt ausüben* | **resign from** ~ *von einem Amt zurücktreten*

▶ Ein *Büroangestellter* ist kein **officer**, sondern ein **office worker**. Ein **officer** ist in der *Armee* (als **army officer**), bei der *Polizei* (als **police officer**), beim *Zoll* (als **customs officer**) oder im Strafvollzug, z.B. als *Vollzugsbeamter* (**prison officer**) oder als *Bewährungshelfer* (**probation officer**) tätig.

officials sind Personen, die ein öffentliches Amt bekleiden: *Beamte* und *Funktionäre.* Für deren ganz spezielle Art, Texte zu formulieren, hat sich die Bezeichnung **officialese** eingebürgert, was soviel heißt wie *Beamtenjargon, Behördendeutsch, Amtsdeutsch.*

- **official** | ADJ | *offiziell, amtlich, dienstlich*

289 **old, aged, elderly** und **ancient**

▶ **old** ist der übliche Ausdruck für *alt* im Gegensatz zu **young** *(jung)* bzw. **new** *(neu):* **My grandmother is 96 years old.** *Meine Großmutter ist 96 Jahre alt.* | **Kim and I are old friends.** *Kim und ich sind alte Freunde.* | **The old part of the castle was built in the early Middle Ages.** *Der alte Teil der Burg wurde im frühen Mittelalter erbaut.* | **Where have the good old days** [auch: **the good olden days**] **gone?** *Wo sind die guten alten Tage hin?* | **Come on, old boy, you can make it!** *Komm schon, alter Junge, du schaffst das!*

▶ **older, oldest** und **elder, eldest**

Im Zusammenhang mit **son, daughter, brother** und **sister** sind anstelle von **older** und **oldest** häufig **elder** und **eldest** zu hören: **I have an elder brother.** *Ich habe einen älteren Bruder.* | **My eldest son is 28 now.** *Mein ältester Sohn ist jetzt 28.*

Beachten Sie, dass **elder** nur attributiv, das heißt, einem Hauptwort *vorangehend,* verwendet werden kann. Es wäre also nicht korrekt, zu sagen: *My brother is elder than I.*

▶ **elderly** *(älterer, ältere)* steht ausschließlich bei Personen in fortgeschrittenem Alter: **Carolyn entered the hall accompanied by an elderly gentleman.** *Carolyn betrat den Saal in Begleitung eines älteren Herrn.* | **Elderly ladies like playing bridge.** *Ältere Damen spielen gern Bridge.* | **We'll need more and more homes for the elderly.** *Wir werden immer mehr Altenheime brauchen.* | **We watched an elderly couple dancing Rock'n Roll.** *Wir sahen einem älteren Paar zu, das Rock'n Roll tanzte.*

▶ Bei **aged** gibt es hinsichtlich der Bedeutung wie auch der Satzstellung einen Unterschied zu beachten: **My former teacher is an aged man now.** *Mein früherer Lehrer ist jetzt ein alter Mann* [= betagt, in hohem Lebensalter]. | **My new boss is a man aged 33.** *Mein neuer Chef ist ein 33 Jahre alter Mann.*

▶ **ancient** bezeichnet etwas, das einer vergangenen Epoche angehört, vor allem der Antike: **Our daughter studies ancient history.** *Unsere Tochter studiert alte Geschichte* [= Geschichte des Altertums]. | **We visited the ancient Greek temples of Sicily.** *Wir besichtigten die alten griechischen Tempel Siziliens.* | **Ancient Rome had reached an amazing level of civilisation.** *Das alte Rom hatte einen erstaunlichen Zivilisationsstand erreicht.*

290 once

▶ *einmal, ein Mal:* **I've seen her only once.** *Ich habe sie erst einmal gesehen.* | **We telephone regularly, at least once or twice a month.** *Wir telefonieren regelmäßig, mindestens ein- oder zweimal im Monat.* | **Can we meet once again before you leave?** *Können wir uns noch einmal treffen, bevor ihr abreist?* | **Listen to me, just this once.** *Hör auf mich, nur dieses eine Mal.* | **Once doesn't count.** *Einmal zählt nicht. Einmal ist keinmal.* | **Once bitten, twice shy.** [Redensart] *Einmal und nie wieder.*

▶ *einmal, einst* [= in früherer Zeit]: **One can hardly imagine that this was once a flourishing country.** *Man kann sich kaum vorstellen, dass dies einmal ein blühendes Land war.* | **Once upon a time there was a king …** [Anfang im Märchen] *Es war einmal ein König …*

▶ *sobald, wenn erst einmal …:* **Once you have tried it, you will like it.** *Wenn du es erst einmal probiert hast, wirst du es mögen.* | **Ask me again once I am retired.** *Fragen Sie mich noch mal, wenn ich erst in Rente bin.* | **Once you got the knack, it's quite easy.** *Wenn du den Trick erst mal raus hast, ist es ganz leicht.* | **Once she has started talking she is hard to stop.** *Wenn sie erst einmal angefangen hat zu reden, ist sie schwer zu bremsen.*

▶ **at once** bedeutet *auf einmal,* und zwar sowohl im Sinne von *plötzlich, sofort, auf der Stelle,* als auch im Sinne von *zugleich, gleichzeitig, auf einen Schlag:* **At once everything was over.** *Auf einmal war alles vorbei.* | **We realised at once that something had gone wrong.** *Uns war sofort klar, dass etwas schiefgelaufen war.* | **Of course you needn't pay everything at once.** *Sie brauchen natürlich nicht alles auf einmal zu bezahlen.* | **I can't do two things at once.** *Ich kann nicht zwei Sachen auf einmal machen.*

CONTEXT: **once more** [oder: **once again**] *noch einmal* | **~ in a lifetime** *einmal im Leben* | **~ in a blue moon** *alle Jubeljahre* | **~ in a while** *ab und zu* | **~ and for all** *ein für allemal* | **~ it goes, it goes.** *Wenn es einmal läuft, dann läuft es.* | **~ is enough.** *Einmal reicht.*

291 only

▶ *einzige, einziger, einziges:* **Linda and I were the only passengers on the bus.** *Linda und ich waren die einzigen Fahrgäste im Bus.* | **My only trip abroad so far was a weekend in Paris.** *Meine bislang einzige Auslandsreise war ein Wochenende in Paris.* | **A broad grin was his only answer.** *Ein breites Grinsen war seine einzige Antwort.*

▶ **the only one** - *der, die Einzige* | **the only thing** - *das Einzige:* **My wife is the only one to know about this.** *Meine Frau ist die Einzige, die davon weiß.* | **The only thing that interests him about this job is the money he gets for it.** *Das einzige, das ihn an diesem Job interessiert, ist das Geld, das er dafür bekommt.*

▶ *nur:* **We can only hope that everything will be all right.** *Wir können nur hoffen, dass alles in Ordnung ist.* | **The user manual is available only in English.** *Das Benutzerhandbuch liegt nur in Englisch vor.* | **Staff only.** *Nur für Mitarbeiter.*

Vergleichen Sie: **I'm the only driver** *(Ich bin der einzige Fahrer),* aber: **I'm only the driver.** *Ich bin nur der Fahrer.*

▶ **not only … but also …** *(nicht nur…, sondern auch …):* **Smoking is unhealthy, not only for the smoker but also for the people around him.** *Rauchen ist ungesund, nicht nur für den Raucher, sondern auch für die Menschen um ihn herum.* | **Wilhelm Busch was not only a writer but also an excellent painter.** *Wilhelm Busch war nicht nur Schriftsteller, sondern auch ein ausgezeichneter Maler.*

▶ *erst* [auf die Vergangenheit bezogen]: **She was only ten when her father died.** *Sie war erst zehn, als ihr Vater starb.* | **I received the message only yesterday.** *Ich habe die Nachricht erst gestern erhalten.* | **We have only just arrived.** *Wir sind eben erst angekommen.* [AmE: **We only just arrived.** → 227]

Bezieht sich *erst* dagegen auf einen *zukünftigen* Zeitpunkt, so steht nicht **only,** sondern **not …** **before** oder **not … until:** **I can't leave before tomorrow.** *Ich kann erst morgen abreisen.* | **George is at a meeting and won't be back until seven.** *George ist auf einer Versammlung und wird nicht vor sieben Uhr zurück sein.* | **We were not informed until a few days later.** *Wir wurden erst ein paar Tage später informiert.*

only und just

Das deutsche Adverb *nur* lässt sich sowohl durch **only** als auch durch **just** wiedergeben. Während jedoch **only** oft in einem negativen Sinne [= nicht genug, zu wenig] verwendet wird, wirkt **just** eher positiv, ermutigend, beschwichtigend [= wenig, aber genug]. Vergleichen Sie: **Sorry, I can only stay a few minutes.** *Tut mir leid, ich kann nur ein paar Minuten bleiben.* Aber: **Don't worry, I'll just take a few minutes.** *Keine Sorge, ich brauche nur ein paar Minuten.*

292 open

▶ Beachten Sie: Geschäfte, Museen, Ämter und andere Einrichtungen mit Öffnungszeiten sind **open**, nicht **opened**. Bei **opened** handelt es sich um eine *Verbform*, die nur im *Perfect* und im *Passiv* vorkommt. Vergleichen Sie: **The door is open.** *Die Tür ist offen.* | **Have you opened it?** *Hast du sie aufgemacht?*

Ebenso: **Many shops in the city centre are open even on Sundays.** *Viele Geschäfte in der Innenstadt sind auch sonntags geöffnet.* [Nicht: *… are opened, auch nicht *… have opened.] | **Duty pharmacies are open all night.** *Bereitschaftsapotheken haben die ganze Nacht geöffnet.*

open (to sb/sth) | *geöffnet, zugänglich:* **The library is open to everyone.** *Die Bücherei steht jedermann offen* [= ist für jedermann zugänglich.] | **The palace is closed to visitors, but the gardens will remain open.** *Das Schloss ist für Besucher geschlossen, aber die Gärten bleiben geöffnet.*

▶ **be open for** sth - *für etw offen, zu etw bereit sein:* **The management is open for talks with union representatives.** *Die Geschäftsleitung ist zu Gesprächen mit Vertretern der Gewerkschaft bereit.* | **I'm open to every good suggestion.** *Ich bin für jeden guten Vorschlag offen.*

- **open** | REG VERB | *öffnen; eröffnen,* [Geschäft, Veranstaltung] *eröffnen*
- **opener** | REG NOUN | *Öffner:* **letter opener / bottle opener / tin opener**

293 opinion | REG NOUN

▶ Mag die Ähnlichkeit in Laut und Schrift auch verblüffend sein – *Meinung* ist nicht **meaning**, sondern **opinion**: **In my opinion they are all crooks.** *Meiner Meinung sind das alles Gauner.* | **What's your opinion about that?** [auch: … **on that**] *Wie ist deine Meinung dazu?* | **There can't be two opinions about that.** *Darüber kann es keine zwei Meinungen geben.* | **Public opinion on this issue has changed over the past few years.** *Die öffentliche Meinung zu diesem Thema hat sich in den letzten Jahren gewandelt.* | **I need more information before I can form an opinion.** *Ich brauche mehr Informationen, bevor ich mir eine Meinung bilden kann.*

VOCABULARY: **personal opinion** *persönliche Meinung* | **general** ~ *allgemeine Auffassung* | **public** ~ *die öffentliche Meinung* | **an expert** ~ *eine Expertenmeinung* | **prevailing** ~ *vorherrschende Meinung* | **shift of** ~ *Meinungsumschwung* | ~ **poll** *Meinungsumfrage*

CONTEXT: **ask sb's opinion** *jmdn nach seiner Meinung fragen* | **give an** ~ *eine Meinung äußern* | **form an** ~ *sich eine Meinung bilden* | **stick to one's** ~ *bei seiner Meinung bleiben* | **change one's** ~ *seine Meinung ändern* | **have a high / poor** ~ **of** sb/sth *von jmdm/etw eine hohe/ schlechte Meinung haben* | **have no** ~ **on** sth *zu etw keine Meinung haben*

294 opposite | REG NOUN | Aussprache: [ˈɔpəsɪt, nicht: * ɔpəsaɪt]

▶ *Gegenteil, Gegensatz:* **The opposite of *positive* is *negative*.** *Das Gegenteil von „positiv" ist „negativ".* | **The new boss is the exact opposite of his predecessor.** *Der neue Chef ist das genaue Gegenteil von seinem Vorgänger.* | **I'm not of the opinion that opposites attract each other.** *Ich bin nicht der Meinung, dass sich Gegensätze anziehen.*

opposite

▶ ADJ | *gegenüberliegend:* **The car was hurled onto the opposite carriageway.** *Das Auto wurde auf die Gegenfahrbahn geschleudert.* | **We watched everything from the opposite side of the street.** *Wir beobachteten alles von der gegenüberliegenden Straßenseite.*

▶ ADV | *gegenüber, auf der gegenüberliegenden Seite:* **Do you know the people who live in the house opposite?** *Kennt ihr die Leute, die in dem Haus gegenüber wohnen?* [Nicht: *… who live in the opposite house].

▶ PREP | *gegenüber, gegenüber von…* heißt nur **opposite**, nicht *opposite of…* oder *opposite from…:* **There is a new pizzeria opposite the railway station.** *Gegenüber vom Bahnhof ist eine neue Pizzeria.* | **We were sitting opposite each other.** *Wir saßen einander gegenüber.*

295 order | REG NOUN

▶ *Auftrag, Bestellung* [von Waren, von Speisen und Getränken im Restaurant]: **The bakery received an order for ten pies.** *Die Bäckerei erhielt einen Auftrag über zehn Torten.* | **Shipping is free on orders over 50 Euros.** *Bei Bestellungen über 50 Euro ist die Lieferung kostenlos.* | **The waiter took our order and wasn't seen again.** *Der Kellner nahm unsere Bestellung auf und ward nicht mehr gesehen.*

CONTEXT: **place an order** *eine Bestellung aufgeben* | **take an** ~ *eine Bestellung aufnehmen* | **cancel an** ~ *eine Bestellung, einen Auftrag rückgängig machen, stornieren* | **fill an** ~ *einen Auftrag ausführen*

▶ *Anweisung, Anordnung, Befehl:* **An order is an order.** *Befehl ist Befehl.* | **He said he couldn't let us through, he had his orders.** *Er sagte, er könne uns nicht durchlassen, er habe seine Anweisungen.* | **The accused tried to excuse himself by saying he had only been obeying orders.** *Der Angeklagte versuchte sich damit zu entschuldigen, dass er sagte, er habe nur Befehlen gehorcht* [oder: *... Befehle befolgt*].

▶ *Ordnung:* **Is the telephone out of order again?** *Ist das Telefon schon wieder nicht in Ordnung?* | **The teacher had difficulty maintaining order in the classroom.** *Der Lehrer hatte Schwierigkeiten, (Ruhe und) Ordnung im Klassenzimmer aufrechtzuerhalten.* | **In front of the stadium there was some scrap between fans, but the police were soon able to restore order.** *Vor dem Stadion gab es ein paar Rangeleien zwischen Fans, doch die Polizei konnte die Ordnung schnell wieder herstellen.*

Das Gegenteil von **order** *ist* **disorder** *(Unordnung, Durcheinander, Chaos):* **I was in a great hurry this morning so everything was in disorder when I left.** *Ich hatte es heute früh sehr eilig, darum war alles in Unordnung, als ich losging.*

▶ *Reihenfolge, Abfolge:* **The names are listed in alphabetical order.** *Die Namen sind in alphabetischer Reihenfolge aufgeführt.* | **In our class test we had to put various historical events into the correct chronological order.** *In unserer Klassenarbeit mussten wir verschiedene geschichtliche Ereignisse in die richtige zeitliche Abfolge bringen.*

▶ **in order (not) to** ... - *um (nicht) zu ...:* **I spent a year in Barcelona in order to improve my Spanish.** *Ich habe ein Jahr in Barcelona verbracht, um mein Spanisch zu verbessern.* [Auch ein einfaches **to** würde genügen: **I spent a year in Barcelona to improve my Spanish.**

In negativen Sätzen kann nur **in order (not) to** *stehen:* **I'll set the alarm clock in order not to oversleep.** *Ich werde den Wecker stellen, um nicht zu verschlafen.* [Nicht: **I'll set the alarm clock not to oversleep.*]

order | REG VERB

▶ *bestellen, ordern:* **We have ordered a fish dish from the party caterer.** *Wir haben beim Partyservice eine Fischplatte bestellt.* | **You can order almost everything online nowadays.** *Man kann heutzutage fast alles im Internet bestellen.* | **Order now, pay later.** *Bestellen Sie jetzt, bezahlen Sie später.*

▶ *anweisen, anordnen, befehlen, kommandieren:* **The police ordered the crowd to clear the area.** *Die Polizei wies die Menge an, das Gebiet zu räumen.* | **Some seem to take delight in ordering people about.** *Einige scheinen Spaß daran zu finden, Leute herumzukommandieren.* | **The government ordered a curfew for the entire country.** *Die Regierung ordnete für das ganze Land eine Ausgangssperre an.*

296 outside und inside

outside und **inside** gehören verschiedenen Wortarten an und sind entsprechend vielseitig verwendbar:

▶ als HAUPTWÖRTER: **The outside of the building badly needs painting.** *Das Äußere* [= Fassade und Wände] *des Gebäudes muss dringend gestrichen werden.* | **The serial number can be found on the inside of the DVD case.** *Die Seriennummer befindet sich auf der Innenseite der DVD-Hülle.*

▶ als ADJEKTIVE: **An old radio was their only contact with the outside world.** *Ein altes Radio war ihr einziger Kontakt zur Außenwelt.* | **An inside cabin will do for us as we spend most of the time on deck.** *Eine Innenkabine genügt für uns, da wir die meiste Zeit an Deck verbringen.* | **Inside knowledge must not be passed on to an outside party.** *Insiderwissen darf nicht an Dritte weitergegeben werden.*

▶ als ADVERBIEN: **Please wait your turn outside.** *Warten Sie bitte draußen, bis Sie an der Reihe sind.* | **We walked inside and were overwhelmed by what we saw.** *Wir gingen hinein und waren überwältigt von dem, was wir sahen.* | **What's all that noise outside?** *Was ist denn da draußen für ein Lärm?*

▶ als PRÄPOSITIONEN: **These rules don't apply outside Europe.** *Diese Vorschriften haben außerhalb Europas keine Gültigkeit.* | **Visa issues are outside our competence.** *In Visaangelegenheiten sind wir nicht zuständig.* | **Please call inside business hours.** *Rufen Sie bitte innerhalb der Geschäftszeiten an.*

Notieren Sie auch: **be inside** *sitzen* [= *im Gefängnis*] *sein* | **put sb inside** *jmdn ins Gefängnis stecken, „einlochen"* | **be outside** *draußen sein; in Freiheit* [= *nicht im Gefängnis*] *sein* | **know sth inside out** *etw in- und auswendig kennen* | **turn sth inside out** *etw völlig umkrempeln, das Oberste zu unterst kehren*

outsider und **insider**

▶ Ein **outsider** ist zum einen ein *Außenseiter,* also jemand, der von Ausgrenzung betroffen ist oder sich bewusst von seinem Umfeld absetzt, zum anderen aber auch ein *Außenstehender,* jemand, der an etwas nicht beteiligt bzw. dem kein Einblick in etwas gewährt wird.

Umgekehrt hat ein **insider** Zugang zu Informationen, an die ein Außenstehender auf normalem Wege nicht gelangen kann. Es wird erwartet, dass er dieses *Insiderwissen* (**inside knowledge**) für sich behält, nicht an Dritte (Behörden, Presse usw.) weitergibt oder es gar (beispielsweise bei Wertpapiergeschäften an der Börse) nutzt, um finanzielle Vorteile daraus zu ziehen. Solche *Insidergeschäfte* (**insider dealings**) sind *gesetzlich verboten* (**prohibited by law**) und *werden strafrechtlich verfolgt* (**will be prosecuted**).

297 overtake | IRREG VERB [**overtook, overtaken**]

▶ *überholen, hinter sich lassen:* **Thanks to his abilities, he overtook the rest of the class.** *Dank* [oder: aufgrund] *seiner Fähigkeiten ließ er den Rest der Klasse hinter sich.* | **It is strictly forbidden to overtake a school bus that has stopped to let children off.** *Es ist strengstens verboten, einen Schulbus zu überholen, der gehalten hat, um Kinder aussteigen zu lassen.*

298 overtime | NOUN, no pl

Falls Sie hin und wieder Überstunden machen (oder machen müssen), könnten Sie die folgenden Unterscheidungen interessieren:

Handelt es sich bei Überstunden um *bezahlte* Mehrarbeit, so spricht man von **work overtime** oder **do overtime**. Bleibt man dagegen, anstatt Feierabend zu machen, länger im Büro, genügt es zu sagen: **stay in the office** (**after closing time**, AmE: ... **after quitting time**).

Auf der leitenden Ebene, wo Überstunden nicht extra vergütet werden, spricht man ebenfalls nicht von **work overtime**, sondern von **work extra hours** oder **work long hours**.

Manchmal gibt es eine Extrazahlung (**overtime wages** oder **an overtime premium**). Andere Regelungen sehen ein **compensatory time-off** vor – Freizeit oder Urlaubstage, durch deren Inanspruchnahme die Überstunden „abgebummelt" werden.

299 owe | REG VERB

▶ **owe sb sth** | *jmdm etw schulden, schuldig sein:* **We owe the bank over 100,000 euros.** *Wir schulden der Bank über 100.000 Euro.* | **I think I owe you an explanation.** *Ich glaube, ich bin dir eine Erklärung schuldig.* | **What do I owe you?** *Was bin ich dir schuldig?* | **You owe me nothing.** *Du schuldest mir nichts.*

▶ **owe sth to sb/sth** | *jmdm/etw etwas verdanken:* **I owe everything to my parents.** *Ich verdanke alles meinen Eltern.* | **This country owes all its wealth to oil.** *Dieses Land verdankt seinen ganzen Reichtum dem Öl.* | **She owes her success to hard work.** *Sie verdankt ihren Erfolg harter Arbeit.*

Es gibt kein von **owe** abgeleitetes Nomen; das englische Wort für *Schulden* ist **debts** [gesprochen: dets]: **How will they ever pay off their debts?** *Wie wollen sie ihre Schulden jemals abbezahlen?* | **They are up to their ears in debt.** *Sie sind bis über beide Ohren verschuldet.*

300 own | REG VERB

▶ [keine **-ing**-Form] *besitzen:* **We own a bit of land in the South of Norway.** *Wir besitzen ein Stück Land im Süden Norwegens.* | **I am one of the few who have never owned a car.** *Ich gehöre zu den wenigen, die noch nie ein Auto besessen haben.* | **Do you own any shares?** *Besitzen Sie Aktien?* | **The countess owned several race horses.** *Die Gräfin besaß mehrere Rennpferde.*

own | ADJ

▶ *eigene, -er, -es, -en:* **We grow our own vegetables.** *Wir bauen unser eigenes Gemüse an.* | **He tried to start up his own business but failed to raise the necessary money.** *Er wollte seine eigene Firma gründen, konnte aber das notwendige Geld nicht auftreiben.* | **I feel better when I can express myself in my own language.** *Ich fühle mich besser, wenn ich mich in meiner eigenen Sprache ausdrücken kann.*

Ein Besitzverhältnis kann auch durch ein dem Hauptwort nachgestelltes ... **of one's own** ausgedrückt werden: **Does a ten-year-old need to have a TV set of his own?** *Muss ein Zehnjähriger seinen eigenen Fernseher haben?* | **Each of our staff members has an office of their own.** *Jeder unserer Mitarbeiter hat ein eigenes Büro.*

- **owner** | REG NOUN | *Eigentümer, Besitzer*

301 **pain** und **ache** | REG NOUNS

▶ **pain** ist ein starker körperlicher oder seelischer *Schmerz:* **I suddenly felt a sharp pain in my back**. *Ich spürte plötzlich einen stechenden Schmerz in meinem Rücken.* | **Words can't ease her pain.** *Worte können ihren Schmerz nicht lindern.* | **She couldn't walk for pain.** *Sie konnte vor Schmerzen nicht laufen.*

VOCABULARY: **a dull pain** *ein dumpfer Schmerz* | **a throbbing** ~ *ein klopfender Schmerz* | **a severe** ~ *ein heftiger Schmerz* | **a sharp** ~ / **a stabbing** ~ *ein stechender Schmerz* | **a nagging** ~ *ein bohrender Schmerz* | **unbearable** ~ *unerträglicher Schmerz*

CONTEXT: **be in pain** *Schmerzen haben* | **cause** ~ *Schmerzen verursachen* | **give sb** ~ *jmdm Schmerzen bereiten* | **cry out in** ~ *vor Schmerzen aufschreien*

▶ **a pain in the neck** steht nicht nur für *Nackenschmerzen,* sondern bezeichnet auch eine Person, die einem sozusagen ständig „im Nacken sitzt" – eine *Nervensäge,* ein *Quälgeist.*

▶ **ache** tritt in Verbindung mit den Körperstellen auf, an denen es weh tut, wie in **toothache, backache, earache** oder **stomach-ache**. Diese Wörter sind in der Regel *Einzahl* und stehen *ohne* Artikel: **I have toothache**. Nur **headache** steht *mit* Artikel und wird auch in der Mehrzahl gebraucht:
I have a headache. *Ich habe Kopfschmerzen.* | **My wife often complains about headaches**. *Meine Frau klagt oft über Kopfschmerzen.* Nicht möglich sind Verbindungen wie *arm-ache oder *leg-ache. Hier müssten Sie sagen: **I have an ache in my left arm**. *Ich habe Schmerzen in meinem linken Arm.* | **She has aches in her legs**. *Sie hat Schmerzen in den Beinen.*

ache | REG VERB |, **hurt** | IRREG VERB [**hurt, hurt**] und **injure** | REG VERB

▶ Mit dem Verb **ache** drückt man aus, dass einem etwas *weh tut:* **My feet often ache**. *Meine Füße tun oft weh.* | **My throat aches when I cough**. *Mein Hals tut weh, wenn ich huste.* | **Tell me where it aches**. *Sag mir, wo es wehtut.*
Anstelle eines so verwendeten **ache** können Sie auch **hurt** sagen: **My feet often hurt. My throat hurts when I cough. Tell me where it hurts.**

▶ **hurt** | [seelisch] *wehtun, schmerzen:* **It hurts when a friend lets you down**. *Es tut weh, wenn ein Freund dich im Stich lässt.* [Nicht: *It *aches* when …] | **Words can hurt as much as physical wounds**. *Wörter können ebenso weh tun wie körperliche Wunden.*

▶ **hurt** sb | *jmdm wehtun,* [vor allem seelisch] *Schmerzen zufügen:* **I didn't mean to hurt you.** *Ich wollte dich nicht verletzen.* [**ache** ist hier ausgeschlossen. Also nicht: *I didn't mean to ache you.*] | **An honest answer doesn't hurt people's feelings, but makes them think**. *Eine ehrliche Antwort verletzt nicht die Gefühle der Menschen, sondern regt sie zum Nachdenken an.*

▶ **injure** sb | *jmdn verletzen* [= körperliche Verletzungen zufügen]: **Never throw things out of the window, you might injure someone**. *Wirf nie Sachen aus dem Fenster, du könntest jemanden verletzen.* | **The blast injured some passers-by including a three year-old child.** *Die Explosion verletzte einige Passanten, darunter ein dreijähriges Kind.*

- **injury** | REG NOUN | *Verletzung*
- **injured** [ˈɪndʒəd] | ADJ | *verletzt*

302 **pair** und **couple** | REG NOUNS

▶ Zwei gleichartige Dinge, die zusammengehören, und die wir als Einheit empfinden, ergeben **a pair,** *ein Paar,* wie z.B. **a pair of boots** *ein Paar Stiefel,* **a pair of socks** *ein Paar Socken,* **a pair of gloves** *ein Paar Handschuhe.* Auch Gebrauchsgegenstände oder Kleidungsstücke, die aus zwei gleichen Teilen zu einem Stück verarbeitet sind, und die das Deutsche als Einzahl behandelt, sieht das Englische als **a pair** an: **a pair of scissors** *eine Schere,* **a pair of glasses** *eine Brille,* **two pairs of trousers** *zwei Hosen.*
Als **a pair** werden auch zwei Personen bezeichnet, die sich zu einem bestimmten Zweck oder für eine bestimmte Aufgabe zusammengetan haben: **We work on this project in pairs.** *Wir arbeiten zu zweit an diesem Projekt.* | **Judith and Christopher make a good pair.** *Judith und Christopher geben ein gutes Paar ab.*

▶ Wird die Zweisamkeit enger und vertrauter, sprechen wir von **a couple: We let the room to a young couple from Germany.** *Wir haben das Zimmer an ein junges Paar aus Deutschland vermietet.* | **I have taken a few photos of the bridal couple.** *Ich habe ein paar Fotos vom Brautpaar gemacht.* | **During our holiday we met a married couple from Sydney.** *Während unseres Urlaubs haben wir ein Ehepaar aus Sydney kennengelernt.* | **My parents attend dancing events for elderly couples now and then.** *Meine Eltern besuchen hin und wieder Tanzveranstaltungen für ältere Paare.*

Beachten Sie: Im Unterschied zu **a couple** (*ein Paar,* in deutscher Großschreibung) bezieht sich die Angabe **a couple of ...** (*ein paar* [in Kleinschreibung], *einige*) auf mehr als zwei Personen oder Dinge:

We'll have more detailed information in a couple of days. *In ein paar Tagen werden wir genaueres wissen.* | **I have taken a couple of photos at the accident scene.** | *Ich habe an der Unfallstelle ein paar Aufnahmen gemacht.* | **A couple of weeks ago I was in San Francisco on business.** *Vor ein paar Wochen war ich geschäftlich in San Francisco.*

303 **patient** | REG NOUN

▶ *Patient:* **At this hospital patients receive excellent treatment.** *In diesem Krankenhaus bekommen die Patienten eine ausgezeichnete Behandlung.* | **One nurse has to look after up to fifty patients.** *Eine Krankenschwester muss sich um bis zu fünfzig Patienten kümmern.* | **It says in the papers that a new medication for cancer patients will soon be launched.** *In der Zeitung steht, dass bald ein neues Medikament für Krebspatienten auf den Markt kommen wird.*

- **inpatient** | REG NOUN | *Patient in stationärer Behandlung*
- **outpatient** | REG NOUN | *Patient in ambulanter Behandlung*

patient | ADJ

▶ *geduldig:* **Be a little patient. It won't take long**. *Hab etwas Geduld! Es dauert nicht lange.* | **My family doctor is a patient listener and takes people's concerns seriously.** *Mein Hausarzt ist ein geduldiger Zuhörer und nimmt die Sorgen der Menschen ernst.*

Das Gegenteil von **patient** ist **impatient**: **Why so impatient? We have all the time in the world**. *Warum so ungeduldig? Wir haben alle Zeit der Welt.* | **Children get impatient very quickly**. *Kinder werden sehr schnell ungeduldig.*

- **patiently** | ADV | **Everyone was waiting patiently for their turn**. *Alle warteten geduldig, bis sie an der Reihe waren.* | **She always answers my questions patiently**. *Sie beantwortet immer geduldig meine Fragen.*
- **patience** | NOUN, no pl | - *Geduld:* **I have always admired him for his endless patience.** *Ich habe ihn immer für seine unendliche Geduld bewundert.* | **His patience was at an end.** *Seine Geduld war am Ende.* | **I never do jigsaws, I simply don't have the patience.** *Ich mache nie Puzzles. Ich habe einfach nicht die Geduld.*

304 **pay** | IRREG VERB [**paid, paid**]

▶ *(be)zahlen:* **How much do I have to pay?** *Wie viel habe ich zu zahlen?* | **Can I pay by credit card?** *Kann ich mit Kreditkarte bezahlen?* | **He left the pub without paying.** *Er hat das Lokal verlassen, ohne zu bezahlen.* | **It's unbelievable what prices are paid for works of art these days.** *Es ist unglaublich, welche Preise heutzutage für Kunstwerke gezahlt werden.*

▶ *sich auszahlen, sich bezahlt machen, sich lohnen, etwas bringen:* **It doesn't always pay to be honest.** *Es lohnt sich nicht immer, ehrlich zu sein.* | **Crime doesn't pay.** *Verbrechen lohnt sich nicht.* | **Would it pay to advertise in the local newspaper?** *Würde es etwas bringen, in der Lokalzeitung zu inserieren?*

▶ **pay for** sth - *bezahlen* [für eine genannte Ware oder Leistung den Preis entrichten]: **We pay a lot for our daughter's education**. *Wir zahlen viel für die Ausbildung unserer Tochter.* | **Is the new car paid for yet?** *Ist das neue Auto schon bezahlt?* | **That's the price we have to pay for progress.** *Das ist der Preis, den wir für den Fortschritt bezahlen müssen.*

CONTEXT: **pay** sb | *jmdn* [für eine erbrachte Leistung] *entlohnen:* **pay the homehelp** *die Haushaltshilfe bezahlen* | **~ the doctor** *den Arzt bezahlen* | **~ the piano teacher** *den Klavierlehrer bezahlen* | **~ the taxi driver** *den Taxifahrer bezahlen*

▶ **pay** sth | *bezahlen* [Zahlungen leisten, Abgaben entrichten, fällige Rechnungen begleichen]: **pay taxes** *Steuern zahlen* | **~ interest** *Zinsen zahlen* | **~ duty** *Zoll bezahlen* | **~ a penalty** *Strafe zahlen* | **~ a fine** *Bußgeld bezahlen* | **~ money into a bank account** *Geld auf ein Bankkonto einzahlen* | **~ the rent** *die Miete zahlen* | **~ bills** *Rechnungen bezahlen* [z.B. **the phone bill, the electricity bill, the gas bill**] | **~ debts** *Schulden begleichen* | **~ damages** [oder: **indemnity**] *Entschädigung zahlen, Schadenersatz leisten* | **~ the full amount** *den vollen Betrag zahlen* | **~ dividends** *Dividenden auszahlen* [oder: *ausschütten*] | **~ the price** *den Preis zahlen* | **~ the fare** *den Fahrpreis entrichten*

Wendungen mit **pay** in übertragener Bedeutung: **pay attention** *aufpassen, achtgeben, aufmerksam sein* | **pay** sb **a compliment** *jmdm ein Kompliment machen* | **pay a visit** (**to** sb) oder: **pay a call** (**on** sb) *jmdm einen Besuch machen, einen Besuch abstatten* | **pay tribute to** sb *jmdn würdigen* | **pay one's last respects to** sb *jmdm die letzte Ehre erweisen*

305   pay, salary, wages und **income** | REG NOUNS

▶ **pay** [no pl] steht für *Bezahlung, Entlohnung, Vergütung:* **I think nurses deserve better pay.** *Ich denke, dass Krankenschwestern eine bessere Bezahlung verdienen.* | **I don't mind hard work if the pay is good.** *Ich habe nichts gegen harte Arbeit, wenn die Bezahlung gut ist.* | **We have been offered a pay increase of 3 per cent.** *Man hat uns eine Gehaltserhöhung von 3 % angeboten.* | **For years women have been demanding equal pay for equal work, and rightly so.** *Frauen fordern seit Jahren gleichen Lohn für gleiche Arbeit, und das zu Recht.*

VOCABULARY: **advance pay** *Vorauszahlung* | **back** ~ *Nachzahlung* | **basic** ~ *Grundgehalt* | **continued** ~ *Lohnfortzahlung* | **net** ~ *Nettolohn* | **redundancy** ~ *Abfindung* | **sick** ~ *Krankengeld* | **take-home** ~ *Nettoverdienst* | **performance-related** ~ *leistungsbezogene Bezahlung*

- **payment** | REG NOUN, usu sg | *Bezahlung* [Vorgang des Bezahlens]
- **payer** | REG NOUN | *Zahler*

▶ Unter **salary** [auch: **fixed pay**] versteht man das vertraglich vereinbarte *feste Gehalt,* das einem Angestellten regelmäßig auf das Bankkonto überwiesen wird. Dieses kann durch diverse Vergünstigungen und Nebenleistungen, sogenannte **employee benefits** oder **perks** [kurz für: **perquisits**] ergänzt werden:

We agreed on a salary of 80,000 dollars a year. *Wir haben uns auf ein Jahresgehalt von 80.000 Dollar geeinigt.* | **He sometimes gets a bonus on top of his basic salary.** *Er bekommt ab und zu einen Bonus* [eine Sondervergütung] *zusätzlich zu seinem Grundgehalt.* | **Instead of a salary rise we were offered a number of perks.** *Anstelle einer Gehaltserhöhung bot man uns eine Reihe von Vergünstigungen an.*

▶ **wages** [usu pl] bezeichnet das Entgelt für Arbeiter, also den *Arbeitslohn.* Dieser richtet sich, im Unterschied zum Festgehalt eines Angestellten, nach der Zahl der geleisteten Stunden und kann unterschiedlich hoch ausfallen. Man spricht daher auch von **hourly wage** *Stundenlohn,* **weekly wage** *Wochenlohn,* nicht aber von **hourly salary oder *weekly salary.* In vielen Ländern erhalten Arbeiter einen gesetzlich geregelten *Mindestlohn* (**minimum wage**).

▶ **income** [no pl] *(Einkommen, Einkünfte)* ist die Summe aller Gelder, die jemand aus unterschiedlichen Quellen (Gehalt, Mieteinnahmen, Zinserträge usw.) regelmäßig bezieht:

He gets his income from various sources. *Er bezieht sein Einkommen aus unterschiedlichen Quellen.* | **Most people receive income from paid employment.** *Die meisten Menschen beziehen Einkommen aus bezahlter Beschäftigung.* | **The population's per capita income has decreased dramatically.** *Das Pro-Kopf-Einkommen der Bevölkerung ist dramatisch gesunken.*

306   people und **population**

▶ **people** in der Bedeutung *die Leute, die Menschen* ist ein Mehrzahlwort, die dazugehörige Einzahlform ist **person**:

In a job like this you meet all sorts of people. *In einem Job wie diesem lernt man alle möglichen Leute kennen.* | **People will talk anyway.** *Die Leute reden sowieso.* | **Stop it! People will think we have gone mad.** *Lass den Quatsch! Die Leute werden denken, wir sind verrückt geworden.* | **Look, there comes Mario with his people.** *Schau an, da kommt Mario mit seinen Leuten* [= mit seiner Familie, mit Verwandtschaft].

Der einer Person angefügte Zusatz … **of all people** entspricht deutschen Ergänzungen wie *ausgerechnet, gerade:* **You of all people should understand him.** *Gerade du solltest ihn verstehen.* | **Why me of all people?** *Warum ausgerechnet ich? Warum gerade ich?*

VOCABULARY: **ordinary people** *einfache Leute* | **old** ~ *alte Leute, Alte* | **young** ~ *junge Leute, Jugendliche* | **decent** ~ *anständige Leute* | **boat** ~ *Bootsflüchtlinge* | **primitive** ~ *Naturvolk*

▶ **people** - *Volk* [REG NOUN, pl **peoples**]: **The Sami is an old nomadic people living in the North of Scandinavia.** *Die Samen sind ein altes Nomadenvolk, das im Norden Skandinaviens lebt.* | **The "Society for Threatened Peoples" is an internationally operating human rights organisation.** *Die „Gesellschaft für bedrohte Völker" ist eine international tätige Menschenrechtsorganisation.* | **Lots of European companies do business with the People's Republic of China.** *Viele europäische Firmen machen Geschäfte mit der Volksrepublik China.*

▶ **population** bezeichnet die *Bevölkerung* (eines Landes, eines Gebiets) in ihrer Gesamtheit, auch die *Einwohnerzahl:* **What is the exact population of Tokyo?** *Wie ist die genaue Einwohnerzahl von Tokio?* | **More than 80% of the population live below poverty level.** *Mehr als 80% der Bevölkerung leben unter der Armutsgrenze.* | **Migration into cities has led to an enormous population explosion.** *Die Landflucht hat zu einer gewaltigen Bevölkerungsexplosion geführt.* | **It's the civilian population that suffers most from war.** *Es ist die Zivilbevölkerung, die am meisten unter Krieg leidet.*

307   performance | REG NOUN

▶ [Beruf, Schule, Sport] *Leistung:* **His performance at school has notably declined.** *Seine schulischen Leistungen haben merklich nachgelassen.* | **They say that energy-drinks can improve one's performance.** *Es heißt, Energy-Drinks können die Leistung steigern.* | **The home side lost the game after a lousy performance.** *Die Heimmannschaft verlor das Spiel nach einer schwachen Leistung.*

VOCABULARY: **average performance** *durchschnittliche Leistung* | **computer** ~ *Rechnerleistung* | **high** ~ *Hochleistung* | **best** ~ *Bestleistung* | **driving** ~ *Fahrleistung* | **job** ~ *Arbeitsleistung* | **outstanding** ~ *herausragende Leistung* | **masterly** ~ *Meisterleistung* | **top** ~ *Spitzenleistung*

▶ [Kino, Theater, Konzert, Show usw.] *Vorstellung, Auftritt:* **There weren't any more tickets left for the afternoon performance.** *Für die Nachmittagsvorstellung waren keine Karten mehr zu bekommen.* | **Eight weeks before the performance we started the rehearsals.** *Acht Wochen vor der Aufführung begannen wir mit den Proben.* | **The show was a great success with over fifty sellout performances.** *Die Show war mit über fünfzig ausverkauften Vorstellungen ein großer Erfolg.*

VOCABULARY: **evening performance** *Abendvorstellung* | **live** ~ *Liveauftritt* | **public** ~ *öffentliche Aufführung* | **first** ~ *Erstaufführung* | **benefit** ~ *Benefizvorstellung* | **special** ~ *Sondervorstellung* | **farewell** ~ *Abschiedsvorstellung*

- **perform** | REG VERB | *leisten, aufführen*
- **performer** | REG NOUN | *(auftretender) Künstler*

308   permission und **permit** | REG NOUNS

▶ **permission** - *Erlaubnis, Einverständnis, Genehmigung:* **I can't leave the office without my boss's permission.** *Ich kann das Büro ohne die Erlaubnis meines Chefs nicht verlassen.* | **We have the owner's permission to park here.** *Wir haben die Erlaubnis des Eigentümers, hier zu parken.*

CONTEXT: **apply permission** *Erlaubnis beantragen* | **ask** (sb's) ~ *(jmdn) um Erlaubnis bitten* | **get** [oder: **obtain**] (sb's) ~ *(jmds) Erlaubnis erhalten* | **grant** (a) ~ *eine Erlaubnis erteilen* | **do** sth **without** ~ *etw ohne Erlaubnis tun* | **extend a** ~ *eine Erlaubnis verlängern, erweitern* | **refuse** [oder: **deny**] **a** ~ *eine Erlaubnis verweigern* | **renew a** ~ *eine Erlaubnis erneuern* | **revoke a** ~ *eine Erlaubnis widerrufen* | **withdraw a** ~ *eine Erlaubnis entziehen*

▶ **permit** [ˈpɜːmɪt] ist die *offizielle, behördliche*, in Form einer Bescheinigung dokumentierte *Genehmigung* für ein bestimmtes Vorhaben: **building permit** *Baugenehmigung* | **demolition** ~ [AmE: **wrecking** ~] *Abrissgenehmigung* | **entry** ~ *Einreiseerlaubnis* | **work** ~ [auch: **labour** ~] *Arbeitserlaubnis* | **resident's** ~ *Aufenthaltserlaubnis* | **visitor's** ~ *Besuchserlaubnis* | **fishing** ~ *Angelschein* | **hunting** ~ *Jagderlaubnis, Jagdschein* | **exit** ~ *Ausreiseerlaubnis* | **exception** ~ *Ausnahmegenehmigung*

- **permit** [pɜːˈmɪt] | REG VERB | *erlauben, gestatten*
  ... **permitting** - *wenn es ... erlaubt, zulässt:* **health / traffic / time / weather permitting** ... *Wenn es die Gesundheit / die Verkehrslage / die Zeit / das Wetter erlaubt oder zulässt ...*

309   petrol | REG NOUN, no pl

▶ *Benzin, Sprit:* **These models are available with a diesel or a petrol engine.** *Diese Modelle sind mit Diesel- oder mit Benzinmotor zu haben.* | **We are low on petrol.** *Wir haben nur noch wenig Benzin.* | **Our lawn-mower runs on petrol.** *Unser Rasenmäher läuft mit Benzin.*

▶ **petrol station** [wörtl.: *Benzinstation*] ist das britisch-englische Wort für *Tankstelle*. Hin und wieder wird sie auch als **garage** bezeichnet, was eigentlich *Garage* oder *Autowerkstatt* heißt: **Is there a garage near here? We are running out of petrol.** *Gibt es eine Tankstelle hier in der Nähe? Uns geht langsam der Sprit aus.*

Eine moderne Großtankstelle mit breit gefächertem Warensortiment und Service-Angebot, mit Geschäften, Restaurants und manchmal auch Übernachtsmöglichkeiten heißt **service station**, an den *Autobahnen* (**motorways**) auch **service area.**

▶ Die Bezeichnung **filling station** stammt aus Zeiten, als Tankstellen noch reine Abfüllstationen für Kraftstoff waren, überschaubare Anlagen mit wenigen Zapfsäulen: **Make sure you have enough petrol in your car. There aren't many filling stations where you go.** *Vergewissert euch, dass ihr genügend Sprit im Tank habt. Dort, wo ihr hinfahrt, gibt es nicht viele Tankstellen.*

Als **filling stations** werden auch Anlagen bezeichnet, an denen alternative Treibstoffe wie *Biodiesel* (**biodiesel**) oder *Erdgas* (**natural gas**) angeboten werden: **a biodiesel filling station, a natural gas filling station.**

▶ Die amerikanische Bezeichnung für *Benzin* ist **gasoline**, kurz: **gas**. In den USA sucht man also zum Tanken eine **gasoline station**, kurz: **gas station**, auf. Der dort verkaufte Treibstoff wird nicht in Litern abgegeben, sondern in **gallons**. Auf dieser Einheit basieren auch die an Tankstellen ausgeschilderten Preise: eine US-Gallone entspricht 3,79 Litern - ist aber immer noch deutlich günstiger zu haben als die vergleichbare Menge in europäischen Ländern.

Verbleites Benzin (**leaded petrol**, **leaded gas**) wird nicht mehr verkauft; alle gängigen Sorten sind **lead-free** oder: **unleaded** *(bleifrei, unverbleit)*. Man hat die Wahl zwischen **regular petrol** *(Normalbenzin)*, **super petrol** *(Superbenzin)* und **high-octane petrol** oder **premium petrol** *(Superbenzin mit hoher Oktanzahl)*.

310 place | REG NOUN

▶ *Platz, Stelle:* **His right leg was broken in several places.** *Sein rechtes Bein war an mehreren Stellen gebrochen.* | **Put the dictionary back in its place.** *Stell das Wörterbuch wieder an seinen Platz.* | **Put yourself in her place.** *Versetze dich mal in ihre Lage.* | **One of the most favoured horses finished in last place.** *Eines der am meisten favorisierten Pferde landete auf dem letzten Platz.* | **What would you do in my place?** *Was würdest du an meiner Stelle tun?*

▶ *Ort [Dorf, Stadt]:* **Postbridge is a small place on the road to Exeter.** *Postbridge ist ein kleiner Ort an der Straße nach Exeter.* | **What's the name of this place?** *Wie heißt dieser Ort?* | **The place was not to be found on any map.** *Der Ort war auf keiner Landkarte zu finden.*

▶ *Haus, Wohnung, Zuhause:* **The big party is at Anna's place** [kurz: ... **at Anna's**]. *Die große Party ist bei Anna zu Hause, ... bei Anna.* | **It's open house at my place on Friday.** *Freitag ist bei mir (zu Hause) sturmfreie Bude.* | **Your place or mine?** *(Gehen wir) zu dir oder zu mir?*

VOCABULARY: **birthplace** *Geburtsort* | **burial** ~ *Grabstätte* | **hiding** ~ *Versteck, Unterschlupf* | **market** ~ *Marktplatz, Marktort* | **meeting** ~ *Treffpunkt, Versammlungsort* | **parking** ~ *Parkplatz* | **safe** ~ *sicherer Ort* | **tourist** ~ *Touristenort*

▶ **all over the place** - *überall (in der Gegend), überall herum:* **People came from all over the place to attend the ceremony.** *Die Menschen kamen von überall her, um bei der Feier dabei zu sein.* | **New office blocks are springing up all over the place.** *Überall in der Gegend schießen neue Bürogebäude hoch.* | **Toys, clothes and plastic bottles were lying all over the place.** *Überall lagen Spielzeug, Kleidung und leere Plastikflaschen herum.*

▶ **out of place** | *fehl am Platz, unangebracht:* **I felt a bit out of place among all those posh people.** *Ich fühlte mich unter all den feinen Leuten ein wenig fehl am Platz.* | **Your sarcasm is completely out of place.** *Dein Sarkasmus ist völlig fehl am Platz.*

Notieren Sie auch die folgenden Anwendungen von **place** in Verbindung mit dem Verb **take**:

▶ **take place** - *stattfinden:* **In good weather the party will take place outdoors.** *Bei gutem Wetter findet die Party draußen statt.* | **The first Olympic Games took place in 776 BC.** *Die ersten Olympischen Spiele fanden 776 v. Chr. statt.*

▶ **take one's place** - *eine Stelle, eine Aufgabe antreten:* **Today my grandad took his place as the new caretaker.** *Mein Opa hat heute seine Stelle als neuer Hausmeister angetreten.*

▶ **take sb's place** - *jmds Platz einnehmen, für jmdn einspringen:* **When Mr Gardner retired, his wife took his place as Head of School.** *Als Mr Gardner in den Ruhestand ging, trat seine Frau die Stelle als Schulleiterin an.*

▶ **take the place of** sth - *an die Stelle von etw treten, etw ersetzen, etw verdrängen:* **Supermarket chains have widely taken the place of small shops.** *Supermarktketten haben die kleinen Läden weitgehend verdrängt.* | **Pharmaceuticals have taken the place of traditional healing methods.** *An die Stelle traditioneller Heilmethoden sind Arzmeimittel getreten.*

- **place** | REG VERB | *platzieren, tun* [*legen, stellen*], [Arbeitsstelle] *vermitteln, unterbringen*
- **placement** | REG NOUN, usu sg | [Arbeitsmarkt] *(Stellen)vermittlung, Unterbringung*

311 poison | REG NOUN

▶ *Gift:* **Carbon monoxide is a poison.** *Kohlenmonoxyd ist ein Gift.* | **Never keep any poison in the kitchen cupboard.** *Bewahre niemals Gift im Küchenschrank auf.* | **One man's meat is another man's poison.** [Redensart] *Des einen Freud, des anderen Leid,* wörtlich: *Des einen Menschen Fleisch ist des anderen Menschen Gift.*

Beachten Sie: **insect poison** *(Insektengift)* ist das Gift, das Insekten produzieren, während das Gift, das gegen sie eingesetzt wird, **insecticide** heißt. *Giftschlangen* sind **poisonous snakes**, das von ihnen produzierte *Gift* heißt **venom**. Nichts Böses hat dagegen im Sinn, wer Sie fragt: **What's your poison?** Er möchte Ihnen lediglich etwas zu trinken anbieten – und zwar etwas Alkoholisches.

poison | REG VERB

▶ *vergiften*: **She admitted poisoning her husband with arsenic**. *Sie gab zu, ihren Ehemann mit Arsen vergiftet zu haben.* | **There are papers that poison people's minds**. *Es gibt Zeitungen, die die Köpfe der Menschen vergiften.*

- **poisonous** | ADJ | *giftig, Gift-…* wie in **poisonous gas** *Giftgas* | ~ **mushroom** *Giftpilz* | ~ **plant** *Giftpflanze* | ~ **substance** *Giftstoff* | ~ **atmosphere** *vergiftete Atmosphäre*

312 **politics** | REG NOUN, no sg | und **policy** | REG NOUN

▶ **politics** bezeichnet die *Politik* im Allgemeinen, als Fachgebiet, als politischer Standort einer Person oder Partei: **Politics has never interested him.** *Politik hat ihn nie interessiert.* | **He plays an important role in local politics**. *Er spielt eine wichtige Rolle in der Kommunalpolitik.* | **He went into politics right after school.** *Er ist gleich nach der Schule in die Politik gegangen.* | **What are these people's politics?** *Wo stehen diese Leute politisch?*

▶ **policy** [pl: **policies**] steht für eine bestimmte Politik, einen Politikbereich wie **educational** ~ *Bildungspolitik* | **social** ~ *Sozialpolitik* | **economical policy** *Wirtschaftspolitik* | **fiscal** ~ *Finanzpolitik* | **foreign** ~ *Außenpolitik* | **home** [oder: **domestic**] ~ *Innenpolitik* | **reform** ~ *Reformpolitik* | **tax** ~ *Steuerpolitik* | **immigration** ~ *Einwanderungspolitik* oder **environmental** ~ *Umweltpolitik*.

- **politician** | REG NOUN | *Politiker*
- **political** | ADJ | *politisch,* **unpolitical** - *unpolitisch*
- **politically** | ADV | *politisch:* **politically correct** - *politisch korrekt*

313 **poor** | ADV

▶ *arm, mittellos, bemitleidenswert*: **She comes from a poor refugee family.** *Sie stammt aus einer armen Flüchtlingsfamilie.* | **This country is poor in natural resources.** *Dieses Land ist arm an Bodenschätzen.* | **The people I met on my journey have shown me that one can be poor and yet happy.** *Die Menschen, denen ich auf meiner Reise begegnet bin, haben mir gezeigt, dass man arm und doch glücklich sein kann.*

▶ *schlecht*: **Low-priced goods needn't be of poor quality.** *Preisgünstige Ware muss nicht von schlechter Qualität sein.* | **My mother is quite well for her age, but her sight is slowly getting poorer.** *Meiner Mutter geht es ganz gut für ihr Alter, aber ihre Augen werden langsam schlechter.* | **Several poor harvests in a row have led to the current famine.** *Mehrere schlechte Ernten in Folge haben zu der derzeitigen Hungersnot geführt.*

- **poverty** | NOUN, no pl | *Armut:* **Millions live in bitter poverty**.
- **impoverished** | ADJ | *verarmt:* **the impoverished population** - *die verarmte Bevölkerung*

314 **power** | REG NOUN

▶ *Macht:* **I'll do everything in my power to help.** *Ich werde alles in meiner Macht Stehende tun, um zu helfen.* | **The president stayed in power by electoral fraud.** *Der Präsident blieb durch Wahlfälschung an der Macht.* | **After his death power passed to his son.** *Nach seinem Tod ging die Macht an seinen Sohn über.* | **Knowledge is power.** *Wissen ist Macht.*

VOCABULARY: **Great power** *Großmacht* | **world** ~ *Weltmacht* | **superpower** *Supermacht* | **sea** ~ *Seemacht* | **economic** ~ *Wirtschaftsmacht* | **military** ~ *Militärmacht* | **nuclear** ~ *Atommacht*

▶ *Kraft, Stärke:* **All machines were running at full power.** *Alle Maschinen liefen mit voller Kraft.* | **The power of the wind uprooted hundreds of trees.** *Die Kraft des Windes entwurzelte Hunderte von Bäumen.* | **My first car had a 34 horsepower engine.** *Mein erstes Auto hatte einen 34 PS-Motor.* | **The job requires a great deal of muscle power.** *Dieser Job verlangt viel Muskelkraft.*

▶ *Strom:* **Cut off the power before drilling holes in the wall.** *Schalte immer den Strom ab, bevor du Löcher in die Wand bohrst.* | **The lights flickered as the power was reduced.** *Die Lichter flackerten, als der Strom heruntergefahren wurde.* | **A total power failure can have disastrous consequences.** *Ein totaler Stromausfall kann verheerende Folge haben.*

VOCABULARY: **steam power** *Dampfkraft* | **water** ~ *Wasserkraft* | **electric** ~ *elektrische Energie* | **atomic** ~ [oder: **nuclear** ~] *Kernkraft* | **solar** ~ *Sonnenkraft, Sonnenenergie*

power plant *Kraftwerk* | ~ **supply** *Stromversorgung* | ~ **consumption** *Stromverbrauch* | ~ **switch** *Stromschalter* | ~ **cable** *Stromkabel* | ~ **outlet** *Steckdose* | ~ **plug** *Netzstecker* | ~ **strip** *Steckdosenleiste* | ~ **pole** [auch: **pylon**] *Strommast*

- **manpower** | NOUN, no pl | *Arbeitskräfte*
- **powerful** | ADJ | *mächtig,* **powerless** - *machtlos*
- …**-powered** - |ADJ |…*-getrieben, …-betrieben:*
  battery-powered, diesel-powered, gas-powered, nuclear-powered, solar-powered

315 practice | REG NOUN

▶ *Übung, Training:* **I'm just a bit out of practice.** *Ich bin nur ein bisschen aus der Übung.* | **It may work out in theory, but has never been tested in practice.** *In der Theorie mag es funktionieren, in der Praxis wurde es aber nie erprobt.* | **He still lacks match practice.** *Ihm fehlt immer noch Spielpraxis.* | **It's all a matter of practice.** *Es ist alles Übungssache.* | **Practice makes perfect.** *Übung macht den Meister.*

▶ *Praktiken, Vorgehensweise:* **good practice** *gute, bewährte Praxis* | **business ~** *Geschäftsgebaren* | **standard ~** [oder: **usual ~**] *übliche Praxis, übliches Verfahren* | **dubious ~** *dubiose Praktiken* | **shady ~** *zweifelhafte Praktiken*

▶ *Arztpraxis:* **dental ~** *Zahnarztpraxis* | **children's ~** *Praxis eines Kinderarztes* | **private ~** *Privatpraxis* | **joint** [oder: **group**] **~** *Gemeinschaftspraxis* | **~ fee** *Praxisgebühr*

316 practise | REG VERB

▶ **practise** - *üben, ausüben, praktizieren:* **Jennifer practises up to four hours a day on the piano.** *Jennifer übt bis zu 4 Stunden am Tag Klavier.* | **Stephen practised dentistry for only two years.** *Stephen hat den Zahnarztberuf nur zwei Jahre ausgeübt.* | **As parents we should practise what we preach.** *Wir Eltern sollten Vorbilder sein.* [wörtlich: *Als Eltern sollten wir vorleben, was wir predigen*].

CONTEXT: **practise a profession** *einen (akademischen)* Beruf *ausüben, einem Beruf nachgehen* | **~ law** *als Jurist tätig sein* | **~ medicine** *als Arzt tätig sein* [daher auch die Bezeichnung **general practitioner** (GP) für *Allgemeinmediziner, Praktischer Arzt, Hausarzt.*]

Ein **practical joke** ist ein Witz, der nicht nur erzählt, sondern im wahrsten Sinne des Wortes *praktiziert* wird – ein (meist harmloser) *Streich*, mit dem besonders gern „Respektspersonen" wie Eltern, Chefs oder Lehrer veralbert werden: **At school we played many a practical joke on our teachers.** *In der Schule haben wir unseren Lehrern so manchen Streich gespielt.*

- **practician** | REG NOUN | *Praktiker, praktisch veranlagter Mensch*
  [Aufgepasst: **practician** bedeutet nicht *Praktikant,* der heißt im Englischen **intern**]
- **practicing** | ADJ | *praktizierend:* **a practicing catholic** - *ein praktizierender Katholik*
- **practical** | ADJ | *praktisch* [= nützlich, hilfreich]: **a practical tool** - *ein praktisches Werkzeug*
- **practically** | ADV | *praktisch* [= so gut wie]: **practically impossible** - *praktisch unmöglich*

317 pregnant | ADJ

▶ **pregnant** bedeutet nicht *prägnant,* sondern *schwanger:* **Sally is pregnant with twins.** *Sally ist mit Zwillingen schwanger.* | **My girlfriend is four months pregnant.** *Meine Freundin ist im vierten Monat schwanger.* | **One can hardly tell by looking at her that she is pregnant.** *Man sieht ihr kaum an, dass sie schwanger ist.* | **At that age I still thought I could get pregnant from a kiss.** *In dem Alter dachte ich noch, ich könne von einem Kuss schwanger werden.*

- **pregnancy** | REG NOUN | *Schwangerschaft*
- **termination of pregnancy** | REG NOUN | *Schwangerschaftsabbruch*

318 premises | NOUN, no sg

▶ Mit **premises** bezeichnet man das *Gelände* [= Grundstück mitsamt aller Gebäude] einer Firma, einer Fabrik, einer Schule oder sonstigen Einrichtung, bei Gebäuden, Geschäften usw. auch die Räumlichkeiten:

It is strictly forbidden to smoke or consume alcohol on school premises. *Es ist streng verboten, auf dem Schulgelände zu rauchen oder Alkohol zu konsumieren.* | **Two month ago we moved our business premises to the city centre.** *Vor zwei Monaten haben wir unsere Büroräume in die Innenstadt verlegt.* | **Get off my premises or else I'll call the police.** *Verlassen Sie mein Grundstück oder ich rufe die Polizei!* | **No dogs allowed on these premises.** *Hunde sind auf diesem Grundstück verboten.*

319 preparation | REG NOUN

▶ *Vorbereitung:* **My brother passed his final exam without much preparation.** *Mein Bruder hat seine Abschlussprüfung ohne viel Vorbereitung bestanden.* | **An updated version of this software is in preparation.** *Eine aktualisierte Version dieses Programms ist in Vorbereitung.* | [Zubereitung von Speisen] **The preparation of a *paella* takes up to one hour.** *Die Zubereitung einer Paella dauert bis zu einer Stunde.*

▶ *Präparat, Medikament, Arzneimittel:* **I need a good preparation for colds.** *Ich brauche ein gutes Mittel gegen Erkältungen.* | **This preparation must not be taken during pregnancy.** *Dieses Medikament darf nicht während der Schwangerschaft eingenommen werden.*

320 **prepare** | REG VERB

▶ **prepare** sb/sth/os (**for** sth) | *jmdn/etw/sich (für etw/auf etw) vorbereiten:* **Does school really prepare us for life?** *Bereitet uns die Schule wirklich auf das Leben vor?* | **We were preparing ourselves for a real adventure.** *Wir bereiteten uns auf ein echtes Abenteuer vor.* | **Our class are preparing a play for their end-of-term production.** *Unsere Klasse bereitet ein Stück für den Schuljahresabschluss vor.*

- **prepared** | ADJ | *vorbereitet, bereit:* **Everything was well prepared.** *Alles war gut vorbereitet.* | **He made a prepared speech.** *Er hielt eine vorbereitete Rede.* | **We were prepared for the worst.** *Wir waren auf das Schlimmste vorbereitet.* | **We are not prepared to tolerate such behaviour.** *Wir sind nicht bereit, ein solches Verhalten zu tolerieren.* | **The population along the coast was not prepared for the hurricane.** *Die Bevölkerung entlang der Küste war auf den Wirbelsturm nicht vorbereitet.*

- **preparatory** | ADJ | *vorbereitend, Vorbereitungs…:*
  preparatory talks - *vorbereitende Gespräche,* **preparatory courses** - *Vorbereitungskurse*
  preparatory school - *Vorbereitungsschule* [→ 365]

321 **presence** | NOUN, no pl

▶ *Anwesenheit, Beisein, Gegenwart, Präsenz,* [im Internet] *Auftritt:* **He was asked to repeat his testimony in the presence of the defendant.** *Er wurde aufgefordert, seine Aussage im Beisein des Angeklagten zu wiederholen.* | **His presence was hardly noticed.** *Man hat seine Anwesenheit kaum wahrgenommen.* | **The new station building was inaugurated in the presence of the Mayor.** *Das neue Bahnhofsgebäude wurde im Beisein des Bürgermeisters eingeweiht.* | **Can a stronger police presence prevent further bomb attacks?** *Kann eine stärkere Polizeipräsenz weitere Bombenanschläge verhindern?*

322 **present** | REG NOUN

▶ Aussprache [ˈpreznt] *Geschenk:* **It's Carolyn's birthday tomorrow and I still haven't got a present for her.** *Morgen hat Carolyn Geburtstag, und ich habe immer noch kein Geschenk für sie.* | **My family gave me a balloon flight as a present.** *Meine Familie hat mir einen Ballonflug geschenkt.* | **None of our employees is allowed to accept presents from customers.** *Es ist keinem unserer Angestellten gestattet, von Kunden Geschenke anzunehmen.*

Eine Spur sachlicher klingt der Ausdruck *gift.* Er ist von dem Verb *give (geben)* abgeleitet, bedeutet also *Gabe* – zum einen als *Geschenkartikel,* aber auch im Sinne von *Talent, Begabung.* Mit Arsen, E 605 oder ähnlichem hat *gift* nichts zu tun. In einem *gift shop* können Sie ganz unbesorgt Geschenkartikel erwerben, und auch ein *gift parcel,* das Ihnen zugestellt wird, muss Sie nicht beunruhigen: es ist ein *Geschenkpaket.*

▶ *Gegenwart als Jetzt-Zeit,* [Grammatik] *Gegenwart, Präsens:* **The present looks rather dull.** *Die Gegenwart sieht ziemlich trostlos aus.* | **The story is set in the present time.** *Die Geschichte spielt in der Gegenwart.* | **When exactly do I use the Present Perfect tense?** *Wann genau benutze ich das Perfekt?*

present | REG VERB

▶ Aussprache [prɪˈzent] | *präsentieren, vorführen, vorzeigen, vorlegen:* **At the computer fair, international companies presented their latest products.** *Auf der Computermesse präsentierten internationale Firmen ihre neuesten Produkte.* | **Cinemas need special projectors to present films in 3D.** *Kinos benötigen spezielle Projektoren, um Filme in 3D* [in dreidimensionalen Format] *zu zeigen.* | **Every time we wanted to exchange money, we had to present our passports.** *Jedesmal, wenn wir Geld umtauschen wollten, mussten wir unsere Pässe vorlegen.*

present sb **with** sth - *jmdm etw überreichen, etw schenken:* **At the end of the ceremony the school-leavers were presented with their diplomas.** *Am Ende der Feier wurden den Schulabgängern ihre Abschlusszeugnisse überreicht.* | **On her last working day my mother was presented with a cheque for 2000 euros.** *An ihrem letzten Arbeitstag wurde meiner Mutter ein Scheck über 2000 Euro überreicht.*

present | ADJ

▶ [seinem Bezugswort *vorangestellt*] *gegenwärtig, derzeitig, momentan:* **What's your present address?** *Wie ist Ihre derzeitige Adresse?* | **The company in its present form has existed since 2001.** *Die Firma besteht in ihrer derzeitigen Form seit 2001.* | **With regard to his present state of health, I would strongly advise against travelling by air.** *Im Hinblick auf seinen derzeitigen Gesundheitszustand würde ich von einer Flugreise dringend abraten.*

▶ [seinem Bezugswort *nachgestellt*] *anwesend:* **Everyone present will have the opportunity to ask questions.** *Alle Anwesenden werden Gelegenheit haben, Fragen zu stellen.* | **Most of the shareholders present at the annual general meeting were dissatisfied with the performance of the company.** *Die meisten der bei der Jahreshauptversammlung anwesenden Aktionäre waren mit dem Unternehmensergebnis unzufrieden.*

323 **presently** | ADV

Im amerikanischen Englisch bedeutet **presently** das, was man auch vermuten würde: *gegenwärtig, zur Zeit, derzeit.* In der Umgangssprache des britischen Englisch wird **presently** dagegen meist im Sinne von *demnächst, in Kürze, in Bälde* verwendet: **We are presently moving to the new business park on the edge of town.** *Wir ziehen in Kürze in das neue Gewerbegebiet am Stadtrand um.* | **Excuse me, could we have a word with you? – Presently.** *Verzeihung, könnten wir Sie kurz sprechen? – Gleich.*

Mit **presently** gebildete Sätze lassen also zwei Deutungen zu: **We are presently opening a new shop in Bond Street** kann bedeuten: *Wir eröffnen DEMNÄCHST ein neues Geschäft in der Bond Street,* aber auch: *Wir eröffnen ZURZEIT ein neues Geschäft in der Bond Street.* Wenn Sie sichergehen wollen, dass man Sie richtig versteht, vermeiden Sie **presently** am besten ganz. Sagen Sie stattdessen: **at present**, **at the moment** *(zurzeit)*, **soon** *(bald)* oder **before long** *(demnächst, in Kürze).*

324 **pretty** | ADJ

▶ *hübsch* [hübsch anzusehen]: **Emma is the prettiest girl in my class.** *Emma ist das hübscheste Mädchen in meiner Klasse.* | **This animal is not a kangaroo but a pretty-faced wallaby.** *Dieses Tier ist kein Känguru, sondern ein Hübschgesichtwallaby* [eine australische Känguruart, die wirklich so heißt].

Jedes Mädchen wird es gern hören, wenn man von ihm sagt, dass es **a pretty girl** sei. Für Jungs ist es dagegen wenig schmeichelhaft, ein **pretty boy** genannt zu werden, denn mit dieser Bezeichnung gehen einige negative Assoziationen einher, die von **effeminate** *(verweiblicht, weiblich)* bis hin zu **gay** *(schwul)* reichen. Der beste Ausdruck für gutaussehende junge Männer ist **handsome**: **She dreams of meeting a handsome and wealthy man.** *Sie träumt davon, einen gutaussehenden und wohlhabenden Mann kennenzulernen.*

▶ [ironisch] *ganz schön, ganz schön viel:* **We had to fork out a pretty sum of money for the tickets.** *Ich musste für die Tickets ein hübsches Sümmchen hinblättern.* | **That will cost him a pretty penny.** *Das wird ihn eine Stange Geld kosten.* | **You have got us into a pretty mess.** *Du hast uns ganz schön in Schwierigkeiten gebracht.*

pretty | ADV

▶ *ganz schön, ziemlich:* **It's pretty cold for this time of year.** *Es ist ganz schön kalt für diese Jahreszeit.* | **Little Amy is pretty cheeky for her age.** *Die kleine Amy ist ganz schön frech für ihr Alter.* | **That must have been pretty awful for Rebecca.** *Das muss für Rebecca ziemlich furchtbar gewesen sein.*

325 PREIS: **price**, **prize** und **fare** | REG NOUNS

price [praɪs]

▶ **price** – mit **c** geschrieben – ist der Preis, den man für eine Ware oder für eine Leistung zu zahlen hat: **Currently the price of petrol changes from day to day.** *Der Benzinpreis wechselt zur Zeit täglich.* | **After some bargaining they charged us a reasonable price.** *Nach etwas Feilschen hat man uns einen vernünftigen Preis berechnet.*

[in übertragener Bedeutung] **Everything has its price.** *Alles hat seinen Preis.* | **He paid a high price for his professional success.** *Er hat für seinen beruflichen Erfolg einen hohen Preis bezahlt.* | **Future generations will pay the price for our idleness.** *Künftige Generationen werden den Preis für unsere Untätigkeit zahlen.*

VOCABULARY: **moderate price** *moderater Preis* | **fancy** ~ *Phantasiepreis, saftiger Preis* | **fixed** ~ *Festpreis* | **regular** ~ *üblicher Preis, Normalpreis* | **favourable** ~ *günstiger Preis* | **reduced** ~ *reduzierter Preis* | ~ **on request** *Preis auf Anfrage*

CONTEXT: **ask a price** *nach dem Preis fragen* | **fix a** ~ *einen Preis festsetzen* | **freeze a** ~ *einen Preis einfrieren* | **raise a** ~ *einen Preis anheben, erhöhen* | **negotiate a** ~ *einen Preis aushandeln* | **reduce a** ~ *einen Preis senken* | **offer a** ~ *einen Preis anbieten*

A PRICE CAN BE **high** *hoch*, **low** *niedrig*, **affordable** *erschwinglich*, **moderate** *angemessen*, **reasonable** *vernünftig*, **astronomical** *astronomisch*, **exorbitant** *maßlos überhöht*

GOODS can be **cheap** *billig,* **inexpensive** *preiswert,* **low-priced** *preisgünstig,* **a bargain** *ein Schnäppchen,* **expensive** *teuer,* **overpriced** *überteuert*

Preise erfragen Sie mit **How much is** … bzw. **How much are** …?: **How much is a first class ticket to Glasgow**? *Wie viel kostet eine Fahrkarte erster Klasse nach Glasgow?* | **How much are these sunglasses**? *Wie viel kostet diese Sonnenbrille?* | **How much is it?** *Wie viel kostet das? Wie viel macht das?*

Beim Kauf mehrerer Artikel, etwa im Supermarkt, können Sie auch fragen: **How much does it come to**? oder: **How much will that be**? *Wie viel macht das?*

▶ Möchten Sie sich nach den Kosten für ein bestimmtes Vorhaben erkundigen, fragen Sie am besten: **How much does it cost** …? *(Wie viel kostet es, …?)* oder auch: **How much would it cost** …? *(Wie viel würde es kosten, …?)*: **How much does it cost to study at Harvard?** *Wie viel kostet es, in Harvard zu studieren?* | **How much would it cost** [auch: **What would it cost**] **to rent the whole train?** *Wie viel würde es kosten, den ganzen Zug zu mieten?*

▶ **prize** [praɪz]

prize – mit **z** geschrieben – ist der *Preis,* der als Belohnung, als Prämie, als Auszeichnung vergeben wird: **Tim and I won the first prize: a weekend for two in Amsterdam.** *Tim und ich haben den ersten Preis gewonnen: ein Wochenende zu zweit in Amsterdam.* | **Sarah won the second prize in a song contest.** *Sarah hat bei einem Gesangswettbewerb den zweiten Preis gewonnen.* | **Marie Curie was the first woman to be awarded a Nobel Prize.** *Marie Curie war die erste Frau, der der Nobelpreis verliehen wurde.*

VOCABULARY: **consolation prize** *Trostpreis* | **Nobel** ~ *Nobelpreis* | **Nobel Peace** ~ *Friedensnobelpreis* | **critics'** ~ *Kritikerpreis* | **audience** ~ *Zuschauerpreis.* Nicht sonderlich begehrt ist der **booby prize** – den bekommt derjenige, der bei einem Wettbewerb den letzten Platz belegt hat.

compete for a prize *sich um einen Preis bewerben* | **award** (sb) **a** ~ *(jmdm) einen Preis überreichen, jmdn oder etw auszeichnen, prämiieren* | **endow a** ~ *einen Preis stiften* | **win a** ~ *einen Preis gewinnen*

Der Preis als Auszeichnung wird auch **award** genannt. Das berühmteste Beispiel ist der jährlich verliehene **Academy Award**, besser bekannt als **Oscar**.

▶ **fare**

fare ist die Bezeichnung für den *Fahrpreis,* den man in Taxis und öffentlichen Verkehrsmitteln zu entrichten hat: **The underground fare has gone up again, but is still affordable.** *Der Preis für die U-Bahn-Karte ist wieder gestiegen, ist aber immer noch erschwinglich.* | **Do you have some loose change for the bus fare?** *Hast du etwas Kleingeld für die Busfahrkarte?*

VOCABULARY: **air fare** *Flugpreis* | **full** ~ *voller Fahrpreis* | **reduced** ~ *ermäßigter Fahrpreis* | **half** ~ *halber Fahrpreis* | **flat** ~ *Einheitspreis, Einheitstarif*

Ein wichtiger verbaler Ausdruck ist **dodge the fare** [auch: **fare-dodge**] *schwarzfahren.* Personen, die dies tun, nennt man **fare dodger** *(Schwarzfahrer),* das Delikt wird als **fare dodging** oder **fare evasion** bezeichnet.

Wenn man Sie ohne gültigen Fahrschein ertappt, so wird – wie hierzulande auch – ein erhöhtes Beförderungsentgelt (**penalty fare**) fällig. Dieses beträgt derzeit [Herbst 2011] 50 britische Pfund, ca. 58 Euro. Wenn Sie innerhalb von 3 Wochen zahlen, wird Ihnen die Hälfte erlassen.

326 **progress** | NOUN, no pl

▶ **progress** bedeutet *Fortschritt, Fortgang, Weiterkommen.* Denken Sie daran, dass **progress** keine Mehrzahlform hat:

The patient is making good progress [Nicht: *good progresses*]. *Der Patient macht gute Fortschritte.* | **Medical research has made remarkable progress in the field of cancer treatment.** *Die medizinische Forschung hat auf dem Gebiet der Krebsbehandlung bemerkenswerte Fortschritte gemacht.* | **We were fairly amazed at Beverley's progress in German.** *Wir waren recht erstaunt über Beverleys Fortschritte in Deutsch.*

▶ Wenn etwas **in progress** ist, dann ist es *im Gange, am Laufen, im Werden, in Arbeit, im Bau:* **The press conference is still in progress.** *Die Pressekonferenz läuft noch.* | **They can't make any further statements as long as investigations are in progress.** *Sie können keine weiteren Stellungnahmen abgeben, solange die Ermittlungen noch laufen.* | **Installation in progress.** [Statusmeldung des Computers] *Installation wird (gerade) ausgeführt.*

- **progress** | REG VERB | *voranschreiten, Fortschritte machen*
- **progressive** | ADJ | *fortlaufend, fortschrittlich, progressiv*
- **progressed** | ADJ | [Entwicklung, Krankheit usw.] *fortgeschritten*

327 promote | REG VERB

▶ *fördern, vorantreiben, bewerben:* **Rain promotes the growth of plants.** *Regen fördert das Wachstum der Pflanzen.* | **Smoking promotes lung cancer and other diseases.** *Rauchen fördert Lungenkrebs und andere Krankheiten.* | **A weak euro promotes exports.** *Ein schwacher Euro fördert den Export.* | **Writers often appear in talkshows to promote their new books.** *Autoren treten oft in Talksows auf, um Werbung für ihre neuen Bücher zu machen.*

be promoted

▶ [Beruf, Karriere] *befördert werden,* [Sport] *in eine höhere Spielklasse aufsteigen:* **During my time of service I've been promoted three times.** *Während meiner Dienstzeit bin ich dreimal befördert worden.* | **He was promoted from captain to major.** *Er wurde vom Hauptmann zum Major befördert.* | **Our team were promoted to the 2nd Division last year.** *Unsere Mannschaft ist letztes Jahr in die zweite Liga aufgestiegen.*

- **promotion** | NOUN, usu sg | *Förderung, Beförderung, Werbung*
  Aber: **doctorate** - *Promotion* [Erlangung des Doktorgrades]
- **promoter** | REG NOUN | *Förderer, Promoter, Veranstalter*

328 pronounce | REG VERB

▶ *aussprechen* [= in korrekter Lautform wiedergeben]: **How do you pronounce this word?** *Wie spricht man dieses Wort aus?* [Nicht: **How do you speak ...*] | **The final e in French words is not pronounced unless it bears an accent.** *Das Schluss-e in französischen Wörtern wird nicht gesprochen, außer wenn es einen Akzent trägt.*

Beachten Sie die unterschiedliche Schreibweise und Aussprache der Formen

- **pronounce** (Verb), geschrieben: pro**NOUN**ce, Aussprache: [prə·naʊns]
- **pronunciation** (Hauptwort), geschrieben: pro**NUN**ciation, Aussprache: [prənʌnsi·eɪʃn].
- **mispronounce** | REG VERB | *falsch aussprechen:*
  Even newsreaders *(Nachrichtensprecher)* **mispronounce the name.**

329 -proof

Hauptwörter mit der Nachsilbe **-proof** besagen, dass Dinge gegen etwas geschützt, gesichert sind. Hier eine kurze Liste für den Alltagsgebrauch:

bullet-proof *kugelsicher* | **burglar-proof** *einbruchsicher* | **childproof** *kindersicher* | **dustproof** *staubdicht* | **earthquake-proof** *erdbebensicher* | **fireproof** *feuerfest* | **foolproof** *narrensicher, kinderleicht* | **heatproof** *hitzebeständig* | **idiot-proof** *idiotensicher* | **moth-proof** *mottensicher* | **scratch-proof** *kratzfest* | **rainproof** *regendicht, regenfest* | **water-proof** *wasserdicht.*

330 proper und **properly**

▶ **proper** wird ähnlich verwendet wie **decent** [→ 126], bedeutet also *ordentlich, vernünftig, anständig:* **Paul and I haven't had a proper holiday for years.** *Paul und ich haben seit Jahren keinen richtigen Urlaub gehabt.* | **What you need for this profession is proper training.** *Was du für diesen Beruf brauchst, ist eine vernünftige Ausbildung.* | **This is not the proper moment to start an argument.** *Dies ist nicht der richtige Zeitpunkt, um Streit anzufangen.*

▶ Nicht minder häufig wird man der Adverb-Form **properly** begegnen: **Before I buy new shoes I always try them on to make sure they fit properly.** *Bevor ich neue Schuhe kaufe, probiere ich sie immer an, um sicherzugehen, dass sie richtig passen.* | **Remember to behave properly.** *Denkt daran, euch anständig zu benehmen.* | **Sooner or later any computer will crash if the cooling fan isn't working properly.** *Jeder Computer stürzt früher oder später ab, wenn das Kühlgebläse nicht richtig funktioniert.* | **The steaks were not properly seasoned.** *Die Steak waren nicht richtig gewürzt.*

331 property, estate | REG NOUNS | und **real estate** | NOUN, no pl

▶ **property** steht für *Eigentum, Besitz, Grundbesitz, Immobilie:* **We have a small property not far from Bornemouth.** *Wir haben ein kleines Grundstück unweit von Bornemouth.* | **We were taught at an early age to respect other people's property.** *Uns wurde in jungen Jahren beigebracht, das Eigentum anderer Leute zu respektieren.* | **All of their property was lost during the flood.** *Ihr gesamtes Eigentum ging bei dem Hochwasser verloren.* | **Our company have acquired a prime property in Brighton.** *Unsere Firma hat eine erstklassige Immobilie in Brighton erworben.*

VOCABULARY: **family property** *Familienbesitz* | **private** ~ *Privateigentum* | **state** ~ *Staatseigentum* | **common** ~ *Gemeineigentum* | **public** ~ *öffentliches Eigentum* | **living** ~ *Wohneigentum* | **lost** ~ *Fundsache* | **lost** ~ **office** *Fundbüro* | **intellectual** ~ *geistiges Eigentum*

▶ Während unter **property** jede Form von Eigentum fällt, bezeichnen **estate** und **real estate** ausschließlich den Besitz an Grundstücken und den darauf errichteten Gebäuden. Auch wenn die beiden Begriffe nicht immer klar voneinander zu trennen sind, so lässt sich doch sagen, dass unter **estate** zumeist großflächige Güter und Anwesen auf dem Lande verstanden werden, während man bei **real estate** eher an Immobilien im städtischen Raum denkt. Häufige Wortverbindungen mit **real estate** sind:

real estate business *Immobilienbranche* | **real ~ agency** *Immobilienbüro* | **real ~ agent** [auch: **real ~ broker**] *Grundstücksmakler* | **real ~ company** *Immobiliengesellschaft* | **real ~ market** *Immobilienmarkt* | **real ~ speculation** *Grundstücks-, Boden-, Immobilienspekulation*

332 **provisions** und **commission** | NOUNS

▶ Unter **provisions** [no sg] versteht man – unter anderem – *Vorräte* [an Nahrungsmitteln], *Proviant* zur Bevorratung in Notfällen oder für bestimmte Unternehmungen:

After one week at sea we were slowly running low on provisions. *Nach einer Woche auf See gingen unsere Vorräte langsam zur Neige.* | **The crowd was about to storm the warehouse where the provisions were kept.** *Die Menge schickte sich an, die Lagerhalle zu stürmen, wo die Nahrungsvorräte aufbewahrt wurden.*

- **provisional** | ADJ | *vorläufig, provisorisch*

▶ Eine *Provision*, die jemand als Entgelt für den Abschluss eines Verkaufs- oder Vermittlungsgeschäfts erhält, heißt nicht **provision**, sondern **commission**: **Insurance agents earn a fat commission on every policy they sell.** *Versicherungsvertreter erhalten für jede Police, die sie verkaufen, eine fette Provision.*

333 **pub** und **inn** | REG NOUNS

▶ **Pubs** sind eine urbritische Institution, es gibt sie überall im Lande in allerlei Varianten: als **corner pub** *(Eckkneipe)*, **village pub** oder **country pub** *(Dorfkneipe)*, als **quayside pub** oder **dockland pub** *(Hafenkneipe)*. Auswahl gibt es also reichlich auf Ihrem nächsten **pub crawl** *(Kneipenbummel)*.

Die Bezeichnung **pub** kam vor etwa 150 Jahren als Kurzform von **Public House** in Umlauf, bedeutet also eigentlich *Öffentliches Haus*. Damit waren ursprünglich alle Gebäude gemeint, zu denen die Öffentlichkeit Zutritt hatte. Später führten dann nur noch jene Häuser diese Bezeichnung, die Speisen anbieten und alkoholische Getränke ausschenken durften.

Der *Besitzer* oder *Pächter* eines Pubs heißt **publican**, die *Stammgäste* sind **regulars**, ihre *Stammkneipe* nennen sie **local pub** oder einfach nur **local**.

▶ Unter einem **inn** verstand man ursprünglich ein Gasthaus, das neben dem Ausschank von Getränken auch Übernachtungsmöglichkeiten anbot. Noch heute verbergen sich hinter so klangvollen Namen wie **The Shepherd's Inn**, **The Lion's Inn** oder **The Quayside Inn** meist kleine, urgemütliche Gasthäuser mit nostalgischem Flair, in denen sich ein **innkeeper** um das Wohl der Gäste kümmert.

334 **queue** | REG NOUN

▶ Aussprache [kjuː] | *Schlange* [von Menschen, Fahrzeugen], *Warteschlange:* **An endless queue of buses and taxis was slowly moving down Oxford Street.** *Eine endlose Schlange von Bussen und Taxis bewegte sich langsam die Oxford Street hinunter.* | **We spent plenty of time standing** [oder: **waiting**] **in queues.** *Wir haben eine Menge Zeit mit Schlangestehen verbracht.*

Die amerikanische Bezeichnung für **queue** ist **line**: **The line for the Statue of Liberty seemed endless.** *Die Menschenschlange vor der Freiheitsstatue schien endlos zu sein.*

Die Wendung **jump the queue** beschreibt den Versuch, sich in einer Schlange wartender Menschen – anstatt sich hinten anzustellen – möglichst weit vorn einzureihen oder sich unauffällig nach vorn zu arbeiten, um schneller an die Reihe zu kommen. Allerdings klappt das meist nicht, außerdem zieht man viele böse Blicke auf sich.

queue | REG VERB

▶ **queue (up) for** sth - *sich nach etw anstellen, sich hinten* [an das Ende einer Warteschlange] *anstellen:* **Please queue up and wait your turn like everybody else.** *Bitte stellen Sie sich, wie allen anderen auch, hinten an und warten Sie, bis Sie an der Reihe sind.* | **Masses of travellers were queueing at the check-in counters.** *Massen von Reisenden standen an den Abfertigungsschaltern an.* | **Can you tell me what all these people are queuing up for?** *Kannst du mir sagen, wofür alle diese Leute anstehen?*

335 raise | REG VERB

▶ *heben, erheben, hochheben, anheben:* **I raise my glass to all of you.** *Ich erhebe mein Glas auf euch alle.* | **The company has raised our pay by three per cent**. *Die Firma hat unsere Bezahlung um drei Prozent angehoben.* | **Raise your right hand and speak after me.** *Heben Sie die rechte Hand und sprechen Sie mir nach.*

▶ *[Kinder] großziehen, [Gebäude] hochziehen, [Tiere] züchten, [Pflanzen, Getreide usw.] anbauen:* **My grandmother raised seven children all on her own.** *Meine Großmutter hat ganz allein sieben Kinder großgezogen.* | **Most farmers around here are raising maize for the production of biogas.** *Die meisten Farmer hier in der Gegend bauen Mais für die Erzeugung von Biogas an.* | **We used to raise chickens and goats.** *Wir haben früher Hühner und Ziegen gezüchtet.* | **He became rich by raising livestock.** *Er ist durch Viehzucht reich geworden.*

CONTEXT: **raise a wreck** *ein Wrack heben* | ~ **a problem** *ein Problem ansprechen* | ~ **an issue** [oder: ~ **a subject**] *ein Thema ansprechen, zur Sprache bringen* | ~ **a question** *eine Frage aufwerfen* | ~ **an objection** *einen Einwand vorbringen* | ~ **dust** *Staub aufwirbeln* | ~ **one's voice** *die Stimme heben* [= *lauter sprechen*] | ~ **one's eyebrows** *die Stirn runzeln* | ~ **one's hat** *den Hut ziehen* [als Grußbezeugung oder, in übertragenem Sinne, zum Ausdruck von Anerkennung] | ~ **hell** *wild herumtoben, lärmen, randalieren*

[Geld, Spenden] *auftreiben, sammeln, zusammenbekommen:* **raise money** *Geld auftreiben* | ~ **capital** *Kapital beschaffen* | ~ **cash** *Bargeld auftreiben* | ~ **funds** *Mittel auftreiben*

336 rare | ADJ

▶ *selten, rar:* **He suffers from a rare disease.** *Er leidet an einer seltenen Krankheit.* | **I met him on one of his rare visits.** *Ich traf ihn bei einem seiner seltenen Besuche.* | **Sophie has the rare gift of perfect pitch.** *Sophie hat die seltene Gabe des absoluten Gehörs.* | **A total eclipse of the sun is a fascinating but very rare event.** *Eine totale Sonnenfinsternis ist ein faszinierendes, aber sehr seltenes Ereignis.*

▶ Gewiss kennen Sie **rare** auch aus einem anderen Zusammenhang – als Bezeichnung für ein nur leicht angebratenes, noch blutiges Steak: **How would you like your steak? Rare, medium or well done?** *Wie möchten Sie Ihr Steak? Blutig, medium oder gut durchgebraten?*

▶ Das Adverb **rarely** ist gleichbedeutend mit **seldom: We rarely watch TV.** *Wir sehen selten fern.* | **Misfortune rarely** [oder: **seldom**] **comes singly.** *Ein Unglück kommt selten allein.*

- **rareness** | NOUN, no pl | *Seltenheit* [= *seltenes Vorkommen, seltenes Auftreten von etwas*]
- **rarity** | REG NOUN | *Rarität* [= *seltenes Exemplar*]

337 rate und **instalment** | REG NOUNS

▶ **rate** steht für einen festgesetzten Satz, einen (häufig in Prozent angegebenen) Bezugswert, eine Rate, einen Kurs: **What's the current rate of exchange for the dollar?** *Wie ist der gegenwärtige Wechselkurs für den Dollar?* | **The rate of inflation is the lowest for ten years.** *Die Inflationsrate ist die niedrigste seit zehn Jahren.* | **There are several causes for declining birth rates in the western world.** *Es gibt mehrere Ursachen für die sinkende Geburtenrate in der westlichen Welt.*

- **rating** | REG NOUN | *Bewertung, Einstufung:* **a rating agency** - *eine Ratingagentur*
- **rate** | REG VERB | [Staaten, Organisationen, Unternehmen] *bewerten, einstufen, z.B. hinsichtlich Zahlungsfähigkeit, Kreditwürdigkeit*

▶ **instalment** [amerikanische Scheibweise: **installment**] ist der bei einem Ratenkauf vereinbarte Teilzahlungsbetrag: **Paying by instalments is easy but not without risk.** *Ratenzahlung ist bequem, aber nicht ohne Risiko.* | **The final instalment amounts to 238 euros.** *Die letzte Rate beträgt 238 Euro.* | **If you fall behind with instalments, the whole debt will become due.** *Wenn man mit Ratenzahlungen in Rückstand gerät, wird die gesamte Restschuld fällig.*

338 reach | REG VERB

▶ [Ort, Ziel] *erreichen:* **After an almost five hours climb we finally reached the summit.** *Nach einem fast fünfstündigen Aufstieg erreichten wir endlich den Gipfel.* | **Luckily our ship reached the harbour before the storm broke loose.** *Zum Glück erreichte unser Schiff den Hafen, bevor der Sturm losbrach.* | **You have reached your destination.** [Navigationsansage] *Sie haben Ihren Zielort erreicht.*

▶ [jemanden telefonisch] *erreichen:* **You can reach me at this number, even outside office hours.** *Sie können mich unter dieser Nummer auch außerhalb der Bürostunden erreichen.* | **How are we to reach you when you always switch your mobile phone off?** *Wie sollen wir dich erreichen, wenn du immer dein Handy ausschaltest?*

▶ *an etw heranreichen, herankommen:* **We can't reach the apples without a ladder.** *Wir kommen ohne Leiter nicht an die Äpfel heran.* | **There were days when temperatures reached 40 degrees.** *Es gab Tage, da erreichten die Temperaturen 40 Grad.* | **Most of my relatives reached old age.** *Die meisten meiner Verwandten haben ein hohes Alter erreicht* [= sind sehr alt geworden]. | **There is nothing but sand as far as the eye can reach** [oder: ... **as far as the eye can see**]. *Da ist nichts als Sand, so weit das Auge reicht.*

CONTEXT: **reach an agreement** *zu einer Einigung kommen* | ~ **a decision** *zu einer Entscheidung kommen* | ~ **a result** *ein Ergebnis erzielen* | ~ **a settlement** *eine Einigung erzielen*

- **reach** | NOUN, no pl | *Reichweite*
  be out of [oder: **beyond**] **reach** | VERB PHR | *außer Reichweite sein*
  [geistig] *über jds Verstand gehen, zu hoch sein*
  [finanziell] *jds Möglichkeiten übersteigen, zu teuer sein*
- **reachable** | ADJ | *erreichbar,* **unreachable** - *unerreichbar*

339 ready | ADJ | und finished | ADJ

Beide Wörter entsprechen dem deutschen Adjektiv *fertig.* Beachten Sie darum:

▶ **ready** bedeutet *fertig,* und zwar in dem Sinne, dass man für etwas oder zu etwas *bereit* ist: **Is everyone ready? Okay then, let's go.** *Sind alle soweit? Okay, dann lasst uns gehen.* | **Someone from the garage called to say your car is ready.** *Jemand von der Werkstatt hat angerufen, um zu sagen, dass dein Auto fertig* [= wieder fahrbereit, abholbereit] *ist.* | **It took me days to get the costumes ready for the premiere.** *Ich habe Tage gebraucht, um die Kostüme für die Premiere fertig zu bekommen.*

▶ *bereit, gewillt:* **I'm ready for everything.** *Ich bin zu allem bereit.* | **We are always ready to help.** *Wir sind immer bereit zu helfen.* | **Josie is ready to suffer just to lose weight.** *Josie ist bereit zu leiden, nur um abzunehmen.*

CONTEXT: **ready money** [oder: **ready cash**] *Bargeld* | ~ **meal** *Fertiggericht* | ~ **-cooked** *vorgekocht* | ~ **-made** *gebrauchsfertig, vorgefertigt,* [Kleidung] *von der Stange*
ready for delivery *versandbereit* | ~ **for occupation** [Haus, Wohnung] *bezugsfertig* | ~ **for production** *produktionsreif* | ~ **for take-off** [Flugzeug] *startbereit, startklar* | ~ **for use** *gebrauchsfertig*
get ready (**for** sth) *sich (für etw) fertigmachen, bereithalten* | **be at the** ~ *startbereit sein, in den Startlöchern stehen* | ~ **steady, go!** *Auf die Plätze, fertig, los!*

- **readiness** | REG NOUN | *Bereitschaft, Bereitwilligkeit*
- **readily** | ADJ | *bereitwillig*

▶ **finished** drückt aus, dass man mit etwas fertig ist, dass man etwas beendet hat: **Have you finished** (**your meal**)? *Bist du fertig (mit dem Essen)?* | **What are you going to do when you have finished school?** *Was hast du vor, wenn du mit der Schule fertig bist?*

have finished with sth - *mit der Benutzung von etwas fertig sein, das nun wieder anderen zur Verfügung steht:* **Have you finished with the billiard table?** *Sind Sie fertig am Billiardtisch?* [Ist der Tisch frei? Können wir jetzt spielen?] | **Can I have the paper when you have finished with it?** *Kann ich die Zeitung haben, wenn du damit fertig bist?* [... wenn du sie (durch)gelesen hast?]

have finished with sb - *die Beziehung zu jmdm beenden, mit jmdm Schluss machen:* **Cindy finished with her boy friend because she couldn't stand his jealousy any longer.** *Cindy hat mit ihrem Freund Schluss gemacht, weil sie seine Eifersucht nicht länger ertragen konnte.* | **Henry told me he had finished with Sheila, but they are still together a lot.** *Henry hat mir erzählt, er habe mit Sheila Schluss gemacht, aber sie sind immer noch viel zusammen.*

340 realise | REG VERB

▶ **realise** [AmE: **realize**] hat mehrere Bedeutungen, bei denen es durchweg um das geistige Erfassen von etwas geht. Die besten deutschen Entsprechungen von **realise** sind *einsehen, erkennen, sich klarmachen, sich klarwerden, sich bewusst sein:*
After a few weeks she began to realise how difficult the job was. *Nach ein paar Wochen begann ihr klarzuwerden, wie schwierig die Aufgabe war.* | **When we finally realised what had happened it was too late.** *Als wir endlich begriffen, was passiert war, war es zu spät.* | **No one fully realised the scope of the disaster.** *Kaum jemandem war das Ausmaß der Katastrophe bewusst.* | **Do you realise what you are telling me?** *Ist dir klar, was du mir da erzählst?* | **It wasn't easy to make him realise that we don't learn for school but for life.** *Es war nicht einfach, ihm klarzumachen, dass wir nicht für die Schule lernen, sondern für das Leben.*

341 really | ADV

▶ **really** *(wirklich)* steht normalerweise nach dem ersten Hilfsverb eines Satzes: **You should really try harder.** *Du solltest dir wirklich mehr Mühe geben.* | **I am really surprised to hear that.** *Ich bin wirklich überrascht, das zu hören.*

Wenn Sie aber **really** dem Hilfsverb voranstellen, verleihen Sie Ihrer Aussage deutlich mehr Nachdruck: **You really should try harder.** *Du solltest dir WIRKLICH mehr Mühe geben.*

Vergleichen Sie: **I don't really understand why you did it.** *Ich verstehe nicht ganz, warum du es getan hast.* [Bitte erkläre es mir.] | **I really don't understand why you did it.** [Ich habe kein Verständnis dafür.]

▶ In der Umgangssprache des AmE wird **really** häufig zu **real** verkürzt: **real interesting**, **real good**, **real nice.** Obwohl weitgehend akzeptiert, ist das nicht korrekt, denn **real** ist ein Adjektiv und **really** das daraus abgeleitete Adverb. Bleiben Sie darum bei **really interesting, really good, really nice** usw.

- **real** | ADJ | *wirklich, echt, tatsächlich:* **real art** *echte, wirkliche Kunst*
- **realistic** | ADJ | *realistisch, wirklichkeitsgetreu*
- **realist** | REG NOUN | *Realist*
- **reality** | NOUN, usu sg | *Wirklichkeit, Realität*
- **realism** | NOUN, no pl | *Realismus* [= Realitätssinn; auch: Kunst- und Literaturepoche]

342 reason | REG NOUN

▶ *Grund:* **There is no reason to be so pessimistic.** *Es gibt keinen Grund, so pessimistisch zu sein.* | **You can't suspect people without any reason.** *Du kannst Menschen nicht ohne Grund verdächtigen.* | **This can't be the true reason for his resignation.** *Das kann nicht der wahre Grund für seinen Rücktritt sein.* | **You have every reason to be ashamed.** *Du hast allen Grund, dich zu schämen.*

Auf **reason** folgt in aller Regel eine Ergänzung mit **why: The reason why I'm calling is the following:** ... *Der Grund, warum ich anrufe, ist folgender:* ... | **No one knows the reason why.** *Keiner weiß, warum.* [Wörtl.: *Keiner kennt den Grund, warum.*]

Nach einem einleitenden **that's** kann die Ergänzung **the reason** wegfallen: **Truffles are rare. That's the reason why they are so expensive.** *Trüffel sind selten. Das ist der Grund, warum sie so teuer sind.* Oder: ... **That's why they are so expensive.** ... *Darum sind sie sie so teuer.*

CONTEXT: **for good reasons** *aus guten Gründen* | **for a number of** ~ *aus vielerlei Gründen* | **for cost** ~ *aus Kostengründen* | **for financial** ~ *aus finanziellen Gründen* | **for personal** ~ *aus persönlichen Gründen* | **for health** ~ *aus gesundheitlichen Gründen*

▶ *Vernunft, Verstand:* **It was a decision against all reason but it was to prove the right one.** *Es war eine Entscheidung gegen alle Vernunft, aber sie sollte sich als die richtige erweisen.* | **Someone must bring him to reason.** *Jemand muss ihn zur Vernunft bringen.* | **Reason is the ability to think logically.** *Verstand ist die Fähigkeit, logisch zu denken.*

- **reasoning** | NOUN, usu sg | *Argumentation, Gedankengang, logisches Denken*
- **reason** | REG VERB | *begründen, (vernünftig, logisch, überlegt) reden, denken*
- **reasonable** | ADJ | *vernünftig*

343 receipt, reception, recipe und **prescription** | REG NOUNS
Hier haben wir es mit einer Reihe besonders tückischer, weil leicht zu verwechselnder Hauptwörter zu tun, von denen sich einige darüberhinaus auch noch als falsche Freunde entpuppen:

receipt | Aussprache: [rɪˈsiːt]

▶ *Erhalt, Empfang, Eingang* von Briefen, Mails, Rechnungen usw.: **The amount is payable on receipt of the invoice.** *Der Betrag wird bei Rechnungserhalt zur Zahlung fällig.* | **We acknowledge (the) receipt of your letter.** *Wir bestätigen den Eingang Ihres Schreibens.*

▶ *Quittung, Bon, Beleg:* **You can exchange the phone on presentation of the receipt.** *Sie können das Telefon gegen Vorlage der Quittung umtauschen.* | **Always ask for a receipt and make sure you get one.** *Fragen Sie immer nach einer Quittung, und achten Sie darauf, dass Sie eine bekommen.* | **I need to keep all receipts for tax purposes.** *Ich muss alle Belege für die Steuer aufheben.*

▶ *Einnahmen, Erträge:* **All receipts from the concert went to UNICEF.** *Sämtliche Einnahmen aus dem Konzert gingen an UNICEF* [Kinderhilfswerk der UNO]. | **A considerable part of the receipts goes on rent and manpower costs.** *Ein beträchtlicher Teil der Einnahmen ist für Miete und Personalkosten aufzubringen* [oder: ... *geht für Miete und Personalkosten drauf*].

reception

▶ *(festlicher) Empfang:* **I was invited to the Mayor's reception the other day**. *Ich war neulich zum Empfang beim Bürgermeister eingeladen.* | **The university held a reception for former graduates.** *Die Universität gab einen Empfang für ehemalige Absolventen.*

▶ *Aufnahme, Begrüßung, [Hotel] Empfang, Rezeption:* **The management's plans met with a chilly reception**. *Die Pläne des Managements wurden kühl aufgenommen.* | **On their return from the World Cup, the national football team were given an overwhelming reception.** *Bei ihrer Rückkehr von der Weltmeisterschaft wurde der Fußball-Nationalmannschaft ein überwältigender Empfang bereitet.* | **Always hand in your room key at the reception.** *Geben Sie Ihren Zimmerschlüssel immer an der Rezeption ab.*

▶ *[Radio, Fernsehen, Telefon] Empfang, Empfangsqualität:* **You won't get a better reception here, not even with an aerial.** *Man bekommt hier keinen besseren Empfang, nicht einmal mit einer Antenne.* | **I could hardly understand him due to the bad mobile phone reception.** *Ich konnte ihn wegen des schlechten Handy-Empfangs kaum verstehen.*

- **receive** | REG VERB | *empfangen, erhalten, bekommen, abbekommen:* **I haven't received your message I'm afraid.** *Ich habe Ihre Nachricht leider nicht erhalten.* | **He received a punch in his face.** *Er bekam einen Faustschlag ins Gesicht.* | **How many channels can you receive with your satellite dish?** *Wie viele Kanäle könnt ihr mit eurer Satellitenschüssel empfangen?*
- **receiver** | REG NOUN | *Empfänger, [Radio, TV] Empfangsgerät, [Telefon] Hörer*

REZEPT: recipe [ˈresəpɪ] und prescription

▶ **recipe** *steht sowohl für ein Koch- oder Backrezept als auch für Rezept im Sinne von Vorgehensweise, Methode:* **From where do you have the recipe for that wonderful crab soup?** *Woher hast du das Rezept für diese leckere Krabbensuppe?* | **Does anyone have a recipe for baking bread?** *Hat jemand ein Rezept zum Brotbacken?*
What is his recipe for success? *Was ist sein Erfolgsrezept?* | **There is no patent recipe for handling a crisis like this.** *Es gibt kein Patentrezept für den Umgang mit so einer Krise.*

▶ *Das Rezept als Verschreibung von Medikamenten heißt* **prescription:** **I need to see the doctor for a new prescription.** *Ich muss wegen eines neuen Rezepts zum Arzt.* | **Prescription charges should be completely abolished.** *Die Rezeptgebühren sollten komplett abgeschafft werden.* | **The medication you are asking for is not available without prescription.** *Das Medikament, nach dem Sie fragen, ist ohne Rezept nicht erhältlich [= ist rezeptpflichtig] |*
- **prescribe** | REG VERB | *verschreiben, [Rezept] ausstellen; vorschreiben, verordnen*

344 recent und recently

▶ **recent** | ADJ | *kürzliche, letzte (zurückliegende), neuere:* **I'll need a more recent photo for your application documents**. *Ich werde für meine Bewerbungsunterlagen ein neueres Foto brauchen.* | **Recent surveys show that xenophobia has been increasing.** *Neuere Untersuchungen zeigen, dass die Fremdenfeindlichkeit zugenommen hat.* | **The town has changed a lot in recent years.** *Die Stadt hat sich in den letzten Jahren sehr verändert.*

- **recently** | ADV | *kürzlich, vor kurzem, in letzter Zeit:* **We met only recently.** *Wir haben uns erst kürzlich getroffen.* | **She lived here until recently.** *Sie hat bis vor kurzem hier gewohnt.* | **I have been sleeping rather badly recently.** *Ich schlafe in letzter Zeit ziemlich schlecht.*

345 recognise [AmE: recognize] | REG VERB

▶ *erkennen, wiedererkennen:* **Do you recognise anyone in the photo?** *Erkennst du jemanden auf dem Foto (wieder)?* | **After all those years I didn't recognise any of my former classmates.** *Nach all den Jahren habe ich keinen meiner früheren Klassenkameraden wiedererkannt.* | **The doctor recognised at once the cause for my complaints.** *Der Arzt erkannte sofort die Ursache meiner Beschwerden.*

▶ *anerkennen [= Anerkennung zeigen]:* **His achievements were fully recognised only after his death.** *Seine Leistungen wurden erst nach seinem Tod voll anerkannt.* | [diplomatisch anerkennen]: **The new state was recognised by most western countries.** *Der neue Staat wurde von den meisten westlichen Ländern anerkannt.* | [als korrekt bestätigen]: **The defeated party refused to recognise the election result.** *Die unterlegene Partei weigerte sich, das Wahlergebnis anzuerkennen.*

- **recognised** | ADJ | *anerkannt:* **a recognised expert** - *ein anerkannter Experte*
- **recognition** | REG NOUN | *Anerkennung:*
  in recognition of his merits - *in Anerkennung seiner Verdienste*

346 recover | REG VERB

▶ **recover (from** sth) *sich (von etw) erholen:* **He slowly recovered from his cold.** *Er erholte sich langsam von seiner Erkältung.* | **The region will take years to recover from the disaster.** *Die Region wird Jahre brauchen, um sich von der Katastrophe zu erholen.* | **The economy still hasn't recovered from the crisis.** *Die Wirtschaft hat sich von der Krise noch nicht erholt.*

▶ *wiederbekommen, wiedererlangen:* **He died without recovering consciousness.** *Er starb, ohne das Bewusstsein wiedererlangt zu haben.* | **After his injury he never recovered his former strength.** *Nach seiner Verletzung fand er nie zu seiner früheren Stärke zurück.* | **Is there a possibility of recovering data from a wiped hard disk?** *Gibt es eine Möglichkeit, Daten von einer gelöschten Festplatte zurückzubekommen?*

- **recovery** | REG NOUN | *Erholung, Genesung,* [Computer] *Wiederherstellung, Datenrettung*

347 refuse | REG VERB

▶ *ablehnen, verweigern, verwehren:* **They had made us an offer that we simply couldn't refuse.** *Sie hatten uns ein Angebot gemacht, das wir einfach nicht ablehnen konnten.* | **I refuse to believe that she has said that.** *Ich weigere mich zu glauben, dass sie das gesagt hat.* | **Our dog has refused food for days.** *Unser Hund verweigert seit Tagen die Nahrung.*

Wenn es die im Subjekt genannten Personen sind, denen etwas verweigert wird, steht **refuse** im Passiv (**be refused** sth): **Some press people were refused admittance.** *Einigen Presseleuten wurde der Zutritt verwehrt.* | **Whatever we offered, it was refused point blank.** *Was wir auch anboten, es wurde rundweg abgelehnt.*

- **refusal** | REG NOUN | *Ablehnung*

348 regret | REG VERB

▶ **regret** sth | **regret -ing** sth | *etw bedauern, bereuen:* **We regret the inconvenience we caused you.** *Wir bedauern die Unannehmlichkeiten, die wir Ihnen bereitet haben.* | **I regret saying that.** *Ich bedaure, dass ich das gesagt habe.* | **We all regret Mr Graham's leaving the company.** *Wir alle bedauern, dass Mr. Graham die Firma verlässt.*

▶ [Höflich formulierte negative Mitteilung] **I regret to tell you this, but someone has run over your dog.** *Tut mir leid, dir das sagen zu müssen, aber jemand hat euren Hund überfahren.* | **We regret to inform you that the post you have applied for has been filled.** *Wir müssen Ihnen zu unserem Bedauern mitteilen, dass die Stelle, um die Sie sich beworben haben, vergeben ist.*

- **regretfully** | ADV | *mit Bedauern,* **regrettably** - *bedauerlicherweise, leider*

regret | REG NOUN

▶ *Bedauern:* **I have no regrets about anything I've done in my life.** *Ich bedaure nichts von dem, was ich meinem Leben gemacht habe.* | **The boys bitterly regretted what they had done and promised not to do it again.** *Die Jungs bereuten bitter, was sie getan hatten und versprachen, es nicht wieder zu tun.* | **Very much to my parent's regret I decided not to go to university.** *Sehr zum Bedauern meiner Eltern habe ich beschlossen, nicht auf die Universität zu gehen.*

349 relationships

Das weite Feld zwischenmenschlicher Beziehungen wirft auch in sprachlicher Hinsicht Fragen auf. Eine davon betrifft den *Freund* und die *Freundin.* Wann ist jemand **friend, boyfriend, boy friend, girlfriend** oder **girl friend**? Anders gefragt: wie wird im Englischen deutlich, ob wir von unverheirateten Personen sprechen, die eine Liebesbeziehung unterhalten oder von solchen, die einfach nur gut befreundet sind? Hier zur Orientierung ein paar Faustregeln:

▶ **girlfriend** *(Freundin)* und **boyfriend** *(Freund)* sind die Partner einer *romantischen Zweierbeziehung* (**romantic relationship**), die über eine reine *Freundschaft* (**friendship**) hinausgeht. Dies gilt nicht nur für den „Normalfall" einer Beziehung zwischen Personen unterschiedlichen Geschlechts (**boy** mit **girlfriend, girl** mit **boyfriend**), sondern auch für gleichgeschlechtliche Partnerschaften zwischen **boy** und **boyfriend** bzw. **girl** und **girlfriend**.

▶ Spricht ein Mann von **my friend**, so meint er damit einen anderen Mann, mit dem er befreundet ist. Wollte er betonen, dass es sich um einen männlichen Freund handelt, könnte er ihn auch **my boy friend** nennen. Dies wird er aber vermeiden. Da man die Getrenntschreibung, die den Unterschied sichtbar macht – **boy friend** gegenüber **boyfriend** – beim Sprechen nicht hört, könnte leicht der Eindruck entstehen, es handle sich um eine **same-sex relationship**, eine *gleichgeschlechtliche Beziehung.* Oft erschließen sich die Verhältnisse aber auch aus dem Zusammenhang: **I have a friend in Ireland. HE lives on a farm not far from Limerick.**

Aus demselben Grund werden auch Mädchen und Frauen von einer *Freundin* immer als **friend** sprechen, nicht als **girl friend**. Auch ein befreundeter Junge oder Mann wäre für sie **a friend** – etwaige Unklarheiten lassen sich durch Erwähnung des Namens oder durch entsprechende Pronomen (**he**, **him** oder **his**) schnell ausräumen.

▶ Ist ein Mann oder ein Junge mit einem Mädchen befreundet, ohne aber mit ihm eine engere Beziehung zu unterhalten, so wird er von **a friend** sprechen und durch ergänzende Angaben (Name, **she**, **her**) deutlich machen, dass es sich um ein weibliches Wesen handelt: **A friend is coming to see me at the weekend. She called me last night.**

▶ Unter befreundeten Männern sind kumpelhafte Bezeichnungen beliebt, z.B. **bloke** (für Männer jeden Alters), **lad** (für jüngere Männer), **chap** (etwas veraltet, vornehm), **chum** oder **mate**. Die Bezeichnung **buddy** ist vor allem in den USA populär.

Auch **guy** *(Junge, Kerl, Typ)* wird – in positivem wie in negativem Sinne – ausschließlich für Männer verwendet: **nice guy** *(netter Kerl)*, **dream guy** *(Traummann)*, **wise guy** *(Besserwisser, Klugscheißer)*, **fat guy** *(ein Fettsack)*, **bad guy** *([Film] Bösewicht, Buhmann, Schurke)*

350 remain und stay | REG VERBS

▶ **remain** - *in einem Zustand verbleiben, übrig bleiben:* **Little has remained of their fortune.** *Von ihrem Vermögen ist wenig geblieben.* | **The piano will remain in my possession.** *Das Klavier bleibt in meinem Besitz.* | **Lots of questions remained unanswered.** *Viele Fragen blieben unbeantwortet.* | **The hint came from a witness who wanted to remain anonymous.** *Der Hinweis kam von einem Zeugen, der anonym bleiben wollte.* | **They split up years ago, but have always remained friends.** *Sie haben sich vor Jahren getrennt, sind aber immer Freunde geblieben.* | **That remains to be seen.** *Das bleibt abzuwarten.*

- **remains** | NOUN, no sg | *Überreste:* **the mortal remains** - *die sterblichen Überreste*

▶ **stay** - *bleiben, (wo man ist):* **I really would like to stay, but my wife is waiting for me.** *Ich würde wirklich gern bleiben, aber meine Frau wartet auf mich.* | **How long are you going to stay this time?** *Wie lange werden Sie dieses Mal bleiben?)* | **It was her birthday yesterday, so she was allowed to stay up a bit longer.** *Sie hatte gestern Geburtstag, darum durfte sie ein bisschen länger aufbleiben.* | **Won't you stay for dinner?** *Wollt ihr nicht zum Abendessen bleiben?* | **You can stay overnight if it gets too late for you to drive home.** *Ihr könnt über Nacht bleiben, wenn es zu spät wird, um nach Hause zu fahren.*

▶ **stay** - *vorübergend wohnen* (**with** … - *bei…*)*, untergebracht sein:* **At which hotel are you staying while you are in town?** *In welchem Hotel werdet ihr wohnen, wenn ihr in der Stadt seid?* | **The children are staying with my parents at the moment.** *Die Kinder wohnen im Moment bei meinen Eltern.*

CONTEXT: **stay alive** *am Leben bleiben* | ~ **away from** sb/sth *jmd/etw meiden, sich von jmdm/ etw fernhalten* | ~ **behind** *zurückbleiben,* [Unterricht] *nachsitzen* | ~ **home** [oder: **stay in**] *zu Hause bleiben* | ~ **in bed** *im Bett bleiben* [nicht zur Arbeit, zur Schule gehen] | ~ **on** [länger als geplant] *dableiben* | ~ **loose** *locker bleiben*

- **stay** | REG NOUN | *Aufenthalt;* **overnight stay** - *Übernachtung*

351 remember | REG VERB

remember ist ein außerordentlich wichtiges Verb mit unterschiedlichen Bedeutungen, das zudem hinsichtlich seiner Einbindung in den Satz einige Besonderheiten aufweist:

▶ **remember** (sb/sth) | *sich (an jmdn/etw) erinnern:* **This is Astrid. – Ah yes, I remember.** *Das ist Astrid. – Ah ja, ich erinnere mich.* [Nicht: **I remember me.*] | **Do you remember your first journey abroad?** *Erinnerst du dich an deine erste Auslandsreise?* | **His face looks familiar, but I don't remember his name.** *Sein Gesicht kommt mir bekannt vor, aber ich erinnere mich nicht an seinen Namen.*

▶ **remember** + Nebensatz - *(wieder) einfallen:* **I have just remembered that it's Larissa's birthday today.** *Mir ist gerade eingefallen, dass Larissa heute Geburtstag hat.* | **I suddenly remembered where I had seen her before.** *Plötzlich fiel mir ein, wo ich sie schon einmal gesehen hatte.* | **Now I remember!** *Jetzt fällt's mir wieder ein. Jetzt weiß ich's wieder!*

▶ **remember doing** sth - *sich erinnern, etwas getan zu haben:* **I remember playing there a lot.** *Ich erinnere mich [oder: Ich weiß noch…], dass ich dort viel gespielt habe.* | **I can't remember saying anything like that.** *Ich kann mich nicht erinnern, so etwas gesagt zu haben.*

▶ **remember** sb **doing** sth | *sich erinnern, dass jmd etwas getan hat:* | **I remember him trying for the first time to mount a horse.** *Ich weiß noch, wie er das erste Mal versucht hat, auf ein Pferd zu steigen.*

▶ **remember to do** sth - *an etw denken* [= *nicht vergessen*], *etw bedenken:* **Remember, it's a holiday today.** *Denk daran, dass heute ein Feiertag ist.* | **Remember to feed the cat before you leave.** *Denk daran, die Katze zu füttern, bevor du gehst.* | **Did you remember to lock the front door?** *Hast du daran gedacht, die Haustür abzuschließen?*

▶ Wollen Sie Grüße ausrichten lassen, so sagen Sie: **Remember me to** ...: **Remember me to your family.** *Grüßen Sie Ihre Familie von mir.* Wenn Sie lieber etwas weniger förmlich hätten, so sagen Sie: **Give my regards to** ...: **Give my regards to your family.**

- **be remembered for** sth | VERB PHR | *wegen etw in Erinnerung bleiben*
- **remembrance** | REG NOUN | *Erinnerung [Gedenken],*
  in remembrance of - *in Erinnerung an ...*

Der **Remembrance Sunday** [auch: **Armistice Day**] ist der Gedenktag für die Gefallenen der Weltkriege [in Deutschland: *Volkstrauertag*]. Er wird in Großbritannien immer an dem Sonntag begangen, der dem 11. November am nächsten liegt – zum Gedenken an den Waffenstillstand (**armistice**) vom 11. November 1918, mit dem der 1. Weltkrieg endete.

352 **remind** | REG VERB

▶ Verwechseln Sie nicht **remind** und **remember** [→ 351]. Während **remember** immer in rückbezüglicher Bedeutung verwendet wird *(SICH erinnern)*, folgt auf **remind** stets ein Personenobjekt *(JEMANDEN erinnern* [**of** sb/sth - *an jmdn/etw*]): **Remind me to call Loretta when we are back.** *Erinnere mich daran, dass ich Loretta anrufe, wenn wir zurück sind.* | **He reminds me of someone.** *Er erinnert mich an jemanden* [= *Er sieht jemandem ähnlich*]. | **She'll forget it if no one reminds her.** *Sie wird es vergessen, wenn niemand sie erinnert.* | **We would like to remind you that mobile phones have to be turned off during the flight.** *Wir möchten Sie daran erinnern, dass Handys während des Fluges ausgeschaltet sein müssen.* | **Don't remind me!** *Erinnere mich (bloß) nicht daran!*

- **reminder** | REG NOUN | *Mahnung, Mahnschreiben;*
  auch: Erinnerung [= *etwas, das Erinnerungen wachruft*]:
  This photo is a beautiful reminder of more carefree days.
  Dieses Fotoalbum ist eine schöne Erinnerung an sorgenfreiere Tage.
- **That reminds me** ... | VERB PHR | *Dabei fällt mir ein ...*

353 **report** | REG NOUN

▶ *Bericht, Reportage, Meldung:* **The committee published its final report on Thursday.** *Der Ausschuss hat am Donnerstag seinen Abschlussbericht vorgelegt.* | **The details of the report were shocking.** *Die Einzelheiten des Berichts waren schockierend.* | **I had to send a detailed report of the accident to the insurance company.** *Ich musste der Versicherung einen detaillierten Bericht über den Unfall schicken.*

VOCABULARY: **activity report** *Tätigkeitsbericht* | **business** ~ *Geschäftsbericht* | **annual** ~ *Jahresbericht* | **audit** ~ [oder: **auditor's** ~] *Bericht eines Wirtschaftsprüfers* | **press** ~ *Pressebericht* | **confidential** ~ *vertraulicher Bericht* | **damage** ~ *Schadensbericht, Schadensmeldung* | **loss** ~ *Verlustmeldung* | **interim** ~ *Zwischenbericht* | **missing person** ~ *Vermisstenmeldung* | **school** ~ *Schulzeugnis* | **status** ~ *Zustandsbericht* | **test** ~ *Prüfbericht* | **travel** ~ *Reisebericht* | **weather** ~ *Wetterbericht.*

CONTEXT: **give a report** *Bericht erstatten* | **present a** ~ *einen Bericht vorlegen* | **publish a** ~ *einen Bericht veröffentlichen*

report | REG VERB

▶ *berichten, Bericht erstatten, melden:* **Bob Coleman reports from New York for several newspapers.** *Bob Coleman berichtet für mehrere Zeitungen aus New York.* | **After returning from their tour of India they had a lot to report.** *Nach der Rückkehr von ihrer Indienreise hatten sie eine Menge zu berichten.*

▶ *sich melden* [**to** sb/**to** a place]: **Who are we supposed to report to?** *Bei wem sollen wir uns melden?* | **Please report to the reception desk immediately.** *Bitte melden Sie sich umgehend beim Empfang.* | **Passengers are requested to report to the check-in counter an hour prior to departure.** *Reisende werden gebeten, sich eine Stunde vor Abflug am Abfertigungsschalter zu melden.*

CONTEXT: **report an accident** *einen Unfall melden* | ~ **a burglary** *einen Einbruch melden* | ~ sth **stolen** *etw als gestohlen melden* | ~ sb **missing** *jmdn als vermisst melden* | ~ **an offence against** sb - *gegen jmdn Strafanzeige stellen* | ~ **sick** / ~ **fit** *sich krank / gesund melden* | ~ **back** *sich zurück melden*

354 restaurants

An Möglichkeiten, *Essen zu gehen* (**eating out**) herrscht auch in der englischsprachigen Welt kein Mangel. Eine Vielzahl von Restaurants wartet darauf, die Gäste mit Speisen jeder Art und Preisklasse zu verwöhnen – allein, zu zweit oder in geselliger Runde.

In den Restaurants Großbritanniens dominiert die *internationale Küche* (**international cuisine**; sagen Sie nicht **kitchen**, denn damit ist allein der Raum gemeint, in dem die Speisen zubereitet werden). Auch in einem **pub** oder in einem **inn** [→ 333] kann man gut und preiswert speisen. Allerdings kann es dort zu bestimmten Tageszeiten und an Wochenenden bisweilen *gerammelt voll* (**jam-packed**) sein.

In den angesagten Restaurants von London, in die vor allem abends Scharen von Touristen und Theaterbesuchern strömen, ist es ratsam, beizeiten einen Tisch zu *reservieren* (**book a table for dinner**). Nach dem Betreten des Restaurants *warten Sie, bis Sie einen Platz zugewiesen bekommen* (**wait to be seated**). Dies ist Aufgabe des *Oberkellners* (**head waiter**). Von diesem erhalten Sie auch die *Speisekarte* (**menu**), auf der Sie eine *Auswahl an Gerichten* (**variety of dishes**) finden. Die Weinkarte (**wine list**) macht Sie mit dem *Weinangebot* (**selection of wines**) des Hauses bekannt. Wenn Sie sich *nicht entscheiden können* (**can't decide, can't make up your mind**), hilft man Ihnen sicherlich gern mit einer *Empfehlung* (**recommendation**) weiter. Wenn nicht, bitten Sie darum: **Can you recommend something?**

Beim Bestellen der ausgewählten Gerichte sagen Sie nicht **I'll take**…, sondern **I'll have**… oder auch: **I would like**… Vorweg gibt es einen *Aperitif* (**aperitive, appetiser**) oder eine *Vorspeise* (**starter**), dann folgt das *Hauptgericht* (**main course**). Möchten Sie die Bedienung herbeirufen, so tun Sie dies mit einem einfachen **Waiter!** *(Herr Ober!)* bzw. **Waitress**! *(Bedienung!)* Das mag sich ein wenig nach Kasernenhof anhören, ist aber gängige Praxis. Sagen Sie jedenfalls nicht: *Mr Waiter – er sei denn, er heißt so. Sie können auch *die Hand heben* (**hold up a hand**), *um auf sich aufmerksam zu machen* (**to catch the waiter's eye**).

Hungrige Gäste, die es kaum erwarten können, dass endlich aufgetischt wird, sagen oft nicht, wie im täglichen Leben, **I'm hungry**, sondern **I'm starving**, was soviel heißt wie: *ich komme um vor Hunger.* Einen *guten Appetit* (**good appetite**) dürfen Sie zwar mitbringen, sollten ihn aber in dieser Form nicht Ihren Mitessern wünschen. Sagen Sie stattdessen: **Enjoy your meal.**

Restaurants mit dem Hinweis **fully licensed** *(voll lizenziert)* dürfen Alkohol ausschenken, andere dürfen dies nicht oder nur dann, wenn dazu auch Speisen bestellt werden. Die vor allem in Kanada und in Australien anzutreffende Abkürzung **BYO** steht für **Bring your own** – was nichts anderes bedeutet als die Aufforderung, sich sein eigenes Getränk mitzubringen.

Dem *Nachtisch* (**dessert**) folgt üblicherweise die *Rechnung*, die in Großbritannien **bill**, in den USA **check** heißt. Wenn Sie in Spenderlaune sind, sagen Sie: **It's on me** oder: **I'll see to that** *(Das geht auf mich. Das geht auf meine Rechnung.)* In der Regel kommt zum Rechnungsbetrag noch ein mit 12,5 % nicht gerade knapp bemessenes *Bedienungsgeld* (**service charge**) hinzu. Ob Sie diese Summe dann auch noch durch ein *Trinkgeld* (**tip**) aufrunden wollen, bleibt Ihnen überlassen. Üblich sind 10% vom Rechnungsbetrag.

Eine weniger gern gesehene Zahlungsart ist **go Dutch** oder **Dutch treat,** *getrennte Kasse.* Das Englische kennt mehrere solcher mit **Dutch** gebildeter Ausdrücke, die alle wenig schmeichelhaft bzw. ausgesprochen negativ besetzt sind, z.B. **Dutch courage** für den Mut, den man sich mit reichlich Alkohol antrinkt, **Dutch concert** für Krach, Lärm, Radau, **Dutch uncle** für einen stets mürrischen, übellaunigen alten Geizhals, **Dutch wife** oder **Dutch widow** für eine Prostituierte. Alle diese Bezeichnungen gehen auf die Zeit der englisch-niederländischen Seekriege im 17. Jahrhundert zurück, als die beiden Völker eine tiefe gegenseitige Abneigung hegten.

355 ride | IRREG VERB [**rode, ridden**]

▶ *fahren* [als Mitfahrer, als Fahrgast in einem Fahrzeug unterwegs sein; befördert werden]: **I never ride on the bus without a valid ticket**. *Ich fahre nie ohne gültigen Fahrschein mit dem Bus.* | **The bride and the groom were riding in an open carriage**. *Braut und Bräutigam fuhren in einer offenen Kutsche.* | **It must still be a pleasure to ride on the Orient Express**. *Es muss immer noch ein Vergnügen sein, mit dem Orient-Express zu fahren.*

▶ [auf einem Zweirad fahren]: **Little Lykka is learning to ride a bicycle**. *Die kleine Lykka lernt gerade Rad fahren.* | **She mounted her new bike and rode off**. *Sie stieg auf ihr neues Fahrrad und fuhr davon.* | **His dog always rides with him on his motorbike**. *Sein Hund fährt immer auf seinem Motorrad mit.*

- **ride** | REG NOUN | *Fahrt* [Ausfahrt, Spazierfahrt, Karussellfahrt],
  joyride - *Spritztour, Vergnügungsfahrt*
- **rider** | REG NOUN | *(Fahrrad-, Motorrad-)fahrer*

356 **ring** | IRREG VERB [rang, rung]

▶ [Telefon, Haustür] *klingeln, läuten, anrufen:* **As I didn't have a front door key on me, I rang at our neighbour's.** *Da ich keinen Haustürschlüssel bei mir hatte, habe ich bei unseren Nachbarn geklingelt.* | **Can I ring you after work?** *Kann ich Sie nach der Arbeit anrufen?* | **Mr Jones is busy at the moment, but he will ring you back.** *Mr Jones ist im Moment beschäftigt, aber er wird Sie zurückrufen.*

Wenn es an der Tür klingelt, heißt das: **the doorbell is ringing**, entsprechend beim Telefon: **the phone is ringing**. Eine unpersönliche Konstruktion wie im Deutschen *(es klingelt)* ist dem Englischen fremd. Sagen Sie also keinesfalls: **It is ringing.*

Bei dem Ausdruck **ring a bell** klingelt es gewissermaßen im Kopf: **Does this photo ring a bell?** *Sagt dir dieses Foto etwas? Erinnert dich dieses Foto an etwas?*

357 **rise** | IRREG VERB [rose, risen]

▶ *steigen, aufsteigen, ansteigen:* **The sun rises in the east and sets in the west.** *Die Sonne geht im Osten auf und im Westen unter.* | **Real estate prices have risen considerably since we were here last.** *Die Immobilienpreise sind gewaltig gestiegen, seit wir das letzte Mal hier waren.* | **White smoke rose from the Sistine Chapel to announce that a new Pope had been elected.** *Weißer Rauch stieg aus der Sixtinischen Kapelle auf, um zu verkünden, dass ein neuer Papst gewählt worden war.*

- **rise** | REG NOUN | *Anstieg, Zunahme:* **At the end of the hike we had to climb a steep rise.** *Am Ende der Wanderung mussten wir einen steilen Anstieg hinaufklettern.* | **The country has seen a dramatic rise in delinquency.** *Das Land hat einen dramatischen Anstieg der Kriminalität erlebt.* | **When did you last get a pay rise?** *Wann hast du zuletzt eine Gehaltserhöhung bekommen?*

358 **round, around** und **about**

▶ Zwischen **round** und **around** *(um ..., um ... herum)* besteht kein nennenswerter Unterschied. Im amerikanischen Englisch wird **around** bevorzugt:
A group of scouts were sitting round / around a big bonfire. *Eine Gruppe von Pfadfindern saß um ein großes Lagerfeuer herum.* | **Our hotline is available round / around the clock.** *Unsere Hotline ist rund um die Uhr erreichbar.*

▶ **around**, im britischen Englisch auch **about**, nicht aber **round**, wird zudem verwendet

– als Adverb in der Bedeutung ... *herum* [planlos, ziellos, ungeordnet]: **We just wanted to look around / look about a bit.** *Wir wollten uns nur ein wenig umsehen.* | **Has anyone seen my sunglasses lying around / lying about somewhere?** *Hat jemand meine Sonnenbrille irgendwo herumliegen sehen?* | **She likes hanging around / hanging about with friends all day.** *Sie liebt es, den ganzen Tag mit Freunden herumzuhängen.*

– in der Bedeutung *etwa, ungefähr, zirka:* **We were around / about twenty people.** *Wir waren ungefähr zwanzig Personen.* | **The crash happened at around / about eleven o'clock.** *Der Unfall passierte gegen elf Uhr. / ... ungefähr um elf Uhr.* | **The repair will cost around / about 500 euros.** *Die Reparatur wird so um die 500 Euro kosten.* | **According to his directions the shop must be somewhere around / about here.** *Seiner Beschreibung nach muss der Laden hier irgendwo in der Gegend sein.*

359 **rule** | REG NOUN

▶ *Regel, Vorschrift:* **Football is popular because its rules are so simple.** *Fußball ist populär, weil seine Regeln so einfach sind.* | **Every rule has its exception.** *Jede Regel hat ihre Ausnahme.* | **"Keep left" is the most important rule of the road in Britain.** *„Links halten" ist die wichtigste Straßenverkehrsregel in Großbritannien.* | **The rules of the English grammar don't always seem logical to me.** *Die Regeln der englischen Grammatik erscheinen mir nicht immer logisch.*

VOCABULARY: **a golden rule** *eine goldene Regel* | **a basic ~** *eine Grundregel* | **a hard-and-fast ~** *eine Faustregel* | **as a ~** *in der Regel, normalerweise*

CONTEXT: **follow / obey / observe a rule** *eine Regel befolgen* | **apply a ~** *eine Regel anwenden* | **play by the rules** *nach den Regeln spielen* | **break a ~** *eine Regel brechen* | **violate a ~** *eine Regel verletzen*

- **rule** | NOUN, usu sg | *Herrschaft, Herrschaftszeit, Regierungszeit*
- **home rule** | REG NOUN | *Selbstverwaltung*
- **ruler** | REG NOUN | *Herrscher:* **a wise ruler, a despotic ruler**

rule | REG VERB

▶ *herrschen, regieren:* **Under the rule of Elizabeth I England ruled the seven seas.** *Unter der Herrschaft von Elizabeth I. beherrschte England die (sieben) Meere* [= die ganze Welt]. | **An emperor rules over an empire, a king over a kingdom.** *Ein Kaiser herrscht über ein Kaiserreich, ein König über ein Königreich.* | **A dictator rules his country with an iron fist.** *Ein Diktator regiert sein Land mit eiserner Faust.*

360 **run** | IRREG VERB [**ran, run**]

▶ *laufen, rennen:* **We ran as fast as we could.** *Wir rannten so schnell wir konnten.* | **Run down to the cellar and get us some more wine.** *Laufe bitte in den Keller hinunter und hole uns noch etwas Wein.* | **He slipped and fell while running after the bus.** *Er rutschte aus und fiel hin, während er dem Bus hinterherlief.* | **When he heard the the alarm go off, the burglar dropped his tools and ran away.** *Als er hörte, wie die Alarmanlage losging, ließ der Einbrecher sein Werkzeug fallen und rannte davon.*

▶ *fließen, laufen, laufen lassen:* **Tears were running down her face.** *Tränen liefen ihr über das Gesicht.* | **A shiver ran down my spine.** *Ein Schauer lief mir über den Rücken.* | **In the winter some drivers run the engine until it's warm.** *Im Winter lassen einige Fahrer den Motor laufen, bis er warm ist.* | **Shall I run you a bath or would you rather take a shower?** *Soll ich dir ein Bad einlaufen lassen, oder möchtest du lieber duschen?*

▶ [Maschinen, Geräte, Motoren, Programme] *laufen, in Betrieb sein:* **Our machines run night and day.** *Unsere Maschinen laufen Tag und Nacht.* | **Only very few cars run on electricity so far.** *Bislang fahren nur sehr wenige Autos mit Elektrizität.* | **This game doesn't run on older computers.** *Dieses Spiel läuft nicht auf älteren Rechnern.*

▶ [Film, Theaterstück usw.] *laufen, gespielt werden,* [Medien] *zeigen, bringen:* **The extended version of the film runs almost four hours.** *Die Langfassung des Films läuft fast vier Stunden.* | **The show has been running at this theatre for almost ten years now.** *Die Show läuft jetzt seit fast zehn Jahren an diesem Theater.* | **The newspapers ran big stories about the President's visit to our village.** *Die Zeitungen berichteten ausführlich über den Besuch des Präsidenten in unserem Dorf.*

▶ [öffentliche Verkehrsmittel] *(nach Fahrplan) fahren, regelmäßig verkehren:* **On workdays buses to the city centre run every five minutes.** *Werktags fahren die Busse in die Innenstadt alle fünf Minuten.* | **Remember that some trains don't run on Sundays.** *Denk daran, dass einige Züge sonntags nicht fahren.* | **At big events like rock concerts or football games the underground runs more frequently.** *Bei Großereignissen wie Rockkonzerten oder Fußballspielen fährt die U-Bahn häufiger.*

▶ [Geschäft] *leiten, führen, betreiben:* **My neighbour's wife runs a small fashion shop near the station.** *Die Frau meines Nachbarn betreibt ein kleines Modegeschäft in Bahnhofsnähe.* | **The hotel runs a shuttle service to the airport.** *Das Hotel betreibt einen Zubringerdienst zum Flughafen.* | **Most, if not all greengrocer's shops in town are run by immigrant families.** *Die meisten, wenn nicht alle, Obst- und Gemüseläden in der Stadt werden von Einwandererfamilien geführt.*

▶ **run** [**for** a post, **for** an office] - *kandidieren, sich* [um einen Posten, um ein Amt] *bewerben:* **Every adult has the right to run for a public office.** *Jeder Erwachsene hat das Recht, sich um ein öffentliches Amt zu bewerben.* | **He runs for Mayor for the third time in succession.** *Er kandidiert zum dritten Mal nacheinander für das Amt des Bürgermeisters.*

▶ **run short of** sth / **run low of** sth / **run out of** sth - [Zeit, Geld, Vorräte usw.] *knapp werden, ausgehen, zu Ende gehen, zur Neige gehen:* **The hijacked plane was running short of fuel.** *Dem entführten Flugzeug ging der Treibstoff aus.* | **We were running out of time.** *Uns lief die Zeit davon.*

CONTEXT: **run dry** [Gewässer, Fluss] *austrocknen* | **~ deep** [Probleme, Differenzen, Sorgen] *schwerwiegend, ernst sein* [**Still waters run deep.** *Stille Wasser sind tief.*] | **run off the road** [Fahrzeug] *von der Straße abkommen* | **run aground** [Schiff] *auf Grund laufen* | **run ashore** [Schiff] *stranden* [= vor der Küste auf Grund laufen] | **run wild** [Tiere] *frei herumlaufen,* [Kinder] *machen dürfen, was sie wollen*

- **run** | NOUN, usu sg | [beim Warenverkauf] *Andrang, Ansturm, „Run"*
- **runner** | REG NOUN | *Läufer* [= Person, die läuft]
  Läufer als Schachfigur: **bishop** [→ 095]
  Läufer auf Tisch und Treppe - **table runner, stair runner**
- **runny** | ADJ | [Nase] *laufend, triefend*

361 safe | ADJ

▶ *sicher* [= in Sicherheit, geschützt vor Gefahr]: **Inside a car one is safe from lightning.** *In einem Auto ist man vor Blitzen sicher.* | **The released hostages were taken to a safe place.** *Die befreiten Geiseln wurden an einen sicheren Ort gebracht.* | **Family is the place where children can feel safe and looked after.** *Die Familie ist der Ort, wo sich Kinder sicher und behütet fühlen können.*

▶ *sicher* [ungefährlich, risikolos]: **Is bungee jumping really as safe as they say?** *Ist Bungee-Springen wirklich so ungefährlich, wie man sagt?* | **No one really knows what a safe investment is these days.** *Niemand weiß wirklich, was heutzutage eine sichere Geldanlage ist.* | **Safe sex is one way to prevent AIDS.** *Safe Sex [Sex mit Kondom] ist ein Weg, um AIDS vorzubeugen.*

safe | REG NOUN

▶ Ein **safe** [pl **safes**, nicht: *saves] ist bekanntermaßen der Ort, an dem Geld, *Wertsachen* (**valuables**), Schmuck (**jewellery**), *Wertpapiere* (**securities**) und andere wichtige Unterlagen sicher aufbewahrt werden können: **We advise our guests to lock up their valuables in the hotel safe.** *Wir raten unseren Gästen, ihre Wertsachen im Hotelsafe zu verschließen.*

- **safety** | REG NOUN | *Sicherheit*
- **safely** | ADV | *sicher, wohlbehalten*: **The astronauts have returned safely from space.** *Die Astronauten sind wohlbehalten aus dem All zurückgekommen.*

362 the same | ADJ

▶ *der-, die-, dasselbe*: **Both words have the same spelling but different meanings.** *Beide Wörter werden gleich geschrieben, haben aber unterschiedliche Bedeutungen.* | **My sister and I are in love with the same boy.** *Meine Schwester und ich sind in denselben Jungen verliebt.* | **I'll have the same as the woman at the next table.** [Im Restaurant] *Ich nehme dasselbe wie die Frau am Nachbartisch.*

Beachten Sie: Auf **the same** ... folgt immer **as**, nicht **like**. Sagen Sie also nicht: *I'll have the same *like* the woman at the next table.

▶ [nach Verben] *gleich*: **All these modern city centres look the same.** *Alle diese modernen Innenstädte sehen gleich aus.* | **Both recordings sound the same to me. I can't hear any difference.** *Für mich klingen beide Aufnahmen gleich. Ich höre keinen Unterschied.* | **Are there twins that look exactly the same?** *Gibt es Zwillinge, die genau gleich aussehen?*

▶ **all the same** | ADV | - *gleichwohl, trotzdem*: **He has his quirks, but we like him all the same.** *Er hat seine Macken, aber wir mögen ihn trotzdem.* | **I'm not very likely to get the job, but I think I should apply all the same.** *Es ist nicht sehr wahrscheinlich, dass ich die Stelle bekomme, aber ich denke, ich sollte mich trotzdem bewerben.*

363 save | REG VERB

▶ *retten, sichern, schützen*, [Computerdaten] *speichern*: **A mobile phone can save lives.** *Ein Handy kann Leben retten.* | **He was determined to save his marriage at all cost.** *Er war entschlossen, seine Ehe um jeden Preis zu retten.* | **Save our Souls** [Notruf auf See, kurz: **S.O.S.**] *Rettet unsere Seelen.* | **God Save the Queen.** [Textzeile der englischen Nationalhymne] *Gott schütze die Königin.*

▶ *sparen, zurücklegen; ersparen*: **Shall we save the money or spend it?** *Sollen wir das Geld sparen oder ausgeben?* | **We'll save some cake for you if you are late.** *Wir heben dir etwas (vom) Kuchen auf, falls du später kommst.* | **We have saved enough to enjoy our retirement.** *Wir haben genug gespart, um unseren Ruhestand zu genießen.*

save | REG NOUN

save [pl: **saves**] dürfte all jenen geläufig sein, die sich ab und zu Spiele der englischen Fußball-Ligen anschauen, denn so wird die *Parade*, die *Rettungstat* eines Torhüters bezeichnet: **It was only due to their keeper's spectacular saves that the away team won the match.** *Nur dank der spektakulären Paraden ihres Torhüters gewann die Gastmannschaft das Spiel.*

364 say | IRREG VERB [**said, said**] und **tell** | IRREG VERB [**told, told**]

Das deutsche Verb *sagen* wird in einigen Fällen mit **say**, in anderen mit **tell** wiedergegeben, was nicht selten zu Fehlern führt. Darum sei hier noch einmal der Unterschied erklärt:

Verwenden Sie **say**, wenn lediglich etwas ausgesagt, etwas geäußert wird, ohne dass angegeben ist, *wem* man es sagt. Wird dagegen *einer genannten Person* etwas gesagt, etwas mitgeteilt, etwas erzählt, steht **tell**.

▶ Beispiele für die Verwendung von **say**:

What shall I say? *Was soll ich sagen?* | **Say that again**. *Sagen Sie das noch mal.* | **John says this, Diana says that. Hard to say who is right.** *John sagt dies, Diana sagt das. Schwer zu sagen, wer Recht hat.* | **First let me say that I'm so glad to be back home**. *Lassen Sie mich zunächst sagen, dass ich sehr froh bin, wieder zu Hause zu sein.* | **He left the room without saying a word.** *Er ging aus dem Zimmer, ohne ein Wort zu sagen.* | **How do you say that in English?** *Wie sagt man das auf Englisch?*

Möglich ist auch die Konstruktion **say** sth **to** sb *(etwas zu jemandem sagen)*: **There are a few things that you should never say to a woman**. *Es gibt ein paar Dinge, die man nie zu einer Frau sagen sollte* [Nicht: *... never* say *a woman*]. | **She said goodbye to us all**. *Sie verabschiedete sich von uns allen* [wörtl.: *Sie sagte uns allen Auf Wiedersehen*].

WENDUNGEN: **You may well say so.** *Das kann man wohl sagen.* | **You can say that again!** *Das kannst du laut sagen.* | **You don't say so.** *Was du nicht sagst!* | **That's easier said than done**. *Das ist leichter gesagt als getan.* | **Say when** (**stop**)! *Sag, wenn ich aufhören soll. Sag Halt.* | **That goes without saying.** *Das versteht sich von selbst.* | **No sooner said than done**. *Gesagt, getan.* | **You can say goodbye to that!** *Vergiss es! Das kannst du vergessen! Das kannst du knicken!*

- **saying** | REG NOUN | *Redensart, Spruch*
- **say ...** | ADV | *sagen wir..., nehmen wir mal an ..., ich sag mal ...*

▶ Beispiele für die Verwendung von **tell**:

Tell us everything you know. *Sagen Sie uns alles, was Sie wissen.* | **Don't tell me you have forgotten our date**. *Jetzt sag bloß nicht, du hast unsere Verabredung vergessen.* | **I can't tell you how surprised I was**. *Ich kann euch nicht sagen, wie überrascht ich war.* | **That's all I can tell you at the moment**. *Das ist alles, was ich Ihnen im Moment sagen kann.* | **My great-grandfather often tells us stories of the war**. *Mein Urgroßvater erzählt uns oft Geschichten vom Krieg.*

WENDUNGEN: **You can never tell.** *Man kann nie wissen.* | **You are telling me!** *Wem sagst du das!* | **Tell that to the marines.** *Das kannst du deiner Großmutter erzählen.* | **I can tell you a thing or two about it.** *Ich kann ein Lied davon singen.*

Beachten Sie, dass sich einige feste Wendungen nur mit **tell** bilden lassen, z.B. **tell the truth** *die Wahrheit sagen,* **tell a lie** *lügen,* **tell the time** *die Zeit sagen* oder **tell fortunes** *wahrsagen.*

be said und be told

▶ Mit den Formen von **be said (to** ...) lässt sich ausdrücken, was einer Person oder Sache *nachgesagt* wird, entsprechend deutscher Wendungen wie: *man sagt..., es heißt..., soll ja..., soll angeblich... :*

Margarine is said to be healthier than butter. Is that true? *Margarine soll gesünder sein als Butter. Stimmt das?* | **Monica is said to suffer from depression**. *Monica leidet angeblich an Depressionen.* | **Some are said to have lost millions on the stock market**. *Einige sollen an der Börse Millionen verloren haben.*

▶ Die Formen von **be told (that** ...) verwenden Sie dagegen, wenn Sie etwas von dritter Seite erfahren haben: **I was told that the plane would be delayed for at least half an hour**. *Mir wurde gesagt, dass sich die Maschine um mindestens eine halbe Stunde verspäten würde.* | **We hadn't been told that we needed an appointment**. *Uns war nicht gesagt worden, dass wir einen Termin brauchen.*

▶ **be told (not) to** ... drückt eine *Anweisung* aus; jemandem wird gesagt, was er tun, wie er sich verhalten soll: **We were told to wait here**. *Uns wurde gesagt* [oder: *Man sagte uns*], *wir sollen hier warten.* | **The passengers were told not to get off the bus**. *Die Fahrgäste wurden aufgefordert, den Bus nicht zu verlassen.* | **Do as you are told**. *Tu, was man dir gesagt hat.*

365 schooling

Wenn englische Kinder *im Alter von 5 Jahren* (**at the age of five**) schulpflichtig werden, haben sie meist schon eine *vorschulische Erziehung* (**pre-school education**) durchlaufen, etwa an einer **nursery school**, einer Mischform aus Kindergarten und Vorschule. Mit 4 Jahren, also noch vor Beginn der *Schulpflicht* (**compulsory schooling**), können die Kleinen ein sogenanntes *Eingangsjahr* (**reception**) absolvieren, bevor sie anschließend sechs Jahre lang (**Year One** bis **Year Six**) eine *Grundschule* (**Primary School**) besuchen, deren erste Stufe (das 1. und 2. Jahr) auch als **infant school** bezeichnet wird, auf die dann (vom 3. bis zum 6. Jahr) die **junior school** folgt.

Mit 11 Jahren *wechseln* die Schüler dann auf eine *weiterführende Schule über* (**move on to a secondary school**), in der Regel eine *Gesamtschule* (**comprehensive school**). Dort können sie nach fünf Jahren die Prüfungen für das **General Certificate of Secondary Education** [kurz: **GCSE**] ablegen, was etwa einem deutschen mittleren Bildungsabschluss *(Realschulabschluss, Sekundarabschluss I, Mittlere Reife)* entspricht.

Eine andere Schulform der Sekundarstufe ist die (**secondary**) **grammar school**, unserem *Gymnasium* vergleichbar. Ihr Schwerpunkt liegt auf einer akademischen Ausbildung und wird vor allem von Schülern besucht, die nach der Schule ein Universitätsstudium anstreben.

Nach 11 Schuljahren endet die *allgemeine Schulpflicht* (**compulsory schooling**). Während nun viele *die Schule verlassen* (**leave school**), *mit einer Berufsausbildung beginnen* (**start a professional training**) oder *ins Arbeitsleben eintrete*n (**go into employment**), können die begabteren ihre Schulzeit noch um eine zweijährige *gymnasiale Oberstufe* (**sixth form**) verlängern – sofern ihre Schule solche Klassen anbietet, was allerdings nur bei etwa der Hälfte der Schulen der Fall ist. Ist diese Möglichkeit nicht gegeben, können Schüler den höheren Schulabschluss auch an einem *Oberstufenkolleg* (**sixth form college**) erwerben. Parallel dazu können sie *ein Berufspraktikum absolvieren* (**go on work experience, take an internship**). Wer studieren möchte, muss in mindestens drei Fächern die Bestnote (**A-Levels**) erreichen, idealerweise in denen, die auf den späteren *Studiengang* (**degree course**) vorbereiten. Für die Aufnahme an den Elite-Universitäten Oxford und Cambridge werden fünf A-Levels erwartet.

Die meisten Schüler *besuchen eine staatliche Schule* (**attend a state school**). Diese werden von *örtlichen Behörden* (**local authorities**) finanziert und richten ihr Unterrichtsangebot an den Vorgaben eines *zentralen Lehrplans* (**National Curriculum**) aus. Dieser umfasst die *Fächer* (**subjects**) **English, mathematics** [maths, AmE: math] *Mathematik*, **science** *Naturwissenschaften*, **information and communication technology** [ICT] *Informations- und Kommunikationstechnologie*, **modern foreign languages** *Moderne Fremdsprachen*, **physical education** [PE] *Sport*, **geography** *Geographie*, **art and design** *Kunst und Design*, **history** *Geschichte* und **music** *Musik*. Die Leistungen der Schüler wie auch die Standards der Schule werden regelmäßig durch eine eigens hierfür zuständige Einrichtung überprüft.

Staatliche *Internate* (**state boarding schools**) sind Ganztagsschulen mit angeschlossenen Wohnheimen. Sie verlangen *Gebühren* (**fees**) für die *Unterbringung* (**accommodation**) und *Ausbildung* (**tuition**) der Schüler. Die Kosten für die Unterkunft sind von den Eltern zu tragen, die Schulgebühren werden von der *örtlichen Erziehungsbehörde* (**Local Education Authorithy**) übernommen.

In den USA sind **public schools** das, was die Bezeichnung vermuten lässt: öffentliche, vom Staat unterhaltene Schulen. Dagegen handelt es sich bei britischen **public schools** um *unabhängige* (**independent**), *privat finanzierte* (**privately funded**) Internate, an denen die Söhne und Töchter wohlhabender Familien für die *Aufnahmeprüfungen* (**entry exams**) an den Eliteuniversitäten Oxford und Cambridge vorbereitet werden. Allerdings bieten nicht alle Privatschulen eine Oberstufe an, sondern sind, je nach Alter der Schüler, entweder eine **preparatory school** [kurz: **prep school**, für Schüler bis 13 Jahre] oder eine **independent secondary school** [ab 13 Jahre].

Schulnoten heißen **grades**, *Prüfungsnoten* an britischen Schulen auch **marks**. Sie werden in Form von Buchstaben vergeben. Das Benotungssystem der unterschiedlichen Schularten ist sehr ausdifferenziert und im Detail schwer darstellbar. Für England, Nordirland und Wales gilt:

– Noten für GSCE-Abschlüsse: **A***, **A, B, C, D, E, F, G** und **U**. (Die Wertung **A*** ist *herausragend*, **U** steht für **unclassified**, *ungenügend*. Gute Chancen auf dem Arbeitsmarkt versprechen in der Regel aber nur Noten von **A** bis **C**.

– Noten für Advanced Level: **A*, A, B, C, D, E** und **U**.

Aus den Noten der einzelnen Fächer wird der *Notendurchschnitt* (**grade point average**, kurz: **GPA**) errechnet, der für Berufswahl und Studium eine maßgebliche Rolle spielt.

366 **scratch** | REG VERB

▶ *kratzen, ritzen:* **The cat scratches at the door when it wants to go out or in.** *Die Katze kratzt an der Tür, wenn sie raus oder rein will.* | **We scratched our last few pennies together.** *Wir kratzten unsere letzten paar Pfennige zusammen.* | **I've scratched my hand on an old nail.** *Ich habe mir an einem alten Nagel die Hand geritzt.*

Notieren Sie sich auch den Ausdruck **from scratch** - *ganz von vorn, von Grund auf, von der Pike auf, bei Null:* **My English was so bad that I decided to start from scratch.** *Mein Englisch war so schlecht, dass ich beschloss, ganz von vorn anzufangen.* | **He learned his job from scratch.** *Er hat seinen Job von der Pike auf gelernt.*

367 **sea**, **lake** und **seaside** | REG NOUNS

▶ **sea** bedeutet *DIE See, das Meer*: **My elder brother went to sea.** *Mein älterer Bruder ist zur See gefahren.* | **Huge special cranes lifted the wreck from the bottom of the sea.** *Riesige Spezialkräne hoben das Wrack vom Grund des Meeres.* | **The rubber raft drifted out to sea.** *Das Schlauchboot trieb auf das Meer hinaus.*

CONTEXT: **a calm sea** *eine ruhige See* | **a choppy** ~ *eine bewegte See* | **deep** ~ *Tiefsee* | **the open** ~ *das offene Meer* | **in heavy** ~ *in schwerer See* | **on the high** ~**s** *auf hoher See* | **rough** ~ *raue See* | **a stormy** ~ *eine stürmische See* | **a wavy** ~ *eine wogende See* | **the seven** ~**s** *die Sieben Meere* [= die ganze Welt].

VOCABULARY: **seafood** *Meeresfrüchte* | **seagull** *Seemöwe* | ~ **mile** *Seemeile* | ~ **level** *Meereshöhe, Meeresspiegel* | ~ **monster** *Meeresungeheuer* | ~ **port** *Seehafen* | ~ **resort** *Seebad*

WELL-KNOWN SEAS: **North Sea** *Nordsee* | **Baltic Sea** *Ostsee* | **Adriatic Sea** *Adriatisches Meer* | **China Seas** [Nicht: *Chinese Sea] *Chinesisches Meer* | **Black Sea** *Schwarzes Meer* | **Red Sea** *Rotes Meer* | **Wadden Sea** *Wattenmeer*.

Dass Namen zuweilen irreführend sind, zeigen das *Tote Meer* (**Dead Sea**) und das *Kaspische Meer* (**Caspian Sea**), bei denen es sich eigentlich um Seen, also um **lakes** handelt.

▶ **lake** (*DER See*) bezeichnet den vollständig von Land umgebenen *Binnensee*: **A male body was found by the lake this morning.** *Heute Morgen wurde am See eine männliche Leiche gefunden.* | **A large part of the lake is covered by reeds.** *Eine großer Teil des Sees ist von Schilf bewachsen.* | **Reservoirs are artificial lakes.** *Stauseen sind künstliche Seen.*

WELL-KNOWN LAKES: **Lake Constance** *Bodensee* | **Lake Garda** *Gardasee* | **Lake Geneva** *Genfer See* | **Lake Balaton** *Plattensee (Ungarn)* | **Lake Erie** *Eriesee* | **Lake Ontario** *Ontariosee*

▶ **seaside** [no pl] bezeichnet, vor allem im britischen Englisch, die Küste als Feriengebiet, also Meeresufer, Strand und Dünen: **We always go to the seaside for our holiday.** *Wir fahren im Urlaub immer ans Meer.* | **For the weekend we are planning a bike trip to the seaside.** *Für das Wochenende planen wir eine Fahrradtour ans Meer.*

Häufige Verbindungen mit **seaside** sind **seaside cottage** *Ferienhaus an der Küste* | **seaside town** *Seestadt, Stadt am Meer* | **seaside hotel** *Hotel am Meer* | **seaside resort** *Seebad*

368 **seat** | REG NOUN

▶ *Platz, Sitzplatz, Sitz*: **Put the small suitcases on the back seat.** *Leg die kleinen Koffer auf den Rücksitz.* | **Economy class seats are not very comfortable.** *Sitze in der Touristenklasse sind nicht sehr bequem.* | **We had to stand for the whole performance as all seats were taken.** *Wir mussten die ganze Vorstellung über stehen, da alle Sitzplätze besetzt waren.* | **Is this seat taken?** *Ist dieser Platz frei?* [wörtlich: Ist dieser Platz besetzt?]

VOCABULARY: **baby seat** *Babysitz, Kindersitz* | **driver's** ~ *Fahrersitz* | **passenger's** ~ *Beifahrersitz* | **back** ~ *Rücksitz* | **ejection** ~ *Schleudersitz* | **folding** ~ *Klappsitz* | **adjustable** ~ *verstellbarer Sitz* | [Zug, Bus oder Flugzeug] **aisle** ~ *Sitz am Gang*, **centre** ~ *Sitz in der Mitte*, **window** ~ *Fensterplatz*

CONTEXT: **book a seat** *einen Platz reservieren lassen* | **have a** ~ [oder: **take a** ~] *sich setzen, Platz nehmen* | **keep one's** ~ *sitzen bleiben* | **save** sb **a** ~ *für jmdn einen Platz freihalten*

369 **see** | IRREG VERB [**saw**, **seen**]

▶ *sehen*: **I can't see anything in this dim light.** *Ich kann bei diesem schummrigen Licht nichts sehen.* | **Everyone could see that she had been crying.** *Alle konnten sehen, dass sie geweint hatte.* | **I saw someone climb in through the kitchen window.** *Ich habe jemanden durch das Küchenfenster einsteigen sehen.*

▶ *jmd (in einer bestimmten Angelegenheit) aufsuchen, sprechen wollen*: **You had better see a doctor about your eyes.** *Du solltest wegen deiner Augen lieber zum Arzt gehen.* | **Could I see you in private for a moment?** *Könnte ich Sie einen Moment unter vier Augen sprechen?* | **I'd like to see my lawyer.** *Ich möchte mit meinem Anwalt sprechen.*

▶ *sich mit jmdm treffen, mit jmdm „gehen", mit jmdm zusammen sein* [= eine Beziehung unterhalten]: **They have been seeing each other a lot lately.** *Sie haben sich in letzter Zeit viel gesehen* [= haben sich häufig getroffen, waren viel zusammen] | **Is Bob still seeing that girl from the music shop?** *Geht Bob immer noch mit dem Mädchen aus dem Musikladen?* [= Ist er immer noch mit ihr zusammen?]

Notieren Sie sich auch die etwas seltsam anmutende, aber im Alltag recht geläufige Redensart **Long time no see** (*Lange nicht gesehen*).

▶ *verstehen:* **You see what I mean?** *Du verstehst, was ich meine?* | **I don't quite see what you are driving at.** *Ich verstehe nicht ganz, worauf Sie hinauswollen.* | **At least that's the way I see it.** *So sehe ich das wenigstens.* | **You see**… [Erläuternd] *Sehen Sie…, Verstehen Sie…*

370 **sense** | REG NOUN

▶ *Sinn* [= Wahrnehmungsorgan]: **Man has five senses, a cat has six.** *Der Mensch hat fünf Sinne, die Katze sechs.* | **The show was a feast for the senses.** *Die Show war ein Fest für die Sinne.* | **Dogs have a far better sense of smell than humans do.** *Hunde haben einen viel besseren Geruchssinn als Menschen.*

VOCABULARY: **sense of sight** *Sehvermögen* | **~ of hearing** *Gehör* | **~ of smell** *Geruchssinn* | **~ of taste** *Geschmackssinn* | **~ of touch** *Tastsinn* | **~ of direction** *Orientierungssinn, Ortssinn* | **~ of balance** *Gleichgewichtssinn*

▶ *Sinn* [= bedeutungsvoller Inhalt]: **The sentence makes no sense to me.** *Der Satz ergibt für mich keinen Sinn.* | **New laws wouldn't make much sense.** *Neue Gesetze würden nicht viel Sinn machen.* | **Democracy, in the original sense of the word, means "rule of the people".** *Demokratie bedeutet im ursprünglichen Wortsinn „Herrschaft des Volkes".*

Der Gegenbegriff zu **sense** ist **nonsense** *(Unsinn):* **What nonsense!** *Was für ein Quatsch!* | **Stop talking nonsense!** *Red keinen Blödsinn!* | **I believe in homoeopathy, but my doctor deems it nonsense!** *Ich glaube an Homöopathie, aber mein Arzt hält sie für Blödsinn.*

▶ *Gespür, Verstand, Verständnis:* **Brits have a native sense of humour.** *Briten haben einen angeborenen Sinn für Humor.* | **She is equipped with a distinct business sense.** *Sie ist mit einem ausgeprägten Geschäftssinn ausgestattet.*

VOCABULARY: **sense of duty** *Pflichtgefühl* | **~ of family** *Familiensinn* | **~ of justice** *Gerechtigkeitssinn* | **~ of reality** *Realitätssinn* | **~ of shame** *Schamgefühl*

371 **sensible** und **sensitive**

▶ Vorsicht, falscher Freund! Das englische Wort für *sensibel* heißt nicht, wie man annehmen könnte, **sensible**, sondern **sensitive**: **My eyes are very sensitive to light.** *Meine Augen sind sehr lichtempfindlich.* | **This CD contains highly sensitive data.** *Die CD enthält hochsensible Daten.* | **Don't be so sensitive!** *Sei nicht so empfindlich!*

▶ **sensible** leitet sich von **sense** [→ 370] her, bedeutet also *sinnvoll, vernünftig, einsichtig:* **Be sensible!** *Sei vernünftig!* | **That's not a sensible answer to my question.** *Das ist keine vernünftige Antwort auf meine Frage.* | **He was sensible enough not to drive after drinking.** *Er war vernünftig genug, nicht zu fahren, nachdem er getrunken hatte.*

372 **separate** | REG VERB

▶ *trennen:* **A wire mesh fence separated the visitors from the animals.** *Ein Maschendrahtzaun trennte die Besucher von den Tieren.* | **A large number of families got separated during the war.** *Eine große Zahl von Familien wurde während des Krieges getrennt.* | **She has always managed to separate private and professional matters.** *Sie hat es immer verstanden, Privates und Berufliches zu trennen.*

separate | ADJ

▶ *getrennt:* **The prisoners were kept in separate cells.** *Die Gefangenen wurden in getrennten Zellen gehalten.* | **We always keep cheese separate from other food.** *Wir bewahren Käse immer getrennt von anderen Lebensmitteln auf.* | **From that day on they went their separate ways.** *Von jenem Tag an gingen sie getrennte Wege.*

373 **serve** | REG VERB

▶ *dienen* [Dienstzeit ableisten]: **The Minister** [USA: **Secretary**] **of Defence has never served in the military.** *Der Verteidigungsminister hat nie gedient.* [= war nie Soldat]. | **My grandfather served under three presidents.** *Mein Großvater hat unter drei Präsidenten gedient.*

▶ **serve as** sth - *als etw dienen* [= als etw benutzt werden]: **Empty beer cans served as goalposts.** *Leere Bierdosen dienten als Torpfosten.* | **The gym served as a refugee camp.** *Die Turnhalle diente als Flüchtlingslager.* | **The current crisis can't serve as an excuse for bad policy.** *Die gegenwärtige Krise kann nicht als Entschuldigung für schlechte Politik dienen.*

▶ *servieren, bedienen:* **I'm sorry, but we don't serve any beer here.** *Leider schenken wir hier kein Bier aus.* | **Dinner is served from 7 o'clock to 9.30.** *Das Abendessen wird von 7 Uhr bis 9.30 Uhr serviert.*

service | REG NOUN

▶ **service** *(Dienst, Dienstleistung, Bedienung, Service)* ist mit seinen unterschiedlichen Bedeutungen längst auch hierzulande jedermann geläufig:

The service industries are expanding. *Der Dienstleistungssektor expandiert.* | **The food was quite all right, but the service was lousy.** *Das Essen war ganz in Ordnung, aber der Service* [= die Bedienung] *war miserabel.* | **My grandmother left us a precious Victorian tea service.** *Meine Großmutter hat uns ein kostbares viktorianisches Teerservice hinterlassen.*

VOCABULARY: **accommodation service** *Zimmervermittlung* | **room ~** [Hotel] *Zimmerservice* | **job ~** *Jobvermittlung* | **careers ~** *Berufsberatung* | **ambulance ~** *Rettungsdienst* | **bus ~** / **train ~** / **ferry ~** *Bus- / Zug- / Fährverbindung* | **church ~** *Gottesdienst* | **civil ~** [oder: **public ~**] *Staatsdienst, öffentlicher Dienst* | **customer ~** *Kundendienst* | **field ~** *Außendienst* | **delivery ~** / **party ~** [oder: **catering ~**] *Partyservice* | **maintenance ~** *Wartungsdienst* | **repair ~** *Reparaturdienst* | **messenger ~** *Kurierdienst* | **shuttle ~** *Zubringerdienst* | **towing ~** [oder: **breakdown ~**] *Abschleppdienst* | **emergency ~** *Notdienst* | **military ~** *Wehrdienst* | **secret ~** *Geheimdienst* | **self-~** *Selbstbedienung*

service area *Autobahnraststätte* | **~ lane** [Landstraße, Autobahn] *Seitenstreifen* | **~ provider** *Dienstleister* | **~ company** *Dienstleistungsunternehmen* | **~ record** [Autopflege] *Serviceheft* | **~ staff** *Dienstpersonal*

---

374 SCHATTEN: **shadow** und **shade** | REG NOUNS

Die beiden Bezeichnungen sind nicht immer leicht auseinanderzuhalten, zumal man sie häufig in übertragener Bedeutung verwendet. Der Unterschied ist folgender:

▶ **shadow** bezeichnet, auch in übertragener Bedeutung, den klar umrissenen *Schatten*, den ein Mensch oder ein Gegenstand wirft und der sich auf anderen Flächen als Silhouette abbildet:

Shadows grow longer when the sun is low. *Der Schatten werden länger, wenn die Sonne tief steht.* | **The clouds cast big shadows on the water.** *Die Wolken warfen große Schatten auf das Wasser.* | **For weeks he had been following her like a shadow.** *Wochenlang war er ihr wie ein Schatten gefolgt.* | **After her illness she was just a shadow of her former self.** *Nach der Krankheit war sie nur noch ein Schatten ihrer selbst.*

NOTIEREN SIE AUCH: **cast a shadow on** sth - *einen Schatten auf etwas werfen, etwas überschatten:* **A series of bomb attacks cast a shadow on the peace talks.** *Eine Serie von Bombenanschlägen warf einen Schatten auf die Friedensgespräche.* | **Her father's death cast a shadow over the family reunion.** *Der Tod ihres Vaters überschattete das Familientreffen.*

Gleiches lässt sich auch passivisch mit dem Verb **overshadow** ausdrücken: **The peace talks were overshadowed by a series of bomb attacks. The family reunion was overshadowed by her father's death.**

overshadow wird auch im Sinne von *in den Schatten stellen* [= alles andere übertreffen] gebraucht: **The new GLX-500 overshadowed all the other models.** *Der neue GLX-500 stellte alle anderen Modelle in den Schatten.*

▶ **shade** ist der vor direkter Sonneneinstrahlung und vor Hitze geschützte Bereich: **This plant needs shade.** *Diese Pflanze braucht Schatten.* | **The temperature was 40 degrees in the shade.** *Die Temperatur betrug 40 Grad im Schatten.* | **In the shade of a chestnut tree we found shelter from the heat.** *Im Schatten einer Kastanie fanden wir Schutz vor der Hitze.*

---

375 **share** | REG NOUN

▶ *Anteil, Teil, Beteiligung:* **It was agreed that everyone should get an equal share.** *Es wurde vereinbart, dass jeder den gleichen Anteil bekommen sollte.* | **After weeks of quarrelling he renounced his share of the inheritance.** *Nach wochenlangen Streitereien verzichtete er auf seinen Anteil am Erbe.* | **China's share in gobal trade is steadily increasing.** *Chinas Anteil am Welthandel nimmt ständig zu.*

▶ *Aktien, Anteilsscheine:* **We decided to sell our shares in the company.** *Wir haben beschlossen, unsere Firmenanteile zu verkaufen.* | **The value of my shares has been falling dramatically.** *Der Wert meiner Aktien ist dramatisch gefallen.*

share | REG VERB

▶ *etw teilen, sich etw teilen, etw aufteilen, etw gemeinsam nutzen:* **Kate and I share a 50 sqm** [oder: **50 m²**] **flat.** *Kate und ich teilen uns eine 50 m²-Wohnung.* | **We don't quite share your concerns regarding this country's future.** *Wir teilen Ihre Befürchtungen hinsichtlich der Zukunft dieses Landes nicht ganz.* | **Two women scientists share the Nobel Prize for medicine.** *Zwei Wissenschaftlerinnen teilen sich den Nobelpreis für Medizin.*

376 short | ADJ

▶ *kurz:* **She sent me a short message.** *Sie schickte mir eine kurze Nachricht.* | **We took a short break and got back to work.** *Wir machten eine kurze Pause und gingen wieder an die Arbeit.* | **Make it short, I'm in a hurry.** *Mach es kurz, ich bin in Eile.*

▶ *klein* [von geringer Körpergröße]: **Willie is a little short for his age.** *Willie ist ein bisschen klein für sein Alter.* | **I appear quite short standing next to my brother.** *Ich wirke ziemlich klein neben meinem Bruder.* | **To be short is naught, to be tall is all.** [Redensart] *Klein sein ist nichts, groß sein ist alles.*

▶ **run short of** sth - *nur noch wenig von etw haben:* **Even after the slightest effort I run short of breath.** *Schon nach der kleinsten Anstrengung geht mir die Puste aus.* | **Hospitals in the disaster area are running short of medicine.** *Den Krankenhäusern im Katastrophengebiet gehen die Medikamente aus.*

▶ **be short of** sth - *von etw zu wenig haben:* **Water is short in many places of the world.** *Wasser ist an vielen Orten der Welt knapp.* | **Our school is short of qualified teachers.** *An unserer Schule fehlen qualifizierte Lehrer.* | **I would have loved to buy the shirt, but was five euros short.** *Ich hätte das Shirt gerne gekauft, aber mir fehlten fünf Euro* [oder: *... ich hatte fünf Euro zu wenig.*]

- **shortage** | REG NOUN | *Mangel, Knappheit:*
  food shortage, fuel shortage, housing shortage
  Nahrungsmangel, Treibstoffmangel, Wohnungsmangel

377 side und **page** | REG NOUNS

▶ **side** - *Seite* [Bereich neben der Mitte]: **You are driving on the wrong side of the road.** *Du fährst auf der falschen Straßenseite.* | **She has always lived on the bright side of life.** *Sie stand immer auf der Sonnenseite des Lebens.* | **The bus stop is on the other side of the street.** *Die Bushaltestelle ist auf der anderen Straßenseite.* | **People came running from all sides.** *Die Menschen kamen von allen Seiten herbeigelaufen.*

[Außenfläche] **A dice has six sides.** *Ein Würfel hat sechs Seiten.* | **Most printers can print on both sides of the paper.** *Die meisten Drucker können beide Seiten des Papiers bedrucken.* | **Euro coins have one common side and one national side that differs from country to country.** *Euromünzen haben eine gemeinsame und eine nationale Seite, die von Land zu Land verschieden ist.*

VOCABULARY: **back side** *Rückseite* | **bright ~** *schöne Seite, Sonnenseite* | **dark ~** *dunkle Seite, Schattenseite* | **front ~** *Vorderseite* | **home ~** [Sport] *Heimmannschaft*
side blow *Seitenhieb* | **~ dishes** [Restaurant] *Beilagen* | **~ effect** *Begleiterscheinung, Nebenwirkung* | **~ entrance** *Seiteneingang* | **~ issue** *Randthema* | **~ job** *Nebenjob* | **~ road** [auf dem Land] *Nebenstraße* | **~ street** [in der Stadt] *Seitenstraße* | **~ trip** *Abstecher* | **~ wind** *Seitenwind*

▶ **page** - *Seite* in einem Buch: **Look at the pictures on page 268.** *Seht euch die Bilder auf Seite 268 an.* | **The story is continued on page 92.** *Fortsetzung der Geschichte auf Seite 92.* | **Who is the woman on the cover page?** *Wer ist die Frau auf der Titelseite?* | **I read the book, but skipped a few pages.** *Ich habe das Buch gelesen, aber ein paar Seiten übersprungen.*

VOCABULARY: **blank page** *Leerseite* | **double ~** *Doppelseite* | **full ~** *ganze Seite* | **internet ~ / home ~ / web ~**] *Internetseite / Website / Homepage* | **~ layout** *Seitengestaltung* | **~ number** *Seitenzahl* | **~ reference** *Seitenangabe*

CONTEXT: **copy a page** *eine Seite kopieren* | **print a ~** *eine Seite drucken* | **run over a ~** *eine Seite überfliegen* | **skip a ~** *eine Seite überspringen* | **turn a ~** *umblättern*

378 sign | REG NOUN

▶ *Zeichen, Anzeichen:* **Deaf persons use a sign language to communicate.** *Gehörlose benutzen eine Zeichensprache, um sich zu verständigen.* | **Crocuses are considered the first signs of spring.** *Krokusse gelten als die ersten Anzeichen des Frühlings.* | **Rapid loss of weight can be the sign of a serious disease.** *Rascher Gewichtsverlust kann Anzeichen einer ernsten Erkrankung sein.*

▶ *Schild, Hinweisschild:* **A sign in the window said that the house was for sale.** *Ein Schild im Fenster besagte, dass das Haus zum Verkauf stand.* | **Turn left at the crossroads and then follow the signs.** *Biegen Sie an der Kreuzung links ab und folgen Sie dann den Schildern.* | **Foreign traffic signs can be very confusing.** *Ausländische Verkehrszeichen können sehr verwirrend sein.*

sign | REG VERB

▶ *unterschreiben, unterzeichnen*: **Sign here please.** *Unterschreiben Sie bitte hier.* | **When paying by credit card you have to sign the counterfoil.** *Wenn man mit der Kreditkarte bezahlt, muss man den Empfangsschein unterschreiben.* | **Make sure you get everything right before you sign a contract.** *Vergewissern Sie sich, dass Sie alles richtig verstanden haben, bevor Sie einen Vertrag unterzeichnen.*

- **signature** | REG NOUN | *Unterschrift, Signatur*

▶ **sign up for** sth - *sich für etw anmelden, sich durch Unterschrift vertraglich binden*: **Sue and I signed up for driving lessons.** *Sue und ich haben uns für den Führerschein angemeldet.*

379 **site** | REG NOUN

▶ **site** *bezeichnet einen Platz, Schauplatz, Standort, ein Gelände, eine Stätte*: **This is the site of a famous battle.** *Dies ist der Schauplatz einer berühmten Schlacht.* | **They are planning to relocate the airport but haven't found a suitable site yet.** *Man plant, den Flughafen zu verlegen, hat aber noch kein geeignetes Gelände gefunden.* | **Heinrich Schliemann found the site of ancient Troy.** *Heinrich Schliemann fand den Ort des antiken Troja.*

VOCABULARY: **archaeological site** *Ausgrabungsstätte* | **building** ~ *Baugelände, Baustelle* | **burial** ~ *Grabstätte* | **camping** ~ [oder: **campsite**] *Campingplatz* | **exhibition** ~ *Ausstellungsgelände* | **factory** ~ *Fabrikgelände* | **memorial** ~ *Gedenkstätte* | **website** [Internet] *Website*

380 **sky** und **heaven** | REG NOUNS

▶ **sky** *ist die allgemein übliche, auch in Wissenschaft und Meteorologie verwendete Bezeichnung für Himmel*: **There were balloons in the sky.** *Es waren Ballons am Himmel.* | **It was a perfect day with a clear and cloudless sky.** *Es war ein herrlicher Tag mit einem klaren, wolkenlosen Himmel.*

▶ **heaven** *wird in einem eher poetischen, philosophisch-religiösen Sinn verstanden und beschreibt den Himmel als Paradies, als Ort der Glückseligkeit, als Sitz Gottes*: **All good children go to Heaven.** *Alle guten [= braven] Kinder kommen in den Himmel.* | **The heavens opened.** *Die Schleusen des Himmels öffneten sich.* | **To farmers the rain was like a gift from heaven.** *Für die Bauern war der Regen ein Geschenk des Himmels.* | **He moved heaven and earth to help us.** *Er hat Himmel und Erde in Bewegung gesetzt, um uns zu helfen.* | **Heavens!** [Ausruf] *Du lieber Himmel!*

381 KLEIN: **small** und **little** | ADJs

▶ **small** *bedeutet klein [= kleiner als der vergleichbare Durchschnitt], bei Kindern auch jung*: **The car is small, but it is mine.** *Das Auto ist klein, aber es gehört mir.* | **Our flat is too small for such a big party.** *Unsere Wohnung ist zu klein für eine so große Feier.* | **My new camera is small enough to fit in my jacket pocket.** *Meine neue Kamera ist so klein, dass sie in meine Jackentasche passt.* | **That's nothing for small children.** *Das ist nichts für kleine Kinder.*

▶ **little** [*gefühlsbetont, subjektiv wertend*] *klein, aber hübsch, behaglich, gemütlich*: **What a sweet little thing she is!** *Was ist sie für ein süßes kleines Ding!* | **They live in a cosy little flat north of Brighton.** *Sie leben in einer gemütlichen kleinen Wohnung nördlich von Brighton.*

Vergleichen Sie: **There is a small vegetable garden in front of our house.** *Vor unserem Haus ist ein kleiner Gemüsegarten* [sachliche Feststellung]. | **There is a little vegetable garden in front of our house.** *Vor unserem Haus ist ein kleiner Gemüsegarten* [wertende Feststellung: der Garten ist klein, aber für uns genau richtig].

▶ **little** *wird auch im Sinne von gering, unbedeutend, belanglos verwendet*: **I'm having a little problem with my laptop.** *Ich habe ein kleines Problem mit meinem Laptop.* | **I sometimes wonder if Labour is still the party of the little man.** *Ich frage mich manchmal, ob Labour* [= die Labour Party] *noch die Partei des kleinen Mannes ist.*

382 **smoking** | REG NOUN

Einen *Smoking* bezeichnen die Briten nicht als **smoking**, sondern als **dinner jacket**. Er ist schwarz, wird mit einer *schwarzen Fliege* (**a black bow tie**) kombiniert und nur *bei offiziellen Anlässen* (**on formal occasions**) getragen. In den USA nennt man das gute Stück **tuxedo** oder kurz: **tux**.

Sollten Sie jemals eine Einladung erhalten, auf der Bekleidungsempfehlungen wie **white tie, evening dress** oder **full evening dress** angegeben sind, dann ist das Beste gerade gut genug: für Herren wäre dies ein **dress coat** oder **tailcoat** (*Frack*) mit *weißer Fliege* (**white bow-tie**), für Damen ein *langes Abendkleid* (**evening dress**) oder ein *Ballkleid* (**ball gown**).

383 so und such

Bei der Übersetzung des deutschen Wörtchens *so* ist Vorsicht geboten. Man kann zwar sagen: **She is so nice**, nicht aber: ***She is so a nice person**. Merken Sie sich darum als Faustregel: **so** steht bei Adjektiven, **such** bei Hauptwörtern.

Hier die Einzelheiten und einige Beispiele:

▶ **so** geht einem Adjektiv voran, im Unterschied zum Deutschen geht dies allerdings nur, wenn diesem Adjektiv *kein* Hauptwort folgt:

You're so stupid, man! *Du bist so doof, Mann!* | **The film was so sad that I couldn't help crying.** *Der Film war so traurig, dass ich weinen musste.* Sagen Sie auf keinen Fall so etwas wie *You are so a stupid man! oder *It was so a sad film …

▶ Auf **such** folgt entweder ein Hauptwort oder eine Hauptwortgruppe, die mit **a** oder **an** beginnt:

We had such fun. *Wir hatten solchen Spaß.* | **I have never heard such nonsense.** *Ich habe noch nie solchen Unsinn gehört.* | **How can one live in such a mess?** *Wie kann man in so einem Saustall leben?* | **We have known each other for such a long time.** *Wir kennen uns schon so lange* [= seit so langer Zeit].

▶ Manchmal sagen wir: *… so ein Haus* oder *… an so einem Tag.* Was wir meinen ist: *… ein Haus in der Art* bzw. *… an einem Tag wie diesem.* In solchen Sätzen bevorzugt das Englische anstelle von **such** oft Wendungen wie **this kind of** oder, nachgestellt, **like this** bzw. **like that**:

This kind of house would be ideal for our family. *So ein Haus* [= ein Haus wie dieses] *wäre ideal für unsere Familie* | **On a day like this I could embrace the whole world.** *An so einem Tag* [= an einem Tag wie diesem] *könnte ich die ganze Welt umarmen.*

Erinnert sei auch an die folgenden Verwendungen von **so**:

– am Anfang von Kurzantworten (deutsch: *auch*): **I am German. – So is my wife.** *Ich bin Deutscher. – Meine Frau auch.* | **We are leaving on Saturday. – So are we.** *Wir reisen Sonnabend ab. – Wir auch.* | **Cynthia studies medicine. – So does our son Harry.** *Cynthia studiert Medizin. – Unser Sohn Harry auch.*

– als Bestandteil folgender Kurzantworten: **I think so.** *Ich glaube ja. Ich denke schon.* | **I hope so.** *Ich hoffe es.* | **I suppose so.** *Ich nehme es an.* | **I'm afraid so** *Ich fürchte ja.*

384 solve und resolve | REG VERBS

▶ **solve** - [Rätsel, Aufgaben] *lösen,* [Kriminalfälle] *aufklären:* **Some of the murder cases have never been solved.** *Einige der Mordfälle sind nie aufgeklärt worden.* | **Hasty action will create more problems than it solves.** *Unüberlegtes Handeln schafft mehr Probleme als es löst.* | **Who can solve this riddle?** *Wer kann dieses Rätsel lösen?*

REG NOUN | **solution** - *Lösung:* **There are no simple solutions to that problem.** *Es gibt keine einfachen Lösungen für dieses Problem.* | **This crossword is easy because the solutions are on the bottom of the page.** *Dieses Kreuzworträtsel ist einfach, weil die Lösungen unten auf der Seite stehen.* | **Instead of just naming problems they had better offer solutions.** *Anstatt nur Probleme zu benennen, sollten sie lieber Lösungen anbieten.*

▶ Bei **resolve** geht es vor allem das Beilegen von Streitfällen und die Bewältigung von Krisensituationen: **Money alone will hardly resolve the crisis.** *Geld allein wird die Krise kaum lösen.* | **They still haven't resolved their differences.** *Sie haben ihre Differenzen noch immer nicht beigelegt.*

- **resolution** | REG NOUN | [Fotografie, Fernsehen, Computer] *Auflösung:*
  photos, TV images, computer graphics with a high resolution
  Fotos, Fernsehbilder, Computergrafiken mit hoher Auflösung

  Beschluss, Entschließung [von Organisationen, Gremien]:
  a UN resolution *eine UN-Resolution*

385 sometime und sometimes | ADVs

▶ Beachten Sie den Unterschied: **sometime** bedeutet *irgendwann, irgendwann einmal,* **sometimes** dagegen heißt *manchmal.* Vergleichen Sie: **We should have tea together sometime.** *Wir sollten irgendwann mal zusammen Tee trinken.* | **We sometimes have tea together.** *Wir trinken manchmal zusammen Tee.*

Natürlich bedeutet **some time** auch *einige Zeit:* **He spent some time abroad.** *Er hat einige Zeit im Ausland verbracht.* | **I think I can fix it, but it will take some time.** *Ich denke, ich kann es reparieren, aber es wird einige Zeit dauern.*

386 special | ADJ |, **specially** und **especially** | ADVs

▶ Das Adjektiv **special** und das davon abgeleitete Adverb **specially** bedeuten *speziell, eigens, für einen ganz bestimmten Zweck:* **Special helmets are needed for this expedition.** *Für diese Expedition werden Spezialhelme benötigt.* | **These helmets were specially made for this expedition.** *Diese Helme wurden speziell für diese Expedition angefertigt.*

▶ Das Adverb **especially** heißt *besonders, sonderlich, insbesondere, vor allem:* **She wasn't especially gifted but very ambitious.** *Sie war nicht sonderlich begabt, aber sehr ehrgeizig.* | **Dense fogs are quite frequent around here, especially in autumn.** *Dichte Nebel sind in dieser Gegend recht häufig, besonders im Herbst.* | **You need these helmets, especially when entering a cave.** *Man braucht diese Helme, vor allem wenn man eine Höhle betritt.*

- **specialise** [AmE: **specialize**] **in** sth | REG VERB | *sich auf etw spezialisieren*
- **specialist** | REG NOUN | *Spezialist, Fachmann*
- **specialist shop** | REG NOUN | *Fachgeschäft*
- **speciality** | REG NOUN | *Spezialität, Besonderheit, Spezialgebiet*

387 speech | REG NOUN

▶ *Rede* [Fähigkeit zu sprechen]: **Speech distinguishes us from the animals.** *Sprache unterscheidet uns von den Tieren.* | **After a heavy stroke he lost his speech.** *Nach einem schweren Schlaganfall verlor er die Sprache.* | **Speech is silver, silence is gold.** *Reden ist Silber, Schweigen ist Gold.*

▶ *Rede* [Vortrag]: **The President's speech has met with broad acclaim.** *Die Rede des Präsidenten ist auf großen Zuspruch gestoßen.* | **Arthur is still working on his welcome speech.** *Arthur arbeitet noch an seiner Begrüßungsrede.*

▶ **make a speech** [auch: **give a speech, deliver a speech**] - *eine Rede halten:* **The Head (of School) made a moving speech at the funeral.** *Der Schulleiter hielt bei der Trauerfeier eine bewegende Rede.* | **As I had lost my script I had to give a speech off the cuff.** *Da ich mein Manuskript verloren hatte, musste ich eine Rede aus dem Stegreif halten.*

[Grammatik] **In today's class test we had to transform direct speech into reported speech.** *In der heutigen Klassenarbeit mussten wir direkte Rede in indirekte Rede umwandeln.*

388 spend | IRREG VERB [**spent, spent**]

▶ [Geld] *ausgeben:* **She spends nearly all her money on clothes.** *Sie gibt fast ihr ganzes Geld für Kleidung aus.* | **Far too much money is spent on arms.** *Es wird viel zuviel Geld für Waffen ausgegeben.* | **Nobody can spend more than they earn.** *Niemand kann mehr ausgeben, als er verdient.*

▶ [Zeit] *verbringen:* **He can spend hours at the computer.** *Er kann Stunden am Computer verbringen.* | **We spent the night at an old friend's place.** *Wir haben die Nacht bei einem alten Freund verbracht* [= haben bei ihm zu Hause übernachtet.] | **I spent half an hour finding somewhere to park.** *Ich habe eine halbe Stunde damit verbracht, einen Parkplatz zu finden.*

389 sport | REG NOUN

▶ **sport** steht für eine einzelne Sportart, ebenso für *Sport* als Freizeitaktivität: **Rugby is the most popular sport in Wales.** *Rugby ist der beliebteste Sport in Wales.* | **I have too little time to do sport.** *Ich habe zu wenig Zeit, um Sport zu treiben.* | **Britain is the home of sports like association football, rugby, cricket, golf, tennis, badminton, squash, hockey and darts.** *England ist das Mutterland von Sportarten wie Fußball, Rugby, Cricket, Golf, Tennis, Badminton, Squash, Hockey und Darts.*

390 stand | IRREG VERB [**stood, stood**]

▶ *stehen* [sich in aufrechter Haltung befinden, nicht sitzen oder liegen]: **Can we sit or must we stand?** *Können wir sitzen oder müssen wir stehen?* | **The baby can pull itself up by the table but cannot stand yet.** *Das Baby kann sich am Tisch hochziehen, aber noch nicht stehen.* | **If I have to stand for a longer time my legs begin to ache.** *Wenn ich längere Zeit stehen muss, fangen meine Beine an weh zu tun.*

PHR VERBS: **stand around** *herumstehen* | ~ **empty** *leer stehen* | ~ **by** *bereitstehen, in Bereitschaft sein* | ~ **by** sb *jmdm beistehen* | ~ **for** sth *etw dulden* | ~ **out** *herausragen* | ~ **up** *aufstehen, sich erheben* | ~ **up for** sth *für etw* [z.B. eine Idee, seine Überzeugungen, seinen Glauben] *eintreten, einstehen*

Auch dies ist gut zu wissen: es heißt zwar **handstand** *Handstand* und **headstand** *Kopfstand*, nicht aber: *stillstand [korrekt: **standstill**] Stillstand.*

▶ *aushalten, ertragen:* **I can't stand people who chew gum while they are talking to you.** *Ich kann Leute nicht ausstehen, die Kaugummi kauen, wenn sie mit einem reden.* | **We couldn't stand the heat any longer.** *Wir konnten die Hitze nicht mehr aushalten.*

▶ Wenn Sie ausdrücken wollen, dass irgendwo etwas *geschrieben steht,* verwenden Sie nicht **stand,** sondern **say: It says in the paper** [oder: **The paper says**] **that the government might increase taxes.** *In der Zeitung steht, dass die Regierung vielleicht die Steuern erhöht.* [Nicht: *It stands in the paper ...*] | **Can't you read what it says on the sign?** *Kannst du nicht lesen, was auf dem Schild steht?*

- **stand** [auf Messen usw.] | REG NOUN | *Stand, Standplatz*
- **one night stand** | REG NOUN | [Theater, Konzert usw.] *einmaliges Gastspiel;* [Sex] *One-Night-Stand, sexuelles Abenteuer für eine Nacht*

391 still | ADV

▶ **still** *(noch, immer noch)* bezeichnet die Fortdauer eines bestehenden Zustands oder eines laufenden Geschehens: **Is George still in the Navy?** *Ist George noch bei der Marine?* | **I am still convinced that he hasn't told the truth.** *Ich bin immer noch überzeugt, dass er nicht die Wahrsagt gesagt hat.* | **We still can't say exactly how it happened.** *Wir können immer noch nicht genau sagen, wie es passiert ist.* | **He is still the person he was when we met.** *Er ist immer noch der Mensch, der er war, als wir uns kennenlernten.* | **We are still undecided.** *Wir sind immer noch unentschlossen.*

▶ Beachten Sie den Unterschied zwischen **still not** und **not yet** [→ 030]: **The little one can't walk yet.** *Der Kleine kann NOCH NICHT laufen* [… was für sein Alter normal ist]. Dagegen: **The little one still can't walk.** *Der Kleine kann IMMER NOCH NICHT laufen* [… was für sein Alter ungewöhnlich ist].

392 stop | REG VERB

▶ *stehen bleiben, anhalten; jmd/etw anhalten, zum Stehen bringen:* **We stopped to have a look at the map.** *Wir hielten an, um einen Blick auf die Karte zu werfen.* | **Does this train stop at Rochester?** *Hält dieser Zug in Rochester?* | **She stopped a police car just to ask the way.** *Sie hielt ein Polizeiauto an, nur um nach dem Weg zu fragen.* | **Stop, or I'll shoot!** *Stehenbleiben oder ich schieße!*

▶ **stop** (-ing) *mit etw aufhören:* **He has stopped smoking at last.** *Er hat endlich aufgehört zu rauchen.* | **Stop shouting and listen to me!** *Hör auf zu schreien und hör mir zu!*

VOCABULARY: **bus stop** *Bushaltestelle* | **emergency ~** *Nothalt* [auch: *Vollbremsung*] | **full ~** [Satzzeichen] *Punkt,* [AmE: **period**] | **pit ~** [Automobilrennsport] *Boxenstopp* | **truck ~** [USA] *Fernfahrerkneipe* | **request ~** *Bedarfshaltestelle* | **tab ~** [Tastatur] *Tabulator*

393 story | REG NOUN

▶ Im Unterschied zu **history** [→ 208] handelt es sich bei **story** um eine (reale oder fiktive) Geschichte, eine Erzählung, eine Begebenheit: **The book relates the story of an exceptional woman.** *Das Buch erzählt die Geschichte einer außergewöhnlichen Frau.* | **I have never put my children to bed without reading them a story.** *Ich habe meine Kinder noch nie zu Bett gebracht, ohne ihnen eine Geschichte vorzulesen.*

VOCABULARY: **a bedtime story** *eine Gutenachtgeschichte* | **a detective ~** [auch: **a mystery ~**] *ein Krimi, eine Detektivgeschichte* | **a fake ~** [auch: **made-up ~**] *eine erfundene Geschichte* | **a love ~** *eine Liebesgeschichte* | **a sad ~** *eine traurige Geschichte* | **a sob ~** *eine rührselige Geschichte* | **a cock-and-bull ~** *ein Lügenmärchen*

[Medien] **a breaking ~** *eine frisch hereinkommende Meldung* | **a cover ~** [auch: **front-page ~**] *eine Titelgeschichte* | **an exclusive ~** *eine exklusive Story* | **a feature ~** *ein Leitartikel*

394 STRASSE: street und road | REG NOUNS

▶ Unter **street** versteht man eine von Gebäuden gesäumte Straße in einer Stadt oder einem Dorf: **There is a new music store at the corner of the street.** *Da ist ein neuer Musikladen an der Straßenecke.* | **The whole street knows of his affairs.** *Die ganze Straße weiß von seinen Affären.* | **People were dancing in the streets after their team won the FA Cup Final.** *Die Menschen tanzten auf den Straßen, nachdem ihre Mannschaft das Pokalfinale gewonnen hatte.* [**FA:** Football Association, englischer Fußballverband] | **We need a good street-map of Dublin.** *Wir brauchen eine gute Straßenkarte vom Dublin.* | **Politics are often confusing for the man in the street.** *Politik ist für den Mann auf der Straße oft verwirrend.* | **He has lived on the street for weeks.** *Er lebt seit Wochen auf der Straße* [= ist obdachlos].

VOCABULARY: **cross street** *Querstraße* | **main** ~ *Hauptstraße* | **by-** ~ *Nebenstraße* | **dead-end** ~ *Sackgasse* | **residential** ~ *Wohnstraße* | **one way** ~ *Einbahnstraße* | **shopping** ~ *Einkaufs-straße* | **side** ~ *Seitenstraße, Seitengasse*

The **High Street** (fast immer mit Artikel) ist die traditionelle Hauptgeschäftsstraße britischer Städte und zugleich der mit Abstand häufigste Straßenname in Großbritannien.

▶ **a road** ist eine *Landstraße*, eine Straße von Ort zu Ort: **We had breakfast at a pub on the road to Brighton.** *Wir frühstückten in einem Pub an der Straße nach Brighton.* | **The side road may be a bit longer distance, but there is less traffic and the scenery is more beautiful.** *Die Nebenstrecke ist vielleicht ein bisschen länger, aber sie ist weniger befahren, und die Land-schaft ist schöner.* | **I have a road-map of Scotland, but I'm not sure if it is still up-to-date.** *Ich habe eine Straßenkarte von Schottland, aber ich weiß nicht, ob sie noch auf dem neuesten Stand ist.* | **My mother's first husband was killed on the road.** *Der erste Mann meiner Mutter kam bei einem Verkehrsunfall ums Leben.*

VOCABULARY: **access road** *Zufahrtsstraße* | **arterial** ~ *Hauptverkehrsstraße, Ausfallstraße* | **coastal** ~ *Küstenstraße* | **country** ~ *Landstraße* | **main** ~ *Hauptstraße* | **byroad** *Nebenstraße* | **ring** ~ *Umgehungsstraße* | **gravel** ~ *Schotterstraße* | **cobblestoned** [oder: **cobbled**] ~ *Straße mit Kopfsteinpflaster* | **tarred** ~ *geteerte Straße* | **metalled** ~ *asphaltierte Straße* | **paved** ~ *ge-pflasterte Straße* | **bendy** ~ *kurvenreiche Straße* | **winding** ~ *Straße mit vielen Windungen*

ARTISTS, MUSIC BANDS, THEATRE GROUPS etc ARE **on the road** - *auf Tournee*
SICK PEOPLE ARE **on the road to recovery** - *auf dem Wege der Besserung*

Road ist Bestandteil vieler englischer Straßennamen, in London etwa **Marylebone Road** oder **Portobello Road**. Eigentümlicherweise betont man bei all diesen Namen den Bestandteil **Road**, während bei Straßennamen mit **Street** der Name davor die Betonung trägt. So liegt z.B. in **Oxford Street** die Betonung auf *Oxford*, in **Tottenham Court Road** dagegen auf *Road*.

STREETS AND ROADS ARE **wide** *breit* | **narrow** *schmal* | **straight** *gerade* | **crowded** *voller Men-schen* | **busy** *belebt* | **empty** *leer* | **lonely** *einsam* | **closed** *gesperrt* | **flooded** *überflutet*

STREETS AND ROADS **broaden** [oder: **widen**] *verbreitern sich* | **narrow** *verengen sich* | **bend** *machen eine Kurve* | **slope up** *steigen an* | **slope down** *fallen ab* | **lead to** *… führen nach …*

395 subject, topic und issue | REG NOUNS

Die Bedeutungsunterschiede zwischen diesen Wörtern sind gering. Ihr Gebrauch regelt sich durch Gewohnheiten, weniger durch klare definitorische Vorgaben. Hier ein paar Anhaltspunkte:

subject

▶ *Thema, Gegenstand, Unterrichts-, Studienfach:* **The subject of his lecture was** *Ecological effects of global warming.* *Das Thema seines Vortrags war „Ökologische Folgen der Erder-wärmung".* | **We had three subjects to choose from.** *Wir hatten drei Themen zur Auswahl.* | **Her subject of study is molecular biology.** *Ihr Studienfach ist die Molekularbiologie.* | **Maths and English are compulsory subjects at all German schools**. *Mathematik und Englisch sind an allen deutschen Schulen Pflichtfächer.*

▶ [Monarchie] *Untertan:* **We are no longer subjects but cizitens.** *Wir sind keine Untertanen mehr, sondern Staatsbürger.* | **In modern monarchies the king has to obey the law, like his subjects.** *In modernen Monarchien muss der König dem Gesetz gehorchen, wie seine Unterta-nen auch.*

▶ [Grammatik] *Subjekt, Satzgegenstand:* **What's the subject of this sentence?** *Was ist das Subjekt dieses Satzes?* | **In an English interrogative clause the subject is preceded by an auxiliary verb.** *In einem englischen Fragesatz geht dem Subjekt ein Hilfsverb voran.*

topic

▶ **topic** ist die Bezeichnung für ein aktuelles *Thema* [von Gesprächen, Diskussionen, Talk-shows usw]: **Assisted suicide is a sensitive topic.** *Sterbehilfe ist ein heikles Thema.* | **The main topic of the discussion was the government's recent cost-cutting programme** [AmE: **cost cutting program**]. *Das Hauptthema der Diskussion war das jüngste Sparprogramm der Regierung.*

issue

▶ **issue** wird in einem ganz ähnlichen Sinne verwendet wie **topic**, betrifft aber zumeist ein Thema, das als *Streitfrage* behandelt und entsprechend kontrovers diskutiert wird: **This is not a political issue, but a legal one.** *Dies ist keine politische, sondern eine juristische Frage.* | **The coalition parties are hopelessly divided on this issue.** *Die Parteien der Koalition sind in die-ser Frage heillos zerstritten.*

396 **swim** | IRREG VERB **[swam, swum]** und **float** | REG VERB

▶ **swim** bezeichnet das Schwimmen aus eigener Kraft, bei Menschen durch Arm- und Beinbewegungen, bei Fischen mit Hilfe der Flossen:

Tim still hasn't learnt to swim. *Tim hat immer noch nicht schwimmen gelernt.* | **Our garden pond is too shallow to swim in.** *Unser Gartenteich ist zu flach, um darin zu schwimmen.* | **Cats can swim although they don't feel comfortable in water.** *Katzen können schwimmen, obwohl sie sich im Wasser unwohl fühlen.*

▶ Bei **float** bewegt sich das „schwimmende" Objekt nicht selbst, sondern treibt passiv auf der Wasseroberfläche:

Cork floats on water. *Kork schwimmt auf dem Wasser* [= geht nicht unter]. | **Hundreds of logs floated down the river.** *Hunderte von Baumstämmen trieben flussabwärts.* | **Crocodiles often float in the water but can also swim pretty fast.** *Krokodile lassen sich oft im Wasser treiben, können aber auch recht schnell schwimmen.*

397 **take** | IRREG VERB **[took, taken]**

take ist zweifellos eines der am häufigsten benötigten Verben der englischen Sprache. In seinen gebräuchlichsten Anwendungen entspricht es den deutschen Verben *nehmen* und *machen*. Zu **take** in der Bedeutung *bringen* siehe → 079.

take in der Bedeutung *nehmen*

▶ *an sich nehmen, mitnehmen:* **She took a few coins out of her purse.** *Sie nahm ein paar Münzen aus ihrem Portemonnaie.* | **Take another piece of cake.** *Nehmen Sie noch ein Stück Kuchen.* | **You had better take the key with you in case we are out.** *Nehmt lieber den Schlüssel mit für den Fall, dass wir nicht da sind.* | **The room looks quite all right, I think we'll take it.** *Das Zimmer sieht ganz ordentlich aus, ich glaube, wir nehmen es.* | **I would advise you to take a few days off.** *Ich würde dir raten, ein paar Tage frei zu nehmen.*

CONTEXT: **take a bath** *ein Bad nehmen* | ~ **a shower** *duschen* | ~ **a seat** *sich setzen, Platz nehmen* | ~ **action** *etwas unternehmen* [tätig werden, Maßnahmen ergreifen] | ~ **classes** [oder: ~ **lessons**] *Unterricht nehmen* | ~ **charge** *die Leitung, das Kommando übernehmen* | ~ **leave** *Abschied nehmen* | ~ **part** *teilnehmen* | ~ **a shortcut** *eine Abkürzung nehmen* | ~ **one's time** *sich Zeit nehmen*

take in der Bedeutung *machen*

▶ Einige Wendungen, die das Englische mit **take** bildet, werden im Deutschen mit *machen* wiedergegeben: **Angela is taking driving lessons at the moment.** *Angela macht im Moment den Führerschein* [wörtl.: *nimmt Fahrstunden.*] | **Would you please line up over there so that I can take a photo?** *Würdet ihr euch bitte dort drüben aufstellen, damit ich ein Foto machen kann?* | **You don't need to take any notes if you just listen carefully**. *Du brauchst dir keine Notizen zu machen, wenn du nur genau zuhörst.*

CONTEXT: **take a break** *Pause machen, eine Pause einlegen* | ~ **a breather** *eine Atempause machen, verschnaufen* | ~ **a rest** *eine Ruhepause einlegen, ausspannen* | ~ **a cure** *eine Kur machen* | ~ **a nap** *ein Nickerchen machen* | ~ **a trip** *einen Ausflug machen* | ~ **a walk** *einen Spaziergang machen* | ~ **a hike** *eine Wanderung machen,* ugs: *abhauen, sich davonmachen* | ~ **a holiday** [AmE: ~ **a vacation**] *Urlaub machen* | ~ **a photo**, ~ **a picture** *ein Bild machen, ein Foto machen* | ~ **a step forward** *einen Schritt voran machen* | ~ **a test** *eine Prüfung machen* | ~ **one's A-levels** *Abitur machen*

WEITERE ANWENDUNGEN: **take a decision** *eine Entscheidung treffen* | ~ **a look at** sb/sth *einen Blick auf jmdn/etw werfen, sich jmdn/etw ansehen* | ~ **a risk** *ein Risiko eingehen, riskieren* | ~ **effect** *in Kraft treten* | ~ **care** *achtgeben, aufpassen* | ~ **flight** *die Flucht ergreifen* | ~ **turns** (at the wheel) *sich am Steuer abwechseln*

take sb **for** sb **else** *jmdn für jmd anders halten, jmdn mit jmdm verwechseln* | ~ sb **for** sth *jmdn für etw halten* | ~ sb **for a ride** *jmdn veräppeln, jmdn „verarschen"*

take sth **easy** *etw leicht nehmen* | ~ sth **hard** *etw schwer nehmen* | ~ sth **for granted** *etw für selbstverständlich halten, etw als gegeben ansehen* | ~ sth **literally** *etw wörtlich nehmen* | ~ sth **personally** *etw persönlich nehmen* | ~ sb/sth **seriously** *jmdn/etw ernst nehmen*

take after sb *nach jmdm kommen, nach jmdm geraten* [jmdm ähnlich sehen oder ähnlich sein] | ~ sb/sth **along** *jmdn/etw mitnehmen* | ~ **down** *aufschreiben, notieren* | ~ **off** [Flugzeug] *starten,* [Kleidungsstück] *ausziehen* | ~ **on** [Arbeitskraft] *einstellen,* [Arbeit] *annehmen* | ~ **up** [Arbeit] *aufnehmen,* [Platz, Raum] *einnehmen* | ~ **place** *stattfinden*

take over sth - *etw übernehmen*: **take over a task** *eine Aufgabe übernehmen* | ~ **a job** *einen Job übernehmen* | ~ **a company** *eine Firma übernehmen* | ~ **the costs** *die Kosten übernehmen* | ~ **responsibilty** *die Verantwortung übernehmen*

take over [ohne Ergänzung] - *an die Macht kommen, ans Ruder kommen* [die Regierung übernehmen]: **Since the new government took over, youth unemployment has gone down considerably.** *Seit die neue Regierung an der Macht ist, ist die Jugendarbeitslosigkeit deutlich gesunken.* | **The Republicans were voted out of office and the Democrats took over.** *Die Republikaner wurden abgewählt, und die Demokraten kamen an die Macht.*

398 tax | REG NOUN

Nationale Steuersysteme sind nur schwer vergleichbar. Einige Abgaben, die der deutsche Steuerzahler zu entrichten hat, werden in Großbritannien oder den USA gar nicht erhoben, umgekehrt gilt das gleiche. Daher lassen sich die Bezeichnungen für die einzelnen Steuerarten nicht immer präzise in die jeweils andere Sprache übersetzen.

Hier dennoch ein paar Beispiele, die zeigen, aus welchen Quellen der Staat seine *Steuereinnahmen* (**revenues**) bezieht:

STEUERARTEN (**taxes**): **council tax** [oder **local tax**] *kommunale Steuern, z.B. Grundsteuer, Gewerbesteuer* | **capital tax** *Kapitalsteuer* | **green tax** [auch: **ecotax**] *Ökosteuer* | **income tax** *Einkommensteuer* | **inheritance tax** *Erbschaftssteuer* | **Capital Gains Tax** (**CGT**) *Kapitalertragssteuer* | **payroll tax** *Lohnsteuer* [wird nach dem sogenannten *Quellenabzugsverfahren* **pay as you earn**, kurz: PAYE, erhoben] | **corporation tax** *Körperschaftssteuer* | **sales tax** [oder: **turnover tax**] *Umsatzsteuer* | **solidarity tax** [in Deutschland: *Solidaritätszuschlag, „Soli"* | **value added tax** (**VAT**) *Mehrwertsteuer*

ABGABEN (**duties**): **excise duty** *Verbrauchssteuer* | **tobacco** ~ *Tabaksteuer* | **vehicle excise** ~ [auch: **vehicle tax**] *Kfz-Steuer* | **alcohol** ~ *Alkoholsteuer* | **stamp** ~ *Stempelgebühr* | **land** ~ *Grunderwerbssteuer* | **fuel** ~ *Mineralölsteuer* | **betting** ~ *Wettsteuer* | **gaming** ~ *Spielsteuer* | **customs** ~ *Zollabgaben*

VOCABULARY: **tax adjustment** *Lohnsteuerausgleich* | ~ **advantage** *Steuervorteil* | ~ **audit** *Steuerprüfung* | ~ **avoidance** *(legale) Steuervermeidung* | ~ **dodging** [oder: ~ **evasion**] *Steuerhinterziehung* | ~ **dodger** / ~ **evader** *Steuerhinterzieher* | ~ **exemption** *Steuerbefreiung, Steuerfreibetrag* | ~ **flight** *Steuerflucht* | ~ **bill** *Steuerbescheid* | ~ **burden** *Steuerbelastung* | ~ **return** [oder: ~ **declaration**] *Steuererklärung* | ~ **deductions** *steuerlich absetzbare Beträge* | ~ **law** *Steuergesetze, Steuerrecht* | ~ **incentives** *steuerliche Anreize* | ~ **office** *Finanzamt* | ~ **oasis** [oder: ~ **haven**] *Steueroase, Steuerparadies* | ~ **payer** *Steuerzahler, Steuerpflichtiger* | ~ **rate** *Steuersatz* | ~ **payable** *zu entrichtende Steuer* | ~ **prepayment** *Steuervorauszahlung* | ~ **refund** *Steuererstattung, Steuerrückzahlung* | ~ **reduction** *Steuerermäßigung* | ~ **saving** *Steuerersparnis* | ~ **yields** *Steuereinnahmen, Steueraufkommen*

CONTEXT: **levy a tax** [oder: **raise a** ~] *eine Steuer erheben* | **increase a** ~ *eine Steuer erhöhen* | **abolish a** ~ *eine Steuer abschaffen* | **reduce a** ~ *eine Steuer mindern, senken* | **collect a** ~ *eine Steuer einziehen* | **deduct** ~ *Steuer abziehen* | **evade** [oder: **dodge**] **the** ~ *Steuer hinterziehen* | **save** ~ *Steuern sparen*

399 television

▶ *Fernsehen* [als elektronisches Medium, no pl]: **What's there on TV tonight?** *Was gibt es heute Abend im Fernsehen?* | **I watch much less TV now than I used to.** *Ich sehe heute viel seltener fern als früher.* | **I'm annoyed by TV ads.** *Ich bin genervt von Fernsehwerbung.* | **TV has seen me through all of my life.** *Das Fernsehen hat mich mein ganzes Leben hindurch begleitet.*

CONTEXT: **free TV** *frei empfangbares Fernsehen* | **pay TV** *Bezahlfernsehen* | **cable TV** *Kabelfernsehen* | **public TV** *gebührenfinanziertes Fernsehen* | **commercial TV** *werbefinanziertes Fernsehen* | **satellite TV** *Satellitenfernsehen* | **breakfast TV** *Frühstücksfernsehen* | **Mouse TV** *Die Sendung mit der Maus*

▶ *Fernseher, Fernsehgerät* [eigentlich: **television set**, kurz: **TV set**]: **We badly need a new television (set).** *Wir brauchen dringend einen neuen Fernseher.* | **Turn the television down please.** *Stell bitte den Fernseher leiser.* | **Flat screen TVs offer excellent image quality and save space.** *Flachbildfernseher bieten eine hervorragende Bildqualität und sparen Platz.*

Für einen Fernseher sind überdies umgangssprachliche Bezeichnungen im Umlauf wie **telly**, **box** *(Flimmerkiste)*, **tube** *(Röhre)* oder, weniger schmeichelhaft, **gogglebox** *(Glotze, Flimmerkiste)*, **idiot box** oder **boob tube** (AmE, etwa: *Verblödungsröhre*). Der Fernseher im Sinne von *Fernsehzuschauer* heißt **TV viewer**.

400 than und then

Dass es bei der Unterscheidung zwischen **than** und **then** um mehr geht als nur um korrekte Rechtschreibung, machen die folgenden Beispiele deutlich:

▶ **than** *(als)* steht ausschließlich in Vergleichssätzen mit dem Komparativ: **It was much easier than we thought**. *Es war viel leichter, als wir dachten.* | **Elizabeth is six years older than her husband**. *Elizabeth ist sechs Jahre älter als ihr Mann.* | **Nothing fascinates him more than computer games**. *Nichts fasziniert ihn mehr als Computerspiele.* | **It's a bit warmer than yesterday, but still chilly**. *Es ist ein bisschen wärmer als gestern, aber immer noch kühl.*

▶ **then** [zeitlich folgend] *dann, danach:* **We went to Wales first and then to Scotland**. *Wir sind zuerst nach Wales gefahren und dann nach Schottland.* | **Bring the water to a boil, then put the tea bags in**. *Bringe das Wasser zum Kochen und tue dann die Teebeutel hinein.* | **I'll be seeing you on Monday. Till then!** *Ich sehe dich Montag. Bis dann!*

▶ [mit Vergangenheitsbezug] *damals, zu der Zeit:* **I have no memory of that time, I was very young then**. *Ich habe keine Erinnerung an die Zeit, ich war damals noch sehr jung.* | **In 1998 he went to Oxford to study there. – How old was he then?** *1998 ging er nach Oxford, um dort zu studieren. – Wie alt war er da(mals)?* | **Only then did I realise what had happened**. *Erst da* [= erst in dem Moment] *wurde mir klar, was passiert war.*

▶ [mit Zukunftsbezug] *zu der Zeit:* **I won't be able to come to your party, I'll be on holiday then**. *Ich kann leider nicht zu deiner Feier kommen, ich bin zu der Zeit im Urlaub.*

CONTEXT: **by then** *bis dahin, bis zu dem Zeitpunkt* | **since then** *seit damals* | **now and then** *dann und wann, hin und wieder, ab und zu* | **till then!** [Abschiedsgruß] *Bis dann! Bis nachher! Bis später!* | **And then what?** *Und was dann?* | **But then again…** *Doch dann wiederum…*

401 time | REG NOUN

▶ *Zeit:* **Time is money**. *Zeit ist Geld.* | **Hurry up, we have no time to lose**. *Beeilt euch, wir haben keine Zeit zu verlieren.* | **That was a long time ago**. *Das ist lange her.* | **Those people were far ahead of their time**. *Diese Leute waren ihrer Zeit weit voraus.* | **It's time to say goodbye**. *Es ist Zeit, Abschied zu nehmen.* | **I hardly had time to breathe**. *Mir blieb kaum Zeit, Luft zu holen.* | **Everything at the proper time**. *Alles zu seiner Zeit.*

[Uhrzeit] **What time is it?** oder: **What's the time?** *Wie spät ist es?* | **Do you have the exact time?** *Haben Sie die genaue Uhrzeit?* | **What time is …?** *Um wie viel Uhr fängt … an?*

VOCABULARY: **boarding time** [Flugzeug] *Einsteigezeit* | **closing ~** [AmE: **quitting ~**] *Feierabend, Dienstschluss, Ladenschluss* | **core ~** *Kernarbeitszeit* | **GMT [Greenwich Mean Time]** *westeuropäische Zeit* | **local ~** *Ortszeit* | **daylight ~** *Sommerzeit* [im Wechsel mit **standard ~** *Winterzeit*] | **delivery ~** *Lieferzeit* | **leisure ~** [oder: **spare ~**] *Freizeit* | **lunch ~** *Mittagszeit* | **part ~** *Teilzeit* | **peak ~** [Straßen-, Bahnverkehr] *Spitzenzeit, Stoßzeit* | **travel ~** *Fahrzeit* | **waiting ~** *Wartezeit* | **working ~** *Arbeitszeit* | **~ of day** *Tageszeit* | **~ of year** *Jahreszeit* [= Zeit des Jahres]

CONTEXT: **change time** *die Zeit umstellen* [zwischen Sommer- und Winterzeit] | **have a good ~** *Spaß haben, sich gut unterhalten* | **kill ~** *Zeit totschlagen* | **gain ~** *Zeit gewinnen* | **lose ~** *Zeit verlieren* | **save ~** *Zeit sparen* | **spend ~** *Zeit verbringen* | **take ~** *Zeit brauchen* | **take one's ~** *sich Zeit lassen* | **waste ~** *Zeit vergeuden*

NÜTZLICHE ANGABEN: **any time** *jederzeit* | **at the right ~** *zur richtigen Zeit* | **at that ~** *zu der Zeit, zu jener Zeit, damals* | **in ~** *rechtzeitig* | **on ~** *pünktlich* | **in no ~** *im Nu, im Handumdrehen* | **for the ~ being** *einstweilen, bis auf weiteres, fürs Erste* | **this ~ yesterday** *gestern um diese Zeit* | **this ~ tomorrow** *morgen um diese Zeit* | **this one ~** *dieses eine Mal* | **in three weeks' ~** *in drei Wochen* [= nach Ablauf von drei Wochen] | **for quite some ~** *schon seit längerem* | **most of the ~** *die meiste Zeit* | **all the ~** *die ganze Zeit* | **of all ~** *aller Zeiten*

▶ das [zählbare] *Mal:* **the first / the second / the third** usw. **time** *das erste / das zweite / das dritte Mal* | **for the first ~** *zum ersten Mal* | **another ~** *ein andermal* | **one more ~** *noch einmal* | **this ~** *dieses Mal* | **next ~** *nächstes Mal* | **last ~** *das letzte Mal* | **every ~** *jedesmal* | **some ~** (or **another**) *irgendwann einmal* | **any ~** *jederzeit*

both times *beide Male* | **several times** *mehrere Male, mehrmals* | **a hundred times** *(hundertmal)*, **many times** *viele Male* | **umpteen times** *x-mal*

Beachten Sie: Es heißt zwar **three times** *(dreimal)*, **four times** *(viermal)* usw., nicht aber *one time und *two times, sondern **once** *(einmal)* und **twice** *(zweimal)*: **Once is no time, twice is once too much**. *Einmal ist kein Mal, und zweimal ist einmal zuviel.*

Auch beim Multiplizieren ist **times** eine Möglichkeit: **four times four is sixteen** *4 mal 4 ist 16.* Eine andere Variante geht so: **4 by 4 is 16.**

402 tired | ADJ

▶ *müde, ermattet, abgespannt:* **I was so tired that I went to sleep right away.** *Ich war so müde, dass ich sofort schlafen gegangen bin.* | **She sounded tired and a bit annoyed.** *Sie klang müde und ein bisschen genervt.* | **You look dead tired. – Well, I am.** *Du siehst todmüde aus. – Ja, das bin ich auch.*

▶ **be tired (of** sth) besagt, dass man etwas satt hat, von etwas genug hat, etwas leid ist, einer Sache überdrüssig ist:

She was tired of his constant excuses. *Sie war seine ständigen Ausreden leid.* | **The Mayor said he was tired of office and announced his resignation.** *Der Bürgermeister sagte, er sei amtsmüde und kündigte seinen Rücktritt an.* | **The man who is tired of London, is tired of life.** [Ein Satz des englischen Schriftstellers Dr. Samuel Johnson (1709-1784): *Der Mensch, der von London genug hat, hat vom Leben genug.*]

I'm sick and tired (of...) bringt solches Missbehagen noch deutlicher zum Ausdruck: *Es steht mir bis hier! Es hängt mir zum Halse heraus!* Fans der Sängerin Anastacia kennen vielleicht die Songzeile **I'm sick and tired of always being sick and tired**, in der sie uns ihre Befindlichkeit mitteilt: *Es hängt mir zum Halse heraus, dass mir ständig etwas zum Halse heraus hängt.*

403 toilet, loo, lavatory und **WC** | REG NOUNS

Für die Frage nach dem stillen Örtchen können Sie zwischen mehreren Bezeichnungen wählen, wobei es nicht ganz unwichtig ist, ob Sie ein solches diesseits oder jenseits des großen Teichs aufsuchen möchten:

▶ **toilet** bezeichnet – im engeren Sinne – die *Toilette* als *Toilettenbecken*, steht aber auch für den Raum, in dem sich dieses befindet:

Where is the toilet? / Where are the toilets? *Wo ist die Toilette? / Wo sind die Toiletten?* | **I couldn't answer the phone because I was on the toilet.** *Ich konnte nicht ans Telefon gehen, weil ich auf der Toilette war.* | **Don't flush any medicine down the toilet.** *Spülen Sie keine Medikamente die Toilette hinunter.*

▶ **loo** entspricht unserem Wort *Klo* und ist der im britischen Alltag vorherrschende volkstümliche Ausdruck für *Toilette:*

Are you still in the loo? *Bist du immer noch auf dem Klo?* | **I'd better go to the loo before we start.** *Ich gehe lieber noch mal aufs Klo, bevor wir losfahren.* | **Some fans threw loo rolls onto the pitch.** *Einige Fans warfen Klorollen auf das Spielfeld.*

▶ **lavatory,** in den USA zumeist in der Bedeutung *Waschbecken* verwendet, wird in Großbritannien als die etwas „vornehmere" Form von **toilet** angesehen: **A red lamp indicates that the lavatory is occupied.** *Eine rote Lampe zeigt an, dass die Toilette besetzt ist.*

Amerikaner benutzen häufig „verhüllende" Wörter wie **bathroom** und **restroom.** Sollte man Sie also in den USA nach dem **bathroom** fragen, so dürfen Sie davon ausgehen, dass der Betreffende nicht vorhat, ein Bad zu nehmen, sondern einem dringenden Bedürfnis nachkommen möchte:

There was a long queue in front of the ladies' restroom. *Da war eine lange Warteschlange vor der Damentoilette.* | **Please ask for the restroom key at the till.** *Bitte fragen Sie an der Kasse nach dem Toilettenschlüssel.*

▶ **WC** ist zwar eine englische Abkürzung (für **water closet**), dürfte Ihnen aber im Alltag kaum begegnen, außer vielleicht in einer Hotelbroschüre, wo es dann heißt: **All rooms are equipped with bath and WC.** *Alle Räume sind mit Bad und WC ausgestattet.*

Falls Sie auf eigene Faust nach der Toilette suchen, sollten Sie nach den entsprechenden Tür- und Hinweisschildern Ausschau halten: **Gentlemen** oder **Gents** weist den Herren den Weg, **Ladies** den Damen.

404 too, as well und **also** und **as well**

Alle diese Wörter entsprechen dem deutschen *auch,* am gebräuchlichsten ist **too.** Zu achten ist vor allem auf die Stellung im Satz:

▶ **too** und **as well** beziehen sich in der Regel auf das *Subjekt* und stehen am Satzende: **I love Sarah, and Sarah loves me too.** *Ich liebe Sarah, und Sarah liebt mich auch.* | **I'll go and get myself a sandwich. Would you like one as well?** *Ich gehe mir ein Sandwich holen. Möchtest du auch eines?*

Zwecks besonderer Betonung kann **too** auch unmittelbar hinter seinem Bezugswort stehen: **His father, too, was a railwayman.** *Auch sein Vater war Eisenbahner.* | **I'm American. – Me too.** *Ich bin Amerikaner. – Ich auch.*

▶ **also** bezieht sich auf das *Vollverb* eines Satzes und geht diesem unmittelbar voran: **Petrol stations also sell pastries these days**. *Tankstellen verkaufen heutzutage auch Backwaren.*
Vergleichen Sie zur Verdeutlichung dieser Unterschiede die folgenden Beispiele:

- **PHILIP'S PARENTS, too, have conferred with the form teacher**. Dieser Satz besagt, dass sich *Philips Eltern* – wie andere Eltern auch – mit dem Klassenlehrer beraten haben.
- **Philip's parents have conferred with the FORM TEACHER too**. Philips Eltern haben sich – außer mit anderen Personen – auch mit dem *Klassenlehrer* beraten.
- **Philip's parents have also CONFERRED with the form teacher**. Aus diesem Satz erfahren wir, dass sich Philips Eltern, neben anderen Dingen, die zu erledigen waren, auch mit dem Klassenlehrer *beraten* haben.

▶ In verneinten Sätzen haben **too**, **also** und **as well** nichts zu suchen. Der deutschen Verneinungsform *auch nicht* entspricht die englische Verbindung **not … either**: **Patricia didn't like the movie, and I didn't like it either**. *Patricia gefiel der Film nicht, und mir gefiel er auch nicht.* [Nicht: *…, and I didn't like it *too*.]

405 **tour, trip**, **journey** und **outing** | REG NOUNS

▶ Mit **tour** bezeichnet man gewöhnlich eine Rundreise oder Rundfahrt durch ein Land oder ein Gebiet, in deren Verlauf sehenswerte Orte besichtigt werden, ebenso den (meist geführten) Rundgang durch ein Gebäude, z.B. ein Schloss oder ein Museum:
Our four-week tour of France was a great experience. *Unsere vierwöchige Frankreich-Reise war ein tolles Erlebnis.* | **The following day we took part in a guided tour of Warwick Castle.** *Am folgenden Tag nahmen wir an einem Rundgang durch Warwick Castle teil.*
VOCABULARY: **adventure tour** *Abenteuerreise* | **bike** ~ *Fahrradtour* | **city** ~ *Stadtrundfahrt* | **coach** ~ *Busreise* | **guided** ~ *geführte Reise* | **group** ~ *Gruppenreise* | **harbour** ~ [AmE: **harbor** ~] *Hafenrundfahrt* | **package** ~ *Pauschalreise* | **sightseeing** ~ *Besichtigungsfahrt* | **mystery** ~ *Fahrt ins Blaue* | **study** ~ *Studienreise* | ~ **operator** *Reiseveranstalter* | ~ **guide** *Reiseführer, Reiseleiter* | **on** ~ *unterwegs, auf Achse*

▶ **trip** steht zum einen für die *Reise* in ihrem Gesamtverlauf (Anreise, Aufenthalt, Rückreise), bezeichnet aber auch kürzere Fahrten oder Reisen aus privaten oder geschäftlichen Gründen:
They are just back from a trip round the world. *Sie sind gerade von einer Weltreise zurück.* | **For this summer we are planning a camping trip to the seaside**. *Für diesen Sommer planen wir eine Campingreise ans Meer.* | **Joan and I met on a business trip to Cape Town**. *Joan und ich lernten uns auf einer Geschäftsreise nach Kapstadt kennen.*

▶ **journey** ist die Reise als *Weg von A nach B*, als längere Unternehmung oder als die regelmäßige, wiederholte Fahrt zu einem Ziel, z.B. zur Arbeit oder zur Schule:
It was a strenuous journey. *Es war eine anstrengende Reise.* | **A journey from Europe to India used to take several weeks**. *Eine Reise von Europa nach Indien dauerte früher mehrere Wochen.* | **We wish you a pleasant journey**. *Wir wünschen Ihnen eine angenehme Reise.*

▶ Unter **outing** versteht man einen *Ausflug*, in der Regel als Gruppe: **The children are going on a class outing to Windsor today**. *Die Kinder machen heute einen Klassenausflug nach Windsor.* | **Last Sunday we took part in a full-day outing to the Niagara Falls**. *Letzten Sonntag haben wir an einem ganztägigen Ausflug zu den Niagarafällen teilgenommen.*

406 **traffic** | NOUN, no pl

▶ *Straßenverkehr:* **Police direct traffic at busy crossroads**. *Die Polizei regelt den Verkehr an belebten Kreuzungen.* | **When leaving for holiday we often start at night because there is less traffic**. *Wenn wir in Urlaub fahren, starten wir oft nachts, weil da weniger Verkehr ist.* | **It would be sensible to ban all lorry traffic from town centres**. *Es wäre sinnvoll, den gesamten LKW-Verkehr aus Innenstädten zu verbannen.*
VOCABULARY: **air traffic** *Luftverkehr* | **commuter** ~ *Pendlerverkehr* | **ferry** ~ *Fährverkehr* | **freight** ~ *Frachtverkehr* | **heavy** ~ *dichter Verkehr* | **local** ~ *Nahverkehr* | **long-distance** ~ *Fernverkehr* | **rail** ~ *Schienenverkehr* | **rush-hour** ~ *Berufsverkehr* | **through** ~ [oder: **transit** ~] *Durchgangsverkehr* | **weekend** ~ *Wochenendverkehr*

traffic accident *Verkehrsunfall* | ~ **chaos** *Verkehrschaos* | ~ **connection** *Verkehrsverbindung* | ~ **calming** *Verkehrsberuhigung* | ~ **density** *Verkehrsaufkommen, Verkehrsdichte* | ~ **island** *Verkehrsinsel* | ~ **jam** *Verkehrsstau* | ~ **junction** *Verkehrsknotenpunkt* | ~ **light** *Verkehrsampel* | ~ **offence** [AmE: ~ **offense**] *Verkehrsverstoß* | ~ **offender** *Verkehrssünder* | ~ **police** *Verkehrspolizei* | ~ **warden** (für den ruhenden Verkehr zuständiger) *Polizist, weibl.: Politesse* | ~ **news** *Verkehrsnachrichten*

TRAFFIC IN BRITAIN: Das *Straßennetz* (**road network**) Großbritanniens besteht aus *Autobahnen* (**motorways,** mit dem Buchstaben **M** gekennzeichnet), *Fernverkehrsstraßen* (**A roads**), *regionalen Hauptverkehrsstraßen* (**B roads**) und *Nebenstrecken* (**C roads** und **D roads**). Eine gut verständliche *Beschilderung* (**signage**) erleichtert die Orientierung. Entfernungen sind in *Meilen* (**miles**) angegeben [1 mile = 1,6 km].

Auf den Straßen unterwegs sind *Fahrzeuge* (**vehicles**) aller Art wie *Autos* (**cars**), *Taxis* (**taxis**), *LKWs* (**lorries,** AmE: **trucks**), *Busse* (**buses, coaches**) und *Straßenbahnen* (**trams,** AmE: **streetcars**), Zweiräder wie **bicycles** [ugs: **bikes**] *(Fahrräder),* **motorcycles** [ugs: **motorbikes**] *(Motorräder),* **mopeds** und **motor scooters** *(Motorroller)* sowie *Fußgänger* (**pedestrians**). *Pferdewagen* (**horsecarts**) oder *Ochsenkarren* (**oxcarts**) begegnet man mit etwas Glück noch auf dem Lande, *Pferdekutschen* (**horse-drawn carriages**) sind nur noch für die *Royal Family* und, in bescheidenerer Ausstattung, für Touristen im Einsatz.

Auf den britischen Inseln – ebenso in Australien und Neuseeland, nicht aber in den USA und Kanada – herrscht *Linksverkehr* (**left-hand driving**). *Verkehrszeichen* (**traffic signs**), *Verkehrsregeln* (**traffic regulations**) und die überall anzutreffenden *Kreisverkehre* (**roundabouts**) sollen für einen reibungslosen *Verkehrsfluss* (**traffic flow**) sorgen, der aber oft durch *Baustellen* (hier: **roadworks**), *Umleitungen* (**detours, diversion routes**) und *Staus* (**traffic jams, congestions**) behindert wird. Wo *Verkehrsampeln* (**traffic lights**) fehlen, wird die *Vorfahrt* (**priority, right of way**) an *Einmündungen* oder *Kreuzungen* (**crossroads**) durch Schilder mit der Aufschrift GIVE WAY oder STOP und eine entsprechende *Fahrbahnmarkierung* (**roadmarking**) geregelt.

▶ **traffic** [oft auch: **trafficking**] wird außerdem im Sinne von *Handel* gebraucht, vor allem im Zusammenhang mit illegalen Machenschaften wie *Rauschgifthandel* (**drug trafficking**), *Menschenhandel* (**human trafficking**), *Mädchenhandel* (**girl trafficking**) oder *Kinderhandel* (**child trafficking**).

407   travel | REG VERB

▶ **travel** wird fast ausschließlich als Verb verwendet und beschreibt ein wiederholtes, regelmäßiges *Fahren* oder *Reisen*:
As Sales Manager I have to travel a lot. *Als Verkaufsleiter muss ich viel reisen.* | **She travels to London every weekend**. *Sie fährt jedes Wochenende nach London.* | **I have travelled the USA from coast to coast**. *Ich habe die USA von Küste zu Küste bereist.* | **Children under four travel free**. *Kinder unter vier Jahren fahren umsonst.* | **I travel over 40,000 kms a year by train**. *Ich fahre über 40.000 km pro Jahr mit der Bahn.* | **You'll have to travel far to find beaches like these**. *Man wird weit fahren müssen, um solche Strände zu finden.*

Verwenden Sie **travel** nicht als Hauptwort. Vermeiden Sie Sätze wie *The travel took two days. *It was a fantastic travel. Besser: **The journey took two days. It was a fantastic journey.**

408   treat | REG VERB

▶ *behandeln, mit jmdm/etw umgehen:* **Our teachers didn't always treat us fairly.** *Unsere Lehrer haben uns nicht immer fair behandelt.* | **We children were taught to treat others the way we want to be treated ourselves.** *Uns Kindern wurde beigebracht, andere so zu behandeln, wie wir selbst behandelt werden wollen.* | **Food is treated with preservatives to make it last longer.** *Nahrungsmittel werden mit Konservierungsstoffen behandelt, um sie länger haltbar zu machen.*

▶ *(ärztlich) behandeln:* **Neurologists are doctors who treat nervous diseases.** *Neurologen sind Ärzte, die Nervenkrankheiten behandeln.* | **She was treated for serious pneumonia at the hospital.** *Sie wurde wegen einer schweren Lungenentzündung im Krankenhaus behandelt.* | **Some forms of cancer still can't be treated successfully.** *Einige Formen von Krebs können noch nicht erfolgreich behandelt werden.*

-   **treatment** | REG NOUN | *Behandlung:* **in medical treatment** - *in ärztlicher Behandlung*

409   trouble | REG NOUN

Schwierigkeiten, Probleme, Ärger, Mühe – das Vokabular für die weniger angenehmen Seiten des Alltags vereint das Englische in dem entsprechend vielseitig verwendbaren Begriff **trouble.** Beispiele:

▶ *Ärger, Scherereien:* **He has often been in trouble with the police.** *Er hatte schon oft Ärger mit der Polizei.* | **The new computer is giving us nothing but trouble.** *Der neue Computer macht uns nichts als Ärger.* | **There might be trouble with the authorities**. *Es könnte Ärger mit den Behörden geben.* | **As we didn't want any trouble we decided to leave.** *Da wir keinen Ärger wollten, beschlossen wir zu gehen.*

▶ *Schwierigkeit(en), Problem(e), Mühe:* **The strike got us into serious trouble.** *Der Streik brachte uns in ernste Schwierigkeiten.* | **They had trouble getting a loan from the bank.** *Sie hatten Probleme, ein Darlehen von der Bank zu bekommen.* | **A year full of trouble is coming to an end.** *Ein Jahr voller Schwierigkeiten geht zu Ende.*

VOCABULARY: **trouble spot** *Unruheherd, Krisenherd* | **troublemaker** [auch: **trouble maker**] *Störenfried, Unruhestifter* | **troubleshooting** [auch: **trouble shooting**] *Fehlersuche, Fehlerbehebung*

[gesundheitliche Beschwerden]: **breathing** ~ *Atembeschwerden* | **back** ~ *Rückenbeschwerden* | **chest** ~ *Brustschmerzen* | **heart** ~ *Herzbeschwerden* | **stomach** ~ *Magenbeschwerden* | **an old** ~ *ein altes Leiden*

CONTEXT: **ask for trouble** *Streit suchen* | **be in** ~ *in Schwierigkeiten sein* | **get into** ~ *in Schwierigkeiten geraten* | **get sb into** ~ *jmdn in Schwierigkeiten bringen,* [Mädchen, Frau] *schwängern, ein Kind „machen"* | **be a** ~ **to sb** *jmdm zur Last fallen* | **keep out of** ~ *sich aus Schwierigkeiten heraushalten* | **have** ~ **doing** sth *Schwierigkeiten haben, etw zu tun*

- **trouble** sb | REG VERB | jmdn *beunruhigen, jmdm Sorgen bereiten*

410 **true** | ADJ

▶ *wahr, zutreffend:* **That can't be true.** *Das kann nicht wahr sein.* | **A dog is a true friend.** *Ein Hund ist ein wahrer Freund.* | **What you say may be true for some, but can't be generalised.** *Was du sagst, mag für einige zutreffen, kann aber nicht verallgemeinert werden.* | **My credit card got swallowed by the cash machine in the true sense of the word.** *Meine Kreditkarte wurde vom Geldautomaten im wahrsten Sinne des Wortes verschluckt.* | **Is it true that mobile phones emit dangerous radiation?** *Stimmt es, dass Handys gefährliche Strahlung abgeben?*

▶ Beachten Sie: Man sagt **COME true** *(wahr werden),* aber **BECOME reality** *(Wirklichkeit werden):* **May all your wishes come true.** *Mögen alle deine Wünsche wahr werden.* | **A dream has become reality.** *Ein Traum ist Wirklichkeit geworden.*

- **truth** | NOUN, usu sg | *Wahrheit:* **Children and fools tell the truth.** *Kinder und Narren sagen die Wahrheit.* | **The witness hasn't told the truth.** *Der Zeuge hat nicht die Wahrheit gesagt.* | **The truth is sometimes hard to take.** *Die Wahrheit ist manchmal schwer zu ertragen.*

411 **try** | REG VERB

▶ **try (to do sth)** - *etw (zu tun) versuchen:* **Try to remember!** *Versuche dich zu erinnern.* | **We tried to phone home, but didn't get through.** *Wir haben versucht, zu Hause anzurufen, sind aber nicht durchgekommen.* | **Please try again later.** *Bitte versuchen Sie es später noch einmal.* | **Keep trying.** *Versuche es weiter.*

Häufig bekommt man anstelle von **try to**... auch **try and**... zu hören: **Let's try and resolve the problem.** *Lassen Sie uns versuchen, das Problem zu lösen.* | **He had better try and find a job that suits him.** *Er sollte lieber versuchen, einen Job zu finden, der zu ihm passt.*

▶ **try** sth | **try doing** sth - *etw (aus)probieren:* **If this key doesn't fit, try the other one.** *Wenn dieser Schlüssel nicht passt, probiere den anderen (aus).* | **Have you ever tried eating with chopsticks?** *Hast du schon einmal versucht, mit Stäbchen zu essen?* | **Even if at first you don't succeed, try, try and try again.** *Auch wenn es am Anfang nicht klappt, versuche es immer wieder.* | **Try your luck.** *Versuche dein Glück.*

▶ [Speisen, Mittel, Methoden usw.] *probieren, ausprobieren, testen, kosten:* **Try Angelika's cake! It's wonderful.** *Probiere mal Angelikas Kuchen. Er ist wunderbar.* | **You can normally try downloaded software for 30 days before buying it.** *Man kann heruntergeladene Software normalerweise 30 Tage ausprobieren, bevor man sie kauft.* | **How can you say you don't like oysters when you have never tried any?** *Wie kannst du sagen, du magst keine Austern, wenn du nie welche probiert hast?*

▶ **try hard** - *sich anstrengen, sich Mühe geben:* **Helen's English is excellent, and Matthew is trying hard.** *Helens Englisch ist ausgezeichnet, und Matthew gibt sich Mühe.* | **She never needed to try hard at school.** *Sie musste sich in der Schule nie anstrengen.*

412 **turn** | REG VERB

▶ *(sich) drehen,* [im Straßenverkehr] *abbiegen,* [Seite] *umblättern:* **The Earth turns around the sun.** *Die Erde dreht sich um die Sonne.* | **The wind has turned to a new direction.** *Der Wind hat sich in eine neue Richtung gedreht.* | **Turn right at the traffic lights.** *Biegen Sie an der Ampel rechts ab.* | **Turn the key twice to lock the door securely.** *Dreh den Schlüssel zweimal um, um die Tür sicher abzuschließen.*

CONTEXT: **turn away** *sich abwenden* | ~ **round** *(sich) umdrehen* | ~ *sth* **round** *etw umdrehen* | ~ **a blind eye** (**to**) *sth über etw hinwegsehen, ein Auge zudrücken* | ~ *sth* **down** *etw ablehnen* | ~ **to** *sth sich etw zuwenden, zu etw greifen* | ~ *sb's* **head** *jmdm den Kopf verdrehen* | ~ **out to be** *sth sich als etw erweisen, herausstellen*

▶ **turn up** *auftauchen, erscheinen:* **The stolen paintings never turned up again.** *Die gestohlenen Gemälde tauchten nie wieder auf.* | **He was gone as quickly as he had turned up.** *Er war ebenso schnell verschwunden, wie er aufgetaucht war.*

▶ **turn down** *ablehnen, ausschlagen:* **The government turned down every offer to help.** *Die Regierung lehnte alle Hilfsangebote ab.* | **He was gone as quickly as he had turned up.** *Er war ebenso schnell verschwunden, wie er aufgetaucht war.*

Den Drehknopf an der Heizung, am Radio oder als Lichtschalter können Sie in folgender Weise betätigen: **turn on** *(einschalten, anmachen)*, **turn up** *(höher drehen, lauter stellen)*, **turn down** *(herunterdrehen, leiser stellen)* und **turn off** *(ausschalten, ausstellen, ausmachen)*

▶ **turn sth upside down** - *etwas auf den Kopf stellen* [= durchsuchen, durchwühlen, völlig umkrempeln] **I'll find that photo even if I have to turn the whole house upside down.** *Ich werde das Foto finden, auch wenn ich das ganze Haus auf den Kopf stellen muss.*

turn | REG NOUN

▶ *Wende, Wendung:* **Where were you at the turn of the millennium?** *Wo wart ihr zur Jahrtausendwende?* | **Things have taken an unexpected turn.** *Die DInge haben eine unerwartete Wendung genommen.* | **Our situation is slowly taking a turn for the better.** *Unsere Lage wendet sich langsam zum Besseren.*

▶ *Abbiegung:* **Take a right-hand turn at the next traffic light.** *Biegen Sie bei der nächsten Ampel rechts ab.* | **No left turn!** *Links abbiegen verboten!* | **No U-turn!** *Wenden verboten!* | **We made a wrong turn.** *Wir sind falsch abgebogen.*

▶ **be** *sb's* **turn** - *an der Reihe sein:* **Whose turn is it?** *Wer ist dran? Wer ist an der Reihe?* | **It's my turn.** *Ich bin dran.* | **Please wait for your turn.** *Warte bitte, bis du an der Reihe bist.*

▶ **take turns** - *sich abwechseln:* **My wife and I always take turns doing the dishes.** *Meine Frau und ich wechseln uns mit dem Abwaschen immer ab.*

413 Multiple births

Mehrlingsgeburten tragen im Englischen folgende Bezeichnungen: **twins** *Zwillinge* [eineiig: **monozygotic**, zweieiig: **dizygotic**] | **triplets** *Drillinge* | **quadruplets**, **quads** *Vierlinge* | **quintuplets**, **quins** *Fünflinge* | **sextuplets** *Sechslinge* | **septuplets** *Siebenlinge*.
Weltweites Aufsehen und heftige, überwiegend negative Reaktionen erregte im Jahre 2008 die Geburt von *Achtlingen* (**octuplets**) nach *Reagenzglasbefruchtung* (**in-vitro-fertilisation,** kurz: **IVF**) in Kalifornien. Anfang der 70er Jahre des 20. Jahrhunderts brachte eine Frau in Australien gar *Neunlinge* (**nonuplets**) zur Welt, von denen jedoch keines überlebte.

414 umpteen

Mit dem etwas seltsam anmutenden Wort **umpteen** bezeichnet man eine unbestimmt große Anzahl von etwas. Es entspricht deutschen Angaben wie *zig, x, hundert, tausend* usw.: **I've told you umpteen times that your dirty shoes don't belong in the cupboard.** *Ich hab dir schon hundertmal gesagt, dass deine dreckigen Schuhe nicht in den Schrank gehören.* | **They are showing this film for the umpteenth time.** *Sie zeigen diesen Film schon zum x-ten Mal, … zum tausendsten Mal, … zum was-weiß-ich-wievielten Mal.* | **This country offers umpteen possibilities for a varied holiday.** *Dieses Land bietet zig Möglichkeiten für einen abwechslungsreichen Urlaub.*

415 until / till und by | PREPs

▶ **until** oder (das in der Umgangssprache üblichere) **till** besagen, dass ein Zustand oder Vorgang bis zu einem genannten Zeitpunkt *ununterbrochen andauert:*
We worked until midnight to get the job done. *Wir haben bis Mitternacht gearbeitet, um die Arbeit fertigzubekommen.* | **Luckily we have someone to look after everything till we are back.** *Zum Glück haben wir jemanden, der sich um alles kümmert, bis wir zurück sind.*

▶ Wenn die Angabe *bis …* dagegen bedeutet: *bis spätestens …, nicht später als …,* dann ist sie nicht mit **until**, sondern mit **by** wiederzugeben:
He said he would be back by five o'clock. *Er sagte, er würde bis (spätestens) fünf Uhr zurück sein.* | **Applications must be handed in by June 30.** *Bewerbungen müssen bis (spätestens) 30. Juni eingereicht sein.*

416 value | REG NOUN

▶ *Wert, Bedeutung, Nutzen:* **As a consequence of the debt crisis shares have dropped dramatically in value.** *Als Folge der Schuldenkrise haben Aktien dramatisch an Wert verloren.* | **Art objects of inestimable value got destroyed in the fire.** *Kunstgegenstände von unschätzbarem Wert wurden bei dem Brand zerstört.* | **The camera isn't exactly cheap, but it's good value for money.** *Die Kamera ist nicht gerade billig, aber sie ist ihr Geld wert.*

▶ *Wertsachen* wie Schmuck usw. sind **valuables: Never leave any valuables in your car.** *Lassen Sie Wertgegenstände niemals im Auto.* | **Valuables are best kept in a bank deposit safe.** *Wertgegenstände werden am besten in einem Bankschließfach verwahrt.*

- **value** | REG VERB | *bewerten, einschätzen*
- **evaluate** | REG VERB| *(prüfend) bewerten, auswerten*
- **take** sth **at face value** | VERB PHR | *etw für bare Münze nehmen*
- **valuable** | ADJ | *wertvoll, kostbar*

417 very | ADV

▶ **very** *(sehr)* steht vor Adjektiven, die einen Zustand beschreiben: **How are you? – Very well, thanks.** *Wie geht es Ihnen? – Sehr gut, danke.* | **The vessel was very old and no longer seaworthy.** *Das Schiff war sehr alt und nicht mehr seetüchtig.*| **Flawless gems are extremely rare and therefore very expensive.** *Lupenreine Edelsteine sind äußerst selten und darum sehr teuer.* | **We have been very busy in recent days.** *Wir haben in den letzten Tagen sehr viel zu tun gehabt.*

▶ **very** steht auch vor Superlativen, vor **first** und **last: George is my very best friend.** *George ist mein allerbester Freund.* | **On the very first day we had a car breakdown.** *Am allerersten Tag hatten wir eine Autopanne.* | **He knew it was his very last chance and was determined to use it.** *Er wusste, es war seine allerletzte Chance und war entschlossen, sie zu nutzen.*

▶ Beachten Sie aber: Bei einem Verb steht niemals **very**, sondern **much**, **very much** oder **a lot: We miss him very much.** *Wir vermissen ihn sehr.* | **Our financial situation has much improved.** *Unsere finanzielle Lage hat sich sehr verbessert.* [Nicht: *... very improved]. | **I hope very much that we can meet again some time.** *Ich hoffe sehr, dass wir uns irgendwann einmal wiedersehen können.* | **She has suffered a lot, even if nobody noticed it.** *Sie hat sehr gelitten, auch wenn es niemand bemerkt hat.*

418 visit | REG VERB

▶ *jmdn besuchen,* in der Regel für ein paar Tage oder länger: **During our tour of Canada next year we'll visit our relatives.** *Auf unserer Kanadareise nächstes Jahr werden wir unsere Verwandten besuchen.* | [Sehenswürdigkeiten] *besichtigen:* **Did you visit Taronga zoo when you were in Sydney?** *Habt ihr den Taronga-Zoo besucht, als ihr in Sydney wart?* | [jemanden zu einem bestimmten Zweck aufsuchen]: **A good family doctor will visit his patients at any hour.** *Ein guter Hausarzt besucht seine Patienten zu jeder Stunde.*

Im Zusammenhang mit privaten Besuchen bei Freunden, Verwandten, Nachbarn usw. werden anstelle von **visit** auch Ausdrücke wie **go to see** *(jmdn besuchen gehen),* **come to see** *(jmdn besuchen kommen, zu jmdm zu Besuch kommen)* oder **drop in** [ugs. auch: **pop in**] **on** sb *(kurz bei jmdm vorbeischauen)* verwendet:
This afternoon we are going to see an old friend of my mother's. *Heute Nachmittag besuchen wir einen alten Freund meiner Mutter.* | **We are glad to hear that you are coming to see us.** *Wir freuen uns, dass ihr uns besuchen kommt.* | **Some colleagues of mine are calling on us tonight.** *Ein paar Kollegen von mir kommen uns heute Abend besuchen* [oder: *... kommen heute Abend zu Besuch.*] | **We may drop in on you on our way home.** *Vielleicht schauen wir auf dem Nachhauseweg kurz bei euch vorbei.*

- **visit** | REG NOUN | *Besuch:* **come for a visit** - *zu Besuch kommen*
- **visitor** | REG NOUN | *Besucher:* [Hinweisschild] **All visitors must report to reception.** *Alle Besucher bitte beim Empfang melden.*
- **visitation** | REG NOUN | *prüfende Besichtigung einer Einrichtung wie Altersheim, Kindergarten usw. durch offizielle Stellen:* **Our nursing home had a visitation last week.**

419 wait | REG VERB

▶ *warten, abwarten:* **I can't wait any longer.** *Ich kann nicht länger warten.* | **Wait a minute!** *Warte mal! Moment mal!* | **Join the queue and wait your turn.** *Stell dich an und warte, bis du dran bist.* | **He kept us waiting for one hour.** *Er ließ uns eine Stunde warten.* | **Wait and see!** *Abwarten und Tee trinken!*

▶ **wait for** sb / for sth - *auf jmdn/etw warten, jmdn/etw erwarten:* **I am still waiting for an answer**. *Ich warte immer noch auf eine Antwort.* | **A lot of work is waiting for me at home.** *Zu Hause wartet eine Menge Arbeit auf mich.* | **What are you waiting for?** *Worauf wartest du?*

▶ **wait for** sth (**to** happen) - *darauf warten, dass etw passiert:* **The passengers waited for the train to leave.** *Die Reisenden warteten darauf, dass der Zug abfährt.* [Nicht: *... waited that the train left.*] | **She sits at home waiting for a miracle to happen.** *Sie sitzt zu Hause und wartet darauf, dass ein Wunder geschieht.* [Nicht: *... waiting that a miracle happens.*]

▶ **wait for** sb (**to do** sth) - *darauf warten, dass jmd etw tut:* **We waited for the waiter to bring the menu.** *Wir warteten darauf, dass der Kellner die Speisekarte bringt.* [Nicht: *We waited that the waiter ...*] | **The crowd was waiting for the royal couple to show up on the balcony.** *Die Menge wartete darauf, dass sich das königliche Paar auf dem Balkon zeigt.* [Nicht: *... waited that the royal couple ...*]

420 walk | REG VERB

▶ **walk** bezeichnet die Fortbewegung zu Fuß: **In lovely weather I walk to work; on other days I go by bus or underground.** *Bei schönem Wetter gehe ich zu Fuß zur Arbeit, an anderen Tagen fahre ich mit dem Bus oder der U-Bahn.* | **Walk down this street and turn left at the traffic lights.** *Gehen Sie diese Straße hinunter und biegen Sie an der Ampel links ab.* | **Having missed the last bus, we had to walk.** *Da wir den letzten Bus verpasst hatten, mussten wir zu Fuß gehen.*

- **walk** | REG NOUN | *Spaziergang:* **take a walk, go for a walk** - *spazierengehen*
- **walking stick** [oder: **walking cane**] | REG NOUN | *Gehstock, Spazierstock*
- **wheeled walker** [oder: **walking frame**] | REG NOUN | *Gehhilfe*
- **walk of life** | REG NOUN | *Gesellschaftsschicht, soziale Schicht:*
  Children from all walks of life attend our school -
  Kinder aus allen Schichten besuchen unsere Schule.
- **sleepwalk** | REG VERB | *schlafwandeln*
- **walk the dog** | VERB PHR | *den Hund ausführen, Gassi gehen* [auch: **go walkies**]

421 watch | REG VERB

▶ *beobachten, zusehen:* **I watched a spider the other day wrapping up a trapped wasp.** *Ich habe neulich eine Spinne beobachtet, wie sie eine gefangene Wespe einwickelte.* | **She will sit by the window for hours and watch the people in the street below**. *Sie kann stundenlang am Fenster sitzen und die Leute unten auf der Straße beobachten.* | **Have you ever watched a cat creeping up on a mouse?** *Habt ihr schon einmal beobachtet, wie sich eine Katze an eine Maus heranschleicht?*

▶ **watch television** [kurz: **watch TV**] - *fernsehen:* **Did you watch TV last night?** *Hast du gestern Abend ferngesehen?* | **I only watch the news.** *Ich sehe mir nur die Nachrichten an.*

Interessanterweise heißt es **watch TV** und **watch a DVD** *(sich eine DVD ansehen)*, bei öffentlichen Aufführungen (z.B. im Kino oder im Theater) hingegen sagt man **see**. Vergleichen Sie: **We never WATCH television at dinner.** *Wir sehen beim Abendessen nie fern.* Aber: **The last film I SAW was "Avatar".** *Der letzte Film, den ich [im Kino] gesehen habe, war „Avatar".*

▶ *im Auge behalten, auf jmdn/etw aufpassen, auf etw achten:* **Ann was watching at her sick child's bedside all night.** *Ann hat die ganze Nacht am Bett ihres kranken Kindes gewacht.* | **Watch what you are saying.** *Pass auf, was du sagst!* | **Please watch our luggage while I am getting the tickets**. *Pass bitte auf unser Gepäck auf, während ich die Karten besorge.*

▶ Mit dem Zuruf **Watch out!** *(Vorsicht! Pass auf!)* können Sie Mitmenschen auf eine plötzliche Gefahr aufmerksam machen: **Watch out! That dog looks fierce!** *Pass auf, der Hund sieht grimmig aus.* | **Watch out! These steps are slippery!** *Vorsicht, diese Stufen sind glatt.*

422 watch und clock | REG NOUNS

▶ Eine **watch** trägt man als **wristwatch** *(Armbanduhr)* am Handgelenk, als **pocket-watch** *(Taschenuhr)* in der Westentasche oder als **stopwatch** *(Stoppuhr)* in der Hand. Die übrigen Uhren heißen **clock** und sind allgegenwärtig: im Freien als **church clock** *(Kirchturmuhr)* oder **station clock** *(Bahnhofsuhr)*, zu Hause als **kitchen clock, cuckoo clock, grandfather clock** *(Standuhr)* oder **alarm clock** *(Wecker)*. Allerdings gibt es weder eine *sunclock noch eine *sandclock. Die Sonnenuhr heißt **sundial**, die Sanduhr **hourglass**.

Und noch eines: deutsche Uhren GEHEN richtig, falsch, vor oder nach, englische **ARE right, wrong, fast** oder **slow**. [Anstelle von **be fast** bzw. **be slow** kann man auch sagen: **gain time** bzw. **lose time**.]

423 way | REG NOUN

▶ *Weg* [Wegstrecke]: **On the way north we passed vast fruit plantations.** *Auf dem Weg nach Norden fuhren wir an ausgedehnten Obstplantagen vorbei.* | **The way to hell is paved with good intentions.** *Der Weg zur Hölle ist mit guten Vorsätzen gepflastert.* | **Help is on its way.** *Hilfe ist (schon) unterwegs.* | **This way please.** *Hier entlang, bitte.*

▶ *Weg* [Art und Weise, Methode]: **Is there no other way to convince him?** *Gibt es keinen anderen Weg, ihn zu überzeugen?* | **Which is the best way to learn a foreign language?** *Was ist der beste Weg, eine Fremdsprache zu erlernen?*

Notieren Sie auch **this way, that way** *(so, auf diese Weise)*, **my way, your way, his way** usw. *(auf meine, deine, seine usw. Art)* und **No way!** *(Auf keinen Fall! Kommt nicht in Frage!)*

▶ Die Pluralform **ways** wird oft im Sinne von *Sitten, Gebräuche, Lebensart, Gepflogenheiten* verwendet: **It took me years to get used to the local ways.** *Ich habe Jahre gebraucht, um mich an die hiesigen Gepflogenheiten zu gewöhnen.* | **One reason why I like travelling is my interest in foreign countries, their people and their ways.** *Ein Grund, warum ich gern reise, ist mein Interesse an fremden Ländern, ihren Menschen und deren Sitten.*

▶ Zum Ausdruck eines Vergleichs *(wie, so wie)* kann anstelle von **how** auch **the way** stehen: **Things are no longer the way they used to be.** *Die Dinge sind nicht mehr so, wie sie einmal waren.* | **I like spaghetti the way my mother cooks it.** *Ich mag Spaghetti, so wie meine Mutter sie kocht.* | **That's the way it is.** *So ist das.* | **That's the way it goes.** *So geht das.*

way | ADV

In adverbialer Verwendung bezeichnet **way** – als Ersetzung von **far** und **long** *(weit, lange)* – einen großen räumlichen oder zeitlichen Abstand: **It was way after midnight when we left.** *Es war weit nach Mitternacht, als wir gingen.* | **I usually run out of money way before the end of month.** *Mir geht meist lange vor Monatsende das Geld aus.* | **We fell way behind the rest of the group.** *Wir fielen weit hinter den Rest der Gruppe zurück.* | **The flat is rather small and the rent is way too high.** *Die Wohnung ist ziemlich klein, und die Miete ist viel zu hoch.*

424 when | ADJ / CONJ

▶ *Wann …?* [die Frage nach einem Zeitpunkt einleitend]: **When is Easter this year?** *Wann ist dieses Jahr Ostern?* | **When would you like us to come?** *Wann möchtest du, dass wir kommen?* | **When did you first think of getting married?** *Wann habt ihr zum ersten Mal daran gedacht zu heiraten?* | **When, at last, will you grow up?** *Wann wirst du endlich erwachsen?*

▶ [mit einer Verbform der Gegenwart] *dann, wenn…, zu dem Zeitpunkt, wenn …:* **Will you be at home when we come back?** *Werdet ihr zu Hause sein, wenn wir zurückkommen?* | **When everyone is ready we can start.** *Wenn alle soweit sind, können wir anfangen.* | **When I'm sixty-three, I won't have to work any more.** *Wenn ich 63 bin, brauche ich nicht mehr zu arbeiten.* | **What is Sebastian going to do when he has finished school?** *Was macht Sebastian, wenn er mit der Schule fertig ist?*

▶ *wenn, immer wenn … :* **When the weather is fine, we have breakfast in the garden.** *(Immer) wenn das Wetter schön ist, frühstücken wir im Garten.* | **When Bob comes home from work, he turns on the TV.** *Wenn Bob von der Arbeit nach Hause kommt, schaltet er den Fernseher ein.* | **When you travel abroad, you'll realise how expensive life in Britain really is.** *Wenn man ins Ausland reist, merkt man, wie teuer das Leben in England wirklich ist.*

Beachten Sie: obwohl sich der mit **when** eingeleitete Satz auf die Zukunft bezieht, steht sein Verb nicht im *Future:* **Send me an SMS when you have finished.** [Nicht: *… when you *will* have finished.]

▶ [mit einer Verbform der Vergangenheit] *als…, zu dem Zeitpunkt, als…:* **She made her first TV appearance when she was seven.** *Sie hatte ihren ersten Fernsehauftritt, als sie sieben war.* | **When they boarded the plane, they knew that there was no way back.** *Als sie das Flugzeug bestiegen, wussten sie, dass es keinen Weg zurück gab.* | **When I told them who I was, they wouldn't believe it.** *Als ich ihnen sagte, wer ich war, wollten sie es nicht glauben.*

425 which

▶ Wenn Sie eine *Auswahl* zu treffen haben, heißt das Fragewort immer **which**, ganz gleich, ob es sich um Personen oder um Sachen handelt: **Which do you like better – Beer or wine?** *Was magst du lieber? Bier oder Wein?* [Nicht: *What* do you like better?] | **Which of you is Tim?** *Wer von euch ist Tim?* [Nicht: *Who* of you…?] | **Bob says butter is healthy, Jane says it is not. Which of the two is right?** *Bob sagt, Butter ist gesund, Jane sagt, sie ist es nicht. Wer von beiden hat Recht?* [Nicht: *Who* of the two…?]

426 **whole** | ADJ

▶ *ganz* [vollständig, ungeteilt]: **The whole family was ill**. *Die ganze Familie war krank.* | **I must read the whole book before I can judge it**. *Ich muss das ganze Buch lesen, bevor ich es beurteilen kann.* | **The dog has eaten the whole birthday cake**. *Der Hund hat den ganzen Geburtstagskuchen gefressen.* | **She was taken to hospital after swallowing a whole onion**. *Sie wurde ins Krankenhaus gebracht, nachdem sie eine ganze Zwiebel verschluckt hatte.*

▶ *ganz* vor Ortsangaben, insbesondere vor Städte- oder Ländernamen, wird nicht mit **whole**, sondern mit **the whole of** wiedergegeben: **In the whole of London there is no pub like this one**. *In ganz London gibt es keine Kneipe wie diese* [Nicht: *In whole London ...*] | **The whole of America was shocked at the recent school killings**. *Ganz Amerika war schockiert über die jüngsten Schulmassaker.* [Nicht: *Whole America ...*] | **My hometown has the highest number of unemployed in the whole of Germany**. *Meine Heimatstadt hat die höchste Zahl an Arbeitslosen in ganz Deutschland.* [Nicht: *... in whole Germany*.]

427 **wide** und **broad** | ADJs

▶ **wide** ist der übliche Ausdruck für *breit*: **The west coast is popular for its wide and sandy beaches**. *Die Westküste ist beliebt wegen ihrer breiten, sandigen Strände.* | **The gateway was not wide enough to drive through**. *Die Einfahrt war nicht breit genug, um hindurchzufahren.* | **The river at its widest place looks like a lake**. *Der Fluss sieht an seiner breitesten Stelle aus wie ein See.* | **The crack in the road was too wide to jump over**. *Der Riss in der Straße war zu breit, um hinüberzuspringen.*

▶ **wide** kann auch *vielfältig, verschiedenartig* bedeuten: **The hotel offers a wide range of services**. *Das Hotel bietet eine breite Palette an Dienstleistungen.* | **This shop is known for its wide selection of top wines**. *Dieser Laden ist für eine breite Auswahl an Spitzenweinen bekannt.* | **Africa offers a wide variety of stunning landscapes**. *Afrika bietet eine breite Vielfalt an atemberaubenden Landschaften.*

▶ **wide** steht in Bezeichnungen wie **area-wide** *(flächendeckend)*, **EU-wide** *(EU-weit)*, **country-wide** [oder: **nationwide**] *(landesweit)* und **worldwide** *(weltweit)*.

- **widen** | REG VERB | *sich verbreitern, breiter werden*:
  The road widens. *Die Straße verbreitert sich.*
- **wide** | ADV | *weit*: **The door stood wide open**. *Die Tür stand weit offen.*
- **widely** | ADV | *weithin, weitgehend*:
  The pub is widely known. *Das Lokal ist weithin bekannt.*

▶ **broad** wird vor allem in Verbindung mit dem menschlichen Körper sowie in einigen übertragenen Bedeutungen von *breit (umfassend, ausgedehnt)* gebraucht:

PEOPLE HAVE **broad shoulders** *breite Schultern* | **a broad forehead** *eine breite Stirn* | **broad hips** *breite Hüften* | **a broad pelvis** *ein breites Becken*

CONTEXT: **speak with a broad accent** *mit einem breiten Akzent sprechen* | **come to a ~ agreement** *zu einer breiten Übereinstimmung kommen* | **take a ~ view** *eine großzügige Auffassung vertreten* | **do sth in ~ daylight** *etw am helllichten Tage tun* | **look at sb with a ~ smile / with a ~ grin** *jmdn mit einem breiten Lächeln / mit einem breiten Grinsen ansehen*

428 **wish** | REG NOUN

▶ *Wunsch, Anliegen*: **Her only wish was to see the children**. *Ihr einziger Wunsch war es, die Kinder zu sehen.* | **If you had three wishes, which would they be?** *Wenn du drei Wünsche (frei) hättest, welche wären das?* | **Close your eyes and make a wish**. *Mach die Augen zu und wünsch dir was.* | **May all your wishes come true**. *Mögen alle eure Wünsche in Erfüllung gehen.* | **Your wish is my command**. *Dein Wunsch ist mir Befehl.*

wish | REG VERB

▶ *wünschen*: **We wish you all a happy New Year**. *Wir wünschen euch allen ein glückliches neues Jahr.* | **Everyone wished me good luck**. *Alle wünschten mir Glück.* | **I wish both of you every happiness on earth**. *Ich wünsche euch beiden alles Glück auf Erden.*

Notieren Sie auch: **I wish!** *Schön wär's!.* | **You wish!** *Das möchtest du wohl! Das hättest du wohl gerne!*

▶ **wish for** sth - *sich etw wünschen*: **I have always been wishing for something like this**. *So etwas habe ich mir schon immer gewünscht.* | **It is not what I have been wishing for**. *Es ist nicht das, was ich mir gewünscht habe.* | **What else can I wish for?** *Was sonst könnte ich mir wünschen?*

▶ **wish to**… ist eine vornehme Art, **want to** zu sagen: **I wish to see the boss.** *Ich wünsche den Chef zu sprechen.* | **I just wish to point out that I voted against the decision.** *Ich will nur darauf hinweisen, dass ich gegen den Beschluss gestimmt habe.*

▶ Wenn man sich die Dinge anders wünscht, als sie sind, folgt auf **wish** eine Verbform der Vergangenheit: **I wish** [Nicht: *I *wished* …] **he wasn't so lazy.** *Ich wünschte, er wäre nicht so faul.* [= Wäre er doch nicht so faul!] | **I wish I hadn't mentioned it.** *Ich wünschte, ich hätte es nicht erwähnt.* [= Hätte ich es doch nur nicht erwähnt!] | **I wish I had your problems.** *Ich wünschte, ich hätte deine Probleme.* [= Deine Probleme möchte ich haben].

In Sätzen wie diesen können Sie die Form **was** in allen Personen durch **were** ersetzen: **I wish he weren't so lazy.** Beachten Sie aber, dass sich ein solcher Wunsch immer auf die Gegenwart, auf eine *bereits eingetretene* Situation beziehen muss. Wünsche, die etwas Zukünftiges betreffen, werden mit **I hope**… eingeleitet: **I hope she will come back soon.** *Ich hoffe, sie wird bald zurückkommen.* [Nicht: *I *wish* she *would* come back soon.]

429 wonder | REG VERB

▶ *sich fragen* [= nach einer Erklärung suchen]: **I wonder where all the money goes.** *Ich frage mich, wo das ganze Geld bleibt.* | **I have always wondered how a five-member family can live on so little money.** *Ich habe mich (schon) immer gefragt, wie eine fünfköpfige Familie von so wenig Geld leben kann.* | **Has he ever wondered why so many people avoid him?** *Hat er sich je gefragt, warum so viele Menschen ihm aus dem Weg gehen?*

▶ Es mag etwas gewunden klingen, aber mit **I wonder if you could**… können Sie jemanden in ausgesucht höflicher Form um einen Gefallen bitten: **I wonder if you could tell me the time.** *Könnten Sie mir vielleicht sagen, wie spät es ist?* | **I wonder if you could help me carry these suitcases upstairs.** *Ob Sie mir wohl helfen könnten, diese Koffer nach oben zu tragen? Wären Sie wohl so freundlich, diese Koffer für mich nach oben zu tragen?*

wonder | REG NOUN

▶ *Wunder:* **The Great Barrier Reef is one of the wonders of the world.** *Das Great Barrier Reef ist eines der Weltwunder.* | **I don't believe in wonders.** *Ich glaube nicht an Wunder.* | **The world is full of natural wonders (that are) worth preserving.** *Die Welt ist voller Naturwunder, die es zu bewahren gilt.*

▶ **It's a wonder** … *Es ist ein Wunder* … / **It's a small wonder** … *Es ist ein kleines Wunder…* / **It's no wonder that**… *Es ist kein Wunder, dass…:* **It's a wonder that so many people have survived the crash.** *Es ist ein Wunder, dass so viele Menschen den Absturz überlebt haben.* | **It's no wonder that he quit the job.** *Es ist kein Wunder, dass er den Job aufgegeben hat.*

430 word books

▶ Ob als winzige Miniaturausgabe, die nicht viel mehr ist als ein Spickzettel zum Umblättern, ob im praktischen Taschenformat für die Reise oder als kiloschwerer Wälzer fürs Regal – ein *Wörterbuch* (**dictionary**) ist und bleibt das „klassische" Hilfsmittel bei Übersetzungen aller Art. Zu haben unter anderem als

monolingual ~ *einsprachiges Wörterbuch* | **bilingual** ~ *zweisprachiges Wörterbuch* | **English-German** ~ *englisch-deutsches Wörterbuch* | **pocket** ~ *Taschenwörterbuch* | **colloquial** ~ [auch: **slang** ~] *Wörterbuch der Umgangssprache* | **etymological** ~ *etymologisches Wörterbuch* [Herkunftswörterbuch] | **medical** ~ *medizinisches Wörterbuch* | **commercial** ~ *Wörterbuch der Wirtschaftssprache* | **technical** ~ *Technisches Wörterbuch, Fachwörterbuch* | **concise** ~ *Kompaktwörterbuch* | **comprehensive** ~ *Großwörterbuch* | **online** ~ *Online-Wörterbuch*

Einen mit Allgemeinwissen ungewöhnlich beschlagenen Menschen nennt man gelegentlich ein *lebendes Lexikon* (**living dictionary**) oder *wandelndes Lexikon* (**walking dictionary**).

▶ **vocabulary** [no pl] *(Wortschatz)* ist das tägliche Brot der Schüler im Unterricht und generell für alle von Nutzen, die eine Sprache erlernen: **He can't express himself properly because he lacks vocabulary.** *Er kann sich nicht richtig ausdrücken, weil es ihm an Wortschatz fehlt.* | **The English vocabulary contains a large number of words of Latin origin.** *Der englische Wortschatz enthält eine große Zahl von Wörtern lateinischen Ursprungs.*

▶ **encyclopedia** [pl **encyclopedias**] steht für das *Lexikon,* das klassische Nachschlagewerk des Allgemeinwissens: **Wikipedia is an attempt to make the whole of human knowledge available to everyone.** *(Das Online-Lexikon) Wikipedia ist der Versuch, das gesamte Wissen der Menschheit für jedermann verfügbar zu machen.* | **The *Encyclopædia Britannica* is the oldest English-language encyclopedia.** *Die "Encyclopædia Britannica" ist das älteste englischsprachige Lexikon.*

431 work | REG VERB

▶ *arbeiten*: **Tom works at a pizza delivery service.** *Tom arbeitet bei einem Pizzaservice.* | **My parents always had to work hard to make a living.** *Meine Eltern haben immer hart arbeiten müssen, um ihren Lebensunterhalt zu verdienen.* | **People who work should receive more than those who don't.** *Leute, die arbeiten, sollten mehr bekommen als solche, die es nicht tun.* | **My English still isn't very good, but I'm working on it.** *Mein Englisch ist immer noch nicht besonders gut, aber ich arbeite daran.*

▶ [Geräte, technische Vorrichtungen] *funktionieren*: **Have you noticed that the doorbell isn't working?** *Hast du bemerkt, dass die Klingel nicht geht? ... nicht funktioniert?* | **The remote control isn't working. The battery must be flat.** *Die Fernbedienung funktioniert nicht. Die Batterie muss leer sein.* | **Is the lift working again**, or do we have to climb the stairs? *Geht der Aufzug wieder, oder müssen wir Treppen steigen?*

▶ **work out** [Plan, Methode, Vorhaben] *klappen, hinhauen,* [Rechnung] *aufgehen*: **That will never work out.** *Das klappt nie.* | **If things work out, we should make it by tomorrow.** *Wenn alles klappt, sollten wir es bis morgen schaffen.*

CONTEXT: **work miracles** *Wunder (be)wirken; hexen, zaubern* [= etwas unglaublich schnell erledigen] | **~ to rule** *streng nach Vorschrift arbeiten, Dienst nach Vorschrift machen* | **~ one's guts out** *sich zu Tode schuften, sich die Seele aus dem Leib schuften*

- **overwork** | REG VERB | *sich überarbeiten, sich überanstrengen*

432 work, labour, task und **job** | REG NOUNS

▶ **work** ist der allgemein übliche Ausdruck für *Arbeit*, zu verstehen sowohl im Sinne von *Tätigkeit, Beschäftigung* als auch mit Bezug auf deren Ergebnis, letzteres meist in der Form **piece of work**, also wörtlich *Stück Arbeit*:

This kind of work involves a lot of travelling. *Diese Art von Arbeit bringt es mit sich, dass man viel reisen muss.* | **George often brings some work home with him from the office.** *George bringt oft Arbeit aus dem Büro mit nach Hause.* | **This china bowl** [auch: **porcelain bowl**] **is a fine piece of work from Portugal.** *Diese Porzellanschale ist eine schöne Arbeit aus Portugal.*

VOCABULARY: **brain work** *geistige Arbeit* | **dirty ~** *Drecksarbeit* | **clearing ~** *Aufräumarbeiten* | **building** [oder: **construction**] **~** *Bauarbeiten* | **desk ~** *Büroarbeit, Schreibarbeit* | **night ~** *Nachtarbeit* | **shift ~** *Schichtarbeit* | **field ~** *Arbeit im Außendienst* | **repair ~** *Reparaturarbeiten* | **illicit ~** *Schwarzarbeit* | **housework** *Hausarbeit, Arbeit im Haushalt* | **homework** *Hausaufgaben* | **needlework** *Handarbeit*

at work *bei der Arbeit* [am Arbeitsplatz] | **after ~** *nach der Arbeit, nach Feierabend* | **out of ~** *ohne Arbeit, arbeitslos* | **seek ~** *Arbeit suchen* | **skip ~** *bei der Arbeit fehlen, blau machen* | **resume ~** *die Arbeit wieder aufnehmen*

▶ Erstaunlich, aber wahr: **a piece of work** kann auch ein Mensch sein. Schon der alte Shakespeare lässt seinen Hamlet, wenn auch voll bitterer Ironie, sagen: **What a piece of work is man, how noble in reason** ... *(Welch ein Meisterwerk ist der Mensch! Wie edel durch Vernunft! ...)* Und wenn man heutzutage von jemandem als **a nasty piece of work** spricht, so ist das eine wenig schmeichelhafte Bezeichnung, etwa: *Fiesling, Unsympath, Ekelpaket.*

▶ Bei der Pluralform **works** denkt man eher an *Arbeiten* größeren Umfangs wie **road works** *(Straßenbauarbeiten)*, **restoration** [auch: **rehabilitation**] **works** *(Sanierungsarbeiten)* oder **demolition works** *(Abbrucharbeiten)*.

works steht auch für *Werk* oder *Werke* zur Bezeichnung von Industriebetrieben und Versorgungseinrichtungen, wie in **aircraft works** *Flugzeugwerft*, **engineering works** *Maschinenfabrik*, **car works** *Automobilwerk*, **cement works** *Zementwerk*, **steel works** *Stahlwerk*, **waterworks** *Wasserwerke*, **gas works** *Gaswerke* oder **sewage works** *Kläranlage*.

Auch die *Werke* eines Künstlers werden als **works** bezeichnet: **The Complete Works of Lewis Carroll are now available in a one-volume edition.** *Die gesammelten Werke* [auch: *das Gesamtwerk*] *von Lewis Carroll sind nun in einer einbändigen Ausgabe erhältlich.* | **The exhibition shows selected works of the 18th and 19th centuries.** *Die Ausstellung zeigt ausgewählte Werke des 18. und 19. Jahrhunderts.*

- **worker** | REG NOUN | *Arbeiter* | **co-worker** *Mitarbeiter, Kollege* | **construction ~** *Bauarbeiter* | **factory ~** [oder: **blue-collar worker**] *Fabrikarbeiter* | **office ~** [oder: **white-collar worker**] *Büroangestellter* | **skilled ~** *Facharbeiter* | **semi-skilled ~** *angelernter Arbeiter* | **unskilled ~** *ungelernter Arbeiter* | **agency ~** *Leiharbeiter* | **guest ~** *Gastarbeiter* | **seasonal ~** *Saisonarbeiter* | **aid ~** *Entwicklungshelfer* | **social ~** *Sozialarbeiter*

labour [AmE: **labor**]

▶ **labour** klingt gewählter als **work**. Es betont die Mühen und Anstrengungen der Arbeit (wie in **child labour**, *Kinderarbeit* oder **forced labour** *Zwangsarbeit*) und findet sich darüberhinaus in festen Verbindungen wie **capital and labour** *(Kapital und Arbeit)* oder **parts and labour** [auch: **spares and labour**] *(Reparaturkosten: Ersatzteile und Arbeit)*.

An die Stelle früher üblicher Bezeichnungen wie **labour exchange** *(Arbeitsamt)* oder **labour market** *(Arbeitsmarkt)* sind heute Begriffe wie **job market, job centre** und **job service** getreten.

▶ Als verkürzte Form von **Labour Party** bezeichnet **Labour** eine der drei großen politischen Parteien Großbritanniens (neben der *Conservative Party* und den *Liberal Democrats*):
Our family have always voted Labour. *Unsere Familie hat immer Labour [= die Labour Party] gewählt.* | **The Labour government brought about a number of social reforms.** *Die Labour-Regierung hat eine Reihe von sozialen Reformen durchgesetzt.*

task

▶ **task** steht für eine spezielle *Aufgabe,* vor die man sich gestellt sieht: **The new government faces a number of difficult tasks.** *Der neuen Regierung sieht sich vor eine Reihe schwieriger Aufgaben gestellt.*

Unter einer **task force** wird eine Arbeitsgruppe oder Spezialeinheit verstanden, der die Aufgabe übertragen wird, ein ganz bestimmtes Problem zu lösen, eine Krise zu entschärfen: **A task force was formed to investigate the incident.** *Es wurde eine Arbeitsgruppe zusammengestellt, die den Vorfall untersuchen sollte.*

job

▶ **job** steht für *Arbeit, Stelle, Beschäftigung,* meist als eine geregelte Erwerbstätigkeit, die man für einen Arbeitgeber ausübt:
He eventually found a job as a window cleaner. *Am Ende fand er einen Job als Fensterputzer.* | **He has had five jobs since he left school.** *Er hatte fünf Jobs, seit er die Schule verlassen hat.* | **She does a good job in her new position.** *Sie leistet gute Arbeit in ihrer neuen Stellung.*

VOCABULARY: **full-time job** *Vollzeitjob* | **part-time ~** *Teilzeitjob* | **steady ~** *geregelte Arbeit* | **odd jobs** *Gelegenheitsarbeiten* | **temporary ~** *Aushilfstätigkeit* | **permanent ~** *Dauerbeschäftigung* | **holiday ~** *Ferienjob* | **office ~** [oder: **desk ~**] *Bürotätigkeit* | **on the job** *während der Arbeitszeit*
job advertisement [kurz: **job ad**] *Stellenanzeige* | **Job Centre** *Arbeitsvermittlung* | **~ creation** *Schaffung von Arbeitsplätzen* | **~ situation** *Lage am Arbeitsmarkt* | **~ loss** *Verlust des Arbeitsplatzes* | **~ vacancy** *freie Stelle* | **~ cuts** *Stellenabbau*

▶ Als **job** wird auch eine Aufgabe bezeichnet, die man zugeteilt bekommt und regelmäßig zu erledigen hat:
We have hired someone to do little jobs around the house. *Wir haben jemanden eingestellt, um kleinere Arbeiten rund ums Haus zu erledigen.* | **That's not my job.** *Das ist nicht meine Aufgabe.* | **Job done**! *Auftrag erledigt!*

433 **worth** | ADJ

▶ Bitte beachten Sie: Anders als das deutsche Adjektiv *wert* steht **worth** nicht hinter, sondern VOR seinem Bezugswort:
This painting is worth a million. *Dieses Gemälde ist eine Million wert.* [Nicht: *... is a million worth.*] | **A picture is worth a thousand words.** *Ein Bild sagt mehr als tausend Worte.* [Wörtl.: *... ist mehr wert als tausend Worte.*] | **The agreement isn't worth the paper it is written on.** *Die Vereinbarung ist das Papier nicht wert, auf dem sie geschrieben steht.* | **It's not worth the trouble.** *Die Mühe lohnt sich nicht.* | **A bird in the hand is worth two in the bush.** [Redensart] *Der Spatz in der Hand ist besser als die Taube auf dem Dach.* | **It's worth a try.** *Es ist einen Versuch wert.*

▶ Ein auf **worth** folgendes Verb steht in der -ing-Form: **It's not worth having the computer repaired** [oder: **The computer is not worth repairing**], **we'd better buy a new one.** *Es lohnt sich nicht, den Computer reparieren zu lassen, wir sollten besser einen neuen kaufen.* | **Is Latin worth learning?** *Lohnt es sich, Latein zu lernen?* | **It's worth trying.** *Es ist einen Versuch wert.*

- **worthy** | ADJ | *würdig:* **a worthy successor** - *ein würdiger Nachfolger*
  [als Wortbestandteil] *-würdig, -wert:* **credit-worthy** *kreditwürdig* | **praiseworthy** *lobenswert* | **trustworthy** *vertrauenswürdig*

434 wrong | ADJ, ADV

▶ Mit **wrong** lässt sich ausdrücken, dass etwas falsch ist, dass mit einer Sache oder einer Person etwas nicht stimmt, etwas nicht in Ordnung ist, dass sich jemand irrt oder im Unrecht ist: **Did I say something wrong?** *Habe ich etwas Falsches gesagt?* | **Am I right or wrong?** *Habe ich Recht oder irre ich mich?* | **What you say is factually correct, but your conclusions are wrong.** *Was du sagst, ist in der Sache richtig, aber deine Schlussfolgerungen sind falsch.* | **My account was locked because I had entered a wrong password three times.** *Mein Zugang wurde gesperrt, weil ich dreimal das falsche Passwort eingegeben hatte.* | **It slowly dawned on him that he had backed the wrong horse.** *Langsam dämmerte es ihm, dass er auf das falsche Pferd gesetzt hatte.* | **We did almost everything wrong.** *Wir haben fast alles falsch gemacht.* | [Am Telefon] **Sorry, wrong number.** *Tut mir leid, ich habe mich verwählt.*

What's wrong with …? *Was ist los mit…?* | **Can you have a look at my dog? – What's wrong with him?** *Können Sie sich mal meinen Hund ansehen? – Was hat er denn? Was fehlt ihm denn?* | **What's wrong with that?** *Was ist los damit? Was ist daran falsch? Was stimmt damit nicht? Was gibt es dagegen zu sagen?* | **Something is wrong** [oder: **There's something wrong.**] *Irgendetwas stimmt nicht. Da stimmt etwas nicht. Da ist etwas faul.* | **There's nothing wrong with that.** *Daran ist nichts auszusetzen. Dagegen ist nichts einzuwenden.*

VOCABULARY: **be wrong** *sich irren, falsch liegen* | **do** sb ~ *jmdm Unrecht tun* | **do** sth ~ *etw falsch machen* | **go** ~ *schiefgehen, danebengehen* | **guess** ~ *falsch raten* | **get** sb/sth ~ *jmdn/ etw falsch verstehen, missverstehen* | **guess** ~ *falsch raten*

- **wrongdoing** | REG NOUN | *Fehlverhalten*
- **wrongdoer** | REG NOUN | *Übeltäter*
- **wrongly** | ADV | *fälschlicherweise*

435 zodiac | REG NOUN

Die Namen der *Tierkreiszeichen* (**signs of the zodiac**), auf denen Horoskope basieren, lauten (in der lateinischen und der englischen Form):

Capricorn (**the Ibex**) *der Steinbock* | **Aquarius** (**the Water Pourer**) *der Wassermann* | **Pisces** (**the Fish**) *die Fische* | **Aries** (**the Ram**) *der Widder* | **Taurus** (**The Bull**) *der Stier* | **Gemini** (**the Twins**) *die Zwillinge* | **Cancer** (**the Crab**) *der Krebs* | **Leo** (**the Lion**) *der Löwe* | **Virgo** (**The Virgin**) *die Jungfrau* | **Libra** (**the Scales**) *die Waage* | **Scorpio** (**the Scorpion**) *der Skorpion* | **Sagittarius** (**The Archer**) *der Schütze.*

* * *

Das interessante Stichwort

Abkürzungen

Abkürzungen machen Sinn, wenn sie ausufernd lange Wortfolgen, komplizierte Begriffskonstruktionen oder Fachausdrücke ersetzen. Bei allgemeinsprachlichen Wörtern und Wendungen sind sie dagegen fehl am Platz. Die Verkürzung einer Angabe wie *"as soon as possible"* zu *asap* ist keine verständnisfördernde Vereinfachung, sondern schlicht Schreibfaulheit.

Allerdings werden Abkürzungen nicht immer auf Anhieb verstanden, vor allem dann nicht, wenn sich dahinter fremdsprachliche Bezeichnungen verbergen. Verwenden Sie darum nur solche Formen, bei denen Sie sicher sein können, dass sie dem Leser kein unnötiges Kopfzerbrechen bereiten. Wenn Sie davon ausgehen müssen, dass eine Abkürzung weniger bekannt ist, geben Sie bei deren erster Erwähnung die Langform mit an: **British Schools are regularly inspected by Ofsted** *(Office for Standards in Education)*. Im weiteren Verlauf des Textes kann dann durchgehend die Abkürzung stehen.

ARTEN DER ABKÜRZUNG

Abkürzungen entstehen, wenn man einem Wort oder einer Wortgruppe bestimmte Buchstaben oder Silben entnimmt und diese neu zusammensetzt. Zu unterscheiden sind

– Abkürzungen aus den Anfangsbuchstaben mehrerer Einzelwörter, die als *Buchstabenfolge* gesprochen werden: **UK** (**U**nited **K**ingdom), **BBC** (**B**ritish **B**roadcasting **C**orporation), **USA** (**U**nited **S**tates of **A**merica), **NGO** (**n**on-**g**overnmental **o**rganization, *Nichtregierungsorganisation*), **FBI** (**F**ederal **B**ureau of **I**nvestigation), **BMW** [biːemˈdʌbl juː] (**B**ayerische **M**otoren **W**erke), **WWW** [ˈdʌblju· ˈdʌblju· ˈdʌbljuː] (**W**orld **W**ide **W**eb)

– Abkürzungen aus den Anfangsbuchstaben mehrerer Einzelwörter, die als *Wort* gesprochen werden, sog. *Akronyme:* **UFO** (**U**nidentified **F**lying **O**bject), **NATO** [auch: **N**ato, **N**orth **A**tlantic **T**reaty **O**rganization], **OPEC** (**O**rganization of **P**etroleum **E**xporting **C**ountries), **AIDS** (**A**cquired **I**mmune **D**eficiency **S**yndrome). Einige der so entstandenen Begriffe sind fest im heutigen Sprachgebrauch verankert und werden kaum als Abkürzungen wahrgenommen, z.B. **radar** (**RA**dio **D**etection **A**nd **R**anging) und **laser** (**L**ight **A**mplification by **S**timulated **E**mission of **R**adiation).

  VAT (**v**alue **a**dded **t**ax, *Mehrwertsteuer)* ist in beiden Aussprachevarianten zu hören: als Wort [væt] wie auch als Buchstabenfolge [viː eiː tiː] Auch das für Internet-Adressen verwendete Kürzel **URL** (**U**niform **R**esource **L**ocator) kann sowohl als Akronym wie auch als Abkürzung gesprochen werden.

  Beachten Sie: Akronyme werden wie Eigennamen behandelt, stehen also ohne Artikel: Germany is a member state **of NATO** [Nicht: Germany is a member state of *the* NATO.]

– Abkürzungen, die nur die Anfangssilben von Wörtern oder Wortgruppen verwenden, wie **ad** (**ad**vertisement), **exam** (**exam**ination), **gym** (**gym**nasium), **info** (**info**rmation), **Interpol** (**In**ternational **Pol**ice), **sat nav** (**sat**ellite **nav**igation), **OXFAM** (**Ox**ford Committee for **fam**ine relief).

– Verkürzungen von Einzelwörtern, die wie das betreffende Wort in seiner Langform gesprochen werden: **Ave** (Avenue), **Dr** (Doctor), **Co** (Company), **Ltd** (Limited), **Mr** (Mister), **Mrs/Ms** (dem Namen vorangestellte, niemals ausgeschriebene Anredeform für Frauen), **Mt** (Mount), **no** (number), **St**. (Saint, Street)

– Gemischte Abkürzungen, die zum Teil als Buchstabenfolge, zum Teil als Wort gesprochen werden wie **DVD-RAM** [diːviːdiː ræm] oder **JPEG** [dʒeɪpeg].

▶ Einige Abkürzungen sind aus lateinischen Begriffen entstanden. Sie kommen überwiegend in der Schriftsprache und in offiziellen Texten vor:

a.m.	ante meridiem	- before noon	*von 0:00 bis 12:00 Uhr*
p.m.	post meridiem	- after noon	*von 12:00 bis 0:00 Uhr*
e.g.	exempli gratia	- for example	*z.B., zum Beispiel*
i.e.	id est	- that is	*d.h., das heißt, mit anderen Worten*

Beachten Sie den Unterschied zwischen **e.g.** und **i.e.**: Die Abkürzung **e.g.** steht dann, wenn eine übergeordnete oder allgemeine Bezeichnung durch einzelne Beispiele konkretisiert wird: **Lots of excotic birds inhabit the area, e.g. parrots and hummingbirds.** Auf **i.e.** dagegen folgt eine nähere Erläuterung des zuvor Gesagten: **I'll be back in time, i.e. you don't need to take a key along.**

Alle Akronyme und die meisten Abkürzungen werden ohne Punkt geschrieben. Nur bei Initialen von Vornamen (**J. P.** Morgan, Lyndon **B.** Johnson) sowie bei Anredeformen, Titeln oder Dienstgraden, die mit einem Namen verbunden sind (**Mr.** John Williams, **Mrs.** Mary Smith, **Col.** Christopher Mills, **Dr.** Michael Philips) kann ein Punkt gesetzt werden. Doch auch hier geht die Tendenz dahin, die Punkte wegzulassen.

Eine Liste der gebräuchlichsten Abkürzungen finden Sie im Anhang größerer Wörterbücher. Umfangreiche Verzeichnisse gibt es auch im Internet.

Briefe

Auch wenn das klassische Briefeschreiben an Bedeutung verloren hat, so wollen wir doch denjenigen, die daran festhalten möchten, mit ein paar Hinweisen behilflich sein.

▶ BRIEFARTEN

Viele Briefe werden aus einem bestimmten Anlass verfasst, als da wären: das *Dankschreiben* (**thank-you letter**), das *Entschuldigungsschreiben* (**letter of apology**), das *Einladungsschreiben* (**invitation letter**), das *Kondolenzschreiben* (**letter of condolence**), *Bewerbungsschreiben* (**letter of application**), das *Mahnschreiben* (**dunning letter**), der *Beschwerdebrief* (**letter of complaint**), das *Empfehlungsschreiben* (**recommendation letter**), das *Kündigungsschreiben* [vom Arbeitgeber] (**letter of dismissal**), das *Kündigungsschreiben* [vom Arbeitnehmer], die *Rücktrittserklärung* (**letter of resignation**) oder die *schriftliche Anfrage* (**letter of inquiry**).

Erwähnung verdienen auch der *Liebesbrief* (**love letter**), der *Bettelbrief* (**begging letter**), der *Kettenbrief* (**chain letter**), der *Serienbrief* (**bulk letter**) und das *Rundschreiben* (**circular letter**).

Geschäftsbriefe (**business letters**) müssen bestimmten Normen und Stilvorgaben entsprechen. Sie unterscheiden sich durch die Form, durch besondere Gestaltungsmerkmale und standardisierte Formulierungen deutlich von Privatbriefen (**private letters**).

▶ UMSCHLAG

Auf dem *Umschlag* (**envelope**) stehen *Name und Anschrift des Empfängers* und *des Absenders* (**recipient's name and address / sender's name and address**).

Schreiben Sie je eine Zeile für (in dieser Reihenfolge) Mr/Mrs + Name / Hausnummer + Straße / Ort / Postleitzahl. Für Großbritannien ist die *Grafschaft* (**county**), für die USA das Kürzel für den Bundesstaat (z.B. **CA** - California, **WA** - Washington) hinzuzufügen. Sie können den oder die Vornamen vollständig ausschreiben oder durch Initialen darstellen. Die Hausnummer steht vor dem Straßennamen. Beispiele:

Briefe nach Großbritannien		Briefe in die USA	
(Name)	Mr George A. Lewis	(Name)	JOCELYN ASHCROFT
(Anschrift)	34 Fairway Road	(Anschrift)	68 PARKVIEW LANE
(Ort)	Hauxton	(Ort-Staat-PLZ)	SEATTLE WA 98102
(Grafschaft)	Cambridgeshire	USA	
(Postleitzahl)	CB2 5HY		

Die ersten beiden Buchstaben einer britischen *Postleitzahl* (**postcode**, in den USA: **zipcode**) geben den *Postbezirk* (**postcode area**) an, wie z.B. **CB** für Cambridge. Als nächste Zahl folgt – ohne Zwischenraum – die Kennziffer des *Unterbezirks* (**postcode district**), in unserem Beispiel: 2. Der zweite Teil der Postleitzahl, der sogenannte **inward code**, benennt das *Zustellpostamt* (**delivery post office**) bzw. den Zustellbezirk (**postal zone**) und die dortigen Ortsteile, Straßen oder Straßenabschnitte. Hier zur Veranschaulichung zwei Adressen für den Fall, dass Sie einmal ein ganz besonderes Anliegen haben:

Anschrift des britischen Premierministers (2011):	Anschrift des amerikanischen Präsidenten:
The Rt Hon David Cameron MP	THE WHITE HOUSE
Prime Minister	1600 PENNSYLVANIA AVENUE, NW
10 Downing Street	WASHINGTON DC 20500
London	
SW1A 2AA	

▶ ELEMENTE DER BRIEFGESTALTUNG

Für Geschäftsbriefe werden zumeist vorgedruckte Bögen verwendet, auf denen der *Briefkopf* (**letterhead**) bereits vorhanden ist. Die Bezugszeile (**reference line**) enthält die Namenskürzel der schreibenden (**Our ref**.:) und der empfangenden Seite (**Your ref**.:). Es folgen das *Datum* (**date** → 124), die *Anrede* (**salutation**) und der Brieftext (**body of the letter**).

Anrede. Die für Briefe aller Art, also auch in geschäftlicher Korrepondenz, am besten geeignete Anrede ist **Dear** ... *(Liebe ..., Lieber ...)*. Der Anrede kann ein Komma folgen, erforderlich ist dies nicht. In Briefen aus den USA steht manchmal ein Doppelpunkt. Verwenden Sie jedoch kein Ausrufezeichen. Die üblichen Anredeformen lauten

- wenn der Nachname bekannt ist:
  Dear Mr Lewis, **Dear Ms Johnson**
- wenn der Adressat einen Titel hat: **Dear Professor Marshall**
  [bei mehreren Titel nur den höchsten, also nicht: *Dear Professor Dr Marshall]
- wenn der Nachname nicht bekannt ist:
  Dear Sir, **Dear Madam**
- wenn der Adressat vemutlich ein Herr ist:
  Dear Sir or Madam
- wenn der Adressat vemutlich eine Dame ist:
  Dear Madam or Sir
- unter Kollegen, auch Vorgesetzten, die sich bereits kennen:
  Dear John, **Dear Mary**
- in Briefen an Angehörige, Freunde und Bekannte:
  Dear Mum [AmE: **Mom**], **Dear Mum and Dad, Dear Kevin, Dear Mary,**
  Dear Mum and Kevin

Von der in geschäftlicher Korrespondenz früher üblichen Anrede **Gentlemen** ist man im Zuge der Geschlechterneutralität weitgehend abgerückt, da nicht auszuschließen ist, dass sich unter den Adressaten solcher Scheiben auch Frauen befinden, die sich von **Gentlemen** nicht angesprochen fühlen.

Text. Für das Schreiben von Privatbriefen, die außer dem Adressaten niemand zu lesen bekommt, gibt es keine Regeln. Hier sind der Phantasie hinsichtlich Inhalt, Form und Stil keine Grenzen gesetzt. Bei der Korrespondenz mit einer Firma oder einer Behörde haben sich dagegen bestimmte Formulierungen eingebürgert, darunter die folgenden:

We'd like to ask you ... - *Wir möchten Sie fragen ... / Wir möchten Sie bitten ...*
We would appreciate if you could ... - *Wir würden uns freuen, wenn Sie ... könnten*
We would be grateful if you could ... - *Wir wären Ihnen dankbar, wenn Sie ... könnten*
We look forward to hearing from you. - *Wir würden uns freuen, von Ihnen zu hören.*
We'd like to inform you ... - *Wir möchten Ihnen mitteilen ...*
We are pleased to inform you ... - *Wir freuen uns, Ihnen mitteilen zu können ...*
We regret to inform you ... - *Wir bedauern, Ihnen mitteilen zu müssen ...*
Please find enclosed ... - *Anbei / In der Anlage übersenden wir Ihnen ...*

Schlussformel

Schreiben Sie in Briefen geschäftlichen Inhalts

- wenn Sie eine namentliche Anrede gewählt haben, z.B. Dear Mr Lewis:
  Yours sincerely
- wenn Sie eine Anrede ohne Namen gewählt haben, z.B. Dear Sir:
  Yours faithfully
- wenn Sie eine Anrede mit Vornamen gewählt haben, z.B. Dear John:
  Best wishes. / With best wishes. / Best regards. / Kind regards

Schreiben Sie in Briefen privaten Inhalts

- **With love, ... / Love, ... / Lots of love,** ... - *Liebe Grüße ..., Alles Liebe ...*
- **Love and kisses,** ... - *Gruß und Kuss, ...*

Zustellvermerke

VERMERKE DES ABSENDERS: **c/o** (**care of** [Name]) *zurzeit wohnhaft bei* [Name] | **confidential** *vertraulich* | **FAO Mr Matthews** [For the Attention of Mr Matthews] oder nur: **Attn** (**Attention**) **Mr Matthews** *zu Händen Mr Matthews* | **personal** *persönlich* | **urgent** *dringend*

Do not fold *Bitte nicht knicken.* | **Please forward.** *Bitte nachsenden.* | **If undelivered, please return to sender.** *Falls unzustellbar, bitte zurück an Absender.*

VERMERKE DES ZUSTELLERS: **address unknown** *Adresse unbekannt, unbekannt verzogen* | **not known at this address** *unter dieser Adresse unbekannt* | **undeliverable** *unzustellbar*

Jetzt noch eine *Briefmarke* (**stamp**) auf den Umschlag, und ab geht die Post in den *Briefkasten* (**postbox**). Dort sammelt sie ein *Postbote* (**postman, mail carrier**) ein und liefert sie in der *Verteilungsstelle* (**sorting office**) ab, von wo sie dann dem Empfänger (**addressee**) zugestellt wird.

E-mails

▶ Feste Regeln für das Schreiben einer E-mail (**email**, auch: **e-mail,** kurz für: **electronic mail**, *elektronische Post)* gibt es nicht. Im privaten Bereich ist ohnehin alles erlaubt, und auch bei geschäftlichen Mitteilungen, wo es in erster Linie um den schnellen Austausch von Informationen geht, spielen formale Gesichtspunkte weit weniger eine Rolle als bei einem Briefwechsel. Ein paar Punkte sollten Sie aber beachten:

Geben Sie eine eindeutige *Betreffzeile* (**subject line**) ein, damit sichergestellt ist, dass der Empfänger die Wichtigkeit der Nachricht sofort erkennt und sie auch öffnet. Welche Anrede Sie wählen, hängt von der Art Ihres Anliegens ab und natürlich davon, in welchem Verhältnis Sie zu Ihrem Gegenüber stehen. Beschränken Sie Ihren Text auf das Notwendigste und gliedern Sie ihn gegebenenfalls in einzelne Punkte, damit der Empfänger alles Wesentliche schnell erfassen kann.

Achten Sie auf ordentliche Rechtschreibung, und schreiben Sie nicht alles in Kleinbuchstaben. Zusammenziehungen wie **I'd** like …, **We're** glad … oder **it's** necessary… sind kein Problem, verzichten Sie aber auf selbst erfundene Abkürzungen, auf SMS-Jargon wie **thx 4ur** … (statt: *thanks for your …*) und auf Smileys.

Dokumente und Textauszüge, aber auch Grafiken und Bilder sollten Sie, sofern möglich und vom Umfang her vertretbar, in die mail einfügen, damit der Empfänger sie schon beim Öffnen der Nachricht sehen kann. Umfangreiche Dokumente können Sie sie per *Anhang* (**attachment**) in einem geeigneten Textformat oder als **PDF**-Datei (**P**ortable **D**ocument **F**ormat) hinzufügen.

Am Telefon

Telefoniert wird viel, ständig und überall. Der moderne Mensch ist bestens vernetzt und nahezu *überall auf der Welt erreichbar* (**available all over the world**). Diese ständige Verfügbarkeit drückt das Englische in einer schlichten Zahlenkombination aus: **24/7** [gesprochen] **twenty-four seven**] – sieben Tage die Woche, 24 Stunden am Tag.

Das vertraute Festnetztelefon (**fixed phone**) zu Hause hat zwar noch nicht ausgedient, ist aber nur noch eines unter vielen. Hier eine Auswahl an Bezeichnungen für Geräte im Alltagsgebrauch:

▶ HERKÖMMLICHE TELEFONE: **rotary** (**dial**) **phone** *Telefon mit Wählscheibe* | **cradle phone** *Telefon mit Hörergabel* | **keyphone** [oder: **push-button phone**] *Tastentelefon* | **wall phone** *Wandtelefon* | **card phone** *Kartentelefon* | **car phone** *Autotelefon* | **picture phone** *Bildtelefon* | **video phone** *Videotelefon* | **emergency phone** *Notruftelefon* | **toy phone** *Spielzeugtelefon* | **babyphone** *Babyfon*

▶ MOBILTELEFONE: Unter einem **mobile phone** (kurz: **mobile**) wird heute fast ausschließlich ein *Handy* verstanden, obgleich in diese Kategorie auch andere Geräte gehören, wie z.B. das ebenfalls nicht kabelgebundene *Schnurlostelefon* (**cordless phone**, **portable phone**), das *Funktelefon* (**radio phone**) oder das *Satellitentelefon* (**satellite phone**). Eine weitere, vor allem in den USA, in Kanada und Australien gebräuchliche Bezeichnung für *Handy* ist **mobile cell phone** (oft nur: **cell phone** [kurz für: **cellular phone**]).

Nennen Sie Ihr Handy, wenn Sie Englisch sprechen, möglichst nicht **handy**, auch wenn dies gelegentlich schon Einheimische tun. Aus nachvollziehbaren Gründen übrigens, denn mit dem Adjektiv **handy** ist das Gerät durchaus treffend beschrieben – als *handlich, praktisch, griffbereit* und *stets zur Hand.*

Eher ein Computer im Kleinformat als ein Telefon ist das **smartphone,** ein mit zahlreichen Funktionen ausgestattetes „intelligentes" Handy, dessen Nutzen durch die Installation zusätzlicher *Anwendungsprogramme*, sogenannter **apps** [kurz für: **application software**], nach Belieben erweitert werden kann.

▶ TELEFONZELLE: In den Vor-Handy-Zeiten suchte man, wenn man unterwegs war, zum Telefonieren ein *öffentliches Telefon* (**public phone**) auf, in der Regel eine *Telefonzelle* (**phone box**, AmE: **phone booth**), in der ein *Münztelefon* (**pay phone** oder **coin phone**), später dann ein *Kartentelefon* (**card phone**) zur Verfügung stand. Man musste nur einen ausreichenden Vorrat an Münzen bei sich haben und die wichtigsten *Gebrauchsanleitungen* (**instructions of use**) verstehen, z.B. **lift handset** *(Hörer abnehmen),* **insert coins** *(Münzen einwerfen)* oder **dial number** *(Nummer wählen).*

Der Siegeszug des Handys hat auch die roten Telefonhäuschen (**red telephone boxes**) zurückgedrängt. Doch auch wenn ihre Zahl stark abgenommen hat, sind sie doch nach wie vor ein Blickfang im Straßenbild der britischen Inseln, als Fotomotiv überaus beliebt und dank ihrer leuchtenden Farbe selbst bei trübem Wetter schnell ausfindig zu machen.

Das Telefonbuch heißt **(tele)phone book** oder **telephone directory**. Auf den *weißen Seiten* (**white pages**) finden sich die allgemeinen Einträge, die **yellow pages** stehen, wie hierzulande die *Gelben Seiten,* für das *Branchenbuch.*

▶ TELEFONGESPRÄCHE. Da man als Reisender schnell einmal in die Situation kommen kann, im englischsprachigen Ausland *einen Anruf tätigen* oder ein *Telefongespräch führen* zu müssen (**make a phone call**, **make a phone conversation**), hier ein paar nützliche Wendungen, die die Verständigung erleichtern:

• TELEFONNUMMER ERFRAGEN. Die Standardfrage nach der Telefonnummer lautet immer: **WHAT'S your phone number?** [Nicht: *HOW is your phone number?] Sie können auch ganz gezielt nach speziellen Nummern fragen, etwa nach der *Privatnummer* (**What's your home number?** [nicht: *private number]), der *Büronummer* (**What's your office number?**) oder der *Handynummer* (**What's your mobile phone number?**). Wollen Sie auf direktem Weg zu dem gewünschten Gesprächspartner gelangen, müssen Sie die *Durchwahl* (**extension, extension number** oder **direct dial number**) kennen, sonst landen Sie in der *Telefonzentrale* (**switchboard**) oder in einem **call centre** [AmE: call center.]
Wollen Sie ein *Ferngespräch* (**long-distance call**) führen, müssen Sie die *Vorwahl* (**dialling code**, auch: **prefix**) Ihres Zielorts kennen: **What's the dialling code for Cheltenham?** *Wie ist die Vorwahl von Cheltenham?* | **What's the country code for Canada?** *Wie lautet die (Länder)vorwahl von Kanada?*

• SEINEN NAMEN NENNEN. **Good morning. / Good afternoon. This is ... (speaking).** [Nicht: *Here is ...] *Guten Morgen. / Guten Tag. Hier spricht ... .* Melden Sie sich mit Vor- und Nachnamen: **This is Alan Harms speaking**, nicht nur: *This is Harms speaking.] Wollen Sie angeben, von welcher Firma Sie sind, oder von wo aus Sie anrufen, sagen Sie: **This is Sue Parker from** ... [Name der Firma]. *Hier spricht Sue Parker von der Firma ...* | **This is Joe Hillmer calling from Munich / ... from Austria / ... from Hildesheim in Germany.** *Hier spricht Joe Hillmer. Ich rufe aus München / ... aus Österreich /... aus Hildesheim in Deutschland an.*

• SEIN ANLIEGEN NENNEN. **I'm calling about** ... *Ich rufe an wegen ...* | **I'd like to speak to Mr Ford.** *Ich würde gern Mr Ford sprechen.* | **Could I speak to Lisa, please?** *Könnte ich bitte Lisa sprechen?* | **Am I speaking to Mr/Mrs ...?** *Spreche ich mit Herrn/Frau ...?* [Ist der gewünschte Gesprächspartner selbst am Apparat, so wird er antworten: **Speaking** oder: **This is he. / This is she.**]

Could I speak to someone in charge of ..., please? *Könnte ich bitte jemanden sprechen, der für ... zuständig ist?* | **Could you put me through (to Mr/Mrs ...)?** *Könnten Sie mich mit Herrn/Frau ... verbinden?* | [im Hotel] **Could you give me a wake-up call at six?** *Könnten Sie mich um sechs wecken?*

• MÖGLICHE ANTWORTEN DES GESPRÄCHSPARTNERS: **Hold the line. / Hold on. / Hang on.** *Bleiben Sie am Apparat.* | **There's no reply.** *Es nimmt niemand ab.* | **Mr Cunningham is speaking on another line.** *Mr Cunningham spricht gerade auf einer anderen Leitung.* | **He is currently unavailable.** *Er ist im Moment nicht zu erreichen.* | **He isn't in.** *Er ist nicht am Platz.* | **He is out for lunch.** *Er macht gerade Mittagspause.* | **Thanks for calling.** *Danke für den Anruf.* | **Please call again in about an hour.** *Bitte rufen Sie in ungefähr einer Stunde noch einmal an.*

• GESPRÄCH BEENDEN. **I'll try again later.** *Ich versuche es später noch mal.* | **Could you tell Mr Cunningham that I called?** *Könnten Sie Mr Cunningham ausrichten, dass ich angerufen habe?* | **Could you take a message for him?** *Könnten Sie ihm etwas ausrichten?* | **Could you ask him to call me as soon as possible?** *Könnten Sie ihn bitten, mich so bald wie möglich anzurufen?*

• VERSTÄNDIGUNGSPROBLEME. **Pardon?** *Wie bitte?* | **I'm sorry, I don't understand you.** *Tut mir leid, ich verstehe Sie nicht.* | **I can't hear you very well.** *Ich kann Sie schlecht hören.* | **The connection isn't very good.** *Die Verbindung ist nicht sehr gut.* | **Could you speak a little louder? / ... a little more slowly?** *Könnten Sie etwas lauter ... / etwas langsamer sprechen?* | **Could you spell that?** *Könnten Sie das buchstabieren?* | **Could you repeat that please?** *Könnten Sie das bitte wiederholen?*

• BANDANSAGEN: **The number you have dialled is not correct.** *Die von Ihnen gewählte Rufnummer ist nicht korrekt.* | **... is no longer in service.** *... ist nicht mehr verfügbar.* | **... has not been recognised.** *... wurde nicht erkannt.* | **... is invalid.** *... ist ungültig.* | **... is not assigned.** *... ist nicht vergeben.* | **... is temporarily unavailable.** *... ist zurzeit nicht erreichbar.* | **... is not available from this network.** *... ist aus diesem Netz nicht erreichbar.*

SMS

▶ **SMS** steht für **S**hort **M**essage **S**ervice, wörtlich also: *Kurzmitteilungsdienst,* was im Grunde nicht ganz zutreffend ist, da unter SMS weniger der Dienst, als vielmehr die Mitteilung selbst verstanden wird.

Natürlich könnte man Kurzmitteilungen auch in ganz normaler Textform verfassen. Da jedoch die Anzahl der übertragbaren Zeichen begrenzt ist, hat sich unter SMS-Nutzern ein Abkürzungs-jargon herausgebildet, mit dem die Botschaften gewissermaßen verschlüsselt, als Zahlen und Buchstabenkombinationen, an den Empfänger versandt werden. Hier zur Veranschaulichung eine kleine Auswahl:

NUR ZAHLEN: **1** - one | **2** - to, too, two | **4** - for

NUR BUCHSTABEN: **C** - see | **M** - am | **R** - are | **N** - in | **S** - is | **U** - you | **Y?** Why? | **CU** - see you | **NE** - any | **brb** - be right back | **how r u** - how are you? | **atp** - all the best | **Yday** - yesterday | **asap** - as soon as possible | **hbtu** - Happy Birthday to you | **ilu** - I like you, I love you | **dlu** - don't like you | **dk** - don't know | **bil** - boss is listening | **eod** - end of discussion | **hand** - have a nice day | **thx** thanks

BUCHSTABEN UND ZAHLEN: **1ce** - once | **2day** - today | **2nite** - tonight | **2moro** - tomorrow | **2d4** - to die for | **2l8** - too late | **bhl8** - be home late | **2g4u** - too good for you, | **g2g** - got to go | **4** - for | **4yeo** - for your eyes only | **gr8** - great | **h8** - hate | **ni8** - night

Komma, Punkt und andere Zeichen

Die Zeichensetzung in englischen Texten weicht in einigen Punkten von der des Deutschen ab. Hier ein kurzer Überblick über die wichtigsten Satzzeichen und ihre Funktion:

▶ **apostrophe** ['] *Auslassungszeichen, Apostroph*

– Ein Apostroph kennzeichnet die Auslassung von Buchstaben,
z.B. bei *Zusammenziehungen*
(**couldn't, let's, they're, where's**) und im *Besitzfall* (**Peter's, somebody's**)

– In den Jahreszahlen des 20. Jahrhunderts ersetzt ein Apostroph die **19**:
She was born in **'34**, and died in **'98**.

– Ein Apostroph kennzeichnet die Mehrzahlform von Ziffern und Kleinbuchstaben:
I spell my first name Phillipp **with two I's and two p's**.
Ich schreibe meinen Vornamen Phillipp mit zwei I und zwei p.
I threw **three 6's and two 5's**.
Ich habe zwei Sechsen und zwei Fünfen gewürfelt.

▶ **colon** [:] *Doppelpunkt*

– Der Doppelpunkt kündigt eine nachgeschobene Erklärung an:
One thing is certain: **I will never marry again.**

– Der Doppelpunkt steht vor einer Aufzählung:
She speaks three languages: **English, Spanish and German**.

– Der Doppelpunkt steht vor einer Äußerung in direkter Rede:
Hannah: **"Why didn't we meet at Daniel's birthday party?"**
Bo: **"Because I wasn't there"**.

– Der Doppelpunkt steht bei der schriftlichen Angabe einer Uhrzeit:
The train arrived at **23:45**.

▶ **comma** [,] *Komma*

Ein Komma steht

– in Aufzählungen (aber nicht vor *and*)
The country is rich in **copper, silver, coal and iron ore**.

– vor und nach *ergänzenden* (nicht notwendigen) Einschüben oder Relativsätzen:
Edward Heath, **the former Prime Minister,** was also a composer.
My grandfather, **who celebrated his 78th birthday last week,**
is going to take driving lessons.

– vor und nach Sätzen und Satzteilen, die hinter ein Verb eingeschoben sind:
This is, **as far as I know,** the first time this has happened.
It has, **however,** been a good year for our company.
We decided, **after a lot of thought,** to stay with him.

- zur Abtrennung einleitender oder abschließender adverbialer Ausdrücke:
  Frankly speaking, I don't believe him.
  He is from India, **I think.**
- bei Satzumstellungen (Inversionen):
  If you like, we can stay another few days.
  Aber: We can stay another few days if you like.
- zur Untergliederung größerer Zahlen in Tausender-Gruppen:
  150,000 [deutsch: 150.000]
  1,000,000 [deutsch: 1.000.000]

Abweichend vom Deutschen steht *kein* Komma
- vor Objektsätzen (... **that**): I know **that you are not responsible for this.**
- bei notwendigen Relativsätzen:
  The man **who phoned last week** is coming back tomorrow afternoon
- vor indirekter Rede: He asked me **where I had been.**
- bei Zahlen: **10.5** [deutsch: 10,5], **0.0075** [deutsch: 0,0075]

▶ **dash** [–] *Gedankenstrich,* nicht zu verwechseln mit dem (kürzeren) *Bindestrich* (**hyphen**)
- Ein Gedankenstrich, zu lesen: **to**, entspricht unserem Wort *bis* in Zahlenangaben,
  die einen bestimmten Bereich eingrenzen*:*
  See pages **16–21.** Queen Elizabeth I (**1558–1603**). Open **8:00–15:30**

  Bei vorangehendem **from** muss ein *ausgeschriebenes* **to** folgen:
  from 6 to 10 [Nicht: *from 6–10]
- Der Gedankenstrich umrahmt Einschübe,
  die einen laufenden Gedankengang unterbrechen:
  Suddenly the man **– no one had noticed him –** pointed a gun at me.
  Plötzlich richtete der Mann – niemand hatte ihn bemerkt – ein Gewehr auf mich.

▶ **hyphen** (-) *Bindestrich*
Ein Bindestrich verbindet einzelne Wörter zu einem neuen Begriff oder gliedert ein Wort in seine
einzelnen Elemente.
Regeln, die klar festlegen, wann ein Bindestrich zu setzen ist und wann nicht, lassen sich nicht
aufstellen.Vielen Wortverbindungen begegnet man sowohl in der *Schreibung mit Bindestrich*
(**hyphenated spelling**) als auch in *Zusammenschreibung* (**compound spelling**) oder in *Ge-
trenntschreibung* (**separate spelling**). Wichtige Kriterien sind die Bekanntheit eines Wortes
sowie dessen Lesbarkeit, Eindeutigkeit und schnelle Erfassbarkeit.

Hier ein paar Tipps für den Gebrauch. Verwenden Sie den Bindestrich
- zur Vermeidung zweideutiger Wortbildungen: Aus einem *Kriegsschiff* (**man-of-war**) würde,
  wenn man die Bindestriche weglässt, ein **man of war**, ein *Mann des Krieges*. Ein **American
  football player** ist ein Amerikaner, der Fußball spielt, ein **American-football player** dage-
  gen ist jemand, der *American Football* spielt.
- zur Vermeidung von Vokalverdopplungen, wie sie in Wörtern auftreten, die mit einer Vorsilbe
  gebildet werden. Formen wie **re-education** (*Umschulung, Umerziehung*) und **co-ordination**
  (*Koordinierung, Koordination*) sind beim Lesen leichter zu erfassen als **reeducation** und
  coordination. Die Form **co-op**, eine Abkürzung von **co-operation**, würde ohne Bindestrich
  zu einem **coop**, einem *Hühnerstall.*
  Wörter ohne Vokalverdopplung wie **coproduction** oder **reconstruction** erfordern dagegen
  keine Bindestriche.
- bei Wortverbindungen mit einem kurzen Wort in der Mitte: **editor-in-chief** (*Chefredakteur*),
  brother-in-law (*Schwager*), **forget-me-not** (*Vergissmeinnicht*), **merry-go-round** (*Karussell*)
- bei adjektivisch gebrauchten Wortverbindungen: a **five-year-old** girl, a **well-paid** job.
  Der Bindestrich entfällt jedoch, wenn das erste Elment auf **-ly** endet:
  the newly opened shop [Nicht: *the newly-opened shop]
- bei den Zahlen 21 bis 99 in ausgeschriebener Form:
  twenty-one, fifty-eight, ninety-nine

  Wenn Sie Texte mit einem Computer schreiben, achten Sie darauf, dass neben einem Bin-
  destrich kein Leerzeichen steht: a fast-growing city [Nicht: *a fast - growing city]

▶ **full stop** (**.**) [AmE: **period**, Computer: **dot**] - *Punkt*

– Der Punkt ist, wie im Deutschen, das Schlusszeichen eines Aussagesatzes:
Mike is an old friend. We'll do what we can.

– Der Punkt kann nach abgekürzten Anredeformen und Titeln stehen,
wird aber in der Regel weggelassen:
Mr. Williams, **Mrs.** Carter, **Dr.** Johnson, **Prof.** Mortimer, **Rev.** Barlow

– In Zahlen dient der Punkt als Dezimaltrennzeichen: £**10.50**, $**250.95**

▶ **exclamation mark** (**!**) - *Ausrufezeichen*

– Das Ausrufezeichen steht nach Ausrufen und Anordnungen: **Whow! What a day! Hi, Sally!**

– Es steht nicht nach einer Anrede im Brief: Dear Mr Miller, … [Nicht: *Dear Mr Miller!]

▶ **question mark** (**?**) - *Fragezeichen*

– Das Fragezeichen steht am Ende einer *direkten* Frage:
Where have all the good times gone?
Setzen Sie kein Fragezeichen, wenn es sich um eine *indirekte* Frage handelt:
She asked me where all the good times had gone.

– Das Fragezeichen füllt eine Lücke bei unbekannten Daten: 1996–**?**

▶ **quotation marks** (auch: **inverted commas**) - *Anführungszeichen, „Gänsefüßchen"*

– Anführungszeichen kennzeichnen Zitate und wörtliche Wiedergaben. Sie stehen zu beiden
Seiten in Hochstellung. Ihre korrekte typografische Form ist " … " (Merkhilfe: 66-99)
[im Deutschen dagegen: „ … ", typografisch wie: 99-66]

Umgangsformen

Für viele, die Englisch lernen, ist *Small talk* der erste vorsichtige Einstieg in die fremde Sprache
– ein sich meist zufällig ergebender Austausch über Alltägliches, eine *lockere Unterhaltung*
(**casual conversation**), an der sich jeder ohne Ansehen von Herkunft oder Bildung beteiligen
kann. *Small Talk* ist, wenn man so will, gesprochene Sprache in ihrer natürlichsten Form.

Doch auch die *gepflegte Konversation* (**cultivated conversation**) steht weiterhin hoch im Kurs.
Teile der britischen Gesellschaft hängen immer noch traditionellen Gepflogenheiten nach, und
diese finden ihren Ausdruck in konventionellen Sprachformen, die gelegentlich etwas gespreizt
wirken mögen, sich aber im modernen Englisch behauptet haben. Gehen wir kurz einige Situa-
tionen durch, damit Sie in jeder Lage die passenden Worte finden.

BEGRÜSSUNG UND VORSTELLUNG

Die Begrüßungsformeln zu den einzelnen Tageszeiten wie **Good morning! Good afternoon!
Good evening!** und **Good night!** dürften jedem geläufig sein, ebenso deren lockere Varianten
Hello! Hello there! [in den USA:] **Hi!** oder **Hi there!** Vormittags können Sie es auch bei einem
saloppen **Morning!** belassen, bei den anderen Tageszeiten ist das nicht angebracht.

Die Wendungen **How are you? How are you doing?** oder **How are things?** *(Wie geht's? Wie
geht's denn so?)* sind in Großbritannien normalerweise nur unter Personen üblich, die sich be-
reits kennen oder sich schon einmal begegnet sind. In den USA, wo man alles etwas lockerer
sieht, werden durchaus auch Fremde so angesprochen. Passende Erwiderungen hierauf sind,
je nach Befinden: **I'm fine, I'm well** *(Mir geht's gut),* **fine, thanks, and you?** *(Danke, gut, und
dir / euch / Ihnen?),* **not too bad** *(nicht schlecht, ganz gut),* **so-so** *(so la la, geht so)* oder **not
very well** *(nicht besonders).*

Verwechseln Sie die Frage **How are you?** nicht mit der Wendung **How do you do,** der man nur
dort begegnet, wo Personen einander vorgestellt werden, die sich noch nicht kennen. Das hört
sich dann ungefähr so an:

Boss:	Mr Brown, this is Diana Summers, our new trainee.
Mr Brown:	**How do you do,** Ms Summers.
Ms Summers:	**How do you do.** But please call me Diana.

Womit wir auch schon bei der Gewohnheit wären, einander nur beim Vornamen zu nennen. In
den USA ist das durchweg so, in Großbritannien ebenfalls weit verbreitet. Wie Sie dem kleinen
Dialog weiter entnehmen können, wird die Ihnen vorgestellte Person ebenfalls **How do you do**
sagen, was deutlich macht, dass es sich dabei nicht um eine Frage handelt, auf die man eine
Antwort erwartet, sondern dass lediglich Floskeln ausgetauscht werden, die soviel bedeuten wie
Angenehm! Freut mich!

Wenn Sie sich selbst formvollendet vorstellen möchten, so tun Sie dies mit den Worten: **May I introduce myself? I am** … *(Darf ich mich vorstellen? Ich bin …)*. Möchten Sie jemanden mit anderen Personen bekannt machen, so sagen Sie: **May I introduce you to …?** *(Darf ich Sie mit … bekannt machen? Darf ich Ihnen … vorstellen?)*

Neben **introduce** spielt bei der Vorstellung von Personen auch **meet** *(kennenlernen)* eine wichtige Rolle. Wollen Sie z.B. jemanden mit Ihrer Frau bekannt machen, so sagen Sie: **Have you met my wife? Come and meet my wife** oder: **I'd like you to meet my wife.** *(Darf ich Ihnen meine Frau vorstellen? Ich möchte Ihnen meine Frau vorstellen. Ich würde Sie gern mit meiner Frau bekannt machen.)*

Die neuen Bekannten begrüßen Sie mit den Worten **pleased to meet you, nice to meet you** oder **it's a pleasure to meet you.** *(Freut mich, Sie kennenzulernen. Schön, Sie kennenzulernen)*. Eine nette Formulierung beim ersten Auseinandergehen ist: **Nice to have met you.** *(War nett, Sie kennengelernt zu haben. War mir ein Vergnügen. Hat mich sehr gefreut.)*

BITTE

Sagen Sie nicht automatisch **please**, denn das ist nur eine von mehreren Möglichkeiten, *bitte* zu sagen. Für welche Sie sich entscheiden, hängt immer von der Situation ab und führt, wie die folgenden Beispiele zeigen, zu ganz unterschiedlichen Lösungen:

▶ **please**

please steht ausschließlich zum Ausdruck einer Bitte oder Aufforderung: **Have a seat please**. *Nehmen Sie bitte Platz.* | **Another beer please**! *Noch ein Bier, bitte!* | **The bill please**! *Die Rechnung bitte.* | **One second please**. *Eine Sekunde bitte. Einen Augenblick, bitte.* | **Attention please**! *Achtung bitte.* | **Quiet please**. *Ruhe bitte.* | **Would you like some more coffee**? – **Yes please**. *Möchten Sie noch Kaffee? – Ja, bitte.*
Please do not touch! *Bitte nicht anfassen!* | **Please knock before entering**! *Vor dem Eintreten bitte anklopfen!* | **Shoes off please**! *Bitte Schuhe aus(ziehen)!* | **Please don't**! *Bitte nicht!*

▶ **I beg your pardon**

Mit **I beg your pardon?** – meist nur: **Beg your pardon? Pardon?** oder **Pardon me?** – bittet man um die Wiederholung von etwas zuvor Gesagtem, das man entweder nicht richtig verstanden hat oder aber nicht glauben kann: **I'd like to see the Queen.** – **I beg your pardon?** *Ich möchte gern die Königin sprechen. – Wie bitte?*
Umgangssprachliche Wendungen wie **Say again? Say what! What?** oder **What was that?** erfüllen den gleichen Zweck.

▶ **Here you are**

Sagen Sie **Here you are**, wenn Sie jemandem etwas reichen, geben, bringen usw., um das man Sie zuvor gebeten hat: **Here you are, your key**. *Hier bitte, Ihr Schlüssel.* | **Could I have your paper for a moment**? – **Certainly. Here you are**. *Könnte ich kurz Ihre Zeitung haben? – Natürlich. Hier, bitte.* [Nicht: *Here, please*.]

▶ **There you are**

There you are! drückt aus, dass etwas – positiv wie negativ – so eingetreten ist, wie man es vermutet oder vorhergesagt hat, wie es aber der Gesprächspartner zunächst nicht hat glauben oder wahrhaben wollen: *Na bitte! Also bitte! Da siehst du's! Da hast du's!*
Zur Bekräftigung der Tatsache, dass man Recht behalten hat, kann man noch den Zusatz **I told you so** *(Ich hab's dir ja gleich gesagt)* hinterherschicken.

DANKE

▶ Wenn Sie sich bedanken möchten, sagen Sie **thanks, thanks a lot, thank you, thank you so much, thank you very much, thank you very much indeed** oder, ganz flott, **ta**! Auch **a thousand thanks** *(Tausend Dank)* ist eine recht gebräuchliche Wendung, mit **thanks a million** können Sie sogar noch ein wenig dicker auftragen.

Weitere Dankesformeln: **No thank you. / No thanks.** *Nein, danke.* | **Thanks anyway.** *Jedenfalls vielen Dank.* | **Thank you all the same.** *Trotzdem vielen Dank.* | **Thanks for the trouble.** *Danke für die Mühe.* | **Thanks for coming.** *Danke, dass ihr gekommen seid.* | **Thanks for calling.** *Danke für den Anruf.* | **Thanks for the ride.** *Danke fürs Mitnehmen.* | **Thanks in advance.** *Danke schon mal (im Voraus).*

Mit **thank God, thank goodness** *(Gott sei Dank)* oder **thank heavens** *(Dem Himmel sei Dank)* können Sie Ihre Erleichterung zum Ausdruck bringen. Sagen Sie aber nicht: *Thanks God* oder *Thanks Heaven*.

Den Dank anderer Menschen nimmt man nicht wortlos zur Kenntnis, sondern lässt eine kurze Erwiderung folgen. Die gängigsten: **That's all right. / That's quite all right.** *Schon gut. Ist schon in Ordnung.* | **You are welcome.** *Gern geschehen.* | **No problem.** *Kein Problem.*

Eine Spur förmlicher klingen die folgenden Wendungen: **Don't mention it.** *Nicht der Rede wert.* | **Not at all.** *Keine Ursache.* | **It's a pleasure** [oder: **My pleasure**] *War mir ein Vergnügen.* In den USA hört man auch **Sure**, in Australien fast ausschließlich: **No worries**.

Eine Erwiderung auf **thank you** oder **thanks** ist unangebracht, wenn man sich für Kleinigkeiten oder Selbstverständlichkeiten bedankt. **Here's your umbrella. You left it with us. – Thanks.** *Hier ist dein Schirm. Du hast ihn bei uns liegen gelassen. – Danke.*

BEDAUERN

I'm sorry [oder nur: **Sorry**] besagt soviel wie: *Es tut mir leid (was geschehen ist):* **Sorry about last night.** *Tut mir leid wegen gestern Abend.* | **One day you'll be sorry about this.** *Das wird dir noch einmal leid tun.* | **I am sorry for the children.** *Mir tun die Kinder leid.*

Durch Hinzufügen von **so, really, awfully** usw. kann man diese Bekundungen noch verstärken: **I'm so sorry.** *Es tut mir so leid. Es tut mir sehr leid.* | **I'm really sorry.** *Es tut mir wirklich leid. Es tut mir echt leid.* | **I'm awfully sorry.** *Es tut mir furchtbar leid.*

Mit **I'm afraid** *(Ich fürchte, … Leider …)* lässt sich ausdrücken, dass man etwas für bedauerlich hält, ohne dass es einem jedoch leid tun muss. **I'm afraid** kann am Anfang oder am Ende einer Äußerung stehen:
I'm afraid I can't help you. *Ich kann Ihnen leider nicht helfen.* | **That won't be possible, I'm afraid.** *Das wird leider nicht möglich sein.* Siehe auch **afraid** → 018.
Wollen Sie ausdrücken, dass Sie eine Entschuldigung akzeptieren, sagen Sie das, was Sie auch auf **Thank you** erwidern: **That's all right. / That's quite all right** *(Ist schon in Ordnung. Ist nicht so schlimm),* **No problem** *(Kein Problem)* oder, wenn Sie in Australien unterwegs sind, **No worries**.
Siehe auch **regret** → 348.

ABSCHIED

Zum Abschied sagt man: **Goodbye! / Bye! / Bye-Bye!** *Auf Wiedersehen.* | **Bye for now.** *Tschüß erstmal.* | **Tarah! Cheers!** *Tschüss.* | **Farewell!** *Leb wohl.* | **So long!** *Bis dann. Mach's gut!* | **See you soon.** *Bis bald.* | **See you later.** *Bis später.* | **See you then.** *Bis dann.*

Möchten Sie Ihrem Gesprächspartner gute Wünsche mit auf den Weg geben, sagen Sie: **Have a nice day.** *Einen schönen Tag (noch).* | **Have a nice evening.** *Schönen Feierabend. Schönen Abend.* | **Have a good time.** *Viel Vergnügen. Viel Spaß.* | **Have a nice trip.** *Gute Reise.* | **Have a nice flight.** *Guten Flug.* | **Have a good holiday.** *Schönen Urlaub.* | **Have fun.** *Viel Spaß.*

Zahlen

number und figure

▶ Unter **number** versteht man eine für Nummerierungen, Kennzeichnungen und Aufzählungen verwendete Nummer wie in **account number** *(Kontonummer),* **car number** [oder: **registration number**] *(Autonummer),* **house number** *(Hausnummer)* und **room number** *(Zimmernummer).*

▶ **number** steht auch für *Zahl* im Sinne von *Anzahl:* **The number of deaths on the road is still alarming.** *Die Zahl der Todesfälle im Straßenverkehr ist immer noch alarmierend.* | **The number of members has doubled.** *Die Anzahl der Mitglieder hat sich verdoppelt.* | **A large number of votes was invalid.** *Eine große Anzahl von Stimmen war ungültig.* | **An increasing number of students at this university comes from abroad.** *Eine wachsende Zahl von Studierenden an dieser Universität kommt aus dem Ausland.*

- **number** | REG VERB | *zählen, nummerieren:* **We have numbered the seats.** *Wir haben die Sitze nummeriert.* | **Paul's DVD collection numbers over 800 films.** *Pauls DVD-Sammlung zählt über 800 Filme.*

▶ **figure** steht für *Zahl als Ziffer,* die Zahlen einer Tabelle, einer Bilanz usw.: **A combination of figures and letters makes a safe password.** *Eine Kombination aus Ziffern und Buchstaben ergibt ein sicheres Passwort.* | **What's this figure? A 1 or a 7?** *Was ist das für eine Zahl? Eine 1 oder eine 7?* | **The latest figures were quite promising.** *Die jüngsten Zahlen waren recht vielversprechend.* | **The only thing he is interested in is facts and figures.** *Das Einzige, das ihn interessiert, sind Zahlen und Fakten.*

▶ GRUND- UND ORDNUNGSZAHLEN

– **one, two, three, four** usw. sind **cardinal numbers** *(Grundzahlen)*.
– **first** (geschrieben: **1**st oder **1**st), **second** (**2**nd oder **2**nd), **third** (**3**rd oder **3**rd),
  fourth (**4**th oder **4**th) usw. sind **ordinal numbers** *(Ordnungszahlen)*.
  Beachten Sie die unterschiedliche Schreibweise:
  four, fourth, fourteen, fourteenth [-OUR-], aber: **forty, fortieth** [-OR-]
– Zehner und Einer sind durch einen Bindestrich verbunden: **sixty-five, eighty-one**
– Auf die Angabe **hundred** folgt im BE **and,** im AmE fällt dieses meist weg:
  BE: **two hundred and seventy-six**
  AmE: **two hundred seventy-six**
– Den Zahlen **100, 1000** und **1000000** geht immer **a** oder **one** voraus:
  a hundred years   oder: **one hundred years**
  a thousand times   oder: **one thousand times**
  a million dollars   oder: **one million dollars**
– **Six, twelve, twenty-four** usw. sind **even numbers** *(gerade Zahlen)*.
  Five, eleven, seventy-one usw. sind **odd numbers** *(ungerade Zahlen)*.
  7 is my lucky number. *Die 7 ist meine Glückszahl.*
  13 is said to be an unlucky number. *Die 13 ist angeblich eine Unglückszahl.*

▶ DIE NULL

– allgemeiner Ausdruck: **zero**
– Temperatur: **ten degrees below zero**
– Countdown: **five - four - three - two - one - zero**
– als Stelle vor dem Komma: **nought**, AmE: **naught**
  The interest rate was raised by nought point twenty-five per cent
– Sport, insbesondere Fußball: **nil**, [AmE auch: **nothing**, also: *nichts*]
  At half-time Manchester United leads one nil.
  The game ended four nothing.
– in einer Zahlenfolge, z.B. bei Telefon- oder Kontonummer: **0** [gesprochen: **oh**]
  Our home number is 0408324918
  My bank code number is 200 801 256
  Die Zahlenfolge **00** wird **double oh** gesprochen.
– Beim Tennis: **love**, im Tiebreak: **zero**
  It's forty love in the fourth set. | He leads by 5 zero in the tie-break.

▶ BRUCHZAHLEN

  one and a half, two and a half, three and a half
  one third, three fourths, nine tenths
  five and two thirds (5 ⅔), **six and five eights** (6 ⅝)
  two hundreths *zwei Hundertstel*
  three hundredths of a second *drei Hundertstelsekunden*
  nought point five millimetres *0,5 Millimeter*
  ten point eight seconds *10,8 Sekunden*

▶ RECHENARTEN

  addition [verb: **add**]
  48 + 12 = 60   **forty-eight and twelve** [auch: **plus twelve**] **is sixty**
  subtraction [verb: **subtract**]
  48 - 12 = 36   **forty-eight less twelve** [auch: **minus twelve**] **is thirty-six**
  multiplication [verb: **multiply**]
  48 x 12 = 576   **forty-eight times twelve** [auch: **by twelve**]
  is five hundred and seventy-six
  division [verb: **divide**]
  48 : 12 = 4   **forty-eight divided by twelve is four**
  exponentiation
  5^3 = 125   **five to the power of 3 is one hundred and twenty-five**
                 oder: **five cubed is one hundred and twenty-five**

► ZAHLEN IM TEXT – ALS WORT ODER IN ZIFFERN?

Merken Sie sich als Faustregel: die Zahlen 1 bis 10 sowie alle durch zehn teilbaren Zahlen sollten Sie ausschreiben, die übrigen können Sie durch Ziffern darstellen. Dies gilt für Grundzahlen ebenso wie für Ordnungszahlen:

The UN Security council has **five** permanent members.
The train will be **ten** minutes late.
At **49**, Adam married a **23**-year-old girl from Malaysia.

– Kommen innerhalb eines Satzes beide Formate vor, so schreiben Sie alle Zahlen in Ziffern:
We were **39** students: **26** from the UK, **8** from Germany, and **5** from Japan.

– Vermeiden Sie Zahlen am Satzanfang. Wenn sie dort unbedingt stehen müssen, dann nur in ausgeschriebener Form:

Ten days went by. [Besser als: 10 days went by.]
Twenty-four years is a long time. [Besser als: 24 years is a long time.]

Zusammenziehung

Ein charakteristisches Merkmal der englischen Umgangssprache wie auch der formlosen Schriftsprache ist die *Zusammenziehung* (**contraction**), die lautliche Verschmelzung von zwei Wörtern zu einem. Dies kann auf zweierlei Weise geschehen:

– DURCH VERKÜRZUNG DES HILFSVERBS
Alle Anfangsbuchstaben des Hilfsverbs einschließlich des ersten Vokals fallen weg:

I'm (I am)	**I've** (I have)	**I'll** (I will, I shall)	**I'd** (I would / had)
you're (you are)	**you've** (you have)	**you'll** (you will)	**you'd** (you would / had)
he's (he is)	**he's** (he has)	**he'll** (he will)	**he'd** (he would / had)
she's (she is)	**she's** (she has)	**she'll** (she will)	**she'd** (she would / had)
it's (it is)	**it's** (it has)	**it'll** (it will)	**it'd** (it would / had)
we're (we are)	**we've** (we have)	**we'll** (we will)	**we'd** (we would / had)
they're (they are)	**they've** (they have)	**they'll** (they will)	**they'd** (they would / had)

VERNEINTE FORMEN

I'm not	**I've not**	**I'll not**	**I'd not**
you're not	**you've not**	**you'll not**	**you'd not**
he's not	**he's not**	**he'll not**	**he'd not**
she's not	**she's not**	**she'll not**	**she'd not**
it's not	**it's not**	**it'll not**	**it'd not**
we're not	**we've not**	**we'll not**	**we'd not**
they're not	**they've not**	**they'll not**	**they'd not**

– DURCH VERKÜRZUNG VON **not**
Man verbindet beide Wörter zu einem, streicht dann aus dem Wort **not** den Buchstaben -o- heraus und füllt die entstandene Lücke mit einem Auslassungszeichen, einem Apostroph: ' . So entstehen die Formen

aren't (are not)	**isn't** (is not)
wasn't (was not)	**weren't** (were not)
haven't (have not)	**hasn't** (has not)
hadn't (had not)	
don't (do not)	**doesn't** (does not)
didn't (did not)	
can't (cannot)	**couldn't** (could not)
mayn't (may not)	**mightn't** (might not)
mustn't (must not)	**needn't** (need not)
shan't (shall not)	**shouldn't** (should not)
won't (will not)	**wouldn't** (would not)
daren't (dare not)	**oughtn't** (ought not)

Eine Zusammenziehung von **am not** zu *amn't ist unüblich. Dafür ist in Fragesätzen anstelle von **am I not** gelegentlich **aren't** zu hören:
Aren't I your friend? *(Bin ich nicht dein Freund?)*
I am your friend, aren't I? *(Ich bin doch dein Freund, oder?)*

Amerikanisches Englisch

Als *Amerikanisches Englisch* (**American English,** in diesem Buch **AmE** abgekürzt) bezeichnet man die in den Staaten Nordamerikas gesprochene Form des Englischen, die jedoch durch die weltweite Präsenz US-amerikanisch geprägter Medien, durch Kinofilme, Fernsehserien und nicht zuletzt durch das Internet rasche Verbreitung findet. Das AmE ist mit etwa 300 Millionen Muttersprachlern die am weitesten verbreitete Sprachform des Englischen und beeinflusst längst auch das britische Englisch des Mutterlandes.

Beide Sprachvarianten weisen Unterschiede auf, ohne dass es jedoch zwischen Amerikanern und Briten zu echten Verständigungsschwierigkeiten kommen kann. Die auffallendsten Abweichungen gibt es bei der Aussprache und beim Wortschatz. Andere betreffen die Schreibweise bestimmter Wörter und Wortendungen sowie die Grammatik.

1 BESONDERHEITEN DER SCHREIBUNG

In der Schreibweise der Wörter weicht das Amerikanische in einigen Fällen vom britischen Englisch ab. Die wichtigsten Unterschiede:

SCHREIBUNG DER ENDUNGEN

– Einige Hauptwörter mit der Endung **-re** enden im AmE auf **-er**:

BE:	-re:	**centre, litre, metre, theatre**
AmE:	-er:	**center, liter, meter, theater**

– Folgende Hauptwörter mit der Endung **-ence** enden im AmE auf **-ense**:

BE:	-ence:	**defence, licence, offence**
AmE:	-ense:	**defense, license, offense**

– Hauptwörter mit der Endung **-our** enden im AmE auf **-or**:

BE:	-our:	**colour, harbour, favour, labour, glamour, rumour**
AmE:	-or:	**color, harbor, favor, labor, glamor, rumor**

– Viele Verben auf **-ize** und **-yze** lassen im BE (nicht aber im AmE) die Schreibweise **-ise / -yse** zu:

BE:	**apologize** oder **apologise**	AmE nur: **apologize** *sich entschuldigen*
BE:	**realize** oder **realise**	AmE nur: **realize** *sich klar werden*
BE:	**recognize** oder **recognise**	AmE nur: **recognize** *erkennen, anerkennen*
BE:	**sympathize** oder **sympathise**	AmE nur: **sympathize** *sympathisieren*
BE:	**analyze** oder **analyse**	AmE nur: **analyze** *analysieren*
BE:	**paralyze** oder **paralyse**	AmE nur: **paralyze** *lähmen, lahmlegen*

– Hauptwörter mit der Endung **-ogue** enden im AmE auf **-og**:

BE:	**catalogue, monologue, dialogue, analogue**
AmE:	**catalog, monolog, dialog, analog**

VERDOPPLUNG DES -L-

Die im britischen Englisch notwendige Verdopplung eines Schluss-**l** vor Anfügen von **-ing** oder **-ed** entfällt im amerikanischen Englisch:

BE:	**traveller, travelling, cancelled, dialled**
AmE:	**traveler, traveling, canceled, dialed**

WEITERE BEISPIELE FÜR UNTERSCHIEDLICHE SCHREIBUNG

Flugzeug	BE: **aeroplane**	AmE: **airplane**
Aluminium	BE: **aluminium**	AmE: **aluminum**
Scheck (Bank)	BE: **cheque**	AmE: **check**
grau	BE: **grey**	AmE: **gray**
Garantie	BE: **guarantee**	AmE: **guaranty**
Schmuck	BE: **jewellery**	AmE: **jewelry**
Schlafanzug	BE: **pyjamas**	AmE: **pajamas**
Programm	BE: **programme**	AmE: **program**
[Tennis] *Schläger*	BE: **racket**	AmE: **racquet**
Spezialität	BE: **speciality**	AmE: **specialty**
Autoreifen	BE: **tyre**	AmE: **tire**

VEREINFACHTE SCHREIBUNG

Das AmE neigt zu vereinfachenden Schreibweisen, die sich von den komplizierteren Buchstabenfolgen des BE (-gh-) entfernt haben, wie z.B. **plow** und **donut** für die britischen Formen **plough** und **donut**.

Diese sogenannten *sensational spellings* waren anfangs vorwiegend im Bereich der Werbung anzutreffen, fanden dann aber nach und nach auch Eingang in die Alltagssprache. Beispiele:

BRITISH ENGLISH		AMERICAN ENGLISH
although	*obwohl, obgleich*	**altho**
doughnut	*Berliner* (Gebäck)	**donut**
draught	*Luftzug, Durchzug*	**draft**
high	*hoch*	**hi**
light	*leicht*	**lite**
night	*Nacht*	**nite**
plough	*Pflug*	**plow**
through	*durch*	**thru**
tonight	*heute Abend*	**tonite**

Typisch für die amerikanische Umgangssprache ist auch die Zusammenziehung von Einzelwörtern zu Formen, deren Schreibweise der Lautung der Wörter nachempfunden ist:

ain't ist die Verneinung aller Formen der Gegenwart von **be** und **have**:
- am not, are not (aren't), is not (isn't): **I ain't ready yet**, **ain't you tired**? **it ain't difficult**
- have not (haven't), has not (hasn't): **ain't got money**, **there ain't been much work**

gonna ist eine lautliche Verschmelzung von **going to**
gotta ist eine lautliche Verschmelzung von **got to**
wanna ist eine lautliche Verschmelzung von **want to**
whatcha ... ist eine lautliche Verschmelzung von **what do you** ..., **what are you** ...:
Whatcha gonna do now? (**What are you going to do now?**) *Was hast du jetzt vor?*

WORTKREUZUNGEN („Kofferwörter")

Zu den künstlichen Wortschöpfungen sind auch die sogenannten *Kofferwörter* (**portmanteau words**) zu zählen. Sie entstehen, wenn Bestandteile aus unterschiedlichen Wörtern zu einem Begriff verschmelzen, wie in

bit	aus:	**binary + digit**
Bollywood	aus:	**Bombay + Hollywood**
brunch	aus:	**breakfast + lunch**
fantabulous	aus:	**fantastic + fabulous**
happenstance	aus:	**happen + circumstance**
medicare	aus:	**medical + care**
modem	aus:	**modulator + demodulator**
motel	aus:	**motor + hotel**
politricks	aus	**politics + tricks**
slanguage	aus:	**slang + language**
smog	aus:	**smoke + fog**
Spanglish	aus:	**Spanish + English**
transceiver	aus:	**transmitter + receiver**
workaholic	aus:	**work + alcoholic**

2 BESONDERHEITEN DER AUSSPRACHE

Bei der Aussprache einzelner Laute und Lautgruppen bestehen zwischen britischem und amerikanischem Englisch einige auffallende Unterschiede. Die wichtigsten sind nachstehend zusammengefasst.

– Der Vokal **a** wird in vielen Wörtern des AmE [æː] gesprochen:

after	BE	[ˈɑːftə]	AmE	[ˈæftə(r)]
fast	BE	[fɑːst]	AmE	[fæst]
half	BE	[hɑːf]	AmE	[hæf]
last chance	BE	[lɑːst tʃɑːns]	AmE	[læːst tʃæːns]
master	BE	[ˈmɑːstə]	AmE	[mæstə(r)]
can't	BE	[kɑːnt]	AmE	[kænt]
example	BE	[ɪgˈzɑːmpl]	AmE	[ɪgˈzæmpl]

– Der Vokal **o** wird in vielen Wörtern des AmE [ɑː] gesprochen:

coffee	BE	[ˈkɔfɪ]	AmE	[ˈkɑfɪ]
tottery	BE	[ˈtɒtərɪ]	AmE	[ˈtɑtrɪ]
doctor	BE	[ˈdɔktə]	AmE	[ˈdɑːktə(r)]
robbery	BE	[ˈrɔbərɪ]	AmE	[ˈrɑːbrɪ]
a lot	BE	[əˈlɒt]	AmE	[əˈlɑːt]
got it	BE	[ˈgɔtɪt]	AmE	[ˈgɑːtɪt]

– Der Vokal **u** wird im AmE nach **d**, **n**, **s** und **t** ohne das im BE vorangehende [j] gesprochen:

new	BE	[njuː]	AmE	[nuː]
duty	BE	[ˈdjuːtɪ]	AmE	[ˈduːtɪ]
supermarket	BE	[ˈsjupəmɑːkɪt]	AmE	[ˈsupə(r)mɑːkɪt]
student	BE	[ˈstjuːdənt]	AmE	[ˈstuːdənt]
tube	BE	[ˈtjuːb]	AmE	[ˈtuːb]
tuner	BE	[ˈtjuːnə]	AmE	[ˈtuːnə(r)]

In den Wörtern **beautiful**, **future**, **music** und **computer** wird der **u**-Laut dagegen in beiden Sprachen [juː] gesprochen.

– Ein **r** am Silben- und Wortende wird im AE stets mitgesprochen:

wear	BE	[weə]	AmE	[weər]
teacher	SE	[ˈtiːtʃə]	AmE	[ˈtiːtʃər]
first	BE	[fɜːst]	AmE	[fɜːrst]
forgive	BE	[ˈfəgɪv]	AmE	[ˈfərgɪv]
murder	BE	[ˈmɜːdə]	AmE	[ˈmɜːrdər]
barkeeper	BE	[ˈbɑːkiːpə]	AmE	[ˈbɑːrkiːpər]

– Die Konsonanten **t** und **p** werden im AE in unbetonten Silben abgeschwächt wie [d] und [b] gesprochen:

waiter	BE	[ˈweɪtə]	AE	[ˈweɪdə(r)]
winter	BE	[ˈwɪntə]	AE	[ˈwɪnə(r)]
writer	BE	[ˈraɪtə]	AE	[ˈraɪdə(r)]
party	BE	[ˈpɑːtɪ]	AE	[ˈpɔː(r)dɪ]
hospital	BE	[ˈhɔspɪtəl]	AE	[ˈhɑːsbɪdl]
capital	BE	[ˈkæpɪtəl]	AE	[ˈkæbɪdl]

3 BESONDERHEITEN DER GRAMMATIK

In Einzelfällen unterscheiden sich britisches und amerikanisches Englisch auch in grammatikalischer Hinsicht. Beispiele:

– Das Verb **have**

Anstelle des im BE üblichen **have got** für *haben* [= besitzen] verwendet das AmE nur **have**, das wie ein gewöhnliches Vollverb behandelt wird:

BE:	I**'ve got** a problem.	AmE:	I **have** a problem.
BE:	We **haven't got** the money.	AmE:	We **don't have** the money.
BE:	**Has** anyone **got** an answer?	AmE:	**Does** anyone **have** an answer?

In salopper Umgangssprache wird **got** im AmE manchmal in der Bedeutung des britischen **have got** gebraucht:

I **got** a problem. We **got** no money. **Anyone got** an answer?

– Die 3. Verbform *(past participle)* von **get** lautet im BE **got**, im AmE **gotten**:

BE:	The weather **had got** worse.	AmE:	the weather **had gotten** worse.

– ZEITENGEBRAUCH bei **just**, **ever** und **never**

In Sätzen mit Angaben wie **just** und **ever** steht im britischen Englisch ein *Present Perfect*, während im amerikanischen Englisch das *Past Simple* bevorzugt wird:

BE:	We **have** just **come** back.	AmE:	We just **came** back.
BE:	**Have** you ever **met** her?	AmE:	**Did** you ever **meet** her?
BE:	I **have** never **felt** better.	AmE:	I never **felt** better.

- **like** anstelle von **as if ...**

Im AmE ist anstelle des britischen **as if** ... *(als wenn ..., als ob ...)* häufig **like** zu hören:

BE: It looks **as if** we're running out of petrol.
AmE: It looks **like** we're running out of petrol.

BE: She seemed **as if** she had never been away from home.
AmE: She seemed **like** she had never been away from home.

4   BESONDERHEITEN DES WORTSCHATZES

Auch wenn die Grenzen zwischen den beiden Sprachgebieten fließender geworden sind, so finden sich die auffälligsten Unterschiede zwischen dem britischen und dem amerikanischen Englisch im Bereich des Wortschatzes. Einige Wörter des britischen Englisch existieren im Amerikanischen überhaupt nicht oder haben eine völlig andere Bedeutung. Eine Auswahl:

AMERICAN NOUNS	DEUTSCH	BRITISH NOUNS
administration	*Regierung*	**government**
apartment	*Wohnung*	**flat**
apartment building	*Wohnblock*	**block** of flats
automobile	*Auto*	**motor car**
baby carriage	*Kinderwagen*	**pram**
baggage	*Gepäck*	**luggage**
bar	*Kneipe*	**pub**
bid	*Gebot*	**tender**
bill	*Plakat*	**poster**
	Banknote	**bank note**
billboard	*Plakatwand*	**hoarding**
billfold	*Brieftasche*	**wallet**
blank	*Formular*	**form**
bureau	*Kommode*	**chest of drawers**
cab	*Taxi*	**taxi**
cab stand	*Taxistand*	**taxi rank**
calling card	*Visitenkarte*	**visiting card**
can	*Dose*	**tin**
candy	*Süßigkeiten*	**sweets**
carnival	*Jahrmarkt, Rummel*	**fun fair**
casket	*Sarg*	**coffin**
check	*Rechnung*	**bill**
checkers	*Dame* [Spiel]	**draughts**
clerk	*Verkäufer*	**shop assistant**
closet	*Schrank*	**cupboard**
commercial	[TV] *Werbung*	**advertisement**
condominium, kurz: **condo**	*Eigentumswohnung*	**owner-occupied flat**
cook book	*Kochbuch*	**cookery book**
cookie	*Keks*	**biscuit**
corn	*Mais*	**maize**
crosswalk	*Fußgängerüberweg*	**crossing**
date	*Verabredung*	**appointment**
Department	*Ministerium*	**Ministry**
dessert	*Nachtisch*	**sweet**
detour	*Umleitung*	**diversion**
diaper	*Windel*	**nappy**
dish-towel	*Geschirrtuch*	**tea-towel**
drapes	*Vorhang*	**curtain**
driver's license	*Führerschein*	**driving licence**
drugstore	*Drogerie*	**chemist, chemist's shop**
egghead	*Intellektueller*	**intellectual**
elevator	*Fahrstuhl*	**lift**
entry	*Eingang*	**entrance**
eraser	*Radiergummi*	**rubber**
fall	*Herbst*	**autumn**
faucet	*Wasserhahn*	**tap**
fender	*Kotflügel*	**mudguard**
first floor	*Erdgeschoss*	**ground floor**

flashlight	*Taschenlampe*	torch
flat (tire)	*Reifenpanne*	puncture
flyer	*Flugblatt*	handbill
folks	*Leute*	people
grade	*Schulklasse*	form
franchise	*Konzession*	concession
freeway	*Autobahn*	motorway
French fries	*Pommes Frites*	chips
garbage	*Müll*	refuse
garbage can, trashcan	*Mülleimer*	dustbin
garbage collector	*Müllmann*	dustman, binman
garbage wagon	*Müllwagen*	dustcart
gasoline, gas	*Benzin*	petrol
gear shift	*Schalthebel*	gear lever
grain	*Getreide*	corn
hall	*Flur, Diele*	corridor
highway	*Landstraße*	road
hobo	*Landstreicher, Penner*	tramp
homemaker	*Hausfrau*	housewife
hood	*Motorhaube*	bonnet
ice box	*Eisschrank*	refrigerator
intermission	[Theater, Oper] *Pause*	interval
intersection	*Kreuzung*	crossroads
jail	*Gefängnis*	prison
janitor	*Hausmeister*	caretaker
jelly	*Marmelade*	jam
kid	*Kind*	child
license plate	*Nummernschild*	numberplate
line	*(Warte)schlange*	queue
locomotive	*Lokomotive*	engine
lumber	*Bauholz*	timber
mail	*Post*	post
mailman	*Postbote, Briefträger*	postman
math	*Mathematik*	maths
movie	*Film*	film
(the) movies	*Kino*	(the) cinema
muffler	*Schalldämpfer*	silencer
newsdealer	*Zeitschriftenhändler*	newsagent
one-way ticket	*einfache Fahrkarte*	single ticket
orchestra seats	*(Plätze im) Parkett*	stalls
overpass	*Überführung*	flyover (bridge)
pacifier	*Schnuller*	dummy
package	*Paket*	parcel
pants	*Hose*	trousers
panty hose	*Strumpfhose*	tights
parking lot	*Parkplatz*	car park
patrolman	*Polizist*	policeman
pavement	*Straßenbelag*	road surface
period	*Punkt [Satzzeichen]*	full stop
pitcher	*Krug, Kanne*	jug
porch	*Veranda*	veranda
purse	*(Damen)handtasche*	handbag
railroad	*Eisenbahn*	railway
railroad car	*Eisenbahnwaggon*	carriage
raise	*Lohnerhöhung*	rise
realtor	*Grundstücksmakler*	estate agent
restroom	*Toiletten*	toilet
round-trip ticket	*Rückfahrkarte*	return ticket
rubber	*Präservativ, Kondom*	condom
rubbers	*Gummistiefel*	wellington boots
run	*Laufmasche*	ladder
saloon	*Kneipe*	pub
shipping agent	*Spediteur*	forwarding agent

shorts, underpants	*Unterhose*	pants
shoulder	*[Straße] Seitenstreifen*	verge
sidewalk	*Bürgersteig*	pavement
sneakers	*Turnschuhe*	gymshoes
soccer	*Fußball*	football
spending money	*Taschengeld*	pocket money
stenographer	*Stenograph*	shorthand typist
store	*Geschäft, Laden*	shop
streetcar	*Straßenbahn*	tram
subway	*Untergrundbahn*	underground
suspenders	*Hosenträger*	braces
tablet	*Schreibblock*	writing pad
tire	*Reifen*	tyre
traffic circle	*Kreisverkehr*	roundabout
trailer	*Wohnwagen*	caravan
transportation	*Transport*	transport
trash	*Müll, Abfall*	rubbish
truck	*Lastwagen*	lorry
trunk	*Kofferraum*	boot
turnpike	*(mautpflichtige) Autobahn*	toll motorway
two weeks	*vierzehn Tage*	a fortnight
underpass	*Unterführung*	Subway
undershirt	*Unterhemd*	vest
vacation	*Ferien, Urlaub*	holiday(s)
vest	*Weste*	waistcoat
viewpoint	*Standpunkt*	point of view
washroom	*Waschraum*	lavatory
windshield	*Windschutzscheibe*	windscreen
wrench	*Schraubenschlüssel*	spanner
zip code	*Postleitzahl*	post code
zipper	*Reißverschluss*	zip

AMERICAN VERBS	DEUTSCH	BRITISH VERBS
acclimate	*akklimatisieren*	acclimatise
be scared	*Angst haben*	be afraid
broil	*grillen*	grill
carry goods	*führen, auf Lager haben*	stock
come by	*[zu Besuch] vorbeischauen*	look in
figure	*sich vorstellen*	imagine
flunk	*[bei Prüfung] durchfallen*	fail
go places	*ausgehen, weggehen*	go out
guess	*denken, annehmen*	think, suppose
hire	*[Arbeitskräfte] einstellen*	employ
line up	*sich anstellen*	queue up
loan	*leihen, verleihen*	lend
mail a letter	*einen Brief aufgeben*	post a letter
outsmart	*austricksen, überlisten*	outwit
quit	*aufhören, aufgeben*	stop, give up
set the table	*Tisch decken*	lay the table
take chances	*ein Risiko eingehen*	run a risk
underscore	*unterstreichen, betonen*	underline
vacation	*Ferien machen*	holiday
visit	*besuchen*	go to see / come to see
wash the dishes	*abwaschen*	wash up
wash up	*sich waschen*	(have a) wash

AMERICAN ADJECTIVES	DEUTSCH	BRITISH ADJECTIVES
alternate	*alternativ*	alternative
crazy	*verrückt*	mad
dumb	*dumm, doof, blöd*	stupid
fresh	*frech, pampig*	cheeky
mad	*böse*	angry
mean	*[Person] übel, gemein, fies*	nasty
sick	*krank*	ill

Falsche Freunde

Falsche Freunde sind – wie im richtigen Leben – solche, auf die man sich nicht verlassen kann. Sie sind nicht das, was sie zu sein scheinen oder vorgeben, und darum fallen wir in unserer Gutgläubigkeit immer wieder auf sie herein. Auch die englische Sprache kennt solche *false friends*, und es sind beileibe nicht wenige. Was, so mag man denken, sollte **fabric** anderes heißen als *Fabrik*? Wer würde nicht bei **sensible** auf *sensibel* und bei **cutlet** auf *Kotelett* tippen? Nun, Sie ahnen es bereits – in allen Fällen liegt man daneben.

Auf echte Freunde dagegen ist Verlass. So ist es auch in den Sprachen, wenn es darum geht, die Bedeutung eines Wortes korrekt zu erfassen: **altar** klingt nicht nur nach *Altar*, es heißt auch so. Gleiches gilt für **absurd** *(absurd)* und **horoscope** *(Horoskop)*. Die wichtigsten Beiträge zu diesem verwirrenden Thema finden Sie in der folgenden Liste.

LISTE DER HÄUFIGSTEN FALSCHEN FREUNDE

Die *korrekte* Bedeutung eines Wortes steht unmittelbar neben ihm. In den **fett** gedruckten Spalten stehen sich die „falschen Freunde" gegenüber, die bei aller Ähnlichkeit nichts miteinander zu tun haben. Ein Lesebeispiel: das englische Wort für *Achsel* ist **shoulder**, nicht **axle**. Die korrekte Bedeutung von **axle** ist *Achse*.

HAUPTWÖRTER

Achse	axle, axis	**ax, axe**	*Axt*
Achsel	shoulder	**axle**	*[Technik] Achse*
Aktion	campaign	**action**	*Tat, Handlung*
Alkoholika	alcoholic drinks	**alcoholic**	*Alkoholiker*
Allee	avenue	**alley**	*enge Gasse, Pfad*
Art	way, kind, sort	**art**	*Kunst*
As	ace	**ass**	*Arsch*
Baracken	huts	**barracks**	*Kaserne*
Biskuit	sponge cake	**biscuit**	*Keks*
Bouillon	broth	**bullion**	*[Gold-, Silber-] Barren*
Bowle	punch	**bowl**	*Schüssel*
Brücke	bridge	**brook**	*Bach*
Chef	boss	**chief**	*Häuptling, Haupt...*
Christ	Christian	**Christ**	*Christus*
City	town centre, city centre	**city**	*Stadt, Großstadt*
Dame	lady	**Dame**	*Trägerin des Ordens OBE [Order of the British Empire]*
Daten	data	**date**	*Datum; Rendezvous*
Delikatesse	delicacy	**delicatessen**	*Feinkostgeschäft*
Direktion	management	**direction**	*Richtung*
Dom	cathedral	**dome**	*Kuppel*
Erlaubnis	permission	**allowance**	*(finanzielle) Beihilfe*
Etikett	label	**etiquette**	*Benimm, Etikette*
Exemplar	copy	**example**	*Beispiel*
Fabrik	factory	**fabric**	*Stoff*
Fehler	mistake, fault	**failure**	*Fehlschlag, Misserfolg*
Flur	hall, corridor	**floor**	*Fußboden, Stockwerk*
Formular	form	**formula**	*Formel*
Fotograf	photographer	**photograph**	*Fotografie*
Fraktion	faction	**fraction**	*Bruch, Bruchteil*
Gasthaus	hotel, inn	**guesthouse**	*Gästehaus, Pension*
Gemeinsinn	public spirit	**common sense**	*gesunder Menschenverstand*
Genie	genius	**genie**	*dienstbarer Geist*
Gift	poison	**gift**	*Geschenk, Gabe*
Glanz	splendour	**glance**	*Blick*
Gymnasium	secondary (grammar) school	**gymnasium**	*Turnhalle*
Hausaufgaben	homework	**housework**	*Hausarbeit*
Hausmeister	caretaker	**housemaster**	*Erzieher*

Hochschule	college, university	**High School**	[USA] *Oberschule*
Igel	hedgehog	**eagle**	*Adler*
Immobilien	real estate	**immobility**	*Unbeweglichkeit*
Inventar	inventory	**inventor**	*Erfinder*
Isolierung	insulation	**isolation**	*Isolation, Abgeschiedenheit*
Justiz	legal system	**justice**	*Gerechtigkeit*
Kaution	bail, retainer	**caution**	*Vorsicht*
Kekse	biscuits, cookies	**cakes**	*Kuchen*
Kerbe	notch	**kerb**	*Bordstein(kante)*
Kind	child	**kind**	*nett, liebenswürdig*
Kittchen	clink	**kitchen**	*Küche*
Klosett	lavatory, toilet	**closet**	*(begehbarer) Schrank*
Kollege	colleague	**college**	*Universität, College*
Komfort	luxury	**comfort**	*Trost*
Konfektion	outfit	**confection**	*Konfekt, Naschwerk*
Konfession	denomination	**confession**	*Bekenntnis, Beichte*
Konkurrenz	competition	**concurrence**	*Übereinstimmung*
Konvent	convention	**convent**	*Kloster*
Kost	food	**cost**	*Kosten*
Krabbe	prawn	**crab**	*Krebs*
Kraft	strength	**craft**	*Handwerk*
Kritik	criticism	**critic**	*Kritiker*
Lektüre	reading material	**lecture**	*Vorlesung*
List	ruse, trick	**list**	*Liste*
Lot	plumbline	**lot**	[Lotterie] *Los*
Lust	desire	**lust**	*Trieb, Begierde*
Magistrat	town council	**magistrate**	*Friedensrichter*
Mappe	folder	**map**	*Landkarte*
Meinung	opinion	**meaning**	*Bedeutung*
Menü	meal of the day	**menu**	*Speisekarte*
Mist	dung	**mist**	*Nebel*
Mörder	murderer	**murder**	*Mord*
Nacken	back of the neck	**neck**	*Hals*
Note	mark	**note**	*Notiz*
Novelle	short story	**novel**	*Roman*
Personal	personnel, staff	**personal**	*persönlich*
Pest	plague	**pest**	*Nervensäge*
Plastik	[Kunst] sculpture	**plastic**	*Plastik*
Pony	[Haarfrisur] bangs	**pony**	[Kleinpferd] *Pony*
Probe	test, sample	**probe**	*Sonde*
Promotion	doctorate	**promotion**	*(Be)förderung*
Prospekt	brochure	**prospect**	*Aussicht, Perspektive*
Provision	commission	**provisions**	*(Nahrungs)vorräte*
Prozess	[Strafprozess] trial	**process**	*Prozess*
Rente	pension	**rent**	*Miete*
Ressort	department	**resort**	*Urlaubsort*
Roman	novel	**Roman**	*römisch*
Schellfisch	haddock	**shellfish**	*Muschel*
Schwester	[Hospital] nurse	**sister**	*Schwester*
Singles	single people	**singles**	[Sportwettkampf] *Einzel*
Smoking	dinner jacket, tuxedo	**smoking**	*Rauchen*
Speisen	dishes	**spices**	*Gewürze*
Spleen	craze	**spleen**	*Milz; Zorn, Ärger*
Spur	trace	**spur**	*Sporn*
Stadium	stage	**stadium**	*Stadion*
Stern	star	**stern**	[Schiff] *Heck*
Stipendium	scholarship, grant	**stipend**	*(Beamten-) Gehalt*
Stock	stick	**stock**	*Vorrat, Bestand*
Stores	net curtains	**stores**	*Kaufhäuser*
Strom	river	**stream**	*Bach*
Studium	studies	**study**	*Arbeitszimmer*
Stuhl	chair	**stool**	*Schemel, Hocker*
Tablett	tray	**tablet**	*Tablette*

Tachometer	speedometer	tachometer	*Drehzahlmesser*
(Schul-)**Tafel**	blackboard	table	*Tisch*
Trubel	bustle	trouble	*Ärger*
Turnen	PT [physical training]	turn	*Drehung*
Unternehmer	entrepreneur	undertaker	*Bestatter*
Wall	rampart	wall	*Mauer, Wand*
Wand	wall	wand	*Stab, Stift*
Warenhaus	department store	warehouse	*Lagerhaus*
Wärter	keeper, warden	waiter	*Kellner*
Weste	waistcoat	vest	BE: *Unterhemd*
Zensur	censorship	censure	*Tadel*
Zirkel	(pair of) compasses	circle	*Kreis*
Zylinder	[Hut] top hat	cylinder	[Motor] *Zylinder*

VERBEN

absolvieren	complete	absolve	*los-, freisprechen*
annoncieren	advertise	announce	*ankündigen*
bekommen	get	become	*werden*
bewahren	keep	beware	*sich in Acht nehmen*
blamieren	show up	blame	*beschuldigen*
erfordern	require	afford	*sich leisten*
flattern	flutter	flatter	*schmeicheln*
glänzen	shine	glance	*blicken*
gründen	found	ground	[Schiff] *auf Grund setzen*
handeln	act	handle	*handhaben*
hausieren	peddle	house	*beherbergen*
klingen	sound	cling	*sich klammern*
lösen	solve	lose	*verlieren*
nagen	gnaw	nag	*herumnörgeln*
necken	tease	neck	*knutschen, schmusen*
Platz nehmen	take a seat	take place	*stattfinden*
profitieren	benefit	profiteer	*sich bereichern*
prüfen	check	prove	*beweisen*
ringen	wrestle	ring	*klingeln, läuten*
schwanken	vary, waver	swank	*angeben, protzen*
sparen	save	spare	*erübrigen, verschonen*
spenden	donate	spend	*ausgeben*
überhören	not hear	overhear	*zufällig mit anhören*
übernehmen	take over	overtake	*überholen*
wandern	hike	wander	*schlendern, bummeln*
sich wundern	be surprised	wonder	*sich fragen*

ADJEKTIVE und ADVERBIEN

aktuell	current, up-to-date	actual	*tatsächlich, eigentlich*
apart	smart	apart	*abseits, getrennt*
ausländisch	foreign	outlandish	*sonderbar, seltsam*
blank	shiny	blank	*weiß, unbeschrieben*
breit	wide	bright	*hell, schlau*
dementiert	denied	demented	*wahnsinnig, verrückt*
dezent	inobtrusive	decent	*anständig*
engagiert	committed	engaged	*verlobt*
erfreut sein	be pleased	be afraid	*Angst haben*
eventuell	possibly	eventually	*schließlich, letztlich*
familiär	personal	familiar	*vertraut*
famos	excellent	famous	*berühmt*
fatal	unfortunate	fatal	*verhängnisvoll*
genial	brilliant, inspired	genial	*freundlich, gesellig*
graziös	graceful	gracious	*gütig, gnädig*
gültig	valid	guilty	*schuldig*
human	humane	human	*menschlich*
irritieren	distract	irritate	*ärgern, aufregen*
konsequent	consistent	consequent	*daraus folgend, sich daraus ergebend*

kräftig	strong	**crafty**	*schlau, clever*
lustig	funny	**lusty**	*kernig, kerngesund*
massiv	solid	**massive**	*riesig, enorm*
mittelalterlich	medieval	**middle-aged**	*mittleren Alters*
ordinär	vulgar	**ordinary**	*üblich, gewöhnlich*
plump	clumsy	**plump**	*mollig, pummelig*
prägnant	precise	**pregnant**	*schwanger*
rasch	quick	**rush** (VERB)	*eilen, hetzen, hasten*
reell	fair	**real**	*wirklich, echt*
rentable	profitable	**rentable**	*mietbar, zu mieten*
restlos	complete	**restless**	*ruhelos*
schmal	narrow	**small**	*klein*
sensibel	sensitive	**sensible**	*vernünftig*
seriös	respectable	**serious**	*ernst, ernsthaft*
sinnvoll	useful, sensible	**sinful**	*sündhaft*
skrupellos	unscrupulous	**scrupulous**	*gewissenhaft, kompromisslos*
solide	sound	**solid**	*fest*
sorglos	carefree	**careless**	*nachlässig, leichtsinnig*
stickig	stuffy	**sticky**	*klebrig*
streng	severe, strict	**strong**	*stark*
sympathisch	nice	**sympathetic**	*mitfühlend*
unsympathisch	disagreeable	**unsympathetic**	*gefühllos*
virtuos	masterly	**virtuous**	*tugendhaft*
vital	lively	**vital**	*lebenswichtig*
wer	who	**where**	*wo*
wo	where	**who**	*wer*

Index

listen - 203 | *176*
little *wenig* - 180 | *168*
little *klein* - 381 | *245*
live - 245 | *191*
lock - 100 | *140*
lonely - 246 | *166*
long - 247 | *192*
loo - 403 | *253*
look - 248 | *192*
loose - 249 | *193*
lose - 249 | *193*
love - 250 | *193*
loudly - 029 | *116*
luck - 251 | *194*
luggage - 252 | *194*

machine - 152 | *158*
mad 253 | *195*
maintain - 254 | *195*
make *machen* - 255 | *195*
make *lassen* - 241 | *189*
man - 256 | *196*
map - 257 | *197*
marriage - 258 | *197*
marry - 259 | *197*
match - 184 | *169*
matter - 260 | *198*
maybe - 261 | *198*
meals - 262 | *198*
mean - 263 | *199*
means - 264 | *199*
meet - 265 | *200*
memory - 266 | *200*
message - 267 | *201*
metre|meter - 268 | *201*
mind NOUN - 269 | *201*
mind VERB - 269 | *202*
miss - 270 | *202*
mist - 188 | *170*
mistake - 271 | *202*
money - 272 | *203*
mood - 273 | *204*
most - 274 | *204*
motor - 152 | *158*
move - 275 | *204*
multiple births - 413 | *257*

name NOUN - 276 | *205*
name VERB - 276 | *206*
narrow - 277 | *206*
near - 278 | *206*
nearby - 278 | *206*
nearest - 279 | *207*
nearly - 027 | *115*
need - 281 | *207*
neither - 283 | *209*
next - 280 | *207*
nice - 282 | *207*
no - 283 | *208*
noise - 284 | *209*
none - 283 | *209*
not - 283 | *208*
note - 285 | *209*

notice - 286 | *210*
occasion - 287 | *210*
off - 192 | *172*
office - 288 | *211*
old - 289 | *211*
once - 290 | *212*
only - 291 | *212*
open - 292 | *213*
opinion - 293 | *213*
opportunity - 287 | *210*
opposite - 294 | *213*
order - 295 | *213*
outing - 405 | *254*
outside - 296 | *214*
overtake - 297 | *215*
overtime - 298 | *215*
owe - 299 | *215*
own - 300 | *215*

page - 377 | *244*
pain - 301 | *216*
paint - 103 | *141*
pair - 302 | *216*
patient - 303 | *217*
pay NOUN - 305 | *218*
pay VERB - 304 | *217*
people - 306 | *218*
performance - 307 | *219*
perhaps - 261 | *198*
permission - 308 | *219*
permit - 308 | *219*
persuade - 111 | *144*
petrol - 309 | *219*
place - 310 | *220*
pocket - 053 | *121*
poison NOUN - 311 | *220*
poison VERB - 311 | *221*
policy - 312 | *221*
politics - 312 | *221*
poor - 313 | *221*
populated - 119 | *146*
population - 306 | *146*
power - 314 | *221*
practice - 315 | *222*
practise - 316 | *222*
pregnant - 317 | *222*
premises - 318 | *222*
preparation - 319 | *222*
prepare - 320 | *223*
prescription - 343 | *231*
presence - 321 | *223*
present - 322 | *223*
presently - 323 | *224*
pretty - 324 | *224*
price - 325 | *224*
prize - 325 | *225*
progress - 326 | *225*
promote - 327 | *226*
pronounce - 328 | *226*
-proof - 329 | *226*
proper - 330 | *226*
properly - 330 | *226*
property - 331 | *226*

provisions - 332 | *227*
pub - 333 | *227*
pull - 137 | *152*

queue - 334 | *227*
quite - 174 | *165*

raise - 335 | *228*
rare - 336 | *228*
rate - 337 | *228*
rather - 174 | *165*
reach - 338 | *228*
reading matter - 240 | *189*
ready - 339 | *198*
real estate - 331 | *226*
realise - 340 | *198*
really - 341 | *230*
reason - 342 | *230*
receipt - 343 | *230*
recent - 344 | *231*
recently - 344 | *231*
reception - 343 | *231*
recipe - 343 | *231*
recognise 345 | *231*
recover - 346 | *232*
refuse - 347 | *232*
regret - 348 | *232*
relationships - 349 | *232*
remain - 350 | *233*
remember - 351 | *233*
remind - 352 | *234*
rent - 206 | *177*
report - 353 | *234*
resolve - 384 | *246*
restaurants - 354 | *235*
rest - 076 | *132*
ride - 355 | *235*
ring - 356 | *236*
rise - 357 | *236*
road - 394 | *248*
round - 358 | *236*
rule NOUN - 359 | *236*
rule VERB - 359 | *237*
run - 360 | *237*

safe - 361 | *238*
salary - 305 | *218*
save - 363 | *238*
say - 364 | *238*
schooling - 365 | *239*
scratch - 366 | *240*
scream - 120 | *147*
sea - 367 | *241*
seaside - 367 | *241*
seat - 368 | *241*
see - 369 | *241*
see *bringen* - 079 | *133*
sense - 370 | *242*
sensible - 371 | *242*
sensitive - 371 | *242*
separate - 372 | *242*
serve - 373 | *242*
service - 373 | *243*

shade - 374 | *243*
shadow - 374 | *243*
share - 375 | *243*
shore - 059 | *125*
short - 376 | *244*
shout - 120 | *147*
shut - 100 | *140*
sick - 216 | *181*
side - 377 | *244*
sign NOUN - 378 | *244*
sign VERB - 378 | *245*
site - 379 | *245*
sky - 380 | *245*
slight - 144 | *155*
small - 381 | *245*
smoking - 382 | *245*
so - 383 | *246*
solve - 384 | *246*
sometime - 385 | *246*
sometimes - 385 | *246*
special - 386 | *247*
specially - 386 | *247*
speech - 387 | *247*
spend - 388 | *247*
sport - 389 | *247*
stand - 390 | *247*
start - 062 | *127*
stay - 350 | *233*
still - 391 | *248*
stop - 392 | *248*
story - 393 | *248*
street - 394 | *248*
subject - 395 | *249*
such - 383 | *246*
suit - 184 | *169*
swim - 396 | *250*

take *brauchen* - 281 | *207*
take *nehmen* - 397 | *250*
take *bringen* - 079 | *133*
tall - 068 | *129*
tan - 103 | *141*
task - 432 | *264*
tax - 398 | *251*
television 399 | *251*
tell - 364 | *238*
than - 400 | *252*
then - 400 | *252*
the same - 362 | *238*
though - 031 | *116*
tight - 277 | *206*
till - 415 | *257*
time - 401 | *252*
tired - 402 | *253*
toilet - 403 | *253*
too - 404 | *253*
topic - 395 | *249*
tour - 405 | *254*
traffic - 406 | *254*
travel - 407 | *255*
treat - 408 | *255*
trip - 405 | *254*
trouble - 409 | *255*

true - 410 | *256*
try NOUN - 048 | *122*
try VERB - 411 | *256*
turn VERB - 412 | *256*
turn NOUN - 412 | *257*
turn *werden* - 061 | *126*

umpteen - 414 | *257*
until - 415 | *257*

vacant - 150 | *157*
value - 416 | *258*
very - 417 | *258*
visit - 418 | *258*
vocabulary - 430 | *262*

wages - 305 | *218*
wait - 419 | *258*
walk - 420 | *259*
watch VERB 421 | *259*
watch NOUN 422 | *259*
way - 423 | *260*
WC - 403 | *253*
weapons - 042 | *120*
wear - 086 | *136*
wedding - 258 | *197*
when - 424 | *260*
whether - 215 | *180*
which - 425 | *260*
while - 143 | *154*
whole - 426 | *261*
wide - 427 | *261*
will MOD VB - 061 | *126*
wish - 428 | *261*
wonder - 429 | *262*
word books - 430 | *262*
work VERB - 431 | *263*
work NOUN - 432 | *263*
worth - 433 | *264*
wrong - 434 | *265*

yet - 030 | *116*

zodiac - 435 | *265*